張大可
韓兆琦 等 注譯

新譯資治通鑑

（十一）

魏紀七—十
晉紀一—三

三民書局

國家圖書館出版品預行編目資料

新譯資治通鑑(十一)／張大可,韓兆琦等注譯.——初版三刷.——臺北市：三民，2024
冊；　公分.——(古籍今注新譯叢書)

ISBN 978-957-14-6239-4（全套:精裝）
1.資治通鑑 2.注釋

610.23　　105022920

古籍今注新譯叢書

新譯資治通鑑(十一)

注 譯 者　張大可　韓兆琦等
創 辦 人　劉振強
發 行 人　劉仲傑
出 版 者　三民書局股份有限公司(成立於1953年)

三民網路書店
https://www.sanmin.com.tw

地　　址　臺北市復興北路386號　(復北門市)　(02)2500-6600
　　　　　臺北市重慶南路一段61號(重南門市)　(02)2361-7511

出版日期　初版一刷 2017年1月
　　　　　初版三刷 2024年5月
全套不分售
I S B N　978-957-14-6239-4

新譯資治通鑑 目次

第十一冊

卷第七十五

魏紀七

起柔兆攝提格（丙寅　西元二四六年），盡玄黓涒灘（壬申　西元二五二年），凡七年。

【題　解】本卷寫了魏邵陵厲公正始七年（西元二四六年）至嘉平四年（西元二五二年）共七年間的魏、蜀、吳等三國的大事，主要寫了魏將毌丘儉平定高句驪叛亂；寫了費禕、蔣琬之治蜀不及諸葛亮，與蜀後主之耽於遊樂；寫了魏國權臣曹爽之把持朝政，志滿才疏，與司馬懿之裝病韜晦，蓄謀待時；寫了曹爽、曹羲等人陪皇帝出都城謁陵，司馬懿閉城門發動政變，桓範勸曹爽擁皇帝據許昌以討司馬氏，曹爽不聽，遂使司馬懿輕易地誅滅曹黨，置皇帝於掌握之中；寫了征東將軍王淩與令狐愚等圖謀廢掉曹芳、擁立楚王曹彪，結果因部下告密，王淩被司馬懿所殺害；寫了司馬懿病死，其子司馬師繼續掌握魏國政權；寫了魏國諸將議論伐吳，傅嘏進言，司馬師不聽，結果三路出擊，被吳將大破於淮南的情景；寫了蜀將姜維進攻魏國雍州不勝而還；寫了吳主孫權廢掉太子孫和，改立幼子孫亮，以諸葛恪、孫峻為顧命大臣，以及孫權死後諸葛恪輔幼主、執吳政的若干表現。

邵陵厲公中（ㄕㄠˋ ㄌㄧㄥˊ ㄌㄧˋ ㄍㄨㄥ ㄓㄨㄥ）

正始七年（丙寅　西元二四六年）

春，二月，吳車騎將軍朱然寇柤中❶，殺略❷數千人而去。

幽州❸刺史毌丘儉❹以高句驪王位宮❺數為侵叛，督諸軍討之。位宮敗走，儉遂屠丸都❻，斬獲首虜以千數。句驪之臣得來數諫位宮，位宮不從，得來歎曰：「立見此地將生蓬蒿。」遂不食而死。儉令諸軍不壞其墓，不伐其樹，得其妻子，皆放遣之。位宮單將妻子逃竄，儉引軍還。未幾，復擊之，位宮遂奔買溝❼。儉遣玄菟❽太守王頎追之，過沃沮❾千有餘里，至肅慎氏❿南界，刻石紀功而還，所誅納⓫八千餘口。論功受賞，侯者百餘人。

秋，九月，吳主以驃騎將軍步騭⓬為丞相，車騎將軍朱然⓭為左大司馬⓮，衛將軍全琮⓯為右大司馬。分荊州⓰為二部，以鎮南將軍呂岱⓱為上大將軍，督右部，自武昌⓲以西至蒲圻⓳；以威北將軍諸葛恪為大將軍，督左部，代陸遜鎮武昌。

漢大赦。大司農⓴河南孟光㉑於眾中責費禕㉒曰：「夫赦者，偏枯㉓之物，非明世所宜有也。衰敝窮極，必不得已，然後乃可權㉔而行之耳。今主上仁賢，百僚稱職，何有旦夕之急而數施非常之恩，以惠姦宄之惡㉕乎！」禕但顧謝踧踖㉖而已。

初，丞相亮時，有言公㉗惜赦㉘者，亮答曰：「治世以大德，不以小惠，故匡衡、吳漢不願為赦㉙。先帝㉚亦言：『吾周旋陳元方、鄭康成間㉛，每見啓告治亂之道悉矣，曾不語赦也。若劉景升㉜、季玉㉝父子，歲歲赦宥，何益於治！』」由是蜀人稱亮之賢，知禕不及焉。

陳壽㉞評曰：「諸葛亮為政，軍旅數興而赦不妄下，不亦卓乎？」

吳人不便大錢㉟，乃罷之。

漢主以涼州刺史姜維為衛將軍㊱，與大將軍費禕並錄尚書事㊲。汶山平康夷㊳反，維討平之。

漢主數出遊觀，增廣聲樂。太子家令㊴巴西譙周上疏諫曰：「昔王莽之敗，豪桀並起，以爭神器㊵。才智之士思望所歸，未必以其勢之廣陿，惟其德之厚薄[1]也。於時更始㊶、公孫述㊷等多已廣大，然莫不快情恣欲，怠於為善。世祖㊸初入河北，馮異㊹等勸之曰：『當行人所不能為者。』遂務理冤獄，崇節儉，北州歌歎㊺，聲布四遠。於是鄧禹㊻自南陽㊼追㊽之，吳漢、寇恂㊾素未之識，舉兵助之。其餘望風慕德，邳彤㊿、耿純(51)、劉植(52)之徒，至於輿病齎棺，襁負而至(53)，不可勝數，故能以弱為彊而成帝業。及在洛陽，嘗欲小出(54)，銚期進諫，即時還車(55)。

及潁川[56]盜起，寇恂請世祖身往臨賊[57]，聞言即行。故非急務，欲小出不敢；至於急務，欲自安不為，帝者之欲善也[2]如此！故傳[58]曰：『百姓不徒附[59]』，誠以德先之也。今漢遭厄運，天下三分，雄哲之士思望[60]之時也。臣願陛下復行人所不能為者，以副人望[61]。且承事[62]宗廟，所以率民[63]尊上也；今四時之祀或有不臨[64]，而池苑之觀或有仍出[65]，臣之愚滯，私不自安。夫憂責在身者，不暇盡樂。先帝之志，堂構[66]未成，誠非盡樂之時。願省減樂官、後宮，凡所增造，但奉脩先帝所施[67]，下為子孫節儉之教。」漢主不聽。

八年（丁卯　西元二四七年）

春，正月，吳全琮卒。

二月，日有食之。

時尚書[68]何晏[69]等朋附[70]曹爽，好變改法度。太尉[71]蔣濟[72]上疏曰：「昔大舜佐治，戒在比周[73]；周公輔政，慎[74]於其朋[75]。夫為國法度，惟命世大才[76]，乃能張其綱維[77]，以垂於後，豈中下之吏所宜改易哉！終無益於治，適足傷民。宜使文武之臣，各守其職，率以清平，則和氣祥瑞[78]可感而致也。」

吳主詔徙[79]武昌宮[80]材瓦繕修建業宮。有司奏言：「武昌宮已二十八歲，恐不堪用，宜下所在[81]，通更伐致[82]。」吳主曰：「大禹以卑宮為美。今軍事未已，所在賦斂，若更通伐，妨損農桑。徙武昌材瓦，自可用也。」乃徙居南宮。三月，改作太初宮，令諸將及州郡皆義作[83]。

大將軍爽用何晏、鄧颺[84]、丁謐[85]之謀，遷太后於永寧宮[86]，專擅朝政，多樹親黨，屢改制度。太傅懿不能禁，與爽有隙[87]。五月，懿始稱疾，不與[88]政事。

吳丞相步騭卒。

帝[89]好褻近[90]羣小，遊宴後園。秋，七月，尚書何晏上言：「自今御幸式乾殿[91]及遊豫後園，宜皆從大臣[92]，詢謀政事，講論經義，為萬世法[93]。」冬，十二月，散騎常侍[94]、諫議大夫[95]孔乂上言：「今天下已平，陛下可絕後園習騎乘馬[96]，出必御輦乘車，天下之福，臣子之願也。」帝皆不聽。

吳主大發眾集建業，揚聲欲入寇[97]。揚州刺史諸葛誕[98]使安豐太守王基[99]策[100]之，基曰：「今陸遜[101]等已死，孫權年老，內無賢嗣，中無謀主。權自出[102]則懼內釁卒起[103]，癰疽發潰[104]；遣將則舊將已盡，新將未信[105]。此不過欲補綻支黨[106]，還自保護耳。」已而吳果不出。

是歲，雍、涼羌胡[107]叛降漢，漢姜維將兵出隴右[108]以應之[109]，與雍州刺史郭淮[110]、討蜀護軍夏侯霸[111]戰于洮西[112]。胡王白虎文、治無戴[113]等率部落降維，維徙之入蜀[114]。淮進擊羌胡餘黨，皆平之。

九年（戊辰　西元二四八年）

春，二月，中書令[115]孫資[116]，癸巳[117]，中書監[118]劉放[119]，三月甲午[120]，司徒[121]衛臻[122]各遜位，以侯就第[123]，位特進[124]。

夏，四月，以司空[125]高柔[126]為司徒，光祿大夫[127]徐邈[128]為司空。邈嘆曰：「三公論道[129]之官，無其人則缺，豈可以老病忝之[130]哉！」遂固辭不受。

五月，漢費禕出屯漢中[131]。自蔣琬及禕，雖身居於外，慶賞刑威[3]，皆遙先諮斷[132]，然後乃行。禕雅性謙素，當國功名[133]，略與琬比。

秋，九月，以車騎將軍[134]王凌[135]為司空。○涪陵夷[136]反，漢車騎將軍鄧芝[137]討平之。

大將軍爽驕奢無度，飲食衣服擬[138]於乘輿[139]，尚方[140]珍玩充牣[141]其家，又私取先帝才人以為伎樂[142]。作窟室[143]，綺疏[144]四周，數與其黨何晏等縱酒其中。弟羲深以為憂，數涕泣諫止之，爽不聽。爽兄弟數俱出遊，司農沛國桓範[145]謂曰：「總萬機[146]，典禁兵[147]，不宜並出，若有閉城門[148]，誰復內入者[149]？」爽曰：「誰敢爾邪[150]？」

初，清河、平原[151]爭界，八年不能決。冀州[152]刺史孫禮請天府所藏烈祖封平原時圖[153]以決之。爽信清河之訴[154]，云圖不可用。禮上疏自辨，辭頗剛切。爽大怒，劾禮怨望，結刑五歲[155]。久之[4]復為并州[156]刺史，往見太傅懿，有忿色而無言。懿曰：「卿得并州少邪[157]？恚理分界失分乎[158]？」禮曰：「何明公言之乖也[159]！禮雖不德，豈以官位往事為意邪！本謂明公齊蹤伊、呂[160]，匡輔魏室，上報明帝之託，下建萬世之勳。今社稷將危，天下兇兇[161]，此禮之所以不悅也。」因涕泣橫流。懿曰：「且止，忍不可忍[162]！」

冬，河南尹李勝[163]出為荊州刺史[164]，過辭太傅懿[165]。懿令兩婢侍。持衣，衣落。指口言渴，婢進粥，懿不持杯而飲，粥皆流出霑胸。勝曰：「眾情[166]謂明公舊風發動[167]，何意尊體乃爾[168]！」懿使聲氣纔屬[169]，說：「年老枕疾，死在旦夕。君當屈并州，并州近胡，好為之備。恐不復相見，以子師、昭[170]兄弟為託。」勝曰：「當還忝本州[171]，非并州。」懿乃錯亂其辭曰：「君方到并州？」勝復曰：「當忝荊州。」懿曰：「年老意荒[172]，不解君言。今還為本州，盛德壯烈，好建功勳。」勝退，告爽曰：「司馬公尸居餘氣[173]，形神已離[174]，不足慮矣。」他日，又向爽等垂泣曰：「太傅病不可復濟，令人愴然。」故爽等不復設備。

何晏聞平原管輅[175]明於術數[176]，請與相見。十二月丙戌[177]，輅往詣晏，晏與之論易。時鄧颺在坐，謂輅曰：「君自謂善易，而語初不及易中辭義[178]，何也？」輅曰：「夫善易者不言易也。」晏含笑贊之曰：「可謂要言不煩[179]也！」因謂輅曰：「試為作一卦，知位當至三公不？」又問：「連夢見青蠅數十，來集鼻上，驅之不去，何也？」輅曰：「昔元、凱輔舜[180]，周公佐周，皆以和惠謙恭，享有多福，此非卜筮所能明也。今君侯位尊勢重，而懷德[181]者鮮[182]，畏威者眾，殆非小心求福之道也。又，鼻者天中之山[183]，高而不危，所以長守貴。今青蠅臭惡而集之，位峻者顛[184]，輕豪者亡[185]，不可不深思也。願君侯裒多益寡[186]，非禮勿履，然後三公可至，青蠅可驅也。」颺曰：「此老生之常譚。」輅曰：「夫老生者見不生，常譚者見不譚。」輅還邑舍[187]，具以語其舅，舅責輅言太切至[188]。輅曰：「與死人語，何所畏邪？」舅大怒，以輅為狂。

吳交趾、九真夷賊[189]攻沒城邑，交部[190]騷動。吳主以衡陽[191]督軍都尉[192]陸胤[193]為交州刺史、安南校尉。胤入境，喻以恩信，降者五萬餘家，州境復清。

太傅懿陰與其子中護軍師[194]、散騎常侍昭[195]謀誅曹爽。

【章　旨】以上為第一段，寫正始七年（西元二四六年）至正始九年共三年間的大事，主要寫了魏將毌丘儉平定高句驪叛亂；寫了費禕、蔣琬之治蜀不及諸葛亮，與蜀後主之耽於遊樂；寫了魏國權臣曹爽之把持朝政，志滿才疏，與司馬懿之裝病韜晦，蓄謀待時，政變即將來臨。

【注　釋】❶柤中　一作「沮中」，古地區名，屬襄陽郡，在今湖北襄樊西南、南漳東，當時屬魏。❷殺略　斬殺與俘虜。❸幽州　魏國州名，治所在今北京市。❹毌丘儉　字仲恭，河東聞喜（今山西聞喜）人，魏明帝時，歷任羽林監、荊州刺史、幽州刺史，封安邑侯，因屠高句驪丸都有功，為鎮南將軍，不久轉為鎮東將軍。傳見《三國志》卷二十八。❺位宮　人名，高句驪的第十一任國王。❻丸都　高句驪的都城，在今吉林集安，當地尚有毌丘儉破高句驪的勒功碑。❼買溝　或曰買溝婁、幘溝婁。查《後漢書‧東夷傳》：「買溝婁，北沃沮之地，去南沃沮八百餘里。」杜佑曰：「北沃沮一名買溝婁，去南沃沮八百餘里，與挹婁（古肅慎國）接。」南北沃沮以長白山為界，南沃沮在今朝鮮咸境道。據此，買溝當在今朝鮮咸北會寧一帶。❽玄菟　魏郡名，郡治所在今遼寧瀋陽東。❾沃沮　古地區名，在今吉林延吉東南。❿肅慎氏　古國名，周時稱肅慎，兩漢及三國時稱挹婁，疆域在今吉林、黑龍江省之東北。其南境約當今吉林敦化一帶。⓫誅納　誅殺與納降。⓬步騭　字子山，臨淮淮陰（今江蘇淮陰）人，吳主孫權時，任平戎將軍、驃騎將軍，後代陸遜為丞相，封廣信侯。傳見《三國志》卷五十二。⓭朱然　東吳毗陵侯朱治姐子，原姓施，過繼給朱治，故從朱姓。傳見《三國志》卷五十六。⓮左大司馬　大司馬為三公之一，掌全國軍事。東吳置左、右大司馬，以左大司馬為尊。⓯全琮　字子璜，吳郡錢唐人，吳主孫權時，歷任衛將軍、徐州牧、右大司馬、左軍師等，封錢唐侯，尚公主。傳見《三國志》卷六十。⓰荊州　吳國州名，州治在今湖北江陵。⓱呂岱　字定公，廣陵海陵（今江蘇泰州北）人，吳主孫權時，為安南將軍、鎮南將軍、交州牧等官。孫亮即位，拜大司馬。傳見《三國志》卷六十。⓲武昌　吳國江夏郡的首府，即今湖北鄂城。⓳蒲圻　吳縣名，縣治在今湖北嘉魚西南，境內赤壁山為東漢末赤壁之古戰場。⓴大司農　官名，九卿之一，掌管全國的農業及錢穀諸事。㉑孟光　字孝裕，河南洛陽人，漢靈帝末為講部吏。先主劉備時，拜為議郎。後主時任長樂少府、大司農等官。傳見《三國志》卷四十二。㉒費禕　字文偉，江夏鄳縣（今河南信陽東北）人，初任蜀漢太子舍人、庶子。後主即位，任黃門侍郎，為諸葛亮器重。諸葛亮死後，為後軍師，繼蔣琬執政，任大將軍，錄尚書事。㉓偏枯　樹木一邊繁茂，一邊焦枯，這裡比喻大赦的不公正。㉔權　臨時置宜。㉕惠姦宄之惡　使壞人得到好處。姦宄，泛指壞人。㉖顧謝踧踖　表示歉意與惶恐不安，但公布的命令照行。踧踖，進退無措的樣子。㉗公　敬指諸葛亮。㉘惜赦　不願意施行大赦。㉙匡衡吳漢不願為赦　匡衡，西漢東海承（今山東蒼山縣蘭陵鎮）人，元帝時，任光祿勳、御史大夫、丞相等官，封樂安侯。傳見《漢書》卷八十一。吳漢，東漢開國功臣之一，曾任大司馬，封廣平侯。傳見《後漢書》卷十八。匡衡不願為赦疏見本書卷三十八漢元帝永光二年。吳漢不願赦事見本書卷四十三漢光武帝建武二年。㉚先帝　此稱劉備。㉛周旋陳元方鄭康成間　意思是在陳元方與鄭康成之間取折中態度。陳元方即陳紀，字元方。傳見《後漢書》卷六十二。鄭康成即鄭玄，字康成，東漢北海高密（今山東高密）人，漢代經學的集大成者。㉜劉景升　即劉表，字景升，東漢末山陽高平（今山東魚臺東北）人。東漢遠支皇族，曾為荊州牧。傳見《後漢書》卷七十四。㉝季玉　即劉璋，字季玉，劉表之子。㉞陳壽　字承祚，西晉史學家。巴西安漢（今四川南充東北）人，歷仕巴西郡中正、平陽侯相、著作郎、治書侍御史。有良史之才，撰有《三國志》，另撰《古國志》、《益部耆舊傳》。傳見《晉書》卷八十二。㉟不便大錢　對吳國頒行的大面額銅錢不滿意。青龍四年（西元二三六年），吳國鑄大錢，一錢當五百錢。景初二年（西元二三八年），吳又鑄大錢，一錢當一千錢。㊱姜維為衛將軍　姜維字伯約，是蜀漢繼諸葛亮之後的掌權人物，封平襄侯。傳見《三國志》卷四十四。㊲並錄尚書事　共同管理朝廷機要大權。錄，管理。㊳汶山平康夷　汶山郡平康地區的少數民族。汶山，蜀郡名，郡治在綿虒（今四川汶川縣西南）。平康，地區名，在今四川松藩西南。㊴太子家令　官名，列卿之一，主管太子家的倉穀飲食。㊵神器　帝位。㊶更始　指劉玄，字聖公，西漢遠支皇族。西元二三年被綠林軍擁立為帝，年號更始。更始三年，赤眉軍攻入長安，降。不久被絞死。傳見《後漢書》卷十一。㊷公孫述　字子陽，東漢末據益州稱帝，國號成家（取起於成都之意）。建武十二年（西元三六年），被漢軍所破，戰死。傳見《後漢書》卷十三。㊸世祖　即東漢光武帝劉秀，東漢王朝的建立者，西元二五至五七年在位。傳見《後漢書》卷一。㊹馮異　劉秀的開國元勳，封陽夏侯。傳見《後漢書》卷十七。㊺歌歎　歌頌；讚揚。㊻鄧禹　字仲華，南陽新野人，劉秀的開國元勳。傳見《後漢書》卷十六。㊼南陽　郡名，郡治宛縣（今河南南陽）。㊽追　追隨。㊾寇恂　字子翼，上谷昌平（今屬北京市）人，劉秀的開國元勳，曾任潁川、汝南太守。傳見《後漢書》卷十六。㊿邳彤　字偉君，信都（今河北冀州）人，劉秀的開國元勳。歷任太常、少府、左曹侍中等官，封靈壽侯。傳見《後漢書》卷二十一。(51)耿純　字伯山，鉅鹿宋子（今河北趙縣東北）人，劉秀的開國元勳，曾任東郡太守。傳見《後漢書》卷二十一。(52)劉植　字伯先，劉秀的開國元勳，封昌城侯。傳見《後漢書》卷二十一。(53)輿病齎棺二句　有的身患重病，躺在車上，帶著棺材；有的背著嬰兒，都來相隨。事見本書卷三十九更始二年。(54)小出　隨便出去走走。(55)銚期進諫二句　事見《後漢書．銚期傳》。銚期字次況，潁川郟縣（今屬河南）人，劉秀的開國元勳。曾任虎牙大將軍、衛尉等官，封安成侯。傳見《後漢書》卷二十。(56)潁川　漢郡名，郡治陽翟（今河南禹州）。(57)臨賊　親臨前線討賊。事見本書卷四十二漢光武帝建武八年。(58)傳　泛指古代典籍。(59)不徒附　不是平白無故地歸附。(60)思望　指盼望天下一統。(61)副人望　滿足黎民百姓的願望。副，稱，這裡意即滿足。(62)承事　侍奉；祭祀。(63)率民　為百姓做榜樣。(64)不臨　不出席；不參加。(65)仍出　頻頻外出。(66)堂構　以蓋房子比喻江山大業。堂，殿閣下面的臺基。構，臺基上面的牆壁與屋頂。(67)先帝所施　先帝所延續、保留下來的。(68)尚書　尚書令的屬官，負責選拔人才，向皇帝轉呈下面的奏章等事。(69)何晏　字平叔，三國魏宛縣（今河南南陽）人，何進之孫。曾隨母被曹操收養。後娶魏公主，累官尚書，主管選舉。好言老莊，倡導玄學。傳見《三國志》卷九。(70)朋附　依附；投靠。(71)太尉　官名，三公之一，掌全國軍事。(72)蔣濟　歷任魏護軍將軍、領軍將軍、太尉等官，封昌陵亭侯。傳見《三國志》卷十四。(73)比周　猶言「朋比」，狼狽為奸。(74)慎　警惕。(75)朋　朋比為奸。周公告誡成王警惕有人朋比為奸的事見《書·洛誥》。(76)命世大才　世上具有最卓越才能的人。(77)張其綱維　比喻創建國家的各種法度。(78)祥瑞　陰陽五行家所謂的吉祥徵兆，如鳳凰生、麒麟降等等。(79)徙　拆運。(80)武昌宮　三國時的武昌即今日湖北鄂城，孫權曾一度建都於此。此指故有宮殿。《方輿勝覽》：「孫權都鄂，欲武而昌，故名。」建業宮，孫權黃龍元年（西元二二九年）自武昌遷都建業（今南京），故又在建業興築宮殿。(81)所在　指產木材的郡縣。(82)通更伐致　一律重新砍伐木材送到京都。(83)義作　義務出工修建。(84)鄧颺　字玄茂，鄧禹之後。魏明帝時歷任尚書郎、洛陽令、中書郎等官。傳見《三國志》卷九。(85)丁謐　字彥靖，魏明帝時為度支中郎。曹爽輔政，拔為散騎常侍、尚書。傳見《三國志》卷九。(86)遷太后於永寧宮　永寧宮是魏宮名，在洛陽銅駝街西。胡三省曰：「據陳壽《志》，太后稱永寧宮，非徙也。意者晉諸臣欲增曹爽之惡，以『遷』字加之耳。」(87)有隙　有矛盾；有過節。(88)不與　不干預；不過問。按，此司馬懿欲進故退之法也。(89)帝　指魏王曹芳。(90)褻近　親近的貶義。(91)式乾殿　魏宮殿名，參考魏、晉所記，式乾殿當在皇后宮。(92)皆從大臣　都應讓大臣跟從。從，使之跟從。(93)為萬世法　為後代作典範。(94)散騎常侍　官名，皇帝的隨從人員。(95)諫議大夫　官名，主管參謀論議、拾遺補缺。(96)絕後園習騎乘馬　取消後宮原有的供皇帝騎乘的馬匹。(97)入寇　指討伐曹魏。(98)揚州刺史諸葛誕　此揚州是魏州名，州治壽春，即今安徽壽州。諸葛誕字公休，琅邪陽都（今山東沂南）人，曾歷任御史中丞、尚書、鎮東將軍、都督揚州等，封山陽亭侯。傳見《三國志》卷二十八。(99)安豐太守王基　安豐是魏郡名，郡治在今安徽霍邱西南。王基字伯輿，東萊曲城（今屬山東）人。傳見《三國志》卷二十七。(100)策　估計；判斷。(101)陸遜　東吳名將，曾大破劉備於猇亭。傳見《三國志》卷五十八。(102)權自出　孫權自己統兵出征。(103)內釁卒起　內部變亂突然發生。卒，同「猝」。突然。(104)癰疽發潰　膿瘡潰爛，比喻政權瓦解。(105)未

信 沒有取得軍中上下的信任。106補綻支黨 彌合內部各派力量之間的裂痕。補綻，縫合；彌合。綻，通「綻」。破裂。支黨，新舊各派力量。107雍涼羌胡 雍州、涼州的羌人、胡人。雍即雍州，郡治長安（今西安西北）。涼即涼州，郡治姑臧（今甘肅武威）。108隴右 古泛指隴山之西，今甘肅東部一帶地區。109以應之 與叛魏降漢的雍、涼羌胡相呼應。110郭淮 魏國名將，字伯濟，太原陽曲人，此時任雍州刺史。傳見《三國志》卷二十六。111夏侯霸 魏國名將夏侯淵之子，封博昌亭侯。傳見《三國志》卷九。112洮西 洮水之西，在今甘肅康樂、臨潭一帶。113白虎文治無戴 都是人名，匈奴部落的頭領。114徙之入蜀 指安置在今四川新繁。115中書令 中書省的長官。116孫資 字彥龍，太原人，封左鄉侯、中都侯。事見《三國志・劉放傳》。117癸巳 二月三十。118中書監 中書省的副長官。119劉放 封西鄉侯、方城侯。傳見《三國志》卷十四。120三月甲午 三月初一。121司徒 三公之一，掌民政。122衛臻 封長垣侯。傳見《三國志》卷二十二。123以侯就第 指免去行政職務回家淨享侯爵待遇。124特進 漢代以來，凡功德隆盛、威望很高的官僚貴族在免去行政職務時，往往賜位「特進」。朝會時，位僅在三公之下。125司空 國家的三公之一，主管刑法。126高柔 魏國重臣，字文惠，陳留圉（今河南杞縣）人，曾任司空、司徒等職，封萬歲鄉侯。傳見《三國志》卷二十四。127光祿大夫 官名，光祿勳的下屬，隨皇帝顧問應對。128徐邈（西元一七一—二四九年）字景山，歷任尚書郎、涼州刺史、光祿大夫等職，賜關內侯。傳見《三國志》卷二十七。129論道 講論治國大道。130以老病忝之 用一些年老多病的人來充數。忝，謙詞，辱沒，這裡指不當居而居之。131出屯漢中 統兵出屯於漢中。漢中是蜀郡名，郡治南鄭（今陝西漢中）。132遙先諮斷 皇帝總是先徵求他們的意見，而後再做決定。133當國功名 在國中的權力和聲望。134車騎將軍 將軍的名號，位在大將軍之下，其他名號的將軍之上。135王淩 魏國重臣，字彥雲，太原祁（今山西祁縣）人。傳見《三國志》卷二十八。136涪陵夷 涪陵郡的少數民族。涪陵郡的郡治在今重慶市彭水縣，當時屬漢。137鄧芝 字伯苗，義陽新野（今河南新野）人，在蜀曾任前將軍、督江州、車騎將軍等職。傳見《三國志》卷四十五。138擬 相當；相等。139乘輿 皇帝所乘的車，這裡代指皇帝。140尚方 皇家御庫。141充牣 充滿。142取先帝才人以為伎樂 將當初老皇帝的歌兒舞女弄去充當自己家中的樂隊。才人，宮中的歌女、舞女。143窟室 地下室。144綺疏 在門窗上雕刻著各種花紋。145桓範 魏國老臣，字元則，沛國（都城即今安徽濉溪縣）人。事見《三國志》卷九。146總萬機 執掌朝廷一切大權，指曹爽。147典禁兵 指曹羲，曹羲當時為中領軍，主管守衛宮廷的武裝。148閉城門 指關閉城門，發動朝廷政變。149誰復內入者 誰還能放你們進來。內，通「納」。150誰敢爾邪 誰敢這麼做。151清河平原 魏之二諸侯國名，當時都上屬於冀州。清河國的都城在今山東臨清東北，平原國的都城在今山東平原縣西南。152冀州 魏州名，州治信都，即今河北冀州。153請天府所藏烈祖

封平原時圖　冀州刺史請出了皇家府庫所藏的當年魏明帝曹叡被封為平原王時的疆域圖。[154]信清河之訴　支持清河王一方的言辭。訴，訟辭。[155]結刑五歲　判處五年徒刑，但緩期執行。[156]并州　魏州名，州治晉陽，在今山西太原西南。[157]卿得并州少邪　你現在被任為并州刺史是嫌地盤小了嗎。少，小。[158]恚理分界失分乎　是生氣曹爽在處理平原與清河爭執的問題上不公平嗎。恚，怨恨。理，處置。失分，不公平。[159]何明公言之乖也　您說話怎麼這樣荒謬。明公，尊稱司馬懿。[160]齊蹤伊呂　能和當年商朝的伊尹、周朝的呂尚並駕齊驅。[161]兇兇　驚懼不安的樣子。[162]忍不可忍　要能忍耐不能忍耐的事情。[163]河南尹李勝　河南尹是當時魏國京都及其郊區的行政長官，首府在洛陽。李勝是曹爽一黨，故下文司馬懿極力裝病，以麻痹之。[164]出為荊州刺史　被外放為荊州刺史。荊州的州治在今河南新野。[165]過辭太傅懿　到司馬懿家向司馬懿辭行，實則是為曹爽探看司馬懿的病情。[166]眾情　眾人傳說。[167]舊風發動　中風病又發作了。當年曹操呼司馬懿，司馬懿就裝過一次中風，故此處言「舊風發動」。[168]何意尊體乃爾　誰想到貴體竟成了這個樣子。[169]聲氣纔屬　下氣勉強地接上上氣。屬，連續。[170]師昭　即司馬師、司馬昭，司馬懿的兩個兒子。[171]還忝本州　我是回到故鄉荊州去當刺史。李勝的老家南陽屬荊州，故稱荊州曰「本州」。忝，辱，謙詞。[172]意荒　神志混亂不清。[173]尸居餘氣　苟延殘喘，所剩下的活氣已經不多了。[174]形神已離　神魂業已離體。[175]管輅　字公明，三國魏平原（今山東平原縣）人，精通《周易》和風角占相之道。傳見《三國志》卷二十九。[176]術數　指卜筮、占候等，用陰陽五行、相生相剋的道理來推測人事凶吉。[177]十二月丙戌　十二月二十八。[178]初不及易中辭義　從來不談要占卜的事情。初，根本；從來。[179]要言不煩　扼要；不繁瑣。[180]元凱輔舜　元、凱即八元、八凱，都是虞舜時的賢臣。八元指伯奮、仲堪、叔獻、季仲、伯虎、仲熊、叔豹、季狸。八凱指蒼舒、隤徵、檮戴、大臨、龍降、庭堅、仲容、叔達。[181]懷德　感念你的恩德。[182]鮮　少。[183]鼻者天中之山　裴松之曰：「相書謂鼻之所在為天中，鼻有山象，故曰天中之山。」[184]位峻者顛　居高位的要跌下。[185]輕豪者亡　做事輕率的要滅亡。[186]裒多益寡　取出多餘的去彌補不足。裒，取出。[187]邑舍　管輅家鄉平原縣的屋舍。[188]切至　嚴厲；透徹。[189]交趾九真夷賊　交趾、九真二郡的少數民族。交趾郡的郡治在龍編，今越南河內東北方，九真郡的郡治在胥浦，今越南清化西北。當時都屬於吳國。[190]交部　整個交州刺史部，交州的州治番禺，即今廣州。[191]衡陽　吳郡名，郡治湘南，今湖南湘潭西南。[192]督軍都尉　掌管一郡的軍事防衛。[193]陸胤　東吳名將陸凱之弟。傳見《三國志》卷六十一。[194]中護軍師　司馬師，當時任中護軍之職，監督中央軍事。[195]散騎常侍昭　司馬昭，當時任散騎常侍之職，是皇帝的侍從人員。

【校記】1厚薄 據章鈺校，甲十六行本、乙十一行本二字皆互乙。2也 原無此字。據章鈺校，甲十六行本、乙十一行本、孔天胤本皆有此字，張敦仁《通鑑刊本識誤》同，今據補。3刑威 據章鈺校，此二字甲十六行本、乙十一行本、孔天胤本皆互乙。4之 原作「而」。據章鈺校，甲十六行本、乙十一行本、孔天胤本皆作「之」，張敦仁《通鑑刊本識誤》、張瑛《通鑑校勘記》同，今據改。

【語譯】邵陵厲公中

正始七年（丙寅 西元二四六年）

春季，二月，東吳車騎將軍朱然率領吳軍進犯魏國的柤中，斬殺與俘虜了魏國幾千人而後退去。

魏國幽州刺史毌丘儉因為高句驪國王位宮屢次侵擾和背叛魏國，於是就率領諸軍征討高句驪。高句驪王位宮兵敗逃走，於是毌丘儉就進入高句驪的都城丸都，對高句驪人進行了一場大屠殺，殺死和俘獲的高句驪人將近一千。高句驪一位名叫得來的大臣曾經屢次勸說高句驪王位宮，但位宮就是不肯聽從得來的意見，得來歎息著說：「我馬上就要看到這個地方長滿蓬蒿了。」於是絕食而死。毌丘儉進入高句驪的都城後，下令軍隊不許破壞得來的墳墓，不許砍伐得來墓地上的樹木，得來的妻兒雖然都被捕獲，但毌丘儉立即下令釋放他們回家。位宮獨自一人帶著他的妻兒倉惶逃竄了，毌丘儉於是率領魏軍凱旋而歸。過了不久，毌丘儉再次出兵攻打高句驪，位宮這次逃到了買溝。毌丘儉派遣玄菟太守王頎率軍前去追殺位宮，王頎率領軍隊越過沃沮一千多里，到達肅慎國的南部邊界，在那裡把戰功鐫刻在岩石上而後班師，所誅殺與納降的敵人總計八千多人。魏國論功行賞，被封為侯爵的多達一百多人。

秋季，九月，吳主孫權任命驃騎將軍步騭為丞相，任命車騎將軍朱然為左大司馬，任命衛將軍全琮為右大司馬。將荊州劃分為東西兩部分，任命鎮南將軍呂岱為上大將軍，統領右部地區，統轄範圍從武昌往西一直到達蒲圻；任命威北將軍諸葛恪為大將軍，督率左部，代替陸遜鎮守武昌。

蜀漢頒布大赦令。擔任大司農的河南人孟光在大庭廣眾之下責備大將軍費禕說：「大赦，本身就是一件不公正的事情，就好比是一棵樹，一邊繁茂一邊枯萎，這不是聖明之世所應該施行的。大赦必須是國力衰微、國家政權已經到了無法維持的情況下，迫不得已才採用的權宜之計而已。如今主上仁慈賢明，左右的輔弼大臣全都恪盡職守，有什麼緊急情況旦夕之間就要發生而需要國家屢次的施與非常之恩典，而使作惡多端的壞人得到好處呢！」費禕只是表示出一些歉意與惶恐不安而已，但公布的命令照行。

當初，諸葛亮擔任丞相的時候，有人指責他不願意實行大赦，諸葛亮回答說：「治理國家靠的是大恩大德，而不是小恩小惠，所以西漢的匡衡、東漢的吳漢都反對施行大赦。先帝也說過：『我在與陳元方、鄭康成打交道的時候，他們告訴我很多國家治亂的道理，卻從來沒有聽到他們談論過大赦的事情。像劉表和他的兒子劉琮，年年赦免寬恕罪犯，而對治理國家、穩定社會秩序又起了什麼作用呢！』」因為這個緣故，蜀國的百姓都稱讚諸葛亮賢明，而知道費禕與諸葛亮比起來就相差得太遠了。

陳壽評論說：「諸葛亮執政時期，不斷有軍事行動，卻從不隨意赦免罪犯，他的見解難道不是很深遠、卓越嗎？」

東吳所頒行的大面額銅錢在現實生活中很不方便使用，於是停止使用大錢。

蜀漢後主劉禪任命涼州刺史姜維為衛將軍，與大將軍費禕共同管理朝廷機要大權。汶山郡平康地區的少數民族造反，姜維親自率軍前去討伐，很快就平定了叛亂。

蜀漢後主多次離開皇宮四處遊逛，又不斷擴大輕歌曼舞的演員和樂隊。擔任太子家令的巴西人譙周上疏給後主，勸諫他說：「過去王莽滅亡之後，四方豪傑蜂擁而起，爭奪帝位。那些有才能、有智謀、有遠見的人士都盼望能夠有所歸屬，但他們所看重的人選並不是他的地盤有多大、勢力有多強，而唯一看中的是他所施與百姓的恩德是厚是薄。在那個時候，更始皇帝劉玄、公孫述等人的勢力大多都已經具有相當的規模，然而他們每個人都是恣情縱欲、行為放蕩，而懶於將精力放在治理國家、施恩德於百姓方面。世祖劉秀剛剛進入黃河以北地區，馮異等人就建議世祖說：『應當做別人所不能做的事。』於是世祖便把昭雪冤獄、提倡節儉作為首要任務，因此北方的人民都歌頌、讚揚他，他的聲威很快就傳播到遙遠的四面八方。於是鄧禹從河南南陽跑來追隨他，吳漢、寇恂與世祖素不相識，也發兵幫助世祖。此外還有因為想望他的風采、仰慕他的道德風範而來投奔的邳彤、耿純、劉植之輩，甚至於那些身患重病，躺在車上，帶著棺材以及背著嬰兒前來追隨世祖的更是多得不可勝數，所以世祖的勢力才能由弱轉強，最後成就帝王之業。後來世祖在洛陽的時候，有一次想出去隨便走走，銚期進行勸阻，世祖立即掉轉車頭而回。當潁川亂民起兵造反的時候，寇恂請世祖親臨前線討賊，世祖聽到請求後立刻動身前往。所以，如果不是面臨特別緊急事務的情況下，即使出去隨便走走也不敢；至於遇到緊急情況，想讓他躲起來偷會兒安閒他也不肯答應，身為帝王想把國家治理好必須像世祖那樣做！所以古代典籍上說：『百姓不會平白無故地歸附誰』，確實需要先施與百姓恩德。如今漢朝遭逢厄運，天下被分裂成三部分，這正是英雄豪傑、聰明有識之士熱切盼望天下統一的時候。我希望陛下也像世祖那樣做別人所不能做的事情，以滿足黎民百姓的願望。再說，侍奉、祭祀宗廟，是引導人民尊敬君主，並為百姓做出榜樣；如今，一年四季的祭祀大典，陛下有時都不去參加，卻頻頻地外出遊賞池塘苑囿，我這人生性愚鈍，私下裡經常為此事而感到心裡不安。憂國憂民、重任在身的人是沒有工夫盡情享樂的。先帝復興漢室的大業，就好像是建造房舍，剛剛打下一個基礎，牆壁和屋頂還遠未建成，現在確實還不是陛下盡情享樂的時候。希望陛下減少音樂官員以及後宮美女的數量，宮裡增加建造的一切工程，只限於對先帝所延續、保留下來的宮殿的保護和維修，為子孫後代在勤儉節約方面做出榜樣。」可惜後主根本聽不進去。

八年（丁卯　西元二四七年）

春季，正月，東吳右大司馬、衛將軍全琮逝世。

二月，發生日蝕。

當時，魏國尚書何晏等人依附於大將軍曹爽，喜好變更修改國家的法令和制度。太尉蔣濟上書給魏帝曹芳說：「古代的大舜在輔佐堯帝治理國家的時候，就特別戒備有些人的互相勾結、狼狽為奸；周公姬旦在輔佐周成王的時候，更是告誡成王要警惕有人結黨營私、朋比為奸。作為國家的法律制度，只有世上那些具有最卓絕才能的人，才可以創建國家的各種法度，並使之永垂後世，哪裡是才能平庸、職務中下的普通官吏所應該修訂改變的呢！讓這樣的人來修訂國家的法律制度，最終不僅對治理國家毫無益處，恰恰足以給人民造成傷害。我認為，應該使文武大臣各負其責，恪盡職守，以清正公平為百姓做出表率，那時，祥和之氣、吉祥之兆才能夠受到感動而降臨人世。」

吳主孫權下詔將武昌宮殿的木材、磚瓦拆下來運到建業修繕皇宮。有關部門的官員上疏說：「武昌的宮殿已經建成二十八年了，恐怕有些材料已經不能使用，應該下令盛產木材的郡縣，一律重新砍伐木材運送到京都。」吳主說：「大禹認為宮室低矮簡樸是一種美。如今軍事行動仍然沒有停止，處處都要向人民徵收賦稅，如果再要重新砍伐木材運送到都城，必定會耽誤農時，妨礙、損害人民種田養蠶。把武昌宮殿的木材磚瓦拆下來運到建業，就足夠使用了。」於是暫時搬到南宮居住。三月，開始改建太初宮，命令諸位將領和各州各郡的官員都要義務出工參與修建。

魏國大將軍曹爽聽從了何晏、鄧颺、丁謐的建議，將皇太后遷移到永寧宮居住，自己則完全把持了朝政，獨斷專行，他在朝中培植親信、樹立黨羽，對國家的法律制度屢次進行更改。擔任太傅的司馬懿不能禁止曹爽的胡作非為，因此與曹爽之間產生了矛盾。五月，太傅司馬懿開始假稱有病，不再參與、過問朝中的事務。

東吳丞相步騭逝世。

魏國皇帝曹芳專好親昵那些品行卑劣的小人物，在這些人的引誘之下經常到深宮後園遊樂。秋季，七月，擔任尚書的何晏上疏說：「從今以後，如果陛下前往式乾殿或是御花園中遊玩，都應該有大臣陪同，一方面可以回答陛下有關國家大事的垂詢，一方面可以隨時為陛下講解儒家學派的經典，為後代作出典範。」冬季，十二月，擔任散騎常侍、諫議大夫的孔乂上疏說：「如今天下已經太平，陛下應該取消後宮原有的供皇帝騎乘的馬匹，出宮時一定要乘坐輦車，這是天下人的福分，也是我們做臣子的願望。」曹芳都聽不進去。

吳主孫權徵調大量民眾集結到都城建業，對外揚言要前去討伐魏國。魏國的揚州刺史諸葛誕讓安豐郡太守王基對孫權的舉動作出判斷，王基分析說：「如今東吳大將陸遜等人已經去世，孫權年紀已老，皇宮之內沒有賢能的繼承人，朝中又沒有得力的智謀大臣。如果孫權親自率軍出征，他要擔心內部突然發生變亂，政權瓦解；派遣將領率軍攻打我國，則原來有名的老將已經死光了，新將領又沒有取得軍中上下的信任。孫權此舉只不過是為了彌合國家內部各派力量之間的裂痕，保護自己罷了。」後來，東吳果然沒有採取進一步的軍事行動。

這一年，雍州、涼州的羌人、胡人部落背叛魏國投降了蜀漢，蜀漢衛將軍姜維率領軍隊出隴右與叛魏降漢的雍、涼羌胡互相呼應，在洮水之西與曹魏的雍州刺史郭淮、討蜀護軍夏侯霸展開激戰。胡人首領白虎文、治無戴等率領自己的部落向姜維投降，姜維把他們全部遷入蜀國，安置在新繁縣。郭淮向其他羌人、胡人部落發動進攻，將叛亂全部平定。

九年（戊辰　西元二四八年）

春季，二月，在魏國擔任中書令的孫資被免職，二月三十日癸巳，中書監劉放被免職，三月初一日甲午，司徒衛臻被免職，三人都以侯爵的身分回家靜養，並享受「特進」的待遇。

夏季，四月，任命司空高柔為司徒，光祿大夫徐邈為司空。徐邈歎息著說：「三公是在皇帝身邊講論治國大道的高官，如果沒有合適的人選就應該暫時空缺，怎麼能讓我這個又老又病的人濫竽充數呢！」於是堅決推辭不肯接受任命。

五月，蜀漢大將軍費禕率領軍隊屯於漢中。從蔣琬開始一直到費禕，他們雖然身居朝廷之外，但每次朝中舉行慶典、獎賞、懲處、誅戮等重大事情，後主劉禪都事先向在遙遠地方的他們進行諮詢，由他們做出決斷，而後再施行。費禕平素為人謙遜質樸，在蜀國中的權力和聲望，與蔣琬約略相等。

秋季，九月，魏國任命車騎將軍王淩為司空。○蜀漢涪陵郡的少數民族造反，車騎將軍鄧芝率軍前去討伐，不久就平息了叛亂。

魏國大將軍曹爽驕橫奢侈，毫無節制，飲食的排場、穿戴的衣服與皇帝相比幾乎沒有什麼區別，皇家府庫中的各種珍寶、器物充滿了他的家中，又私下將當初老皇帝的歌兒舞女弄去充當自己家中的樂隊。又建造了地下室，在四周的門窗上雕刻各種花紋，多次與黨羽何晏等人在裡面縱情飲酒玩樂。曹爽的弟弟曹羲對此深感憂慮，多次痛哭流涕地規諫他、勸阻他，曹爽就是不肯聽從。曹爽弟兄們曾經多次全體一起出去巡遊，擔任司農的沛國人桓範提醒曹爽說：「大將軍執掌朝政一切大權，你的兄弟又主管守衛宮廷的武裝，所以不應該同時外出，萬一朝廷之內發生變故，有人關閉了城門，有誰來為你打開城門放你們入城呢？」曹爽說：「誰敢這樣做？」

當初，清河郡與平原郡因為邊界問題而發生糾紛，八年都沒有得到解決。擔任冀州刺史的孫禮將收藏在宮廷府庫中的當年魏明帝曹叡被封為平原王時的疆域圖，請出來作為依據以解決兩郡的糾紛。曹爽支持清河郡王一方的言辭，認為這張疆域圖不能用。孫禮上書力爭，言辭剛直激切。曹爽為此而大怒，於是彈劾孫禮心懷怨望，判處他五年徒刑，但緩期執行。過了很久之後，孫禮又被任命為并州刺史，孫禮前去與太傅司馬懿告辭，他滿面怒容，卻不說話。司馬懿說：「你現在被任命為并州刺史是嫌地盤小呢？還是生氣曹爽在處理平原郡王與清河郡王爭執的問題上不公平呢？」孫禮說：「您說話怎麼這樣荒謬呢！我孫禮雖然品德不那麼高尚，難道還會因為職位的高低和以前的事情而心存芥蒂嗎！我原本認為明公您能夠和商朝的伊尹、周朝的呂尚並駕齊驅，匡輔魏室，對上報答明帝的託孤之重，對下建立萬世不朽的勳業。如今國家危在旦夕，人心驚懼不安，這才是我孫禮不高興的原因啊。」說完不禁涕淚交流，嗚咽不止。司馬懿勸解他說：「不要再傷心了，我們要忍耐別人所不能忍耐的事情！」

冬季，河南尹李勝被外放為荊州刺史，臨行前到司馬懿家中來向司馬懿辭行。司馬懿只留下兩個婢女在旁邊侍候。當李勝進入室內時，婢女拿衣服給司馬懿，司馬懿雙手顫抖，連衣服也接不住，竟然使衣服滑落到地上。又指著自己的口說口渴，婢女給他遞上一碗粥，司馬懿似乎連碗也不知道接，就伸過嘴去喝，結果粥都灑在了司馬懿的前胸上。李勝說：「眾人傳說您的中風病又發作了，誰想到貴體竟病成了這個樣子！」司馬懿假裝氣喘吁吁、上氣不接下氣地說：「我歲數大了又有病在身，看來死是早晚的事情了。這次委屈先生到并州去做刺史，并州靠近胡人，你到了那裡，要好好戒備。我恐怕再也不能見到你了，我就把我的兩個兒子司馬師、司馬昭託付給你了。」李勝糾正司馬懿說：「我是回到故鄉荊州去當刺史，不是去并州。」司馬懿故意胡言亂語似地說：「你才到并州？」李勝又重複一遍說：「我是回到故鄉荊州去當刺史。」司馬懿說：「我年紀大了，神志混亂不清，沒有聽懂先生說的話。現在先生回到本州，憑藉先生的聲望和才能，一定能為國家建立功勳。」李勝告辭之後，逕直來向曹爽報告說：「司馬懿已經是苟延殘喘，所剩下的活氣已經不多了，看樣子神魂已經離開了軀體，不值得我們憂慮了。」過了幾天，李勝又向曹爽等人淚流滿面地說：「太傅的病看來是再也治不好了，想起來也很讓人傷心。」所以曹爽等人對司馬懿不再加以防備。

何晏聽說平原人管輅精通占卜之術，就請求與管輅相見。十二月二十八日丙戌，管輅應約前往何晏府上拜見何晏，何晏就與管輅談論起《易經》來。當時鄧颺也在座，鄧颺對管輅說：「先生自認為精通《易經》，而你的言談中從來不談論占卜的事情，請問這是為什麼呢？」管輅說：「真的精通《易經》的人是不會輕易地談論《易經》的。」何晏含笑稱讚管輅說：「你的話真可稱得上是扼要，不煩瑣啊！」並趁機對管輅說：「請你試著為我算一卦，看我的官運能不能做到三公？」接著又問：「我接連夢見數十隻蒼蠅落在我的鼻子上，轟也轟不去，這是什麼徵兆呢？」管輅說：「過去八元與八凱輔佐大舜，周公輔佐周成王，他們都是以執政溫和、廣施恩惠，為人謙遜、待人恭敬，因而福壽綿長，這不是從卦象上所能看得出來的。如今您地位很高，權勢很重，然而感念您的恩德的人很少，而畏懼您的威勢的人卻很多，這恐怕不是小心求得多福的做法。還有，鼻子所在的位置叫做天中，鼻子就像是天中的一座山，俗話說居於高位而沒有危險，才能長久地保有富貴。而現在一群骯髒的蒼蠅竟然落在鼻子上，預示著居高位的要跌下來，做事輕率的要滅亡，不能不深思。希望您取出多餘的去彌補不足的，不符合禮儀的事情不要去做，然後才能夠位至三公，鼻子上的蒼蠅才能夠驅逐。」鄧颺不屑地說：「這不過是老生常談，不足信。」管輅說：「老生看見了不能生的人，常談的人看見了不能談的人。」管輅回到自己家中，將經過情形詳細地跟舅父說了一遍，管輅的舅父責備他的話說得太直切、太透徹。管輅說：「我是在跟快死的人說話，懼怕他什麼呢？」管輅的舅父非常生氣，認為管輅簡直是個瘋子。

東吳交趾、九真二郡的少數民族攻陷了城池村落，引起整個交州刺史部很大的騷動。吳主孫權任命衡陽督軍都尉陸胤為交州刺史、安南校尉。陸胤來到交州後，向當地百姓大力宣揚朝廷的恩德和誠信，於是那些參與謀亂的五萬多戶少數民族又重新歸順了吳國，交州境內很快又恢復了安定。

魏國太傅司馬懿暗中與他的兒子中護軍司馬師、散騎常侍司馬昭密謀除掉大將軍曹爽。

嘉平元年（己巳　西元二四九年）

春，正月甲午❶，帝謁高平陵❷，大將軍爽與弟中領軍羲、武衛將軍訓、散騎常侍彥皆從。太傅懿以皇太后令，閉諸城門，勒兵據武庫❸，授兵出屯洛水浮橋❹。召司徒高柔假節行大將軍事❺，據爽營❻；太僕王觀❼行中領軍事❽，據羲營。因奏爽罪惡❾於帝曰：「臣昔從遼東還❿，先帝⓫詔陛下、秦王及臣升御牀⓬，把臣臂，深以後事為念⓭。臣言『太祖、高祖亦屬臣以後事⓮，此自陛下所見⓯，無所憂苦⓰。萬一有不如意，臣當以死奉明詔。』今大將軍爽背棄顧命⓱，敗亂國典，內則僭擬⓲，外則專權，破壞諸營，盡據禁兵，羣官要職，皆置所親，殿中宿衛，易以私人，根據盤互⓳，縱恣日甚。又以黃門張當為都監⓴，伺察至尊，離間二宮㉑，傷害骨肉，天下洶洶，人懷危懼。陛下便為寄坐㉒，豈得久安！此非先帝詔陛下及臣升御牀之本意也。臣雖朽邁㉓，敢忘往言㉔？太尉臣濟等皆以爽為有無君之心，兄弟不宜典兵宿衛，奏永寧宮㉕，皇太后令敕臣如奏施行。臣輒敕主者及黃門令㉖罷爽、羲、訓吏兵，以侯就第㉗，不得逗留，以稽車駕㉘。敢有稽留，便以軍法從事！臣輒力疾㉙將兵屯洛水浮橋，伺察非常。」爽得懿奏事，不通㉚，迫窘不知所為，留車駕宿伊水㉛南，伐木為鹿角㉜，發屯田兵㉝數千人以為衛。

懿使侍中㉞高陽許允及尚書陳泰㉟說爽，宜早自歸罪㊱。又使爽所信殿中校尉尹大目㊲謂爽，唯免官而已，以洛水為誓。泰，羣之子也。

初，爽以桓範鄉里老宿㊳，於九卿中特禮之，然不甚親也。及懿起兵，以太后令召範，欲使行中領軍。範欲應命，其子止之曰：「車駕在外，不如南出㊴。」範乃出。至平昌城門㊵，城門已閉。門候司蕃㊶，故範舉吏也。範舉手中版㊷以[1]示之，矯曰：「有詔召我，卿促開門！」蕃欲求見詔書，範呵之曰：「卿非我故吏邪，何以敢爾？」乃開之。範出城，顧謂蕃曰：「太傅圖逆，卿從我去！」蕃徒行不能及，遂避側㊸。懿謂蔣濟曰：「智囊往矣！」濟曰：「範則智矣，然駑馬戀棧豆㊹，爽必不能用也。」

範至，勸爽兄弟以天子詣許昌㊺，發四方兵以自輔。爽疑未決。範謂羲曰：「此事昭然，卿用讀書何為邪！於今日卿等門戶，求貧賤復可得乎㊻！且匹夫質一人(47)，尚欲望活；卿與天子相隨，令於天下，誰敢不應也！」俱不言。範又謂羲曰：「卿別營(48)近在闕南(49)，洛陽典農治在城外(50)，呼召如意(51)。今詣許昌，不過中宿(52)，許昌別庫(53)，足相被假(54)，所憂當在穀食，而大司農印章在我身。」羲兄弟默然不從。自甲夜(55)至五鼓(56)，爽乃投刀於地曰：「我亦不失作富家翁！」範哭曰：「曹子丹(57)佳人(58)，生汝兄弟，犢(59)耳！何圖今日坐汝等族滅(60)也！」爽乃通懿奏事，白帝(61)下詔免己官，奉帝還宮。爽兄弟歸家，懿發洛陽吏卒圍守之。四角作高樓，令人在樓上察視爽兄弟舉動。爽挾彈(62)到後園中，樓上人[2]便唱言：「故大將軍東南行！」爽愁悶不知為計。

戊戌(63)，有司奏黃門張當私以所擇才人與爽，疑有姦。收當付廷尉(64)考實，辭云「爽與尚書何晏、鄧颺、丁謐、司隸校尉(65)畢軌、荊州刺史李勝等陰謀反逆，須(66)三月中發。」於是收爽、羲、訓、晏、颺、謐、軌、勝并桓範皆下獄，劾以大逆不道，與張當俱夷三族(67)。

初，爽之出也，司馬(68)魯芝留在府(69)，聞有變，將營騎斫津門出赴爽(70)。及爽解印綬將出(71)，主簿(72)楊綜止之曰：「公挾主握權，捨此以至東市(73)乎？」有司奏收芝、綜治罪，太傅懿曰：「彼各為其主也，宥之。」頃之，以芝為御史中丞，綜為尚書郎。

魯芝將出，呼參軍[74]辛敞欲與俱去。敞，毗之子也，其姊憲英為太常[75]羊耽妻，敞與之謀曰：「天子在外，太傅閉城門，人云將不利國家，於事可得爾乎[76]？」憲英曰：「以吾度之，太傅此舉，不過以[3]誅曹爽耳。」敞曰：「然則事就乎[77]？」憲英曰：「得無殆就[78]，爽之才非太傅之偶[79]也。」敞曰：「然則敞可以無出乎？」憲英曰：「安可以不出！職守，人之大義也。凡人在難，猶或卹[80]之；為人執鞭[81]而棄其事，不祥莫大焉。且為人任，為人死，親昵之職也[82]，從眾而已。」敞遂出。事定之後，敞歎曰：「吾不謀於姊，幾不獲於義[83]！」

先是，爽辟王沈及太山羊祜[84]，沈勸祜應命。祜曰：「委質事人，復何容易[85]！」沈遂行。及爽敗，沈以故吏免，乃謂祜曰：「吾不忘卿前語。」祜曰：「此非始慮所及也。」

爽從弟文叔妻夏侯令女[86]早寡而無子，其父文寧欲嫁之。令女刀截兩耳以自誓，居常依爽。爽誅，其家上書絕昏[87]，強迎以歸，復將嫁之。令女竊入寢室，引刀自斷其鼻，其家驚惋，謂之曰：「人生世間，如輕塵棲弱草耳，何至自苦乃爾！且夫家夷滅已盡，守此欲誰為哉！」令女曰：「吾聞仁者不以盛衰改節，義者不以存亡易心。曹氏前盛之時，尚欲保終[88]；況今衰亡，何忍棄之！此禽獸之 [4] 行，吾豈為乎！」司馬懿聞而賢之，聽使乞子字養[89]為曹氏後。

何晏等方用事，自以為一時才傑，人莫能及。晏嘗為名士品目[90]曰：「『唯深也故能通天下之志[91]』，夏侯泰初[92]是也。『唯幾也故能成天下之務[93]』，司馬子元[94]是也。『唯神也不疾而速，不行而至[95]』，吾聞其語，未見其人。」蓋欲以神況諸己[96]也。

選部郎[97]劉陶，曄之子也，少有口辯，鄧颺之徒稱之以為伊、呂。陶嘗謂傅玄[98]曰：「仲尼不聖[99]。何以知之？智者於羣愚，如弄一丸於掌中，而不能得天下，何以為聖？」玄不復難[100]，但語之曰：「天下之變無常也，今見卿窮[101]。」及曹爽敗，陶退居里舍，乃謝其言之過。

管輅之舅謂輅曰：「爾前何以知何、鄧之敗？」輅曰：「鄧之行步，筋不束骨，脈不制肉，起立傾倚，若無手足，此為鬼躁[102]。何之視候則魂不守宅，血不華色，精爽煙浮[103]，容若槁木，此為鬼幽[104]。二者皆非遐福之象[105]也。」

何晏性自喜[106]，粉白不去手，行步顧影。尤好老、莊之書，與夏侯玄、荀粲及山陽王弼[107]之徒，競為清談，祖尚虛無，謂六經為聖人糟粕[108]。由是天下士大夫爭慕效之，遂成風流，不可復制焉。粲，彧之子也。

丙午[109]，大赦。○丁未[110]，以太傅懿為丞相，加九錫[111]。懿固辭不受。

初，右將軍夏侯霸為曹爽所厚，以其父淵死於蜀[112]，常切齒有報仇之志，為討蜀護軍，屯於隴西[113]，統屬征西[114]。征西將軍夏侯玄，霸之從子，爽之外弟也。爽既誅，司馬懿召玄詣京師，以雍州刺史郭淮代之。霸素與淮不叶[115]，以為禍必相及，大懼，遂奔漢。漢主謂曰：「卿父自遇害於行間[116]耳，非我先人之手刃也。」遇之甚厚。姜維問於霸曰：「司馬懿既得彼政，當復有征伐之志不？」霸曰：「彼方營立家門[117]，未遑外事。有鍾士季[118]者，其人雖少，若管朝政，吳、蜀之憂也。」士季者，鍾繇之子尚書郎會也。

三月，吳左大司馬朱然卒。然長不盈七尺，氣候分明[119]，內行脩潔。終日欽欽[120]，常[5]若在戰場[121]，臨急膽定，過絕於人。雖世無事，每朝夕嚴鼓[122]，兵在營者，咸行裝就隊[123]。以此玩敵[124]，使不知所備，故出輒有功。然寢疾增篤[125]，吳主晝為減膳，夜為不寐，中使醫藥口食之物[126]，相望於道。然每遣使表疾病消息，吳主輒召見，口自問訊，入賜酒食，出賜布帛。及卒，吳主為之哀慟。

夏，四月乙丑[127]，改元[128]。

曹爽之在伊南也，昌陵景侯蔣濟[129]與之書，言太傅之旨，不過免官[130]而已。爽誅，濟進封都鄉侯[131]。上疏固辭，不許。濟病其言之失[132]，遂發病，丙子[133]，卒。

秋，漢衛將軍[134]姜維寇雍州，依麴山[135]築二城，使牙門將句安、李歆[136]等守之，聚羌胡質任[137]，侵偪諸郡。征西將軍郭淮與雍州刺史陳泰禦之。泰曰：「麴城雖固，去蜀險遠，當須運糧，羌夷患維勞役，必未肯附。今圍而取之，可不血刃而拔其城。雖其有救，山道阻險，非行兵之地也。」淮乃使泰率討蜀護軍徐質[138]、南安太守鄧艾[139]進兵圍麴城，斷其運道及城外流水。安等挑戰，不許，將士困窘，分糧聚雪以引日月[140]。維引兵救之，出自牛頭山[141]，與泰相對。泰曰：「兵法貴在不戰而屈人[142]。今絕牛頭[143]，維無反道，則我之禽也。」敕諸軍各堅壘[144]勿與戰，遣使白淮，使淮趣[145]牛頭截其還路。淮從之，進軍洮水[146]。維懼，遁走，安等孤絕，遂降。淮因西擊諸羌。

鄧艾曰：「賊去未遠，或能復還，宜分諸軍以備不虞。」於是留艾屯白水[147]北。三日，維遣其將廖化[148]自白水南向艾結營[149]。艾謂諸將曰[6]：「維今卒還[150]，吾軍人少，法當來渡[151]。而不作橋，此維使化持吾[152]令不得還，維必自東襲取洮城[153]。」洮城在水北，去艾屯六十里，艾即夜潛軍徑到。維果來渡，而艾先至據城，得以不敗。漢軍遂還。

兗州刺史令狐愚(154)，司空王淩之甥也，屯於平阿(155)，甥舅並典重兵，專淮南之任(156)。淩與愚陰謀，以帝闇弱，制於彊臣，聞楚王彪(157)有智勇，欲共立之，迎都許昌。九月，愚遣其將張式至白馬(158)，與楚王[7]相聞(159)。淩又遣舍人勞精(160)詣洛陽，語其子廣，廣曰：「凡舉大事，應本人情。曹爽以驕奢失民，何平叔(161)虛華不治(162)，丁、畢、桓、鄧雖並有宿望(163)，皆專競於世(164)。加變易朝典，政令數改，所存(165)雖高而事不下接(166)，民習於舊，眾莫之從。故雖勢傾四海，聲震天下，同日斬戮，名士減半；而百姓安之，莫之或哀，失民故也。今司馬懿情雖難量，事未有逆，而擢用賢能，廣樹勝己，脩先朝之政令，副眾心之所求。爽之所以為惡者，彼莫不必改(167)，夙夜匪懈(168)，以恤民為先，父子兄弟，並握兵要，未易亡也。」淩不從。

冬，十一月，令狐愚復遣張式詣楚王，未還，會愚病卒。

十二月辛卯(169)，即拜王淩為太尉(170)。○庚子(171)，以司隸校尉孫禮(172)為司空。

光祿大夫徐邈卒。邈以清節(173)著名，盧欽(174)嘗著書稱邈曰：「徐公志高行潔，才博氣猛(175)，其施之也，高而不狷(176)，潔而不介(177)，博而守約(178)，猛而能寬。聖人以清[179]為難，而徐公之所易也。」或問欽：「徐公當武帝[180]之時，人以為通[181]；自為涼州[182]刺史，及還京師，人以為介[183]，何也？」欽答曰：「往者毛孝先、崔季珪用事[184]，貴清素之士，于時皆變易車服[185]，以求名高，而徐公不改其常，故人以為通。比來天下奢靡，轉相倣傚，而徐公雅尚自若[186]，不與俗同。故前日之通，乃今日之介也。是世人之無常，而徐公之有常也。」欽，毓[187]之子也。

二年（庚午　西元二五〇年）

夏，五月，以征西將軍郭淮為車騎將軍。

初，會稽[188]潘夫人有寵於吳主，生少子亮，吳主愛之。全公主[189]既與太子和[190]有隙[191]，欲豫自結[192]，數稱亮美，以其夫之兄子尚[193]女妻之。吳主以魯王霸[194]結朋黨以害其兄，心亦惡之，謂侍中孫峻[195]曰：「子弟不睦，臣下分部[196]，將有袁氏之敗[197]，為天下笑。若使一人[198]立者，安得不亂乎？」遂有廢和立亮之意，然猶沈吟[199]者歷年。峻，靜[200]之曾孫也。

秋，吳主遂幽[201]太子和。驃騎將軍朱據[202]諫曰：「太子，國之本根；加以雅性[203]仁孝，天下歸心。昔晉獻用驪姬而申生不存[204]，漢武信江充而戾太子冤死[205]。臣竊懼太子不堪其憂[206]，雖立思子之宮[207]，無所復及矣！」吳主不聽。據與尚書僕射[208]屈晃率諸將吏泥頭自縛[209]，連日詣闕請和[210]。吳主登白爵觀[211]，見甚惡之，敕據、晃等「無事怱怱[212]！」無難督陳正、五營督陳象[213]各上書切諫，據、晃亦固諫不已。吳主大怒，族誅正、象。牽據、晃入殿，據、晃猶口諫，叩頭流血，辭氣不撓。吳主杖之各一百，左遷據為新都郡丞[214]，晃斥歸田里，羣司[215]坐諫誅放者以十數。遂廢太子和為庶人，徙故鄣[216]，賜魯王霸死。殺楊竺，流其尸於江，又誅全寄、吳安、孫奇，皆以其黨霸[217]譖和[218]故也。初，楊竺少獲聲名，而陸遜[219]謂之終敗，勸竺兄穆令與之別族[220]。及竺敗，穆以數諫戒竺得免死。朱據未至官，中書令孫弘[221]以詔書追賜死。

冬，十月，廬江[222]太守譙郡[8]文欽[223]偽叛，以誘吳偏將軍朱異[224]，欲使異自將兵迎己。異知其詐，表吳主，以為欽不可迎。吳主曰：「方今北土未一，欽欲歸命[225]，宜且迎之。若嫌其有譎[226]者，但當設計網以羅之，盛重兵以防之耳。」乃遣偏將軍呂據[227]督二萬人與異并力至北界，欽果不降。異，桓之子。據，範之子也。

十一月，大利景侯孫禮[228]卒。○吳主立子亮為太子。○吳主遣軍十萬作堂邑、塗塘[229]以淹北道[230]。

十二月甲辰(231)，東海定王霖(232)卒。征南將軍(233)王昶(234)上言：「孫權流放良臣(235)，適庶分爭(236)，可乘釁(237)擊吳。」朝廷從之，遣新城(238)太守南陽州泰(239)襲巫、秭歸(240)，荊州刺史王基向夷陵(241)。昶向江陵(242)，引竹絙(243)為橋，渡水擊之。吳大將施績(244)夜遁入江陵，昶欲引致平地與戰，乃先遣五軍按大道發還(245)，使吳望見而喜；又以所獲鎧馬甲首環城(246)以怒之，設伏兵以待之。績果來追，昶與戰，大破之，斬其將鍾離茂、許旻。

漢姜維復寇西平(247)，不克。

【章旨】以上為第二段，寫邵陵厲公嘉平元年（西元二四九年）、嘉平二年共兩年間的大事，主要寫了魏曹爽、曹羲等人陪皇帝出都城謁陵，司馬懿閉城門發動政變；桓範勸曹爽擁皇帝據許昌以討司馬氏，曹爽不聽，遂使司馬懿輕易地誅滅曹黨，置皇帝於掌握之中；寫了王淩、令狐愚等圖謀擁立楚王曹彪的一些活動；寫了蜀將姜維進攻魏國雍州不勝而還；寫了吳主孫權廢掉太子孫和，改立幼子孫亮，群臣勸諫而遭殺戮的荒悖情景；寫了魏將王昶等進擊吳國，大破吳軍於長江中游的一些勝利。

【注釋】❶正月甲午　正月初六。❷高平陵　魏明帝曹叡的陵墓，在洛陽城南的太石山上，距洛陽城九十里。❸勒兵據武庫　調兵佔領了武庫。勒，控制；調集。武庫，國家的武器倉庫。❹洛水浮橋　洛陽城宣陽門南洛水上的浮橋。❺假節行大將軍事　授予旌節使其代行大將軍的職務，意即已將曹爽免職。魏晉時期，朝廷派人出任某要職，總要授予旌節，分三級：最高者稱「使持節」；其次稱「持節」；再其次稱「假節」。不同級別的使者有不同的生殺權力。行，臨時代理。❻據爽營　佔據了曹爽的大將軍軍營。❼太僕王觀　太僕是九卿之一，為皇帝掌管車馬，出門時為皇帝趕車。王觀，傳見《三國志》卷二十四，與高柔等都是司馬懿的親信。❽行中領軍事　代理中領軍的職務，意即已將曹義罷職。❾奏爽罪惡　上書啟奏曹爽的「罪惡」。當時的皇帝曹芳正與曹爽在一起。❿昔從遼東還　魏明帝景初二年（西元二三八年），司馬懿曾率兵到遼東討伐公孫淵。遼東是魏郡名，郡治襄平，即今遼寧遼陽。⓫先帝　指明帝曹叡。⓬詔陛下秦王及臣升御牀　秦王，指曹洵。御牀，御座。⓭深以後事為念　曹叡與司馬懿、曹芳、曹洵等之憂慮後事，見本書卷七十四魏明帝景初二年。⓮太祖高祖亦屬臣以後事　太祖指曹操。高祖指曹丕。屬，同「囑」。託付。按，司馬懿曾被文帝曹丕所信任、器重，而曹操則並未以後事囑託司馬懿，此司馬懿連矇帶騙，藉以自重。⓯此自陛下所見　這都是陛下您所見過的。此陛下指明帝曹叡。⓰無所憂苦　意即不必擔心。⓱背棄顧命　背棄明帝曹叡臨死前的囑託。⓲僭擬　行動作為超越本分，和皇帝的排場相同。⓳根據盤互　猶言盤根錯節。⓴都監　宮廷諸事的總管。㉑離間二宮　挑撥皇帝曹芳和郭太后的關係。㉒便為寄坐　即使想當一個不管事的傀儡。便，即使。寄坐，借個地方坐坐。㉓朽邁　年老衰朽。㉔敢忘往言　我能夠忘了當年說過的話嗎。㉕永寧宮　此處借指郭太后。㉖臣輒敕主者及黃門令　我已經打發主管該事務的太監。輒，立即。主者，主管該項事務的人。黃門令，太監頭領，主管宮中諸宦官。㉗以侯就第　以侯爵的身分回家閒居。㉘以稽車駕　指扣留皇帝，令其不得回宮廷。稽，滯留。㉙力疾　勉強支撐著病體。㉚不通　不上呈皇帝曹芳。㉛伊水　發源於河南盧氏熊耳山東北，流經嵩陽、伊陽，經洛陽南入洛水。㉜鹿角　把樹枝削尖，立著埋在地上，用以阻止敵人前進。因為它的形狀像鹿頭上的角，故稱其為鹿角。㉝屯田兵　時各地都有士兵屯田，洛陽附近也有。㉞侍中　皇帝身邊的侍從人員，以備參謀、顧問。㉟尚書陳泰　尚書是為皇帝主管文書檔案的官員，級別不高，但權力很大。陳泰是陳羣之子。事跡見《三國志》卷二十二。㊱歸罪　意同自首，到朝廷認罪伏法。㊲殿中校尉尹大目　殿中校尉掌管宮廷中的衛兵，上屬光祿勳。尹大目的事跡詳見《三國志》卷九及卷二十八。㊳鄉里老宿　同鄉的德高望重的老人。桓範是沛國人，曹氏是譙郡人。譙、沛兩郡相連，故稱「鄉里」。㊴南出　投奔皇帝曹芳。㊵平昌城門　洛陽城南面的西數第三門。㊶門候司蕃　守城門的官員姓司名蕃。㊷手中版　手裡所拿的像是寫有詔令的木版。㊸避側　躲避在道路旁。㊹駑馬戀棧豆　劣馬貪戀食槽裡的豆子，比喻曹爽捨不得家室、財物。棧，牲口棚。㊺許昌　潁川郡的郡治所在地，在今河南許昌東。㊻求貧賤復可得乎　意謂倘若鬥爭失敗，必當滅門，想回家過貧民生活也是不可能的。㊼質一人　劫持一個人做人質。㊽別營　指中領軍部下的另一支軍隊。當時司馬懿已派王觀行中領軍事，掌握了城裡的軍隊，而城外的一部分還在曹羲手中。㊾闕南　宮門之南，這裡即指洛陽城南。㊿洛陽典農治在城外　洛陽的典農中郎將與典農都尉的辦事機構都在城外。治，治所；辦事機構。(51)呼召如意　只要您喊他們，他們都會應聲而到。(52)中宿　隔兩個夜晚就能到達。(53)許

昌別庫　國家設置在許昌的貯藏鎧甲軍械的倉庫，與京城的武庫相對而言，故稱「別庫」。(54)足相被假　足夠把一支龐大軍隊裝備起來。被假，猶言「裝備」。(55)甲夜　夜有五更，一更叫甲夜。(56)五鼓　即五更，天已亮。(57)曹子丹　即曹真，字子丹，曹爽等人之父。(58)佳人　一代英雄。(59)㹠犢　㹠，同「豚」。小豬。犢，小牛。(60)坐汝等族滅　將跟著你們一道被滅族。(61)白帝　向皇帝稟請。(62)挾彈　帶著彈弓。(63)戊戌　正月初十。(64)廷尉　九卿之一，主管全國刑獄。(65)司隸校尉　官名，負責察舉百官並兼任首都所在州（稱司隸）的長官。(66)須　等待。(67)夷三族　滅掉三族。三族指父族、母族、妻族。或曰指父族、己族、子族。(68)司馬　大將軍屬下的司馬官，在軍中主管司法。(69)留在府　留守在大將軍府。(70)斫津門出赴爽　砍開津門逃奔曹爽。津門是洛陽南出的西頭第一門。(71)將出　離開軍隊回家。(72)主簿　大將軍屬下主管文書事務的長官。(73)東市　漢代名臣鼂錯被斬於東市，後人遂常用「東市」代指斬人的刑場。(74)參軍　大將軍屬下的參謀人員。(75)太常　九卿之一，掌禮儀祭祀。(76)可得爾乎　能夠這樣地辦事嗎。(77)事就乎　事情能夠成功嗎。(78)得無殆就　看來是可以成功的。得無，當時口語，表示推測。(79)非太傅之偶　不是司馬懿的對手。(80)卹　憂慮；援助。(81)為人執鞭　執鞭意即駕馬，此處指「當人家的僚屬」。(82)為人任三句　典出《左傳》：「晏子曰：『君為社稷死則死之，若為己死，非其私暱，誰敢任之！』」這裡的意思是：受人信任，隨之同死，那是他們親信者的義務，你不必如此。(83)幾不獲於義　差點使自己的行為不合於道義。(84)辟王沈及太山羊祜　聘請王沈與羊祜為其僚佐。王沈字處道，號文籍先生，曾任侍中。事見《三國志》卷四及卷二十八。羊祜字叔子，泰山南城（今山東費縣西南）人。太山，即「泰山」。羊祜為名士蔡邕的外甥，司馬師的妻弟。魏末任相國從事中郎，入晉後歷任顯職。傳見《晉書》卷三十四。(85)委質事人二句　委身給某家權貴當僚屬，是一件應三思而行的大事。(86)夏侯令女　姓夏侯，名令女。(87)絕昏　斷絕婚姻關係。昏，通「婚」。(88)保終　依之以終老。(89)乞子字養　跟別人要個小孩來加以撫養。字，養育。(90)品目　品題評語。(91)唯深也故能通天下之志　語出《易·大傳》，意思是由於能深下功夫所以才瞭解天下大勢。(92)夏侯泰初　即夏侯玄，字泰初，當時名士。傳見《三國志》卷九。(93)唯幾也故能成天下之務　語出《易·大傳》，意思是由於能見機而行所以才完成了天下大業。幾，微；苗頭。(94)司馬子元　即司馬師，字子元，司馬懿之子。傳見《三國志》卷四。(95)唯神也不疾而速二句　語出《易·大傳》。(96)以神況諸己　以「神」比喻自己。況，比喻。(97)選部郎　官名，主管考選官員。(98)傅玄　字休奕，北地泥陽（今陝西耀縣東南）人，魏末為著作郎，撰集《魏書》、著《傅子》，今有輯本。傳見《晉書》卷四十七。(99)仲尼不聖　孔子算不上聖人。(100)難　辯駁；責問。(101)今見卿窮　很快就要看到你的狼狽相。今，即將。(102)鬼躁　相書上的術語，指筋骨輕浮軟弱。(103)精爽煙浮　精氣上飄如煙。(104)鬼幽　相書上的術語，指容顏枯槁無神。(105)皆非遐福之象　遐福，洪福。胡三省曰：「管輅之與何、鄧言也，其陳義近於古人；至答其舅論何、鄧之所以敗，則相者之說耳，何前後之相戾也！」(106)自喜　自愛；好梳妝打扮。(107)王弼　字輔嗣，山陽（今河南焦作）人，曾任魏尚書郎。注《周易》時融進老莊，開後世玄學之風。另著有《周易略例》、《老子注》、《老子指略》。事見《三國志》卷二十八。(108)謂六經為聖人糟粕　語見《莊子・養生主》。(109)丙午　正月十八。(110)丁未　正月十九。(111)九錫　皇帝對特等大臣的九種賞賜，指車馬、衣服、樂則、朱戶、納陛、虎賁、弓矢、斧鉞、秬鬯。九錫的名目各項大同小異，排列次序不一。(112)其父淵死於蜀　夏侯淵被西蜀黃忠所斬事，見本書卷六十八漢獻帝建安二十四年。(113)隴西　魏郡名，郡治襄武（今甘肅隴西）。(114)統屬征西　受征西將軍統領。(115)不叶　不和。(116)遇害於行間　死於兩軍交戰之中。(117)營立家門　建立與鞏固司馬氏家族的權力。(118)鍾士季　即鍾會，字士季。傳見《三國志》卷二十八。(119)氣候分明　容光煥發。(120)欽欽　憂思難忘的樣子。(121)常若在戰場　常常像在戰場上。(122)嚴鼓　擂鼓聚眾。(123)行裝就隊　盔甲整齊，站好隊列。(124)以此玩敵　以此迷惑敵人。(125)寢疾增篤　臥病在床，日益沉重。(126)中使醫藥口食之物　派太監為使者饋送藥品及食物。(127)四月乙丑　四月初八。(128)改元　曹爽被誅後，曹芳改年號為「嘉平」。(129)昌陵景侯蔣濟　蔣濟被封為昌陵侯，景字是其死後的謚。(130)不過免官　對曹爽的處置不過罷官而已，不至於死。(131)都鄉侯　二等侯爵。蔣濟原先封昌陵亭侯，是三等侯爵。(132)病其言之失　指誤信司馬懿的保證，騙曹爽交出兵權。(133)丙子　四月十九。(134)衛將軍　高級武官名，地位僅低於大將軍、驃騎將軍。(135)麴山　軍事要地，位於雍州西南界，祁山的西面。約在今甘肅岷縣東一百里處。(136)牙門將句安李歆　牙門將是武官名，主管營門守衛。句安、李歆，二將之名。(137)聚羌胡質任　脅迫扣有人質的羌、胡諸少數民族。(138)討蜀護軍徐質　徐質時任討蜀護軍之職。(139)南安太守鄧艾　南安是魏郡名，郡治獂道（今陝西隴西縣東南）。鄧艾字士載，魏國名將，義陽棘陽（今河南新野東北）人。傳見《三國志》卷二十八。(140)分糧聚雪以引日月　分配糧秣、聚集雪水勉強堅持。引，延。(141)牛頭山　約在今甘肅岷縣南。(142)不戰而屈人　《孫子兵法》：「百戰百勝，非善之善者也；不戰而屈人之兵，善之善者也。」(143)絕牛頭　掐斷牛頭山蜀軍的退路。(144)堅壘　固守城堡。(145)趣　同「趨」。奔赴。(146)洮水　源於西傾山北側，東流至岷縣，北折入湟水。(147)白水　即白龍江，也稱白水江。發源於甘肅臨潭西南的西傾山，東南流經岷縣、武都、文縣，入四川境內。白水北，指今文縣一帶。(148)廖化　西蜀名將。傳見《三國志》卷四十五。(149)向艾結營　面對鄧艾的軍隊紮下營寨。(150)卒還　突然回軍。卒，通「猝」。突然。(151)法當來渡　按常規應當渡河來攻。(152)持吾　拖住我們。(153)洮城　即今甘肅臨洮。(154)兗州刺史令狐愚　兗州是魏州名，州治康丘，在今山東鄄城東北。令狐愚，姓令狐名愚。事跡見《三國志》卷二十八。(155)平阿　魏縣名，縣治在今安徽懷遠西南。(156)專淮南之任　意即獨當淮南地區與吳國的戰事。淮南指今安徽淮河以南、長江以北地區。157楚王彪　楚王曹彪，曹操的兒子。傳見《三國志》卷二十。158白馬　魏縣名，縣治在今河南滑縣東二十里。曹彪先為楚王，後改白馬王，都白馬。159相聞　互通消息。160舍人勞精　王淩的親信賓客姓勞名精。161何平叔　即何晏，字平叔。162虛華不治　只會表面功夫而沒有治世能力。163並有宿望　都有長期以來的威望。164專競於世　專門追逐名利。165所存　指主觀願望。166事不下接　指脫離實際，脫離群眾。167莫不必改　必，當作「畢」。全都。168夙夜匪懈　從早到晚毫不懈怠。匪，同「非」。169十二月辛卯　十二月初九。170即拜王淩為太尉　攜帶官印到王淩任所拜以為太尉。即，就。171庚子　十二月十八。172孫禮　司馬懿的親信，前為荊州刺史，後為司隸校尉，今又為司空。173清節　清廉而有節操。174盧欽　任尚書僕射。事見《三國志》卷二十二。175才博氣猛　博學多才，氣宇軒昂。176高而不狷　有高節而不褊急、不苛刻。177潔而不介　廉潔而不固執。178博而守約　心志廣大而行事謹慎。179清　清淨；清通。180武帝　指魏武帝曹操。181通　通達；通脫。182涼州　魏州名，州治姑臧，即今甘肅武威。183介　耿直；廉潔。184毛孝先崔季珪用事　意即毛玠、崔琰掌權。毛玠字孝先，曾任丞相東曹掾，魏國尚書僕射。曾諫阻曹操更改太子。傳見《三國志》卷十二。崔琰字季珪。185變易車服　指故意乘陋車、穿舊衣，以博得儉樸名聲。事見本書卷六十五漢獻帝建安十三年。186雅尚自若　清雅高尚像往常一樣。187毓　盧毓，字子家，魏國重臣。曾任吏部尚書、光祿勳、司空等職。封大梁鄉侯、容城侯。傳見《三國志》卷二十。188會稽　郡名，郡治山陰，今浙江紹興。189全公主　孫權的長女，孫亮之姐，嫁與吳國官僚全琮為妻。事見《三國志》卷二十九、卷五十。190太子和　孫和。傳見《三國志》卷五十九。191有隙　有矛盾。全公主與孫和有隙事見本書卷七十四正始六年。192欲豫自結　想要及早投靠孫亮。豫，通「預」。預先。193其夫之兄子尚　全尚，全琮之姪，封永平侯。傳見《三國志》卷四十八。194魯王霸　孫霸，孫權之子，被封為魯王。195孫峻　字子遠，吳郡富春（今浙江富陽）人，孫權的族孫。傳見《三國志》卷六十四。196分部　分成派系。197袁氏之敗　漢末冀州軍閥袁紹死後，其子袁尚、袁譚分立，結果被曹操分別消滅事，見本書卷六十四建安七年。198一人　指獨斷專行、孤立無援之人。199沈吟　猶豫不決的樣子。200靜　孫靜，孫堅的親兄弟，孫權之叔。201幽　軟禁關閉，不准自由行動。202朱據　孫權幼女孫魯育（孫小虎）的丈夫，封雲陽侯。傳見《三國志》卷五十七。203雅性　秉性；生來如此。204晉獻用驪姬而申生不存　晉獻公寵驪姬，驪姬為使自己的兒子為太子，挑動獻公逼死太子申生事，見《左傳》僖公四年。205漢武信江充而戾太子冤死　事見本書卷二十二漢武帝征和二年。江充，漢武帝時期的陰謀家。傳見《漢書》卷四十五。206不堪其憂　指自殺或因囚禁而死。207思子之宮　漢武帝受江充挑撥，逼死了太子，後來自己醒悟過來，後悔莫及，遂在宮中立了一個思子臺，從上面眺望戾太子的墳墓。208尚書僕射　官名，尚書令的副手，主管文書眾事，孫權的寵信之臣。209泥頭自縛　把泥塗抹在頭上，自己捆綁著雙手。210詣闕請和　到皇宮去請求寬恕太子孫和。211白爵觀　在建業宮內。212無事忽忽　不要幹這種添亂的事。忽忽，急遽的樣子。213無難督陳正五營督陳象　孫權近衛軍的兩名軍官。當時孫權曾置有左右「無難營」和「五營」。214左遷據為新都郡丞　將朱據貶為新都郡的郡丞。左遷，貶官。新都郡的郡治始新，在今浙江淳安西北。郡丞，郡太守的屬官。215羣司　各部門的官員。216故鄣　吳縣名，縣治在今浙江安吉西北。217黨霸　與孫霸勾結。218譖和　說太子和的壞話。事見本書卷七十四正始六年。219陸遜　字伯言，東吳名將，封江陵侯。傳見《三國志》卷五十八。220與之別族　斷絕關係，成為兩個不相干的家族。221中書令孫弘　中書令是為皇帝起草文件的官。孫弘的事跡見《三國志》卷十四。222廬江　魏郡名，郡治六安，在今安徽六安東北。223文欽　字仲若，魏國大將，封譙侯、山桑侯。傳見《三國志》卷二十八。224朱異　字季文，東吳將領。傳見《三國志》卷五十六。225歸命　指投降。226譎　欺詐。227呂據　東吳將領。傳見《三國志》卷五十六。228大利景侯孫禮　大利侯是孫禮的封號，景字是謚。孫禮字德達，司馬懿的親信，死前任司空。傳見《三國志》卷二十四。229作堂邑塗塘　在堂邑、塗塘一帶築壩蓄水。堂邑縣的縣治在今江蘇六合北。塗塘，即滁水的堤壩。塗，同「滁」。滁水源於安徽合肥東北，東北流至堂邑附近，南折入長江。230淹北道　淹沒北方通往建業的道路。杜佑曰：「淹北道以絕魏兵之窺建業，吳主老矣，良將多死，為自保之規摹而已。」231十二月甲辰　十二月二十七。232東海定王霖　東海王曹霖，謚曰「定」。謚法，鈍行不爽曰定；安民法古曰定。傳見《三國志》卷二十。233征南將軍　官名，當時魏國有「四征」、「四鎮」八將軍，位從公。征南將軍掌南部之征伐事。234王昶　字文舒，魏國名將，封京陵侯。傳見《三國志》卷二十七。235良臣　指朱據等人。據《晉書・五行志》記載，當時孫權意志滿盈，顧德漸衰，聽信讒言，喜好誅殺。太子孫和被廢，魯王孫霸被迫自殺，朱據被貶逐（事實上已被誅殺），陸遜憂恚而死。236適庶分爭　指孫亮擠倒故太子孫和。適，通「嫡」。237乘釁　趁機。釁，縫隙；機會。238新城　魏郡名，郡治房陵，今湖北房縣。239州泰　姓州名泰，魏國名將，曾官至征虜將軍，都督江南諸軍事。事見《三國志》卷二十八。240巫秭歸　二縣名，巫即巫縣，縣治在今重慶市巫山縣北，秭歸即今湖北秭歸。當時都屬吳國。241夷陵　吳縣名，縣治即今湖北宜昌。242江陵　當時吳國荊州的首府，在今湖北沙市西。243竹絙　用竹子擰成的繩索。244施績　因過繼給朱然為子，故亦稱朱績。傳見《三國志》卷五十六。245發還　向回撤退。246環城　指繞著江陵城四周向吳人展示。247西平　魏郡名，郡治西都，今青海西寧。

【校　記】1以　原無此字。據章鈺校，甲十六行本、乙十一行本、孔天胤本皆有此字，今據補。2人　原無此字。據章鈺校，甲十六行本、乙十一行本、孔天胤本皆有此字，今據補。③以　據章鈺校，甲十六行本無此字。④之　據章鈺校，甲十六行本、乙十一行本、孔天胤本皆作「不」，熊羅宿《胡刻資治通鑑校字記》同。⑤常　原無此字。據章鈺校，甲十六行本、乙十一行本皆有此字，今據補。⑥曰　原無此字。據章鈺校，甲十六行本、乙十一行本、孔天胤本皆有此字，張敦仁《通鑑刊本識誤》同，今據補。⑦楚王　此二字原作「彪」。據章鈺校，甲十六行本、乙十一行本皆作「楚王」，今據改。⑧譙郡　原無此二字。據章鈺校，甲十六行本、乙十一行本、孔天胤本皆有此二字，張敦仁《通鑑刊本識誤》同，今據補。

【語譯】嘉平元年（己巳　西元二四九年）

春季，正月初六日甲午，魏國皇帝曹芳到洛陽城南的高平陵祭拜自己的父親曹叡，大將軍曹爽與弟弟中領軍曹羲、武衛將軍曹訓、散騎常侍曹彥全都隨從曹芳前往。太傅司馬懿假傳皇太后的命令，將洛陽各城門全部關閉，調兵佔據了武器庫，將武器分發給士兵，然後出城據守洛水浮橋。又授予司徒高柔旌節讓他代行大將軍職務，佔據了曹爽的大將軍軍營；任命太僕王觀代為行使中領軍職務，佔據了曹羲的中領軍軍營。部署已定，然後向皇帝曹芳上書啟奏曹爽的罪惡說：「過去，我從遼東班師回朝，先帝讓陛下、秦王和我來到他的御座旁，先帝拉著我的胳膊，對自己身後之事深感憂慮。我說『太祖、高祖也將後事託付給我，這都是陛下您所親見，請不必擔心。以後萬一發生什麼不如意的事情，我會拼著一死來執行陛下英明的詔命。』如今大將軍曹爽背棄明帝臨終前的囑託，敗壞了國家的典章制度，在朝廷之內，他的行動作為超越本分，一切排場都比照皇帝，在朝廷之外，則大權獨攬、獨斷專行，既破壞了國家的軍事體制，又全部控制了禁衛部隊，文武官員中的重要職務，都安插上了他的親信，就連宮中的衛士，也都換上了他自己的人，他所編織的關係網就像叢林一樣盤根錯節，他的驕縱恣肆一天比一天厲害。他還讓宦官張當擔任宮廷諸事的總管，暗中監視陛下的一舉一動，挑撥離間陛下與皇太后母子之間的感情，傷害了至親骨肉，導致天下動盪不安，人人心懷恐懼。陛下即使想當一個不管事的傀儡，又怎麼能夠保持長久安穩！這可不是先帝將陛下和我召至御座之前接受遺詔的本意啊。我雖然年老衰朽，又怎麼敢忘記當年說過的話呢？擔任太尉的蔣濟等人都認為曹爽的心目中已經沒有了皇帝的存在，曹爽兄弟不應該再統領禁衛軍隊，奏請過永寧宮的皇太后，皇太后下詔准許我按照所奏請的執行。所以我已經打發主管該事務的太監罷免了曹爽、曹羲、曹訓的職務，解除了他們的兵權，讓他們各以侯爵的身分回家閒居，不得在外逗留，阻撓皇帝車駕返回宮中。如果膽敢阻撓皇帝車駕返宮，就要按照軍法處治他們！我勉強支撐著病體率領軍隊據守住洛水浮橋，伺機察看他們的一舉一動，以免發生意外。」曹爽看到司馬懿的奏章後，沒有馬上轉交給皇帝曹芳，但驚慌失措不知道該怎麼辦才好，只是將皇帝曹芳的車駕留住在伊水南岸，又令人砍伐樹木構築「鹿角」寨，調動洛陽周圍幾千名屯田的士兵負責擔任守衛。

司馬懿派擔任侍中的高陽人許允和擔任尚書的陳泰前往勸說曹爽，要曹爽趕緊自首，到朝廷認罪伏法。又派遣曹爽所信任的殿中校尉尹大目去告訴曹爽，只是免掉他的官職而已，並指著洛水發誓。陳泰是陳羣的兒子。

當初，曹爽因為桓範是同鄉中德高望重的老人，所以在九卿當中，對桓範特別禮敬，但關係並不親近。司馬懿發動政變，假傳皇太后的命令徵召桓範，讓他接手曹羲的中領軍職務。桓範本想接受這個任命，他的兒子阻止他說：「皇帝在洛陽城外，不如出南門去投奔皇帝。」於是桓範決定出城去追隨皇帝。當他來到平昌門的時候，城門已經關閉。負責守衛平昌門的司蕃，是桓範過去提拔起來的屬吏。桓範舉起手中所拿的像是寫有詔令的木板讓司蕃看，假傳皇帝的聖旨說：「皇帝有詔書徵召我，你快點打開城門！」司蕃想要查驗詔書，桓範大聲呵斥他說：「你難道不是我過去的屬吏嗎，怎麼敢對我如此無禮？」於是司蕃為他打開了城門。桓範出城後，回過頭來對司蕃說：「太傅司馬懿企圖謀反，你還不趕緊跟我離開這裡！」司蕃步行，無法追趕，只得避讓到路旁。太傅司馬懿對蔣濟說：「智囊去了！」蔣濟說：「桓範是智囊不假，但劣馬必定貪戀馬槽裡的那點豆子，曹爽一定不會採納桓範的計謀。」

桓範來到曹爽的大營，勸說曹爽兄弟護衛著皇帝曹芳前往許昌，然後以皇帝的名義徵調四方兵馬前來勤王。曹爽猶豫不決。桓範又對曹羲說：「這件事情的利害關係是明擺著的，你們讀了那麼多書是幹什麼用的！就憑你們現在的這種門戶地位，倘若失敗，必定被滿門抄斬，即使想要回家過貧民的生活也是不可能的了！

況且，就是一個小民百姓，為了求生還要劫持一個人做人質；而你們現在還有天子跟你們在一起，用天子的名義號令天下，誰敢不響應！」曹爽兄弟都沉默不語。桓範又對曹羲說：「你的另一支部隊就在洛陽城南，洛陽的典農中郎將與典農都尉的辦事機構都在洛陽城外，只要你呼喊他們，他們都會應聲而到。現在前往許昌，只不過隔兩個夜晚就可以到達，國家在許昌設置有貯藏鎧甲軍械的倉庫，足夠將一支龐大的軍隊武裝起來，值得憂慮的應該是糧食，而大司農的印章就帶在我的身邊。」曹羲兄弟依然沉默著拿不定主意。從一更考慮到五更，曹爽終於下定決心，他把刀往地上一扔說：「我仍然可以做一個富家翁！」桓範放聲大哭，說：「曹真一代英雄，竟然會生出你們這樣一些連笨豬蠢牛都不如的兄弟！沒想到我今天將跟著你們一道被滅族！」

曹爽於是把司馬懿的奏章呈送給皇帝曹芳，並奏請皇帝曹芳下詔罷免自己的官職，然後護擁著皇帝曹芳回到洛陽皇宮。曹爽兄弟剛回到自己的家中，司馬懿立即調動洛陽的軍隊將曹爽兄弟四周圍困起來。又在曹爽家的四角建造了高樓，派人在樓上居高臨下地監視著曹爽兄弟的一舉一動。曹爽拿著彈弓到後面的花園中，高樓上負責監視的人就大聲傳遞消息說：「故大將軍向東南方向行走！」曹爽胸中很是愁悶，卻又無計可施。

正月初十日戊戌，有關部門奏報擔任宮廷總監的張當私自挑選宮中美女送給曹爽，恐怕會有姦情。於是將張當逮捕起來交付給廷尉審問取證，張當在供詞中說「曹爽與尚書何晏、鄧颺、丁謐、司隸校尉畢軌、荊州刺史李勝等人陰謀叛亂，準備在三月中旬起事。」於是將曹爽、曹羲、曹訓、何晏、鄧颺、丁謐、畢軌、李勝以及桓範等全部逮捕下獄，然後上疏給皇帝曹芳，彈劾他們犯了大逆不道罪，將他們與張當一起，全部滅掉三族。

當初，曹爽與皇帝曹芳出城後，擔任司馬的魯芝在大將軍府留守，他聽到司馬懿政變的消息後，立即率領大將軍府的騎兵營，砍開洛陽城的津門衝出城去投奔曹爽。等到曹爽解下大將軍印綬，準備離開軍隊回家的時候，擔任主簿的楊綜阻止他說：「大將軍挾持著天子、手中握有兵權，現在你把大將軍印綬解下來，是準備到東市去送死嗎？」有關部門奏請將魯芝和楊綜逮捕治罪，太傅司馬懿說：「他們也是各為其主，就赦免了他們吧。」不久，任命魯芝為御史中丞，任命楊綜為尚書郎。

魯芝在出城之前，招呼擔任參軍的辛敞和他一起去投奔曹爽。辛敞是辛毗的兒子，他的姐姐辛憲英是太常羊耽的妻子，辛敞和他的姐姐辛憲英商量說：「現在天子在洛陽城外，太傅司馬懿關閉了城門，人們都說他將對國家不利，從對事情的分析上看，會是這樣的嗎？」辛憲英說：「據我估計，太傅司馬懿這麼做的目的，不過是為了消滅曹爽罷了。」辛敞又問：「太傅能夠成功嗎？」辛憲英說：「看來是可以成功的，因為曹爽根本不是太傅司馬懿的對手。」辛敞說：「如此的話，我是不是可以不用出城呢？」辛憲英說：「怎麼可以不出城！忠於職守，這是人生最大的道義。就是一般的人落了難，我們還要伸出手去援助他；充當人家的僚屬，而在關鍵時刻拋棄他不管，沒有比這樣做再大的不祥了。受人信任，隨之同死，那是他們親信者的義務，你不必如此，只要跟大多數人一樣就可以了。」辛敞於是出奔城外。等到事情平息下來後，辛敞感慨地說：「如果我不跟姐姐商量，差點使自己的行為不合於道義！」

早先，曹爽曾經聘請王沈和太山人羊祜為其僚佐，王沈勸說羊祜接受曹爽的聘任。羊祜說：「委身去給某家權貴當僚屬，是一件需要三思而行的事，哪能輕易就答應！」於是王沈前去應聘而羊祜留了下來。等到曹爽敗亡，王沈因為曾經是司馬懿的屬吏而免於一死，王沈對羊祜說：「我沒有忘記先生先前對我說的話。」羊祜說：「這也是當初所料想不到的。」

曹爽的堂弟曹文叔娶夏侯令女為妻，夏侯令女很早就守了寡，又沒有兒女，她父親夏侯文寧想讓她改嫁。夏侯令女用刀子割掉了自己的兩個耳朵，以表示絕不再嫁的決心，她的日常生活全部依靠曹爽的資助。曹爽被誅殺後，夏侯令女的娘家遞交了一份訴訟書，斷絕與曹家的婚姻關係，並強行將夏侯令女接回娘家，又要將她嫁出去。夏侯令女就偷偷地進入寢室，用刀子割斷了自己的鼻子，家裡人一見，又驚駭又憐憫地對她說：「人生在世，就像是一粒小小的塵埃棲息在一棵微弱的小草上，何必這樣自己害苦自己呢！再說，你丈夫的家族已經全被殺光了，你還為誰守這分貞節呢！」夏侯令女說：「我聽說有仁愛之心的人，不會因為對方的興盛和衰微而改變自己的操守，有義行的人也不會因為對方的生死存亡而改變心志。在曹氏家族興盛的時候，我就想要依之以終老；更何況現在曹氏已經衰亡，我怎麼忍心拋棄他呢！這種野獸一樣的行徑，我難道會去做嗎！」司馬懿聽說後，認為夏侯令女非常賢德，就聽任她領養了一個孩子作為曹氏的後代。

在何晏等人當權的時候，自己以為他是當代最傑出的人才，誰也趕不上他。何晏曾經為天下的名人作品題評語說：「『由於能夠深下功夫，所以才能瞭解天下的大勢』，夏侯玄就是這樣的人。『由於能夠見機而行，所以能成就天下的大業』，司馬師就是這樣的人。『因為能出神入化，所以雖然不花費力氣卻可以疾如閃電，不用走路卻可以悠然到達』，我聽說過這樣的話，卻沒有見過這樣的人。」這是何晏想把出神入化用來比喻自己罷了。

擔任選部郎的劉陶，是劉曄的兒子，他在很小的時候，就以能言善辯聞名，鄧颺這類人把他比作伊尹、呂尚。劉陶曾經對傅玄說：「孔子算不上聖人。憑什麼這樣說呢？有智慧的人面對一群愚昧的人，就像把一團泥拿在掌心裡一樣，想把它弄成什麼樣子就可以弄成什麼樣子，而孔子卻沒有得到天下，憑什麼稱他為聖人？」傅玄並沒有責難他，只是告訴他說：「天下的事情是變化無常的，我很快就能看到你的狼狽相。」等到曹爽敗亡，劉陶被免官後退居家中的時候，才認識到自己以前說過的話是多麼的錯誤。

管輅的舅父對管輅說：「你以前怎麼知道何晏、鄧颺一定會敗亡呢？」管輅解釋說：「鄧颺走路時的姿勢，肌肉鬆弛得包不住骨頭，筋脈暴露於外，不論是站立還是斜靠著，彷彿沒有手腳，就像是一灘軟泥，相書上把這種形態叫做『鬼躁』。何晏在看人的時候，眼球亂動，眼睛不敢正視，面無血色，精氣上飄如煙，形容就如同一棵枯樹，相書上管這形態叫做『鬼幽』。這兩種形態都不是長久享有洪福的面相。」

何晏一向自我欣賞，好搽胭脂抹粉，胭脂脂粉從不離手，走起路來顧影自憐。尤其喜愛老子、莊周的著作，與夏侯玄、荀粲以及山陽人王弼之輩，競相談論一些不切實際的問題，他們還崇尚虛無，認為《六經》只不過是聖人留下來的垃圾。因此，天下士大夫都很羨慕他們、爭相仿效他們，竟然成為一種風氣而無法制止了。荀粲是荀彧的兒子。

正月十八日丙午，魏國大赦天下。〇十九日丁未，魏國皇帝曹芳任命太傅司馬懿為丞相，加「九錫」。司馬懿堅決推辭不肯接受。

當初，右將軍夏侯霸特別得到曹爽的厚愛，夏侯霸因為自己的父親夏侯淵被西蜀人所殺，因此一提起蜀國，就恨得咬牙切齒，立志要為父親報仇，他擔任討蜀護軍，駐紮在隴西郡，受征西將軍統領。征西將軍夏侯玄，是夏侯霸的姪子，又是曹爽的表弟。曹爽被誅滅以後，司馬懿將夏侯玄召回京師洛陽，而任命雍州刺史郭淮接替夏侯玄為征西將軍。夏侯霸一向與郭淮不和，認為大禍即將臨頭，非常恐懼，於是就投降了蜀漢。蜀漢後主劉禪對夏侯霸說：「你父親是在戰場上被殺死的，並不是我父親親手所殺。」對他很是厚愛。姜維向夏侯霸詢問說：「司馬懿已經控制了魏國的政權，他還有沒有征討蜀國、吳國的志向呢？」夏侯霸說：「他剛剛建立起司馬氏家族的權力，一時之間恐怕還沒有餘力對外用兵。但魏國有一個人叫鍾士季，雖然他還很年輕，如果有朝一日他掌握了國家權力，那可是東吳與蜀漢的心腹大患。」鍾士季，就是鍾繇的兒子、擔任尚書郎的鍾會。

三月，東吳左大司馬朱然去世。朱然身高不足七尺，卻容光煥發，他的品行端正、操守高潔。整天憂思國事，常常像是在戰場上一樣，面對危急情況，沉著鎮定，膽識過人。雖然國家太平無事，但每天早晚照常擂鼓聚眾，凡是在軍營中的士兵，都要盔甲整齊，站好隊列。以此迷惑敵人，使敵人無法知道他什麼時候會採取行動，因而無法防備，所以朱然每次出征都能取得勝利。朱然臥病在床，病勢一天比一天加重，吳主孫權為此愁得白天吃不好飯，夜裡睡不穩覺，從宮中派出饋送藥品及食物的宦官使者絡繹不絕於道路。朱然每次派人入宮報告病情，孫權都立刻召見，親自詢問病情，並賞賜給朱然使者酒食，使者離開的時候又賞賜給他們布匹綢緞。等到朱然逝世，吳主孫權非常哀慟。

夏季，四月初八日乙丑，魏國改年號為「嘉平」。

當司馬懿發動政變，曹爽挾持魏帝曹芳駐紮在伊水南岸的時候，昌陵景侯蔣濟上書給曹爽，傳達太傅司馬懿的旨意，說對曹爽的處置不過罷免他的官職而已。等到曹爽被誅，蔣濟被封為都鄉侯。蔣濟上書堅決推辭，但得不到批准。蔣濟對自己當初誤信司馬懿的保證，欺騙曹爽交出兵權之事感到非常悔恨，並因此引發疾病，於四月十九日丙子含恨去世。

秋季，蜀漢衛將軍姜維率軍攻打魏國的雍州，姜維在緊靠麴山的地方修築了兩座城池，派負責守衛營門的牙門將句安、李歆等人分別據守，脅迫扣有人質的羌、胡諸少數民族一起向魏國各郡侵略逼近。魏國征西將軍郭淮與雍州刺史陳泰共同抵禦蜀軍的入侵。陳泰說：「麴城雖然修築得很堅固，但距離蜀國路途遙遠又道路艱險難行，必須依靠長途運送糧食，而那些羌人、胡人厭恨姜維脅迫他們服勞役，因此必定不是心甘情願歸附蜀國。如果我們將麴城包圍起來進行攻取，可以兵不血刃將其攻克。即使他們有援軍，因為山路崎嶇險阻，不適合大部隊行動。」郭淮於是派陳泰率領討蜀護軍徐質、南安太守鄧艾進兵包圍麴城，切斷了蜀軍的運糧通道和城外水源。句安等率軍向魏軍挑戰，而魏軍緊閉營門，就是不出來交戰，守衛麴城的蜀軍將士陷入困境，只好分配糧秣、聚集雪水勉強堅持。姜維親自率領軍隊前來救援，軍隊出了牛頭山，就與雍州刺史陳泰所率魏軍對峙起來。陳泰說：「兵法把不用經過戰鬥就能使敵人屈服看作是軍事行動中的最好辦法。現在我們斷絕牛頭山蜀軍的退路，姜維沒有了退路，必定被我軍擒獲。」於是陳泰下令各軍固守營壘，不得與蜀軍交戰，又派遣使者去稟報郭淮，請郭淮火速率軍奔赴牛頭山截斷姜維的退路。郭淮聽從了陳泰的建議，率軍向洮水進軍。姜維心中恐懼，率軍逃走，句安等孤軍無援，於是投降了魏國。郭淮乘勝向西進軍攻打各羌人部落。

鄧艾說：「蜀國姜維的軍隊走得並不太遠，有可能再回來，應該留下一部分軍隊以防出現意外。」於是將鄧艾留下來駐守在白水北岸。三天後，姜維派遣手下將領廖化在白水南岸面對鄧艾的軍隊紮下營寨。鄧艾對諸將說：「姜維現在派遣廖化突然回軍白水，現在我軍人少，按照常規，蜀軍應該渡過白水河前來攻打。而現在蜀軍並不架橋，而是在對面紮下營寨，這一定是姜維想讓廖化拖住我們，使我們不能回軍，而姜維必定親率大軍向東去攻取洮城。」洮城在洮水北岸，距離鄧艾屯軍之處只有六十里，鄧艾在當天夜裡悄悄地率軍逕直奔向洮城。姜維果然渡過洮水來攻取洮城，而鄧艾已經搶先佔據了洮城，所以洮城沒有被姜維攻破。姜維只得撤軍而回。

魏國兗州刺史令狐愚，是司空王淩的外甥，他率軍屯駐在平阿縣，外甥與舅父全都統領重兵，獨當淮南地區與吳國的戰事。王淩與外甥令狐愚密謀，認為皇帝曹芳愚昧軟弱，受制於強權大臣司馬懿，他們聞聽楚王曹彪有勇有謀，就想共同擁戴楚王為魏國皇帝，將他迎接到許昌另立朝廷。九月，令狐愚派遣屬下將領張式前往白馬縣，向楚王通報消息。王淩又派遣一個叫勞精的親信門客到洛陽去告訴自己的兒子王廣，王廣說：「凡是要辦成功一件大事，必須要順應民情。曹爽因為驕奢淫逸而失掉了民心，何晏只會做表面文章而沒有治世能力，丁謐、畢軌、桓範、鄧颺等人雖然一向以老成望重著稱，然而都專門追逐名利。再加上他們變更國家制度，屢次修改法規律令，主觀願望雖好，但脫離實際、脫離群眾，百姓習慣於舊有的社會秩序，對他們的朝令夕改感到無所適從。所以他們雖然勢力充塞於四海之內，聲威震動了全國，卻在一天之內全部被殺戮，使一時的名士一下子減少了一半；然而百姓依然安居，甚至沒有人為他們的死感到悲哀，這就是他們失掉民心的緣故。如今司馬懿內心怎麼想雖然還難於預料，但畢竟還沒有出現謀逆的跡象，而且他注意提拔選用賢能之士，廣泛地培養能力比自己更強的官員，修訂先朝舊有的政治律令，他的所作所為完全符合人民的心願。凡是曹爽所推行的弊政，司馬懿全部加以革除，他從早到晚絲毫不敢懈怠，諸事無不把體恤百姓放在首位，而且父子兄弟，都手握兵權，不容易滅亡。」王淩不肯聽從王廣的規勸。

冬季，十一月，令狐愚再次派遣張式到楚王曹彪那裡，張式還沒有回來覆命，令狐愚卻因病離開了人世。

十二月初九日辛卯，魏國皇帝曹芳就派人攜帶官印到王淩任所任命王淩為太尉。〇十八日庚子，任命司隸校尉孫禮為司空。

魏國光祿大夫徐邈去世。徐邈以清廉有節操而聞名於世，盧欽曾經在自己所著的書中稱讚徐邈說：「徐先生志向高遠行為廉潔，博學多才、氣宇軒昂，處理事務有高節而不褊急、不苛刻，行為廉潔而不固執，心志廣大而行事謹慎，要求嚴格而又寬宏大量。聖人都認為清廉最難做到，而在徐先生這裡卻顯得很容易。」有人問盧欽說：「徐先生在魏武帝曹操時期，人們都認為他為人通達；自從他擔任了涼州刺史，後來又回到京師，人們又認為徐先生為人耿介、清廉，這是為什麼呢？」盧欽回答說：「以前是毛玠、崔琰當政，那時推重清廉質樸之士，當時的人都故意乘坐簡陋的車子、穿破舊的衣服，以博取儉樸的名聲，而徐先生卻不改變常態，所以人們認為他通達。近來天下崇尚奢侈豪華，人們轉過來又紛紛仿效，而徐先生清雅高尚像往常一樣，而不肯迎合世俗風尚。所以從前的通達，就變成了今天的耿介了。這是世人的風習在改變，而徐先生的行為本身並沒有變。」盧欽，是盧毓的兒子。

二年（庚午　西元二五〇年）

夏季，五月，魏國任命征西將軍郭淮為車騎將軍。

當初，會稽郡的潘夫人很受吳主孫權的寵愛，她為孫權生了兒子孫亮，孫權對這位最小的兒子孫亮非常憐愛。孫權的長女全公主已經和太子孫和有了矛盾，就想要及早投靠孫亮，於是便多次在孫權面前稱讚孫亮如何如何好，又把丈夫哥哥的兒子全尚的女兒嫁給孫亮為妻。孫權因為魯王孫霸交結朋黨陷害自己哥哥的事情，心裡對孫霸也很厭惡，他對擔任侍中的孫峻說：「子弟不和睦，臣下又分成派系，恐怕將來袁氏家族敗亡的命運會降落在我們孫氏頭上，而遭到天下人的恥笑。如果讓一個獨斷專行、孤立無援的人為太子，天下怎麼能不亂呢？」於是產生了廢掉孫和改立孫亮為太子的想法，但還是猶豫不決了好久。孫峻，是孫靜的曾孫。

秋季，吳主孫權軟禁了太子孫和。驃騎將軍朱據勸諫孫權說：「太子，是國家的根本；更何況太子稟性仁厚、孝敬，天下人已經從心裡歸順於他。春秋時期的晉獻公因為聽信驪姬的讒言而害死太子申生，漢武帝相信江充而使戾太子劉據蒙冤而死。我很擔心太子忍受不了這種憂愁而死亡，到那時即使像漢武帝那樣建造起思子宮，也無濟於事了！」孫權根本聽不進去。朱據於是與尚書僕射屈晃率領諸多官吏把泥塗抹在頭上，自己捆綁著雙手，一連幾天到皇宮門前請求寬恕太子孫和。吳主孫權登上白爵觀，看見朱據等大臣如此，非常厭惡，就告誡朱據、屈晃等大臣說：「不要幹這種添亂的事！」此時，擔任無難督的陳正、五營督的陳象也分別上疏懇切規勸，朱據、屈晃也堅持勸諫不止。吳主孫權大怒之下，將陳正、陳象滅了族。將朱據、屈晃捆綁起來讓人牽入宮殿，朱據、屈晃仍然口頭勸諫不止，以至於用頭碰地，鮮血直流，依然據理力爭，不屈不撓。孫權於是下令將兩人各打一百棍，然後將朱據貶為新都郡丞，將屈晃貶為平民，逐回鄉里，各部門的官員受此事牽連被誅殺、流放的有好幾十人。於是孫權廢黜太子孫和，將他貶為平民，並流放到故鄣縣，又賜魯王孫霸自殺。而後殺死了楊竺，還把楊竺的屍體拋進了長江，又誅殺了全寄、吳安、孫奇等人，因為他們是孫霸的黨羽，參與了讒毀、陷害太子孫和的緣故。當初，楊竺在少年時期就享有很高的聲譽，而陸遜卻說他終將敗亡，並勸說楊竺的哥哥楊穆與他斷絕關係，另立門戶，成為兩個互不相干的家族。等到楊竺敗亡，楊穆因為曾經屢次規勸楊竺而免遭殺害。朱據在前往新都郡的途中，被中書令孫弘追上，孫弘傳達吳主孫權的命令賜朱據自殺了。

冬季，十月，魏國廬江太守譙郡文欽假裝背叛魏國，企圖引誘吳國偏將軍朱異上當，讓朱異親自率軍前來迎接自己。朱異看出這是一個騙局，就上表奏報給吳主孫權，認為不能前往迎接文欽。孫權說：「如今北方領土尚未統一，文欽既然表示願意投降東吳，就應該前去迎接。如果擔心他心懷欺詐，只須預先設計，布下羅網逮捕他，安排重兵做好防備不就可以了嗎。」於是派偏將軍呂據率領二萬人與朱異會師後前往北部邊界接應文欽，文欽果然拒絕投降。朱異，是朱桓的兒子。呂據，是呂範的兒子。

十一月，魏國大利景侯孫禮去世。〇吳主孫權立幼子孫亮為太子。〇吳主孫權調遣了十萬軍隊在堂邑、塗塘一帶修壩蓄水，以淹沒北方通往建業的道路。

十二月二十七日甲辰，魏國東海定王曹霖去世。

魏國征南將軍王昶上疏說：「孫權放逐忠良大臣，嫡子與庶子之間又互相爭鬥，可趁此機會攻打吳國。」朝廷採納了王昶的建議，於是派遣新城太守南陽人州泰襲擊吳國的巫縣、秭歸縣，派遣荊州刺史王基率軍攻打夷陵。王昶率軍攻打江陵，他命軍士將竹子擰成繩索搭建成橋樑，而後渡水攻打吳軍。吳國大將施績連夜逃入江陵城內，王昶想將施績引誘到平地交戰，於是就先派遣五支部隊沿著大道向後撤退，故意讓吳國軍隊看見，使吳軍以為有機可乘而心喜；又將所繳獲的鎧甲、戰馬等戰利品圍繞著江陵城四周向吳軍展示，以此來激怒吳軍，然後在預期會戰的地方設下埋伏等待吳軍進入圈套。施績果然率軍追趕，王昶率軍迎戰，大破東吳軍，殺死了吳軍將領鍾離茂、許旻。

蜀國姜維再次率軍進犯魏國的西平郡，沒有取勝。

三年（辛未　西元二五一年）

春，正月，王基、州泰擊吳兵，皆破之，降者數千口。

三月[1]，以尚書令司馬孚❶為司空。

夏，四月甲申❷，以王昶為征南大將軍。○壬辰❸，大赦。

太尉王淩聞吳人塞涂水❹，欲因此發兵，大嚴❺諸軍，表求討賊，詔報不聽。淩遣將軍楊弘以廢立事❻告兗州❼刺史黃華，華、弘連名以白司馬懿。懿將中軍❽乘水道討淩，先下赦赦淩罪，又為書諭❾淩，已而大軍掩至百尺❿。淩自知勢窮，乃乘船單出迎懿，遣掾王彧⓫謝罪，送印綬、節鉞⓬。懿軍到丘頭⓭，淩面縛水次⓮，懿承詔遣主簿解其縛。

淩既蒙赦，加恃舊好，不復自疑，徑乘小船欲趨懿。懿使人逆止之⓯，住船淮中⓰，相去十餘丈。淩知見外⓱，乃遙謂懿曰：「卿直以折簡召我⓲，我當敢不至邪？而乃引軍來乎！」懿曰：「以卿非肯逐折簡⓳者故也。」淩曰：「卿負⓴

我！」懿曰：「我寧負卿，不負國家。」遂遣步騎六百送淩西詣京師。淩試索棺釘㉑以觀懿意，懿命給之。五月甲寅㉒，淩行到項㉓，遂飲藥死。

懿進至壽春㉔，張式㉕等皆自首。懿窮治其事，諸相連者悉夷三族。發淩、愚冢，剖棺暴尸於所近市三日，燒其印綬、章[2]服㉖，親土埋之㉗。

初，令狐愚為白衣時，常有高志，眾人謂愚必興令狐氏。族父弘農太守邵㉘獨以為「愚性倜儻㉙，不脩德而願大，必滅我宗。」愚聞之，心甚不平。及邵為虎賁中郎將㉚，而愚仕進已多所更歷，所在有名稱㉛。愚從容㉜謂邵曰：「先時聞大人謂愚為不繼㉝，今竟云何邪？」邵熟視而不答，私謂妻子曰：「公治性度㉞猶如故也。以吾觀之，終當敗滅，但不知我久當坐之不㉟邪，將逮汝曹㊱耳。」邵沒後十餘年而愚族滅。

愚在兗州，辟山陽單固為別駕㊲，與治中㊳楊康並為愚腹心。及愚卒，康應司徒辟㊴，至洛陽，露愚陰事㊵，愚由是敗。懿至壽春，見單固，問曰：「令狐反乎？」曰：「無有。」楊康白事，事與固連，遂收捕固及家屬皆繫廷尉㊶，考實數十，固固云無有。懿錄㊷楊康，與固對相詰㊸。固辭窮，乃罵康曰：「老傭㊹！既負使君㊺，又滅我族，顧汝當活邪㊻！」康初自冀㊼封侯，後以辭頗參錯㊽，亦并斬之。臨刑，俱出獄，固又罵康曰：「老奴！汝死自分[49]耳。若令死者有知，汝何面目以行地下乎！」

詔以揚州刺史諸葛誕為鎮東將軍，都督揚州諸軍事。

吳主立潘夫人為皇后[50]，大赦，改元太元[51]。

六月，賜楚王彪死。盡錄諸王公置鄴[52]，使有司察之，不得與人交關[53]。

秋，七月壬戌[54]，皇后甄氏[55]殂。○辛未[56]，以司馬孚為太尉。

八月戊寅[57]，舞陽宣文侯[58]司馬懿卒。詔以其子衛將軍師為撫軍大將軍，錄尚書事[59]。

初，南匈奴[60]自謂其先本漢室之甥[61]，因冒姓劉氏。太祖留單于呼廚泉[62]於鄴，分其眾為五部，居并州境內。左賢王豹[63]，單于於扶羅之子也，為左部帥，部族最彊。城陽[64]太守鄧艾上言：「單于在內[65]，羌、夷失統，合散無主。今單于之尊日疏而外土之威日重[66]，則胡虜不可不深備也。聞劉豹部有叛胡，可因叛割為二國[67]，以分其勢。去卑功顯前朝[68]而子不繼業，宜加其子顯號，使居鴈門[69]。離國弱寇，追錄舊勳[70]，此御邊長計也。」又陳「羌、胡與民同處[71]者，宜以漸出之[72]，使居民表[73]，以崇廉恥之教，塞姦宄之路[74]。」司馬師皆從之。

吳立節中郎將陸抗屯柴桑[75]，詣建業[76]治病。病差[77]，當還，吳主涕泣與別，謂曰：「吾前聽用讒言，與汝父大義不篤[78]，以此負汝。前後所問[79]，一焚滅之，莫令人見也。」

是時，吳主頗寤太子和之無罪。冬，十一月，吳主祀南郊[80]還，得風疾[81]，欲召和還。全公主及侍中孫峻、中書令孫弘固爭之[82]，乃止。

吳主以太子亮幼少，議所付託，孫峻薦大將軍諸葛恪[83]可付大事。吳主嫌恪剛很自用[84]，峻曰：「當今朝臣之才，無及恪者。」乃召恪於武昌。恪將行，上大將軍呂岱[85]戒之曰：「世方多難，子每事必十思。」恪曰：「昔季文子[86]三思而後行，夫子曰：『再思可矣[87]。』今君令恪十思，明恪之劣也。」岱無以答，時咸謂之失言。

虞喜[88]論曰：「夫託以天下，至重也；以人臣行主威，至難也；兼二至而管萬機，能勝之者鮮[89]矣。呂侯，國之元者[90]，志度經遠[91]，甫[92]以『十思』戒之，而便以『示劣』見拒，此元遜之疏，機神不俱[93]者也。若因十思之義，廣諮當世之務，聞善速於雷動[94]，從諫急於風移，豈得隕身[3]殿堂，死於凶豎之刃[95]！世人奇其英辯[96]，造次[97]可觀，而哂[98]呂侯無對為陋，不思安危終始之慮[99]，是樂春藻之繁華，而[4]忘秋實之甘口也。昔魏人伐蜀，蜀人禦之，精嚴垂發[100]，而費禕方與來敏[101]對棋，意無厭倦。敏以為必能辦賊[102]，言其明略內定，貌無憂色也。況長寧以為君子臨事而懼，好謀而成[103]，蜀為蕞爾之國[104]，而方向[105]大敵，所規所圖，唯守與戰，何可矜己有餘，晏然無戚[106]？斯乃禕性之寬簡，不防細微，卒為降人郭循[5]所害[107]，豈非兆見於彼而禍成於此[108]哉！往聞長寧之甄文偉[109]，今覩元遜之逆呂侯[110]，二事體同，皆足以為世鑒也。」

恪至建業，見吳主於臥內，受詔[111]牀下，以大將軍領太子太傅[112]，孫弘領少傅[113]。詔有司諸事一統於恪，惟殺生大事，然後以聞[114]。為制羣官百司拜揖之儀[115]，各有品序[116]。又以會稽太守北海滕胤[117]為太常[118]。胤，吳主壻也。

十二月，以光祿勳[119]滎陽鄭沖[120]為司空。

漢費禕還成都，望氣者[121]云：「都邑無宰相位[122]。」乃復北屯漢壽[123]。

是歲，漢尚書令呂乂卒，以侍中[124]陳祗守尚書令。

四年（壬申　西元二五二年）

春，正月癸卯[125]，以司馬師為大將軍。

吳主立故太子和為南陽王，使居長沙[126]；仲姬子奮[127]為齊王，居武昌[128]；王夫人子休(129)為琅邪王，居虎林(130)。

二月，立皇后張氏，大赦。后，故涼州刺史既之孫，東莞太守緝(131)之女也。召緝拜光祿大夫。

吳[6]改元神鳳(132)，大赦。

吳潘后性剛戾(133)，吳主疾病，后使人問孫弘以呂后稱制故事(134)。左右不勝其虐(135)，伺其昏睡，縊殺之，託言中惡(136)。後事泄，坐死者六七人。

吳主病困(137)，召諸葛恪、孫弘、滕胤及將軍呂據、侍中孫峻入臥內，屬(138)以後事。夏，四月，吳主殂(139)。孫弘素與諸葛恪不平(140)，懼為恪所治，祕不發喪，欲矯詔(141)誅恪。孫峻以告恪。恪請弘咨事(142)，於坐中殺之，乃發喪，諡吳主曰大皇帝。太子亮即位(143)，大赦，改元建興。閏月(144)，以諸葛恪為太傅，滕胤為衛將軍，呂岱為大司馬。恪乃命罷視聽，息校官(145)，原逋責(146)，除關稅，崇恩澤，眾莫不悅。恪每出入，百姓延頸思見其狀。

恪不欲諸王處濱江兵馬之地(147)，乃徙齊王奮於豫章(148)，琅邪王休於丹陽(149)。奮不肯徙，又數越法度[7]，恪為牋以遺奮曰：「帝王之尊，與天同位，是以家天下，臣父兄(150)。仇讎有善，不得不舉；親戚有惡，不得不誅。所以承天理物(151)，先國後家[8]，蓋聖人立制，百代不易之道也。昔漢初興，多王子弟，至於大[9]彊，輒為不軌，上則幾危社稷，下則骨肉相殘，其後懲戒[152]以為大諱。自光武以來，諸王有制，惟得自娛於宮內，不得臨民[153]，干與政事，其與交通[154]，皆有重禁，遂以全安，各保福祚，此則前世得失之驗也。大行皇帝[155]覽古戒今，防牙遏萌[156]，慮於千載，是以寢疾之日，分遣諸王各早就國[157]，詔策勤渠[158]，科禁嚴峻，其所戒敕，無所不至。誠欲上安宗廟，下全諸王，各早就國，使百世相[10]承，無凶國害家之悔也[159]。大王宜上惟太伯順父之志[160]，中念河間獻王、東海王彊恭順之節[161]，下存[162]前世驕恣荒亂之王，以為警戒。而聞頃至武昌以來[163]，多違詔敕，不拘制度，擅發諸將兵治護宮室。又左右常從有罪過者，當以表聞，公付有司[164]，而擅私殺，事不明白[165]。中書楊融親受詔敕[166]，所當恭肅，乃云『正自不聽禁[167]，當如我何？』聞此之日，小大驚怪，莫不寒心。里語[168]曰：『明鑑所以照形，古事所以知今。』大王宜深以魯王[169]為戒，改易其行，戰戰兢兢，盡禮朝廷。如此，則無求不得。若棄忘先帝法教，懷輕慢之心，臣下寧負大王，不敢負先帝遺詔；寧為大王所怨疾，豈敢忘尊主之威而令詔敕不行於藩臣邪！向使[170]魯王早納忠直之言，懷驚懼之慮，則享祚無窮，豈有滅亡之禍哉！夫良藥苦口，唯病者能甘之；

忠言逆耳，唯達者能受之。今者恪等僂僂[171]，欲為大王除危殆於萌牙，廣福慶之基原，是以不自知言至[172]，願蒙三思。」王得箋，懼，遂移南昌。

初，吳大帝[173]築東興隄[174]以遏巢湖[175]，其後入寇淮南[176]，敗，以內船，遂廢不復治[177]。冬，十月，太傅恪會眾於東興[178]，更作大隄，左右結山，俠築兩城[179]，各留千人，使將軍全端守西城，都尉留略[180]守東城，引軍而還。

鎮東將軍諸葛誕言於大將軍師曰：「今因吳內侵，使文舒[181]逼江陵，仲恭[182]向武昌，以羈吳之上流[183]；然後簡精卒攻其兩城[184]，比救至，可大獲也。」是時征南大將軍王昶、征東將軍胡遵、鎮南將軍毌丘儉等各獻征吳之計。朝廷以三征[185]計異，詔問尚書傅嘏[186]。嘏對曰：「議者或欲汎舟徑濟，橫行江表[187]，或欲四道並進，攻其城壘，或欲大佃疆埸[188]，觀釁而動，誠皆取賊之常計也。然自治兵以來，出入三載，非掩襲[189]之軍也。賊之為寇，幾六十年[190]矣。君臣相保，吉凶共患；又喪其元帥[191]，上下憂危。設令列船津要[192]，堅城據險，橫行之計，其殆難捷。今邊壤之守，與賊相遠，賊設羅落[193]，又特重密[194]，間諜不行[195]，耳目無聞。夫軍無耳目，校察[196]未詳，而舉大眾以臨巨險，此為希幸徼功[197]，先戰而後求勝，非全軍之長策也。唯有進軍大佃，最差完牢[198]。可詔昶、遵等擇地居險，審所錯置[199]，及今三方一時前守[200]。奪其肥壤，使還塉土[201]，一也；兵出民表，寇鈔不犯[202]，二也；招懷近路，降附日至[203]，三也；羅落遠設，間構不來[204]，四也；賊退其守，羅落必淺[205]，佃作易立，五也；坐食積穀，士不運輸，六也；釁隙時聞，討襲速決[206]，七也。凡此七者，軍事之急務也。不據則賊擅便資[207]，據之則利歸於國，不可不察也。夫屯壘相偪，形勢已交[208]，智勇得陳，巧拙得用，策之而知得失之計，角之[209]而知有餘不足，虜之情偽，將焉所逃[210]？夫以小敵大，則役煩力竭；以貧敵富，則斂重財匱。故曰：『敵逸能勞之，飽能飢之[211]』，此之謂也。」司馬師不從。

十一月，詔王昶等三道[212]擊吳。○十二月，王昶攻南郡[213]，毌丘儉向武昌，胡遵、諸葛誕率眾七萬攻東興。甲寅[214]，吳太傅恪將兵四萬，晨夜兼行，救東興。胡遵等敕諸軍作浮橋以度，陳於堤[11]上，分兵攻兩城，城在高峻，不可卒拔[215]。諸葛恪使冠軍將軍丁奉[216]與呂據、留贊、唐咨為前部，從山西上。奉謂諸將曰：「今諸軍行緩，若賊據便地，則難以爭鋒，我請趨之。」乃辟諸軍使下道[217]，奉自率麾下三千人徑進。時北風，奉舉帆二日，即至東關，遂據徐塘[218]。時天雪，寒，胡遵等方置酒高會。奉見其前部兵少，謂其下曰：「取封侯爵賞，正在今日！」

乃使兵皆解鎧去矛戟，但兜鍪刀楯[219]，倮身緣堨[220]。魏人望見，大笑之，不即嚴兵[221]。吳兵得上，便鼓譟，斫破魏前屯[222]。呂據等繼至，魏軍驚擾散走，爭渡浮橋，橋壞絕，自投於水，更相蹈藉[223]。前部督韓綜[224]、樂安[225]太守桓嘉等皆沒，死者數萬。綜故吳叛將[226]，數為吳害，吳大帝常切齒恨之，諸葛恪命送其首以白大帝廟。獲車乘、牛馬、騾驢[12]各以千數，資器山積，振旅[227]而歸。

初，漢姜維寇西平，獲中郎將郭循[228]，漢人以為左將軍。循欲刺漢主[229]，不得親近，每因上壽，且拜且前，為左右所遏[230]，事輒不果[231]。

【章旨】以上為第三段，寫了邵陵厲公嘉平三年（西元二五一年）、四年共兩年間的大事，主要寫了魏國元老王淩欲廢曹芳、改立曹彪事被部下告密，被司馬懿所賺取殺害；寫了司馬懿病死，其子司馬師繼續掌握魏國政權；寫了吳主孫權聽信全公主、孫峻等人慫恿，以幼子孫亮為後，以諸葛恪、孫峻為顧命大臣，以及孫權死後諸葛恪輔幼主、執吳政的若干表現；寫了魏國諸將議論伐吳，傅嘏進言，司馬師不聽，結果三路出擊，被吳將大破於淮南的情景。

【注釋】❶司馬孚　司馬懿的三弟。傳見《晉書》卷三十七。❷四月甲申　四月初九。❸壬辰　四月十七。❹塞涂水　堵塞滁水，即前文所說的「作堂邑涂塘以淹北道」。❺嚴　緊急動員，加緊備戰。❻廢立事　指欲廢掉曹芳，擁立楚王曹彪為帝的計畫。❼兗州　魏州名，州治在今山東鄄城東北。❽中軍　主力大軍。❾諭　告；寬慰。❿掩至百尺　突然出現在百尺堰。百尺堰在今河南沈丘北，距壽春約四百六十里。⓫掾王彧　僚屬王彧。掾是群僚的總稱。⓬節鉞　旌節與斧鉞。旌節是皇帝授予外出大臣或使者的信物，以證明其身分。斧鉞是大將出征所秉持的信物，是權力的象徵。⓭丘頭　地名，在今河南沈丘東南。⑭面縛水次　自己捆綁起自己在水邊等候。水次，水邊。⑮逆止之　迎著讓他停下來。⑯住船淮中　把船停在淮河之上。⑰見外　不被信任。⑱直以折簡召我　只消用一封短信就可以召我前來，意思是何必統兵前來。直，只。折簡，古代書札簡長二尺，折一半的竹簡，上面只能寫幾個字，表示不用多說。⑲非肯逐折簡　不會聽一封短信的招呼。逐，隨。⑳負騙；對不起。㉑索棺釘　要釘棺木的鐵釘，表示要自殺。㉒五月甲寅　五月初十。㉓項　魏縣名，縣治即今河南沈丘。㉔壽春　魏縣名，縣治即今安徽壽縣，當時是魏國揚州的州治所在地。㉕張式　令狐愚的部下，王淩的同盟者。㉖章服　此指王淩等人生前的官服。㉗親土埋之　肌膚直接貼著土埋葬，即裸葬。㉘族父弘農太守邵　同族的父輩任弘農太守的令狐邵。㉙倜儻　卓犖不群，不拘禮法。㉚虎賁中郎將　皇帝的侍衛長官，上屬光祿勳。㉛所在有名稱　不論做什麼官，都有聲望，被稱道。㉜從容　故作漫不經心的樣子。㉝不繼　猶言「不肖」，不能繼承祖宗大業，即不成才。今河北地區猶有此語，寫作「不濟」，意即差勁。㉞公治性度　令狐愚的性情。令狐愚字公治。㉟久當坐之不　日後是否會被牽連受罪。㊱將逮汝曹　恐怕災難將要落到你們身上。㊲辟山陽單固為別駕　辟，聘任。單固，字恭夏，山陽郡人。事見《三國志》卷二十八〈王淩傳〉。別駕，刺史屬下的大吏。因出門單乘一輛車，故稱別駕。㊳治中　即治中從事史，州里的大吏，主管人事選拔等事。㊴應司徒辟　接受司徒高柔的聘請。㊵陰事　機密之事。指令狐愚與王淩要廢曹芳立曹彪的密謀（楊康洩露了密謀，這正是前文王淩要求攻打東吳而詔不准的原因）。㊶廷尉　九卿之一，執掌全國刑獄。㊷錄　收審。㊸對相詰　面對面相對質。㊹老傭　猶言「老奴」。傭，奴僕。㊺使君　對太守、刺史的敬稱，這裡指令狐愚。㊻顧汝當活邪　像你這種人還配活著嗎。㊼自冀　自己希望。㊽辭頗參錯　口供前後很矛盾。㊾自分　自己應得。㊿立潘夫人為皇后　孫權做皇帝至此已有二十三年，尚未立過皇后，潘夫人是第一位。(51)改元太元　在此之前孫權的年號是「赤烏」。(52)盡錄諸王公置鄴　把曹氏諸王、諸公全部集中到鄴城，加以軟禁。鄴，當時魏郡的首府，在今河北臨漳西南。曹操為魏王時，建都於此。曹丕代漢後定都洛陽，鄴仍為魏國的五都之一。(53)交關　交接；來往。(54)七月壬戌　七月十九。(55)皇后甄氏　曹丕的皇后，明帝曹叡之母。傳見《三國志》卷五。(56)辛未　七月二十八。(57)戊寅　八月五日。(58)舞陽宣文侯　司馬懿被封為舞陽侯，宣文是其謚號。(59)錄尚書事　實即總理全部朝政。(60)南匈奴　匈奴自西漢宣帝時已有「南匈奴」之稱；從東漢光武二十四年（西元四八年），匈奴正式分為南北二部，南匈奴歸附漢朝，居住在今內蒙古河套一帶。(61)漢室之甥　漢朝自劉邦時起，多次與匈奴和親，派劉氏宗室女嫁匈奴單于，故後世單于稱自己是漢室之甥。(62)呼廚泉　南匈奴單于之號。(63)左賢王豹　左賢王劉豹。匈奴語稱「賢王」曰「屠耆王」。「屠耆」即「賢」的意思。匈奴尚左，單于以下諸王，以左賢王最尊，統眾駐紮於單于的東部。(64)城陽　魏郡名，郡治東武，即今山東諸城。65在內 住在內地，指呼廚泉被留在鄴。66外土之威日重 指左賢王劉豹的勢力越來越大。67割為二國 將南匈奴分為左右兩部分。68去卑功顯前朝 南匈奴右賢王名叫去卑，曾保護了漢獻帝由長安東還許昌。事見本書卷六十一興平元年。69鴈門 魏郡名，郡治廣武，在今山西代縣西南。70離國弱寇二句 把匈奴分為兩部，使其勢力削弱；加封右賢王之子，是對其先人的表彰。71與民同處 指與漢人混雜居住。72以漸出之 逐步地把他們分離出去。73使居民表 讓他們居住在漢族人的地區之外。74塞姦宄之路 預防少數民族煽起一個地區的不安。75立節中郎將陸抗屯柴桑 中郎將是皇帝衛隊的長官，秩千石，上屬光祿勳。「立節」是該中郎將的稱號。陸抗是東吳名臣，名將陸遜之子。傳見《三國志》卷五十八。柴桑是吳縣名，縣治在今江西九江西南。76建業 即今南京，當時稱建業。77病差 病癒。78大義不篤 指後來對這位大功臣缺乏關心信任。不篤，感情不深厚。79前後所問 指孫權責問陸遜的書信，見本書卷七十四正始六年。80祀南郊 到南郊舉行祭天儀式，封建王朝的大典之一。81風疾 中風。82固爭之 竭力勸阻。83諸葛恪 字元遜，吳國名臣，諸葛瑾之子。傳見《三國志》卷十九。84剛很自用 剛愎自用。很，同「狠」。固執己見。85呂岱 字定公，東吳名將。曾任督軍校尉、安南將軍、上大將軍。封呂侯、番禺侯。傳見《三國志》卷六十。86季文子 即季孫行父，春秋時魯國名臣，歷仕文公、宣公、成公、襄公。87再思可矣 《論語・公冶長》：「季文子三思而後行。子聞之曰：『再，斯可矣。』」88虞喜 字仲寧，東晉會稽餘姚（今浙江餘姚）人，世為江左世族。精通經傳與天文學，著有《志林》、《安天論》。傳見《晉書》卷九十一。89能勝之者鮮 能夠勝任的人不多。鮮，少；少有。90呂侯二句 呂岱是國家元老。耆，舊人；老人。91志度經遠 考慮問題既長且遠。92甫 剛剛。93機神不俱 沒有同時具備「機」與「神」兩種素質。機指隨機應變。神指聰明智慧。94聞善速於雷動 聞善言立即採納，其快速勝於雷電。95隕身殿堂二句 指諸葛恪後來被孫峻所殺的結局。凶豎，兇惡的小人。96英辯 英偉而又有口才。97造次 這裡指一舉一動。98哂 譏笑。99安危終始之慮 指為國家社稷考慮長遠。100精嚴垂發 軍隊嚴裝以待，準備出發。101來敏 字敬達。事見《三國志》卷四十二。102辦賊 打敗敵人。事見本書卷七十四正始五年。103況長寧以為君子臨事而懼二句 況，比擬；比較。長寧，不知何許人，臨事而懼二句是孔子的話，見《論語・述而》。104蕞爾之國 小國。蕞爾，小的樣子。105方向 面對。106矜己有餘二句 做出一種有把握對付敵人，一點都不擔心的樣子。矜，炫誇。晏然，安然。戚，憂慮。107卒為降人郭循所害 郭循，當為「郭脩」之誤。郭脩原為魏將，被蜀國所俘，乃詐降，費禕待之不疑，被郭脩所害。事見後文。108兆見於彼而禍成於此 前面有小事上的自滿粗心，後面乃有生死關頭的慘禍。109甄文偉 鑑別費禕，費禕字文偉。甄，鑑別。110逆呂侯 頂撞呂岱，不接受呂岱的提醒。111受詔 受顧命以輔幼主。112領太子太傅 兼任太子太傅之職，主管輔導未來的小皇帝。(113)少傅　即太子少傅，太子太傅的副職。(114)然後以聞　先處置，過後再向皇帝說明，即通常所謂「先斬後奏」。(115)拜揖之儀　向諸葛恪行禮的規矩。(116)品序　等級。(117)北海滕胤　北海是漢郡名，郡治平壽，在今山東維坊西南。滕胤是孫權的女婿，封高密侯。傳見《三國志》卷六十四。(118)太常　官名，九卿之一，掌朝廷禮儀、祭祀等事。(119)光祿勳　官名，九卿之一，也稱郎中令，掌宿衛宮殿門戶及統領皇帝侍從等。(120)鄭沖　字文和，滎陽開封（今河南開封南）人，好經史，博究儒術與諸子百家，曾選編諸家《論語》訓注為《論語集解》。此時任魏司空。(121)望氣者　觀望星象雲氣以測卜人間凶吉的迷信職業者。(122)無宰相位　沒有宰相的職位讓你當。(123)漢壽　蜀縣名，縣治在今四川廣元西南。(124)侍中　皇帝的侍從官名，品級很低，但因接近國家機密，故而權力甚大，升遷極快。(125)癸卯　正月初二。(126)長沙　吳郡名，郡治臨湘，即今湖南長沙。(127)仲姬子奮　仲姬生的兒子孫奮。(128)武昌　當時吳國江夏郡的郡治所在地，即今湖北鄂城。(129)王夫人子休　王夫人生的兒子孫休。(130)虎林　吳縣名，在今安徽貴池區西。(131)東莞太守緝　張緝，張既之子。事見《三國志》卷九。東莞郡的郡治即今山東沂水縣。(132)改元神鳳　神鳳是吳主孫權的最後一個年號，在此之前孫權的年號是「太元」。(133)剛戾　剛猛暴戾。(134)呂后稱制故事　劉邦死後呂后臨朝執政的往事，見《史記・呂太后本紀》。按，潘氏打聽當年呂后如何行事，蓋亦欲取效之也。(135)不勝其虐　忍受不了她的殘暴。(136)託言中惡　假說是暴病而死。(137)病困　病危。(138)屬　同「囑」。託付。(139)吳主殂　孫權死時年七十一。(140)不平　不和睦。(141)矯詔　假傳皇帝的命令。(142)咨事　詢問、商量公事。(143)太子亮即位　孫亮即位時，年僅十歲。(144)閏月　閏四月。(145)罷視聽二句　即撤銷那些以監督伺察各官府為目的的校官。孫權為維護獨裁統治，曾廣設校官以督察諸官府及州郡文書。(146)原逋責　免除百姓拖欠的田賦稅收。原，恕免。逋，拖欠。責，同「債」。(147)處濱江兵馬之地　佔據著長江沿岸的軍事要塞。(148)豫章　吳郡名，郡治所即今江西南昌。(149)丹陽　吳縣名，縣治在今安徽當塗東北小丹陽鎮。(150)家天下二句　把天下當做家，把父兄當做臣民。(151)承天理物　稟承上天的旨意以治理萬民。(152)懲戒　吸收教訓。(153)臨民　治民，擔任行政職務。(154)交通　互相往來。漢光武帝曾設科禁，規定藩王不得交通賓客。(155)大行皇帝　剛去世的皇帝，指孫權。(156)防牙遏萌　防止壞現象的滋生發展。牙，同「芽」。(157)各早就國　都早早地回到自己的封地上去。(158)詔策勤渠　詔書屢下。(159)使百世相承二句　要讓子孫後代永遠不做危害國家的事情，以免日後悔恨無及。(160)上惟太伯順父之志　向上要效法吳太伯順從父親的思想。吳太伯是周文王的大伯父，他看到父親（太王）喜歡老三季歷家的兒子（即後來的周文王），想把國家傳給他。於是吳太伯為了成全父親順理成章地傳位給周文王的想法，就及早拉著他的二弟一道離開周國，到吳國去創業了。詳情見《史記・吳太伯世家》。(161)河間獻王東海王彊恭順之節　西漢河間獻王劉德，是漢武帝劉徹的兄長，東海王劉彊是漢明帝劉莊的異母兄弟。二人侍奉漢武帝與漢明帝都極為恭順。事情並見於《漢紀》。(162)下存　與「上惟」、「中念」相對成文，「存」也是「思考」的意思。(163)頃至武昌以來　指孫奮自為齊王到武昌以後。(164)當以表聞二句　應奏明皇帝，公開地交付有關部門處理。(165)事不明白　不向朝廷奏明原委。(166)親受詔敕　是奉皇帝的詔命來武昌辦事。(167)正自不聽禁　即使我不聽皇帝的約束。(168)里語　俗話。里，通「俚」。(169)魯王　指魯王孫霸，二年前被賜死。(170)向使　當初倘若。(171)悽悽　恭謹的樣子。(172)言至　言語激切。(173)吳大帝　即孫權。孫權謚「大」。(174)東興隄　在今安徽含山縣西南，與巢湖相接。吳主孫權於黃龍二年（西元二三〇年）興築。(175)遏巢湖　阻遏巢湖的湖水。(176)入寇淮南　指吳赤烏四年，吳將全琮攻打曹魏的芍陂之役。事見本書卷七十四正始二年。(177)遂廢不復治　當年吳國阻遏巢湖是為了便於水師船隻的行駛，結果反被湖內的曹魏水師打敗，所以便不再修東興堤。(178)東興　地名，在今安徽巢縣東南。(179)俠築兩城　夾堤興築了兩座城關。東關在安徽含山縣南的濡須山上，西關在七寶山上，兩關隔濡須水相對峙，中間是石梁，鑿石通水。(180)都尉留略　都尉職同校尉。留略，姓留名略。(181)文舒　即王昶，字文舒。(182)仲恭　即毌丘儉，字仲恭。(183)羈吳之上流　牽制住吳國長江上游的軍隊。羈，牽制。(184)攻其兩城　即指攻其東關、西關。(185)三征　指征南大將軍王昶、征東大將軍胡遵和鎮南大將軍毌丘儉。毌丘儉此時為鎮南將軍，說「三征」，是史書概略的說法。(186)傅嘏　字蘭石，屬司馬氏一黨，被封為陽鄉侯。事見《三國志》卷二十一。(187)汎舟徑濟二句　直渡長江，橫掃江東。(188)大佃疆埸　在魏、吳邊境進行大規模的武裝屯田。佃，屯墾。(189)掩襲　突然襲擊。(190)幾六十年　從建安十三年（西元二〇八年）的赤壁之戰，吳與魏為敵，到嘉平四年（西元二五二年）共四十五年。幾，近；幾乎。(191)喪其元帥　指孫權剛去世。元帥，大頭領。(192)列船津要　在重要渡口擺開戰船迎戰。(193)羅落　布設烽燧以聯絡。落，同「絡」。(194)重密　指崗哨密布。(195)不行　不能進入；不能施展。(196)校察　偵察；調查。(197)希幸徼功　希望靠著運氣僥倖成功。(198)最差完牢　比較而言最為牢靠。(199)審所錯置　每一個舉動安排都要仔細。(200)令三方一時前守　指讓征南、征東和鎮南三方大將軍一齊前進至屯田位置。(201)使還塉土　讓敵軍退到貧瘠的地盤上去。(202)兵出民表二句　軍隊駐紮在居民的外圍，敵人的抄掠搶不到我方的百姓。(203)招懷近路二句　招引附近的敵方軍民，使其不斷來降。(204)羅落遠設二句　把游兵哨探遠遠地放出去，使敵方的間諜無法進來。(205)賊退其守二句　敵兵一旦後撤，其設烽燧通報軍情的防線定會縮短。(206)釁隙時聞二句　敵人有什麼漏洞我們能及時掌握，可以立即發起攻擊。釁隙，縫隙；漏洞。(207)不據則賊擅便資　如果我們把握不住，敵人就會掌握這些有利條件。(208)屯壘相偪二句　我方屯墾的堡壘連綿交錯，克敵的形勢已經形成。(209)角之　與敵軍交手。(210)虜之情偽二句　敵人的真實情況，還有什麼不被我們掌握的。(211)敵逸能勞之二句　閒暇的敵人要讓他們變得勞乏，溫飽的敵人要讓他們變成挨餓。二句出自《孫子兵法》。212三道　即征南、征東和鎮南將軍的三路大軍。213南郡　吳郡名，郡治江陵，今湖北江陵西北。214甲寅　十二月十九。215不可卒拔　不能很快攻下。卒，同「猝」。突然。216丁奉　吳國老將，封安豐侯。傳見《三國志》卷五十五。217辟諸軍使下道　使其他軍隊給自己的人馬讓開道路。下道，讓開道路。218徐塘　地名，在東關附近。219但兜鍪刀楯　只是頭戴鐵盔，手持大刀、盾牌。220倮身緣堨　赤身裸體，緣著堤壩的縫隙而上。堨，壁間的縫隙。221不即嚴兵　沒有立刻加強戒備。222斫破魏前屯　衝破了魏軍的第一道防線。前屯，前沿陣地。223更相蹈藉　互相踐踏。224韓綜　東吳老將韓當之子。降魏後為將軍，封廣陽侯。事見《三國志》卷五十五。225樂安　魏郡名，郡治臨濟，在今山東高青高苑鎮西北。226綜故吳叛將　韓綜背叛東吳事見本書卷七十明帝太和元年。227振旅　列隊奏凱。228漢姜維寇西平二句　事見本書卷七十四嘉平二年。西平是魏郡名，郡治西都，即今青海西寧。229漢主　指後主劉禪。230遏　攔阻。231事輒不果　事情總是辦不成。

【校　記】1三月　原作「二月」。據章鈺校，乙十一行本作「三月」，張敦仁《通鑑刊本識誤》、張瑛《通鑑校勘記》同，今據改。按，《三國志・魏書・三少帝紀》作「三月」。2章　據章鈺校，甲十六行本、乙十一行本、孔天胤本皆作「朝」。3身　據章鈺校，甲十六行本、乙十一行本、孔天胤本皆作「首」，張敦仁《通鑑刊本識誤》同。4而　原無此字。據章鈺校，甲十六行本、乙十一行本皆有此字，今據補。5循　據章鈺校，甲十六行本、乙十一行本皆作「循」。《三國志》或作「脩」，或作「循」。胡三省注云：「『循』，當作『脩』。」6吳　據章鈺校，此字下甲十六行本、乙十一行本皆有「人」字。7又數越法度　原無此五字。據章鈺校，甲十六行本、乙十一行本皆有此五字，張敦仁《通鑑刊本識誤》、張瑛《通鑑校勘記》同，今據補。8家　據章鈺校，甲十六行本、乙十一行本、孔天胤本皆作「身」。9大　據章鈺校，甲十六行本、乙十一行本皆作「太」，二字同。10使百世相　此四字原脫。據章鈺校，甲十六行本、乙十一行本、孔天胤本皆有此四字，熊羅宿《胡刻資治通鑑校字記》同，今據補。11堤　據章鈺校，乙十一行本、孔天胤本皆作「坻」。12騾驢　據章鈺校，甲十六行本二字互乙。

【語　譯】三年（辛未　西元二五一年）

春季，正月，魏國的王基、州泰率軍攻打吳國的軍隊，分別將吳軍打敗，向魏軍投降的有數千人。

三月，魏國任命尚書令司馬孚為司空。

夏季，四月初九日甲申，魏國任命王昶為征南大將軍。〇十七日壬辰，魏國實行大赦。

魏國太尉王淩聽說吳國派人堵塞了滁水，就想以此為藉口發兵攻打吳國，於是一面緊急動員，加緊備戰，一面上表朝廷請求出兵討賊，朝廷回覆不准。王淩派遣將軍楊弘將自己準備廢黜皇帝曹芳，另立楚王曹彪為皇帝的想法告訴兗州刺史黃華，不料黃華、楊弘竟聯名將此事報告給了司馬懿。司馬懿立即親自率領主力大軍乘船從水路前來討伐王淩，他先以皇帝曹芳的名義下了一道赦免王淩罪行的赦令，又親自寫信寬慰王淩，然而不久，司馬懿率領的大軍就突然出現在百尺堰。王淩知道靠自己的力量無法抵抗，於是就獨自一人乘船出來迎接司馬懿，又派僚屬王彧到司馬懿跟前替自己請罪，同時送出朝廷和皇帝授予自己的印綬、旌節和斧鉞。司馬懿率領軍隊到達丘頭，王淩把自己捆綁起來在水邊等候，司馬懿秉承皇帝曹芳的旨意派遣主簿上前為王淩解開繩索。

王淩已經得到赦免，又仗著平日與司馬懿關係友好，所以不再懷疑會有危險，就乘著小船逕直向司馬懿的大船靠攏。司馬懿趕緊派人迎上前去將他攔住，讓他把船停泊在淮河之中，與司馬懿的船隻相距十幾丈遠。王淩知道司馬懿已不再信任自己，於是就遠遠地向著司馬懿大聲說道：「你只要寫一封短信招呼我前來，我怎敢不來呢？而你竟然率領大軍前來！」司馬懿說：「因為你不會聽一封短信的招呼。」王淩說：「你欺騙了我！」司馬懿說：「我寧可辜負你，而不能辜負國家。」於是派遣六百名步兵、騎兵把王淩押往西邊的京師洛陽。途中，王淩向司馬懿索要釘棺材的鐵釘，想以此來試探司馬懿對自己的態度，司馬懿命令將鐵釘給他。五月初十日甲寅，王淩走到項縣，便服毒自殺了。

司馬懿來到壽春，張式等人全都向司馬懿自首。司馬懿對此事窮究不捨，一查到底，凡是受到牽連的全部夷滅三族。又派人挖掘王淩、令狐愚的墳墓，剖開棺材，把屍體拖出來在附近街市示眾三天，把他們的印綬、生前所穿的官服全部燒毀，而後把他們的屍體裸葬。

當初，令狐愚還是一介平民的時候，就曾經胸懷大志，人們都認為令狐愚一定能使令狐氏家族興盛起來。只有他的堂叔、擔任弘農郡太守的令狐邵認為「令狐愚性情卓爾不群，不拘禮法，他不知道修養自己的品德，卻志向遠大，必定會滅亡我們令狐氏。」令狐愚聽到這個評價，心裡很是忿忿不平。等到令狐邵做了虎賁中郎將，而令狐愚也早已步入仕途，歷經了許多磨練，而且不論做什麼官，所到之處都很有聲望，受人稱道。

於是，令狐愚便裝作漫不經意似地對令狐邵說：「早先聽說大人認為我不成才，不能繼承祖宗大業，現在你究竟怎麼說呢？」令狐邵凝視了他好久沒有回答，私下裡對自己的妻子說：「我看令狐愚的性情氣度還是過去的老樣子。據我看來，令狐愚最終必會敗亡，只是不知道將來我會不會受到他的牽連而已，恐怕災難將要落到你們身上了。」令狐邵死後十幾年，令狐愚被滅族。

令狐愚在兗州擔任刺史的時候，聘請山陽人單固擔任自己屬下的別駕，單固與擔任治中的楊康同為令狐愚的心腹。等到令狐愚死，楊康接受司徒高柔的聘請來到京師洛陽，他透露了令狐愚與王淩圖謀廢黜魏帝曹芳另立曹彪為帝的祕密，令狐愚因此而敗露。司馬懿來到壽春，看見單固，就詢問單固說：「令狐愚是不是準備謀反？」單固回答說：「沒有此事。」楊康在檢舉書中提到了單固曾經參與令狐愚謀反之事，司馬懿於是將單固及其家屬全部逮捕起來送到廷尉那裡接受審訊，法官舉出數十條證據進行核實，單固都堅決否認。司馬懿也將楊康收審，讓楊康與單固面對面進行對質。單固理屈詞窮，於是大罵楊康說：「你這個老奴才！既辜負了令狐愚太守，又使我遭受滅族之禍，你以為你就能活得了嗎！」楊康當初以為自己檢舉令狐愚謀反有功，一定能封個侯爵，後來因為口供前後矛盾百出，於是與單固一同被判處死刑。行刑時，兩人同時被帶出監獄，單固又罵楊康說：「老奴才！你的死是罪有應得。如果死後有知，到了陰曹地府，你有什麼臉面再見人呢！」

魏帝曹芳下詔任命揚州刺史諸葛誕為鎮東將軍，統領揚州諸軍事。

吳主孫權冊封太子孫亮的母親潘夫人為皇后，大赦天下，改年號為「太元」。

六月，魏帝曹芳下詔令楚王曹彪自殺。把曹氏諸王、諸公全部集中到鄴城軟禁起來，並派有關部門負責監視，不許他們與外人有任何交往。

秋季，七月十九日壬戌，魏國曹丕的甄皇后去世。○二十八日辛未，魏國任命司馬孚為太尉。

八月初五日戊寅，舞陽宣文侯司馬懿去世。魏帝曹芳下詔任命司馬懿的兒子、衛將軍司馬師為撫軍大將軍，總理全部朝政。

當初，南匈奴認為自己的先人原本是漢室的外甥，於是就冒充劉姓。魏太祖曹操將匈奴最後一任單于呼廚泉強行留在鄴城，並把他的部眾分做五部，分別居住在并州境內。左賢王劉豹是於扶羅單于的兒子，任匈奴左部統帥，他的部族勢力最強大。擔任城陽太守的鄧艾上疏給朝廷說：「匈奴單于住在內地，而羌、夷之人卻沒有人統領，無論他們是聚集還是分散，都沒有人管理。如今住在內地的呼廚泉單于雖然地位尊貴，而與其部落的關係卻日漸疏遠，而在外土的左賢王劉豹的勢力卻越來越大、威望日益提高，對於匈奴人不能不深加警惕。聽說劉豹的部族中有人叛變，可以抓住這個作為藉口將南匈奴分為兩個部分，以分散和削弱他們的勢力。南匈奴右賢王去卑在前朝時曾經保護漢獻帝由長安東還洛陽有功，而他的兒子卻沒有繼承他的事業，應該賞賜給他兒子一個榮耀稱號，讓他到雁門郡居住。把匈奴分為兩部分，可以削弱、分散他們的勢力；因為匈奴右賢王去卑舊日的功勞而加封他的兒子，是對匈奴親附朝廷行為的一種表彰，這是安定邊境的長久之策。」又陳述說「那些羌人、胡人與漢民混雜居住的，應該逐漸地把他們分離出去，讓他們到漢人居住區以外去居住，以此來顯揚禮儀、廉恥的教化，預防少數民族煽起一個地區的不安。」這些建議都被司馬師所採納。

吳國立節中郎將陸抗率軍屯駐在柴桑，他回到都城建業治病。他病癒之後，應當返回柴桑，臨行前，吳主孫權與他道別時淚流滿面，非常傷感地對他說：「我以前聽信讒言，對你父親陸遜不夠信任，情義不夠深厚，因此很對不起你。我先前指責你父親的所有書信，你就把它們都燒掉了吧，不要讓別人看到。」

此時，孫權逐漸地醒悟到前太子孫和原本清白無罪。冬季，十一月，孫權前往南郊舉行祭天儀式回來，便得了中風病，他想把孫和召回建業。全公主以及侍中孫峻、中書令孫弘都竭力勸阻，孫權只得作罷。

吳主孫權因為太子孫亮年紀幼小，就商議可以託付的人選，孫峻舉薦大將軍諸葛恪，認為此人可以託付大事。孫權嫌諸葛恪剛愎自用，孫峻說：「如今在朝廷的大臣中，論才能，沒有人能趕得上他。」於是將諸葛恪從武昌召回建業。諸葛恪在準備離開武昌的時候，身為上大將軍的呂岱告誡他說：「目前國家正是多事之時，先生對每件事情都要反覆思考十次再去實行。」諸葛恪說：「過去季文子三思而後行，孔夫子說：『兩思就可以了。』現在先生卻讓我十思而後行，這明明是在說我才智低劣。」呂岱一時無話可說，當時人們都認為呂岱有些失言。

虞喜評論說：「被託付以整個天下，這是最重大的責任；以臣子的身分行使國君的權力，是最難辦的事情；以一人之身而兼任最重大的責任和最難辦的事情，而且要日理萬機，能夠勝任的人是很少的。呂侯岱，是吳國的元老，考慮事情既長且遠，剛剛用『十思』來告誡諸葛恪，諸葛恪就以為是輕視自己而嚴詞拒絕，這說明諸葛恪是一個志大才疏，既缺乏隨機應變的能力，又缺乏聰明才智、遠見卓識的人。如果他能體會到呂岱告誡他十思的原因，趁機廣泛詢問當世之務，採納美好的建議，快得就像迅雷不及掩耳，接納正直的勸諫，迅速得就像見風轉舵，又怎麼會在殿堂之上喪命，死在兇惡的小人之手呢！世上的人都驚歎於諸葛恪的英偉而有口才，一舉一動都有可觀之處，而譏笑呂岱當時的無言以對，認為他見識淺陋，卻不懂得為國家社稷考慮長遠，這就如同是只知道喜歡春天花草的繁茂，而忘記了秋天果實的甜美。過去，魏國攻打蜀國，蜀國派軍隊前去抵禦，軍隊已經整裝以待，就要出發，而費禕卻與來敏對弈，棋興正濃，絲毫沒有休止的意思。來敏以為此次一定能戰勝來犯的敵人，認為費禕是胸有成竹，所以臉上才沒有憂愁之色。反觀長寧卻認為孔子說過君子每當遇到大事，必定心存憂懼，制定出周密的謀略而後才能取得成功，蜀國只是那麼小的一個國家，而面對的卻是十分強大的魏國，能夠規劃和考慮的，只有兩條路：不是守就是戰，怎麼可以做出一種完全有把握對付敵人，一點都不擔心的樣子呢？這是因為費禕性情寬厚，思慮簡單，不能防微杜漸，終於被降將郭循刺死，這難道不是在此等小事情上先有了預兆，而終於導致了後面慘禍的發生嗎！過去聽說長寧鑑別費禕，而今看見諸葛恪頂撞呂岱，這兩件事情性質是一樣的，都足以供世人借鑑。」

諸葛恪到達建業，在寢殿內拜見了吳主孫權，在孫權臥榻之下接受顧命以輔幼主孫亮，孫權任命諸葛恪以大將軍的身分兼任太子太傅之職，孫弘兼任太子少傅。詔告各政府部門，一切事務統一由諸葛恪裁決，只有決定生死的大事才先由諸葛恪處置，然後再上奏皇帝。並特別制定了向諸葛恪行禮的規矩，依照官位高低，各有等級。又任命會稽郡太守北海人滕胤為太常。滕胤是吳主孫權的女婿。

十二月，魏國任命光祿勳滎陽人鄭沖為司空。

蜀漢大將軍費禕回到成都，以觀望星象雲氣來卜測人間吉凶的人對他說：「京師成都沒有宰相的職位讓你當。」費禕於是原路返回，駐紮在漢壽縣。

這一年，蜀國尚書令呂乂去世，任用侍中陳祗代理尚書令。

四年（壬申　西元二五二年）

春季，正月初二日癸卯，魏帝曹芳任命司馬師為大將軍。

吳主孫權封故太子孫和為南陽王，讓他住在長沙郡；封仲姬所生的兒子孫奮為齊王，住在武昌郡；封王夫人所生的兒子孫休為琅邪王，住在虎林縣。

二月，魏帝曹芳封張氏為皇后，大赦天下。張皇后，是已故涼州刺史張既的孫女，東莞太守張緝的女兒。於是召張緝回京師，任命他為光祿大夫。

吳國改年號為「神鳳」，大赦天下。

吳國潘皇后性情剛猛暴戾，吳主孫權病情日益加重，潘皇后派人去詢問孫弘有關漢高祖劉邦死後呂后臨朝稱制的往事。潘皇后身邊的人因為忍受不了她的殘暴，就趁她熟睡的時候，將她勒死了，對外宣稱是得了暴病而死。後來事情被洩露出去，有六七個人因為涉嫌被處死。

吳主孫權病危，他召集諸葛恪、孫弘、滕胤以及將軍呂據、侍中孫峻進入寢殿，將後事託付給這幾位大臣。夏季，四月，孫權病逝。孫弘一向與諸葛恪不和，擔心受制於諸葛恪，就對孫權已死之事嚴加保密沒有對外公布，想假傳孫權詔命先除掉諸葛恪。孫峻將孫弘的陰謀暗中通知了諸葛恪。諸葛恪於是假借邀請孫弘商議公事，在座位上將孫弘殺死，而後發布孫權駕崩的消息，追諡孫權為大皇帝。太子孫亮即皇帝位，大赦天下，改年號為「建興」。閏四月，任命諸葛恪為太傅，滕胤為衛將軍，呂岱為大司馬。諸葛恪於是下令撤銷那些以監督伺察各級官府為目的的校官，免除百姓拖欠的田賦稅收，解除關稅，推行德政，人民無不歡欣鼓舞。每當諸葛恪出行，百姓們都伸長脖子等在路旁，希望能一睹他的風采。

諸葛恪不想讓諸位親王居住在沿長江邊的軍事要地，於是就將齊王孫奮遷移到豫章郡，把琅邪王孫休遷移到丹陽縣。孫奮不肯遷移，又一再超越法度，諸葛恪就寫信給他說：「帝王的尊貴，就如同上天一樣，所以帝王把天下作為自己的家，把父親、兄弟也當做自己的臣民。即使是與自己有深仇大恨的人，如果他有善行，也不能不褒獎他；即使是自己的親屬，如果他有了惡行，也不能不誅殺他。這是在秉承上天的旨意以治理萬民，所以遇到事情必須把國事放在第一位，而後才考慮自己的家事，這是聖人立下的制度，即使再過一百代也不能改變。過去漢朝剛剛建立的時候，許多劉姓子弟被封為諸侯王，後來這些諸侯王中勢力特別強大的就圖謀不軌，對上幾乎顛覆了國家社稷，對下則導致骨肉之間互相殘殺，後人從這裡吸取教訓，諸侯王勢力太強已經成了禁忌。從漢朝光武帝以來，對於諸侯王都有一定的限制，只許他們在自己的王宮之內自娛自樂，不能擔任任何行政職務，不能干預朝廷政事，就連他們的互相往來都要受到嚴格的限制，正因為如此，所以諸侯王都得以保全，能夠福壽綿長，這些都是前代得失的例證。剛去世的大皇帝以古代為鏡子，懲戒於今世，防止壞現象的滋生發展，考慮千載之後的憂患，所以在病重期間，分別遣送諸王都早早回到自己的封地上去，詔書屢下，規定至為嚴格，他所諄諄叮嚀、告誡的無所不至。大皇帝的目的就是為了對上安定國家社稷，對下保全諸侯王，讓諸侯王盡早回到自己的封國，要讓子孫後代永遠不做危害國家的事情，以免日後悔恨無及。大王向上應該效法吳太伯順從父親的意願，中間應該想到西漢時期的河間獻王劉德、東漢時期的東海王劉彊對待皇帝那種恭敬順服的品行，最下也應該思考前代那些驕橫恣肆、荒淫昏亂的諸侯王的下場，以此作為自己的警戒。而我最近聽說大王自到武昌以來，許多行為違背了大皇帝的詔命，不遵守制度的約束，擅自徵調各將領的軍隊修繕、裝飾自己的宮室。還有，大王左右的侍從有人犯了過失，就應該奏明朝廷，公開地將他們交付有關部門處理，而大王竟然私下裡擅自將其誅殺，也不向朝廷奏明原委。中書楊融是奉了皇帝的詔命前來武昌郡辦事的，大王理應恭敬嚴肅地予以接待，而大王竟然說『即使我不聽皇帝的約束，你能把我怎麼樣？』聽到大王說這話的那天，滿朝文武不論官職大小，全被驚得目瞪口呆，無不感到寒心。俗話說：『明亮的鏡子能夠照出人的形象，從古代的事情中能夠知道現在。』大王應該把魯王孫霸作為借鑑，改變自己的操行，誠惶誠恐地尊敬朝廷。能夠如此的話，大王有什麼要求不能得到呢。如果大王違背、甚至拋棄了先帝的法度、教訓，對朝廷懷有輕慢之心，那我寧可辜負了大王，而不敢辜負先帝的遺詔；寧可遭受大王的怨恨，哪敢忘記維護皇帝的權威而使皇帝的詔令不能諸侯王中得到執行呢！如果當初魯王孫霸能夠早點接納忠誠正直之人的勸告，對皇帝懷有一種誠恐畏懼之心，則能享盡無窮的榮華富貴，怎麼會遭受滅亡之禍呢！有功效的藥往往吃起來很苦澀，只有想治好病的人才認為它甘甜；忠誠正直的話聽起來很不順耳，而通達事理的人卻能坦然接受。如今，我等懷著一種對大王十分恭敬虔誠之心，想要為大王剷除危機，使它無法萌生，想為大王廣開幸福、吉慶的根基，因此不知不覺中未免言辭激切，希望大王三思。」齊王孫奮收到此信，非常恐懼，於是趕緊移居南昌。

當初，東吳大帝孫權在安徽修築東興堤以阻遏巢湖湖水，以利於自己水師行船方便，後來派全琮攻打魏國的淮南郡，卻被魏軍利用巢湖將吳軍打敗，遂將東興堤廢棄，不再修整治理。冬季，十月，太傅諸葛恪在東興招集眾人，另外修築一條東興大堤，使大堤左右與山相連接，夾堤修建了兩座城關，每座城關留一千人防守，派將軍全端守衛西城，都尉留略守衛東城，自己則率領大軍返回京師建業。

魏國鎮東將軍諸葛誕向大將軍司馬師建議說：「現在應該趁吳國內部不穩定的機會，派王昶進攻吳國的江陵郡，派毌丘儉進攻武昌郡，以牽制住吳國長江上游的軍隊；然後挑選精銳士卒去攻打東興堤的東關、西關，等到吳國派援軍來救援的時候，我們已可以大獲全勝。」當時，征南大將軍王昶、征東將軍胡遵、鎮南將軍毌丘儉等分別向朝廷進獻征討吳國的計策。朝廷認為三位將軍所獻計策各不相同，就下詔徵詢擔任尚書的傅嘏的意見。傅嘏回答說：「在所進獻的計策中，有人主張以艦船直渡長江，橫掃江東，有人主張分兵四路，同時並進，去攻取東吳的城壘，有人主張在魏、吳兩國邊境進行大規模的武裝屯田，等待時機而後採取行動，這些都是戰勝敵人的常用計策。然而，自從我們開戰以來，前後已經三年，不可能再對東吳採取突然襲擊的辦法。東吳作為強盜，差不多有六十年了。他們君臣之間互相保護，患難與共；現在他們的國君剛剛去世，正在上下一心，都在為國家的安危而憂慮。假如他們在重要渡口擺開戰艦應敵，或是堅守城池佔據險要，我們採用縱橫馳騁於長江以東的計策，恐怕很難取得勝利。如今我國邊境上的守衛部隊，與東吳相距很遠，東吳早已布設了烽燧以互相聯絡，而且崗哨密布，我們的情報人員很難開展工作，這就等於我們的耳朵無所聞，眼睛無所見。作為軍隊沒有耳目，敵人的情況偵察不清楚，卻要貿然率領大軍去面對不可預測的巨大危險，這只能是希望憑藉運氣僥倖成功，先交戰，然後再考慮如何取勝，這不是保全軍隊實力的最好辦法。只有擴大邊界武裝屯田，比較起來還算是最為牢靠的辦法。可以下詔令王昶、胡遵等人選擇險要之地，每一個舉動安排都要審慎仔細，再下令征南大將軍王昶、征東將軍胡遵、鎮南將軍毌丘儉率領大軍同時進駐邊境屯田的位置。這樣做的好處是：奪取東吳的肥沃土壤，逼迫他們退到貧瘠的土地上去，這是其一；軍隊駐紮在居民的外圍，敵人的抄掠搶不到我方的百姓，這是其二；招引附近的敵方軍民，使其不斷來降，這是其三；把游兵哨探遠遠地放出去，使敵方的間諜無法進來，這是其四；敵兵一旦後撤，所設烽燧通報軍情的防線定會縮短，軍隊進行屯田才能更加容易成功，這是其五；我們的軍隊原地駐紮，吃自己生產出來的糧食，不需另外徵調百姓從後方運輸給養，這是其六；敵人有什麼漏洞我們都能及時掌握，可以立即發起攻擊，這是其七。總的來說這七個方面，是軍事行動中最關緊要的地方。這些有利條件如果我們把握不住，敵人就會掌握這些有利條件，誰佔據了這些有利條件，就對誰的國家有利，因此不能不考察清楚。我方如果屯墾的營壘連綿交錯，克敵制勝的形勢等於已經形成，到那時，智慧、勇敢都可以得到施展，無論是靈巧還是笨拙都可以因人而用，謀劃起來就可以知道自己的得失，與敵軍交手就能知道自己哪方面強大哪方面薄弱，敵人的真實情況還有什麼不被我們掌握的？以弱小的吳國來對抗強大的魏國，他們的勞役一定很繁重，他們精力將會面臨枯竭的危險；以一個貧窮的吳國來對抗富強的魏國，那麼他們一定會加重賦稅而導致財物匱乏。所以說：『要讓閒暇的敵人變得疲憊不堪；要讓溫飽的敵人飽嘗飢腸轆轆的痛苦』，說的就是這個道理。」但司馬師沒有採納傅嘏的意見。

十一月，魏帝下詔令王昶等人分成三路出兵攻打吳國。〇十二月，王昶開始攻打南郡，毌丘儉率軍攻打武昌郡，胡遵、諸葛誕率領主力部隊的七萬大軍攻打東興關。十九日甲寅，吳國太傅諸葛恪率領四萬軍隊日夜兼程，赴援東興關。胡遵等人下令軍隊架設浮橋渡過長江，在東興堤上紮營布陣，分兵攻打左右兩城，兩城都修建在高峻之處，不能很快攻下。諸葛恪派冠軍將軍丁奉與呂據、留贊、唐咨為前部先鋒，沿著山的西部前進。丁奉對諸將說：「如今大軍行進緩慢，如果讓魏軍搶佔了有利地形，我們就很難與他們一爭高下，請允許我快速前去。」於是讓其他軍隊給自己的人馬讓開一條道路，丁奉親自率領屬下的三千人快速向前行進。當時正颳著北風，丁奉張帆破浪，僅用了兩天時間就趕到了東關，隨即佔據了徐塘。當時正值冬季，大雪紛飛，天氣嚴寒，魏國征東將軍胡遵等人正在營帳之中擺設酒宴、高談闊論。丁奉發現面前的敵人較少，就激勵自己的屬下說：「爭取封侯、獲取獎賞，就在今天了！」於是讓士兵將身上的鎧甲全部解去，又扔掉矛戟，他們只是頭上戴著鐵盔，手持大刀、盾牌，赤身露體，緣著堤壩的縫隙而上。魏國的軍隊看見後，忍不住大笑起來，卻不知道馬上加強戒備。吳國軍隊因此得以順利攀上堤岸，於是喊殺震天，衝破了魏軍的第一道防線。呂據所率領的人馬也相繼趕到，魏軍驚慌失措，四處逃散，爭先恐後地逃上浮橋，浮橋承受不住，忽然中斷，魏軍紛紛落入水中，自相踐踏。擔任前部督的韓綜、樂安郡太守桓嘉等都被淹死，魏軍死者有好幾萬。韓綜原本是吳國的叛將，他屢次率軍侵害吳國，吳國大帝孫權恨他恨得咬牙切齒，諸葛恪派人將韓綜的首級送到大帝孫權的祭廟進行祭祀。繳獲的車輛、牛馬、騾驢等各以千計算，輜重器械堆積如山，吳軍列隊奏凱而歸。

當初，蜀漢衛將軍姜維率軍入侵魏國的西平郡，俘獲了魏國的中郎將郭循，後來蜀漢任命郭循為左將軍。郭循想要刺殺蜀後主劉禪，但沒有機會靠近劉禪身邊，他每次利用慶典向劉禪敬酒的時候，都是一面跪拜，一面向前挪動，但每次都遭到劉禪左右侍衛的攔阻，事情總是辦不成。

【研　析】本卷寫了魏邵陵厲公正始七年（西元二四六年）至嘉平四年（西元二五二年）共七年間的魏、蜀、吳等三國的大事，值得注意的事情有以下幾點：

其一是有關曹爽與司馬懿兩派勢力相互較量的描寫。司馬懿是老謀深算、以退為進、韜晦待時。其中寫了并州刺史孫禮與荊州刺史李勝離京赴任前分別往見司馬懿的情景，前者是司馬懿的一黨，是來向其主子表忠心、披肝膽，而司馬懿則是既深藏不露，又關心告誡；後者是曹爽一黨，是為曹爽來打探司馬懿的病情的，司馬懿為麻痹李勝，他「持衣，衣落」，「不持杯而飲，粥皆流出霑胸」；他故意裝成一種「聲氣纔屬」、「尸居餘氣，形神已離」的形將入木的樣子，一切都像是《三國演義》所寫的周瑜之玩弄蔣幹於掌股之上，騙得曹爽等「不復設備」。而曹爽本人則是「驕奢無度」，全無半點心機。桓範曾告誡他們兄弟二人不要同時離開宮廷、離開兵營，這是當年呂產、呂祿所以被滅的覆轍，而曹爽竟說「誰敢爾邪！」最後果然如此，當曹爽、曹羲等陪同皇帝出城謁陵時，司馬懿正如桓範所估計的那樣，關閉城門，假傳太后之命，發動了政變。但整體形勢並不表明曹爽一定失敗，因為皇帝曹芳就在他身邊。他完全可以按照桓範的建議，帶著皇帝一道遷往許昌，他可以挾天子以令諸侯，揭露司馬懿的謀反罪行，號召全國共討之。結果這個扶不上臺盤的傢伙竟一籌莫展，居然自動繳械，希望能保其首領回家做個「富家翁」，結果一大批人士被夷三族，並由此為司馬氏篡魏創造了條件。桓範罵他說：「曹子丹佳人，生汝兄弟，犿犢耳！」歷史上有許多事情令人感慨無限，這也是其中重要的一件。陳壽是晉朝人，寫司馬懿家族的發達史不能不有所回護，但將《三國志》全書細讀，其中對司馬氏諸人也還是寫出了許多細節，見得他對這些晉朝的「創業」帝王也並不由衷欽敬。

其二是對被司馬氏所誅滅的眾多反對勢力的描寫。何晏是曹爽一黨，夢見青蠅數十，來集鼻上，請管輅為之占卜吉凶。管輅說他：「鼻者天中之山，今青蠅臭惡而集之，位峻者顛，輕豪者亡，不可不深思也。願君侯裒多益寡。」當有人說他這是「老生之常譚」時，管輅說：「夫老生者見不生，常譚者見不譚。」並說：「與死人語，何所畏邪？」這些話顯然是曹爽一黨失敗後才被張揚出來的，其中明顯帶著一種依附新貴，對失敗者加以醜詆的味道。與王淩勾結意欲廢曹芳、另立楚王曹彪的令狐愚，作品寫他「常有高志，眾人謂愚必興令狐氏。族父弘農太守邵獨以為『愚性倜儻，不脩德而願大，必滅我宗。』……邵沒後十餘年而愚族滅。」這話顯然是出於令狐邵的後人之口，是在王淩、令狐愚被滅之後傳播出來的，給人一種自我標榜、「事後諸葛亮」的感覺。相反再如本卷所寫的辛敞在亂中向其姐憲英問計一節，辛敞問：「天子在外，太傅閉城門，人云將不利國家，於事可得爾乎？」憲英說：「以吾度之，太傅此舉，不過以誅曹爽耳。」敞曰：「然則事就乎？」憲英曰：「得無殆就，爽之才非太傅之偶也。」這段話又見潘岳的〈外祖母憲英傳〉。類似這樣的故事，自然是司馬懿家族所喜聞樂見的。《資治通鑑》所用的這些資料大致來自《世說新語》一類的時人小說，其中究竟有多少真實性是令人懷疑的。尤其那種趨炎附勢、為當權者捧臭腳的內容，使人讀之生厭。

其三是關於孫權的一些問題。辛棄疾〈南鄉子〉詞有所謂「年少萬兜鍪，坐斷東南戰未休。天下英雄誰敵手？曹劉。生子當如孫仲謀。」是稱道孫權不遺餘力的。但孫權終了也未能擺脫晉獻公、漢武帝老來昏瞀，不辨賢愚、不識忠奸的老套。孫權就因為寵愛潘夫人，於是就廢掉了太子孫和。後來有所醒悟時，又被全公主、孫峻等人所阻止。結果立了一個殘暴不仁的孫亮，使吳國從此陷於衰亡。當驃騎將軍朱據、尚書僕射屈晃等堅決諫阻時，孫權竟然殺了無難督陳正、五營督陳象，朱據、屈晃都被杖之一百，朱據貶為新都丞，屈晃斥歸田里，群司坐諫誅放者以十數，「朱據未至官，中書令孫弘以詔書追賜死」。這就是晚年的孫權，與老年的漢武帝的昏悖嗜殺如出一轍，可哀也哉！

卷第七十六

魏紀八

起昭陽作噩（癸酉　西元二五三年），盡旃蒙大淵獻（乙亥　西元二五五年），凡三年。

【題解】本卷寫了邵陵厲公曹芳嘉平五年（西元二五三年）至高貴鄉公曹髦正元二年（西元二五五年）共三年間的魏、蜀、吳等三國的大事，主要寫了蜀國大將軍費禕被魏之詐降者郭循所殺；寫了蜀將姜維兩次攻魏隴西，第一次被魏將郭淮所敗，第二次被魏將陳泰所敗；寫了諸葛恪好大喜功，發動吳軍攻魏淮南，被魏將毌丘儉等所敗，諸葛恪因專權於內，兵敗於外，被孫峻發動政變所殺；寫了司馬師為打擊曹氏勢力，編織罪名，將李豐、夏侯玄、張緝、許允等許多家族誅滅；寫了司馬師、司馬昭強加罪名，廢掉了魏帝曹芳，另立了高貴鄉公曹髦；寫了毌丘儉、文欽起兵於壽春討伐司馬師，由於孤立無援，被司馬師擊敗，毌丘儉被殺，文欽父子投降東吳；是年司馬師病卒，鍾會、傅嘏等協助司馬昭奪得權力，繼續操縱魏國政權等等。

邵陵厲公下

嘉平五年（癸酉　西元二五三年）

春，正月朔❶，蜀大將軍費禕與諸將大會於漢壽❷，郭循❸在坐。禕歡飲沈醉❹，循起刺禕，殺之。禕資性汎愛❺，不疑於人。越巂❻太守張嶷❼嘗以書戒之曰：「昔岑彭率師❽，來歙杖節❾，咸見害於刺客❿。今明將軍位尊權重，待信新附⓫太過，宜鑒前事，少以為警。」禕不從，故及禍。

詔追封郭循為長樂鄉侯⓬，使其子襲爵。

王昶、毌丘儉聞東軍敗⓭，各燒屯⓮走。朝議⓯欲貶黜諸將，大將軍師曰：「我不聽公休⓰，以至於此。此我過也，諸將何罪？」悉宥之。師弟安東將軍昭⓱時為監軍，唯削昭爵而已。以諸葛誕為鎮南將軍，都督豫州；毌丘儉為鎮東將軍，都督揚州⓲。

是歲，雍州刺史陳泰求敕并州并力討胡⓳，師從之。未集⓴，而新興、鴈門[1]二郡胡以遠役㉑，遂驚反，師又謝朝士曰：「此我過也，非陳雍州㉒之責。」是以人皆愧悅。

習鑿齒論曰㉓：「司馬大將軍引二敗以為己過，過消而業隆㉔，可謂智矣。若乃諱敗推過，歸咎萬物㉕，常執其功而隱其喪㉖，上下離心，賢愚解體，謬之甚矣！君人者，苟統斯理[2]以御國㉗，行失而名揚㉘，兵挫而戰勝㉙，雖百敗可也，況於再乎㉚？」

光祿大夫張緝言於師曰：「恪雖克捷，見誅不久㉛。」師曰：「何故？」緝曰：「威震其主，功蓋一國，求不死得乎？」

二月，吳軍還自東興㉜。進封太傅恪陽都侯，加荊、揚州牧㉝，督中外諸軍事。恪遂有輕敵之心，復欲出軍。諸大臣以為數出罷勞，同辭諫恪，恪不聽。中散大夫㉞蔣延固爭，恪命扶出。因著論以諭眾曰：「凡敵國欲相吞，即仇讎㉟欲相除也。有讎而長㊱之，禍不在己，則在後人，不可不為遠慮也。昔秦但得關西㊲耳，尚以并吞六國。今以魏比古之秦，土地數倍；以吳與蜀比古六國，不能半也。然今所以能敵之者，但以操時兵眾，於今適盡㊳，而後生者未及[3]長大，正是賊衰少未盛㊴之時。加司馬懿先誅王淩，續自隕斃，其子幼弱而專彼大任，雖有智計之士，未得施用㊵。當今伐之，是其厄會㊶。聖人急於趨時㊷，誠謂今日。若順眾人㊸之情，懷偷安之計，以為長江之險可以傳世，不論魏之終始，而以今日遂輕其後㊹，此吾所以長歎息者也。今聞眾人或以百姓尚貧，欲務閒息㊺，此不知慮其大危而愛其小勤㊻者也。昔漢祖幸已自有三秦之地㊼，何不閉關守險以自娛樂，空出攻楚㊽，身被創痍㊾，介冑㊿生蟣蝨，將士厭困苦(51)，豈甘鋒刃而忘安寧哉？慮於[4]長久不得兩存[52]者耳。每鑒荊邯說公孫述以進取[53]之圖，近見家叔父表陳與賊爭競之計[54]，未嘗不喟然歎息也。夙夜反側[55]，所慮如此。故聊疏愚言，以達一二[5]君子之末[56]。若一朝隕沒，志畫不立[57]，貴令來世知我所憂[58]，可思於後耳[59]。」眾人雖皆心以為不可，然莫敢復難[60]。

丹陽太守聶友[61]素與恪善，以書諫恪曰：「大行皇帝[62]本有遏東關之計，計未施行。今公輔贊大業，承先帝之志[6]，寇遠自送，將士憑賴威德，出身用命[63]，一旦有非常之功，豈非宗廟神靈社稷之福邪？宜且按兵養銳，觀釁而動。今乘此勢欲復大出，天時未可而苟任盛意[64]，私心以為不安。」恪題論[65]後，為書答友曰：「足下雖有自然之理，然未見大數[66]，熟省[67]此論，可以開悟矣。」

滕胤謂恪曰：「君受伊、霍之託[68]，入安本朝，出摧彊敵，名聲振於海內，天下莫不震動，萬姓之心，冀得蒙君而息[69]。今猥以勞役之後[70]，興師出征，民疲力屈，遠主有備。若攻城不克，野略[71]無獲，是喪前勞而招後責[72]也。不如按甲息師，觀隙而動。且兵者大事，事以眾濟[73]，眾苟不悅，君獨安之[74]？」恪曰：「諸云不可，皆不見計算[75]，懷居苟安[76]者也。而子復以為然，吾何望乎？夫以曹芳闇劣[77]，而政在私門[78]，彼之民臣，固有離心。今吾因國家之資，藉戰勝之威，則何往而不克哉！」

三月，恪大發州郡二十萬眾復入寇，以滕胤為都下督[79]，掌統留事[80]。

夏，四月，大赦。

漢姜維自以練西方風俗[81]，兼負其才武，欲誘諸羌、胡以為羽翼，謂自隴以西，可斷而有[82]。每欲興軍大舉，費禕常裁制不從，與其兵不過萬人，曰：「吾等不如丞相[83]亦已遠矣，丞相猶不能定中夏[84]，況吾等乎！不如且保國治民，謹守社稷，如其功業[85]，以俟能者，無為希冀徼倖，決成敗於一舉，若不如志，悔之無及。」及禕死，維得行其志，乃將數萬人出石營[86]，圍狄道[87]。

吳諸葛恪入寇淮南[88]，驅略[89]民人。諸將或謂恪曰：「今引軍深入，疆埸之民[90]必相率遠遁[91]，恐兵勞而功少。不如止圍新城[92]，新城困，救必至，至而圖之，乃可大獲。」恪從其計，五月，還軍圍新城。

詔太尉司馬孚督軍二十萬往赴[93]之。大將軍師問於虞松[94]曰：「今東西有事[95]，二方皆急，而諸將意沮[96]，若之何？」松曰：「昔周亞夫堅壁昌邑而吳、楚自敗[97]，事有似弱而彊，不可不察也。今恪悉其銳眾[98]，足以肆暴[99]，而坐守[100]新城，欲以致一戰[101]耳。若攻城不拔，請戰不可，師老眾疲[102]，勢將自走，諸將之不徑進[103]，乃公之利也。姜維有重兵而縣軍應恪[104]，投食我麥[105]，非深根[106]之寇也。且謂我并力於東，西方必虛，是以徑進。今若使關中[107]諸軍倍道急赴[108]，出其不意，殆將走矣。」師曰：「善。」乃使郭淮、陳泰悉關中之眾，解狄道之圍。敕毌丘儉等[7]按兵自守，以新城委吳[109]。陳泰進至洛門[110]，姜維糧盡，退還。

揚州牙門將[111]涿郡張特[112]守新城，吳人攻之連月，城中兵合三千人，疾病戰死者過半，而恪起土山[113]急攻，城將陷，不可護。特乃謂吳人曰：「今我無心復戰也。然魏法，被攻過百日而救不至者，雖降，家不坐[114]。自受敵以來，已九十餘日矣。此城中本有四千餘人，戰死者已過半，城雖陷，尚有半人不欲降，我當還為相語，條別善惡[115]，明日早送名[116]，且以我印綬去為信。」乃投其印綬與之。吳人聽其辭而不取印綬。特乃投夜徹諸屋材柵[117]，補其缺為二重[118]。明日，謂吳人曰：「我但有鬬死耳！」吳人大怒，進攻之，不能拔。

會大暑，吳士疲勞，飲水，泄下、流腫[119]，病者大半，死傷塗地[120]。諸營吏日白[121]病者多，恪以為詐，欲斬之，自是莫敢言。恪內惟失計[122]，而恥城不下，忿形于色[123]。將軍朱異以軍事迕[124]恪，恪立奪其兵，斥還建業。都尉蔡林[125]數陳軍計，恪不能用，策馬來奔[126]。諸將伺知吳兵已疲，乃進救兵。

秋，七月，恪引軍去，士卒傷病，流曳(127)道路，或頓仆(128)坑壑，或見略獲(129)，存亡哀痛，大小嗟呼。而恪晏然自若(130)，出住江渚(131)一月，圖起田於潯陽(132)。詔召相銜(133)，徐乃旋師(134)。由是眾庶失望，怨讟(135)興矣。

汝南太守鄧艾(136)言於司馬師曰：「孫權已沒，大臣未附，吳名宗大族皆有部曲(137)，阻兵(138)仗勢，足以違命。諸葛恪新秉國政，而內無其主(139)，不念撫恤上下以立根基，競於外事(140)，虐[8]用其民(141)，悉國之眾，頓於堅城(142)，死者萬數，載禍而歸，此恪獲罪之日也。昔子胥(143)、吳起(144)、商鞅(145)、樂毅(146)皆見任時君，主沒猶敗，況恪才非四賢，而不慮大患，其亡可待也。」

八月，吳軍還建業，諸葛恪陳兵導從(147)，歸入府館(148)，即召中書令孫嘿(149)，厲聲謂曰：「卿等何敢數妄作詔(150)！」嘿惶懼辭出，因病還家。

恪征行之後，曹(151)所奏署(152)令長職司(153)，一更罷[9]選(154)，愈治威嚴(155)，多所罪責，當進見者無不竦息(156)。又改易宿衛(157)，用其親近。復敕兵嚴(158)，欲向青、徐(159)。

孫峻因民之多怨，眾之所嫌，構恪於吳主(160)，云欲為變。冬，十月，孫峻與吳主謀置酒請恪。恪將入之夜(161)，精爽擾動(162)，通夕不寐，又家數有妖怪(163)，恪疑之。旦日，駐車宮門，峻已伏兵於帷中，恐恪不時入(164)事泄，乃自出見恪曰：「使君若尊體不安，自可須後[165]，峻當具白主上。」欲以嘗[166]知恪意，恪曰：「當自力入[167]。」散騎常侍[168]張約、朱恩等密書與恪曰：「今日張設[169]非常，疑有他故。」恪以書示滕胤，胤勸恪還。恪曰：「兒輩何能為！正恐因酒食中人[170]耳。」恪入，劍履上殿[171]，進謝還坐[172]。設酒，恪疑未飲。孫峻曰：「使君病未善平[173]，有常服藥酒，可取之。」恪意乃安，別飲所齎酒[174]，數行[175]，吳主還內。峻起如廁，解長衣，著短服，出曰：「有詔收諸葛恪。」恪驚起，拔劍未得，而峻刀交下[176]。張約從旁斫[177]峻，裁傷左手；峻應手斫約，斷右臂。武衛之士皆趨上殿[178]，峻曰：「所取者恪也，今已死！」悉令復刃[179]，乃除地更飲[180]。恪二子竦、建聞難，載其母欲來奔[181]，峻使人追殺之。以葦席裹恪尸，篾[10]束腰[182]，投之石子岡[183]。又遣無難督施寬[184]就將軍施績、孫壹軍[185]，殺恪弟奮威將軍融[186]於公安[187]，及其三子。恪外甥都鄉侯張震[188]、常侍[189]朱恩，皆夷三族。

臨淮臧均[190]表乞收葬恪，曰：「震雷電激，不崇一朝[191]，大風衝發，希有極日[192]。然猶繼之以雲雨[193]，因以潤物。是則天地之威，不可經日浹辰[194]；帝王之怒，不宜訖情盡意[195]。臣以狂愚，不知忌諱，敢冒破滅之罪[196]，以邀風雨之會[197]。伏念故太傅諸葛恪，罪積惡盈，自致夷滅[198]，父子三首，梟市積日[199]，觀者數萬，詈聲成風[200]。國之大刑，無所不震，長老孩幼，無不畢見[201]。人情之於品物[202]，樂極則哀生，見恪貴盛，世莫與貳[203]，身處台輔[204]，中間歷年，今之誅夷，無異禽獸，觀訖情反[205]，能不憯然[206]？且已死之人，與土壤同域，鑿掘斫刺[207]，無所復加。願聖朝稽則乾坤[208]，怒不極旬[209]，使其鄉邑[210]若故吏民[211]收以士伍之服[212]，惠以三寸之棺[213]。昔項籍受殯葬之施[214]，韓信獲收斂之恩[215]，斯則漢高發神明之譽也[216]。惟陛下敦三皇之仁[217]，垂哀矜之心，使國澤加於辜戮之骸[218]，復受不已之恩[219]，於以揚聲遐方，沮勸[220]天下，豈不大哉！昔欒布矯命彭越[221]，臣竊恨之，不先請主上而專名以肆情[222]，其得不誅，實為幸耳。今臣不敢章宣愚情以露天恩[223]，謹伏手書，冒昧陳聞[224]，乞聖明哀察。」於是吳主及孫峻聽恪故吏斂葬。

初，恪少有盛名，大帝[225]深器重之，而恪父瑾常以為戚[226]，曰：「非保家之主也。」父友奮威將軍張承[227]亦以為恪必敗諸葛氏。陸遜嘗謂恪曰：「在我前者吾必奉之同升[228]，在我下者則扶接之[229]。今觀君氣陵其上[230]，意蔑乎下[231]，非安德之基也。」漢侍中諸葛瞻[232]，亮之子也。恪再攻淮南，越嶲[233]太守張嶷與瞻書曰：「東主[234]初崩，帝[235]實幼弱，太傅[236]受寄託之重，亦何容易！親有周公之才[237]，猶有管、蔡流言[238]之變；霍光受任[239]，亦有燕、蓋、上官逆亂[240]之謀，賴成、昭之明以免斯難[241]耳。昔每聞東王殺生賞罰不任下人[242]，又今以垂沒之命，卒召太傅，屬以後事，誠實可慮[243]。加吳、楚剽急，乃昔所記[244]，而太傅離少主，履敵庭[245]，恐非良計長算也。雖云東家[246]綱紀肅然，上下輯睦[247]，百有一失，非明者之慮也。取古則今，今則古也[248]。自非郎君進忠言於太傅[249]，誰復有盡言者邪？旋軍廣農[250]，務行德惠，數年之中[251]，東西並舉[252]，實為不晚，願深採察。」恪果以此敗。

吳羣臣共議上奏，推孫峻為太尉，滕胤為司徒。有媚峻者[253]言曰：「萬機宜在公族[254]，若承嗣為亞公[255]，聲名素重，眾心所附，不可量[256]也。」乃表[257]峻為丞相、大將軍，督中外諸軍事，又不置御史大夫[258]，由是士人[259]失望。滕胤女為恪子竦妻，胤以此辭位。孫峻曰：「鯀、禹罪不相及[260]，滕侯何為[261]？」峻與胤雖內不沾洽[262]，而外相苞容[263]，進胤爵高密侯，共事如前。

齊王奮[264]聞諸葛恪誅，下住蕪湖[265]，欲至建業觀變[266]。傅相謝慈等[267]諫，奮殺之。坐廢為庶人[268]，徙章安[269]。

南陽王和[270]妃張氏，諸葛恪之甥[271]也。先是恪有遷[11]都之意，使治武昌宮[272]，民間或言恪欲迎和立之[273]。及恪被誅，丞相峻因此奪和璽綬[274]，徙新都[275]，又遣使者追[12]賜死。初，和妾何氏生子皓[276]，諸姬子德、謙、俊。和將死，與張妃別，妃曰：「吉凶當相隨，終不獨生。」亦自殺。何姬曰：「若皆從死，誰當字孤[277]？」遂撫育皓及其三弟，皆賴以獲全。

【章旨】以上為第一段，寫邵陵厲公嘉平五年（西元二五三年）一年間的大事，主要寫了蜀國大將軍費褘被魏之詐降者所殺；寫了司馬師為群臣的兩次失敗承擔過責，撈得聲譽；寫了諸葛恪好大喜功，發動吳軍攻魏淮南新城，蜀將姜維發兵攻魏隴西，結果蜀軍被魏將郭淮、陳泰所敗，吳軍亦被魏將毌丘儉等所敗；寫了諸葛恪因專權於內，兵敗於外，被孫峻發動政變所殺，孫權數子也相繼遇害等等。

【注釋】❶正月朔　正月初一。❷漢壽　蜀縣名，原稱葭萌，在今四川劍閣縣東北，舊時的劍閣東南。時費褘統軍駐此。❸郭循　原為魏將，被蜀將姜維所俘，詐降於蜀。《三國志》作「脩」，亦作「循」，上卷胡三省注云當作「脩」。❹沈醉　大醉。沈，同「沉」。❺資性汎愛　秉性仁慈，待人厚道。汎愛，對任何人都存愛心。❻越巂　蜀郡名，郡治邛都，在今四川西昌東南。❼張嶷　蜀將名，字伯岐，曾任撫軍將軍、盪寇將軍。傳見《三國志》卷四十三。❽岑彭率師　指東漢的開國元勳岑彭率軍伐公孫述。傳見《後漢書》卷十七。❾來歙杖節　指東漢的開國元勳來歙持節率軍平蜀。傳見《後漢書》卷十五。❿咸見害於刺客　岑彭、來歙被刺客殺害。事見本書卷四十二建武十一年。⓫新附　新歸降的人，指郭循。⓬追封郭循為長樂鄉侯　主語指魏國皇帝。因郭循行刺後即被蜀國所殺，故魏國只有追封而已。⓭王昶毌丘儉聞東軍敗　時王昶率軍攻吳江陵，毌丘儉率軍攻吳武昌。東軍敗，指胡遵、諸葛誕所率領的攻吳淮南東興的魏軍，於上年十二月被吳將諸葛恪、丁奉等打敗。⓮燒屯　燒掉在前方構築的營壘。⓯朝議　朝廷群臣的意見。⓰不聽公休　不採納諸葛誕的建議。諸葛誕字公休。⓱安東將軍昭　司馬昭。安東將軍與安南、安北、安西將軍合稱四安將軍。⓲毌丘儉為鎮東將軍二句　將毌丘儉與諸葛誕的職務做了對調。⓳求敕并州并力討胡　請求朝廷命令并州刺史和陳泰一道討伐北部的匈奴人。并力，合力。⓴未集　事情還未就緒。㉑新興鴈門二郡胡以遠役　居住在新興、雁門二郡的匈奴人聽說要遠征服役，即陳泰建議的二州并力北伐。新興郡的郡治九原，即今山西忻州，雁門郡的郡治在今山西代縣西南。二郡皆屬并州。㉒陳雍州　即雍州刺史陳泰。㉓習鑿齒論曰　習鑿齒字彥威，東晉時期的史學家，著《漢晉春秋》，以蜀為正統。另著《襄陽耆舊記》、《逸人高士傳》，今皆不存。以下所引文字即見《漢晉春秋》。㉔過消而業隆　認錯的事情過去之後，篡位的基業就更加興隆。㉕歸咎萬物　把失敗的責任推給別人。物，即指人。㉖執其功而隱其喪　有了功勞就到處張揚，有了失敗就隱瞞不講。喪，損失；消耗。㉗苟統斯理以御國　只要把握住這個道理來治理國家。㉘行失而名揚　承認一點行為上的過失，結果威望更高。㉙兵挫而戰勝　這次承認失敗，以後獲勝更多。㉚況於再乎　何況也只是敗了兩次。㉛見誅不久　很快就要死到臨頭。㉜吳軍還自東興　東吳大軍從東興堤返回京師。東興，即東興堤，在安徽含山縣西南，與巢縣相接。㉝荊揚州牧　荊州、揚州兩州的刺史。吳國荊州的州治江陵，在今湖北江陵城西北，揚州的州治建業，即今南京。㉞中散大夫　皇帝的侍從官員，位在諫議大夫之上，掌顧問應對。㉟仇讎　相互作對。讎，對。㊱長　助長。㊲昔秦但得關西　戰國初期的秦國，只佔有函谷關以西地區。關西，函谷關以西。㊳操時兵眾二句　曹操時代的將領士兵，到現在已快死光了。㊴衰少未盛　老的老、小的小，兵力不強。按，此諸葛恪過分輕敵之言。㊵未得施用　謂司馬師、司馬昭為「幼弱」，謂魏國才智之士為「未得施用」，亦非知己知彼之言。㊶是其厄會　正是其困頓倒楣的時候。㊷急於趨時　意即抓緊時機動手。㊸眾人　一般人；普通人。㊹而以今日遂輕其後　從魏國的今日之弱遂輕視他的日後發展。㊺欲務閒息　想使百姓獲得休息。㊻愛其小勤　同情百姓小的勤苦。愛，憐惜。㊼昔漢祖幸已自有三秦之地　當年劉邦收復三秦後如果以此為滿足。三秦之地，泛指關中地區。因為劉邦滅秦後，項羽曾三分關中，封秦朝的三個降將章邯為雍王、司馬欣為塞王、董翳為翟王，故稱三秦。㊽攻楚　指出關東擊項羽。㊾身被創痍　指劉邦被項羽的伏兵所射傷。㊿介冑　甲冑。(51)厭困苦　吃盡了一切苦頭。(52)兩存　指既不吃苦又能長治久安。(53)荊邯說公孫述以進取　公孫述是東漢初期盤踞於巴蜀地區的大軍閥，荊邯是公孫述的部下。荊邯勸公孫述要努力進取，不要憑巴蜀之險消極固守。事見本書卷四十二建武六年。(54)家叔父表陳與賊爭競之計　家叔父，指諸葛亮。諸葛亮曾作〈出師表〉，論述西蜀與魏國不兩立的局勢。見本書卷七十一太和二年。(55)反側　翻來覆去，難以入睡的樣子。(56)以達一二君子之末　上達給諸位的左右人員知曉。謙詞，意即讓諸位知道我的想法。(57)若一朝隕沒二句　如果我哪一天突然死了，計畫未能實現。(58)貴令來世知我所憂　也可以讓後來人知道我曾經憂慮過什麼問題。(59)可思於後耳　可以讓後代人記著我的這些話。按，以上文字見諸葛恪所寫的〈論眾〉。(60)莫敢復難　沒有人敢再提出異議。(61)丹陽太守聶友　丹陽是吳郡名，郡治建業，即今南京。聶友字文悌。傳見《三國志》卷六十四。(62)大行皇帝　剛死不久的皇帝，吳臣以稱孫權。此時孫權之喪尚未逾年，故稱之為「大行皇帝」。(63)出身用命　捨身拼命。(64)苟任盛意　全憑你的意思辦。(65)題論　即寫作〈論眾〉這篇文章。(66)大數　國家勝負存亡的大道理。(67)熟省　反覆閱讀。(68)伊霍之託　像伊尹、霍光輔佐幼主那樣的重託。伊尹是商朝人，曾在商湯死後輔佐四代君主，霍光是西漢人，曾受武帝之託以輔昭帝。(69)蒙君而息 仰仗你獲得生存。(70)猥以勞役之後 勉強地在種種勞役之後。猥，曲；勉強。勞役，指內有興築孫權陵墓的差役，外有東關之戰。(71)野略 指掠奪城外的人口與財貨莊稼。(72)喪前勞而招後責 既丟棄了東關之勝的功勞，又招來後人的指責。(73)事以眾濟 要想打敗敵人必須依靠眾人的努力。濟，完成。(74)君獨安之 就憑你一個人又能幹成什麼呢。(75)不見計筭 未見有什麼計畫打算。(76)懷居苟安 貪圖平穩地過日子。(77)闇劣 昏庸低能。(78)政在私門 指朝廷大權操縱在司馬氏手中。(79)都下督 京師建業的軍事長官。(80)掌統留事 統管後方留守諸事。(81)自以練西方風俗 自己認為熟悉西部地區的民間習俗。姜維本是天水冀縣人，故有此自信。(82)自隴以西二句 自隴山以西可歸蜀漢所有。隴，隴山，盤踞在陝西、甘肅、寧夏三省交界的大山。斷，截取，指攻佔。(83)丞相 指諸葛亮。(84)中夏 中原，指曹魏統治的地區。(85)功業 指進一步開拓地盤，為國立功。(86)石營 在今甘肅西和西北約八十里處，在董亭西南，當時屬曹魏南安郡。(87)狄道 魏縣名，縣治即今甘肅臨洮。(88)淮南 魏郡名，郡治合肥，今合肥西北。(89)驅略 驅趕；俘虜。都指將其挾持而歸。(90)疆埸之民 國境沿線的居民。(91)相率遠遁 互相攜從遠逃。(92)新城 即當時魏國的淮南郡治合肥，也稱新城。(93)往赴 指奔援新城。(94)虞松 字子茂，陳留（今河南開封東南）人，任中書郎、中書令等職。事見《三國志》卷四。(95)東西有事 指東吳諸葛恪攻淮南，西蜀姜維攻隴西。(96)意沮 猶今之所謂「喪氣」、「灰心」。(97)周亞夫堅壁昌邑句 事見本書卷十六景帝三年。周亞夫，周勃之子，景帝時為太尉，是平吳、楚七國之亂的軍事統帥。事見《史記·絳侯世家》。昌邑，漢縣名，縣治在今山東巨野東南。(98)悉其銳眾 出動全部精銳部隊。(99)肆暴 肆意逞強施暴。(100)坐守 單單地困守。(101)致一戰 想招引我軍與之決戰。(102)師老眾疲 意即全軍疲憊不堪。老，也是「疲憊」的意思。(103)不徑進 不願逕直進擊，即司馬師之所謂「諸將意沮」。(104)縣軍應恪 遙遠地與諸葛恪相呼應。縣，同「懸」。(105)投食我麥 進駐我們地區，以我境內的麥子為食。(106)深根 指有根基，能持久。(107)關中 指今陝西中部。其地東有函谷，南有武關，西有散關，北有蕭關，故云。(108)倍道急赴 日夜兼程地撲向敵人。(109)委吳 丟給吳國，任其攻打。(110)洛門 約在今甘肅甘谷縣西四十里處。(111)牙門將 常簡稱牙門。因地區不同，又有西戎牙門將、淮南牙門將等名號。(112)涿郡張特 涿郡是漢郡名，三國時稱范陽郡，郡治即今河北涿州。張特，字子產。事見《三國志》卷四。(113)起土山 堆起土山以求上城。(114)不坐 不受牽連被懲處。(115)條別善惡 分析戰與降的利弊。(116)送名 指簽字的投降書。(117)投夜徹諸屋材柵 趁夜間拆掉房子上的木材、圍欄。投，及；到。(118)補其缺為二重 把城牆的缺口加固為雙層防護。(119)泄下流腫 腹瀉、浮腫。(120)塗地 遍地。(121)日白 每天向上報告。(122)內惟失計 心裡已經明白這次出兵的失誤。惟，思；發覺。(123)忿形于色 忿恨惱怒之情流露在臉上。(124)迕 冒犯。(125)都尉蔡林 都尉相當於校尉，級別在將軍之下。蔡林，事見《三國志》

卷六十四。(126)來奔　來投奔魏國。(127)流曳　拉扯而行，多有流散。(128)頓仆　跌倒；落入。(129)見略獲　指被魏兵俘虜。略，同「掠」。(130)晏然自若　神態安寧，跟平常一樣。(131)江渚　江中小島。(132)起田於潯陽　在潯陽建立武裝屯墾。潯陽在今江西九江西北。(133)詔召相銜　皇帝連連下詔書令其回京。(134)旋師　回師。(135)怨讟　即怨恨、詛咒。(136)汝南太守鄧艾　汝南是魏郡名，郡治平輿，在今河南平輿北。鄧艾，字士載，傳見《三國志》卷七十五。(137)部曲　指私人軍隊。古代一位將軍下屬若干部，部的長官稱校尉；一個校尉下屬若干曲，曲的長官稱軍候。(138)阻兵　依仗兵力。(139)內無其主　朝內沒有明君。(140)競於外事　一心只想挑起對外戰爭。(141)虐用其民　殘暴地役使國內百姓。(142)頓於堅城　被嚴重地損失消耗於不可攻克的城池之下。(143)子胥　伍子胥，春秋時期的吳國元勳，曾佐闔閭破楚，又佐夫差破越，最後被夫差所殺。事見《史記·吳世家》。(144)吳起　戰國時的軍事家，任楚令尹，為楚悼王主持變法。楚悼王死後，被楚國貴族殺害。事見《史記·孫子吳起列傳》。(145)商鞅　戰國時政治家，佐秦孝公實行變法，奠定了秦國富強的基礎。秦孝公死，被車裂而死。事見《史記·商君列傳》。(146)樂毅　戰國時名將，被燕昭王任為上將軍，率軍幾乎滅掉了齊國，後燕惠王即位，聽信挑撥將其免職，樂毅逃到了趙國。事見《史記·樂毅列傳》。(147)陳兵導從　沿路列隊守衛，前有引導，後有隨從。(148)府館　即統帥府邸。(149)孫嘿　時為吳國中書令。事見《三國志》卷六十四。嘿，通「默」。中書令是當時皇帝的親信，掌管機要的官員。(150)數妄作詔　意即責怪他們連續地下詔書召之回師。中書令負責為帝王起草詔書，故諸葛恪責備孫嘿。(151)曹　指選曹，主管選考官員的機構。(152)奏署　啟奏任命。(153)令長職司　指被選任的各部門官吏。(154)一更罷選　一律罷免，另外選任。(155)愈治威嚴　對下屬的約束管制越發嚴厲。(156)竦息　恐懼緊張得不敢喘氣。(157)改易宿衛　撤換皇帝身邊的侍衛官兵。(158)復敕兵嚴　又下令調兵戒嚴。(159)欲向青徐　準備進攻魏國的青、徐二州。魏國青州的州治臨淄，即今山東淄博之臨淄區，徐州的州治彭城，即今江蘇徐州。(160)構恪於吳主　在吳主孫亮面前給諸葛恪編造罪名。構，編造罪名以害人。(161)將入之夜　將要入朝的頭天夜裡。(162)精爽擾動　精神躁動不安。(163)數有妖怪　多次出現怪異之事。據《三國志·諸葛恪傳》：「明將盥洓，聞水腥臭。侍更授衣，衣服亦臭。恪怪其故，易衣易水，其臭如初，意惆悵不悅。嚴畢趨出，犬銜引其衣，恪曰：『犬不欲我行乎？』還坐頃刻，乃復起，犬又銜其衣。」(164)不時入　不及時入內。(165)須後　等以後再說。(166)嘗　試探。(167)當自力入　我當強打精神進去見吳主。(168)散騎常侍　官名，掌宿衛侍從，多為加官。(169)張設　安排；布置。(170)正恐因酒食中人　所怕的也就是在酒飯中下毒害人。(171)劍履上殿　身帶佩劍，腳穿朝靴。這是當時諸葛恪享有的特殊禮遇，一般人上殿不准帶劍，要脫掉鞋子。(172)進謝還坐　進前見過吳主，回來坐下。(173)病未善平　病情沒有全好。(174)所齎酒　自己帶來的酒。(175)數行　酒過幾巡。(176)峻刀交下　指孫峻跟他助手的刀一齊砍下。(177)斫　砍。(178)皆

趨上殿　都小步跑上殿來。按，孫峻時任武衛將軍，故「武衛之士」都屬孫峻統領。(179)復刃　收刀回鞘。(180)除地更飲　打掃場地，重新開飲。(181)欲來奔　想來投奔魏國。(182)以葦席裹恪尸二句　用蘆席捲起諸葛恪屍體，用竹篾捆住屍體的腰部。(183)石子岡　當時建業南郊的亂葬崗。(184)無難督施寬　吳國設有無難兵營，其長官即稱無難督。施寬的事跡見《三國志》卷二十五。(185)就將軍施績孫壹軍　前往施績、孫壹兩位將軍的軍中。施績是朱然之子，本姓施。傳見《三國志》卷五十六。孫壹是孫霸之子，封宛陵侯。事跡見《三國志》卷五十九。當時施績駐兵江陵，孫壹駐兵夏口。(186)奮威將軍融　諸葛融，諸葛瑾之子，諸葛恪之弟。事跡見《三國志》卷五十二。(187)公安　吳縣名，縣治在今湖北公安城北。(188)張震　張昭之孫，張承之子。嗣都鄉侯。事跡見《三國志》卷五十二。(189)常侍　即散騎常侍。(190)臨淮臧均　臧均是吳國官吏。事跡見《三國志》卷六十四。其故鄉是臨淮，在今安徽盱眙城東北。(191)不崇一朝　時間不會長過一個早晨，崇，終。(192)希有極日　很少有能颳上一整天。希，同「稀」。極，盡頭。(193)繼之以雲雨　還是接著轉為和風細雨。(194)經日浹辰　猶言「連日累月」。一晝夜分為十二辰，十二日辰一周，謂之「浹辰」。(195)訖情盡意　猶言竭情盡意，指毫無約束地盡情發洩。訖，盡。(196)破滅之罪　指破家滅身的懲罰。(197)邀風雨之會　招喚「暴雷狂風」之後的「和風細雨」的降臨。(198)自致夷滅　自己招來了滅門之禍。(199)梟市積日　人頭已在街市上懸掛了好幾天。(200)詈聲成風　詬罵的聲音如風四起。(201)無不畢見　全都看在眼裡。(202)品物　眾庶；萬物。(203)世莫與貳　世上沒有人可以跟他相比。(204)台輔　三公宰相之位。(205)覿訖情反　看過之後讓人一想。(206)能不憯然　能不感到傷心嗎。(207)鑿掘斫刺　指對付屍體的種種施暴。(208)稽則乾坤　效法天地的寬厚。稽，考。則，效法。(209)怒不極旬　憤怒不超過十天。極，終。(210)鄉邑　指同鄉的人。(211)若故吏民　或者是老部下、舊子民。若，或。(212)收以士伍之服　以普通士卒、百姓的衣服加以收殮。(213)惠以三寸之棺　賞給他們一口三寸厚的棺材。(214)項籍受殯葬之施　項羽（字籍）被劉邦破敗自殺後還被劉邦以魯公之禮安葬。事見本書卷十一漢高帝五年。參見《史記·項羽本紀》。(215)韓信獲收斂之恩　劉邦收殮韓信之事，史書無考。(216)斯則漢高發神明之譽也　這些就是劉邦所以享有神明一樣聲譽的原因，(217)敦三皇之仁　發揚像三皇那樣的仁愛。敦，厚；發揚。三皇指天皇、地皇、人皇。也有說指燧人氏、伏羲氏、神農氏。(218)辜戮之骸　因罪伏誅的屍骨。(219)復受不已之恩　讓他們身死之後還無窮盡地沐浴著朝廷的恩德。(220)沮勸　勸勉。(221)欒布矯命彭越　欒布是彭越的老部下，奉命出使回來時，彭越已被朝廷殺害，於是欒布便去對著彭越的人頭稟告了出使的情況。事見本書卷十二漢高帝十一年。矯命，違背劉邦宣布的不准哭彭越的命令。(222)專名以肆情　只為自己揚名而任意行事。(223)章宣愚情以露天恩　公開顯露我的感情以祈請朝廷降恩。(224)冒昧陳聞　冒昧以死陳述。古代人臣進言於君，首先說「冒死」、「昧死」，意思是人君之威難犯，故冒著死罪以進言。(225)大帝　指吳大帝孫權。(226)常以為戚　常為此感到憂慮。(227)張承　輔吳將軍張昭之子。事跡見《三國志》卷五十二。(228)奉之同升　推崇之使其與己一同升遷。(229)扶接之　扶助之令其接己之位。(230)氣陵其上　對上級盛氣陵人。(231)意蔑乎下　對下級態度傲慢。(232)諸葛瞻　字思遠，諸葛亮子，曾任騎都尉、護衛將軍平尚書事。傳見《三國志》卷三十五。(233)越巂　蜀郡名，郡治邛崍，即今四川西昌。(234)東主　指孫權。(235)帝　指吳主孫亮。(236)太傅　指諸葛恪，時為吳國太傅。(237)親有周公之才　有叔父之親的周公這樣的人才。(238)管蔡流言　管、蔡指周公之兄管國的君主姬鮮與周公之弟蔡國的君主姬度。武王死後，成王年幼，國家大權由周公代為執掌，管、蔡二人猜疑周公，散布流言，勾結紂王之子共同發動叛亂。(239)霍光受任　霍光是霍去病的異母弟，漢武帝臨終，將年幼的昭帝託付給霍光等人，於是霍光任大司馬大將軍，封博陸侯，權震朝野。事見《漢書・霍光傳》。(240)燕蓋上官逆亂　指武帝之子燕王劉旦、武帝之女蓋長公主與上官桀等陰謀廢昭帝的叛亂。事見本書卷二十三元鳳元年。(241)賴成昭之明以免斯難　多虧了周成王與漢昭帝的英明，堅信周公與霍光的忠貞不二，他們才沒有落到諸葛恪這樣的下場。(242)殺生賞罰不任下人　讓誰死、讓誰活，賞誰、罰誰，都是他孫權一個人說了算。(243)誠實可慮　實在是值得憂慮。(244)吳楚剽急二句　吳、楚地區的人兇狠好殺，早就見之於歷史。按，《史記・吳王濞列傳》分析劉濞造反的原因時就提到「吳楚剽急」的影響。(245)離少主二句　指離開朝廷，親自率軍往攻敵城。(246)東家　指東吳。(247)輯睦　和睦。輯，和。(248)取古則今二句　用古代的事情來衡量今天，今天的事情也就和古代的事情一樣。則今，衡量今天。(249)自非郎君進忠言於太傅　除了你還能向諸葛恪進忠言而外。郎君，以稱諸葛瞻。自漢以來，門生故吏，都稱恩師的子弟為郎君。張嶷曾是諸葛亮的故吏，故如此相稱。(250)旋軍廣農　班師回軍，大力發展農業。(251)數年之中　猶言「數年之後」。(252)東西並舉　指東吳與西蜀同時對魏發起進攻。(253)媢峻者　向孫峻討好的人。(254)萬機宜在公族　國家大權應掌握在孫氏皇族人的手裡。(255)若承嗣為亞公　如果讓滕胤任司徒。滕胤字承嗣，司徒位亞太尉，故稱「亞公」。(256)不可量　言其日後的發展不可估量。(257)表　上表推薦。(258)不置御史大夫　御史大夫與丞相、太尉合稱三公，今孫峻既任太尉，又任丞相，又不設御史大夫，於是國家的三公只有孫峻一個人。(259)士人　有地位、有身分的人物們。(260)鯀禹罪不相及　鯀治水失敗被舜所殺，禹又被任命治水，不受其父被殺的影響。事見《史記・五帝本紀》。這裡泛指一人有罪，家人不受牽連。(261)何為　何必這樣。(262)不沾洽　不和睦；不融洽。(263)外相苞容　表面上看起來還能彼此認可，相互合作。(264)齊王奮　孫奮，孫權之子，孫霸之弟，被封為齊王，鎮守武昌。傳見《三國志》卷五十九。(265)下住蕪湖　從武昌順流而下，駐兵於蕪湖。蕪湖是吳縣名，即今安徽蕪湖市。(266)觀變　看看究竟是發生了什麼變化。(267)傅相謝慈等　傅相指齊王太傅與齊國之相。太傅是諸侯王的輔導官，國相職同郡守。謝慈字孝宗，彭城人。事見《三國志》卷五十九。(268)坐廢為

庶人　齊王孫奮因此犯罪被廢為平民。269 徙章安　被發配到章安縣，縣治即今浙江臨海市東南的章安鎮。270 南陽王和　孫和，孫權之子。傳見《三國志》卷五十九。271 甥　外甥女。272 武昌宮　吳國的武昌即今湖北鄂城。273 迎和立之　迎請孫和立以為帝。274 奪和璽綬　剝奪了孫和印綬，亦即廢除了孫和的南陽王封爵。275 新都　吳郡名，郡治在今浙江淳安西。276 皓　孫皓，即日後的吳末帝。傳見《三國志》卷四十八。277 誰當字孤　誰來撫養孤兒。字，餵奶；養育。

【校記】[1] 新興鴈門　據章鈺校，甲十一行本、乙十一行本皆作「鴈門新興」。[2] 理　據章鈺校，此下甲十一行本、乙十一行本皆有「而」字。[3] 及　據章鈺校，甲十一行本、乙十一行本皆作「悉」。[4] 於　據章鈺校，孔天胤本作「其」。[5] 一二　據章鈺校，甲十一行本、乙十一行本、孔天胤本皆作「二三」。[6] 今公輔贊大業承先帝之志　原無此十一字。據章鈺校，甲十一行本、乙十一行本、孔天胤本皆有此十一字，張敦仁《通鑑刊本識誤》、張瑛《通鑑校勘記》同，今據補。「承」字甲十一行本等均作「成」，惟孔天胤本作「承」，今取孔本。[7] 等　原無此字。據章鈺校，甲十一行本、乙十一行本、孔天胤本皆有此字，張敦仁《通鑑刊本識誤》同，今據補。[8] 虐　原誤作「虛」。據章鈺校，甲十一行本、乙十一行本皆作「虐」，今據校正。《三國志・魏書・鄧艾傳》作「虐」。[9] 更罷　據章鈺校，乙十一行本二字互乙。[10] 篾　原作「蔑」。據章鈺校，甲十一行本、乙十一行本皆作「篾」，今據改。[11] 遷　據章鈺校，甲十一行本、乙十一行本、孔天胤本皆作「徙」。[12] 追　據章鈺校，甲十一行本、乙十一行本皆無此字。

【語譯】邵陵厲公下

嘉平五年（癸酉　西元二五三年）

春季，正月初一日，蜀國大將軍費禕與諸將在漢壽縣舉行新年聚會，當時魏國降將郭循也在座。費禕因為高興而喝得酩酊大醉，郭循突然站起身來拔劍刺向費禕，費禕當場被刺死。費禕秉性仁慈，對任何人都存有愛心，從來就不懂得懷疑人。擔任越巂郡太守的張嶷曾經寫信告誡費禕說：「東漢的開國元勳岑彭統領軍隊討伐公孫述，來歙手持皇帝符節率軍平蜀，都是死於刺客之手。如今將軍您位高權重，對待新投降歸附的人過於信任，應該將前人的事情引為教訓，多少得提高一些警覺。」而費禕卻沒有把他的提醒當做一回事，終於被害。

魏國得知消息後，追封郭循為長樂鄉侯，讓他的兒子繼承了他的爵位。

魏國的王昶、毌丘儉探聽到攻打東興關的魏軍已經被吳軍打敗的消息後，他們立即焚燒了自己在前方構築的營壘而後撤軍。朝中諸臣的意見是將攻打吳國的諸位將軍全部貶黜，大將軍司馬師說：「是我沒有聽從諸葛誕的意見，以至於導致軍事失利。這是我的過錯，諸位將領有什麼罪呢？」於是全部寬宥了他們。當時司馬師的弟弟安東將軍司馬昭擔任監軍，大將軍司馬師只削去了司馬昭一人的爵位。司馬師任命諸葛誕為鎮南將軍，統領豫州軍事；毌丘儉為鎮東將軍，統領揚州軍事。

這一年，魏國雍州刺史陳泰請求朝廷命令并州刺史與自己一道討伐北方的匈奴人，司馬師同意了他的請求。事情還未就緒，而居住在新興、雁門兩郡的匈奴人聽說要遠征服役，因此受驚而謀反，司馬師又在朝廷上向文武大臣檢討說：「這是我的過錯，而不是雍州刺史陳泰的責任。」群臣見司馬師如此謙遜、勇於承擔責任，都感到很慚愧，因而對司馬師也更加心悅誠服。

習鑿齒評論說：「司馬師大將軍將兩次失敗的責任都攬到自己的頭上，認錯的事情過去之後反而事業興隆，可以稱得上是有高度智慧的人了。如果他忌諱失敗而推諉過錯，總是千方百計把失敗的責任推給別人，經常誇耀自己的功勞而隱匿自己的過失，就會使上下之間離心離德，賢能的人遠走高飛，而愚鈍的人圍繞在自己的左右，那樣的錯誤可是再嚴重不過的了！作為一個統治者，如果能從總體上把握這一原則而用之於治理國家，即使行動上有些過失，也會名揚天下，就是軍事上遭受了失敗，最終也會獲得勝利，即使是失敗過一百次也沒有關係，何況只是兩次的失敗呢？」

擔任光祿大夫的張緝向司馬師進言說：「吳國的諸葛恪雖然取得了東興關戰役的勝利，但我料定他過不了多久就會被誅殺。」司馬師問：「那是為什麼呢？」張緝說：「他的權勢威望使君主感到震驚恐慌，他的功勞超過了全國所有的人，在這種情況下，他還想不死，怎麼可能呢？」

二月，吳國的軍隊從東興堤返回京師建業。吳主孫亮晉封諸葛恪為陽都侯，兼任荊州、揚州兩州刺史統領朝廷與地方的各種軍事。諸葛恪因為東興關戰役的勝利而逐漸產生了輕敵思想，於是又想出兵作戰。朝中大臣都認為國家屢次興兵，軍隊和百姓都已經疲憊不堪，於是眾口一詞都來勸阻諸葛恪不要再有軍事行動，諸葛恪不肯聽從。擔任中散大夫的蔣延堅決勸阻諸葛恪，諸葛恪竟然命人強行將蔣延攙扶了出去。諸葛恪因為眾人勸阻出兵，就寫了一篇論文向眾人解釋說：「凡是相互敵對的國家之間都企圖吞併對方，就跟相互作對的兩個人一樣都會千方百計想要將對方剷除是一樣的道理。面對仇敵而助長他，災禍可能一時輪不到自己，卻一定會落到子孫後代的頭上，所以不能不為子孫後代作長遠考慮。戰國初期的秦國只佔有函谷關以西的一隅之地，尚且吞併了東方六國。如果把今天的魏國和過去的秦國相比，魏國所佔有的國土面積是秦國的好幾倍；把現在的吳國、蜀國與當年的東方六國相比，面積卻不及六國的一半大。然而現在之所以還能與魏國抗衡，只是因為曹操時代的將領和士兵，到現在已經差不多死光了，而新生代的將領還沒有成熟起來，現在正是魏國勢力衰微，老的老，小的小，兵力不強的時代。再加上司馬懿先殺死了王淩，緊接著自己又死去，他的兒子們年輕力弱卻專擅魏國的大權，魏國雖然也有智謀之士，卻還沒有被他所任用。趁現在討伐魏國，正是魏國困頓倒楣的時候。聖明的人能抓住時機趕緊動手，今天可以說是時機已經成熟。如果順從一般人的心願，懷有一種苟且偷安的心理，認為可以世世代代把長江作為我國的天險，而不考慮魏國形勢的發展變化，僅根據魏國今日勢力之弱於是就輕視它的日後發展，這就是我為之歎息的原因啊。現在我聽很多人說我國的百姓仍然很貧窮，想使百姓獲得休息，這是不知道從大的危險處考慮問題而只知道憐惜百姓小的勤勞辛苦。過去漢高祖劉邦已經佔有了三秦之地，可他為什麼不關閉關隘、守住險要而自尋快樂，卻要抽空所有的兵力去攻打西楚霸王項羽，以使自己身受多處創傷，甲冑上也生滿了蟣蝨，將士們飽嘗了艱難困苦，難道說他們是以戰爭為快樂而忘記了享受安寧的生活了嗎？這是因為漢高祖懂得從長遠考慮，知道既不吃苦又能長治久安是不可能同時存在的。我每每借鑑於荊邯向公孫述提出的要努力進取，不要憑巴蜀之險消極固守的建議，最近我又拜讀了叔父諸葛亮的〈出師表〉，他在〈出師表〉中所分析的蜀漢與魏國勢不兩立的局勢，每次都使我感慨萬千喟然長歎。我白天黑夜翻來覆去，考慮的就是這個問題。所以在此我將想法寫出來，讓各位都能了解。如果有一天我突然死了，而計畫未能實現，也藉此使後世之人知道我曾經憂慮過什麼問題，可以讓後人記著我的這些話。」眾人心裡雖然都認為諸葛恪的意見不可行，但沒有人敢再提出異議。

丹陽郡太守聶友一向與諸葛恪關係良好，他寫信勸諫諸葛恪說：「已經過世的大皇帝本來有切斷東關的計畫，但還沒有來得及施行便晏駕了。現在你輔佐大業，繼承了先帝的遺志，魏國的軍隊從遠方前來送死，全軍將士憑藉著你的威望和恩德，捨身拼命，一天之內就打敗了敵人，建立了不朽的功勳，這難道不是吳國祖宗神靈的保佑、國家社稷的福分嗎？現在應該按兵不動、養精蓄銳，等待時機而後再採取行動。如果僅憑今天勝利的有利形勢就想再次出動大軍，恐怕天時未必對我們有利，而如果一定要按照您的意思辦，我很為您感到不安。」諸葛恪寫了這篇論文後，又回信答覆聶友說：「先生所說雖然有一定的道理，然而卻還不瞭解國家勝負存亡的大道理，建議您反覆閱讀我這篇文章，您就可以得到啟發了。」

滕胤對諸葛恪說：「先生所接受於先帝的是伊尹、霍光那樣的重託，先生在朝廷之上使國家獲得了安定，率軍在外打敗了強大的敵人，您的聲望傳播於四海之內，天下無不為之震動，全國百姓的心裡，都希望蒙受您的恩惠而獲得生存。如果勉強地在種種勞役之後，再度興師出征，就會導致民力疲勞、國家財力衰竭，遠處的敵人已經有了防備。如果攻不下敵人的城池，在敵人的郊外又掠奪不到任何東西，這就使您既丟棄了東關之勝的功勞，又招來後人的指責。不如暫且按兵不動、休整士卒，等待時機，然後再採取行動。況且軍事行動是非常重大的事情，要想打敗敵人必須依靠眾人的努力，如果眾人都不高興出兵，就憑您一個人又能幹成什麼事情呢？」諸葛恪回覆說：「眾人都認為不可以，卻又看不見他們有什麼計畫打算，只不過是懷著一種貪圖平穩地過日子的心態罷了。而現在先生您也這樣認為，我還寄希望於誰呢？魏國皇帝曹芳昏庸低能，政權操縱在司馬氏的手中，魏國的百姓和大臣，早就有離異之心。如今我憑藉著國家的力量，乘著剛剛打了勝仗的餘威，大軍所指何往而不勝呢！」

三月，諸葛恪從各州、各郡徵調了二十萬大軍再次進犯魏國，他任命滕胤為掌管京師建業軍事的都下督，留守京師，統管後方留守諸事。

夏季，四月，魏國實行大赦。

蜀漢衛將軍姜維自認為很熟悉西部地區的民間習俗，又自負有文才武略，於是就想誘使西方各羌人部落、胡人部落歸附蜀漢，成為一支輔助力量，如此的話，從隴山以西，就可以歸蜀漢所有。所以他幾次想要採取大的軍事行動，都因為受到大將軍費禕的節制而沒有付諸實施，即使勉從其意，撥給他的兵力也不超過一萬人，大將軍費禕對姜維說：「我們跟諸葛亮丞相比起來相差太遠了，諸葛丞相尚且不能平定中原，更何況是我們這些人呢！不如暫且保存國家實力，安撫人民，穩定社稷，把開拓地盤，為國立功的事業，留給以後有能力的人，我們不要抱著僥倖心理，更不能企圖通過一次戰役來決定勝負，萬一不能成功，後悔可就來不及了。」等到費禕死後，姜維得以按照自己的意願行事，於是便親自率領著幾萬人馬攻打魏國的石營，進而包圍了魏國的狄道縣。

吳國大將軍諸葛恪率領大軍進攻魏國的淮南郡，將不少魏國人挾持到吳國。諸將領中有人對諸葛恪建議說：「如果我們率軍深入魏國，魏國邊境上的居民聽到消息必定互相攜從向遠處逃走，那樣的話恐怕我們的軍隊付出了很大辛勞卻收穫很小。不如只圍攻魏國的新城，新城遭受圍困，魏國必定派軍隊趕來救援，等魏國的救兵一到再想辦法與他們決戰，一定可以大獲全勝。」諸葛恪聽從了他的建議，五月，諸葛恪從淮南撤回軍隊全力圍困新城。

魏帝曹芳下詔命太尉司馬孚統率二十萬大軍趕赴新城增援。大將軍司馬師向虞松請教說：「如今蜀國從西方進犯，吳國從東方進犯，兩個方向都很緊急，而諸位將軍卻都情緒沮喪，該怎麼辦才好呢？」虞松說：「過去周亞夫固守昌邑不戰，而吳國與楚國的軍隊自行敗退，有些事情表面看起來好像很弱小而實際卻很強大，對於這一點不能不清楚。如今諸葛恪率領吳國的全部精銳部隊來進犯，他們完全有能力肆意逞強施暴，然而卻把所有軍隊僅僅用來圍困一個新城，想吸引我軍過來作一次決定性的會戰。如果吳軍攻打新城攻打不下來，想與我軍決戰卻又不可得，時間一久，軍士疲憊不堪，勢必自行退走，諸將領目前不願意逕直進攻，這對您來說卻是有利的。而蜀國的姜維率領大軍深入我國境內，與東吳的諸葛恪遙相呼應，卻以我國境內的麥子為食，這不是有根基能持久的賊寇。而且他認為我國必定會竭盡全力對付東方的吳國，西方必定兵力空虛，所以才敢長驅直入。如果我們調動關中的軍隊，讓他們日夜兼程趕赴狄道，出其不意，姜維必定退走。」司馬師一聽，說：「好。」於是派郭淮、陳泰率領關中的全部兵力，趕赴狄道救援。又命令毌丘儉等按兵不動，只管守護好自己的地盤，把新城暫且丟給吳國，任其攻打。陳泰率軍進抵洛門，姜維由於軍中糧盡而退回蜀國境內。

魏國擔任揚州牙門將的涿郡人張特負責守衛新城，吳國的軍隊攻打新城，一連攻打了好幾個月，城中兵力總共三千人，連疾病再加上戰鬥死傷，人員損失已經超過了一半，而諸葛恪在城外築起土山，攻打得越加緊急，眼看新城就要陷落，無法守住。張特於是站在城牆上對吳國人說：「現在我已經沒有心思再打下去了。但魏國有一條法律規定，在被攻打超過一百天而救兵不到的情況下，即使投降，家屬也不受牽連被懲處。新城自從被圍攻以來，已經九十多天了。這座城中原本只有四千多人，戰死的已經超過了一半，即使城池陷落，還是有一半人不願意投降，我回去一定給他們分析戰與降的利弊，明天一早，將簽過字的投降書送過來，現在就把我的印綬給你們拿去作為憑證。」於是從城上把自己的印綬扔給吳國的軍隊。吳國人相信了張特的話，停止了攻城，卻沒有拾取張特的印綬。張特於是連夜組織人員拆下房屋的木頭和圍欄，將被攻破的城牆缺口加固成雙重防護。第二天，張特又站在城牆上對吳國人說：「我只有戰鬥到死了！」吳國人這才知道自己上了張特的當，因而大怒，加緊攻城，然而卻攻打不下。

當時正是暑熱季節，吳國的軍隊由於長期征戰，都很疲勞，喝水後，腹瀉、浮腫，病倒了一大半，死傷遍地。諸營的軍吏每天都來向諸葛恪報告軍士生病的很多，諸葛恪認為是在欺騙自己，就要將他們斬首，從此以後沒有人敢再來向他報告。諸葛恪已經意識到自己決策的失誤，而新城又攻打不下，覺得很丟面子，於是憤恨惱怒之情全部流露於臉上。將軍朱異由於軍事上的見解與諸葛恪發生分歧而冒犯了諸葛恪，諸葛恪立即剝奪了他的軍權，將他趕回京師建業。擔任都尉的蔡林屢次向諸葛恪進獻軍事計策，諸葛恪全部拒絕採納，於是蔡林飛馬投奔了魏國。魏國諸將知道吳國的軍隊已經相當疲憊，各路援軍這才趕赴新城救援。

秋季，七月，諸葛恪率軍撤退，軍士連傷帶病，一路之上軍容不整，許多人都是互相攙扶著行走，有的仆倒掉進了溝壑，有的被魏軍俘虜，死的死、傷的傷，一片痛苦哀號之聲。而諸葛恪卻泰然自若，他拋下軍隊在江中小島住了一個月，企圖在潯陽建立武裝屯墾。朝廷令其回師的詔書一道接一道的下達，諸葛恪這才緩緩班師。從此全國上下都對諸葛恪感到失望，對他一片怨恨和詛咒。

魏國汝南太守鄧艾對司馬師說：「吳主孫權已死，新皇帝孫亮剛剛即位，大臣們還沒有完全歸附於他，吳國有名望的大族都有自己的私家軍隊，他們仗恃自己的兵力和在社會上的影響，完全敢於違抗朝廷的命令。諸葛恪剛剛掌管朝政，在朝廷之內沒有明君的支持，又不知道體恤部下以建立根基，而是一味地對外用兵，殘暴地役使國內百姓，出動了全國的部隊，受挫於不可攻克的城池之下，死亡上萬人，他此次回師，就等於是滿載著一車的災禍，目前正是諸葛恪獲罪之日。過去的伍子胥、吳起、商鞅、樂毅，他們當時都很受國君的信任，即使如此，一旦國君去世，這些人還仍然逃脫不了敗亡的命運，何況諸葛恪的才能遠比不上伍子胥、吳起、商鞅、樂毅這四位賢者，卻不懂得憂慮後患，他的滅亡是指日可待的。」

八月，吳國的軍隊回到京師建業，大將軍諸葛恪戒備森嚴，前面有軍隊引導，後面有士兵跟隨，回到他的大將軍府邸後，立即將中書令孫嘿找來，他嚴厲地責問孫嘿說：「你們這些人怎麼竟然敢隨便下發那麼多詔書召我回師！」孫嘿驚慌失措，從大將軍府邸出來後，就聲稱有病回家休養去了。

諸葛恪出征回來後，凡是由選曹奏明皇帝孫亮所任用的各部門官員，一律罷免，而由諸葛恪另行選任，對文武百官的約束管制也越來越嚴厲，許多人都受到他的懲罰和責難，凡是進見他的人沒有一個不是心驚膽戰，緊張得連大氣也不敢出。諸葛恪又撤換了宮中的侍衛，全部換上他自己的親信。又下令調兵戒嚴，準備去攻打魏國的青州、徐州。

吳國孫峻利用朝廷上下對諸葛恪的眾多嫌隙怨恨，於是就在吳主孫亮面前給諸葛恪編造罪名，指控諸葛恪想要發動政變。冬季，十月，孫峻與吳主孫亮密謀擺設酒席宴請諸葛恪，在宴席上派人除掉他。諸葛恪在將要入朝的頭天夜裡，精神躁動不安，整晚都沒有入睡，家中又屢次出現怪異之事，所以諸葛恪心裡很疑惑。第二天早上，諸葛恪坐車來到皇宮門口便停了下來，此時孫峻早已在幃帳後面埋下了伏兵，他擔心諸葛恪不按時人內而走露了消息，就親自出來迎接諸葛恪，他對諸葛恪說：「如果您身體不大舒服，可以等以後再說，我當替您稟告皇帝。」想以此來試探諸葛恪有什麼反應，諸葛恪說：「我當強打精神進宮朝見皇帝。」擔任散騎常侍的張約和朱恩等人都悄悄地把密函送給諸葛恪，提醒他說：「今天宴會的布置有些異常，恐怕會有意外變故發生。」諸葛恪把這些密函拿給滕胤看，滕胤勸諸葛恪返回府邸。諸葛恪說：「這些小娃娃能有什麼作為！只是擔心他們在酒飯裡下毒罷了。」諸葛恪進入皇宮，他身帶佩劍、腳穿朝靴登上了寶殿，他先向皇帝孫亮表示感謝，而後回到自己的座位上。酒端上來之後，諸葛恪擔心酒中下毒，所以沒有喝。孫峻對他說：「您的病還沒有全好，如果有經常服用的藥酒，可以拿來飲用。」諸葛恪這才放下心來，將自己帶來的酒喝了幾杯，酒過幾巡之後，吳主孫亮就回後宮去了。孫峻也站起身來到洗手間，他脫去長大的外衣，只穿短裝，走出來說：「皇上有詔書在此，命令拿下諸葛恪。」諸葛恪大吃一驚，急忙站起，準備拔身上的佩劍，佩劍還沒有拔出，而孫峻跟他的助手們已經舉刀一齊砍下。散騎常侍張約從旁邊衝上來砍孫峻，只砍傷了孫峻的左手；孫峻回手一刀砍殺張約，砍下了右臂。擔任皇宮守衛的軍士此時也都小步跑上殿來，孫峻宣布說：「今天所要解決的只是諸葛恪一人而已，現在諸葛恪已死！」下令侍衛全部將刀收回刀鞘，又派人打掃完場地，重新開飲。諸葛恪的兩個兒子諸葛竦與諸葛建聽到父親遇難的消息，慌忙用車載著自己的母親想投奔魏國，被孫峻派來的追兵趕上全部殺死。孫峻派人用葦席將諸葛恪的屍體裹起來，外面用竹篾在中間攔腰捆住，扔到建業南郊的亂葬崗上。而後派遣無難督施寬前往將軍施績、孫壹的軍中，令他們到公安縣將諸葛恪的弟弟奮威將軍諸葛融以及他的三個兒子全部殺死。諸葛恪的外甥都鄉侯張震、常侍朱恩都被夷滅三族。

臨淮人臧均上表給吳主孫亮，請求收葬諸葛恪，他說：「電閃雷鳴，時間不會長過一個早晨，狂風大作，也很少有一天都不停歇的時候。然而雷電、狂風之後，往往接著轉為和風細雨以潤澤萬物。所以說，天地發威不能連日累月；帝王震怒，也不應該竭情盡意地發洩。我性情狂放而愚鈍，不懂得什麼是忌諱，所以我冒著被破家滅門的懲罰，請求暴雷狂風之後和風細雨的降臨。念及已故太傅諸葛恪，罪惡堆積、惡貫滿盈，導致諸葛家族被夷滅，父子三人的首級已經在街市上懸掛了好幾日，觀看的人有好幾萬，詬罵的聲音如風四起。

國家的重刑，使每一個角落都受到了震動，全國無論男女老幼，全都看在眼裡、記在心頭。人情對於萬物，莫不樂極生悲，當初看見諸葛恪位高權重之時，世上沒有人能與他相比，諸葛恪身居三公宰相之位，已將近兩年，如今遭受殺戮，與禽獸沒有什麼兩樣，看過之後反過來一想，怎能不讓人心懷淒慘？而且已經死了的人，就如土壤一樣，即使再用斧子鑿、刀子剜、把屍體剁成幾段，也起不了任何作用。懲罰之後，希望聖明的朝廷能夠效法天地的寬厚，憤怒不超過十天，讓他的同鄉之人或是老部下、舊子民給他穿上普通士卒或是普通百姓的衣服將他收殮，再賞給他一口哪怕只有三寸厚的薄棺材，將他埋葬。過去項籍兵敗自殺，漢高祖劉邦還以魯公之禮將他安葬，淮陰侯韓信被殺後也蒙受了被收殮埋葬的恩典，這些就是劉邦所以享有神明一樣聲譽的原因。希望陛下發揚像三皇那樣的仁愛，將哀憐之心賜予諸葛氏，使國家的恩典施加在因罪伏誅的骸骨上，使他們身死之後還能享受到朝廷無窮盡的恩德，這對於將陛下美好的聲譽傳播到遙遠的地方，勸勉天下之人，其影響難道不是很廣大嗎！過去欒布違反漢高祖劉邦不准哭祭彭越的命令，對著彭越的人頭稟告自己出使的情況，我內心總是感到很遺憾，認為欒布不先向漢高祖請示，只為自己揚名而任意行事，這樣的人竟然沒有遭到殺戮，真是萬幸。現在我不敢公開顯露我的感情以祈請朝廷降恩，只是小心翼翼地寫這份奏章，冒著死罪把我的意見陳述給陛下，懇請陛下哀憐體察。」於是，吳主孫亮和孫峻這才聽任諸葛恪的老部下將諸葛恪的屍體收殮安葬。

當初，諸葛恪在很小的時候就負有盛名，吳國大帝孫權對他很是器重，而諸葛恪的父親諸葛瑾卻經常為此感到憂慮，他說：「諸葛恪不是能夠保全諸葛家族的人。」諸葛瑾的好友奮威將軍張承也認為諸葛恪必將滅亡諸葛氏家族。陸遜曾經對諸葛恪說：「在我上位的人，我一定推崇他使他與自己一同升遷，在我下位的人，我一定會幫扶他、拉他一把。現在我看你對上級盛氣陵人，對下級態度傲慢，這可不是保全自己施惠於人的做法。」在蜀漢擔任侍中的諸葛瞻，是諸葛亮的兒子。在諸葛恪第二次攻打淮南的時候，蜀國越巂郡太守張嶷寫信給諸葛瞻說：「吳主孫權剛剛去世，新皇帝孫亮年紀實在太小，太傅諸葛恪受孫權託孤重任，該是多麼不容易的事情啊！像周公這樣與周成王既有叔父之親又有治國才幹的人，尚且還要遭受管叔、蔡叔的猜疑，受到流言蜚語的誹謗；漢朝霍光受漢武帝的託孤之命，也發生了燕王劉旦、蓋長公主與上官桀陰謀叛亂的事情，幸虧他們所遇到的是周成王與漢昭帝這樣賢明的君主才得以幸免於難罷了。過去每每聽說吳主孫權讓誰死、讓誰活，獎賞誰、懲罰誰，都是他自己說了算，從不委託給別人，而今在他即將離開人世的時候，卻突然徵召太傅諸葛恪，將後事託付給他，這實在是令人憂慮。再加上吳、楚地區的人生性兇狠好殺，早就見之於歷史記載，而太傅諸葛恪卻遠離年幼的皇帝，親自率軍深入敵國境內，這恐怕不是考慮長遠的好計策。雖然說東吳目前國家綱紀嚴肅，上下和睦，但即使是一百回中有一回的失誤，也可能會發生讓明智的人所料想不到的事情。用古代的事情來衡量今天的事情，今天的事情就和古代的事情一樣。現在除了你能向諸葛恪太傅進獻忠言以外，還有誰能向他進獻忠言呢？如果能夠在班師回軍以後，大力發展農業，努力推行德政、施恩惠於百姓，幾年之後，東吳與西蜀同時對魏國發動攻擊，實在不算晚，希望你認真採納體察我的意見。」而諸葛恪果然因此而敗亡。

吳國群臣經過共同商議後上奏皇帝孫亮，推舉孫峻為太尉，滕胤為司徒。有人向孫峻討好說：「國家大權應該掌握在孫氏皇族的手中，如果讓滕胤擔任地位僅次於太尉的司徒，他平時就擁有很高的聲望，眾人都會歸附於他，日後的發展將無法估量。」於是群臣又上表奏請任命孫峻為丞相、大將軍，總督全國諸軍事，也不再設置御史大夫，因為這個原因，東吳的士大夫對孫峻都感到很失望。滕胤的女兒是諸葛恪兒子諸葛竦的妻子，滕胤因為這個原因請求辭職。孫峻說：「古代鯀犯了罪，而禹並沒有受到牽連，滕先生何必如此？」孫峻與滕胤雖然內心不太融洽，但在表面上還能相互合作，於是晉封滕胤為高密侯，相互共事與從前一樣。

齊王孫奮聽說太傅諸葛恪被殺戮的消息後，立即從武昌順流而下，把軍隊駐紮在蕪湖，想親自到京城建業看看究竟是發生了什麼變化。兼任齊王太傅與齊國之相的謝慈等人極力勸阻，孫奮便將他們殺死。孫奮因此犯罪，被貶為平民，發配到章安縣。

南陽王孫和的王妃張氏，是諸葛恪的外甥女。早先，諸葛恪曾經有將都城遷到武昌的打算，他派人到武昌修建宮室，所以民間都傳說諸葛恪要迎立孫和為皇帝。等到諸葛恪被殺，丞相孫峻便因此事廢除了孫和的南陽王封爵，奪去了他的印綬，並將他放逐到新都縣，隨後又派使者追上孫和逼他自殺了。當初，孫和的小妾何氏為孫和生了一個兒子叫作孫皓，其他姬妾還為孫和生了孫德、孫謙、孫俊。孫和在臨死的時候與張妃訣別，張妃說：「無論是福是禍，我都跟你在一起，絕不獨自生存在這個世界上。」說完也自殺了。何姬說：「如果都跟著去死，還有誰來把孩子撫養成人呢？」於是便擔負起撫養孫皓以及孫皓三個弟弟的責任，這四個孩子都倚賴何氏的撫養而得以長大成人。

高貴鄉公❶上

正元❷元年（甲戌　西元二五四年）

春，二月，殺中書令李豐。初，豐年十七八，已有清名，海內翕然稱之❸。其父太僕恢❹不願其然❺，敕使閉門斷客❻。曹爽專政，司馬懿稱疾不出，豐為尚書僕射❼，依違二公間❽，故不與爽同誅。豐子韜，以選尚齊長公主❾。司馬師秉政，以豐為中書令。是時，太常夏侯玄❿有天下重名，以曹爽親故[1]不得在勢任⓫，居常怏怏⓬；張緝以后父去郡家居⓭，亦不得意，豐皆與之親善。師雖擢用⓮豐，豐私心常在玄⓯。豐在中書⓰二歲，帝數獨[2]召豐與語，不知所說⓱。師知其議己，請豐相見以詰⓲豐，豐不以實告。師怒，以刀鐶築殺之⓳，送尸付廷尉⓴，遂收豐子韜及夏侯玄、張緝等皆下廷尉。鍾毓按治㉑，云：「豐與黃門監㉒蘇鑠、永寧署令[23]樂敦，冗從僕射[24]劉賢等謀曰：『拜貴人日[25]，諸營兵皆屯門[26]，陛下臨軒[27]，因此[28]同奉陛下[29]，將羣僚人兵[30]，就誅大將軍[31]。陛下儻不從人[32]，便當劫將去[33]耳。』」又云：「謀以玄為大將軍[34]，緝為驃[3]騎將軍[35]，玄、緝[4]皆知其謀[36]。」

庚戌[37]，誅韜、玄、緝、鑠、敦、賢，皆夷三族。

夏侯霸之入蜀[38]也，邀玄欲與之俱，玄不從。及司馬懿薨，中領軍[39]高陽許允[40]謂玄曰：「無復憂矣。」玄歎曰：「士宗，卿何不見事乎？此人[41]猶能以通家年少遇我[42]，子元、子上不吾容[43]也。」及下獄，玄不肯下辭[44]，鍾毓自臨治之。玄正色責毓曰：「吾當何罪？卿為令史責人[45]也，卿便為吾作[46]！」毓以玄名士，節高不可屈，而獄當竟[47]，夜為作辭[48]，令與事相附[49]，流涕以示玄。玄視，頷之[50]而已。及就東市[51]，顏色不變，舉動自若[52]。

李豐弟翼為兗州[53]刺史，司馬師遣使收[54]之。翼妻荀氏謂翼曰：「中書[55]事發，可及詔書未至赴吳[56]，何為坐取死亡！左右可[5]同赴水火者為誰[57]？」翼思未答。妻曰：「君在大州[58]，不知可與同死生者，雖去亦不免[59]。」翼曰：「二兒小，吾不去，今但從坐身死耳，二兒必免。」乃止，死。

初，李恢[60]與尚書僕射杜畿[61]及東安[62]太守郭智[63]善，智子沖有內實而無外觀[64]，州里弗稱[65]也。沖嘗與李豐俱見畿，既退，畿歎曰：「孝懿無子[66]，非徒無子[67]，殆將無家[68]。君謀[69]為不死[70]也，其子足繼其業。」時人皆以畿為誤[71]。及豐死，沖為代郡太守[72]，卒繼父業。

正始中[73]，夏侯玄、何晏、鄧颺俱有盛名，欲交尚書郎傅嘏[74]，嘏不受。嘏友人荀粲[75]怪而問之，嘏曰：「太初志大其量[76]，能合虛聲[77]而無實才。何平叔言遠而情近[78]，好辯而無誠，所謂『利口覆邦國[79]』之人也。鄧玄茂有為而無終[80]，外要名利，內無關鑰[81]，貴同惡異[82]，多言而妒前[83]。多言多釁，妒前無親[84]。以吾觀此三人者，皆將敗家，遠之猶恐禍及，況昵之[85]乎？」嘏又與李豐不善，謂同志曰：「豐飾偽[86]而多疑，矜小智[87]而昧於權利[88]，若任機事[89]，其死必矣。」

辛亥[90]，大赦。

三月，廢皇后張氏[91]。夏，四月，立皇后王氏，奉車都尉[92]夔之[93]之女也。

狄道長[94]李簡密書請降於漢。六月，姜維寇隴西[95]。

中領軍許允素與李豐、夏侯玄善。秋，允為鎮北將軍[96]、假節、都督河北諸軍事。帝以允當出[97]，詔會羣臣，帝特引允以自近。允當與帝別，涕泣歔欷。允未發，有司奏允前放散官物[98]，收付廷尉，徙樂浪[99]，未至，道死[100]。

吳孫峻驕矜淫暴，國人側目(101)。司馬桓慮謀殺峻，立太子登之子吳侯英(102)，不克，皆死。

帝以李豐之死，意殊不平(103)。安東將軍司馬昭鎮許昌(104)，詔召之使擊姜維。九月，昭領兵入見，帝幸平樂觀(105)以臨軍過(106)。左右勸帝因昭辭，殺之，勒兵(107)以退大將軍(108)。已書詔(109)於前，帝懼，不敢發(110)。

昭引兵入城，大將軍師乃謀廢帝。甲戌(111)，師以皇太后令(112)召羣臣會議，以帝荒淫無度，褻近倡優(113)，不可以承天緒(114)，羣臣皆莫敢違。乃奏收帝璽綬，歸藩于齊(115)。使郭芝(116)入白太后，太后方與帝對坐，芝謂帝曰：「大將軍欲廢陛下，立彭城王據(117)。」帝乃起去，太后不悅。芝曰：「太后有子不能教，今大將軍意已成(118)，又勒兵于外以備非常，但當順旨，將復何言？」太后曰：「我欲見大將軍，口有所說。」芝曰：「何可見邪？但當速取璽綬！」太后意折(119)，乃遣傍侍御(120)取璽綬著坐側(121)。芝出報師，師甚喜。又遣使者授帝齊王印綬，使[6]出就西宮。帝與太后垂涕而別，遂[7]乘王車(122)，從太極殿南出。羣臣送者數十人，司馬孚悲不自勝(123)，餘多流涕(124)。

師又使使者請璽綬於太后(125)。太后曰：「彭城王，我之季叔(126)也，今來立，我當何之[127]？且明皇帝當永絕嗣乎[128]？高貴鄉公，文皇[8]帝之長孫[129]，明皇帝之弟子[130]，於禮，小宗有後大宗之義[131]，其詳議之。」丁丑[132]，師更召羣臣，以太后令示之，乃定迎高貴鄉公髦於元城[133]。髦者，東海定王霖[134]之子也，時年十四，使太常王肅[135]持節[136]迎之。師又使請璽綬，太后曰：「我見高貴鄉公，小時識之，我自欲以璽綬手授之。」

冬，十月己丑[137][9]，高貴鄉公至玄武館[138]，羣臣奏請舍前殿[139]，公以先帝舊處，避止西廂[140]。羣臣又請以法駕[141]迎，公不聽。庚寅[142]，公入于洛陽，羣臣迎拜西掖門南，公下輿答拜，儐者[143]請曰：「儀不拜[144]。」公曰：「吾人臣也。」遂答拜。至止車門[145]下輿，左右曰：「舊乘輿入[146]。」公曰：「吾被皇太后徵[147]，未知所為。」遂步至太極東堂[148]，見太后。其日[149]，即皇帝位於太極前殿，百僚陪位者皆欣欣[150]焉。大赦，改元[151]。為齊王築宮于河內[152]。

漢姜維自狄道進拔河間[153]、臨洮[154]。將軍徐質[155]與戰，殺其盪寇將軍張嶷[156]，漢兵乃還。

初，揚州刺史文欽[157]驍果[158]絕人，曹爽以其鄉里故愛之。欽恃爽勢，多所陵傲。及爽誅，欽已內懼[10]，又好增虜級[159]以邀功賞，司馬師常抑之，由是怨望。

鎮東將軍毌丘儉⑯⓪素與夏侯玄、李豐善，玄等死，儉亦不自安，乃以計厚待欽。儉子治書侍御史甸⑯①謂儉曰：「大人居方嶽重任⑯②，國家傾覆⑯③而晏然自守⑯④，將受四海之責矣。」儉然之。

【章　旨】以上為第二段，寫高貴鄉公正元元年（西元二五四年）的大事，主要寫了魏中書令李豐忠於曹氏，暗中結交夏侯玄、張緝等對司馬師專權不滿者，司馬師指使鍾毓編織罪名，將李豐、夏侯玄、張緝等許多家族誅滅，鎮北將軍許允因與魏帝曹芳親近，遂被司馬師所殺；寫了司馬師、司馬昭強加罪名，廢掉了魏帝曹芳，另立了高貴鄉公曹髦，以及曹髦所表現出的某些知書守禮的行為等等。

【注　釋】❶高貴鄉公　即曹髦，明帝之弟東海定王曹霖的庶子。傳見《三國志》卷四。當時曹魏制度規定，諸侯王的庶子只能封為鄉公。高貴鄉上屬郯縣（今山東郯城）。❷正元　高貴鄉公曹髦的年號，共二年（西元二五四—二五五年）。❸翕然稱之　眾口一詞地稱道他。❹太僕恢　李恢，字德昂，時為太僕之職，為皇帝趕車，為九卿之一。事見《三國志》卷四十三。❺不願其然　不希望他這個樣子。❻敕使閉門斷客　打發人關上門不讓他與賓客來往。敕使，打發人。❼尚書僕射　尚書令的屬官，令不在，則代理尚書省眾事。❽依違二公間　在曹爽與司馬懿之間兩面討好，都不得罪。依違，若依若違，即今之所謂「模稜兩可」。❾以選尚齊長公主　以人才出眾娶明帝曹叡之女曹芳的姐姐為妻。選，因出眾而被選中。尚，娶帝王之女的敬稱。齊長公主，齊是封地名，皇帝的姐妹稱長公主。❿太常夏侯玄　太常是九卿之一，主管朝廷禮儀。夏侯玄，字太初，曾任魏征西將軍，都督雍、涼州諸軍事。他是早期玄學領袖，主張「自然」，有《夏侯玄集》，今佚。傳見《三國志》卷九。⓫不得在勢任　不被任以有權勢的職位。⓬快快　悶悶不平的樣子。⓭去郡家居　離開郡守，閒居在家。張緝本是東莞郡長，嘉平四年（西元二五二年）召回京師，任光祿大夫。事見本書卷七十五嘉平四年。光祿大夫是個閒散職務，故稱「家居」。按，由於張緝是皇后之父，便被奪去有權之職，可見司馬氏孤立曹氏皇帝之情事。⓮擢用　提拔任用。⓯常在玄　不忘與夏侯玄相結。⓰中書　中書省，為帝王起草詔令、制定文件的機關。⓱不知所說　指外人不知他們說了些什麼。⓲詰　問。⓳以刀

鐶築殺之 用刀柄把李豐搗死了。鐶，刀把上的金屬環。築，搗。⑳廷尉 九卿之一，主管全國刑獄。㉑鍾毓按治 鍾毓是鍾繇之子，時任廷尉，主管審理這件事情。鍾毓傳見《魏書》卷十三。㉒黃門監 皇宮太監的頭領。㉓永寧署令 主管永寧宮事務的長官。當時魏太后居住在永寧宮。㉔宂從僕射 帝王的侍衛長官，由宦者擔任，居則宿衛，出則騎從。㉕拜貴人日 指曹芳封某女為貴妃的那一天。㉖屯門 駐紮在宮門。㉗陛下臨軒 當皇帝曹芳登上前廊的時候。㉘因此 趁此時。㉙同奉陛下 指蘇鑠、樂敦等人一起簇擁著皇帝。㉚將羣僚人兵 帶領著各個大臣的親兵。㉛就誅大將軍 當場將司馬師殺死。㉜陛下儻不從人 假如皇帝不跟著一起幹。儻，通「倘」。㉝便當劫將去 那就把他劫持著一起走。㉞以玄為大將軍 讓夏侯玄為政變後的第一執政者。㉟緝為驃騎將軍 張緝為第二號人物。驃騎將軍僅低於大將軍。㊱玄緝皆知其謀 以上純屬鍾毓按司馬師的意圖為諸人所編造、所強加的罪名。㊲庚戌 二月二十二。㊳夏侯霸之入蜀 夏侯霸逃亡入蜀。事見本書卷七十五嘉平四年。㊴中領軍 與中護軍皆典禁兵，屬丞相府，為禁衛軍最高統帥，權任極重。㊵許允 字士宗，曾任尚書選曹郎、侍中、中領軍等職。事見《三國志》卷九。㊶此人 指司馬懿。㊷以通家年少遇我 還能把我看作是一個老朋友家的晚輩。通家，意即「世交」。㊸子元子上不吾容 他的兒子司馬師、司馬昭絕對不會放過我。司馬師字子元，司馬昭字子上。㊹不肯下辭 不說任何乞求的話。㊺卿為令史責人 你鍾毓身為九卿，竟像一個小吏似地親自到獄裡來逼我認「罪」。令史，小吏的名稱。㊻卿便為吾作 意思是「你就替我編造吧」。㊼獄當竟 案子非結不可。竟，完結。㊽為作辭 代替夏侯玄寫供辭。㊾令與事相附 使供狀與所指控的罪名相符合。㊿頷之 點頭。(51)東市 當時處決犯人的地方。殺人於市場，以示與市人共棄之。(52)舉動自若 舉動如同平時一樣自然。(53)兗州 魏州名，州治昌邑，在今山東金鄉東北。(54)收 逮捕。(55)中書 指李豐。李豐生前任中書令。(56)赴吳 向東吳逃亡。(57)可同赴水火者為誰 能隨同你赴湯蹈火、同生共死的都有誰。(58)君在大州 意即身為大州刺史。(59)雖去亦不免 即使逃離兗州，也難免一死。(60)李恢 又名李義，字孝懿，李豐之父。事見《三國志》卷二十三。(61)杜畿 封豐樂亭侯。傳見《三國志》卷十六。(62)東安 魏郡名，郡治在今山東沂水縣東北。(63)郭智 字君謀。事見《三國志》卷十六。(64)有內實而無外觀 有品德才幹而無外貌。(65)州里弗稱 本鄉本土的各級官府都沒有人稱道他。(66)孝懿無子 李恢將沒有兒子。李恢字孝懿。(67)非徒無子 意謂李豐定將惹禍早死。(68)殆將無家 恐怕連整個家族都得滅絕。(69)君謀 指郭智。(70)為不死 指可以傳血統於後世。(71)時人皆以畿為誤 開始人們都認為杜畿說得不對。(72)沖為代郡太守 郭沖當上了代郡太守。魏國代郡的郡治即今河北蔚縣東北的代王城。(73)正始中 魏帝曹芳的正始年間，西元二四〇—二四八年。(74)傅嘏 字蘭石，北地泥陽（今陝西耀州東南）人，曾任河南尹、尚書等職，以功封陽鄉侯。傳見《三國志》卷二十一。(75)荀

粲　字奉倩，潁川潁陰縣（今河南許昌）人，荀彧之子。善言名理，提出「言不盡意」說，認為「象外之意，繫表之言」，理之奧妙，非圖像及詞語所能表達。(76)太初志大其量　夏侯玄（字太初）的志向超過了他的實際能力。(77)能合虛聲　表面看來似乎和人們所傳揚的差不多。(78)何平叔言遠而情近　何晏言談高遠而真情低下。(79)利口覆邦國　油嘴滑舌，害得國家跟著滅亡。語出《論語・陽貨》：「惡利口之覆邦家者。」(80)鄧玄茂有為而無終　鄧颺（字玄茂）有作為但不會有好結局。(81)內無關鑰　指內心無節制。關，門栓。鑰，鎖。(82)貴同惡異　喜愛觀點相同，厭惡不同意見。(83)妬前　妒忌比自己強的人。(84)多言多釁二句　話多就惹麻煩，妒忌人就沒有人與他親近。(85)昵之　與之親近。(86)飾偽　裝假。(87)矜小智　炫耀小聰明，自以為是。(88)昧於權利　為了謀取權利而不顧其他。(89)若任機事　指一旦掌握權柄。(90)辛亥　二月二十三。(91)廢皇后張氏　因張氏是張緝之女。(92)奉車都尉　原是為皇帝掌管車馬的官員。後來作為加官，與駙馬都尉、騎都尉並稱三都尉。(93)夔之　王夔之，封廣明鄉侯。事見《三國志》卷四。(94)狄道長　狄道縣的縣長。狄道縣治即今甘肅臨洮，當時屬魏。(95)隴西　魏郡名，因在隴山之西得名，郡治即在狄道。(96)鎮北將軍　與鎮東、鎮西、鎮南將軍合稱四鎮將軍。多為持節都督，出鎮方面，權勢很重。(97)出　出任。指許允將離開京都出任河北軍務。(98)放散官物　隨便散發官用物品。顯然是司馬師捏造罪名。(99)樂浪　魏郡名，郡治即今朝鮮平壤。(100)道死　顯然是被司馬師派人殺害。(101)側目　不敢正眼相看，極言其畏懼之情。(102)吳侯英　孫英，孫登次子。事見《三國志》卷五十九。(103)意殊不平　恨司馬師之剪除帝黨。(104)許昌　魏縣名，縣治在今河南許昌東。(105)平樂觀　宮館名，在洛陽城西。(106)臨軍過　檢閱西上大軍通過。(107)勒兵　掌握軍隊。(108)以退大將軍　逼著司馬師辭職。(109)書詔　寫好詔書。(110)不敢發　不敢動手。(111)甲戌　九月十九。(112)以皇太后令　假傳郭太后的命令。(113)褻近倡優　親近宮中的歌舞藝人。(114)承天緒　繼承帝王的事業。(115)歸藩于齊　回到原來的齊國封地上去（曹芳原封齊王）。(116)郭芝　郭太后叔父，任虎賁中郎將。事見《三國志》卷四。(117)彭城王據　曹據，曹操之子。傳見《三國志》卷二十。(118)意已成　主意已定。(119)意折　屈服。(120)傍侍御　太后身邊侍奉的人。(121)著坐側　指把印綬從皇帝曹芳身上奪來放在太后座側。(122)遂乘王車　於是乘著諸侯王所乘的青蓋車。(123)司馬孚悲不自勝　司馬孚是司馬懿之弟，司馬師與司馬昭之叔。悲不自勝，悲痛得不能克制。(124)餘多流涕　其他人多有哭者。按，曹芳被廢時年二十一歲。(125)請璽綬於太后　向太后討要放在她身邊的皇帝印綬。(126)季叔　小叔父。(127)我當何之　我該到哪裡去。因為一旦彭城王得立，她這個「太后」只能下臺。(128)明皇帝當永絕嗣乎　郭太后的意思是希望仍立比明帝輩分低的子孫。這樣就可以使明帝「不絕嗣」，她也可以繼續當太后。(129)文皇帝之長孫　魏文帝曹丕的長孫。(130)明皇帝之弟子　魏明帝曹叡之弟東海王曹霖的兒子。(131)小宗有後大宗之義　小宗的後代有入繼大宗的做法。大宗，指嫡長子系統。

小宗，指其他支子、庶子系統。曹髦是明帝之弟東海王曹霖的庶子，立他為帝就是小宗為大宗之後。132丁丑　九月二十二。133元城　魏縣名，縣治在今河北大名東。王淩兵變失敗後，所有魏國王公都集中居住鄴城（今河北臨漳西南）。現立曹髦為傀儡，故將其分出先送到元城，群臣再去元城迎接。134東海定王霖　曹霖，東海王是其封號，定字是謚。135王肅　字子雍，王朗之子。傳見《三國志》卷十三。136持節　手執旌節，旌節是大臣奉朝廷旨意外出辦事時所持的信物。137己丑　十月初四。138玄武館　在洛陽城北。139請舍前殿　請他住在玄武館的前殿。舍，住；下榻。140避止西廂　自己避開正殿，退居在西廂房。止，住宿。141法駕　皇帝使用的最隆重的車駕。京兆尹、執金吾等在前引路，侍中做驂乘，衛士車隊三十六輛。142庚寅　十月初五。143儐者　主管儀式的人。144儀不拜　按禮儀皇帝不應答拜。145止車門　皇宮前面的門，文武百官，至此下馬下轎。146舊乘輿入　依照舊制，天子可以乘車進去。147徵　召；呼我來京。148步至太極東堂　以上文字寫高貴鄉公的少年聰敏。太極東堂，太極殿東側的殿堂。149其日　這一天；當天。150欣欣　高興的樣子。高興這位小皇帝少年有為。151改元　在此之前是嘉平六年，自此起為正元元年。152河內　魏郡名，郡治懷縣，在今河南武陟西南。153進拔河間　進軍攻取了河間。按，「河間」當作「河關」，魏縣名，在今青海同仁北。154臨洮　魏縣名，縣治即今甘肅岷縣。155徐質　魏將。事見《三國志》卷二十二。156張嶷　西蜀名將。傳見《三國志》卷四十三。157文欽　字仲若，譙郡（安徽亳州）人，封山桑侯。傳見《三國志》卷二十八。158驍果　驍勇果決。159增虜級　虛報俘虜及殺敵數目。160毌丘儉　字仲恭，魏國忠於曹氏的將領。傳見《三國志》卷二十八。161治書侍御史甸　毌丘甸。治書侍御史是御史大夫的屬官，主管監察。162方嶽重任　主管國家一個方面的軍政大權。遠古堯舜時代有所謂「四嶽」，即四方的諸侯之長。魏晉時的四征、四鎮、四安、四平，總督諸軍，任專方面，故亦謂之「方嶽重任」。163國家傾覆　指曹氏政權已被司馬氏所控制，亡國在即。164晏然自守　只顧安然無事地守住自己的高位。晏，安。

【校記】1故　原無此字。據章鈺校，甲十一行本、乙十一行本、孔天胤本皆有此字，張敦仁《通鑑刊本識誤》同，今據補。2獨　原無此字。據章鈺校，甲十一行本、乙十一行本皆有此字，今據補。3驃　原作「車」。據章鈺校，甲十一行本、乙十一行本皆作「驃」，張敦仁《通鑑刊本識誤》同，今據改。孔天胤本作「票」，與「驃」同。《三國志・魏書・夏侯玄傳》亦作「驃」。4緝　原誤刻作「輯」。據章鈺校，甲十一行本、乙十一行本皆不誤，今據改。5可　據章鈺校，此字下甲十一行本、乙十一行本皆有「共」字。6使　原無此字。據章鈺校，甲十一行本、乙十一行本、孔天胤本皆有此字，張敦仁《通鑑刊本識誤》同，今據補。⑦遂　原無此字，作空格。據章鈺校，甲十一行本、乙十一行本、孔天胤本皆有「遂」字，熊羅宿《胡刻資治通鑑校字記》同，今據補。⑧皇　原無此字。據章鈺校，甲十一行本、乙十一行本皆有此字，今據補。⑨己丑　原作「癸丑」。據章鈺校，甲十一行本、乙十一行本皆作「己丑」，張敦仁《通鑑刊本識誤》同，今據改。⑩欽已內懼　原無此四字。據章鈺校，甲十一行本、乙十一行本、孔天胤本皆有此四字，張敦仁《通鑑刊本識誤》、張瑛《通鑑校勘記》同，今據補。

【語　譯】高貴鄉公上

正元元年（甲戌　西元二五四年）

春季，二月，魏國誅殺了中書令李豐。當初，李豐在十七八歲的時候，就已經享有了清高的名聲，全國之內眾口一詞地稱道他。他的父親擔任太僕的李恢不希望他這個樣子，便打發人關上門不讓他與賓客來往。後來曹爽專權，司馬懿於是假稱有病隱居家中，李豐被任命為尚書僕射，在曹爽與司馬懿之間兩面討好，都不得罪，所以沒有和曹爽一起被誅殺。李豐的兒子李韜，以人才出眾被皇家選中而娶了魏明帝曹叡的女兒、皇帝曹芳的姐姐齊長公主為妻。等到司馬師掌權，任命李豐為中書令。那時候，擔任太常的夏侯玄在全國之內很有聲望，因為與曹爽關係親密的緣故不被任以有權勢的職位，因而平時總是悶悶不平的樣子；張緝因為是皇后的父親而被調離郡守的崗位回到家中閒居，心裡也感到很失意，而李豐與夏侯玄和張緝的關係都很親近友好。司馬師雖然提拔重用了李豐，而李豐內心卻經常偏向夏侯玄。李豐在擔任中書令的兩年時間內，皇帝曹芳幾次單獨召見和他談話，具體談了些什麼內容，外界卻一無所知。司馬師猜測肯定是在議論自己，於是就邀請李豐相見，追問他與皇帝所談的內容，李豐卻不肯將實話告訴他。司馬師於是大怒，就用刀柄將李豐搗死了，然後將李豐的屍體交付給廷尉處理，又將李豐的兒子李韜以及夏侯玄、張緝等全部拿下交付給廷尉鍾毓審理。鍾毓向皇帝曹芳奏報說：「李豐與擔任黃門監的蘇鑠、永寧署令樂敦，以及擔任冗從僕射的劉賢等人一起密謀說：『在皇帝冊封貴妃的那天，命令諸營的兵士把守住宮門，等陛下登上前廊的時候，趁機一起上前簇擁著皇帝，帶領著各大臣的親兵衝入殿中，當場把大將軍司馬師殺死。陛下如果不肯聽從，就劫持皇帝一起走。』」又說：「他們經過密謀，準備由夏侯玄擔任大將軍，張緝任驃騎將軍，夏侯玄、張緝都知道他們的陰謀。」二十二日庚戌，將李韜、夏侯玄、張緝、蘇鑠、樂敦、劉賢全部處死，並誅滅了他們的三族。

夏侯霸在逃往蜀國之前，曾經邀請夏侯玄一同投奔蜀國，夏侯玄沒有同意。等到司馬懿去世，擔任中領軍的高陽人許允對夏侯玄說：「從今以後可以不必擔憂了。」夏侯玄歎息了一聲，叫著許允的字說：「士宗，你怎麼那麼不明白事理呢？司馬懿還能把我當做老朋友家的年輕晚輩看待，而他的兒子司馬師、司馬昭恐怕就容不得我了。」等到夏侯玄被捕入獄，他堅決拒絕承認有罪，鍾毓親自來審問他。夏侯玄非常嚴肅地責備鍾毓說：「我應當被判什麼罪呢？你鍾毓身為九卿，卻像一個小官吏一樣到監獄中來逼我認罪，你就替我編造一個罪名得了！」鍾毓因為夏侯玄乃是一代名士，節操高尚，不可能使他屈服，而案子又非了結不可，就連夜代替夏侯玄寫好供詞，並讓供詞與所指控的罪名相符合，然後流著眼淚拿給夏侯玄看。夏侯玄看過之後，點頭而已。等到夏侯玄被綁縛到東市行刑的時候，他面不改色，舉動如同平時一樣自然。

李豐的弟弟李翼當時正擔任兗州刺史，司馬師派人前去逮捕他。李翼的妻子荀氏對李翼說：「中書令的事情必然牽連到我們，我們何不趁著皇帝逮捕的詔書還沒有送達趕緊投奔吳國，為什麼要在這裡坐以待斃呢！你身邊有誰是可以隨同赴湯蹈火、同生共死的人呢？」李翼沉思著沒有回答。他的妻子又說：「你擔任一個大州的刺史，卻不知道誰是可以同生共死的人，即使逃離兗州也難逃一死。」李翼說：「兩個兒子還小，我如果不逃走，那就只有我一個人受牽連而死，兩個孩子必定能免於一死。」於是坐等逮捕，被殺而死。

當初，李恢與尚書僕射杜畿以及東安太守郭智相友善，郭智的兒子郭沖有品行才幹，卻其貌不揚，所以在州里沒有什麼聲譽。郭沖曾經與李豐一起拜訪杜畿，兩人走後，杜畿長歎了一聲說：「李恢恐怕要失去他的兒子，不僅失去兒子，恐怕連家族也要滅絕了。郭智可以傳血統於後世，他的兒子郭沖完全可以繼承他的事業。」當時的人都認為杜畿說錯了。後來李豐被殺，郭沖被任命為代郡太守，終於繼承了他父親的事業。

正始年間，夏侯玄、何晏、鄧颺全都負有盛名，他們想與尚書郎傅嘏結交，卻遭到傅嘏的拒絕。傅嘏的朋友荀粲感到很奇怪，就詢問他原因，傅嘏說：「夏侯玄的志向超過了他的實際能力，表面上看來好像和人們傳揚的差不多，而實際上卻缺少真才實學。何晏言談高遠而真情低下，喜好辯論卻沒有真東西，這就是人們常說的『油嘴滑舌害得國家跟著覆亡』的那種人。鄧颺雖然能有所作為，卻不會有好的結局，因為他做事既要名又要利，內心又無節制，喜歡與自己觀點相同的而厭惡與自己觀點不同的人，話說得很多，卻又妒忌比自己強的人。話太多就容易招惹麻煩，妒忌別人就沒有人與他親近。根據我對這三個人的觀察，他們都將敗滅家族，疏遠他們還擔心受到他們的連累而給自己招來災禍，哪裡還敢親近他們呢？」傅嘏又與李豐不和，他跟與自己志同道合的人說：「李豐為人虛偽而又多疑，喜歡炫耀自己的小聰明，為了謀取權力而不顧其他，如果一旦讓他掌握了權柄，那他就死定了。」

二月二十三日辛亥，魏國施行大赦。

三月，魏國皇帝曹芳廢黜了張皇后。夏季，四月，冊封王氏為皇后，王皇后是奉車都尉王夔之的女兒。擔任魏國狄道縣縣長的李簡寫密信給蜀漢，請求投降。六月，衛將軍姜維率軍攻打魏國的隴西郡。

魏國擔任中領軍的許允一向與李豐、夏侯玄友善。秋季，許允被任命為鎮北將軍、持節、統領河北諸軍事。魏帝曹芳因為許允即將離京赴任，便下詔召集群臣為他餞行，曹芳特意把許允拉到自己近前。許允在與魏帝曹芳道別時，竟然忍不住傷感而唏噓流涕。許允還沒有出發，有關官員就遞上奏章檢舉許允以前曾經隨便散發官用物品，於是將許允逮捕起來交付廷尉審理，被判處流放樂浪郡，許允還沒有到達目的地，就不明不白地死在了路上。

吳國太尉孫峻驕橫荒淫、兇殘暴戾，國內的人都非常懼怕他，連正眼看他一眼都不敢。擔任司馬的桓慮陰謀除掉孫峻後，立太子孫登的兒子吳侯孫英為帝，結果沒有成功，參與的人全部遇害。

魏帝曹芳因為李豐被殺一事而心中憤懣不平。安東將軍司馬昭坐鎮許昌，魏帝曹芳下詔命令司馬昭率軍去攻打姜維。九月，司馬昭領兵入朝晉見魏帝曹芳，魏帝曹芳親自到洛陽城西的平樂觀檢閱西征大軍通過。曹芳身邊的人勸說他藉司馬昭上前辭行的機會除掉司馬昭，然後掌握軍隊逼迫大將軍司馬師辭職。下令誅殺司馬昭的詔書已經寫好，就放在曹芳的面前，但曹芳由於心裡害怕，不敢動手。

司馬昭率軍進入洛陽城，大將軍司馬師密謀廢黜魏帝曹芳。九月十九日甲戌，司馬師假傳郭太后的命令召集群臣開會，宣布魏帝曹芳荒淫無道，迷戀宮中的歌舞藝人，不能繼承帝王事業等罪狀而將曹芳廢黜，滿朝文武大臣沒有人敢違背司馬師的意願。於是奏請郭太后收回曹芳的皇帝璽綬，讓曹芳仍舊回到他原來的封地齊國去。司馬師派郭芝入宮去稟報郭太后，當時郭太后正與魏帝曹芳一起對坐閒聊，郭芝對魏帝曹芳說：「大將軍準備廢黜陛下，另立彭城王曹據為皇帝。」曹芳於是站起身走了出去，郭太后非常不高興。郭芝說：「皇太后有兒子而不能很好地教導，如今大將軍主意已定，又在外掌握著軍隊以防發生不測，現在只有順從他的旨意，你還能說什麼呢？」郭太后說：「我想見見大將軍，有話要對他說。」郭芝說：「你怎麼可能見到他呢？只能趕快把皇帝的璽綬拿來！」郭太后被迫屈服，只得派左右侍御從曹芳身上取下璽綬放在座側。郭芝趕快出來向司馬師報告，司馬師非常高興。司馬師又派使者將齊王印綬授予曹芳，讓曹芳暫且前往西宮居住。曹芳與郭太后灑淚告別，於是乘上諸侯王所乘坐的青蓋車，出了太極殿南門。群臣為他送行的有幾十個人，司馬孚悲痛得無法克制自己，其他的人也都流下了眼淚。

司馬師又派使者請郭太后交出皇帝璽綬。郭太后說：「彭城王是我的小叔父，如果讓他來京當皇帝，我該到哪裡去呢？再說明皇帝難道就永遠地斷絕了後嗣嗎？高貴鄉公曹髦，是文皇帝的長孫，是明皇帝弟弟東海王曹霖的兒子，按照禮法，小宗的後代有接續大宗的做法，你們再去詳細地商議吧。」九月二十二日丁丑，司馬師再次召集群臣，把郭太后的懿旨昭示給群臣看，於是決定到元城迎接高貴鄉公曹髦回京師繼承帝位。曹髦是東海定王曹霖的兒子，當時年僅十四歲，司馬師派擔任太常的王肅手持符節前往迎接曹髦。司馬師又派人向郭太后索取璽綬，郭太后說：「我要先見見高貴鄉公，我只在他小的時候見過他，我想親自把璽綬授予他。」

冬季，十月初四日己丑，高貴鄉公曹髦來到洛陽城北的玄武館，群臣奏請高貴鄉公下榻於玄武館的前殿，高貴鄉公認為先帝曾經住過正殿，為了表示對先帝的尊敬，高貴鄉公避開正殿，退居在西廂房。群臣又奏請用皇帝最隆重的車駕迎接高貴鄉公，高貴鄉公也沒有同意。初五日庚寅，高貴鄉公進入洛陽城，群臣都到西掖門南面跪拜迎接，高貴鄉公趕緊下車還禮，主管儀式的官員對高貴鄉公說：「按照禮儀皇帝不應該答拜。」高貴鄉公說：「我現在仍然是人臣。」於是向群臣還了禮。來到止車門，高貴鄉公下了車，左右的人說：「依照舊制，天子可以乘車進宮。」高貴鄉公說：「我被皇太后徵召，還不知道是為了什麼事情。」於是步行進入太極東堂，拜見了皇太后。當天，高貴鄉公曹髦在太極正殿即位為皇帝，文武百官以及參加典禮的人看到小皇帝少年有為都感到很高興。於是大赦天下，改年號為「正元」。在河內郡為齊王曹芳建造齊王宮。

蜀漢衛將軍姜維親自統領大軍從狄道出擊，攻佔了魏國的河間、臨洮。魏國將軍徐質率軍抵抗，將蜀漢的盪寇將軍張嶷殺死，姜維這才率軍撤回。

當初，魏國揚州刺史文欽驍勇果敢遠遠超過一般人，曹爽因為文欽是自己的同鄉，對他特別敬愛。文欽依仗曹爽的勢力，常常欺壓陵辱同僚。曹爽被殺，文欽內心已感到害怕，作戰又愛虛報俘虜及殺敵數目來邀功請賞，常常遭到司馬師的抑制，於是逐漸對司馬師心生不滿和怨恨。鎮東將軍毌丘儉平時與夏侯玄及李豐關係友善，後來夏侯玄等人被殺，毌丘儉心裡總有一種危機感，於是千方百計厚待文欽。毌丘儉的兒子、擔任治書侍御史的毌丘甸對他的父親毌丘儉說：「父親大人現在掌管著國家一個方面的軍政大權，國家政權已經被司馬氏所控制，亡國在即，而您只顧安然無事地守住自己的高位，您恐怕將要受到天下人的責備了。」毌丘儉覺得兒子說得很有道理。

二年（乙亥　西元二五五年）

春，正月，儉、欽矯太后詔❶，起兵於壽春，移檄州郡❷，以討司馬師，乃[1]表言：「相國懿忠正，有大勳於社稷，宜宥及後世❸，請廢師，以侯就第，以弟昭代之。太尉孚忠孝小心，護軍望④忠公親事⑤，皆宜親寵，授以要任。」望，孚之子也。儉又遣使邀鎮南將軍諸葛誕⑥，誕斬其使。儉、欽將五六萬眾渡淮⑦，西至項⑧。儉堅守，使欽在外為游兵⑨。

司馬師問計於河南尹王肅⑩，肅曰：「昔關羽虜于禁於漢濱⑪，有北向爭天下⑫之志。後孫權襲取其將士家屬⑬，羽士眾一旦瓦解⑭。今淮南將士⑮父母妻子皆在內州，但急往禦衛⑯，使不得前，必有關羽土崩之勢矣。」時師新割目瘤，創甚⑰，或以為大將軍不宜自行，不如遣太尉孚拒之。唯王肅與尚書傅嘏、中書侍郎⑱鍾會勸師自行，師疑未決。嘏曰：「淮楚⑲兵勁⑳，而儉等負力遠鬭㉑，其鋒未易當㉒也。若諸將戰有利鈍㉓，大勢一失，則公事敗矣。」師蹶然起㉔曰：「我請輿疾而東㉕。」

戊午㉖，師率中外諸軍㉗以討儉、欽，以弟昭兼中領軍㉘，留鎮洛陽，召三方兵㉙會于陳㉚、許㉛。

師問計於光祿勳鄭袤㉜，袤曰：「毌丘儉好謀而不達事情㉝，文欽勇而無筭㉞。今大軍出其不意，江、淮之卒，銳而不能固㉟，宜深溝高壘㊱以挫其氣，此亞夫之長策㊲也。」師稱善。

師以荊州刺史王基[38]為行監軍[39]，假節，統許昌軍[40]。基言於師曰：「淮南之逆，非吏民思亂也，儉等誑誘迫脅，畏目下之戮，是以尚屯聚耳。若大兵一臨，必土崩瓦解，儉、欽之首不終朝[41]而致於軍門[42]矣。」師從之。以基為前軍，既而復敕基停駐。基以為：「儉等舉軍足以深入，而久不進者，是其詐偽[43]已露，眾心疑沮[44]也。今不張示威形[45]以副民望，而停軍高壘，有似畏懦，非用兵之勢也。若儉、欽虜略民人以自益，又州郡兵家[46]為賊所得[47]者，更懷離心。儉等所迫脅者，自顧罪重，不敢復還[48]，此為錯兵無用之地[49]而成姦宄之源[50]。吳寇因之[51]，則淮南非國家之有，譙、沛、汝、豫[52]危而不安，此計之大失也。軍宜速進據南頓[53]，南頓有大邸閣[54]，計足軍人四十日糧。保堅城，因積穀，先人[55]有奪人之心[56]，此平賊之要也。」基屢請，乃聽，進據濦水[57]。

閏月甲申[58]，師次于濦橋[59]，儉將史招、李續相次[60]來降。王基復言於師曰：「兵聞拙速，未覩為巧之久也[61]。方今外有彊寇[62]，內有叛臣[63]，若不時決[64]，則事之深淺未可測也。議者多言將軍持重[65]。將軍持重，是也；停軍不進，非也。持重，非不行之謂也，進而不可犯[66]耳。今保壁壘，以積實資虜[67]，而遠運軍糧，甚非計也。」師猶未許。基曰：「將在軍，君令有所不受[68]。彼得亦[2]利，我得亦利，是謂爭地(69)，南頓是也。」遂輒進據南頓(70)。儉等從項亦欲往爭(71)，發十餘里(72)，聞基先到，乃復還保項(73)。

癸未(74)，征西將軍郭淮(75)卒，以雍州刺史陳泰代之(76)。

吳丞相峻率驃騎將軍呂據、左將軍會稽留贊(77)襲壽春(78)，司馬師命諸軍皆深壁高壘，以待東軍之集(79)。諸將請進軍攻項，師曰：「諸軍知其一，未知其二。淮南將士本無反志，儉、欽說誘(80)與之舉事，謂遠近必應；而事起之日，淮北不從(81)，史招、李續前後瓦解，內乖外叛(82)，自知必敗。困獸思鬬(83)，速戰更合其志(84)，雖云必克，傷人亦多。且儉等欺誑將士，詭變萬端，小與持久(85)，詐情自露，此不戰而克之術也。」乃遣諸葛誕督豫州諸軍自安風(86)向壽春，征東將軍胡遵督青、徐諸軍出譙、宋之間(87)，絕其歸路(88)，師屯汝陽(89)。毌丘儉、文欽進不得鬬(90)，退恐壽春見襲(91)，計窮不知所為。淮南將士家皆在北，眾心沮散，降者相屬(92)，惟淮南新附農民(93)為之用。

儉之初起，遣健步(94)齎書(95)至兗州(96)，兗州刺史鄧艾斬之，將兵萬餘人，兼道前進，先趨樂嘉城(97)，作浮橋以待師。儉使文欽將兵襲之。師自汝陽潛兵就艾(98)於樂嘉。欽猝見大軍(99)，驚愕未知所為。欽子鴦(100)，年十八，勇力絕人，謂欽曰：

「及其未定，擊之可破也。」於是分為二隊，夜夾攻軍。鴦帥壯士先至鼓譟[101]，軍中震擾[102]。師驚駭，所病目突出[103]，恐眾知之，嚙被皆破[104]。欽失期不應[105]，會明，鴦見兵盛，乃引還[106]。師與諸將曰：「賊走[107]矣，可追之！」諸將曰：「欽父子驍猛，未有所屈[108]，何苦而走？」師曰：「夫一鼓作氣，再而衰[109]。鴦鼓譟失應，其勢已屈，不走何待？」欽將引而東，鴦曰：「不先折其勢，不得去也。」乃與驍騎[110]十餘摧鋒陷陳[111]，所向皆披靡，遂引去。師使左長史司馬班率驍騎八千翼而追之[112]，鴦以匹馬[113]入數千騎中，輒殺傷百餘人，乃出，如此者六七，追騎莫敢逼。

殿中人[114]尹大目小為曹氏家奴[115]，常在天子左右。師將與俱行[116]，大目知師一目已出，啟云：「文欽本是明公腹心，但為人所誤耳。又天子鄉里[117]，素與大目相信[118]，乞為公追解語之[119]，令還與公復好。」師許之。大目單身乘大馬，被鎧冑，追欽，遙相與語。大目心實欲為曹氏，謬言：「君侯何苦不可復忍數日中也[120]？」欲使欽解其旨。欽殊不悟[121]，乃更厲聲罵大目曰：「汝先帝[122]家人，不念報恩，反與司馬師作逆，不顧上天，天不祐汝！」張弓傅矢[123]欲射大目。大目涕泣曰：「世事敗矣[124]，善自努力！」

是日，毌丘儉聞欽退，恐懼夜走，眾遂大潰。欽還至項，以孤軍無繼，不能自立，欲還壽春，壽春已潰，遂奔吳。吳孫峻至東興，聞儉等敗，壬寅[125]，進至橐皋[126]，文欽父子詣軍降[127]。毌丘儉走，比[3]至慎縣[128]，左右人兵稍棄儉去[129]，儉藏水邊草中。甲辰[130]，安風津民[131]張屬就殺儉，傳首京師，封屬為侯。諸葛誕至壽春，壽春城中十餘萬口，懼誅[132]，或流迸山澤[133]，或散走入吳。詔以誕為鎮東大將軍、儀同三司，都督揚州諸軍事。

夷毌丘儉三族。儉黨七百餘人繫獄，侍御史杜友[134]治之[135]，惟誅首事者十餘[4]人，餘皆奏免之。儉孫女適劉氏[136]，當死[137]，以孕繫廷尉[138]。司隸主簿[139]程咸議曰：「女適人者，若已產育，則成他家之母，於防[140]則[5]不足以懲姦亂之源[141]，於情[142]則傷孝子之恩[143]。男不遇罪於他族[144]，而女獨嬰戮於二門[145]，非所以哀矜女弱[146]，均法制之大分[147]也。臣以為在室之女[148]，可從父母之刑，既醮之婦[149]，使從夫家之戮。」朝廷從之，仍著於律令[150]。

舞陽忠武侯司馬師[151]疾篤，還許昌，留中郎將參軍事賈充[152]監諸軍事。充，逵之子也。衛將軍昭[153]自洛陽往省師[154]，師令昭總統諸軍。辛亥[155]，師卒于許昌。中書侍郎鍾會從師典知密事[156]，中詔敕尚書傅嘏[157]，以東南新定，權留衛將軍昭屯許昌[158]為內外之援，令嘏率諸軍還。會與嘏謀[159]，使嘏表上，輒與昭俱發[160]，還到洛水南屯住[161]。

二月丁巳[162]，詔以司馬昭為大將軍、錄尚書事。會由是常有自矜之色，嘏戒之曰：「子志大其量[163]，而勳業難為也，可不慎哉！」

吳孫峻聞諸葛誕已據壽春，乃引兵還。以文欽為都護[164]、鎮北大將軍、幽州牧[165]。

三月，立皇后卞氏，大赦。后，武宣皇后弟秉之曾孫女[166]也。

秋，七月，吳將軍孫儀[167]、張怡、林恂謀殺孫峻，不克，死者數十人。全公主譖[168]朱公主[169]於峻，曰「與儀同謀」，峻遂殺朱公主。

峻使衛尉[170]馮朝城廣陵[171]，功費甚眾，舉朝莫敢言，唯滕胤諫止之，峻不從，功卒不成。

漢姜維復議出軍，征西大將軍張翼[172]廷爭[173]，以為國小民勞，不宜黷武。維不聽，率車騎將軍夏侯霸及翼同進。

八月，維將數萬人至枹罕[174]，趨狄道。征西將軍陳泰敕雍州[175]刺史王經進屯狄道，須[176]泰軍到，東西合勢[177]乃進。泰軍陳倉[178]，經所統諸軍於故關[179]與漢人戰不利，經輒渡洮水。泰以經不堅據狄道，必有他變，率諸軍以繼之。經已與維戰於洮西[180]，大敗，以萬餘人還保狄道城，餘皆奔散，死者萬計。張翼謂維曰：「可以止矣，不宜復進，進[6]或[181]毀此大功，為蛇畫足。」維大怒，遂進圍狄道。

辛未[182]，詔長水校尉[183]鄧艾行安西將軍[184]，與陳泰并力拒維。戊辰[185]，復以太尉孚為後繼。泰進軍隴西[186]，諸將皆曰：「王經新敗，賊[7]眾大盛，將軍以烏合之眾[187]，繼敗軍之後，當乘勝之鋒[188]，殆必不可。古人有言：『蝮蛇螫手，壯士解腕[189]。』孫子曰：『兵有所不擊，地有所不守。』蓋小有所失，而大有所全故也。不如據險自保，觀釁待敝[190]，然後進救，此計之得者也。」泰曰：「姜維提輕兵深入，正欲與我爭鋒原野[191]，求一戰之利。王經當高壁深壘，挫其銳氣，今乃與戰，使賊得計。經既破走，維若以戰克之威，進兵東向，據櫟陽積穀之實[192]，放兵收降[193]，招納羌、胡，東爭關、隴[194]，傳檄四郡[195]，此我之所惡也。而乃以乘勝之兵，挫峻城之下[196]，銳氣之卒[197]，屈力致命[198]，攻守勢殊，客主不同[199]。兵書曰：『脩櫓轒轀，三月乃成，拒堙三月而後已[200]。』誠非輕軍遠入之利也。今維孤軍遠僑[201]，糧穀不繼，是我速進破賊之時，所謂疾雷不及掩耳，自然之勢也。洮水帶其表[202]，維等在其內，今乘高據勢，臨其項領[203]，不戰必走。寇不可縱，圍不可久，君等何言如是！」遂進軍度高城嶺[204]，潛行，夜至狄道東南高山上，多舉烽火，鳴鼓角。狄道城中將士見救至，皆憤踴[205]。維不意救兵卒至，緣山急來攻之。泰與交戰，維退。泰引兵揚言欲向其還路[206]，維懼。九月甲辰[207]，維遁走，城中將士乃得出。王經歎曰：「糧不至旬[208]，向非救兵速至，舉城屠裂，覆喪一州[209]矣！」泰慰勞將士，前後遣還[210]，更差軍守[211]，并治城壘，還屯上邽[212]。泰每以一方有事，輒以虛聲[213]擾動天下，故希簡上事[214]，驛書[215]不過六百里[216]。大將軍昭曰：「陳征西[217]沈勇能斷[218]，荷方伯之重[219]，救將陷之城，而不求益兵，又希簡上事，必能辦賊[220]者[8]也。都督大將不當爾邪[221]？」

姜維退駐鍾提[222]。

初，吳大帝不立太廟[223]，以武烈[224]嘗為長沙[225]太守，立廟於臨湘，使太守奉祠[226]而已。冬，十二月[9]，始作太廟於建業，尊大帝為太祖[227]。

【章　旨】以上為第三段，寫高貴鄉公曹髦正元二年（西元二五五年）一年間的大事，主要寫了毌丘儉、文欽起兵於壽春討司馬師，由於孤立無援，被司馬師擊敗，毌丘儉被殺，文欽父子投降東吳；是年司馬師病卒，鍾會、傅嘏等協助司馬昭奪得權力；蜀將姜維攻魏隴西，圍困狄道，魏將陳泰救隴西，破走姜維等等。

【注釋】❶矯太后詔 假說是奉了郭太后的旨意。❷移檄州郡 發檄文通告各州郡。❸宥及後世 因司馬懿對魏室有大功，故其後代有罪時可蒙寬赦。❹護軍望 任護軍之職的司馬望，司馬孚之子。事跡見《三國志》卷四。護軍，也叫中護軍，主管各將領的選拔使用，也統領衛護中央政權的部隊。❺忠公親事 忠貞公正，恪盡職守。❻鎮南將軍諸葛誕 當時都督豫州（今河南東南部和安徽北部一帶地區）。❼渡淮 渡淮河西進。❽項 魏縣名，縣治在今河南沈丘南。❾游兵 在游動中偵察、作戰。❿河南尹王肅 河南尹是當時魏國首都洛陽所在郡的行政長官。王肅是曹操部將王朗之子，當時有名的經學家。⓫關羽虜于禁於漢濱 于禁字文則，是曹操部下的名將，建安二十四年（西元二一九年）在漢水之濱被蜀將關羽所俘。傳見《三國志》卷十七。漢濱，漢水之濱，指魏軍佔領的襄陽附近。⓬北向爭天下 關羽大破魏軍後，洛陽為之震動。⓭孫權襲取其將士家屬 孫權趁勢襲取了荊州，俘獲了關羽部下的家屬。⓮羽士眾一旦瓦解 關羽遂敗走麥城，被吳軍所殺。事見本書卷六十八建安二十四年。⓯淮南將士 指毌丘儉的部下。當時毌丘儉任鎮南將軍，大本營即在壽春（今安徽壽縣）。⓰禦衛 防衛；阻止其前進。⓱創甚 受傷很嚴重。⓲中書侍郎 中書令的副手，為帝王起草詔令、簽署意見。⓳淮楚 即指淮南，因其地舊屬楚國，故稱「淮楚」。⓴勁 強大。㉑負力遠鬬 依仗兵力強大而遠途進攻，指從壽春前進到項城。㉒其鋒未易當 意即不要和他們正面相拼。㉓戰有利鈍 含蓄說「倘有失敗」。㉔蹶然起 猶今之所謂「一跳而起」。㉕輿疾而東 帶病躺到車上隨軍東征。㉖戊午 正月初五。㉗中外諸軍 都城以內的軍隊和城外各營的軍隊。㉘中領軍 也叫領軍將軍，統領護衛宮廷的軍隊。㉙三方兵 指西、南、北三方各州的軍隊。㉚陳 魏縣名，即今河南淮陽。㉛許 即許昌，在今河南許昌東。㉜光祿勳鄭袤 光祿勳是九卿之一，掌管宮廷門戶與統領皇帝的侍從警衛。鄭袤，字林叔。事跡見《三國志》卷四。㉝不達事情 不明白事理。㉞無筭 沒有心計。㉟銳而不能固 有士氣但不能持久。㊱深溝高壘 深挖溝，高築城。㊲亞夫之長策 指漢太尉周亞夫堅壁以破吳、楚的戰略。事見本書卷十六景帝三年。㊳王基 字伯輿，司馬氏的得力將領。傳見《三國志》卷二十七。㊴行監軍 代理監軍之職。㊵假節二句 授予旌節，統領許昌方面的軍隊。魏晉之制，使持節都督諸軍為上，持節都督次之，假節監諸軍又次之，假節行監軍又次之。魏定都洛陽後，把東漢故都許縣改名許昌，仍保留宮殿，作為陪都，駐屯重兵，是東方及南方的重要軍事基地。㊶不終朝 用不了一個早晨。㊷致於軍門 送到營門。致，弄到。㊸詐偽 指假傳太后詔書之事。㊹疑沮 疑惑渙散。㊺張示威形 展現朝廷軍隊的強大。㊻州郡兵家 指司馬氏所控制的各州郡士兵的家屬。㊼為賊所得 被毌丘儉、文欽的軍隊所俘獲。㊽復還 指回歸朝廷。㊾錯兵無用之地 駐兵於不可能取勝之地。錯，置；投放。㊿成姦宄之源 將成為其他叛變分子的滋生地。(51)因之 乘機進犯。(52)譙沛汝豫 魏之四郡名，即譙郡（郡治即今安徽亳州)、沛郡(郡治即今安徽濉溪)、汝南郡(郡治即今河南平輿)、潁川郡(郡治即今河南禹州)。四郡都緊靠淮南。(53)南頓　魏縣名，縣治在今河南項城西。(54)大邸閣　糧倉名。(55)先人　先發制人，搶在敵人前面。(56)奪人之心　打掉了敵人的信心。(57)㶏水　古水名，流經當時的南頓縣北。(58)閏月甲申　閏正月的初一。(59)師次于㶏橋　司馬師的軍隊進駐至㶏水橋頭。(60)相次　相繼。(61)兵聞拙速二句　意謂寧可以拙而求速勝，不能曠日持久以求巧。以上二語見《孫子・作戰》。(62)外有彊寇　指東吳與西蜀。(63)叛臣　指毌丘儉、文欽。(64)不時決　不很快解決。(65)多言將軍持重　大多勸您穩紮穩打。(66)進而不可犯　既前進，又保持一種讓敵人不敢攻擊的姿態。(67)以積實資虜　把臨淮各郡的糧庫都給了敵人。(68)將在軍二句　語出《孫子・九變》。(69)爭地　雙方必爭之地。(70)遂輒進據南頓　於是便快速前進佔領了南頓縣。輒，逕。(71)亦欲往爭　也想去爭奪南頓。(72)發十餘里　軍隊出發十多里地後。(73)保項　憑藉項縣的工事以據守。(74)癸未　閏正月無「癸未」日，此處記載有誤。(75)郭淮　字伯濟，曹魏的名將，長期鎮守今陝西、甘肅一帶。傳見《三國志》卷二十六。(76)陳泰代之　陳泰繼郭淮為征西將軍。陳泰字玄伯，陳群之子，魏國名將。傳見《三國志》卷二十二。(77)會稽留贊　會稽人姓留名贊。(78)壽春　魏國淮南郡的郡治，也是魏國揚州刺史、鎮東將軍毌丘儉的駐地，即今安徽壽縣。(79)待東軍之集　等候魏國青州、徐州、兗州等東方軍隊的到來。(80)說誘　說服勸誘。(81)淮北不從　淮河以北臨近的豫、兗等州並未跟從響應。(82)內乖外叛　內部離心，外部背叛。(83)困獸思鬬　野獸被圍困急了就要反撲。(84)速戰更合其志　迅速決戰反而更符合他們的願望。(85)小與持久　稍微多與敵方對峙一些時日。小，稍。(86)安風　魏縣名，也是魏國安豐郡的郡治所在地，在今安徽霍邱西南，地處壽春之西。(87)出譙宋之間　譙是魏郡名，郡治即今安徽亳州，宋是古國名，都城即今河南商丘。胡遵前進至今安徽亳州與今河南商丘一帶地區。(88)絕其歸路　使毌丘儉欲撤回壽春而不可能。(89)師屯汝陽　司馬師的大軍屯駐在汝陽縣。汝陽縣的縣治在今河南商水縣西北。(90)進不得鬬　想進攻而無人與之開戰。(91)見襲　指被東吳軍隊所襲。(92)相屬　接連不斷。(93)新附農民　新從東吳歸順過來的農民。(94)健步　走路飛快的人。(95)齎書　送信。(96)兗州　州治廩丘，今山東鄆城西北。(97)樂嘉城　在南頓縣(今河南項城)北四十里。(98)潛兵就艾　祕密帶兵來與鄧艾會師。就，湊近。(99)大軍　朝廷的主力大軍。(100)欽子鴦　即文俶，小名鴦。事見《三國志》卷二十八。(101)鼓譟　擂鼓吶喊。(102)震擾　驚恐；混亂。(103)病目突出　病眼眼球凸了出來。(104)齧被皆破　牙咬被子以忍疼痛，被子都被咬破了。(105)失期不應　耽誤了約定的時間，沒能及時與文鴦夾擊司馬師。(106)引還　帶兵撤回。(107)走　敗逃。(108)未有所屈　沒有受到挫折。(109)一鼓作氣二句　語出《左傳》莊公十年曹劌之言。(110)驍騎　勇猛的騎兵。(111)摧鋒陷陳　摧垮敵軍的先鋒，攻入敵軍的陣地。(112)翼而追之　從兩翼側面追擊。(113)匹馬　單槍匹馬。(114)殿中人　宮殿中的侍衛人員。(115)小為曹氏家奴　自幼為曹氏皇室當家奴。小，自幼。[116]將與俱行　帶著他隨大軍一道出征。[117]天子鄉里　天子的同鄉，文欽是譙郡人，與曹氏同鄉。[118]相信　互相信任。[119]追解語之　追上去勸解他反正回來。[120]何苦不可復忍數日中也　為什麼不可以再多忍耐幾天呢。意謂司馬師不久即將病故，朝中必當有變。[121]殊不悟　根本不能領悟。[122]先帝　指已去世的曹氏歷任皇帝。[123]傅矢　搭上箭。[124]世事敗矣　猶言大勢已去。[125]壬寅　閏正月十九。[126]槖皋　即今安徽巢縣西北的柘皋鎮。[127]詣軍降　到孫峻的軍前投降。[128]慎縣　今安徽潁上。[129]稍棄儉去　漸漸地離開毌丘儉而去。[130]甲辰　閏正月二十一。[131]安風津民　安風津渡口的農民。安風津是淮河上的渡口名，在當時安風西北的淮河上。[132]懼誅　嘉平三年（西元二五一年），王淩兵變未遂，司馬懿曾在壽春大肆屠殺，很多人被屠滅三族。此時壽春人驚魂未定，十分恐懼。[133]流迸山澤　逃奔到山林荒澤。[134]侍御史杜友　侍御史即治書侍御史，上屬御史大夫，主管監察群臣。杜友字季子，曾任晉、冀等州刺史，河南尹。事見《三國志》卷二十八。[135]治之　審理這些人的罪行。[136]適劉氏　嫁與劉氏為婦。[137]當死　被判為死罪。當，判處。[138]以孕繫廷尉　由於懷孕暫時還關在廷尉下屬的監獄裡。[139]司隸主簿　司隸即司隸校尉的簡稱，是首都所在州即「司州」的行政長官，位同刺史。司隸主簿是司隸校尉屬下掌管文書、起草文件的官員。[140]於防　對於防止犯罪來說。[141]不足以懲姦亂之源　因為嫁到夫家的女子無法過問其父母家的事情，完全是無辜的。[142]於情　從情理上說。[143]傷孝子之恩　已嫁從夫的女子孝敬公婆而無辜被殺，是傷孝子之恩也。[144]男不遇罪於他族　男人不因為他的岳父家犯罪而受牽連。[145]女獨嬰戮於二門　做女兒的偏偏兩家犯罪都要受牽連被殺戮。[146]哀矜女弱　同情憐憫弱勢女子。[147]均法制之大分　意即真正實現法律的公平。[148]在室之女　未出嫁的女子。[149]既醮之婦　已經結婚成了人家的媳婦。醮，古代結婚用酒祭神的一種儀式。[150]仍著於律令　於是把這一條寫在法律條文之中。仍，意思同「乃」。[151]舞陽忠武侯司馬師　舞陽侯是司馬師的封號，舞陽是封地名，忠武是死後的謚號。[152]中郎將參軍事賈充　以中郎將的身分為司馬師當參謀。中郎將是皇帝的衛隊長官，上屬光祿勳。賈充是經學家賈逵之子，司馬師的親信。傳見《晉書》卷四十。[153]衛將軍昭　司馬昭，司馬師之弟。[154]往省師　去許昌看望司馬師。[155]辛亥　閏正月二十八。[156]典知密事　掌管、過問機密大事。[157]中詔敕尚書傅嘏　宮廷裡發出詔書給尚書傅嘏。此「中詔」以別於通常打著朝廷旗號的司馬氏的意旨。敕，命令。[158]權留衛將軍昭屯許昌　暫時讓司馬昭率軍屯駐在許昌。權，暫時。[159]會與嘏謀　鍾會與傅嘏商量好。[160]使嘏表上二句　讓傅嘏一面給皇帝上表陳述應讓司馬昭回京的理由，同時又讓傅嘏與司馬昭同時出發進京，不給皇帝駁回的機會。[161]還到洛水南屯住　一直把軍隊帶到洛水南岸才紮營下寨。當時的洛河流經洛陽城東南，東北流入黃河。司馬昭的兵營與皇帝所在的洛陽城隔洛水相對。[162]二月丁巳　二月初五。[163]志大其量　志向大於能力。[164]都護　漢代官名。漢置西域都護，但未加將軍號。至光武遂有都護將軍之官，位從公。吳置左、右都護，也不加將軍號。今以文欽為都護，官位在左、右都護之上。165幽州牧　即幽州刺史，這裡是遙領之意。166武宣皇后弟秉之曾孫女　武宣皇后是曹操之妻卞氏，卞氏之弟名卞秉。卞秉之曾孫女即卞隆之女。167孫儀　征虜將軍孫皎的幼子。事見《三國志》卷四十八。168譖　在上司跟前說人壞話。169朱公主　孫魯育，字小虎，吳主孫權之幼女，因嫁朱據故稱「朱公主」。170衛尉　九卿之一，主管守衛宮廷。171城廣陵　修築廣陵城。廣陵在今江蘇揚州西北。172張翼　字伯恭，任前領軍、征西大將軍。封都亭侯。傳見《三國志》卷四十五。173廷爭　在朝廷上公開提出不同意見。174枹罕　魏縣名，縣治在今甘肅臨夏東北。175雍州　魏州名，州治長安。176須　等候。177東西合勢　指陳泰軍與王經軍會合。178泰軍陳倉　陳泰的軍隊駐紮在陳倉。陳倉是魏縣名，縣治在今陝西寶雞東。179故關　漢時的舊關，在當時的狄道（今甘肅臨洮）西北，洮水西岸。180洮西　洮水西岸，即故關一帶地區。181或　倘若。182辛未　八月二十二。183長水校尉　統領少數民族騎兵的軍官名。184行安西將軍　代行安西將軍之職權。185戊辰　此年的八月無「戊辰」日，疑記事有誤。186隴西　魏郡名，郡治襄武，在今甘肅隴西東南。187烏合之眾　指陳泰的軍隊是從四面八方臨時湊集起來的。188當乘勝之鋒　迎戰乘勝前進的敵人。189蝮蛇螫手二句　毒蛇咬了手，果斷的人立即就把手腕砍掉，以免毒性擴散危及生命。《漢書．田榮傳》有所謂「蝮若手則斬手，若足則斬足。」人之引此語與下文《孫子兵法》語都是勸陳泰放棄狄道不救。190觀釁待敝　觀察敵人的失誤，等待敵方出現漏洞。191爭鋒原野　在大平原上決戰。192據櫟陽積穀之實　攻佔櫟陽，奪取櫟陽倉庫儲存的糧食。按，「櫟陽」，據胡三省注當作「略陽」。櫟陽在長安東北，姜維軍隊剛到狄道，不可能東據櫟陽，陳泰所言，應是略陽。「櫟」、「略」二字聲相近，因語訛而致傳寫字訛。略陽是魏縣名，在今張家川回族自治縣西。193放兵收降　派軍四出，收納降者。194關隴　指關中（今陝西中部）、隴西（今甘肅東部）。195傳檄四郡　向四郡發布檄文，招之來降。四郡指隴西郡（郡治襄武，今隴西東南）、南安郡（郡治獂道，今隴西東南）、天水郡（郡治冀縣，今甘谷東）、廣魏郡（郡治臨渭，今天水東北）。196挫峻城之下　受挫於易守難攻的堅城之下，指姜維攻狄道而言。197銳氣之卒　意謂姜維的軍隊本來是乘勝前進的。198屈力致命　結果被消耗了力量，送掉了性命。199客主不同　進攻者（蜀）與防守者（魏）在心理氣勢上是完全不同的。200脩櫓轒轀三句　語出《孫子．謀攻》。意謂製造大盾牌和攻城的戰車，要三個月才能造成，構築土山攻城，也得花上三個月的工夫。極言攻城之不易。櫓，攻城用的大盾牌。轒轀，也叫轒床，下有四輪，上蒙以生牛皮，中間可以坐人，也可用以運土填溝。拒堙，堆築土山，使與城平。201孤軍遠僑　孤軍深入，遠離本土。僑，指寄居外地。202洮水帶其表　洮水像帶子一樣圍在姜維軍隊的外面。203臨其項領　俯看著他們的頭頂脖子。臨，俯看。204高城嶺　在今甘肅隴西西南。205憤踊　慷慨振作，歡騰跳躍。(206)向其還路 意即想截斷他們的退路。(207)九月甲辰 九月二十五。(208)糧不至旬 糧食已不夠再用十天。(209)覆喪一州 整個州將全部喪失。按，隴西、南安、天水、廣魏四郡，舊屬秦州。(210)前後遣還 意即分批讓王經的軍隊返回雍州。(211)更差軍守 另選派軍隊守衛狄道。差，選派。(212)上邽 魏縣名，縣治即今甘肅天水。(213)虛聲 虛張聲勢，誇大敵情。(214)希簡上事 上書言事既稀少又簡略。希，通「稀」。(215)驛書 用驛馬傳遞軍情。(216)不過六百里 每天不過跑六百里，以示並不特別緊急。(217)陳征西 敬稱陳泰，因其任征西將軍。(218)沈勇能斷 沉著勇敢，能當機立斷。沈，通「沉」。(219)荷方伯之重 身負鎮守一方的重任。方伯，一方的諸侯之長。(220)能辦賊 能打敗敵人。(221)都督大將不當爾邪 總理一方的大將不正應該是這種樣子嗎。(222)鍾提 蜀邑名，即今甘肅成縣北的栗亭城。(223)不立太廟 不在京城建立皇家的宗廟，祭祀列祖列宗。(224)武烈 指孫權之父孫堅。孫堅被諡為武烈皇帝。(225)長沙 漢郡名，郡治臨湘，即今湖南長沙。(226)奉祠 主管祭祀。(227)尊大帝為太祖 尊奉孫權為吳國的太祖。

【校　記】[1]乃 據章鈺校，甲十一行本、乙十一行本皆作「又」，張瑛《通鑑校勘記》同。[2]亦 據章鈺校，甲十一行本、乙十一行本皆作「則」。[3]比 原誤作「北」。據章鈺校，乙十一行本作「比」，今據校正。胡三省注云：「儉自項走至慎，慎在項南，非北也，『北』乃『比』字之誤。」[4]餘 據章鈺校，甲十一行本、乙十一行本皆無此字。[5]則 原無此字。據章鈺校，甲十一行本、乙十一行本皆有此字，今據補。[6]進 原無此字。據章鈺校，甲十一行本、乙十一行本皆有此字，張敦仁《通鑑刊本識誤》同，今據補。[7]賊 據章鈺校，甲十一行本、乙十一行本皆作「蜀」。[8]者 據章鈺校，甲十一行本、乙十一行本、孔天胤本皆作「故」。[9]十二月 原作「十月」。據章鈺校，甲十一行本、乙十一行本皆作「十二月」，張瑛《通鑑校勘記》、熊羅宿《胡刻資治通鑑校字記》同，今據改。

【語　譯】二年（乙亥　西元二五五年）

春季，正月，毌丘儉、文欽假傳郭太后的詔命，在壽春起兵造反，他們發送檄文號召各州、郡起兵討伐司馬師，並上疏給新皇帝曹髦說：「相國司馬懿對國家忠誠、處事公正，為國家建立了很大的功勳，所以他的後代有罪應該得到寬宥，請求罷免司馬師的官職，讓他以侯爵的身分回到他的宅第，由他的弟弟司馬昭來接替他的職務。太尉司馬孚為人忠誠孝敬，處世小心謹慎，擔任護軍之職的司馬望忠貞公正、恪盡職守，陛下應該親近他們、寵信他們，把治理國家的重要職務授予他們。」司馬望是司馬孚的兒子。毌丘儉又派使者前去邀請鎮南將軍諸葛誕起兵，諸葛誕將他的使者斬首。毌丘儉、文欽率領著五六萬軍隊渡過淮河，向西進抵項縣城。毌丘儉負責堅守縣城，派文欽在外作為游動部隊，負責偵查、作戰。

司馬師向河南尹王肅求教破毌丘儉之計，王肅分析說：「過去關羽在漢水邊上俘虜了魏國的大將于禁，有向北與魏國爭奪天下的志向。後來孫權派人發動偷襲，俘虜了關羽將士的家屬，關羽的軍隊立即土崩瓦解。如今淮南將士的父母妻子都在內地諸州郡，只要派軍隊趕緊前去加強防衛，阻止他們前進，必然會出現像關羽那樣土崩瓦解的局勢。」當時司馬師的眼睛剛剛做完目瘤手術，創口疼痛得很厲害，有人建議大將軍司馬師不要親自率軍前往，不如派遣太尉司馬孚率軍前去拒敵。只有河南尹王肅和尚書傅嘏、中書侍郎鍾會勸司馬師率軍親征，司馬師猶豫不決。傅嘏規勸司馬師說：「淮楚地區軍隊的勢力很強大，而毌丘儉等依仗兵力強大，長驅直入，從壽春一直打到項縣，其鋒銳之勢很難抵擋。如果派其他將領前去平定叛亂，倘有失敗，主動的形勢就可能消失，您的大業就會一敗塗地。」司馬師聽到這裡，便一躍而起，說：「我就帶病躺在車子裡隨軍東征。」

正月初五日戊午，司馬師親自率領都城以內的軍隊和城外各營的軍隊征討毌丘儉、文欽，任命自己的弟弟司馬昭兼任中領軍，留下鎮守京師洛陽，徵調西、南、北三方各州的軍隊到陳縣、許昌會師。

司馬師向擔任光祿勳的鄭袤請教，鄭袤說：「毌丘儉雖然有智謀，卻不明白事理，文欽更是有勇無謀。現在你率領大軍出其不意，毌丘儉、文欽所率領的江、淮之兵雖然銳不可擋，卻不能持久，你應該深挖溝、高築城，不急於與他們交戰，先消磨掉他們的銳氣，這就是當年周亞夫對付七國之亂時採用的策略。」司馬師認為鄭袤分析得很對。

司馬師任命荊州刺史王基為代理監軍之職，並授予他旌節，讓他統領許昌方面的軍隊。王基向司馬師建議說：「這次淮南軍叛亂，不是那裡的官吏、百姓想要謀亂，而是受毌丘儉等人的威逼、利誘，被脅迫而來，他們擔心如果不服從，眼下就要遭到殺戮之禍，所以才勉強地聚集在一起。如果朝廷的大軍一到，必然土崩瓦解，毌丘儉、文欽的人頭用不了一個早晨就送到營門口了。」司馬師聽從了王基的建議。於是任命王基為前部先鋒，隨後又下令王基停止進軍。王基認為：「毌丘儉等人率領江、淮之兵完全可以向縱深發展，但卻很久沒有前進，這說明毌丘儉、文欽等人假傳皇太后詔令的事情已經敗露，眾人之心因疑惑而渙散。現在如果不抓住這個機會向他們展示朝廷軍隊的強大威勢，以符合民意，而是停止進軍、修築防禦工事，看起來就像是畏懼怯懦，這不符合用兵之道。如果毌丘儉、文欽裹脅百姓以擴充自己的軍事實力，再加上朝廷所控制的各州、郡軍士的家屬如果被毌丘儉等所俘虜，軍心就會離散。被毌丘儉等人脅迫而參加謀亂的人懼怕自己罪孽深重，因而不敢回歸朝廷，這就等於把軍隊安置在毫無取勝希望的地方而使那裡成為其他叛亂分子的滋生地。如果吳國趁機入侵，淮南地方將不再屬於魏國所有，譙郡、沛郡、汝南郡、潁川郡都將陷入混亂而不得安寧，這是最大的失策。軍隊應該快速前進佔據南頓縣，南頓縣有巨大的大邸閣糧倉，那裡的糧食估計足夠全軍食用四十天。據守堅固的南頓縣城，利用現成的糧食，採取先發制人，首先打掉敵人的信心，這是平定叛亂最為重要的一步。」王基屢次向司馬師陳請，司馬師才聽從了王基的建議，於是軍隊進抵濦水。

閏正月初一日甲申，司馬師率軍進駐濦水橋頭，毌丘儉屬下的將領史招、李續先後前來向司馬師投降。王基又向司馬師建議說：「按照兵法，軍事行動寧可以拙而求得速勝，不能曠日持久以求巧。如今的形勢是：外部有強大的敵國——吳國、蜀國，內部有叛亂的大臣，如若不能快速解決，隨著事態的發展，誰勝誰負恐怕就很難預測了。參與決策的人都建議將軍穩紮穩打。將軍採取穩紮穩打的策略是對的；但目前命令軍隊停止不前卻是錯誤的。穩紮穩打，說的可不是停止不前，而是說既要前進，又保持一種讓敵人不敢進攻的姿態。而如今卻是自己在城堡裡困守，把臨淮各郡的糧食儲備都丟給了敵人，自己還要另外派大批人力物力從遙遠的後方為部隊運送糧食，這樣的決策非常不好。」司馬師還是沒有同意王基的建議。王基又說：「將軍在戰場上，君王的命令可以不接受。敵人得到這個地方對敵人有利，我們得到這個地方就對我們有利，這樣的地方就叫做雙方必爭之地，南頓縣就是這樣的地方。」於是王基便快速前進佔據了南頓縣。毌丘儉等也從項縣趕來準備搶佔南頓縣，軍隊出發前進了十多里，聽到王基已經搶先佔據了南頓縣，於是又撤回項縣據守。

癸未日這天，魏國征西將軍郭淮去世，魏國任命雍州刺史陳泰接替郭淮為征西將軍。

吳國丞相孫峻率領驃騎將軍呂據、左將軍會稽人留贊襲擊魏國的壽春，司馬師命令諸軍加強修築防禦工事，深挖溝，高築壘，等待青州、徐州、兗州等東部軍隊的到來。諸將請求司馬師下令進兵攻打項縣，司馬師說：「諸位將軍只知道其中的一個方面，而不知道另一個方面。淮南將士本來沒有謀反之心，毌丘儉、文欽說服勸誘他們參與起兵謀反，說是一旦起兵，遠近州縣的軍隊必定聞風響應；然而起兵之後，淮河以北鄰近的豫、兗等州並未跟從響應，就連他手下的將領史招、李續的軍隊也先後瓦解，投降了朝廷，目前，叛臣內部離心、外部背叛，他們自己已經料到了必定失敗的命運。野獸被圍困急了還要反撲，迅速決戰反而更符合他們的願望，雖說我們必定能獲得最後的勝利，但人員傷亡也一定會很多。再說毌丘儉等人欺騙他們的將士，詭計變化多端，稍微與他們多對峙一些時日，他們欺騙屬下將領、陰謀叛變的真相就會暴露出來，這是不用經過戰鬥就能戰勝他們的辦法。」於是司馬師派遣諸葛誕統領豫州的軍隊從安風縣向壽春進發，派征東將軍胡遵統領青州、徐州各軍進入譙、宋一帶地區，截斷毌丘儉撤回壽春的道路，司馬師的大軍則屯駐在汝陽縣。毌丘儉、文欽想進攻而無人與之開戰，撤退又擔心壽春被東吳的軍隊所襲擊，此時真是黔驢技窮不知該如何是好。淮南將士的家屬都在北方，眾人心情沮喪、離散，前來向朝廷投降的人接連不斷，只有新近從東吳歸順過來的那些農民還可以用來一戰。

毌丘儉開始起兵的時候，曾經派走路飛快的人前往兗州送信，兗州刺史鄧艾將送信人斬首，然後率領著一萬多人日夜兼程，首先奔赴樂嘉城，架設好了浮橋等待司馬師的到來。毌丘儉派文欽率軍襲擊鄧艾。司馬師祕密帶兵來到樂嘉城與鄧艾會師。文欽看到樂嘉城突然有這麼多朝廷的主力大軍，不禁大驚失色，不知如何是好。文欽的兒子文鴦，雖然才十八歲，卻勇力過人，他對父親文欽說：「趁著朝廷的軍隊還沒有安定下來，立即攻打，必能將其打敗。」於是把帶來的軍隊分成兩隊，準備趁黑夜對司馬師的軍隊進行前後夾擊。文鴦親自率領一支敢死隊擂鼓吶喊，率先殺入司馬師的大營，司馬師的軍隊立即驚恐混亂起來。司馬師驚駭之下，病眼的眼球也凸了出來，疼痛難忍，又怕被眾人知道引起軍心不穩，於是就用牙狠命地咬住被子，被子都被咬破了。而文欽卻耽誤了約定的時間，沒能及時趕來與文鴦夾擊司馬師，此時天已大亮，文鴦看見朝廷的軍隊人數眾多，這才帶兵撤回。司馬師對眾將說：「賊人文鴦已經敗逃，可以馬上派人追擊！」諸將都說：「文欽父子驍勇，來勢兇猛，此次前來並沒有受到挫折，怎麼會是敗走呢？」司馬師說：「第一次擊鼓時士氣振奮，再次擊鼓的時候，士氣就減退了。文鴦鼓噪而進卻失去接應，聲勢已經受挫，不趕緊敗逃還等待什麼呢？」文欽準備率軍向東撤退，文鴦說：「如果不先給他們一次沉重的打擊，挫敗他們的銳氣，想撤退也撤退不成。」於是，文鴦率領十多名英勇的騎兵摧垮了司馬師的先鋒部隊，攻入朝廷軍的陣地，所到之處，敵軍就像被狂風颳倒的草一樣紛紛向後倒退，無人敢擋，文鴦這才引軍而去。司馬師派左長史司馬班率領八千名英勇的騎兵從兩翼隨後追殺文鴦，文鴦單槍匹馬，返身衝入敵人數千名騎兵隊中，立馬殺死殺傷一百多人，然後揚長而出，如此反覆了六七次，追趕的騎兵沒有人敢逼近他。

在宮殿中擔任侍衛的尹大目自幼為曹氏皇室當家奴，經常在皇帝身邊。司馬師此次帶著他隨大軍一道出征，尹大目知道司馬師的一隻眼球已經凸了出來，就向司馬師請示說：「文欽本來是您的心腹之將，只是被人誤導才參與謀反的。他又是皇帝的同鄉，平時與我相互都很信任，請准許我追上前去勸說他反正，讓他回來與您重歸於好。」司馬師答應了尹大目的請求。於是尹大目單人獨騎，身上披著鎧甲，縱馬向前追趕文欽，距離老遠的就向文欽高聲喊話。尹大目心裡其實是忠於曹家，又不能明說，就暗示他說：「君侯為什麼不能再多忍耐幾天呢？」他想讓文欽明白自己的意思。而文欽卻根本不能領悟，反而對尹大目厲聲大罵說：「你是先皇帝的家人，不想怎樣去報答主人的恩德，反而與司馬師一同謀逆，不顧天地良心，上天一定不會保佑你！」說完拉開弓搭上箭就要射尹大目。尹大目痛哭流涕地說：「大勢已去，你好自為之吧！」

當天，毌丘儉聽說文欽敗退，心中很是恐懼，便連夜逃走，全軍立時潰不成軍。文欽回到項城，看見只剩下一座空城，自己孤軍無援，很難獨立存在，就想退回壽春，而壽春已經被諸葛誕攻佔，於是投奔吳國而去。吳國丞相孫峻率軍走到東興關的時候，傳來毌丘儉等人已經失敗的消息，閏正月十九日壬寅，孫峻等率軍來到橐皋，文欽父子來到孫峻的軍前投降。毌丘儉逃走，等到達慎縣的時候，身邊的親信、衛兵都漸漸地離開毌丘儉而去，毌丘儉孤身一人躲藏在水邊的雜草叢中。二十一日甲辰，安風津渡口的百姓張屬發現了毌丘儉，於是將他殺死，毌丘儉的首級被割下來送到了京師洛陽，張屬因此被封為侯爵。諸葛誕進入壽春，壽春城中的十多萬百姓害怕遭到朝廷誅殺，十分恐懼，有的逃到山林草澤之中，有的分別逃往吳國。魏帝曹髦下詔任命諸葛誕為鎮東大將軍、儀同三司，統領揚州各方面軍事。

誅滅毌丘儉三族。毌丘儉的黨羽中有七百多人被逮捕入獄，由侍御史杜友負責審理這個案件，杜友只將為首的十多人處決，其餘的都奏明朝廷予以赦免。毌丘儉的孫女嫁給劉姓人為妻，按照當時的法律應當被判處死罪，由於正在懷孕期間，所以暫時還關押在廷尉下屬的監獄裡。擔任司隸主簿的程咸向朝廷建議說：「女兒已經嫁人的，如果已經生兒育女，那麼就成了別人的母親，對於防止犯罪來說，因為嫁到夫家的女子無法過問其父母家的事情，完全是無辜的；從情理上說已嫁從夫的女子孝敬公婆而無辜被殺，是傷害了孝子的恩情。男人不因為他的岳父家犯罪而受到牽連，而做女兒的偏偏兩家犯罪都要受到牽連而被殺戮，這可不是同情憐憫弱勢女子、真正體現法律的公平。我認為，沒有出嫁的女兒，要隨父母一起遭受刑戮，而已經結婚成了人家媳婦的女兒，應該讓她只隨夫家接受刑戮。」朝廷聽從了他的建議，並把它寫進法律條文之中。

魏國大將軍、舞陽忠武侯司馬師病情加重，回到許昌，留下以中郎將的身分為司馬師當參謀的賈充暫時統領許昌各方面軍務。賈充是賈逵的兒子。衛將軍司馬昭從洛陽趕往許昌看望兄長司馬師，司馬師讓司馬昭掌管全國軍事。閏正月二十八日辛亥，司馬師在許昌去世。擔任中書侍郎的鍾會一直跟隨司馬師負責掌管、過問機密大事。宮廷裡發出詔書給尚書傅嘏，認為東南毌丘儉等人的叛亂剛剛平定，命令衛將軍司馬昭暫時留在許昌作為內外的援軍，命令傅嘏率領諸軍返回京師洛陽。鍾會與傅嘏商議，決定由傅嘏上奏章給魏帝曹髦陳述司馬昭必須回京師的理由，而傅嘏與司馬昭則同時由許昌出發進京，不給皇帝駁回的機會，他們一直把軍隊帶到了洛水南岸才紮營下寨。

二月初五日丁巳，魏帝曹髦下詔任命司馬昭為大將軍，同時兼管尚書事務。鍾會認為自己的建議幫了司馬昭的大忙，便經常流露出自我誇耀、沾沾自喜的神色，傅嘏告誡他說：「你的志向大於你的能力，勳業將很難獲得成功，你怎能不謹慎行事啊！」

吳國丞相孫峻探聽到魏國的諸葛誕已經佔據了壽春，於是便率軍而回。東吳任命降將文欽為都護、鎮北大將軍、幽州牧。

三月，魏帝曹髦封卞氏為皇后，大赦天下。卞皇后是魏武帝曹操卞皇后弟弟卞秉的曾孫女。

秋季，七月，吳國將軍孫儀、張怡、林恂等密謀除掉孫峻，沒有成功，不僅他們自己被殺，受牽連而被處死的還有好幾十人。全公主孫魯班在孫峻面前說她妹妹朱公主孫小虎的壞話，說「朱公主參與了孫儀等人的陰謀」，孫峻於是殺死了朱公主孫小虎。

吳國丞相孫峻派擔任衛尉的馮朝修築廣陵城，花費了巨大的人力物力，但滿朝文武百官沒有人敢提出異議，只有滕胤一人進行勸阻，孫峻根本不予採納，而廣陵城最終也沒有建成。

蜀漢衛將軍姜維又提議出兵北伐，征西大將軍張翼在朝廷之上就公開提出了反對意見，張翼認為蜀國國土面積很小，連年北伐已經使百姓疲憊不堪，所以不應該再主動挑起戰爭。姜維不聽，率領車騎將軍夏侯霸與張翼一同出征北伐。

八月，姜維率領幾萬人馬抵達魏國的枹罕縣，然後逕直向狄道進發。魏國征西將軍陳泰下令雍州刺史王經率軍進駐狄道，等待陳泰率領人馬到來，東西兩軍會合後再同時出擊。陳泰率領的軍隊駐紮在陳倉，王經率領屬下的諸路人馬在故關與蜀軍交戰失利後，竟然擅自渡過洮水。陳泰因為王經沒有堅持據守狄道，斷定必然會發生其他變故，於是立即率領大軍趕來赴援。王經已經在洮水西岸與姜維的軍隊展開激戰，結果被姜維打得大敗，僅剩下一萬多人，退回狄道城據守，其餘的軍士都已經四散逃走，戰死的也有上萬人。張翼向姜維建議說：「這次的北伐可以到此為止了，不適宜繼續深入，再前進倘若失利就會使前功盡棄，豈不是畫蛇添足。」姜維對張翼屢次阻撓感到非常生氣，於是下令全軍圍攻狄道城。

八月二十二日辛未，魏帝曹髦下詔任命擔任長水校尉的鄧艾為代理安西將軍，與陳泰同心協力抵禦蜀漢姜維的進攻。戊辰日，魏帝曹髦又詔令太尉司馬孚率領大軍作為後續部隊。陳泰率軍向隴西進發，屬下諸將都說：「王經剛剛被蜀軍打敗，蜀軍正是氣勢旺盛之時，將軍您率領這支剛剛從四面八方臨時拼湊起來的軍隊，在我軍剛剛打完敗仗之時，迎戰剛剛打了勝仗而士氣正盛的蜀軍，恐怕非失利不可。古人有句話說得好：『被毒蛇咬了手，行事果斷的人立即就把手腕砍掉，以免蛇毒擴散危及生命。』孫子說：『對待敵人的軍隊，在有些情況下可以不去攻打，對於土地，在有些情況下也可以不必固守。』這是因為雖然在小的方面遭受了損失，而在大的方面卻得到了保全的緣故。目前不如據守險要，保存實力，嚴密觀察敵人的失誤，等待敵方出現漏洞，然後再進兵救援，這才是萬全之計。」陳泰說：「蜀國姜維率領輕裝部隊深入我國境內，正希望我們與他在空曠的大平原上進行決戰，企圖以一次決戰而獲取最大的勝利。王經本來應該深溝高壘，不與交戰，先挫敗蜀軍的銳氣，而他竟然與蜀軍開戰，使姜維的計謀得逞。王經已經失敗逃走，姜維如果憑藉戰勝利的餘威，率軍向東挺進，攻佔略陽，奪取櫟陽糧倉儲存的糧食，然後派兵四出，收納降者，再招納羌人、胡人向東來奪取關中和隴西，向四郡發布檄文，使其來降，這是我最不願意看到的。然而姜維卻率領著有戰勝餘威的蜀軍包圍狄道城，使將士受挫於易守難攻的堅城之下，讓士氣高昂、乘勝前進的士兵消耗了力量、送掉了性命，以致進攻與防守的形勢變得不一樣，進攻者與防守者在心理氣勢上也完全不同。兵法上說：『製造大盾牌和攻城的戰車，需要三個月才能夠完成，構築土山攻城，也得三個月才能完成。』這種形勢對輕裝深入的蜀軍是非常不利的。如今姜維孤軍深入，遠離本土作戰，軍隊糧秣接濟不上，正是我軍快速進軍擊敗敵人的好時機，此即所謂的迅雷不及掩耳，取得勝利是必然的。洮水就像帶子一樣圍繞在姜維軍隊的外圍，姜維等處在其中，如今我們登上高處佔據有利地勢，居高臨下地扼住他們的脖子，用不著作戰，姜維就得敗走。對待蜀寇不能放縱，不能讓他們將狄道城包圍得很久，你們怎麼會這樣分析問題呢！」於是陳泰率領魏軍越過高城嶺，然後悄悄行進，在夜間到達狄道城東南的高山上，然後點燃許多火把，擂起了戰鼓、吹響了號角。狄道城中王經的部隊看見陳泰的救兵已到，立時精神大振，歡騰跳躍起來。姜維沒有料到魏國的救兵會突然而至，於是急忙沿著山麓前來攻打陳泰。陳泰率軍迎戰，姜維無法取勝，只好退去。陳泰揚言要引兵去截斷姜維的退路，姜維為此深感憂慮。九月二十五日甲辰，姜維拔營遁走，被圍困在狄道城中的魏軍才解圍而出。王經感慨地說：「城中的糧食已經支持不了十天，如果不是救兵迅速趕到，全城的人都將被屠殺，一個州就全部喪失了！」陳泰慰勞全軍將士，然後將王經的軍隊分批使之返回雍州，另外選派軍隊駐守狄道城，同時修築城池加固營壘，而後陳泰回到上邽縣駐守。

陳泰認為每當某一地區有戰事，將領往往虛張聲勢，誇大敵情，而使全國都受到震動，所以他上疏言事既稀少又簡略，通過驛馬傳遞軍情，每天只跑六百里。大將軍司馬昭說：「征西將軍陳泰遇事沉著勇敢，能當機立斷，擔負鎮守一方的重任，救援即將陷落的城池而不向朝廷請求增加軍隊，又很少上疏言事，必定是一個能夠打敗敵人的人。總理一方的大將難道不正應該是這種樣子嗎？」

蜀國衛將軍姜維率軍退回鍾提駐守。

當初，吳國大帝孫權沒有在京城建立皇家宗廟，作為祭祀列祖列宗之所，因為武烈皇帝孫堅曾經任長沙郡太守，所以僅在臨湘為武烈皇帝孫堅建立了一座祭廟，但也只是派太守負責按時祭祀而已。冬季，十二月，吳國開始在京師建業修建太廟，尊奉孫權為吳國太祖。

【研　析】本卷寫了邵陵厲公曹芳嘉平五年（西元二五三年）至高貴鄉公曹髦正元二年（西元二五五年）共三年間魏、蜀、吳等三國的大事。這個時期魏、蜀、吳三國之間雖然也有戰爭，但疆域已經大體確定，雖互有勝敗，但基本格局不致突然改變。這時期的主要問題表現在各國的統治集團內部：

蜀國的內部較平穩，但國小勢弱，後主又昏聵無能；費禕待人無備，被魏之詐降者所殺；姜維連攻魏之隴西，也不過是支撐殘局而已。

東吳的問題是權臣執政，諸葛恪獨斷專行，內外挑起禍端。本卷詳細描寫了諸葛恪在淮南對魏軍發動戰爭與其慘遭失敗的情景。諸葛恪的對魏戰爭失敗招來群怨沸騰，形勢本已非常嚴重，而諸葛恪偏偏又像魏國的曹爽一樣極端藐視反對派勢力，於是被孫峻發動宮廷政變所殺。孫峻為達到自己的大權獨攬，連殺孫權數子，吳國政局蘊蓄著種種嚴重危機。

相比之下問題更多，暴露也最突出的是魏國，其主要問題是司馬氏篡權專政，殘酷迫害擁戴曹氏皇室的勢力，製造了一樁樁禍滅三族的大案。作品詳細地寫了司馬師隨意殺害不附自己的尚書令李豐，而後指使鍾毓編造罪名殺害了夏侯玄、張緝、蘇鑠、樂敦、劉賢等等，都是夷其三族。接著又殺了鎮北將軍、假節、都督河北諸軍事的許允。身為魏帝的曹芳對此稍有不滿，於是司馬昭率軍進京，曹芳遂被司馬師所廢，另立了高貴鄉公曹髦。不久，鎮東將軍毌丘儉與揚州刺史文欽起兵於壽春，討伐司馬師。毌丘儉荏弱無能，又孤立無援，其失敗不在話下，但文欽之子文鴦不失為一員虎將，面對司馬師的大軍毫無懼色，幾次匹馬單槍的挑戰，頗有西楚霸王的風神。作者對於此戰的描寫，恰如《史記》之描寫漢景帝平吳楚七國之亂。朝廷軍獲勝是當然的，但「叛軍」的失敗中又明顯地有其偶然因素，吳楚軍中的田祿伯、桓將軍，尤其是周丘其人，都和本卷所寫的敢於藐視司馬師大軍的文鴦小將一樣可愛。

本卷又大篇幅地記錄了許多「事後諸葛亮」樣的對諸葛恪、對李豐、夏侯玄等的嘲諷、詆譏性質的人物品評。這些「高明的」、具有「預見」的品評，或者是出自被品評者反對派之口，或者是出自依附新貴，為新貴吹喇叭、抬轎子的人們之口。他們只圖博得主子的歡心，而從來不分辨那些被屠殺者的立場是否合乎正義、他們所堅持的原則是否合乎傳統的美德。讓司馬氏的親信杜畿、傅嘏出面指責李豐、夏侯玄，這能夠令人心服麼？

本卷寫高貴鄉公出面亮相的幾個情節是令人欣賞的：群臣請他住宿在玄武館前殿，他推辭住在西廂；群臣向他迎拜，他自稱「吾人臣也」，下輿答拜；群臣請他乘輿入見太后，他推辭，「遂步至太極東堂」。群臣見到他的這種表現「皆欣欣焉」。胡三省對此議論說：「以余觀高貴鄉公，蓋小慧而知書，故能為此。」又說：「余觀漢文帝入立之後，夜拜宋昌為衛將軍，領南北軍；張武為郎中令，行殿中。周勃、陳平、朱虛、東牟雖有大功，其權去矣。夫然後能自固。魏朝百官『皆欣欣』者，果何所見邪？」這可以說是不看對象。高貴鄉公之「入立」，能和代王劉恆之入立相提並論麼？高貴鄉公即使被立為帝，他的手中何時曾經有過權？群臣之「欣欣」，畢竟是看到了一位有種的曹氏後代！這裡的「欣欣」二字，是高貴鄉公用日後為維護自己的皇帝尊嚴而執戈衝向仇人換來的。

毋丘儉因「謀反」被夷三族，其孫女嫁劉氏，時正懷孕，按律產後當斬。司隸主簿程咸為此上議於朝廷，提出：「女適人者，若已產育，則成他家之母，於防則不足以懲姦亂之源，於情則傷孝子之恩。男不遇罪於他族，而女獨嬰戮於二門，非所以哀矜女弱，均法制之大分也。臣以為在室之女，可從父母之刑，既醮之婦，使從夫家之戮。」從司法之公正而言，此論可糾歷代三族罪之偏頗；從關心女弱而言，程咸可以稱作古代的女權主義者。

卷第七十七

魏紀九

起柔兆困敦（丙子　西元二五六年），盡重光大荒落（辛巳　西元二六一年），凡六年。

【題　解】本卷寫魏帝曹髦甘露元年（西元二五六年）至魏帝曹奐景元二年（西元二六一年）共六年中的魏、蜀、吳等三國的大事，主要寫了魏將諸葛誕見王淩、毌丘儉被司馬昭誅滅而不自安，又因不贊成司馬昭篡魏而被司馬昭嫉恨，因而率眾降吳，為吳國守壽春；寫了司馬昭奉魏帝曹髦、太后郭氏率大軍討諸葛誕，司馬昭趁守壽春諸將不合，施反間計，分化瓦解，最後破殺諸葛誕，平定壽春叛亂的過程；寫了魏帝曹髦因無法忍受司馬昭的控制，率禁兵討司馬昭，被司馬昭的親信賈充、成濟等所殺，司馬昭遂又改立常道鄉公曹奐作為傀儡；寫了吳國專權者孫峻病死，其堂弟孫綝繼續把持朝政，吳將呂據與吳臣滕胤聯合謀廢孫綝，被孫綝分別擊破、滅族；寫了吳主孫亮與近臣謀誅孫綝，因事洩而被孫綝所廢；寫了孫綝改立孫休為吳主，吳主依靠張布、丁奉之力殺孫綝，誅滅其黨；寫了蜀將姜維多次出兵伐魏，被魏將擊退；寫了蜀國政權被宦官黃皓把持，朝綱混亂，蜀國君臣不以為憂，尚怡然自樂；寫了鮮卑拓跋氏部落逐漸在北方興起，並已南進至定襄之盛樂，為後文北魏王朝之崛起作伏筆。

高貴鄉公下

甘露元年（丙子　西元二五六年）

春正月，漢姜維進位大將軍❶。

二月丙辰❷，帝❸宴羣臣於太極東堂❹，與諸儒論夏少康❺、漢高祖優劣，以少康為優❻。

夏四月庚戌❼[1]，賜大將軍昭❽袞冕之服❾，赤舄副焉❿。

丙辰⓫，帝幸太學⓬，與諸儒論書、易及禮，諸儒莫能及。帝嘗與中護軍司馬望⓭、侍中王沈⓮、散騎常侍裴秀⓯、黃門侍郎鍾會⓰等講宴⓱於東堂，并屬文論⓲，特加禮異⓳，謂秀為儒林丈人⓴，沈為文籍先生㉑。帝性急，請召欲速㉒，以望職在外㉓，特給追鋒車㉔、虎賁㉕五人，每有集會，輒奔馳而至。秀，潛㉖之子也。

六月丙午㉗，改元㉘。

姜維在鍾提㉙，議者多以為維力已竭，未能更出㉚。安西將軍鄧艾㉛曰：「洮西之敗㉜，非小失也，士卒凋殘，倉廩空虛，百姓流離。今以策言之㉝，彼有乘勝之勢，我有虛弱之實，一也。彼上下相習㉞，五兵犀利㉟，我將易㊱兵新㊲，器仗未復(38)，二也。彼以船行(39)，吾以陸軍，勞逸不同，三也。狄道(40)、隴西(41)、南安(42)、祁山(43)各當有守，彼專為一，我分為四，四也。從南安、隴西因食羌穀(44)，若趣祁山(45)，熟麥千頃，為之外倉(46)，五也[2]。賊有黠計(47)，其來必矣。」

秋，七月，姜維復率眾出祁山(48)，聞鄧艾已有備，乃回，從董亭(49)趣南安，艾據武城山(50)以拒之。維與艾爭險不克，其夜，渡渭(51)東行，緣山趣上邽(52)。艾與戰於段谷(53)，大破之。以艾為鎮西將軍、都督隴右(54)諸軍事。維與其鎮西大將軍胡濟(55)期會上邽(56)，濟失期不至，故敗，士卒星散，死者甚眾，蜀人由是怨維。維上書謝(57)，求自貶黜，乃以衛將軍(58)行大將軍事(59)。

八月庚午(60)，詔司馬昭加號大都督(61)，奏事不名(62)，假黃鉞(63)。◯癸酉(64)，以太尉司馬孚為太傅(65)。◯九月，以司徒高柔(66)為太尉。

文欽(67)說吳人以伐魏之利，孫峻(68)使欽與驃騎將軍呂據(69)及車騎將軍劉纂(70)、鎮南將軍朱異(71)、前將軍唐咨(72)自江都(73)入淮、泗(74)，以圖青、徐(75)。峻餞之於石頭(76)，遇暴疾，以後事付從父弟(77)偏將軍綝(78)。丁亥(79)，峻卒。吳人以綝為侍中、武衛將軍、都督中外諸軍事，召呂據等還。

己丑(80)，吳大司馬呂岱(81)卒，年九十六。始，岱親近吳郡徐原(82)，慷慨有才志。

岱知其可成，賜巾褠[83]，與共言論，後遂薦拔，官至侍御史[84]。原性忠壯，好直言，岱時有得失，原輒諫爭，又公論[85]之。人或以告岱，岱歎曰：「是我所以貴[86]德淵者也！」及原死，岱哭之甚哀，曰：「徐德淵，呂岱之益友[87]，今不幸[88]，岱復於何聞過[89]！」談者美之。

呂據聞孫綝代孫峻輔政[90]，大怒，與諸督將[91]連名共表薦滕胤[92]為丞相。綝更[93]以胤為大司馬[94]，代呂岱駐武昌。據引兵還，使人報胤，欲共廢綝。

冬，十月丁未[95][3]，綝遣從兄憲[96]將兵逆據[97]於江都，使中使[98]敕[99]文欽、劉纂、唐咨等共擊取據，又遣侍中·左將軍華融、中書丞丁晏告喻胤宜速去[100]意。胤自以禍及，因留融、晏[101]勒兵[102]自衛，召典軍[103]楊崇、將軍孫咨告以綝為亂，迫融等使有[4]書難綝[104]。綝不聽，表言胤反，許[105]將軍劉丞以封爵，使率兵騎攻圍胤。胤又劫融等使詐為詔發兵[106]，融等不從，皆殺之。或勸胤引兵至蒼龍門[107]，將士見公[108]出，必委綝就公[109]。時夜已半，胤恃與據期[110]，又難舉兵向宮[111]，乃約令部曲[112]，說呂侯[113]兵[5]已在近道，故皆為胤盡死[114]，無離散者。胤顏色不變，談笑如常。時大風，比曉，據不至，綝兵大會[115]，遂殺胤及將士數十人，夷胤三族。己酉[116]，大赦，改元太平。或勸呂據奔魏者，據曰：「吾恥為叛臣。」遂自殺。

以司空鄭沖[117]為司徒[118]，左僕射盧毓[119]為司空[120]。毓固讓驃騎將軍王昶[121]、光祿大夫王觀、司隸校尉[122]琅邪王祥[123]，詔不許。

祥性至孝，繼母朱氏遇之無道，祥愈恭謹。朱氏子覽年數歲，每見祥被楚撻[124]，輒涕泣抱持母；母以非理使祥[125]，覽輒與祥俱往。及長，娶妻，母虐使[126]祥妻，覽妻亦趨而共之，母患之，為之少止[127]。祥漸有時譽[128]，母深疾之，密使酖[129]祥。覽知之，徑起取酒，祥爭而不與，母遽奪反之[130]。自後，母賜祥饌[131]，覽輒先嘗，母懼覽致斃，遂止。漢末遭亂，祥隱居三十餘年，不應州郡之命[132]。母終，毀瘁[133]，杖而後起。徐州刺史呂虔檄為別駕[134]，委以州事，州界清靜，政化大行[135]。時人歌之曰：「海沂[136]之康，實賴王祥；邦國不空[137]，別駕之功。」

十一月，吳孫綝遷大將軍。綝負貴[138]倨傲，多行無禮。峻從弟憲嘗與誅諸葛恪[139]，峻厚遇之，官至右將軍、無難督[140]，平九官事[141]。綝遇憲薄於峻時，憲怒，與將軍王惇謀殺綝。事泄，綝殺惇，憲服藥死。

二年（丁丑　西元二五七年）

春，三月，大梁成侯盧毓[142]卒。

夏，四月，吳主臨正殿，大赦，始親政事[143]。孫綝表奏，多見難問[144]。又科兵子弟[145]十八已下、十五以上三千餘人，選大將子弟年少有勇力者，使將之，日於苑中教習[146]，曰：「吾立此軍，欲與之俱長[147]。」又數出中書[148]視大帝時舊事[149]，問左右侍臣曰：「先帝數有特制[150]，今大將軍問事[151]，但令我書可邪[152]？」嘗食生梅，使黃門[153]至中藏[154]取蜜，蜜中有鼠矢[155]。召問藏吏[156]，藏吏叩頭。吳主曰：「黃門從爾求蜜邪[157]？」吏曰：「向求[158]，實不敢與。」黃門不服[159]。吳主令破鼠矢，矢中燥，因大笑謂左右曰：「若矢先在蜜中，中外當俱濕，今外濕裏燥，此必黃門所為也。」詰之，果服，左右莫不驚悚[160]。

征東大將軍諸葛誕素與夏侯玄、鄧颺等友善，玄等死[161]，王淩、毌丘儉相繼誅滅[162]，誕內不自安，乃傾帑藏[163]振施[164]，曲赦有罪[165]，以收眾心，畜養揚州輕俠[166]數千人以為死士[167]。因吳人欲向徐堨[168]，請十萬眾以守壽春，又求臨淮[169]築城以備吳寇。司馬昭初秉政，長史賈充[170]請遣參佐[171]慰勞四征[172]，且觀其志。昭遣充至淮南，充見誕，論說時事，因曰：「洛中諸賢[173]，皆願禪代[174]，君以為如何？」誕厲聲曰：「卿非賈豫州[175]子乎？世受魏恩，豈可欲以社稷輸人[176]乎！若洛中有難[177]，吾當死之。」充默然，還，言於昭曰：「諸葛誕再在揚州[178]，得士眾心。今召之，必不來，然反疾[179]而禍小；不召，則反遲而禍大，不如召之。」昭從之。

甲子(180)，詔以誕為司空，召赴京師。誕得詔書，愈恐，疑揚州刺史樂綝(181)間己(182)，遂殺綝，斂(183)淮南及淮北郡縣屯田口(184)十餘萬官兵，揚州新附勝兵者(185)四五萬人，聚穀足一年食，為閉門自守之計。遣長史吳綱將少子靚(186)至吳，稱臣請救，并請以牙門子弟(187)為質。

吳滕胤、呂據之妻，皆夏口督孫壹(188)之妹也。六月，孫綝使鎮南將軍朱異自虎林(189)將兵襲壹。異至武昌，壹將部曲來奔(190)。乙巳(191)，詔拜壹車騎將軍、交州牧(192)，封吳侯，開府辟召(193)，儀同三司(194)，衮冕赤舄，事從豐厚(195)。

司馬昭奉帝及太后(196)討諸葛誕。

吳綱至吳，吳人大喜，使將軍全懌、全端、唐咨、王祚將三萬眾，與文欽同救誕；以誕為左都護(197)、假節(198)、大司徒、驃騎將軍、青州牧，封壽春侯。懌，琮(199)之子。端，其從子也。

六月甲子(200)，車駕次項(201)，司馬昭督諸軍二十六萬進屯丘頭(202)，以鎮南將軍王基(203)行(204)鎮東將軍、都督揚・豫諸軍事，與安東將軍陳騫(205)等圍壽春。基始至，圍城未合(206)，文欽、全懌等從城東北，因山乘險(207)，得將其眾突入城。昭敕基斂軍堅壁(208)。基累求(209)進討，會(210)吳朱異率三萬人進屯安豐(211)，為文欽外勢，詔基引諸軍轉據北山[212]。基謂諸將曰：「今圍壘轉固，兵馬向集[213]，但當精脩守備，以待越逸[214]，而更移兵守險，使得放縱，雖有智者，不能善其後矣。」遂守便宜[215]，上疏[216]曰：「今與賊家對敵，當不動[217]如山，若遷移依險，人心搖蕩，於勢大損。諸軍並據深溝高壘，眾心皆定，不可傾動[218]，此御兵之要也。」書奏，報聽[219]。於是基等四面合圍，表裏再重[220]，塹壘甚峻[221]。文欽等數出犯圍[222]，逆擊[223]，走之。司馬昭又使奮武將軍監青州諸軍事石苞[224]督兗州刺史州泰[225]、徐州刺史胡質[226]等[6]簡銳卒[227]為游軍[228]，以備外寇[229]。泰擊破朱異於陽淵[230]，異走，泰追之，殺傷二千人。

秋，七月，吳大將軍綝大發兵[7]出屯鑊里[231]，復遣朱異帥將軍丁奉、黎斐[232]等五人前解壽春之圍。異留輜重於都陸[233]，進屯黎漿[234]，石苞、州泰又擊破之。太山太守胡烈[235]以奇兵五千襲都陸，盡焚異資糧，異將餘兵食葛葉[236]，走歸孫綝。綝使異更死戰[237]，異以士卒乏食，不從綝命。綝怒，九月己巳[238]，綝斬異於鑊里。辛未[239]，引兵還建業。綝既不能拔出[240]諸葛誕，而喪敗士眾，自戮名將，由是吳人莫不怨之。

司馬昭曰：「異不得至壽春[8]，非其罪也，而吳人殺之[9]，欲以謝壽春[241]而堅誕意[242]，使其猶望救耳。今當堅圍[243]，備其越逸，而多方[244]以誤之[245]。」乃縱反間[246]，揚言吳救方至[247]，大軍[248]乏食，分遣羸疾[249]就穀淮北[250]，勢不能久[251]。誕等益寬[252]恣食[253]，俄[254]而城中乏糧，外救不至。將軍蔣班、焦彝，皆誕腹心謀主[255]也，言於誕曰：「朱異等以大眾來而不能進，孫綝殺異而歸江東，外以發兵為名，內實坐須成敗[256]。今宜及眾心尚固，士卒思用[257]，并力決死，攻其一面，雖不能盡克[258]，猶有可全[259]者。空坐守死，無為也。」文欽曰：「公今舉十餘萬之眾歸命於吳，而欽與全端等皆同居死地[260]，父兄子弟盡在江表[261]，就[262]孫綝不欲來[263]，主上及其親戚[264]豈肯聽乎[265]？且中國[266]無歲無事，軍民並疲，今守我一年[267]，內變將起。柰何舍此[268]，欲乘危徼倖[269]乎？」班、彝固勸[270]之，欽怒。誕欲殺班、彝，二人懼。十一月，棄誕踰城[271]來降[272]。全懌兄子輝、儀在建業，與其家內爭訟[273]，攜其母將部曲[274]數十家來奔。於是[275]懌與兄子靖及全端弟翩、緝皆將兵在壽春城中，司馬昭用黃門侍郎鍾會策，密為輝、儀作書[276]，使輝、儀所親信齎入城[277]告懌等，說吳中[278]怒懌等不能拔壽春[279]，欲盡誅諸將家[280]，故逃來歸命[281]。十二月，懌等帥其眾數千人開門出降，城中震懼，不知所為。詔拜懌平東將軍，封臨湘侯，端等封拜各有差[282]。

漢姜維聞魏分關中兵[283]，以赴淮南，欲乘虛向秦川[284]，率數萬人出駱谷[285]，至沈嶺[286]。時長城[287]積穀甚多，而守兵少，征西將軍都督雍、涼諸軍事司馬望及安西將軍鄧艾進兵據之，以拒維。維壁於芒水[288]，數挑戰，望、艾不應。

是時維數出兵，蜀人愁苦，中散大夫譙周[289]作仇國論以諷之曰：「或問往古能以弱勝彊者，其術如何〔10〕？曰：吾聞之，處大無患[290]者常多慢[291]，處小有憂者常思善。多慢則生亂，思善則生治，理之常也[292]。故周文養民[293]，以少取多[294]；句踐卹眾[295]，以弱斃彊[296]，此其術也。或曰：曩者[297]項彊漢弱，相與戰爭，項羽與漢約分鴻溝[298]，各歸息民。張良以為民志已〔11〕定[299]，則難動[300]也，率兵追羽，終斃項氏[301]，豈必由文王之事乎[302]？曰：當商、周之際[303]，王侯世尊[304]，君臣久固[305]，民習所專[306]。深根者難拔，據固[307]者難遷。當此之時，雖漢祖[308]安能杖劍鞭馬而取天下乎？及秦罷侯置守[309]之後，民疲秦役[310]，天下土崩[311]，或歲改〔12〕主，或月易公[312]，鳥驚獸駭，莫知所從。於是豪彊並爭，虎裂狼分，疾搏[313]者獲多，遲後者見吞[314]。今我與彼[315]皆傳國易世[316]矣，既非秦末鼎沸之時，實有六國並據[317]之勢，故可為文王[318]，難為漢祖[319]。夫民之疲勞，則騷擾之兆[320]生，上慢下暴[321]，則瓦解之形起。諺曰：『射幸數跌[322]，不如審發[323]。』是故智者不為小利移目[324]，不為意似[325]改步[326]，時可而後動，數合[327]而後舉，故湯、武之師不再戰而克[328]，誠重民勞[329]而度時審[330]也。如遂極武黷征[331]，土崩勢生，不幸遇難，雖有智者，將不能謀之矣。」

【章 旨】以上為第一段，寫魏帝曹髦甘露元年（西元二五六年）、二年兩年間的大事，主要寫了蜀將姜維出祁山伐魏，被魏將鄧艾擊退；吳國專權者孫峻病死，其堂弟孫綝繼續把持朝政，吳將呂據與吳臣滕胤聯合謀廢孫綝，被孫綝分別擊破、滅族；寫了魏將諸葛誕見王淩、毌丘儉被司馬昭誅滅而不自安，又因不贊成司馬昭篡魏而被司馬昭嫉恨，因而率眾降吳，為吳國守壽春；寫了司馬昭奉魏帝曹髦、太后郭氏率大軍討諸葛誕，孫綝遣朱異率眾救壽春，朱異不勝，被孫綝所殺。寫了壽春圍城內諸將的意見不合，司馬昭施反間計，誘使吳將全懌率眾降魏。此外還有吳將孫壹因與呂據、滕胤是親戚，被孫綝所圖，致使孫壹率部降魏，以及蜀將姜維乘魏國用兵淮南之機，又出駱谷伐魏，蜀臣譙周著文以諷等等。

【注 釋】❶大將軍 大將軍自西漢武帝以來是最高職位的權臣，位在丞相之上。❷二月丙辰 二月初九。❸帝 指魏帝曹髦。❹太極東堂 太極殿的東堂。❺夏少康 夏朝的第六任帝王，曾使夏朝從滅亡中復興起來。事見《左傳》哀公六年。❻以少康為優 曹髦認為少康比漢高祖劉邦更為優秀，此處有以少康自喻之志。❼庚戌 四月初四。❽大將軍昭 司馬昭，時為大將軍之職。❾袞冕之服 龍袍、皇冠一類的禮服禮帽。❿赤舄副焉 又賜予赤色靴子一雙與禮服禮帽相稱。副，相稱；與之配套。「袞冕」、「赤舄」都是古代帝王才能穿戴的東西。⓫丙辰 四月初十。⓬太學 當時朝廷所立的最高學府。⓭中護軍司馬望 司馬望是司馬孚的長子，字子初。事跡見《三國志》卷四、卷十五，時任中護軍之職。中護軍是朝廷派往軍中的監察官員。⓮侍中王沈 王沈字處道，先曾為曹爽屬吏，爽後被罷職。曹髦為帝，召以為侍中，甚親信之。後因出賣曹髦成為司馬氏的新貴。事見《晉書》本傳。侍中是皇帝的侍從官員。⓯散騎常侍裴秀 字季彥，歷任散騎常侍、尚書僕射、光祿大夫等職。著《易》及《樂》論，又畫地域圖十八篇，傳行於世。傳見《三國志》卷二十三。散騎常侍是皇帝的侍從官員。⓰黃門侍郎鍾會 鍾會字士季，司馬氏的親信，此時任黃門侍郎。黃門侍郎是皇帝的侍從官員。⓱講宴 一邊吃酒一邊研討學問。⑱并屬文論　讓司馬望、王沈等每人寫一篇議論性文章。⑲禮異　超常的禮節待遇。⑳儒林丈人　儒林中的老人，言其德高望重。㉑文籍先生　文墨領域的先輩。言其年長才高。㉒請召欲速　招呼誰誰就得趕快到。㉓望職在外　司馬望的任職機關在皇宮之外。㉔追鋒車　曰「追鋒」，取其迅速之意，是一種只有兩個車輪，駕兩匹馬，拆除篷蓋的輕便小車。㉕虎賁　衛士的稱號名，言其勇猛迅捷如虎。㉖潛　裴潛，曹操時人，曾為魏尚書令。㉗丙午　六月初一。㉘改元　由「正元」改為「甘露」。㉙鍾提　即今甘肅成縣北的栗亭城。㉚更出　再出擊。㉛安西將軍鄧艾　鄧艾字士載，時為安西將軍，主管對西蜀方面的征討。事跡詳見《三國志》卷二十八本傳。㉜洮西之敗　魏軍被西蜀敗於洮西事，見本書卷七十六正元二年。㉝以策言之　從謀略方面說。㉞上下相習　將領和士兵互相熟悉瞭解。㉟五兵犀利　各種兵器銳利。五兵，五種兵器，說法不一。孔穎達認為指步卒所用的弓、矢、殳、戈、戟。鄭玄認為是指戰車的戈、矛、戟、酋矛、夷矛。㊱將易　指鄧艾剛接替王經任安西將軍。㊲兵新　洮西之役失敗後，魏國的士兵是新徵集來的。㊳器仗未復　各種武器裝備還未恢復如初。㊴船行　姜維駐防的鍾提附近有白水江、沮水，可以用船運輸。㊵狄道　魏郡名，郡治即今甘肅臨洮。㊶隴西　魏郡名，郡治即今甘肅隴西。㊷南安　魏郡名，郡治獂道（今甘肅隴西渭水東岸）。㊸祁山　山名，在今甘肅禮縣東北。㊹因食羌穀　可以通過羌人居住的地區就地取糧。㊺若趣祁山　如果蜀軍直奔祁山。趣，同「趨」。直奔。㊻為之外倉　可以成為蜀軍的外部糧倉，指不必再運糧餉。㊼黠計　狡猾的計謀。㊽出祁山　準備向祁山方向發動攻擊。㊾董亭　地名，在今甘肅武山縣南。㊿武城山　在今甘肅武山縣境內，在董亭北約二十五里處。51渡渭　渡過渭河。52上邽　即今甘肅天水市。53段谷　在今甘肅天水市東南。54隴右　隴山以西，泛指今甘肅東部。55胡濟　蜀將名。事跡見《三國志》卷四十四。56期會上邽　約好日期在上邽會師。57謝　請罪。58衛將軍　高級武官名，在大將軍、驃騎將軍下。59行大將軍事　代行大將軍的職權，意即降位不減權。60八月庚午　八月二十六。61大都督　統管全國軍事的官名。其實司馬昭早已把持魏國的一切。62奏事不名　向皇帝奏事時不用自報姓名。63假黃鉞　授予黃鉞。黃鉞是帝王誅殺大臣專用的銅斧，是一種權威的象徵。64癸酉　八月二十九。65太傅　榮譽職銜，沒有實際權力。66高柔　字文德，曹魏的名臣，司馬昭為拉攏此人故任以為太尉。事跡見《三國志》卷二十四。67文欽　原魏將，前在淮南率軍降吳。68孫峻　吳國的權臣，此時獨專吳政。事見《三國志》卷六十四本傳。69呂據　吳國老臣呂範之子，此時為驃騎將軍。70劉纂　吳國將領，此時為車騎將軍。事跡見《三國志》卷四十八。71朱異　朱桓之子，東吳名將。傳見《三國志》卷五十六。72唐咨　吳國將領，此時任前將軍。傳見《三國志》卷二十八。73江都　吳縣名，縣治在今江蘇揚州南。74入淮泗　進入淮河、泗水。春秋時吳國曾挖鑿運河，連接淮河、長江，稱邗溝。此時東吳戰船可以由邘溝進入淮河，再轉入泗水。(75)青徐　魏之二州名，青州的州治在今山東淄博之臨淄區，徐州的州治下邳，在今江蘇邳縣南。(76)石頭　即石頭城，在今南京市區的西北部。(77)從父弟　堂弟。從父，指叔、伯。(78)偏將軍綝　孫綝，孫綽之子。傳見《三國志》卷六十四。(79)丁亥　九月十四。(80)己丑　九月十六。(81)呂岱　字定公，東吳名臣。傳見《三國志》卷六十。(82)吳郡徐原　徐原字德淵，吳郡人。吳郡是吳國的郡名，郡治即今蘇州。(83)巾褠　頭巾與單衣。(84)侍御史　官名，主管監察、彈劾。(85)公論　在大庭廣眾中評論。(86)貴　看重；尊敬。(87)益友　有益的朋友。《論語・季氏》：「孔子曰：益者三友：友直、友諒、友多聞。」(88)不幸　婉指其死。(89)復於何聞過　還能到哪裡聽到批評。(90)輔政　輔助帝王行政，實即把持政權。(91)督將　統兵出征的將領。(92)滕胤　吳國的忠正之臣。事跡見《三國志》卷六十四本傳。(93)更　改任。(94)大司馬　最高武官名，後來也多用於榮譽職銜。(95)丁未　十月初四。(96)從兄憲　孫憲。(97)逆據　迎擊呂據。(98)中使　宮中派出的使者，一般由宦官擔任，傳達皇帝的詔令。(99)敕　命令。(100)宜速去　要速往武昌上任，不要干預朝廷的事務。(101)留融晏　扣留華融、丁晏。(102)勒兵　調集軍隊。(103)典軍　此指大司馬帳下的護衛頭領。(104)有書難綝　作書以譴責孫綝。有書，作書；寫信。難，責備。(105)許　許願。(106)詐為詔發兵　假作詔書，調動軍隊。因華融、丁晏都是為皇帝起草詔令的官員，如做此事，可以令人相信。(107)蒼龍門　東吳建業宮的東門。(108)公　僚屬稱其主官滕胤。(109)委綝就公　捨棄孫綝前來投奔你。(110)恃與據期　仗恃著有與呂據的約定，指共同罷免孫綝。(111)難舉兵向宮　不願率軍圍向蒼龍門。難，不願；不好下手。(112)約令部曲　勸說自己的部下。(113)呂侯　尊稱呂據。(114)盡死　效死。(115)大會　大量到來。(116)己酉　十月初六。(117)鄭沖　字文和，司馬氏的黨羽、元勳。傳見《晉書》卷三十三。(118)司徒　職務略同於丞相，但此時朝廷大權都在司馬昭之手，司徒等同虛設。(119)盧毓　漢末大臣盧植之子，後依附司馬氏。傳見《三國志》卷二十二。(120)司空　古官名，與司徒、司馬合稱三公，但此時略同虛設。(121)王昶　王渾之父，魏臣之依附司馬氏者。事跡見《三國志》卷二十七本傳。(122)司隸校尉　首都與其臨近郡縣的監察長官，略同於其他州的刺史。(123)琅邪王祥　琅邪是魏諸侯國名，都城在今山東臨沂北。王祥，魏晉之際的顯要官僚，以孝聞名。事見《晉書》本傳。(124)被楚撻　被用荊條抽打。(125)使祥　支使王祥幹某事。(126)虐使　暴虐地支使。(127)少止　稍微有所收斂。(128)時譽　名望。(129)酖　用毒酒殺人。(130)遽奪反之　趕緊奪過來將其倒掉。遽，立即。(131)饌　飯食。(132)不應州郡之命　即不出去做官。(133)毀瘁　因哀傷而形容憔悴。(134)檄為別駕　徵召之使為別駕之職。別駕是州刺史的高級僚屬，每出行，自乘一車，故稱「別駕」。(135)政化大行　政令和教化都能很順利地推行。(136)海沂　指徐州，因徐州東面臨海，西北方又靠近泗水、沂水，故稱。(137)邦國不空　指徐州的糧倉不空。(138)負貴　依仗出身高貴。負，仗恃。(139)與誅諸葛恪　參與了誅滅諸葛恪的過程。(140)無難督　統領禁兵的長官。(141)平

九官事　協調九卿間的有關事務，意即位在九卿之上。[142]大梁成侯盧毓　盧毓被封為大梁侯，成字是其死後的諡。[143]始親政事　開始親自處理國事。本年，孫亮十五歲。[144]多見難問　屢屢被孫亮提出問題。難，也是「問」的意思。[145]科兵子弟　挑選青少年子弟為兵。[146]日於苑中教習　每天在宮廷裡對其進行訓練。苑，這裡即指宮廷。[147]與之俱長　和他們一起長大，意即使之成為自己的忠實衛士。[148]數出中書　屢屢到中書省。中書省是大臣為帝王起草詔令的地方。[149]視大帝時舊事　翻看過去孫權處理問題的章程、條例。[150]特制　指皇上不通過中書，親自下詔令辦事。[151]問事　請示處理意見。[152]但令我書可邪　只是讓我畫圈表示同意，行嗎。[153]黃門　指太監。[154]中藏　宮廷裡的倉庫。[155]鼠矢　老鼠屎。[156]藏吏　看管倉庫的官員。[157]從爾求蜜邪　向你要蜜了嗎。[158]向求　從前要過。[159]不服　不承認是自己放進去的鼠屎。[160]驚悚　震驚恐懼。[161]玄等死　夏侯玄死見本書卷七十六正元元年；鄧颺死見本書卷七十五嘉平元年。[162]王淩毌丘儉相繼誅滅　王淩被殺見本書卷七十五嘉平三年；毌丘儉死見本書卷七十六正元二年。[163]帑藏　指倉庫裡的金帛財物。[164]振施　賑濟施捨。[165]曲赦有罪　放寬法令赦免有罪的人。[166]揚州輕俠　揚州地區的輕生敢為之士。此揚州是指魏國的揚州，州治即諸葛誕所在的壽春（今屬安徽）。[167]以為死士　使之成為到時能為自己拼命的人。[168]徐堨　即徐塘，在東關的東面（今巢湖之東）。[169]臨淮　沿著淮河。[170]長史賈充　賈充是司馬昭的骨幹分子，時任大將軍長史之職。長史是諸史之長，握有重權。[171]參佐　此指司馬昭的高級僚屬。賈充為長史，也是「參佐」之一。[172]四征　即駐兵壽春的征東將軍、駐兵襄陽的征南將軍、駐兵長安的征西將軍、駐兵薊縣的征北將軍。[173]洛中諸賢　洛陽城中諸位賢士。[174]皆願禪代　都希望讓魏帝曹髦禪讓帝位於司馬昭。[175]賈豫州　指賈充之父賈逵，曾為豫州刺史，是魏國的良臣。[176]輸人　送給別人。[177]洛中有難　指朝廷發生篡位政變。[178]再在揚州　兩度鎮守揚州（州治安徽壽春）。諸葛誕為鎮東將軍，曾督揚州；東關之敗後，改督豫州；毌丘儉死，再度督揚州。[179]反疾　反叛得快。[180]甲子　四月二十四。[181]樂綝　曹操時的名將樂進之子。事跡見《三國志》卷十七。[182]間己　向司馬昭說自己的壞話。[183]斂　聚集。[184]屯田口　從事屯墾的官兵。[185]新附勝兵者　新近叛吳歸魏的士民中已夠當兵年齡的人。[186]將少子靚　帶著諸葛誕的小兒子諸葛靚去吳國作人質。[187]牙門子弟　指諸葛誕手下諸將的子弟。[188]夏口督孫壹　孫壹是孫堅之弟孫靜的孫子，此時為夏口（今漢口）駐軍的長官。[189]虎林　城邑名。舊址在今安徽貴池西的長江南岸。[190]壹將部曲來奔　孫壹率部前來投降魏國。[191]乙巳　六月初六。[192]交州牧　職同交州刺史。交州是吳國的領地名，其首府即今廣州。[193]開府辟召　開建府衙，自己徵聘僚屬。辟，徵聘。[194]儀同三司　享有司徒、司馬、司空那樣排場的待遇。[195]事從豐厚　各種待遇都格外從優，以藉此招募他人。[196]奉帝及太后　挾持著皇帝曹髦與郭太后一起出征，其目的一是「挾天子以令諸侯」，師出有名；二是不讓帝、后落入他人之手，使之與己為難。(197)左都護　猶言「左都統」、「左總指揮」。(198)假節　授予旌節。節是帝王授予大將，使之具有特別權力的一種待遇。(199)琮　全琮，字子璜，東吳的名臣。事跡見《三國志》卷六十。(200)六月甲子　六月二十五日。(201)車駕次項　指皇帝曹髦和郭太后的車駕駐紮在項縣（今河南沈丘）。(202)丘頭　在今河南沈丘境。(203)王基　魏國名將。事跡詳見《三國志》卷二十七本傳。(204)行　代理。(205)陳騫　字休淵，曹操時功臣陳矯的次子，曾為車騎將軍，後為司馬氏佐命功臣。(206)未合　還未形成包圍圈。(207)因山乘險　憑藉山的險要形勢。(208)斂軍堅壁　集結軍隊固守壁壘。(209)累求　屢次請求。(210)會　恰值；正趕上。(211)安豐　在今安徽霍邱西南。(212)北山　即壽春北面的八公山。(213)向集　逐漸匯攏。(214)越逸　突圍逃跑。(215)守便宜　扼守有利的地段。(216)上疏　實指給司馬昭上言。(217)不動　不可撼動。(218)傾動　動搖。(219)報聽　回示採納他的意見。(220)表裏再重　裡裡外外圍了好幾層。(221)塹壘甚峻　深溝與長牆都修得直上直下，不可爬越。峻，高而直。(222)犯圍　突圍。(223)逆擊　魏軍迎擊之。逆，迎。(224)石苞　曹魏名將。後事晉。(225)州泰　南陽人，曹魏名將。事見《三國志》卷二十八本傳。(226)胡質　字文德，壽春人，曹魏名將。事見《三國志》卷二十七本傳。(227)簡銳卒　挑選精兵。簡，選。(228)游軍　游擊部隊。(229)外寇　從外部來攻之敵。(230)陽淵　即陽泉縣故城，在今安徽霍邱東北。(231)鑊里　在今安徽巢縣西北。(232)丁奉黎斐　皆吳將名，丁奉是吳國老將。事見《三國志》卷五十五本傳。(233)都陸　魏邑名，在今安徽壽縣南二十里。(234)黎漿　魏地名，也是河水名，在當時的都陸以北。(235)胡烈　魏將名，時為魏之太山郡守。(236)葛葉　一種蔓生植物的葉子。(237)更死戰　再次出軍拼死作戰。(238)九月己巳　九月初一。(239)辛未　九月初三。(240)拔出　從重圍中救出。(241)謝壽春　向被圍困在壽春的諸葛誕等有個交代。(242)堅誕意　穩定諸葛誕繼續守城的心思。(243)堅圍　加強包圍。(244)多方　從各個不同的方面。(245)誤之　欺騙他們，使他們做出錯誤判斷。(246)縱反間　散布反間謠言。(247)吳救方至　吳國的救兵就要到來。(248)大軍　指司馬昭的軍隊。(249)羸疾　老弱殘兵。(250)就穀淮北　到淮河以北去找食物吃。(251)勢不能久　不可能再長時間地圍攻壽春。(252)益寬　越發放心。(253)恣食　指不做節糧打算。(254)俄　不多久。(255)腹心謀主　心腹的參謀人員。(256)坐須成敗　坐視不救，任其自生自滅。須，等待。(257)思用　指願意為諸葛誕一戰。(258)盡克　大獲全勝。(259)猶有可全　指還能突圍出去保全一部分。(260)同居死地　同時陷在這必死之地（指壽春）。(261)江表　即江東，指東吳地區。(262)就　即使。(263)不欲來　不想發兵救壽春。(264)親戚　指文欽和全端等將士們的親戚。(265)豈肯聽乎　怎能任憑孫綝坐視不管呢。(266)中國　指曹魏地區。(267)今守我一年　如果再圍困我們一年。今，如果。守，圍困。(268)舍此　指堅守壽春。(269)乘危徼倖　指冒險出擊突圍。(270)固勸　堅持勸說諸葛誕突圍。(271)踰城　翻過城牆。(272)來降　指來降司馬昭。(273)爭訟　鬧糾紛、打官司。(274)部曲　屬下的人丁與依托的農戶。(275)於是　這時。(276)密為輝儀作書　暗中模仿全輝、全儀的筆跡寫了一封信。(277)齎

入城　帶進壽春城。[278]吳中　指吳國的京城內。[279]不能拔壽春　沒能將被圍在壽春的諸葛誕等救出。[280]盡誅諸將家　全部殺掉各將領們的家屬。[281]逃來歸命　逃到魏國投降。[282]各有差　根據情況不同授予不同的官職。[283]關中兵　指駐紮在陝甘地區防衛西蜀入侵的軍隊。[284]秦川　指今陝西渭河兩岸的平川地區。[285]駱谷　山路名，在今陝西周至西南，沿駱谷水、儻水河谷南至洋縣，為關中與漢中之間的交通要道。[286]沈嶺　在今陝西周至南。[287]長城　曹魏沿邊關所築的禦敵工事，此指周至一帶的魏國要塞。[288]芒水　陝西周至東南的小河。[289]中散大夫譙周　譙周字允南，是蜀國的謀臣。傳見《三國志》卷四十二。中散大夫是帝王的侍從官員，在帝王身邊備參謀顧問之用。[290]處大無患　處於大國地位，沒有別國入侵的威脅。[291]多慢　容易鬆懈麻痹。[292]理之常也　規律就是這樣的。[293]周文養民　周文王姬昌能愛惜民力，使民休養生息。[294]以少取多　指由西方的狹小偏僻之地發展起來，滅掉商朝，見《史記・周本紀》。[295]句踐卹眾　越王句踐能體恤其部下子民。卹，體恤。[296]以弱斃彊　句踐臥薪嘗膽，滅掉吳王夫差事，見《史記・越世家》。[297]曩者　從前。[298]約分鴻溝　楚漢戰爭後期，項羽曾向劉邦請求議和，雙方以鴻溝為界，東面歸項羽，西面歸劉邦。事情詳見《史記・項羽本紀》。鴻溝是古運河名，自今河南滎陽北引黃河水，東流經今中牟北，又東經開封北，南折入潁水。[299]民志已定　民心一旦安定下來。[300]難動　難以再發動他們從軍入伍，進行戰鬥。[301]終斃項氏　劉邦聽從張良建議，撕毀鴻溝協定，乘機消滅項羽事，見《史記・項羽本紀》，亦見本書卷十高帝四年、五年。[302]豈必由文王之事乎　哪裡非得像周文王那麼做呢。[303]商周之際　指商王朝與周王朝的交替之際。[304]王侯世尊　稱王稱侯者都是世代相傳，各自居於尊位的。[305]君臣久固　言君與臣的關係早已固定下來。[306]民習所專　人們都習慣忠於他們的主子。[307]據固　猶今之所謂「坐得穩」。[308]雖漢祖　即使出一個劉邦式的造反人物。[309]罷侯置守　指廢棄分封，設置郡縣。[310]民疲秦役　天下百姓被秦王朝的徭役弄得筋疲力盡。[311]天下土崩　指陳涉發動了反秦起義，到處諸侯蜂起。[312]或歲改主二句　指陳涉、項梁、楚懷王、武臣、田榮等忽起忽滅之勢。[313]疾搏　指動手早，抓得快。[314]見吞　被吞併。[315]我與彼　我們蜀國與他們魏國。[316]傳國易世　指帝位已傳了兩代以至好幾代。[317]六國並據　指戰國時代的七雄並立。七國而稱「六國」，是沿用司馬遷寫戰國時事而用「六國年表」的說法。[318]可為文王　可以效法周文王靠愛民用德取勝。[319]難為漢祖　難以像劉邦那樣靠著抓壯丁、拼武力以取天下。[320]騷擾之兆　暴動、造反的苗頭。[321]上慢下暴　掌權者鬆懈麻痹，對百姓又殘酷暴虐。[322]射幸數跌　想僥倖射中而屢屢射偏。[323]審發　慎重瞄準了再射。[324]移目　指動心。[325]意似　似是而非。[326]改步　改變行動綱領。[327]數合　機會適宜。[328]湯武之師不再戰而克　湯伐桀，鳴條一戰而滅夏，武王伐紂，牧野一戰而滅商，都不用再二次起兵。[329]重民勞　愛護百姓，不叫百姓過分勞累。[330]度時審　判斷時機準確。[331]極武黷征　無限制地動用軍隊發動戰爭，即俗所謂

「窮兵黷武」。

【校　記】①庚戌　原無此二字。據章鈺校，甲十一行本、乙十一行本、孔天胤本皆有此二字，張敦仁《通鑑刊本識誤》同，今據補。②五也　原無此二字。據章鈺校，甲十一行本、乙十一行本、孔天胤本皆有此二字，張敦仁《通鑑刊本識誤》、張瑛《通鑑校勘記》同，今據補。③丁未　原無此二字。據章鈺校，甲十一行本、乙十一行本、孔天胤本皆有此二字，張瑛《通鑑校勘記》同，今據補。④有　據章鈺校，乙十一行本作「作」。⑤兵　據章鈺校，甲十一行本、乙十一行本皆無此字。⑥等　原無此字。據章鈺校，甲十一行本、乙十一行本、孔天胤本皆有此字，張敦仁《通鑑刊本識誤》同，今據補。⑦兵　據章鈺校，甲十一行本、乙十一行本皆作「卒」。⑧壽春　此下原有四字空格。據章鈺校，甲十一行本、乙十一行本、孔天胤本皆無空格，張敦仁《通鑑刊本識誤》、張瑛《通鑑校勘記》同，今據刪。⑨非其罪也而吳人殺之　原作「而吳人殺之非其罪也」。據章鈺校，甲十一行本、乙十一行本皆作「非其罪也而吳人殺之」，張敦仁《通鑑刊本識誤》、張瑛《通鑑校勘記》同，今從改。⑩如何　據章鈺校，乙十一行本二字互乙。⑪已　據章鈺校，甲十一行本、乙十一行本皆作「既」。⑫改　原作「易」。據章鈺校，甲十一行本、乙十一行本、孔天胤本皆作「改」，張敦仁《通鑑刊本識誤》同，今從改。

【語　譯】高貴鄉公下

甘露元年（丙子　西元二五六年）

春季，正月，蜀漢衛將軍姜維被提升為大將軍。

二月初九日丙辰，魏帝曹髦在太極殿的東堂設宴款待文武百官，並與諸位儒生評論起夏朝的少康與漢高祖劉邦誰優誰劣，曹髦認為少康比漢高祖劉邦更為優秀。

夏季，四月初四日庚戌，魏帝曹髦將龍袍、皇冠一類的禮服禮帽賞賜給大將軍司馬昭，又賜予赤色靴子一雙以與禮服禮帽相稱。

四月初十日丙辰，魏帝曹髦到當時的最高學府——太學視察，並與那裡的諸位儒家學者一起探討《書》、《易》，以及《禮》的深刻內涵，那些儒家學者沒有誰能比得上皇帝曹髦。曹髦還曾經在東堂與中護軍司馬望、侍中王沈、散騎常侍裴秀以及黃門侍郎鍾會等人一邊飲酒一邊研討學問，讓司馬望、王沈等人每人撰寫一篇議論性的文章，曹髦對這幾位臣屬都給予超常的禮節待遇，曹髦稱裴秀為「儒林丈人」，稱王沈是「文籍先生」。曹髦性情急躁，招呼誰誰就得很快地趕到，因為司馬望的任職機關是在皇宮之外，所以特別賞賜給他一輛既輕便又快捷的追鋒車和勇猛迅捷的衛士五名，每逢遇到集會，司馬望就乘坐著追鋒車飛奔而至。裴秀，是裴潛的兒子。

六月初一日丙午，魏國將年號「正元」改為「甘露」。

蜀國大將軍姜維駐紮在鍾提，魏國大臣中有許多人認為姜維軍力已經衰竭，不可能再出兵攻打魏國。只有安西將軍鄧艾表示不同意見，他說：「我軍在洮水西岸被姜維打敗，所遭受的損失可不小，士卒傷殘、軍隊潰敗，倉庫空虛，百姓流離失所。如果從謀略方面來分析，蜀國有乘勝進擊的鬥志，而我們有因為失敗而導致兵力虛弱的事實，這是其一。蜀國軍隊中將領和士兵互相熟悉瞭解，各種兵器都很鋒利，而我國的將領是新任命的將領，士兵是新徵集的士兵，各種兵器裝備還未能恢復如初，這是其二。蜀國行軍、運輸可以依靠船隻，而我們只能靠陸路，雙方的勞逸程度不同，這是其三。我們在狄道、隴西、南安、祁山等處都要部署軍隊防禦，蜀國可以集中兵力攻打一處，而我們需兵分四處，這是其四。如果蜀軍出南安、隴西，沿途可以徵收羌人的糧食，如若出兵祁山，那裡的千頃小麥已經成熟，這就如同蜀國外部的大糧倉，這是其五。姜維有狡猾的計謀，他一定會再來進犯我國。」

秋季，七月，姜維再次率領大軍準備從祁山方向攻打魏國，聽到魏國鄧艾已有準備，於是撤離祁山，改從董亭急速趕往南安，又被鄧艾預先佔據了武城山的險要地勢以抵禦蜀軍的進攻。姜維與鄧艾爭奪險要沒有成功，當天夜間，姜維又渡過渭水，沿著山腳轉向東方去進攻上邽。鄧艾追擊姜維，在段谷一帶與蜀軍展開激戰，將姜維打得大敗。魏國任命鄧艾為鎮西將軍、統管隴山以西地區諸方面軍事。姜維原本與蜀國鎮西大將軍胡濟約定好了到上邽會合的時間，胡濟沒有按照約定的時間到達，所以導致姜維兵敗，士兵四處逃散，傷亡的人員很多，蜀國人因此怨恨姜維。姜維上疏給後主劉禪請罪，並主動請求降級處分，於是免去自己的大將軍職務，仍然以衛將軍的身分代行大將軍的職權。

八月二十六日庚午，魏帝曹髦下詔加封司馬昭為大都督，向皇帝奏事時可以不自報姓名，並授予他象徵權威的銅斧。○二十九日癸酉，任命太尉司馬孚為太傅。○九月，任命司徒高柔為太尉。

魏國降將——現任吳國鎮北大將軍的文欽向吳國君臣陳說討伐魏國的諸多好處，於是丞相孫峻便派文欽與驃騎將軍呂據以及車騎將軍劉纂、鎮南將軍朱異、前將軍唐咨從江都乘船進入淮水、泗水，準備攻取魏國的青州、徐州。孫峻在石頭城為即將出征的將領擺宴餞行，突然得了急病，將後事託付給堂弟偏將軍孫綝。九月十四日丁亥，孫峻去世。吳國任命孫綝為侍中、武衛將軍、統領中外諸軍事，而後將準備出征的呂據等人召回京師。

九月十六日己丑，吳國大司馬呂岱去世，享年九十六歲。最初，呂岱與吳郡的徐原關係密切，徐原為人慷慨豪邁，很有才氣。呂岱知道徐原一定能夠成就一番事業，所以就將頭巾、單衣贈送給徐原，經常與徐原一起談論，後來逐漸舉薦、提拔，使徐原很快升遷至侍御史的職位。徐原性情忠正剛烈，說話喜歡直來直去，有時呂岱偶爾有點過失，徐原就會極力勸諫，還在大庭廣眾之中公開評論呂岱的得失。有人將此事告訴呂岱，呂岱歎息著說：「這就是我所以尊崇徐原的原因啊！」等到徐原去世，呂岱心情悲痛，哭得特別傷心，他說：「徐德淵，你是我最有益的朋友，如今不幸去世，我還能到哪裡去聽到對我過失的批評呢！」評論的人每當提起此事，無不交口稱讚。

呂據聽說孫綝接替孫峻把持了朝政，不禁勃然大怒，於是與諸位統兵出征的將領聯名上疏推舉滕胤為丞相。而孫綝卻改任滕胤為大司馬，讓他接替呂岱駐守武昌。呂據率領北征大軍回師，派人聯絡滕胤，想與滕胤共同廢黜孫綝。

冬季，十月初四日丁未，孫綝派遣自己的堂兄孫憲率領軍隊前往江都攔截呂據，又從宮中派出使者前去傳達皇帝的詔命給文欽、劉纂、唐咨等人，命令他們共同討伐呂據，又派侍中・左將軍華融、中書丞丁晏去告訴滕胤速往武昌上任，不要干預朝廷的事務。滕胤以為自己已經大禍臨頭，於是扣留了華融、丁晏，然後調集軍隊以自衛，並將典軍楊崇、將軍孫咨召來，告訴他們孫綝已經謀反，同時逼迫華融作書譴責孫綝。孫綝不肯聽從，反而上表給皇帝說滕胤謀反，又向將軍劉丞許願，讓劉丞率領步兵、騎兵圍攻滕胤，事情成功之後為他加功進爵。滕胤又劫持華融等，讓他假作皇帝詔書調動軍隊，華融不肯，於是滕胤就將華融、丁晏全都殺死。有人勸滕胤率軍前往蒼龍門，說其他將士一看見您出來，必定會拋棄孫綝而歸附於您。當時已經半夜時分，滕胤依仗與呂據已有約定，又不願率軍圍向蒼龍門，於是勸說自己的部下，說是呂據的援軍馬上就要來到，因此眾人都願意為滕胤效死，沒有一個人離開。滕胤鎮定自若，臉色不改，言談說笑與平日一樣。當時正在颳大風，等到天亮，呂據援軍不到，而孫綝卻率領大批人馬圍攻上來，遂將滕胤及其屬下將士數十人殺死，並將滕胤三族滅掉。初六日己酉，大赦天下，更改年號為「太平」。有人勸說呂據投奔魏國，呂據說：「我認為叛國投敵是可恥的。」於是自殺。

魏國任命司空鄭沖為司徒，任命左僕射盧毓為司空。盧毓堅決要求將這個職位讓給驃騎將軍王昶、或是光祿大夫王觀、或是司隸校尉琅邪人王祥，但魏帝曹髦都不予批准。

王祥生性至孝，他的繼母朱氏對他非常不好，而王祥侍奉繼母卻越加恭敬謹慎。繼母朱氏所生的兒子王覽才幾歲，每當看見母親用荊條抽打王祥的時候，就痛哭流涕地抱住母親不讓母親責打王祥；每當繼母支使王祥去做那些非常危險、或是非常艱難的事情的時候，王覽就與哥哥王祥一起去做。等到王祥長大後娶了妻子，繼母對這個兒媳同樣以暴虐的態度進行支使，而王覽的妻子也馬上與嫂嫂一同去承受痛苦，繼母因為心痛自己的親兒子、親兒媳，所以施暴的行為稍微有所收斂。王祥漸漸地有了一些名望，繼母又開始嫉妒起來，就偷偷地將毒藥放到王祥飲的酒裡，企圖將王祥毒死。王覽得知後，就逕直去拿那個放了毒藥的酒喝，王祥去跟王覽爭奪，王覽死也不肯放手，他的母親趕緊過來將酒奪過去倒掉。從那以後，凡是母親給王祥吃的飯食，王覽都要自己先嘗過之後再送給哥哥吃，他的母親怕毒死親兒子王覽，這才打消了毒死王祥的念頭。漢朝末年，天下大亂，王祥隱居了三十多年，即使州郡聘請他出去做官他也不肯。繼母去世，王祥因為哀傷過度而形容憔悴，需要扶著手杖才能站立起來。徐州刺史呂虔徵召他做了別駕，將州裡的事務全都託付給他處理，徐州境內於是呈現出一派清平景象，政令和教化都能很順利地得到推行。當時人們歌頌他說：「徐州境內政治清平、人民生活穩定安康，全靠有一個王祥；徐州國庫儲滿了糧食，那是別駕王祥的功勞。」

十一月，吳國提升孫綝為大將軍。孫綝依仗自己出身高貴，因而態度傲慢，盛氣陵人，對人沒有禮貌。孫峻的堂弟孫憲曾經參與了誅殺諸葛恪之事，因而孫峻對孫憲以優禮相待，提拔他做了右將軍以及統領禁軍的長官——無難督，同時負責協調九卿之間的事務。孫綝掌權之後，對待孫憲比起孫峻之時大為不如，因而孫憲非常憤怒，就與將軍王惇密謀誅殺孫綝。不料陰謀洩露，孫綝殺死了王惇，而孫憲喝毒藥自殺了。

二年（丁丑　西元二五七年）

春季，三月，魏國的司空、大梁成侯盧毓逝世。

夏季，四月，吳主孫亮正式坐上金鑾殿的寶座，大赦天下，開始親自處理國家政事。孫綝所上的奏章，屢屢被吳主孫亮挑出毛病、遭到責問。孫亮又從十八歲以下、十五歲以上的青少年中挑選出三千多人為士兵，又從大將的子弟中挑選出年輕、有勇力的人作為將領，讓他們統領這三千士兵，每天在宮廷裡進行軍事訓練，孫亮說：「我設立這支軍隊，就是想讓他們和我一起成長。」他多次走出皇宮來到大臣為皇帝起草詔令的中書省，親自翻看過去吳大帝孫權處理問題的章程、條例，他向身邊的侍從詢問說：「先帝經常不通過中書省的官員，而是親自下發詔令，現在大將軍向我請示處理意見，只是讓我畫圈表示同意，這樣行嗎？」孫亮曾經生吃梅子，他派侍從宦官到宮廷的倉庫裡取來蜂蜜，發現蜂蜜中有一粒老鼠屎。孫亮立即把負責看管倉庫的官吏找來詢問，那個看管倉庫的官吏只是一個勁地磕頭，卻什麼話也不說。孫亮就問他說：「侍從宦官向你索取過蜂蜜嗎？」看管倉庫的官吏說：「從前向我要過，但我確實沒敢給他。」侍從宦官拒不承認老鼠屎是自己放進去的。吳主孫亮讓人把那粒老鼠屎剖開，老鼠屎的中間是乾燥的，於是孫亮大笑著對左右的人說：「如果這粒老鼠屎原先就在蜂蜜中，那麼它的裡外就應該都是潮溼的，如今這粒老鼠屎外面雖然潮溼而裡面卻是乾燥的，所以這必定是侍從宦官搞的鬼。」再一詳細詢問，侍從宦官這才承認是自己為報復而故意把老鼠屎放進去的，孫亮身邊的人無不為小皇帝的聰慧、明察感到震驚和畏懼。

魏國征東大將軍諸葛誕一向與夏侯玄、鄧颺等人關係親近、友好，當他看到夏侯玄等人被殺死後，王淩、毌丘儉等也都相繼被誅滅，因此心中就常有一種危機感，於是就拿出自己倉庫裡的全部金帛財物用來賑濟施捨給那些生活貧困的人，又放寬法令赦免那些有罪的人，希望以此來收買民心，還供養著數千名從自己的轄區揚州挑選出來的輕生敢為的人士，使他們成為在關鍵時刻能為自己拼命效死之人。又以吳國要進犯徐堨為藉口，請求朝廷增派十萬軍隊幫助自己防守壽春，又請求沿著淮河修築城壘，以防備吳國的入侵。司馬昭剛剛執政，擔任長史的賈充建議司馬昭先派自己的高級僚屬去慰問駐守在壽春的征東將軍、駐守襄陽的征南將軍、駐守長安的征西將軍、駐守薊縣的征北將軍，趁機觀察他們的動向。於是司馬昭派遣賈充前往淮南，賈充見到諸葛誕，便與諸葛誕一起談論起時局政事，趁機試探諸葛誕說：「洛陽城中的諸位賢士都希望魏帝將皇位禪讓給司馬昭，你認為怎麼樣呢？」諸葛誕厲聲斥責他說：「你難道不是賈豫州的兒子嗎？你們世代都享受著魏國的恩典，怎麼竟然想把國家送給別人呢！如果朝廷發生篡位政變，我將以死抗爭。」賈充什麼話也沒有說，他回到洛陽，對司馬昭說：「諸葛誕兩次鎮守揚州，深受那裡人民的愛戴。如果現在將他召回京師，我料他一定不肯前來，必然因此而發動叛亂，然而反叛得越快，造成的災禍就越小；如果不召他回京師，他起兵叛亂的時間就會推遲，而時間拖得越久，所造成的災禍就越大，不如現在就召他回京師。」司馬昭聽從了賈充的意見。

四月二十四日甲子，魏帝曹髦下詔，任命諸葛誕為司空，要他立即回京師洛陽任職。諸葛誕接到皇帝的詔書，心中愈加恐慌，懷疑是揚州刺史樂綝在司馬昭那裡說自己的壞話，於是便將樂綝殺死，然後將淮南、淮北各郡縣從事屯墾的十多萬官兵調集到一起，再加上揚州管轄之內新近叛吳歸魏的士民中已經夠當兵年齡的四五萬人，儲存了足夠食用一年的糧食，準備關閉城門長期堅守。然後派遣自己屬下擔任長史的吳綱帶領自己的小兒子諸葛靚去吳國作人質，向吳國稱臣，請求吳國派兵前來援救，並請求吳王允許自己手下諸將的子弟也去吳國作人質。

吳國已故丞相滕胤的妻子和驃騎將軍呂據的妻子，都是夏口駐軍長官孫壹的妹妹。六月，孫綝派鎮南將軍朱異從虎林出發率軍攻打孫壹。朱異到達武昌，孫壹放棄抵抗，率領部眾前來投奔魏國。初六日乙巳，魏帝曹髦下詔任命孫壹為車騎將軍、交州牧，並封他為吳侯，還特別恩准他開建府衙、自行招聘僚屬，享受司徒、司馬、司空那樣排場的待遇，又賞賜給他龍袍皇冠、朱色靴子，各種待遇都格外從優，想藉此吸引更多的人前來投奔。

魏國大將軍司馬昭挾持著魏帝曹髦和郭太后一起率軍征討諸葛誕。

諸葛誕所派使者吳綱帶領諸葛誕的小兒子諸葛靚來到吳國，吳國人喜出望外，於是吳王派遣將軍全懌、全端、唐咨、王祚率領著三萬軍隊，與文欽一同前往救援諸葛誕；同時還任命諸葛誕為吳國的左都護，並授予他旌節、封他為大司徒、驃騎將軍、青州牧，封為壽春侯。全懌，是全琮的兒子。全端，是全琮的姪子。

六月二十五日甲子，魏帝曹髦與郭太后的車駕駐紮在項縣，司馬昭督率二十六萬大軍抵達丘頭，委任鎮南將軍王基為代理鎮東將軍，統率揚州、豫州諸軍事，與安東將軍陳騫等共同圍攻壽春。王基所率部隊剛剛趕到，對壽春的包圍圈尚未形成的時候，吳國派來援救諸葛誕的文欽、全懌等人已經從壽春城的東北，憑藉著山勢的險要，得以率領吳國的軍隊衝破包圍進入壽春城內。司馬昭下令王基集結軍隊固守壁壘。王基屢次請求出兵攻打壽春城，此時吳國的朱異已經率領三萬援軍到達安豐紮下營寨，與壽春城裡的文欽等人形成互為聲援之勢，司馬昭於是下令王基率領軍隊去佔據壽春城北面的八公山。王基對諸將說：「如今對壽春的包圍圈越來越嚴密，兵馬逐漸匯攏，應當嚴加防守，等待敵人突圍逃逸之時將其消滅，現在卻反而命令我們轉移陣地，另尋險要據守，如果讓他們逃跑了，即使是再有智慧的人也無法收拾局面了。」於是一面扼守有利地段，一面上疏向司馬昭進言說：「現在我們正處於與敵人對峙的階段，我們應該像座山那樣不可撼動，如果在此時遷移到險要處據守，必然會使軍心動搖，在聲勢上就等於輸給了敵人。諸路軍隊全都進入深溝高壘之中，軍心必然穩固，不可動搖，這是戰勝敵人的關鍵。」奏章遞上去後，答覆說採納他的意見。於是王基等率軍將壽春城從四面八方團團圍住，裡裡外外包圍了好幾重，壕溝深塹、壁壘高聳。文欽等幾次出兵突圍，王基等都給以迎頭痛擊，將他們趕回壽春城內。司馬昭又派奮武將軍、代理青州諸軍事的石苞率領著從兗州刺史州泰、徐州刺史胡質等的軍隊中挑選出來的精銳士兵組成游擊部隊，防範吳國其他軍隊的入侵。州泰在陽淵將吳國的朱異打敗，朱異逃走，州泰率軍追趕，殺死、殺傷了吳國二千多人。

秋季，七月，吳國大將軍孫綝親自統率大軍屯紮在鑊里，又派朱異率領將軍丁奉、黎斐等五位將領前來為壽春解圍。朱異將輜重留在都陸，輕裝挺進，把軍隊駐紮在黎漿，魏國的石苞、州泰再次將朱異打得大敗。魏國的太山郡太守胡烈率領五千精銳軍隊奇襲了都陸，將朱異存放在那裡的輜重糧草全部燒毀，朱異率領殘餘部隊，一路靠摘食葛葉才得以逃歸孫綝大營。孫綝命朱異再次率軍去拼死作戰，朱異強調士兵飢餓沒有糧食，拒絕服從孫綝的命令。孫綝大怒，九月初一日己巳，孫綝將朱異殺死在鑊里。初三日辛未，孫綝率軍回到吳國京師建業。孫綝此行既沒有將諸葛誕從重圍中救出，又喪師辱國，擅自殺戮有名的將領，從此吳國上下無不對孫綝心懷怨恨。

魏國大將軍司馬昭說：「朱異沒有能夠率軍抵達壽春，這不是朱異的過錯，而吳國人將他殺死，是孫綝為了向諸葛誕有個交代，以堅定諸葛誕的信心，使他對吳國派人來救抱有一線希望。現在應該加強對壽春的包圍，防備諸葛誕突圍逃跑，還要多方面迷惑他，讓他作出錯誤的判斷。」於是使人四處散布反間流言說吳國的救兵就要到來，司馬昭因為軍隊缺乏糧食，已經把隊伍中的老弱分別送往淮北去找糧食吃，看來不可能再長時間地圍攻壽春了。諸葛誕聽到這個消息，心裡愈加放心，因為相信不用堅持多久，所以就沒有考慮節省糧食，不久，壽春城裡的糧食開始短缺，而外部的救兵卻遲遲不見到來。將軍蔣班、焦彝，都是諸葛誕的心腹謀臣，他們向諸葛誕獻計說：「吳國朱異等人率領大軍遠道而來，卻不能向壽春挺進，孫綝殺死朱異後，也率軍退回長江以東，他們對外宣稱發兵來救援，而實際上是坐觀成敗，聽任我們自生自滅。現在應該趁軍心尚且穩固、士卒還都願意為您效死一戰的時機，竭盡全力與司馬昭決一死戰，集中兵力從一個方面突圍，雖然沒有全勝的把握，但總會有一部分人能夠突圍出去。如果只是坐在這裡等死，沒有任何意義。」文欽說：「閣下如今率領十多萬軍隊歸附吳國，而我文欽與全端等人也同時陷在這個必死之地，我們的父母兄弟都在江東，即使孫綝不想來救援，難道吳國皇帝和將士們的親屬會聽任孫綝而坐視不管嗎？而且魏國境內沒有一年不發生變故，軍隊與百姓都已疲憊不堪，如果將我們圍困在這裡一年，魏國內部必將發生變亂。你們為什麼要放棄堅守壽春，甘冒突圍的危險而希望僥倖取得成功呢？」蔣班、焦彝仍然堅持勸說諸葛誕突圍，文欽大為憤怒。諸葛誕於是就想殺掉蔣班、焦彝，蔣班、焦彝二人很害怕。十一月，蔣班、焦彝拋棄諸葛誕翻牆出城向司馬昭投降。全懌哥哥的兩個兒子全輝、全儀都在吳國京師建業，因為家庭內部鬧糾紛、打官司，便攜帶著自己的母親和屬下的人丁與依托的農戶共有幾十家投奔了魏國。這時全懌與自己哥哥的兒子全靖以及全端的弟弟全翩、全緝都率軍被圍困在壽春城中，司馬昭採用黃門侍郎鍾會的計策，暗中模仿全輝、全儀的筆跡寫了一封書信，派全輝、全儀所親信的人帶著書信進入壽春城內告訴全懌等人說吳國京城的人對全懌等人沒能將被圍困在壽春城內的諸葛誕救出感到很憤怒，想把各將領的家屬全部殺掉，所以全輝、全儀才攜帶家屬逃出吳國投奔魏國。十二月，全懌等人率領屬下的幾千名將士打開城門向圍城的魏軍投降，壽春城內人人震驚恐慌，不知該怎麼辦才好。魏帝曹髦下詔任命全懌為平東將軍，封他為臨湘侯，全端等人分別被授予各種不同的官職。

蜀漢代理大將軍姜維打聽到魏國已經將駐紮在陝甘地區的軍隊抽調出一部分前往淮南圍攻壽春，就想趁魏國防守空虛的機會率軍攻打魏國的秦川，他率領幾萬人馬從駱谷出兵，抵達沈嶺。當時魏國的邊關要塞囤積的糧食很多，但守軍很少，擔任征西將軍、統領雍州、涼州諸軍事的司馬望與安西將軍鄧艾率軍進駐各邊關要塞，以抵禦姜維的進犯。姜維將軍隊駐紮在芒水岸邊，屢次向魏軍挑戰，而司馬望、鄧艾只是堅守而不出兵應戰。

當時姜維不斷出兵攻打魏國，蜀國人為此都很憂愁痛苦，擔任中散大夫的譙周寫了一篇〈仇國論〉對此提出警告說：「有人問古代曾經有過以小弱之國戰勝強大國家的事情，原因是什麼呢？回答說：我聽說，處在大國的地位而又沒有內憂外患的國家往往容易鬆懈麻痺，相反的，處在弱小的地位而又有內憂外患的小國卻經常能夠發憤圖強，一心希望治理好自己的國家。鬆懈麻痺的國家就要發生動亂，而發憤圖強、一心想治理好的國家必定能使國家政治清明、政權穩固，這是一種規律。所以周文王姬昌能夠愛惜民力，使人民休養生息，終於使這個面積狹小地處偏僻的西方小國發展強大起來，最後滅掉了商朝；越王句踐因為能夠臥薪嘗膽、體恤其部下的子民，所以才能率領已經被滅亡了的弱小越國滅掉了強大的吳國，這就是以弱勝強的原因所在。有人說：從前，楚霸王項羽勢力強大而漢高祖劉邦勢力弱小，楚漢相爭，項羽曾向劉邦請求講和，雙方以鴻溝為界，東面歸項羽，西面歸劉邦，各自回師休養士民。張良認為民心一旦安定下來，就難以再發動他們從軍入伍，進行戰鬥，劉邦聽從了張良的建議，撕毀鴻溝協定，帶兵追趕項羽，終於消滅了項羽，建立了漢朝，哪裡需要像周文王那麼做呢？回答說：在商王朝與周王朝交替之際，那些稱王、稱侯者都是世代相傳，長久居於尊位，君與臣的關係早已固定下來，人們都習慣於忠於他們的主子。根部太深，就很難將它拔掉，坐得穩的，就很難讓他們移動。在那個時候，即使出一個像劉邦式的造反人物，又怎麼能夠騎馬仗劍奪取天下呢？等到秦朝廢除分封、開始設置郡縣之後，天下百姓被秦王朝的徭役弄得筋疲力盡，天下已經是分崩離析、土崩瓦解，有時一年換一個主人，有時一個月換一個主人，人們就像鳥獸一樣被嚇破了膽，不知道該聽從誰為好。於是天下豪傑紛紛崛起，兇狠得就如同虎狼一樣，動手早、抓得快的就獲得很多，動手晚、行動遲緩的就被別人所吞併。而現在我們蜀國和他們魏國的帝位都已經傳了兩代以至好幾代了，已經不再是秦朝末年那種群雄逐鹿的局勢，倒有些像戰國時期六國並峙的局面，所以我們只可以效法周文王以愛民用德取勝，而難以像劉邦那樣靠著抓壯丁、拼武力以取天下。人民負擔太重、太疲憊，暴動、造反的苗頭就會出現，掌權者鬆懈麻痹，對百姓又殘酷暴虐，則國家土崩瓦解的形勢就要形成。俗話說：『想僥倖射中而屢屢射偏，就不如慎重瞄準了再射。』所以智謀高深的人絕不為一點小的利益而動心，也不會因為似是而非的說法而改變行動綱領，時機合適、機遇適宜就趕緊採取行動，所以商湯討伐夏桀，鳴條一戰而滅夏，武王伐紂，牧野一戰而滅商，都不用二次用兵，就是因為他們愛護百姓，不叫百姓過分勞累而又判斷時機準確才取得的勝利。如果無限度地動用軍隊發動對外戰爭，土崩瓦解的局面一旦出現，不幸遇到危難，即使是具有再大智謀的人，也無法為他想出好計謀了。」

三年（戊寅 西元二五八年）

春，正月，文欽謂諸葛誕曰：「蔣班、焦彝謂我不能出而走❶，全端、全懌又率眾逆降❷，此敵無備之時也，可以戰矣。」誕及唐咨等皆以為然，遂大為攻具，晝夜五六日攻南圍❸，欲決圍❹而出。圍上諸軍臨高發石車火箭❺，逆燒破其攻具，矢石雨下，死傷蔽地❻，血流盈塹❼，復還城。城內食轉竭，出降者數萬口。欽欲盡出北方人❽省食，與吳人堅守，誕不聽，由是爭恨❾。欽素與誕有隙，徒以計合❿，事急愈相疑。欽見誕計事，誕遂殺欽。欽子鴦、虎⓫將兵在小城⓬中，聞欽死，勒兵赴之，眾不為用⓭，遂單走踰城出，自歸於司馬昭。軍吏請誅之，昭曰：「欽之罪不容誅⓮，其子固應就戮，然鴦、虎以窮歸命⓯，且城未拔，殺之是堅其心⓰也。」乃赦鴦、虎，使將數百騎巡城呼⓱曰：「文欽之子猶不見殺⓲，其餘何懼？」又表鴦、虎皆為將軍，賜爵關內侯⓳。城內皆喜，且日益饑困。

司馬昭身自臨圍⓴，見城上持弓者不發㉑，曰：「可攻矣！」乃四面進軍，同時鼓譟登城。二月乙酉㉒，克之。誕窘急，單馬將其麾下突小城欲出，司馬胡奮㉓部兵㉔擊斬之，夷其三族。誕麾下數百人，皆拱手為列不降㉕，每斬一人，輒降之㉖，卒不變，以至於盡。吳將于詮曰：「大丈夫受命其主㉗，以兵救人，既不能克，又束手於敵[28]，吾弗取也。」乃免胄冒陳[29]而死。唐咨[30]、王祚等皆降。吳兵萬眾，器仗[31]山積。

司馬昭初圍壽春，王基、石苞等皆欲急攻之。昭以為：「壽春城固而眾多[32]，攻之必力屈[33]。若有外寇[34]，表裏受敵，此危道也。今三叛[35]相聚於孤城之中，天其或者使同就戮，吾當以全策[36]縻之[37]。但[38]堅守三面，若吳賊陸道而來，軍糧必少，吾以游兵輕騎絕其轉輸[39]，可不戰而破也。吳賊[40]破，欽等必成禽[41]矣。」乃命諸軍按甲[42]而[1]守之，卒[43]不煩攻[44]而破。議者又以為「淮南仍為叛逆[45]，吳兵室家[46]在江南，不可縱[47]，宜悉坑之。」昭曰：「古之用兵，全國[48]為上，戮其元惡[49]而已。吳兵就得亡還[50]，適[51]可以示中國[52]之大度耳。」一無所殺，分布三河近郡[53]以安處之[54]。拜唐咨安遠將軍，其餘裨將[55]，咸假位號[56]，眾皆悅服。其淮南將士吏民為誕所脅略[57]者，皆赦之。聽[58]文鴦兄弟收斂父喪，給其車牛，致葬舊墓[59]。

昭遺[60]王基書曰：「初議者云云，求移[61]者甚眾，時未臨履[62]，亦謂宜然[63]。將軍深筭利害，獨秉固志[64]，上違詔命，下拒眾議，終至制敵禽賊，雖古人所述[65]，不是過[66]也。」昭欲遣諸軍輕兵深入，招迎唐咨等子弟，因釁[67]有滅吳之勢。王基諫曰：「昔諸葛恪乘東關之勝[68]，竭江表之兵[69]以圍新城[70]，城既不拔[71]，而眾死者大半[72]。姜維因洮西之利[73]，輕兵深入，糧餉不繼，軍覆上邽[74]。夫大捷之後，上下輕敵，輕敵則慮難不深。今賊新敗於外，又內患未弭[75]，是其脩備設慮[76]之[2]時也。且兵出踰年，人有歸志。今俘馘[77]十萬，罪人斯得[78]，自歷代征伐，未有全兵獨克如今之盛者也。武皇帝[79]克袁紹於官渡[80]，自以所獲已多，不復追奔[81]，懼挫威[82]也。」昭乃止。以基為征東將軍、都督揚州諸軍事，進封東武侯。

習鑿齒曰[83]：「君子謂司馬大將軍於是役也，可謂能以德攻[84]矣。夫建業[85]者異道[86]，各有所尚[87]而不能兼并[88]也。故窮武之雄[89]，斃於不仁[90]；存義[91]之國，喪於懦退[92]。今一征而禽三叛，大虜吳眾，席卷淮浦[93]，俘馘十萬，可謂壯矣。而未及安坐，賞王基之功；種惠[94]吳人，結異類[95]之情；寵鴦葬欽[96]，忘疇昔之隙[97]；不咎誕眾[98]，使揚土懷愧[99]。功高而人樂其成[100]，業廣而敵懷其德[101]。武昭既敷[102]，文筭又洽[103]，推是[3]道也，天下其孰能當[104]之哉！」

司馬昭之克壽春，鍾會謀畫居多，昭親待日隆，委以腹心之任，時人比之子房[105]。

漢姜維聞諸葛誕死，退[4]還成都，復拜大將軍[106]。

夏，五月，詔以司馬昭為相國[107]，封晉公[108]，食邑八郡[109]，加九錫[110]。昭前後九讓[111]，乃止[112]。

秋，七月，吳主封故齊王奮為章安侯[113]。

八月，以驃騎將軍王昶為司空。

詔以關內侯王祥為三老[114]，鄭小同為五更。帝率羣臣詣[115] [5] 太學，行養老乞言[116]之禮。小同，玄之孫[117]也。

吳孫綝以吳主親覽政事，多所難問，甚懼，返自鑊里[118]，遂稱疾不朝，使弟威遠將軍據[119]入倉龍門[120]宿衛，武衛將軍恩[121]、偏將軍幹[122]、長水校尉闓[123]分屯諸營，欲以自固。吳主惡之，乃推朱公主死意[124]。全公主[125]懼，曰：「我實不知，皆朱據二子熊、損所白[126]。」是時熊為虎林督[127]，損為外部督[128]，吳主皆殺之。損妻，即孫峻妹也。綝諫，不從，由是益懼。

吳主陰與全公主及將軍劉丞謀誅綝。全后父尚[129]為太常、衛將軍，吳主謂尚子黃門侍郎紀[130]曰：「孫綝專勢，輕小[131]於孤。孤前敕之使速上岸[132]，為唐咨等作援，而留湖中不上岸一步。又委罪於朱異，擅殺功臣，不先表聞；築第橋南[133]，不復朝見。此為自在[134]，無所復畏，不可久忍，今規[135]取之。卿父作中軍都督[136]，使密嚴整士馬，孤當自出臨橋[137]，率宿衛虎騎、左右無難[138]一時[139]圍之，作版詔[140]敕綝所領皆解散，不得舉手[141]。正爾[142]，自當得之[143]。卿去，但當使密[144]耳。卿宣詔卿父，勿令卿母知之。女人既不曉大事，且綝同堂姊[145]，邂逅漏泄[146]，誤孤非小也！」紀承詔以告尚。尚無遠慮，以語紀母，母使人密語綝。

九月戊午[147]，綝夜以兵襲尚，執之，遣弟恩殺劉承於蒼龍門外。比明[148]，遂圍宮。吳主大怒，上馬帶鞬[149]執弓欲出，曰：「孤大皇帝適子[150]，在位已五年，誰敢不從者！」侍中近臣及乳母共牽攀[151]止之，不得出，嘆咤[152]不食，罵全后曰：「爾父憒憒[153]，敗我大事！」又遣呼紀，紀曰：「臣父奉詔不謹，負上[154]，無面目復見。」因自殺。綝使光祿勳[155]孟宗告太廟，廢吳主為會稽王[156]。召群臣議曰：「少帝[157]荒病昏亂，不可以處大位，承宗廟[158]，已告先帝廢之。諸君若有不同者，下異議[159]。」皆震怖，曰：「唯將軍令！」綝遣中書郎[160]李崇奪吳主璽綬，以吳主罪班告[161]遠近。尚書桓彝[162]不肯署名，綝怒，殺之。典軍[163]施正勸綝迎立琅邪王休[164]，綝從之。己未[165]，綝使宗正楷[166]與中書郎董朝迎琅邪王於會稽[167]。遣將軍孫耽送會稽王亮之國[168]，亮時年十六。徙全尚於零陵[169]，尋[170]追殺之。遷全公主於豫章[171]。

冬，十月戊午[172]，琅邪王行至曲阿[173]，有老公遮王[174]叩頭曰：「事久變生[175]，天下喁喁[176]，願陛下速行。」王善之[6]。是日，進及布塞亭[177]。孫綝以琅邪王未至，欲入居宮中，召百官會議，皆惶怖失色，徒唯唯[178]而已。選曹郎虞汜[179]曰：「明公為國伊、周[180]，處將相之任，擅[181]廢立之威，將上安宗廟，下惠百姓，大小踴躍[182]，自以伊、霍復見[183]。今迎王未至而欲入宮，如是，羣下搖蕩，眾聽疑惑，非所以永終忠孝[184]，揚名後世也。」綝不懌[185]而止。汜，翻之子也。

綝命弟恩行丞相事[186]，率百僚以乘輿法駕[187]迎琅邪王於永昌亭[188]。築宮，以武帳[189]為便殿，設御坐。己卯[190]，王至便殿，止東廂[7]，孫恩奉上璽符，王三讓，乃受。羣臣以次奉引[191]，王就乘輿，百官陪位[192]。綝以兵千人迎於半野[193]，拜于道側，王下車答拜。即日，御正殿[194]，大赦，改元永安。孫綝稱「草莽臣[195]」詣闕上書，上印綬、節鉞[196]，求避賢路[197]。」吳主引見慰諭[198]，下詔以綝為丞相、荊州牧，增邑五縣[199]；以恩為御史大夫、衛將軍、中軍督，封縣侯[200]。孫據、幹、闓皆拜將軍，封侯[201]。又以長水校尉張布為輔義將軍，封永康侯。

先是，丹陽太守李衡數以事侵琅邪王[202]，其妻習氏諫之，衡不聽。琅邪王上書乞徙他郡，詔徙會稽。及琅邪王即位，李衡憂懼，謂妻曰：「不用卿言，以至於此。吾欲奔魏，何如？」妻曰：「不可。君本庶民耳，先帝[203]相拔過重[204]，既數作無禮，而復逆自猜嫌[205]，逃叛求活，以此北歸，何面目見中國人[206]乎！」衡曰：「計何所出？」妻曰[8]：「琅邪王素好善慕名[207]，方欲自顯於天下，終不以私嫌殺君明矣。可自囚詣獄，表列前失[208]，顯求受罪[209]。如此，乃當逆見優饒[210]，非但直活[211]而已。」衡從之。吳主詔曰：「丹陽太守李衡，以往事之嫌，自拘司敗[212]。夫射鉤斬袪[213]，在君為君[214]，其遣衡還郡，勿令自疑。」又加威遠將軍，授以棨戟[215]。

己丑[216]，吳主封故南陽王和子皓[217]為烏程侯。◯羣臣奏立皇后、太子，吳主曰：「朕以寡德，奉承洪業[218]，涖事日淺[219]，恩澤未敷[220]，后妃之號，嗣子之位，非所急也。」有司固請，吳主不許。

孫綝奉牛酒詣吳主[221]，吳主不受，齎詣左將軍張布。酒酣，出怨言曰：「初廢少主時，多勸吾自為之[222]者。吾以陛下賢明，故迎之。帝非我不立，今上禮見拒[223]，是與凡臣無異[224]，當復改圖[225]耳。」布以告吳主，吳主銜之[226]。恐其有變，數加賞賜。戊戌[227]，吳主詔曰：「大將軍掌中外諸軍事，事統煩多，其加衛將軍、御史大夫恩侍中，與大將軍分省[228]諸事。」或有告綝懷怨侮上，欲圖反者，吳主執以付綝，綝殺之，由是益懼，因孟宗[229]求出屯武昌，吳主許之。綝盡敕所督中營精兵[230]萬餘人，皆令裝載[231]；又取武庫兵器，吳主咸令給與。綝求中書兩郎[232]典知[233]荊州諸軍事，主者[234]奏中書不應外出，吳主特聽之[235]。其所請求，一無違者。

將軍魏邈說吳主曰：「綝居外，必有變。」武衛士施朔又告綝謀反。吳主將討綝，密問輔義將軍張布，布曰：「左將軍丁奉雖不能吏書[236]，而計略過人，能斷大事。」吳主召奉告之，且問以計畫。奉曰：「丞相兄弟支黨甚盛，恐人心不同，不可卒制[237]，可因臘會[238]有陛兵[239]以誅之。」吳主從之。

十二月丁卯[240]，建業中謠言明會[241]有變。綝聞之，不悅。夜，大風發屋[242]揚沙，綝益懼。戊辰[243]，臘會，綝稱疾不至。吳主彊起之[244]，使者十餘輩[245]。綝不得已，將入，眾止焉。綝曰：「國家[246]屢有命，不可辭。可豫整兵[247]，令府內起火，因是可得速還。」遂入，尋[248]而火起，綝求出，吳主曰：「外兵自多，不足煩丞相也。」綝起離席，奉、布目左右[249]縛之。綝叩頭曰：「願徙交州[250]。」吳主曰：「卿何以[9]不徙滕胤、呂據於交州乎！」綝復曰：「願沒為官奴[251]。」吳主曰：「卿何不以胤、據為奴乎！」遂斬之。以綝首令其眾曰：「諸與綝同謀者，皆赦之。」放仗[252]者五千人。孫闓乘船欲降北，追殺之。夷綝三族，發孫峻棺，取其印綬[253]，斲其木[254]而埋之。

己巳[255]，吳主以張布為中軍督。改葬諸葛恪、滕胤、呂據等，其罹恪等事[256]遠徙[10]者，一切[257]召還。朝臣有乞為諸葛恪立碑者，吳主詔曰：「盛夏出軍，士卒傷損，無尺寸之功，不可謂能；受託孤之任[258]，死於豎子[259]之手，不可謂智。」遂寢[260]。

初，漢昭烈[261]留魏延鎮漢中[262]，皆實兵諸圍[263]以禦外敵，敵若來攻，使不得入。及興勢[264]之役，王平捍拒曹爽[265]，皆承此制。及姜維用事，建議以為：「錯守諸圍[266]，適可禦敵，不獲大利。不若使聞[11]敵至，諸圍皆斂兵聚穀，退就漢、樂二城[267]，聽敵入平[268]，重關頭鎮守[269]以捍之，令游軍旁出以伺其虛。敵攻關不克，野無散穀[270]，千里運糧，自然疲乏；引退之日，然後諸城並出，與游軍并力搏之，此殄敵[271]之術也。」於是漢主令督漢中胡濟[272]卻住漢壽[273]，監軍王含守樂城，護軍蔣斌守漢城。

四年（己卯　西元二五九年）

春，正月，黃龍二見寧陵[274]井中。先是，頓丘[275]、冠軍[276]、陽夏[277]井中屢有龍見，羣臣以為吉祥。帝曰：「龍者，君德[278]也。上不在天，下不在田，而數屈於井，非嘉兆也。」作潛龍詩以自諷[279]。司馬昭見而惡之。

夏，六月，京陵穆侯王昶[280]卒。

漢主封其子諶[281]為北地王[282]，詢為新興王[283]，虔為上黨王[284]。尚書令陳祗[285]以巧佞[286]有寵於漢主，姜維雖位在祗上，而多率眾在外，希親朝政，權任[287]不及祗。秋，八月丙子[288]，祗卒。漢主以僕射[289]義陽董厥[290]為尚書令，尚書諸葛瞻[291]為僕射。

冬，十一月，車騎將軍孫壹為婢所殺[292]。

是歲，以王基為征南將軍，都督荊州諸軍事。

【章旨】以上為第二段，寫魏帝曹髦甘露三年（西元二五八年）、四年兩年間的大事，主要寫了魏司馬昭破殺諸葛誕，平定壽春叛亂，又欲進兵滅吳，因魏將王基諫阻而止；寫了司馬昭受封為晉公，雖拒絕了「加九錫」，事實上進一步向篡位靠近；寫了吳主孫亮與近臣謀誅孫綝，因事洩而孫亮被孫綝所廢，諸臣被殺；寫了孫綝改立孫休為吳主，孫休依靠張布、丁奉之力殺孫綝，滅其黨；寫了魏帝曹髦寫〈潛龍詩〉流露不甘受屈之意，為其下年討司馬昭被殺做鋪墊。

【注釋】❶調我不能出而走　指投降魏軍的蔣班、焦彝會認為我們只想守城，不能突圍而去。❷逆降　迎魏軍而降。逆，迎。❸南圍　南面的包圍圈。❹決圍　突破重圍。❺石車火箭　石車即炮車，一種可以打出石塊的車。火箭，箭上帶火，可以燃燒的箭。❻蔽地　遍地；滿地。❼盈塹　防禦壕溝裡流滿了血。❽盡出北方人　把由魏國歸降來的北方籍的士兵通通逐出城外。❾爭恨　相互怨恨。❿徒以計合　只在反對司馬昭這一條上意見一致。⓫奮虎　文欽的兒子文鴦、文虎。⓬小城　當時壽春城內還有一小城。⓭不為用　不聽使喚；不聽他的命令。⓮罪不容誅　意即死有餘辜。⓯以窮歸命　在走投無路的情況下前來投降。⑯堅其心　堅定守城者的決心。⑰巡城呼　繞著壽春城呼叫。⑱見殺　被殺。⑲關內侯　沒有封地，只在京城附近享有一塊采邑的侯爵。⑳臨圍　到達圍城工事的前沿。㉑不發　不向司馬昭射箭。㉒二月乙酉　二月二十。㉓司馬胡奮　司馬昭部下的司馬官姓胡名奮。司馬是軍中的司法官，胡奮是魏國車騎將軍胡遵之子。㉔部兵　部下的士兵。㉕拱手為列不降　都拱手站立，排成一隊，而聲明不向司馬昭投降。㉖輒降之　就問下一個人投降不投降。㉗受命其主　奉國君的命令。㉘束手於敵　自縛己手，向敵投降。㉙免冑冒陳　摘下頭盔向敵人衝鋒。冑，頭盔。冒，衝鋒。㉚唐咨　本是魏國人，從海道投奔東吳，至此已三十四年，事見本書卷七十黃初六年。㉛器仗　泛指各種武器。㉜眾多　守城的人馬數量多。㉝力屈　使兵力受損。屈，損耗。㉞外寇　外面來的救援壽春之兵。㉟三叛　三個叛將，指諸葛誕、文欽、唐咨。㊱全策　萬全之策。㊲縻之　意即將其一網打盡。縻，束縛；收拾。㊳但　只。㊴絕其轉輸　斬斷其運糧道路。轉輸，運送糧草。㊵吳賊　指外面來的接應壽春之敵。㊶成禽　已經成了被擒之人。㊷按甲　按兵不動，只堅持包圍，而不發動攻擊。㊸卒　最終；結果。㊹不煩攻　用不著發動進攻。㊺仍為叛逆　屢屢舉兵造反。仍，其義同「頻」。屢屢。㊻室家　家屬。㊼不可縱　不能放他們回去。㊽全國　保全他們的國家。㊾元惡　首惡。意即誅其暴君，弔其百姓。㊿就得亡還　即使有一部分逃回吳國。51適　正好。52中國　中原地區的國家，自指魏國。53三河近郡　指河南郡（郡治洛陽）、河東郡（郡治安邑，今山西夏縣西南）、河內郡（郡治懷縣，今河南武陟西南），三郡的地盤都在魏國都城洛陽的周圍。54安處之　讓他們都安安定定地住下來。55裨將　副將。56咸假位號　都授予他們相應的職位和封號。57脅略　被挾持、被強制一道叛變魏國。58聽　聽任；准許。59舊墓　祖墳。文欽家的祖墳在原籍譙郡（安徽亳州）。60遺　給；致。61求移　要求把大軍移屯到北面的八公山上。62臨履　親臨勘察。63宜然　應當如此。64獨秉固志　獨自一人堅持固有的意見。秉，持。65雖古人所述　即使古人所稱道的堅持真理的佳話。66不是過　即「不過是」，不能超過你。67因釁　猶言「趁機」。68東關之勝　指魏帝曹芳嘉平四年（西元二五二年），魏將胡遵、諸葛誕攻吳東興（在今安徽巢湖市南），被吳將諸葛恪、丁奉等大破於東關（在今安徽巢湖市東南）事，見本書〈魏紀七〉。69竭江表之兵　出動整個吳國的軍隊。竭，盡；全部出動。江表，江東，這裡即指吳國。70新城　指當時的合肥新城，在今合肥西北，當時屬魏。71城既不拔　當時魏將張特堅守新城，吳兵久攻不能下。72眾死者大半　時吳兵疲勞，飲水泄下，死傷塗地事，見本書〈魏紀八〉嘉平五年。73洮西之利　魏帝曹髦正元二年（西元二五五年），蜀將姜維出兵攻魏狄道（今甘肅臨洮），魏將王經迎戰，被姜維大敗於洮水之西事，見本書〈魏紀八〉。74軍覆上邽　姜維破王經於洮西後，進兵圍魏狄道，被魏將陳泰大破於上邽事，見本書〈魏紀八〉。75內患未弭　指孫綝君臣相猜。未弭，未平息。76脩備

設慮　加強防備，周密計劃。77 俘馘　俘虜敵兵與割來所殺敵軍的耳朵，古代用以計功。78 罪人斯得　指諸葛誕等被殺、投降。79 武皇帝　指曹操，被諡為魏武帝。80 克袁紹於官渡　曹操破袁紹於官渡事見本書卷六十三建安五年。官渡，在今河南中牟東，臨近官渡水。81 追奔　追擊敗逃之敵。82 懼挫威　怕受到挫折，有損軍威。83 習鑿齒曰　以下評論文字，引自習鑿齒的《漢晉春秋》。84 以德攻　用仁德戰勝敵人。習鑿齒此處乃學習《左傳》僖公二十八年稱晉文公之語。85 建業　創立基業，即打天下。86 異道　各自採取的手段不同。87 各有所尚　各有所長；各有所偏重、愛好。88 不能兼并　不可能兼有諸家之長。89 窮武之雄　窮兵黷武的雄傑，如楚靈王、齊湣王、秦始皇。90 斃於不仁　以不行仁義被人推翻。91 存義　一心想實行仁義。92 喪於懦退　結果失敗在軟弱怯懦上，如宋襄公。93 淮浦　淮河兩岸。94 種惠　播種恩惠，廣施惠政。95 異類　即指異國。96 寵鴦葬欽　封賞文鴦、埋葬文欽。97 忘疇昔之隙　意即不計舊仇、拋棄前嫌。疇昔，往日。隙，仇恨。98 不咎誕眾　赦免被諸葛誕註誤的部眾士民。99 使揚土懷愧　讓揚州（壽春）一帶的百姓對魏國感到愧咎。100 人樂其成　本國人讚美這樣的成功。101 敵懷其德　讓敵國的百姓也感懷這樣的恩德。102 武昭既敷　武功既已滿布天下。敷，布。103 文筭又洽　政治措施又極周密妥貼。104 孰能當　誰能抵抗。105 子房　即張良，劉邦的謀士。事跡見《史記・留侯世家》。106 復拜大將軍　重又官復原職。107 相國　職務同於丞相，但地位之高與權力之專與丞相有別，是執掌國家行政的首輔大臣。108 晉公　爵位為「公」，封地在晉。109 食邑八郡　即并州之太原、上黨、西河、樂平、新興、雁門，司州之河東、平陽。110 九錫　帝王給大臣的九種特殊待遇，即特殊的車馬、衣服、樂則、朱戶、納陛、虎賁、弓矢、鈇鉞、秬鬯。得此待遇者其地位已與帝王相差無幾。111 昭前後九讓　司馬昭的表演與當年曹丕的表演完全相同。112 乃止　指曹髦不再堅持。113 封故齊王奮為章安侯　孫奮是孫權之子，先被封為齊王，因殺害齊國傅相，被廢為庶人，遷居章安，見本書卷七十六。今又封之為侯。114 三老　古代帝王選兩個「德高望重」的退了休的老官僚，稱一個為「三老」，另一個為「五更」，對他們行見父兄之禮。而後問以政事，以此來表示國家尊重老人。115 詣　到；前往。116 養老乞言　尊養老人，請求給予教導。117 玄之孫　鄭小同是鄭玄的孫子。鄭玄是東漢後期的著名經學家，著有《毛詩鄭箋》等多種。118 返自鑊里　自鑊里退兵回朝後。119 威遠將軍據　孫據。120 倉龍門　吳國的皇宮之門。121 武衛將軍恩　孫恩。122 偏將軍幹　孫幹。123 長水校尉闓　孫闓。以上四人皆孫綝之弟。124 推朱公主死意　追查朱公主是怎麼死的。推，追查。朱公主是孫權之女，因嫁朱據為妻，故稱朱公主。朱公主被孫峻等所殺，見本書卷七十六正元二年。125 全公主　孫權之女，名魯班，因嫁全琮，故稱「全公主」。朱公主之死乃全公主向孫峻進讒所致。126 所白　所進言；所告發。127 虎林督　虎林駐軍的統領。128 外部督　掌管建業城外的兵營。129 全后父尚　全皇后的父親全尚。130 黃門侍郎紀　全紀。黃門侍郎是帝王的侍從官員。(131)輕小　輕視；小看。(132)敕之使速上岸　指壽春之役時，孫亮曾下令讓孫綝迅速統兵進擊，以救壽春。(133)築第橋南　在朱雀橋南建築府第。(134)自在　意即膽大妄為，想怎麼著就怎麼著。(135)規　打算；計劃。(136)中軍都督宮廷禁衛部隊的統帥。當時全尚為衛將軍，掌管宮廷衛戍部隊。(137)臨橋　到達朱雀橋。(138)左右無難　即左、右兩支無難禁軍。無難，意即「無敵」，是當時禁兵編制的名稱。(139)一時　同時；共同。(140)作版詔　親自下手令，寫在木板上。(141)舉手　指動手反抗。(142)正爾　只要這樣一做。(143)自當得之　必然能達到目的。(144)但當使密　但必須嚴守祕密。(145)綝同堂姊　全尚之妻是孫綝的堂姐。(146)邂逅漏泄　萬一走漏消息。邂逅，這裡是「萬一」、「偶然」的意思。(147)九月戊午　九月二十六。(148)比明　等到天亮。(149)帶鞬　挎上箭袋。(150)大皇帝適子　大帝孫權的正根。適，同「嫡」。(151)牽攀　拉扯。(152)嘆咤　歎氣，發怒。(153)憒憒　昏庸無能的樣子。(154)負上　辜負了聖上。(155)光祿勳　官名，原稱郎中令，是掌管宮廷門戶、統領帝王侍從的官員。(156)廢吳主為會稽王　時孫亮年十六歲。(157)少帝　以稱吳主孫亮。(158)承宗廟　主持宗廟的祭祀，亦即為皇帝。(159)下異議　請說出不同意見。(160)中書郎　帝王身邊的文祕官員，為帝王起草詔令。(161)班告　即布告。班，此處意思同「頒」。下發。(162)尚書桓彝　桓彝是魏尚書令桓階之弟。事見《三國志》卷六十四。尚書是為帝王保管文件、檔案的機要官員。(163)典軍　即典軍校尉，衛將軍的屬官，統領禁軍守衛宮廷。(164)琅邪王休　孫休，字子烈，孫權的第六子。傳見《三國志》卷四十八。(165)己未　九月二十七。(166)宗正楷　孫楷，時任宗正之職。宗正是主管皇族事務的官員。(167)迎琅邪王於會稽　孫休原為琅邪王，後被徙於丹陽，不久又徙會稽（今浙江紹興）。(168)送會稽王亮之國　意即將吳主孫亮貶為會稽王，強制他到會稽郡的封地去。(169)零陵　即今湖南零陵。(170)尋　不久。(171)豫章　吳郡名，郡治即今江西南昌。(172)十月戊午　此年十月無「戊午」日，疑有訛誤。(173)曲阿　吳縣名，縣治即今江蘇丹陽。(174)遮王　攔住孫休的馬頭。(175)事久變生　意即勸他加快前進速度。(176)喁喁　眾人仰望的樣子。(177)布塞亭　今地不詳。(178)唯唯　連聲答應的樣子。(179)選曹郎虞汜　虞汜字世洪，虞翻之子。傳見《三國志》卷五十七。選曹郎是尚書令的屬官，相當於後來的吏部尚書。(180)為國伊周　作為國家的伊尹、周公一樣的總掌朝權者。伊尹是商朝的大臣，周公是西周初期的大臣，都曾握有至高無上的大權。(181)擅　專有。(182)大小踴躍　全國上下一片歡騰跳躍。(183)伊霍復見　伊尹、霍光一樣的人物又出現了。霍光是西漢人，昭、宣時代的權臣，曾廢掉昌邑王，另立了漢宣帝。事見本書〈漢紀十六〉。(184)永終忠孝　將忠孝之行貫徹始終。(185)不懌　不高興但又無可奈何的樣子。(186)行丞相事　代理丞相職權。行，代理。(187)乘輿法駕　帝王所用的最隆重的車駕。(188)永昌亭　應在建康城東南。(189)武帳　設有五兵之帳。(190)己卯　十月十八日。(191)以次奉引　按照官位品級在前拉著車駕。引，此處同「靷」。拉車的繩索。(192)陪位　各自站在自己應站的位置。(193)半野　半道。(194)御正殿登上皇帝寶座。這年孫休二十五歲。(195)草莽臣　孫綝自稱。(196)上印綬節鉞　交還朝廷所發給的相國、大將軍的印綬與旌節斧鉞。(197)求避賢路　即請求辭職，為賢才讓位。(198)慰諭　安慰、勸勉。(199)增邑五縣　孫綝原封永寧侯，此時又在原封地的基礎上增加五個縣。(200)縣侯　一等侯爵。(201)孫據幹闓皆拜將軍二句　孫據拜為右將軍，封縣侯。孫幹拜雜號將軍，封亭侯。孫闓也封亭侯。(202)侵琅邪王　傷害當時為琅邪王的孫休。當時孫休曾一度住在丹陽。丹陽是吳郡名，郡治即今南京。侵，傷害。(203)先帝　指孫權。(204)相拔過重　指提拔到很高的職位。(205)逆自猜嫌　預先懷疑孫休要報復。逆，預先。(206)中國人　中原地區的人，指魏國人。(207)慕名　追慕好名聲。(208)表列前失　上表陳述以前的過失。(209)顯求受罪　公開請求給予懲罰。(210)逆見優饒　會及早地受到優待寬恕。(211)非但直活　不只是討得活命。直，只；僅僅。(212)自拘司敗　自己主動入獄受審。司敗是古代的司法長官，這裡即指監獄、法官。(213)射鉤斬袪　射鉤指管仲為公子糾射齊桓公，箭中帶鉤事。斬袪指寺人披為晉獻公追殺重耳斬斷重耳衣袖事。齊桓公、晉文公即位後並未報復他們，相反更給予重用，前者見《史記・齊世家》，後者見《左傳》僖公五年。(214)在君為君　在哪個君主的指使下，就為哪個君主辦事，猶言「各為其主」。(215)棨戟　木製的戟，是朝廷授予地方官的一種象徵權威的儀仗。(216)己丑　十月二十八。(217)和子晧　孫和之子孫晧。孫和是孫權之子，一度被立為太子，因全公主進讒被廢，後被孫峻所殺。其子孫晧被何姬撫養成人。事見本書卷七十六。(218)奉承洪業　猶言繼承祖宗大業。(219)涖事日淺　言臨朝執政的時間還不長。涖，通「蒞」。(220)恩澤未敷　意即自己還沒有給吳國百姓施過何種恩澤。未敷，未布；尚未普遍。(221)詣吳主　意即請與吳主共飲。(222)自為之　自己即位為吳王。(223)上禮見拒　指送牛酒，孫休拒絕事。(224)與凡臣無異　待我與待其他群臣沒有差別。(225)改圖　改變主意，意即再改立別人。(226)銜之　內心記恨。(227)戊戌　十一月初七。(228)分省　分頭管理。省，視；過問。(229)因孟宗　通過孟宗向吳主提出。孟宗，字恭武，曾先後為光祿勳、右御史大夫、司空等職。(230)中營精兵　中央禁衛部隊的精銳。(231)裝載　裝上艦船。(232)中書兩郎　中書省的兩位郎官。(233)典知　主管；負責。(234)主者　主管中書省的官員，即中書令。(235)特聽之　特別允許了孫綝的請求。(236)不能吏書　不能撰寫官府日常往來的文書案牘，猶今所謂「大老粗」。(237)不可卒制　不可能倉猝之間就能辦好。(238)臘會　臘月朝廷祭祀的集會。(239)有陛兵　利用宮殿臺階兩側侍立的衛兵。(240)十二月丁卯　十二月初七。(241)明會　明天的臘祭大會。(242)發屋　掀翻屋頂。(243)戊辰　十二月初八。(244)彊起之　一定叫他起身前來。(245)十餘輩　十來起；十來批。(246)國家　此指君主、皇帝。(247)豫整兵　事先把軍隊布置好。(248)尋　隨即；不久。(249)目左右　向左右使眼色。(250)願徙交州　請求免死，發配交州。交州是吳國州名，州治龍編，在今越南河內東北。(251)沒為官奴　收編入官府當奴隸。(252)放仗　放下武器。(253)取其印綬　從棺木中取出其生前所佩的印章與綬帶。(254)斲其木　削薄了他的棺木。古代棺木的厚薄是根據死者的官位等級來定的，把棺木削薄，表示貶黜。(255)己巳　十二月初九。(256)罹恪等事　受諸葛恪等人牽連。罹，遭難，指受牽連。(257)一切　一律。(258)受託孤之任　指接受孫權託付，輔佐幼主孫亮。(259)豎子　指孫峻。(260)寢　放下；中止。(261)漢昭烈　指劉備。昭烈是其死後的謚。(262)留魏延鎮漢中　事見本書卷六十八建安二十四年。(263)實兵諸圍　在外圍防線加強兵力。(264)興勢　蜀地名，在今陝西洋縣東北。(265)王平捍拒曹爽　王平是蜀將名，曹爽是魏將名，王平抵抗曹爽進犯事見本書卷七十四正始五年。(266)錯守諸圍　在各防線屯兵駐守。錯，置；設。(267)漢樂二城　漢城在陝西勉縣東，樂城在今陝西城固東。(268)聽敵入平　讓敵兵進入平原地帶。(269)重關頭鎮守　加強敵兵所攻之城關的防守力量。(270)散穀　散落的糧食。(271)殄敵　殲滅敵人。(272)胡濟　字偉度，先任諸葛亮主簿，此時任漢中一帶駐軍的統領。(273)卻住漢壽　退守漢壽。漢壽是蜀縣名，在今四川廣元西南。(274)寧陵　魏縣名，縣治即今河南寧陵。(275)頓丘　魏縣名，縣治在今河南清豐西南。(276)冠軍　魏縣名，縣治在今河南鄧州西北。(277)陽夏　魏縣名，縣治即今河南太康。(278)君德　表現著一種君主的性質。(279)自諷　自比受制於司馬氏之意。(280)京陵穆侯王昶　王昶被封為京陵侯，穆字是其死後的謚。(281)其子諶　劉諶，後主劉禪之子。(282)北地王　封地北地郡。(283)新興王　封地新興郡。(284)上黨王　封地上黨郡。按，以上所說北地（郡治即今陝西耀縣）、新興（郡治即今山西忻州）、上黨（郡治壺關，在今山西潞城西）皆魏郡名，用敵方地盤以封某人，表示「待取」之意。(285)陳祇　後主的寵臣，繼董允為侍中。事見《三國志》卷三十九。(286)巧佞　花言巧語，善於諂媚。(287)權任　權力和被信任的程度。(288)八月丙子　八月二十。(289)僕射　此指尚書僕射，尚書令的屬官，帝王的機要官員。(290)董厥　字龔襲，諸葛亮時曾為府令史，後任尚書僕射等職。傳見《三國志》卷三十五。(291)諸葛瞻　諸葛亮之子。事跡見《三國志・諸葛亮傳》。(292)孫壹為婢所殺　據《三國志集解》，甘露二年孫壹率部降魏，魏任孫壹為車騎將軍，把前任皇帝曹芳的貴人邢氏賞賜孫壹為妻。邢氏美豔奪人，但十分善妒，婢女們不堪忍受，遂聯合一致，殺了孫壹及邢氏。

【校　記】[1]而　據章鈺校，甲十一行本、乙十一行本皆作「以」，張敦仁《通鑑刊本識誤》同。[2]之　此下原有一空格。據章鈺校，甲十一行本、乙十一行本皆無空格，今據刪。[3]是　據章鈺校，甲十一行本、乙十一行本皆作「此」。[4]退　原作「復」。據章鈺校，甲十一行本、乙十一行本皆作「退」，今據改。[5]詣　據章鈺校，甲十一行本、乙十一行本、孔天胤本皆作「幸」。[6]願陛下速行王善之　原無此八字。據章鈺校，甲十一行本、乙十一行本、孔天胤本皆有此八字，張敦仁《通鑑刊本識誤》、張瑛《通鑑校勘記》同，今據補。[7]築宮以武帳為便殿設御坐己卯王至便殿止東廂　原無此二十字。據章鈺校，甲十一行本、乙十一行本皆有此二十字，張敦仁《通鑑刊本識誤》、張瑛《通鑑校勘記》同，今據補。⑧衡曰計何所出妻曰 原無此八字。據章鈺校，甲十一行本、乙十一行本皆有此八字，張敦仁《通鑑刊本識誤》、張瑛《通鑑校勘記》同，今據補。⑨以 原無此字。據章鈺校，甲十一行本、乙十一行本、孔天胤本皆有此字，今據補。⑩徙 原誤作「徒」。據章鈺校，甲十一行本、乙十一行本皆作「徙」，張敦仁《通鑑刊本識誤》同，今據校正。⑪聞 原無此字。據章鈺校，甲十一行本、乙十一行本皆有此字，張敦仁《通鑑刊本識誤》、張瑛《通鑑校勘記》同，今據補。

【語譯】三年（戊寅　西元二五八年）

春季，正月，文欽對諸葛誕說：「蔣班、焦彝會認為我們只想守城致勝，不想棄城突圍，而全端、全懌又率領眾人迎著魏軍投降，這正是敵軍不加防備的時候，可以拼死一戰了。」諸葛誕和唐咨等人都認為文欽分析得有道理，於是集中精力準備攻擊器械，然後不分白天黑夜地攻打南面圍城的魏軍，想要突破重圍，一連攻打了五六天。而圍城的魏軍站在高高的壁壘上居高臨下對著突圍的軍隊用石車拋打石頭、用弓箭發射帶火的箭，火箭燒毀了諸葛誕軍隊的攻擊器械，射過來的箭和石頭就像雨點一樣落下來，壽春城內死傷累累，屍橫滿地，鮮血橫流，連防禦的壕溝都流滿了戰士的鮮血，突圍的部隊只好又退回城內堅守。壽春城內的糧食此時已經枯竭，出城投降的已經有好幾萬人。文欽想把魏國歸降的北方籍士兵統統逐出城外以節省糧食，只留下從吳國帶來的軍隊在此堅守，諸葛誕不同意，因此雙方相互怨恨，文欽一向與諸葛誕不合，只有在反對司馬昭這一點上意見一致，事情到了緊急關頭，互相猜忌得也就越發厲害。文欽去會見諸葛誕商議軍事，諸葛誕趁機殺死了文欽。文欽的兒子文鴦、文虎當時正率領軍隊駐紮在壽春城內的一個小城中，他們聽說父親文欽被諸葛誕殺死，立即調動軍隊準備去消滅諸葛誕為父親報仇，然而軍隊不聽他們的命令，於是二人翻越城牆單身逃出壽春城，向司馬昭投降。魏軍官吏請求司馬昭殺掉他們，司馬昭說：「文欽之罪罪不容誅，他的兒子本來也應當殺掉，然而文鴦、文虎是在走投無路的情況下前來投降，再說壽春城還沒有攻打下來，如果現在殺了文鴦、文虎，守城的軍隊就會更加堅定守城的決心。」於是赦免了文鴦、文虎的罪過，讓他們帶領幾百名騎兵圍繞著壽春城呼叫：「文欽的兒子都沒有被殺，你們其他人還怕什麼呢？」司馬昭又上表請求魏帝曹髦封文鴦、文虎為將軍、關內侯。壽春城內的士兵聽了這個消息都很高興，再加上城內食物緊缺，軍士們一天一天的在忍受著飢餓、困乏的折磨。

司馬昭親自到圍城工事的前沿，看見城上守衛的士兵雖然手持弓箭卻不向司馬昭發射，於是說：「現在攻城的時機已到！」於是司馬昭下令從四面開始攻城，軍士們一邊擂鼓吶喊一邊攻上城去。二月二十日乙酉，魏軍攻下了壽春城。諸葛誕一見情況緊急，便一個人騎著馬率領他手下的親兵想從小城裡突圍出去，被司馬昭的司馬胡奮部下的士兵殺死，司馬昭下令誅滅了諸葛誕的三族。諸葛誕手下的幾百名士兵全都拱手站立，排成一隊，聲明誓死不投降，司馬昭每殺掉一個人，就問下一個人投降不投降，卻從始至終沒有一個人投降，直到最後一人被殺死為止。吳國將領于詮說：「大丈夫奉國君的命令，率領軍隊前來解救別人，既然不能戰勝敵人，又自縛己手，向敵人投降，我不採取這種做法。」於是脫掉盔甲衝入敵陣，最後英勇戰死。唐咨、王祚等人都投降了魏國。投降的吳國士兵有一萬多人，繳獲的各種武器堆積如山。

司馬昭最初圍困壽春的時候，王基、石苞等人都主張加緊攻城。司馬昭認為：「壽春不僅城牆堅固而且城內堅守的人馬數量很多，攻城必然使兵力受損。如果再有吳國救兵前來增援，就會裡外受敵，這是很危險的策略。如今司馬誕、文欽、唐咨三個背叛魏國的將領全都聚集在這座孤立無援的城池當中，也許這是上天有意安排他們同時受到殺戮，我們應該想一個萬全之策將他們一網打盡。我們只要將壽春牢牢地三面圍住，如果吳國的援兵從陸路而來，軍中糧草必然很少，我們用游兵輕騎切斷他們運糧的道路，就可以不戰而挫敗吳國的援軍。吳國援軍不來，文欽等人就必定被我們擒獲了。」於是命令各軍按兵不動，對壽春圍而不攻，最終果然用不著發動進攻就取得了勝利。參與決策的人又認為「淮南屢屢舉兵造反，吳軍的家屬又都在江南，不應該釋放他們回去，應該把他們全部活埋。」司馬昭說：「古代用兵打仗，以保全他們的國家為上策，只是殺掉他們的暴君罷了。吳兵即使有一部分逃回吳國，這正好顯示出中原地區國家的大度。」因此對吳兵一個也沒有殺，而是把他們分別安置在靠近都城洛陽的河南郡、河東郡、河內郡，讓他們安安定定地住下來。任命唐咨為安遠將軍，其餘副將也都授予他們相應的職位和封號，眾人都心悅誠服。那些被諸葛誕所挾持、所強制而一道參與叛變的淮南將士也都得到赦免。而且聽任文鴦兄弟收殮埋葬他們的父親文欽，又給他們提供了牛車，讓他們把文欽的靈柩運送到原籍祖墳中安葬。

司馬昭在寫給王基的書信中說：「當初對作戰計畫議論紛紛，請求把大軍移屯到北面八公山的人很多，當時我未能親臨前線勘察地形，也認為應當如此。而將軍經過深思熟慮，權衡利害，獨自一人堅持己見，對上敢於違抗詔命，對下力排眾議，終於戰勝了敵人、擒獲了賊寇，即使古人所稱道的堅持真理的佳話，也不能超過你。」司馬昭想派遣諸軍輕裝深入吳國，去迎接唐咨等人的子弟，趁機滅掉吳國。王基勸阻說：「過去諸葛恪乘著東關的勝利，出動整個吳國的軍隊來圍困我國的新城，結果新城沒有攻克，而士兵反而死傷一大半。姜維憑藉洮西勝利的餘威，輕兵深入我國，後來因為糧餉接濟不上，終於在上邽遭到慘敗。一般來說，打了大勝仗之後，全軍上下都很容易產生驕傲輕敵的思想，思想上輕視敵人就會對作戰的困難估計不足。如今吳軍在外邊新打了敗仗，內部君臣又互相猜忌，這正是他們加強防備、周密計劃，精神極度警惕的時候。再說我軍外出作戰已經一年多了，人人都在盼望著早日回家團聚。如今俘虜敵兵與割來所殺敵軍的耳朵總計有十多萬人，諸葛誕等犯有叛國之罪的要犯也無不或被殺或投降，縱觀歷代出兵征伐，從來沒有像今天這樣既保全了自己又取得了全面勝利的盛況。魏武帝曹操在官渡之戰中打敗了袁紹，自認為獲得的戰利品已經足夠，於是不再追擊敗逃之敵，就是擔心部隊萬一受到挫折，會有損軍威。」司馬昭接受了王基的建議，不再堅持進一步出兵作戰。任命王基為征東將軍、都督揚州諸軍事，特加封他為東武侯。

習鑿齒說：「品行高尚的人認為司馬昭大將軍在這次戰役中，可以算得上是用仁德戰勝敵人了。能夠創立基業的人各自採取的手段不同，各有所長，各有各的偏重與愛好，卻不能兼有諸家之所長。所以那些窮兵黷武的英雄豪傑，最終會因為不行仁義而被人推翻；而一心想實行仁義的國君，往往會失敗在軟弱怯懦上。如今壽春一戰就擒獲了諸葛誕、文欽、唐咨三個叛臣，還俘獲了大批吳國的軍隊，把淮河兩岸就像捲席子一樣一捲而起，所俘虜的敵兵與殺死的敵軍總計有十萬之眾，真可稱得上巍巍壯觀了。然而還沒有坐穩，就開始賞賜王基的功勞；對吳國的降卒廣施惠政，與異國人聯絡感情；封賞文鴦、埋葬文欽，不計舊仇、拋棄前嫌；赦免被諸葛誕詿誤的部眾士民，讓揚州一帶的百姓對魏國感到愧疚。司馬昭建立了如此大功，魏國人都讚美他的成功，事業擴張而使敵國的百姓也感懷他的恩德。武功既已布滿天下，政治措施又極其周密妥貼，推廣這種建功立業的方法，天下又有誰能夠抵抗他呢！」

司馬昭在攻克壽春的戰役中，鍾會出謀劃策最多，司馬昭對他越來越親近，越來越重視，把他當做自己的心腹，委託他擔任重要職務，當時的人都把他比作輔佐漢高祖的張良。

蜀漢衛將軍姜維聽說諸葛誕已經兵敗被殺，就退回成都，重又官復原職。

夏季，五月，魏帝曹髦下詔任命司馬昭為相國，封他為晉公，封地包括并州的太原、上黨、西河、樂平、新興、雁門，司州的河東、平陽總計八個郡；又賞賜給司馬昭車馬、衣服、樂則、朱戶、納陛、虎賁、弓矢、鈇鉞、秬鬯九種物品。司馬昭前後謙讓了九次，曹髦才不再堅持。

秋季，七月，吳主孫亮封已被廢為庶人、遷居章安的故齊王孫奮為章安侯。

八月，魏國任命驃騎將軍王昶為司空。

魏帝曹髦封關內侯王祥為三老，封鄭小同為五更。魏帝親自率領滿朝文武大臣前往太學，向三老王祥和五更鄭小同行尊養老人之禮，並向他們詢問政事。鄭小同，是鄭玄的孫子。

吳國丞相孫綝因為皇帝孫亮已經親自閱讀奏章，處理政務，而且經常對自己進行詰責和查問，因此感到十分恐懼，自鑊里退兵回朝後，就託辭有病而不到朝廷朝見皇帝，他派自己的弟弟威遠將軍孫據進入倉龍門擔任宮廷警衛，派武衛將軍孫恩、偏將軍孫幹、長水校尉孫闓分別進駐各軍營基地，想以此穩固自己的地位。吳主孫亮對此非常反感，於是下詔追查朱公主孫小虎的死因。全公主孫魯班非常恐懼，說：「我確實不知道實情，都是朱據的兩個兒子朱熊、朱損告發的。」當時朱熊擔任虎林駐軍的統領，朱損掌管建業城外的兵營，孫亮把這兩個人全都殺死了。朱損的妻子是孫峻的妹妹。孫綝雖然極力勸阻，孫亮都不肯聽從，孫綝也因此而更加恐懼。

吳主孫亮暗中與全公主孫魯班以及將軍劉丞密謀除掉孫綝。全皇后的父親全尚當時擔任太常、衛將軍，吳主孫亮對全尚的兒子、擔任黃門侍郎的全紀說：「孫綝專權弄勢，從不把我放在眼裡。以前壽春之役的時候我下詔讓他趕快上岸迅速統兵進擊，去接應唐咨等人，而他卻把艦隊停留在巢湖之中不肯上岸一步。最後又將罪責推到朱異身上，擅自將有功之臣殺死，事先也不上奏朝廷；他在朱雀橋南修築自己的府第，也不再到朝廷來朝見。他膽大妄為，想怎麼樣就怎麼樣，毫無顧忌，我不能再這樣長久地忍受下去了，現在就打算除掉他。你的父親全尚現在擔任宮廷禁衛部隊的統帥，你回去告訴他，讓他祕密整頓軍隊，我將親自率領宮廷兵侍衛以及左、右兩支無難禁軍前往朱雀橋，共同去包圍他的住宅，我還要將詔命寫在木板上，親自發下手令，命令孫綝所統領的部屬放下武器全部解散，不得動手反抗。只要這樣一做，必然能達到目的。你趕緊去通知你的父親，但必須嚴守祕密。你傳話給你的父親，千萬不要讓你的母親知道。女人沒有見識，而且又是孫綝的堂姐，萬一洩露了消息，那可就把我的大事給耽誤了！」全紀秉承吳主孫亮的旨意返回家中，悄悄地告訴了父親全尚。然而全尚做事從來不懂得考慮長遠，竟然全部告訴了全紀的母親，全紀的母親又祕密地派人告訴了孫綝。

九月二十六日戊午，孫綝趁黑夜率軍襲擊全尚，把全尚活捉，又派自己的弟弟孫恩到蒼龍門外殺死了劉承。等到天亮時，孫綝的軍隊已經將皇宮團團圍住。吳主孫亮怒不可遏，他跨上戰馬佩戴上箭袋手持著弓就要出戰，他說：「我是大皇帝孫權的合法繼承人，做皇帝已經五年了，誰敢不聽從我的命令！」宮廷中的侍從官、吳主的左右親信以及他的乳母等全都上前連拉帶扯的阻止他，因此孫亮無法出宮，他在宮中又是歎息，又是發脾氣，連飯也不吃了，大罵全皇后說：「你的父親昏聵無能，壞了我的大事！」又派人去找全紀，全紀說：「我父親執行皇帝的密詔不慎走露了消息，辜負了聖上對我的信任，我沒有臉面再去見皇帝了。」因此自殺而死。孫綝派擔任光祿勳的孟宗前往皇家太廟祭告先皇，廢吳主孫亮為會稽王。孫綝又召集群臣商議說：「年輕的皇帝孫亮因為精神錯亂，不能做皇帝，無法擔負起祭祀宗廟的重任，我已經稟告過先帝的在天之靈，將孫亮廢黜。諸位如果有什麼不同意見，就請當面說出來。」眾臣感到既震驚又恐懼，都說：「一切聽從大將軍的命令！」於是孫綝一面派擔任中書郎的李崇進宮去奪取吳主孫亮身上佩戴著的皇帝璽綬，一面將吳主孫亮的罪行布告天下。只有擔任尚書的桓彝不肯署名，孫綝大怒之下，立即將桓彝殺死。擔任典軍校尉的施正勸說孫綝迎立琅邪王孫休，孫綝同意了他的意見。二十七日己未，孫綝派當時擔任宗正的孫楷與中書郎董朝到會稽迎接琅邪王孫休回京師繼位。又派遣將軍孫耽護送會稽王孫亮到會稽郡他的封國去，孫亮當時年僅十六歲。孫綝把全尚貶逐到零陵，隨後又派人追上前去將全尚殺死。將全公主孫魯班放逐到了豫章郡。

冬季，十月戊午日，琅邪王孫休一行抵達曲阿，有一位老翁攔住琅邪王孫休的馬頭，一邊磕頭一邊說：「您在路上如果時間耽擱得太久恐怕情況就要發生變化，全國的人都在翹首仰望著您呢，希望陛下能趕快啟程。」琅邪王覺得很有道理。當天，孫休等人趕到了布塞亭。孫綝因為琅邪王孫休還沒有到達京師，就想自己入住皇宮，他召集文武百官開會宣布他的決定，與會的所有官員無不驚慌失措，臉色大變，卻沒有人敢提反對意見，只是連聲附和而已。擔任選曹郎的虞汜站出來說：「明公作為國家的伊尹、周公一樣的總掌朝權者，又處於將相那樣的高位，手中握有專擅廢立的權威，就應該對上使國家獲得安定、皇家宗廟長久享受祭祀，對下使全國的百姓都能享受到您的恩惠，全國上下必定一片歡騰跳躍，認為伊尹、霍光一樣的人物今天又重新出現了。現在迎立琅邪王的車駕還沒有到京，而您自己卻想入居皇宮，如果真要如此的話，恐怕會引起天下動盪不安，產生各種各樣的猜測，這將使您的忠孝不能貫徹始終，您的美名也將無法傳揚於後世。」孫綝雖然很不高興，最終還是打消了入住皇宮的念頭。虞汜，是虞翻的兒子。

孫綝讓自己的弟弟孫恩代理丞相職權，率領文武百官，用帝王所用的最隆重的車駕到永昌亭去迎接琅邪王孫休。修建了宮室，用武帳作為臨時宮殿，設置御坐。十月十八日己卯，琅邪王到了臨時宮殿，停留在東廂，孫恩向琅邪王孫休獻上皇帝的璽綬、符節，琅邪王孫休反覆推讓了三次才接受下來。群臣按照官位品級在前面拉著車駕，琅邪王孫休登上乘輿，文武百官按照各自的位置站好。孫綝率領一千名禁衛軍在半途迎接，當他看見琅邪王的車駕後，立即在路旁下跪拜見，琅邪王孫休也趕緊下車還禮。當天，琅邪王孫休登上東吳皇帝寶座，大赦天下，改年號為「永安」。孫綝上奏章給新皇帝孫休，他在奏章中說「草莽臣孫綝來到皇宮門口，呈遞奏章給陛下，一併繳還朝廷所發給的相國、大將軍的印綬與旌節斧鉞，請求准許辭去國相、大將軍職務，為賢才讓位。」吳主孫休親自接見孫綝，對他大加撫慰、勸勉，同時下詔任命孫綝為丞相、荊州牧，又在原有封地的基礎上為他再增加五個縣的封地；任命孫恩為御史大夫、衛將軍、中軍督，封為縣侯。孫據、孫幹、孫闓都被任命為將軍，封為侯爵。又任命長水校尉張布為輔義將軍，封為永康侯。

先前，丹陽太守李衡曾經多次因事傷害過琅邪王孫休，他妻子習氏勸阻他，他也不聽。琅邪王因此上書乞求遷移到其他郡，當時的吳主孫亮下詔將他遷移到會稽郡。等到琅邪王孫休做了皇帝，李衡因此感到非常的憂慮和恐懼，對他的妻子說：「當初我沒有聽從你的勸告，以至於落到今天這個地步。我想逃往魏國避難，你認為怎麼樣？」他的妻子說：「不可以。你原本就是一個普通百姓，是先帝孫權把你提拔到如此高的職位，你已經多次對琅邪王孫休做出了無禮的事情，而現在又預先懷疑他會對你進行報復，因而想背叛自己的國家逃奔到魏國去，目的只為求得活命，以你這樣的身分、背景，就是逃到魏國，又有什麼臉面去面對那裡的人呢！」李衡說：「哪有什麼計策？」他的妻子說：「琅邪王一向喜歡做善事，追慕好名聲，目前正是他想向天下人顯示自己的時候，肯定不會因為個人私怨而把你殺掉，這是很明顯的了。你可以主動到監獄去把自己囚禁起來，然後上表陳述自己以前的過失，公開請求皇帝對你進行懲罰。如此的話，我現在就敢肯定，你一定會受到優待得到寬恕，而不只是討得活命而已。」李衡這次聽從了妻子的話。吳主孫休下詔說：「丹陽太守李衡，因為以往與寡人有嫌隙，就自己主動入獄受審。戰國時期，管仲曾經為了公子糾而射殺齊桓公，箭射中了齊桓公的帶鉤；寺人披也曾經為晉獻公追殺重耳，並斬斷了重耳的衣袖，他們都是在哪個君主的指使下就為哪個君主辦事，讓李衡仍舊回到他的太守崗位，不要再有任何疑慮。」又加封李衡為威遠將軍，並授予他象徵著權威的棨戟儀仗。

十月二十八日己丑，吳主孫休封已故南陽王孫和的兒子孫晧為烏程侯。○群臣上奏章請求冊封皇后、太子，吳主孫休說：「我認為自己的品德修養還很不夠，卻有幸繼承了祖宗大業，臨朝執政的時間又很短，還沒有普遍地給全國的百姓施過什麼恩德，皇后、妃子的封號以及確立太子人選，都不是當務之急。」有關部門的官員雖然再三請求，吳主孫休都沒有答應。

孫綝親自帶著牛肉、美酒想與吳主孫休共飲，孫休不肯接受，於是孫綝就帶著這些酒、肉來到左將軍張布的家裡。他與張布喝到酒興正濃的時候，忍不住口出怨言說：「當初廢黜少帝孫亮的時候，有許多人勸我自己做皇帝。我認為當今皇帝賢能聰明，所以將他迎接回來立為皇帝。當今皇帝如果沒有我就當不了皇帝，現在我送給他禮物反而遭到拒絕，這說明他待我與待其他群臣沒有什麼兩樣，我得考慮再改立別人做皇帝了。」張布將孫綝的話告訴了吳主孫休，孫休因此對孫綝懷恨在心。又恐怕孫綝再次發動政變，於是就多次地賞賜他。十一月初七日戊戌，吳主孫休下詔說：「大將軍孫綝統管全國軍政大事，事務繁多，加封衛將軍、御史大夫孫恩為侍中，與大將軍孫綝分頭管理各種軍政大事。」有人揭發孫綝心懷怨望、侮辱皇上，企圖謀反，孫休就將此人綁縛起來送交孫綝處置，孫綝雖然處死了那個人，而心裡卻越加恐懼，於是就通過孟宗向孫休提出想離開京師到武昌駐守，孫休答應了孫綝的請求。孫綝命令由他統領的中央禁衛部隊的精銳一萬多人全部登上艦船；又提取國家武庫中的兵器，孫休下令全部給他。孫綝又請求派中書省的兩位郎官跟隨他去荊州負責掌管諸軍事，主管中書省的官員上奏章給吳主孫休，認為中書省的官員不能兼任地方官職，孫休就特別允許了孫綝的請求。凡是孫綝所請求的，孫休沒有一樣駁回，全部答應。

將軍魏邈提醒吳主孫休說：「孫綝到外地駐守，必定發動叛亂。」武衛士施朔又告發孫綝要謀反。吳主孫休準備討伐孫綝，就祕密地向輔義將軍張布詢問對策，張布說：「左將軍丁奉雖然不能撰寫官府日常往來的文書案牘，但其計策謀略卻超過常人，是個能決斷大事的人。」孫休於是召見丁奉，將自己的想法告訴他，並向他詢問計策。丁奉說：「丞相孫綝與他的兄弟們黨羽甚多，恐怕人心不同，這件事不可能倉猝之間就能辦好，可以等到臘月朝廷祭祀時集會的機會，利用宮殿臺階兩旁侍立的衛兵除掉他。」孫休決定採納丁奉的意見。

十二月初七日丁卯，京師建業中有謠言說，明天的臘祭大會將有變亂發生。孫綝聽到謠言後，心裡很不高興。當天夜裡，又颳起了大風，飛沙走石掀掉了屋頂，孫綝更加恐懼。初八日戊辰，是舉行臘祭的日子，孫綝請病假沒有進宮。吳主孫休叫他一定起身前來，先後派去敦請的使者有十多批。孫綝迫不得已，只得動身入宮，在他將要動身的時候，身邊的親信勸阻他不要去。孫綝說：「皇帝已經多次命令我前去參加臘祭，不可能再推辭。可以預先把軍隊布置好，讓他們在府裡放一把火，我就可以找個藉口快速返回。」交代完畢後便入宮去了，不久府中果然起火，孫綝請求出宮，吳主孫休說：「外面的軍隊自然很多，就不必煩勞丞相了。」孫綝站起身準備離開坐席，丁奉、張布使個眼色讓左右的人將孫綝綁縛起來。孫綝一邊磕頭一邊哀求說：「希望陛下把我發配到交州。」吳主孫休駁斥他說：「你當初怎麼不把滕胤、呂據發配到交州去呢！」孫綝又哀求說：「希望將我收編入官府做官奴。」孫休又反駁說：「你當初怎麼不叫滕胤、呂據做官奴呢！」於是將孫綝斬首。而後將孫綝的首級拿出去命令他的手下人說：「所有參與孫綝同謀的人，全部赦免。」立時放下兵器的就有五千人。孫綝的弟弟孫闓乘上船準備向北去投降魏國，被追兵趕上殺死。誅滅孫綝三族，又挖開孫綝哥哥孫峻的墳墓，打開棺材，取出孫峻生前所佩戴的印章與綬帶，削薄了他的棺木後才將他埋葬。

十二月初九日己巳，吳主孫休任命張布為中軍督。改葬了諸葛恪、滕胤、呂據等人，那些受諸葛恪一案牽連而被流放到遠方的人，一律召回。朝中大臣有人請求為諸葛恪樹立紀念碑，吳主孫休下詔說：「在酷暑炎炎的盛夏出兵，造成士卒傷亡，使國家蒙受重大損失，沒有建立一點功勞，稱不上有才能；接受了先帝的託孤重任，最終卻死在小人之手，算不上有智謀。」樹立紀念碑的提議於是被中止。

當初，蜀漢昭烈皇帝劉備留魏延鎮守漢中時，都是在外圍防線加強兵力防守，如果敵人來進攻，保證使敵人不得進入。就連興勢戰役，蜀漢名將王平抵禦魏將曹爽，也是沿用了這種做法。等到姜維執掌蜀國軍政大權後，建議說：「在各防線屯兵駐守，只適合消極防禦，不能獲得較大勝利。不如讓他們聽到敵人到來，將各外圍營地的守軍主力全部聚集起來，儲存足夠的糧秣，退守漢城和樂城，聽任敵人進入平原地區，我們一面加強敵兵所攻城關的防守力量以抵禦敵人的進攻，一面派出游擊部隊從側面伺機尋找敵人的虛弱部位出擊。敵人攻打城關不能取勝，曠野之中連零散的糧食也找不到，只能靠從國內長途運輸補給，如此的話敵軍必然疲憊不堪，因而無法持久作戰；等到敵人撤退之時，屯駐在各城中的守軍同時出擊，再加上游擊隊配合作戰，與敵軍展開一場決戰，這是殲滅敵人最有效的戰術。」於是蜀漢後主劉禪下詔命令統領漢中軍事的胡濟退往漢壽鎮守，命令監軍王含退守樂城，擔任護軍的蔣斌退守漢城。

四年（己卯　西元二五九年）

春季，正月，有兩條黃龍出現在魏國寧陵縣的水井中。早先，在頓丘縣、冠軍縣、陽夏縣等地的水井中已經屢次有黃龍出現，魏國群臣都認為這是吉祥的兆頭。魏帝曹髦說：「龍，表現著一種君主的性質。現在牠上不在天，下不在田，卻屢次委屈地出現在水井之中，這不是什麼好預兆。」於是便寫了一篇〈潛龍詩〉來嘲諷自己身為皇帝的處境。司馬昭看見了這首詩，非常反感。

夏季，六月，魏國京陵穆侯王昶去世。

蜀漢後主劉禪封自己的兒子劉諶為北地王，封劉恂為新興王，封劉虔為上黨王。擔任尚書令的陳祗因為花言巧語、善於諂媚而深受蜀漢後主劉禪的寵愛，姜維雖然職位在陳祗之上，然而大多數時間都是率軍駐守在外，很少親自處理朝政，因此實際權力和受信任的程度都比不上陳祗。秋季，八月二十日丙子，陳祗去世。蜀漢後主劉禪任命擔任僕射的義陽人董厥為尚書令，任命尚書諸葛瞻為僕射。

冬季，十一月，魏國車騎將軍孫壹被自己的婢女殺死。

這一年，魏國任命王基為征南將軍，統領荊州諸軍事。

元皇帝❶上

景元❷元年（庚辰　西元二六〇年）

春，正月朔❸，日有食之。

夏，四月，詔有司率遵前命❹，復進❺大將軍昭位相國，封晉公，加九錫。

帝[6]見威權日去，不勝其忿[7]。五月己丑[8]，召侍中王沈、尚書王經、散騎常侍王業，謂曰：「司馬昭之心，路人所知[9]也。吾不能坐受廢辱，今日當與卿自出討之。」王經曰：「昔魯昭公[10]不忍季氏[11]，敗走失國[12]，為天下笑。今權在其門[13]，為日久矣，朝廷四方皆為之致死，不顧逆順之理，非一日也。且宿衛空闕[14]，兵甲寡弱，陛下何所資用[15]？而一旦如此[16]，無乃欲除疾而更深之邪？禍殆不測[17]，宜見重詳[18]。」帝乃出懷中黃素詔[19]投地，曰：「行之決矣！正使[20]死何懼，況不必[21]死邪！」於是入白太后。沈、業奔走告昭，呼經欲與俱，經不從。帝遂拔劍升輦[22]，率殿中宿衛蒼頭[23]官僮[24]鼓譟而出。昭弟屯騎校尉伷[25]遇帝於東止車門[26]，左右[27]呵之，伷眾奔走。中護軍賈充[28]自外入[29]，逆[30]與帝戰於南闕[31]下，帝自用劍。眾欲退，騎督成倅弟[32]太子舍人濟[33]問充曰：「事急矣，當云何[34]？」充曰：「司馬公畜養汝等，正為今日。今日之事，無所問[35]也！」濟即抽戈前刺帝，殞于車下[36]。昭聞之，大驚，自投於地[37]。太傅孚[38]奔往，枕帝股[39]而哭甚哀，曰：「殺陛下者，臣之罪也[40]！」

昭入殿中，召羣臣會議。尚書左僕射陳泰[41]不至，昭使其舅尚書荀顗[42]召之，泰曰：「世之論者以泰方於舅[43]，今舅不如泰[44]也。」子弟內外咸共逼之，乃入。

見昭，悲慟，昭亦對之泣曰：「玄伯，卿何以處我(45)？」泰曰：「獨有斬賈充，少可以謝天下(46)耳。」昭久之曰：「卿更思其次(47)。」泰曰：「泰言惟有進於此(48)，不知其次。」昭乃不復更言。顗，彧(49)之子也。

太后下令，罪狀高貴鄉公(50)，廢為庶人，葬以民禮。收王經及其家屬付廷尉(51)。經謝其母(52)，母顏色不變，笑而應曰：「人誰不死，正恐不得其所。以此并命(53)，何恨之有(54)！」及就誅，故吏向雄(55)哭之，哀動一市(56)。王沈以功(57)封安平侯。

庚寅(58)，太傅孚等上言，請以王禮葬高貴鄉公，太后許之。

使中護軍司馬炎(59)迎燕王宇之子常道鄉公璜(60)於鄴(61)，以為明帝嗣(62)。炎，昭之子也。

辛卯(63)，羣公(64)奏太后自今令書(65)皆稱詔制。○癸卯(66)，司馬昭固讓相國、晉公、九錫之命，太后詔許之。○戊申(67)，昭上言：「成濟兄弟大逆不道，夷其族。」

六月癸丑(68)，太后詔常道鄉公更名奐。○甲寅(69)，常道鄉公入洛陽。是日，即皇帝位，年十五，大赦，改元(70)。○丙辰(71)，詔進司馬昭爵位九錫如前，昭固讓，乃止。○癸亥(72)，以尚書右僕射王觀(73)為司空。

吳都尉嚴密(74)建議作浦里塘(75)，羣臣皆以為難，唯衛將軍陳留濮陽興(76)以為可成，遂會[77]諸軍民就作[78]，功費不可勝數，士卒多死亡，民大愁怨。

會稽郡謠言王亮[79]當還為天子，而亮宮人[80]告亮使巫禱祠[81]，有惡言[82]，有司以聞。吳主黜亮為侯官侯[83]，遣之國[84]。亮自殺，衛送者皆伏罪[85]。

冬，十月，陽鄉肅侯[86]王觀卒。

十一月，詔尊燕王[87]，待以殊禮。

十二月甲午[88]，以司隸校尉王祥為司空。

尚書王沈為豫州刺史。初到，下教[89]敕屬城[90]及士民曰：「若有能陳長吏可否[91]，說百姓所患[92]者，給穀五百斛[93]。若說刺史得失，朝政寬猛[94]者，給穀千斛。」主簿[95]陳廞、褚䂮入白曰：「教旨[96]思聞苦言[97]，示以勸賞[98]。竊恐拘介之士[99]或憚賞[100]而不言，貪昧[101]之人將慕利而妄舉[102]。苟不合宜[103]，賞不虛行[104]，則遠聽者未知當否之所在[105]，徒見言之不用，因謂設而不行[106]。愚以為告下之事[107]，可少須後[108]。」沈又教[109]曰：「夫興益於上[110]，受分於下[111]，斯乃君子之操，何不言之有[112]！」褚䂮復白曰：「堯、舜、周公所以能致忠諫[113]者，以其款誠[114]之心著[115]也。冰炭不言而冷熱之質自明[116]者，以其有實也。若好忠直[117]，如冰炭之自然，則諤諤[118]之言將不求而自至。若德不足以配唐、虞，明不足以並周公[119]，實[120]不可以同冰炭，雖懸重賞，忠諫之言未可致也。」沈乃止。

二年（辛巳　西元二六一年）

春，三月，襄陽太守胡烈(121)表言：「吳將鄧由、李光等十八屯(122)同謀歸化(123)，遣使送質任(124)，欲令郡兵臨江迎拔(125)。」詔王基部分(126)諸軍徑造沮水(127)以迎之。「若由等如期到者，便當因此震蕩江表(128)。」基馳驛(129)遺司馬昭書，說由等可疑之狀，且當清澄(130)，未宜便舉重兵深入應之。又曰：「夷陵(131)東西道〔1〕皆險隘(132)，竹木叢蔚(133)，卒有要害(134)，弩馬不陳(135)。今者筋角濡弱(136)，水潦(137)方降，廢盛農之務(138)，要(139)〔2〕難必之利(140)，此事之危者也。姜維之趣上邽(141)，文欽之據壽春(142)，皆深入求利，以取覆沒，此近事之鑒戒(143)也。嘉平(144)已來，累有內難(145)，當今之宜，當務鎮安社稷，撫寧(146)上下，力農務本，懷柔百姓，未宜動眾以求外利也。」昭累得基書，意狐疑，敕諸軍已上道者，且權停住所在(147)，須候節度(148)。基復遺昭書曰：「昔漢祖納酈生之說(149)，欲封六國，寤張良之謀(150)而趣銷印(151)。基謀慮淺短，誠不及留侯(152)，亦懼襄陽(153)有食其之謬。」昭於是罷兵，報基書曰：「凡處事(154)者多曲相從順(155)，鮮(156)能確然(157)共盡理實(158)。誠感忠愛，每見規示(159)。輒依來旨(160)，已罷軍嚴(161)。」既而由等果不降。烈，奮之弟也。

秋，八月甲寅(162)，復命司馬昭進爵位如前，不受。

冬，十月，漢主(163)以董厥(164)為輔國大將軍，諸葛瞻(165)為都護、衛將軍，共平尚書事(166)，以侍中樊建(167)為尚書令。時中常侍黃皓(168)用事，厥、瞻皆不能矯正(169)，士大夫多附之(170)，唯建不與皓往來。祕書令郤正(171)久在內職，與皓比屋(172)，周旋三十餘年，澹然自守(173)，以書自娛，既不為皓所愛，亦不為皓所憎，故官不過六百石，而亦不罹其禍(174)。漢主弟甘陵王永(175)憎皓，皓譖之，使十年不得朝見。

吳主使五官中郎將(176)薛珝聘于漢(177)，及還，吳主問漢政得失，對曰：「主闇(178)而不知其過，臣下容身(179)以求免罪，入其朝不聞直言，經其野民皆菜色(180)。臣聞燕雀處堂(181)，子母相樂(182)，自[3]以為至安也，突決棟焚(183)，而燕雀怡然不知禍之將及，其是之謂乎(184)？」珝，綜之子也。

是歲，鮮卑索頭部(185)大人拓跋力微(186)始遣其子沙漠汗入貢(187)，因留為質。力微之先，世居北荒，不交南夏(188)。至可汗毛(189)，始彊大，統國三十六，大姓(190)九十九。後五世至可汗推寅(191)，南遷大澤。又七世至可汗鄰(192)，使其兄弟七人及族人乙旃氏、車焜氏(193)分統部眾為十族。鄰老以位授其子詰汾，使南遷，遂居匈奴故地(194)。詰汾卒，力微立，復徙居定襄之盛樂(195)，部眾浸盛(196)，諸部皆畏服之。

【章　旨】以上為第三段，寫魏帝曹奐景元元年（西元二六〇年）、二年共兩年中的大事，主要寫了魏帝曹髦因無法忍受司馬昭的箝制，率禁兵出討司馬昭，司馬昭的親信賈充率成濟等與曹髦戰於南闕下，賈充令成濟弒魏帝曹髦，司馬昭為平息眾怒而將成濟滅族；寫了司馬昭改立常道鄉公曹奐為帝，改此年為景元元年；寫了被廢之吳主孫亮被迫自殺；寫了司馬昭的親信王沈為豫州刺史，欲下教徵求善言以邀名譽，被人勸止事；寫了司馬昭聽信襄陽太守胡烈所報消息遂欲出兵至江以迎東吳叛將，並欲乘機進討江南，被魏國名將王基勸止事；寫了蜀國政權被宦官黃皓所把持，朝綱混亂，東吳薛珝以堂室將焚，燕雀尚以太平而自樂為喻；寫了鮮卑拓跋氏部落逐漸在北方興起，並已南進至定襄之盛樂，為後文北魏王朝之崛起作伏筆。

【注　釋】❶元皇帝　曹操之孫，燕王曹宇之子，原名曹璜，被立為帝後改名曹奐。元字是其死後的諡。❷景元　元帝曹奐的第一個年號。❸正月朔　正月初一。❹率遵前命　繼續按照前年（西元二五八年）所下的詔命。率，循；按著。❺復進　再次加官進爵。因上次封司馬昭為晉公、加九錫，被司馬昭假惺惺地推辭了。❻帝　此時的皇帝仍是曹髦。❼不勝其忿　無法克制自己的憤怒。不勝，不能克制。❽五月己丑　五月初七。❾路人所知　言路人都知道他將篡位。❿魯昭公　姬裯，春秋時魯國的第二十六任國君，西元前五四一至前五一〇年在位。⓫不忍季氏　忍受不了季孫氏對他的控制，起兵欲攻殺之。⓬敗走失國　結果魯昭公被季孫氏、叔孫氏、孟孫氏三家聯合逐出魯國，並一直在外流亡到死。事見《左傳》與《史記・魯周公世家》。⓭權在其門　權在司馬昭之門。⓮宿衛空闕　指沒有多少受皇帝指揮的護衛部隊。⓯何所資用　猶言「您將依靠什麼呢」。⓰一旦如此　指起兵討伐司馬昭。⓱禍殆不測　災禍恐難以預測。殆，將會，推測之辭。⓲宜見重詳　應該重新考慮。詳，思考；研究。⓳黃素詔　以染黃的白繒寫的詔書。⓴正使　即使。㉑不必　不一定。㉒升輦　登上車子。㉓蒼頭　奴僕。㉔官僮　僕役。㉕屯騎校尉伷　司馬伷，司馬昭之弟。事跡見《三國志》卷四十八。屯騎校尉是統領駐守宮門騎兵的中級長官。㉖東止車門　皇宮東面的止車門，是群臣進宮到此下車的地方。㉗左右　指曹髦的左右人等。㉘中護軍賈充　賈充字公閭，司馬昭的親信。事跡詳見《晉書》本傳。中護軍是宮廷警衛部隊的統領。㉙自外入　率兵從外面攻入宮廷。㉚逆　迎；迎面。㉛南闕　宮殿的正南門。㉜騎督成倅弟　騎兵統領成倅之弟。成倅是賈充的部下，司馬昭的親信。㉝太子舍人濟成濟，現任太子舍人之職。太子舍人是皇太子的侍從人員。當時的魏帝曹髦並未立太子，因成濟是司馬昭的親信，故授以此官。㉞當云何　該怎麼辦。㉟無所問　沒有什麼可請示的。意思是你自己知道應該怎麼辦。㊱殞于車下　被刺死的魏帝曹髦從車上跌落下來。按，時曹髦年二十歲。殞，跌落。㊲自投於地　嚇得跌倒在地。投，跌倒。按，司馬昭故作姿態，欲以掩人耳目。㊳太傅孚　司馬孚，司馬懿之弟，司馬昭之叔，時任太傅之職。㊴枕帝股　即「枕帝於股」，把曹髦的頭枕在自己腿上。㊵臣之罪也　意思是我沒有盡到侍候皇帝的責任。㊶陳泰　字玄伯，陳羣之子，魏國名將，正元二年（西元二五五年）曾破蜀將姜維於狄道城下。時任尚書左僕射之職。傳見《三國志》卷二十二。尚書左僕射是帝王身邊的機要文祕官員。㊷尚書荀顗　荀顗字景倩，曹操謀士荀彧之子，陳泰之舅，時任尚書，是陳泰的屬官。㊸以泰方於舅　拿我和您相比，意即人品差不多。方，相比；不相上下。㊹不如泰　言荀顗趨附司馬氏，而自己忠於魏室。㊺何以處我　意即你出個主意，看我該怎麼做。㊻少可以謝天下　勉強對天下人有個交代。少，略；稍微。㊼更思其次　再想個退一步的辦法。意思是捨不得殺賈充這個大親信。㊽泰言惟有進於此　意謂按我的想法只有比這個更嚴厲的，指懲治司馬昭本人。㊾彧　曹操的謀士、元勳，因不滿曹操篡權，被曹操所殺。傳見《三國志》卷十。㊿罪狀高貴鄉公　譴責魏帝曹髦。罪狀，用如動詞，意即「譴責」。高貴鄉公是曹髦未為魏帝前的封號名。(51)付廷尉　交由司法部門處置。廷尉是全國最高的司法官。(52)謝其母　向其母告別，並深表不能再奉養老母的歉意。(53)以此并命　如今陪著皇帝一起死。(54)何恨之有　還有什麼可遺憾的。恨，遺憾。(55)故吏向雄　王經的老部下姓向名雄。(56)哀動一市　使整個市場的人都為之傷心。古時處決罪犯都在市場上進行，市人同情敬佩王經，故稱「哀動一市」。(57)以功　以向司馬昭告密之功。(58)庚寅　五月初八。(59)司馬炎　司馬昭之子，即日後所謂的「晉武帝」，此時任中護軍之職。(60)常道鄉公璜　曹璜，後更名曹奐，字景明，魏明帝曹叡的堂弟，原封常道鄉公。傳見《三國志》卷四。(61)鄴　魏國的陪都，在今河北臨漳西南的古鄴城東。(62)以為明帝嗣　以接續魏明帝的香煙。言外之意是此前被廢的曹芳與被殺的曹髦兩代帝王，都不在魏國皇帝的正常序列之內。(63)辛卯　五月初九。(64)羣公　各位公爵。當時的「公爵」有「上公」、「三公」及各位「從公」。(65)令書　指太后下達的各種命令、文件。(66)癸卯　五月二十一。(67)戊申　五月二十六。(68)六月癸丑　六月初一。(69)甲寅　六月初二。(70)改元　在此以前是甘露五年，從此以後為景元元年。(71)丙辰　六月初四。(72)癸亥　六月十一。(73)王觀　字偉臺，魏國名臣。事跡詳見《三國志》卷二十四。(74)都尉嚴密　嚴密是吳國軍官，任都尉之職。事跡見《三國志》卷六十四。都尉是中級軍官名，級別同於校尉。(75)浦里塘　堤壩名，在今安徽當塗境內。(76)陳留濮陽興　陳留郡人姓濮陽，名興。傳見《三國志》卷六十四。陳留郡的郡治在今河南開封東南。(77)會　招集；集合。(78)就作　前往建造。(79)王

亮　會稽王孫亮。孫亮於西元二五二—二五七年繼孫權為吳主，因謀殺權臣孫綝，被孫綝所廢，貶為會稽王。事見《三國志》卷四十八。(80)宮人　宮女。(81)使巫禱祠　派巫祝向鬼神祈禱。(82)有惡言　對現時執政者有誹謗之言。(83)候官侯　封地在候官縣的列侯，比會稽王降了一等。候官是吳縣名，縣治即今福建福州。(84)遣之國　打發他前往候官縣上任。(85)皆伏罪　都給予不同的懲處，因為他們沒有監督、保護好孫亮。(86)陽鄉肅侯　陽鄉侯是王觀的封號，肅字是其死後的謚。(87)燕王　曹宇，字彭祖，曹操之子，曹奐之父。傳見《三國志》卷二十。因他是魏主曹奐之父，故特別尊異之。(88)十二月甲午　十二月二十六。(89)下教　頒布自己的命令。「教」是當時朝廷大臣與方面大員給屬下官員所下命令的一種文體名。(90)敕屬城　告諭屬下各城邑，即豫州所轄各郡縣的官員。(91)陳長吏可否　陳述各郡縣官員為官任職的德能好壞。(92)說百姓所患　能提出百姓最頭痛的事情。(93)斛　當時的容量單位，一斛等於六石四斗。(94)朝政寬猛　朝廷政策的寬嚴。(95)主簿　刺史手下的屬官，約當今祕書長。(96)教旨　所下命令的基本精神。(97)思聞苦言　是想聽人們的由衷之言。苦言，良言；讓人聽了不舒服的言論。(98)勸賞　勉勵與賞賜。(99)拘介之士　清正耿介之士。(100)或憚賞　怕被人說是為了獲得獎賞。(101)貪昧　貪婪而不顧禮義。(102)妄舉　胡亂表揚與抨擊。(103)苟不合宜　一旦遇到建言者說話不合實際，不能採用。(104)賞不虛行　指沒有對之行賞。(105)當否之所在　即其不被採用的真正原因。(106)設而不行　虛設賞格而不予兌現。(107)告下之事　指前述鼓勵屬下發表意見的教令。(108)少須後　稍微向後拖一拖。須，等。(109)教　發布教令。(110)興益於上　在上者想做對國家、對黎民有益的事情。(111)受分於下　在下者因響應號召而受到賞賜。分，指獎賞。(112)何不言之有　怎麼會沒有人說話。(113)致忠諫　招來忠正之士提意見。(114)款誠　誠懇真摯。(115)著　表現得明明白白。(116)冰炭不言而冷熱之質自明　冰炭不用說自己是冷是熱，其本身的冷熱就表現得很清楚。(117)好忠直　真的想聽發自內心的忠直言論。(118)諤諤　正直陳述的樣子。(119)並周公　與周公相比。並，比；相當。(120)實　指王沈其人的內心實際。(121)胡烈　字玄武，胡奮之弟。事見《三國志》卷二十八。(122)十八屯　十八個軍事據點。(123)同謀歸化　一同商量歸降曹魏。歸化，歸附中央王朝。(124)質任　即人質。(125)臨江迎拔　到長江邊上去迎接。拔，援救。(126)部分　部署派遣。(127)徑造沮水　一直到沮水邊上。造，到達。沮水在今湖北中部偏西，發源於保康西南，東南流到當陽河溶鎮附近與漳水匯合為沮漳河，南流到江陵西入長江。(128)因此震蕩江表　趁勢把長江以南的吳國地盤狠狠地折騰一下。(129)馳驛　派驛使火速進京。驛，驛車；驛使。(130)清澄　弄清真實情況。(131)夷陵　吳縣名，縣治在今湖北宜昌東南。(132)險陿　險要、狹窄。陿，同「狹」。(133)叢蔚　茂密。(134)卒有要害　突然發生緊急情況。(135)弩馬不陳　意指兵力無法施展。(136)筋角濡弱　因天氣潮溼弓弩柔弱無力。(137)水潦　雨水。(138)廢盛農之務　農忙季節不讓農民幹農活。(139)要　邀取；謀求。(140)難必之利　沒有確實把握的利益。(141)姜維之趣上邽　事見前文甘露元年。142文欽之據壽春　事見前文甘露二年。143鑒戒　教訓。144嘉平　魏帝曹芳的年號（西元二四九—二五三年）。145累有內難　指曹爽、王淩、毌丘儉、諸葛誕等之反司馬氏，以及司馬氏廢黜魏帝曹芳，殺害魏帝曹髦等事。146撫寧　安撫之使之平靜。147權停住所在　暫時停止前進，駐紮在所到之處。148須候節度　等待新的命令。149漢祖納酈生之說　漢高祖劉邦採納謀士酈食其分封六國之後的建議。150寤張良之謀　後來聽到謀士張良的勸阻而忽然省悟。151趣銷印　下令把原來已經造好的印章迅速銷毀。趣，通「促」。催促。以上故事見《史記・酈生陸賈列傳》。152留侯　即張良，劉邦的謀士。事跡詳見《史記・留侯世家》。153襄陽　指襄陽太守胡烈。154處事　奉命辦事。155曲相從順　委曲己意以順從發號施令者。156鮮　少；少有。157確然　明確而無保留的。158共盡理實　一起把道理討論清楚。159每見規示　屢屢地對我進行規勸、曉諭。160輒依來旨　我現在就聽從你的意思。輒，即；就。161已罷軍嚴　已撤銷了這次軍事行動的計畫。162甲寅　八月丙子朔，沒有「甲寅」日，此處記載有誤。163漢主　指蜀後主劉禪。164董厥　蜀國的庸臣。事見《三國志・諸葛亮傳》後附。165諸葛瞻　諸葛亮之子。事見《三國志・諸葛亮傳》後附。166共平尚書事　共同處理尚書省的各項事務，意即掌管國家各種政事。167樊建　字長元。事見《三國志・諸葛亮傳》後附。168中常侍黃皓　黃皓是蜀國的宦官，受後主劉禪寵愛，參與政事，從黃門令升為中常侍、奉車都尉，操弄威柄。傳見《三國志》卷三十九。169不能矯正　不能糾正黃皓制定的錯誤方針政策。170附之　依附黃皓。171郤正　本名郤纂，字令先。河南偃師人。傳見《三國志》卷四十二。172比屋　房屋相鄰。173澹然自守　性情淡泊，安於其位。174不罹其禍　沒有遭受黃皓的陷害。175甘陵王永　劉永，字公孝，劉備之子，劉禪的庶弟。傳見《三國志》卷三十四。176五官中郎將　帝王的侍衛長官，上屬郎中令。177聘于漢　到蜀國作禮節性的訪問。聘，國家之間的友好拜訪。178闇　昏庸。179容身　只求保官保命。180菜色　由於飢餓臉上呈現青黃色。181燕雀處堂　燕雀在人家的屋樑上做窩。182子母相樂　小鳥大鳥都生活得很快樂。183突決棟焚　一旦煙囪破裂、棟樑燒起大火。突，煙囪。184其是之謂乎　劉禪君臣現在就是這種樣子吧。185鮮卑索頭部　鮮卑族中的索頭部落。索頭是當時鮮卑族裡的最大部落。186大人拓跋力微　大頭領姓拓跋名力微，北魏的始祖，兼併沒鹿回族，諸部懾服，成為部落聯盟大酋長。拓跋珪稱帝時，追尊為始祖神元皇帝。187入貢　到曹魏朝廷進貢。188不交南夏　不與中原地區的華夏人相來往。189可汗毛　鮮卑可汗拓跋毛。可汗，北方民族對其頭領的敬稱，猶如中原地區的帝王、皇帝。190大姓　大族；大部落。191後五世至可汗推寅　從拓跋毛起，經拓跋貸、拓跋觀、拓跋樓、拓跋越，至拓跋推寅，共五世。拓跋推寅也稱「拓跋推演」。192又七世至可汗鄰　此七世指拓跋利、拓跋俟、拓跋肆、拓跋機、拓跋蓋、拓跋儈、拓跋鄰。193乙旃氏車焜氏　與拓跋氏同族的其他部落。194匈奴故地　指匈奴瓦解後留下的真空地帶，在今內蒙古與蒙古國一帶地區。195定襄之盛樂　定襄郡的盛樂縣。定襄郡的郡治善無，在今山西右玉南。盛樂，也稱「成樂」，縣治在今內蒙古和林格爾西北的土城子。196浸盛　越來越興盛、強大。浸，逐漸。

【校　記】1道　原無此字。據章鈺校，甲十一行本、乙十一行本皆有此字，今據補。2要　據章鈺校，甲十一行本、乙十一行本皆作「徼」，與「要」義同。3自　原無此字。據章鈺校，甲十一行本、乙十一行本皆有此字，今據補。

【語　譯】元皇帝上

景元元年（庚辰　西元二六〇年）

春季，正月初一日，發生日蝕。

夏季，四月，魏帝曹髦下詔繼續按照前年所下的詔命，再次為大將軍司馬昭加官進爵，任命他為相國，封晉公，加九錫。

魏帝曹髦看到皇家權勢和威望一天一天地喪失，再也無法克制自己的憤怒。五月初七日己丑，他召集侍中王沈、尚書王經、散騎常侍王業，對他們說：「司馬昭篡位的野心，就連路上的行人都很清楚。我不能坐在這裡等待被廢黜的恥辱，今天我就親自帶領諸位出去討伐他。」王經說：「春秋時期的魯昭公因為忍受不了季氏對他的控制就想起兵攻滅季氏，結果卻被季孫氏、叔孫氏、孟孫氏三家聯合逐出魯國，並一直在外流亡到死，而遭到天下人的恥笑。如今大權掌握在司馬氏手中已經很久了，朝廷上下都願意為司馬氏效死，不再顧忌自己的行為是不是違背天理，這也不是一天兩天的事了。再說，皇宮中的禁衛軍能夠接受陛下指揮的又寥寥無幾，武器裝備也很少很差，陛下依靠什麼去討伐司馬氏呢？而且一旦這樣做了，恐怕是想除掉疾患而使疾患更加深重吧？災禍恐怕很難預測，應該重新考慮對策。」曹髦從懷中取出一道寫在黃素繒上的詔書，扔在地上，說：「我主意已定！即使戰死又有什麼可怕，何況也不一定會死呢！」於是曹髦進入後宮稟報過郭太后。王沈、王業急忙跑出宮去給司馬昭通風報信，同時招呼王經一起走，王經拒絕了他們。曹髦於是拔出寶劍登上車輦，率領著皇宮中的奴僕、僕役擂鼓吶喊走出皇宮。司馬昭的弟弟擔任屯騎校尉的司馬伷在皇宮東面的止車門與曹髦相遇，曹髦左右的人對其大聲呵責，司馬伷的部眾立時四散逃走。擔任中護軍的賈充率領軍隊從外面攻入宮廷，在宮殿南門迎面來戰魏帝曹髦，曹髦親自揮劍前進。賈充所率眾人不敢冒犯魏帝，想要退卻，擔任騎兵統領的成倅的弟弟、太子舍人成濟請示賈充說：「情勢已經很緊急了，該怎麼辦？」賈充說：「司馬公平日厚待你等，就是為了今日。今天的事情沒有什麼可請示的，你應該知道怎麼辦！」成濟於是抽出戈矛衝上前去，一下子刺中魏帝曹髦，曹髦當場就從車上跌落下來氣絕身亡。司馬昭聽到皇帝曹髦被刺死的消息，故意裝作大吃一驚的樣子，自己跌倒在地上。太傅司馬孚飛快地趕往出事地點，他把魏帝曹髦的頭枕到自己的大腿上，哭得非常悲痛，他邊哭邊說：「使陛下遭到刺殺，這是我的罪過啊！」

司馬昭進入宮殿，召集滿朝的文武官員開會。只有尚書左僕射陳泰沒到場，司馬昭就派陳泰的舅舅、擔任尚書的荀顗去叫他，陳泰對他的舅舅荀顗說：「當今之世評論的人都拿我和舅舅相比，認為我與舅舅的人品不相上下，從今天的事情來看，舅舅的人品不如我。」陳泰的子弟和家人、賓客全都逼迫他，讓他趕緊進宮，陳泰無奈之下只得上殿。陳泰見到司馬昭，悲痛不已，司馬昭也流著眼淚叫著陳泰的字對他說：「玄伯，你幫我拿個主意，現在我該怎麼辦呢？」陳泰說：「只有先殺了賈充，才算勉強對天下人有個交代。」司馬昭沉吟了很久，說：「你看能不能再想一個退一步的辦法。」陳泰說：「按照我的意見，只有比這更進一步的辦法，而不知道退一步的辦法是什麼。」司馬昭於是不再說話。荀顗，是荀彧的兒子。

郭太后下詔譴責高貴鄉公曹髦，將他貶為平民，將曹髦以一般平民的身分安葬。同時將王經及其家屬交付給廷尉審理。王經向他的母親告別，並深表不能再奉養老母的歉意，王經的母親神色自若，她笑著回答王經說：「人活在世上有誰能長生不死呢，所懼怕的是死得不是地方。如今陪著皇帝一起死，還有什麼可遺憾的呢！」等到王經被押赴刑場的時候，他舊時的僚屬向雄親自到刑場上哭祭他，哀痛之情使整個市場的人都為之傷心落淚。而王沈則因為向司馬昭告密有功，被封為安平侯。

五月初八日庚寅，太傅司馬孚等人上書，請求用王爵的禮儀埋葬高貴鄉公曹髦，得到了郭太后的批准。

司馬昭派遣擔任中護軍的司馬炎前往鄴城迎接燕王曹宇的兒子常道鄉公曹璜回京師，作為魏明帝曹叡的繼承人。司馬炎，是司馬昭的兒子。

五月初九日辛卯，各位公爵奏請郭太后從今以後，凡是皇太后所下達的各種命令、文件都要稱「詔制」。○二十一日癸卯，司馬昭上疏給郭太后，堅決辭讓曹髦加封給他的相國、晉公的職位和封號，除去九錫的賞賜，郭太后下詔批准。○二十六日戊申，司馬昭上疏說：「成濟兄弟犯了大逆不道之罪，應該夷滅其族。」

六月初一日癸丑，郭太后下詔令常道鄉公曹璜改名為曹奐。○初二日甲寅，常道鄉公曹奐進入京師洛陽。當天，便即位為魏國皇帝，當時他只有十五歲，大赦天下，改年號為景元元年。○初四日丙辰，魏帝曹奐下詔恢復司馬昭的相國職位，晉公爵位、九錫也一如既往，司馬昭堅決辭讓，只得暫時作罷。○十一日癸亥，魏國任命尚書右僕射王觀為司空。

東吳都尉嚴密向朝廷建議修建浦里塘，群臣都認為有困難，只有擔任衛將軍的陳留人濮陽興認為可行，於是招集了大量的軍隊、民工前往建造，花費的人力物力不計其數，士卒中許多人死在了工地上，因此引發了全國上下極大的不滿和怨恨。

會稽郡有謠言說會稽王孫亮應當回到京師做皇帝，而孫亮王宮中的宮女又告發孫亮派巫師向鬼神祈禱時，對執政者有誹謗的言論，有關官員把這件事情上奏給吳主孫休。孫休於是貶孫亮為侯官侯，並打發他前往侯國。孫亮自殺，孫休對負責護送孫亮赴任的人員都給予不同的懲處。

冬季，十月，魏國的陽鄉肅侯王觀去世。

十一月，魏元帝曹奐下詔，以特殊的禮儀尊崇生父燕王曹宇。

十二月二十六日甲午，任命司隸校尉王祥為司空。

尚書王沈擔任豫州刺史。一到任，就向管轄區域內的各城邑及百姓頒發自己的命令，他告諭屬下說：「如果有人能夠陳述各郡縣官員為官任職的德能好壞，能提出百姓最感到頭疼的事情，就獎勵他米穀五百斛。有能指出刺史的優劣得失，朝廷政策的寬嚴以及不當之處，就獎勵他一千斛穀子。」在王沈屬下擔任主簿的陳廞、褚䂮一同進見王沈說：「您發布通告的目的是想聽人們的由衷之言，瞭解民間疾苦，用勉勵與賞賜的辦法鼓勵百姓踴躍提建議。我擔心那些清正耿介的人士會因為怕被人說是為了獲得獎賞而不肯發表意見，而那些貪婪而不顧禮儀的人因為貪圖獎賞而胡亂抨擊朝政。一旦遇到建言者說得不合實際，不能採用，因此沒有按照公告中所說的給他們獎賞，被遠方不瞭解情況的人聽到，他們不清楚不被您採納的真正原因，只是知道他們提的建議不被採納，於是便認為您是虛設賞格而不予兌現。我認為鼓勵下屬發表意見的教令可以稍微往後拖一拖再發布。」王沈沒有聽從他們的勸告，又發布教令說：「在上者想做對國家、對黎民有益的事情，在下者因響應號召而受到賞賜，這是品行高尚的君子的節操，怎麼會沒有人說話！」褚䂮又去向王沈建議說：「堯、舜、周公之所以能招來忠正之士提意見，是因為他們的誠懇真摯之心表現得明明白白。冰炭不用說自己是冷是熱，其本身的冷熱就表現得很清楚，是因為它們有那樣的實質。如果真正想聽到發自內心的忠直言論，就像冰炭的冷熱一樣明顯，那麼忠直的言論用不著徵求就會自動送上門來。假如其德行根本無法與唐堯、虞舜相配，其開明程度又無法與周公相比，其內心實際又不像冰冷炭熱那樣表現得很明顯，就是懸了重賞，也不會聽到忠直的言論。」王沈這才停止發布徵求意見的教令。

二年（辛巳　西元二六一年）

春季，三月，魏國襄陽太守胡烈上表說：「吳國將領鄧由、李光等十八個軍事據點的人共同謀劃準備歸降我國，而且已經派使者送來人質，希望襄陽郡派士兵到長江邊去接應他們。」魏元帝曹奐下詔命令王基負責部署軍隊逕直到沮水邊去迎接他們。「如果鄧由等率軍如期到達沮水邊，就趁勢把長江以南吳國的地盤狠狠地折騰一下子。」王基派驛使火速進京給司馬昭送信，陳述鄧由等人投降的可疑情況，並且應當弄清真實情況以後再採取行動，不應該輕易地就派重兵深入敵國境內去接應他們。王基在信中又說：「夷陵縣東西道都非常險要、狹窄，竹林樹木茂密，如果突然發生緊急情況，兵力無法施展。如今天氣潮溼，弓弩柔軟無力，又剛下過大雨，如果大軍出動，農忙季節不讓農民幹農活，就會耽誤農時，謀求沒有確實把握的利益，這是件很危險的事情。姜維攻擊上邽，文欽佔據壽春，都是深入腹地求取利益，才導致全軍覆沒，這是最近發生的應該引以為教訓的事情。自從嘉平以來，我國內亂不斷，當務之急，首先在於使國家政局穩定，安撫之使上下相安無事，以農為本、努力耕作，關心百姓疾苦，而不宜興師動眾去求取國外的利益。」司馬昭連續接到王基的書信，尋機攻打東吳的決心開始動搖，於是命令已經出發在道上的軍隊，暫且停止前進，就地駐紮，等待新的命令。王基又給司馬昭寫信說：「過去漢高祖劉邦採納謀士酈食其的建議，想要分封六國之後，後來聽了謀士張良的勸告才忽然醒悟，急忙下令把原本就要造好的官印迅速銷毀。我謀慮不深遠、見識短淺，確實趕不上留侯張良，但也擔心襄陽太守胡烈會犯酈食其那樣的錯誤。」司馬昭於是停止了軍事行動，他給王基寫信說：「大凡奉命辦事的人一般都是委屈己意以順從發號施令者，很少有人能夠明確而無保留地一起把道理討論清楚。我確實感受到了你的忠心和愛戴，屢屢地對我進行規勸、曉諭。我現在就依從你的意見，已經撤銷了這次軍事行動的計畫。」後來，鄧由等人果然不肯歸降。胡烈，是胡奮的弟弟。

秋季，八月甲寅日這一天，魏元帝曹奐又重提任命司馬昭為相國、進爵為晉公以及加九錫之事，司馬昭仍舊拒絕接受封賞。

冬季，十月，蜀漢後主劉禪任命董厥為輔國大將軍，任命諸葛瞻為都護、衛將軍，共同處理尚書省的各項事務，任命侍中樊建擔任尚書令。當時中常侍黃皓操縱著蜀國的權柄，董厥、諸葛瞻都不能糾正黃皓制定的錯誤方針政策，士大夫中也有很多人依附於黃皓，只有樊建不與黃皓往來。祕書令郤正一直在內廷供職，住所和黃皓的住所相鄰，他和黃皓打交道三十多年，由於他性情淡泊，安於其位，以讀書自娛，既不被黃皓所喜愛，也不被黃皓所憎恨，所以他的官俸不過六百石，然而也沒有遭到黃皓的陷害。蜀漢後主劉禪的弟弟甘陵王劉永非常憎恨黃皓，黃皓就在後主劉禪面前詆毀他，致使劉永十年不能入朝晉見後主劉禪。

吳主孫休派遣五官中郎將薛珝到蜀國作了禮節性的訪問，薛珝回到東吳後，孫休向他詢問蜀漢的政治得失，薛珝回答說：「蜀國國君昏庸而不知道自己的過錯，大臣們只求保住官位以免惹禍上身，到了他們的朝廷之上聽不到大臣的正直言論，經過他們的田野，看到那裡的百姓由於飢餓臉上都呈現出青黃色。我聽說燕雀在人家的屋樑上做窩，小鳥大鳥都生活得很快樂，自認為那裡是最安全的地方，一旦煙囪破裂，棟樑燒起大火，而燕雀怡然自得而不知道災禍就要降臨到牠們頭上，劉禪君臣現在就是這種樣子吧？」薛珝，是薛綜的兒子。

這一年，鮮卑族中的索頭部落大頭領拓跋力微開始派遣他的兒子拓跋沙漠汗到魏國朝廷進奉貢品，魏國便趁機將他扣留作為人質。拓跋力微的祖先，世代居住在浩瀚的大沙漠以北的蠻荒地帶，不與中原地區的華夏人相往來。到了鮮卑可汗拓跋毛時期，鮮卑族的索頭部落開始強大起來，他統治下的小國就有三十六個，大的部落有九十九個。此後歷經五世就到了可汗拓跋推寅，拓跋推寅逐漸向南遷徙到大澤一帶。又經過七世，到了可汗拓跋鄰統治時期，拓跋鄰把他的部眾分為十個部族，讓他的七個兄弟以及族人乙旃氏、車焜氏分別統領，拓跋鄰可汗老了後就把他的汗位傳給了他的兒子拓跋詰汾，他讓拓跋詰汾率領他的部族繼續向南遷徙，於是便到了匈奴瓦解後留下的真空地帶定居下來。拓跋詰汾死後，拓跋力微繼承了汗位，他又率領部族繼續向南遷徙，最後定居在定襄郡的盛樂縣，部眾越來越興盛，漸漸強大起來，鮮卑族的其他部族因為懼怕他，所以全都聽命於他。

【研　析】 本卷寫了魏帝曹髦甘露元年（西元二五六年）至魏帝曹奐景元二年（西元二六一年）共六年中的魏、蜀、吳等三國的大事，其中可議論的主要有以下四點：

其一，司馬氏把持魏國朝政，企圖篡奪曹氏政權的心思是早已被人看清了的。早在魏明帝在位時，曹植就向魏國皇帝提出了種種警告。到曹爽執掌魏政時，與司馬懿的矛盾尖銳，當時這兩股勢力的鬥爭決定著曹氏政權的興亡。就當時的情況而言，曹氏一方如果運籌得當，就不會讓司馬氏的陰謀得逞，至少是不可能讓他們得逞得如此簡便省事。曹爽失敗後，為討伐司馬氏而起兵的魏國大將先後有王淩、文欽、諸葛誕等，令人奇怪的是這些為擁曹而討伐司馬氏的勢力竟彼此不相連屬，甚至是後起的在他自己起兵前還去參加鎮壓之前反抗司馬氏的起兵者，結果就這樣輕而易舉地被司馬師、司馬昭逐個消滅了。

其二，在魏國被司馬氏所立的三個小傀儡皇帝中，數曹髦最為人所同情。曹髦顯然不是個成大氣候的人，他有一些小聰明，但卻不懂得要辦大事就得隱忍韜晦。他與群臣討論學術，而評價中興夏朝的少康比平地打出江山的劉邦地位本領為優；又寫作〈潛龍詩〉，以抒發「龍者，君德也。上不在天，下不在田，而數屈於井」的艱難處境。他不知吸取當年秦王子嬰如何憑藉身邊的幾個人就殺了大奸臣趙高的歷史經驗，竟在忍無可忍的情況下魯莽地親身撲向仇人。但他的死雖不能說有什麼結果，卻表現出了尊嚴不可侮、人格不能被踐踏的一種精神氣節。曹髦至少要比司馬氏的後人如晉安帝被篡權者劉裕用繩子勒死、晉恭帝被劉裕用被子悶死要可愛、可敬得多。

其三，孫權年輕時被人稱為英雄，做吳國皇帝三十年，越老越昏悖，臨死前廢長立幼。孫亮即位時，年僅十歲，由名不副實的諸葛恪為輔政大臣。第二年陰謀家孫峻發動政變，殺諸葛恪，操縱吳國政權。三年後，孫峻死，其弟孫綝繼孫峻之位，繼續把持吳國政權。孫綝掌權後，首先誅滅了國內的反對派呂據、滕胤，以及王惇、孫憲等吳國的重臣與皇親國戚，不久，又殺了吳國的大將朱異，並造成一批吳國的世族大臣投降曹魏。這時年已十六歲的孫亮不甘心再忍受孫綝控制，於是與身邊大臣全尚、劉丞等謀誅孫綝，結果消息走漏，情況與《左傳》所寫的鄭厲公與雍糾謀殺祭仲的失敗相同，孫亮被孫綝所廢，孫亮之兄孫休被迎立為帝。當時孫綝一家五人為侯，全部都掌管禁兵，其控制之嚴可謂無以復加了，結果孫休與將軍張布、老將丁奉三人定謀，在一個臘月祭祀的典禮上突然將孫綝逮捕，夷其三族。其乾脆、俐落的程度與秦王子嬰之誅滅趙高正同。看起來，還是事在人為。

其四，自從諸葛亮死後，蜀國的內政又由蔣琬、費禕維持了幾年，總形勢是越來越壞。後來輪到蜀主劉禪任命董厥與諸葛瞻對掌朝廷政務，而實際上許多大權落在了劉禪寵信的太監黃皓之手。董厥、諸葛瞻對黃皓的倒行逆施「皆不能矯正，士大夫多附之」；還有一個身任祕書令的郤正，他「久在內職，與皓比屋，周旋三十餘年，澹然自守，以書自娛，既不為皓所愛，亦不為皓所憎」。對此，我們在批評這些人是「軟骨頭」、「沒有絲毫政治責任感」的同時，應該深刻認識帝王身邊這些城狐社鼠的厲害，古往今來許多將相名臣就毫無奈何地斷送在這些人之手。王夫之《讀通鑑論》對此說：「諸葛公出師北伐，表上後主，以『親賢人，遠小人』為戒，一篇之中，三致意焉。……何者為小人，不能如郭、費、董、向之歷指其人而無諱也。指其名而不得，而況能制之使勿親哉？」「後主失國之由，早見於數十年之前。公於此無可如何，而唯以死謝寸心耳。」諸葛亮對劉禪、黃皓尚且如此，姜維、諸葛瞻之輩又能奈黃皓何？蜀之亡，真不可救藥。

卷第七十八

魏紀十

起玄黓敦牂（壬午　西元二六二年），盡閼逢涒灘（甲申　西元二六四年），凡三年。

【題　解】本卷寫了魏帝曹奐景元三年（西元二六二年）至曹奐咸熙元年（西元二六四年）共三年間的魏、蜀、吳等三國的大事，主要寫了魏司馬昭派鄧艾、鍾會兩路大軍伐蜀，姜維等抵抗失敗，退守劍閣；鄧艾經陰平，翻越崇山至江油縣，諸葛瞻攔截不住，鄧艾等遂長驅撲向成都；蜀主劉禪聽從譙周之議，向鄧艾投降，並宣諭劍閣守軍姜維等向鍾會交械；寫了鍾會為獨攬滅蜀軍權、叛魏自立而陷害、襲捕鄧艾；與其親近蜀將姜維，聽姜維慫恿囚禁部下諸將欲盡殺之，結果因消息走漏，鍾會、姜維被亂軍所殺；寫了司馬昭早對鍾會有防範，在朝裡朝外預做了種種準備；寫了衛瓘於鍾會死後仍將被囚的鄧艾殺死，以掩蓋其與鍾會一道陷害鄧艾的罪行；寫了蜀將羅憲降魏後，在永安抵抗東吳入侵，立功封侯，與南中蜀將霍弋率六郡降魏，司馬昭令其遙領交州刺史，經營交州諸郡事；此外還寫了嵇康、阮籍等竹林七賢的生活習性，以及嵇康亢直憤世被司馬昭所殺；以及司馬炎耍手段，依靠親信改變司馬昭的意旨，奪取了繼承人的位置；與吳主孫休病死，孫皓被立，以及孫皓聽讒言殺死權臣濮陽興、張布等等。

元皇帝下（ㄩㄢˊ ㄏㄨㄤˊ ㄉㄧˋ ㄒㄧㄚˋ）

景元三年（壬午　西元二六二年）

秋，八月乙酉❶，吳主立皇后朱氏，朱公主❷之女也。戊子❸，立子𩅦❹為太子。

漢大將軍姜維將出軍❺，右車騎將軍廖化❻曰：「兵不戢❼，必自焚，伯約❽之謂也。智不出敵❾而力小於寇，用之無厭❿，將何以存？」冬十月，維入寇洮陽⓫，鄧艾與戰於侯和⓬，破之，維退住沓中⓭。

初，維以羈旅依漢⓮，身受重任，興兵累年，功績不立。黃皓用事於中，與右大將軍閻宇⓯親善，陰欲廢維樹宇。維知之，言於漢主曰：「皓姦巧專恣⓰，將敗國家，請殺之！」漢主曰：「皓趨走小臣⓱耳，往董允每切齒⓲，吾常恨之⓳，君何足介意！」維見皓枝附葉連⓴，懼於失言，遜辭㉑而出。漢主敕皓詣維陳謝。維由是自疑懼，返自洮陽㉒，因求種麥沓中，不敢歸成都。

吳主以濮陽興㉓為丞相，廷尉丁密、光祿勳孟宗為左右御史大夫㉔。初，興為會稽太守，吳主在會稽，興遇之厚㉕；左將軍張布嘗為會稽王㉖左右督將，故吳主即位，二人皆貴寵用事，布典宮省㉗，興關軍國㉘，以佞巧㉙更相表裏㉚，吳人失望。

吳主喜讀書，欲與博士祭酒韋昭[31]、博士盛沖講論[32]。張布以昭、沖切直，恐其入侍言己陰過，固諫止之。吳主曰：「孤之涉學，羣書略徧，但欲與昭等講習舊聞，亦何所損[33]？君特當[34]恐昭等道臣下姦慝[35]，故不欲令入耳。如此之事，孤已自備[36]之，不須昭等然後乃解[37]也。」布惶〔1〕恐陳謝，且言懼妨政事。吳主曰：「王務[38]、學業，其流各異[39]，不相妨也，此無所為非[40]，而君以為不宜，是以孤有所及[41]耳。不圖君今日在事[42]更行此於孤[43]也，良甚[44]不取！」布拜表叩頭[45]。吳主曰：「聊相開悟耳[46]，何至叩頭乎？如君之忠誠，遠近所知，吾今日之巍巍[47]，皆君之功也。詩云：『靡不有初，鮮克有終[48]。』終之實難，君其終之[49]。」然吳主恐布疑懼，卒如布意[50]，廢其講業[51]，不復使昭等入。

譙郡嵇康[52]文辭壯麗，好言老、莊而尚奇任俠[53]，與陳留阮籍[54]、籍兄子咸、河內山濤[55]、河南向秀[56]、琅邪王戎[57]、沛國劉伶[58]特相友善，號「竹林七賢」。皆崇尚虛無，輕蔑禮法，縱酒昏酣[59]，遺落世事[60]。

阮籍為步兵校尉，其母卒，籍方與人圍碁，對者求止，籍留與決賭[61]。既[62]而飲酒二斗，舉聲一號，吐血數升，毀瘠骨立[63]。居喪，飲酒無異平日。司隸校尉何曾[64]惡之，面質[65]籍於司馬昭座曰：「卿，縱情、背禮、敗俗之人，今忠賢執政，綜核名實(66)，若卿之曹(67)，不可長(68)也。」因謂昭曰：「公方以孝治天下，而聽(69)阮籍以重哀(70)飲酒食肉於公座，何以訓人！宜擯之四裔(71)，無令汙染華夏。」

昭愛籍才，常擁護(72)之。曾，夔(73)之子也。

阮咸素幸姑婢(74)，姑將婢去(75)，咸方對客(76)，遽(77)借客馬而[2]追之，累騎(78)而還。

劉伶嗜酒，常乘鹿車(79)，攜一壺酒，使人荷鍤(80)隨之，曰：「死便埋我。」當時士大夫皆以為賢，爭慕效之，謂之放達。

鍾會方有寵於司馬昭，聞嵇康名而造之(81)。康箕踞(82)而鍛(83)，不為之禮。會將去，康曰：「何所聞而來，何所見而去？」會曰：「聞所聞而來，見所見而去。」遂深銜(84)之。

山濤為吏部郎，舉康自代(85)。康與濤書(86)，自說不堪流俗(87)，而非薄湯、武(88)。昭聞而怒之。康與東平呂安(89)親善，安兄巽(90)誣安不孝(91)，康為證其不然。會因譖康(92)嘗欲助毌丘儉(93)，且安、康有盛名於世，而言論放蕩，害時亂教，宜因此除之。昭遂殺安及康。康嘗詣隱者汲郡孫登(94)，登曰：「子才多識寡，難乎免於今之世矣！」

司馬昭患姜維數為寇，官騎路遺(95)求為刺客入蜀，從事中郎荀勗(96)曰：「明公為天下宰[97]，宜杖正義以伐違貳[98]，而以刺客除賊，非所以刑于四海[99]也。」昭善之。勖，爽[100]之曾孫也。

昭欲大舉伐漢，朝臣多以為不可，獨司隸校尉鍾會勸[101]之。昭諭眾曰：「自定壽春[102]以來，息役六年，治兵繕甲，以擬二虜[103]。今吳地廣大而下濕，攻之用功差難[104]，不如先定巴蜀。三年之後，因順流之勢，水陸並進，此滅虢取虞[105]之勢也。計蜀戰士九萬，居守成都及備他境不下四萬，然則餘眾不過五萬。今絆[106]姜維於沓中，使不得東顧[107]，直指駱谷[108]，出其空虛之地以襲漢中[109]，以劉禪之闇[110]，而邊城外破，士女內震[111]，其亡可知也。」乃以鍾會為鎮西將軍，都督關中。征西將軍鄧艾以為蜀未有釁[112]，屢陳異議。昭使主簿師纂[113]為艾司馬[114]以諭之，艾乃奉命。

姜維表漢主：「聞鍾會治兵關中，欲規[115]進取，宜並遣左右車騎[116]張翼、廖化，督諸軍分護[117]陽安關口[118]及陰平[119]之橋頭，以防未然。」黃皓信巫鬼，謂敵終不自致[120]，啓漢主寢其事[121]，羣臣莫知。

【章旨】以上為第一段，寫魏帝曹奐景元三年（西元二六二年）一年間的大事，主要寫了蜀將姜維屢屢出兵伐魏，徒勞無功，國人怨謗，黃皓專權，後主昏瞶，滅亡之形勢昭然；寫了嵇康、阮籍等竹林七賢的生活習性，以及嵇康亢直憤世被司馬昭所殺；寫了司馬昭調集兵馬，準備伐蜀，而黃皓不奉行姜維的軍事調度，為下年魏兵乘虛，蜀被魏滅做伏筆。

【注釋】❶八月乙酉　八月十六。❷朱公主　孫權之女，朱據之妻，隨其夫姓，稱為「朱公主」。❸戊子　八月十九。❹子霻　孫霻。吳主孫休的長子。孫休有四子，為易於讓人避諱，特創造出四個很怪的字來給四子命名。其次子孫𩅦（ㄍㄨㄥ）、三子孫壾（ㄇㄤˇ）、四子孫𠅨（ㄅㄠ）。讀音是吳主自己定的。《吳錄》載孫休詔書，特別解釋：「霻，音灣」。❺出軍　指出兵伐魏。❻廖化　西蜀名將。傳見《三國志》卷四十五。❼兵不戢　指不停地發動戰爭。❽伯約　姜維的字。❾不出敵　不高於敵人。❿無厭　沒個滿足；沒個停止。⓫洮陽　魏縣名，在洮水之北，即今甘肅臨潭。⓬侯和　魏縣名，在今甘肅臨潭東五十里。⓭沓中　地區名，在今甘肅臨潭西南，當時為羌人所居地。⓮以羈旅依漢　姜維原是魏國人，後來被諸葛亮收服，歸為漢將，見本書卷七十一太和二年。羈旅，作客在外，此指由他國歸順而來，有如旅客。⓯閻宇　字文平，時為右大將軍，居姜維之次。⓰姦巧專恣　奸詐巧偽，恣意專斷。⓱趨走小臣　聽候差遣的小宦官。⓲董允每切齒　董允常常對他切齒痛恨。事見本書卷七十四正始六年。⓳恨之　對董允的表現感到遺憾。恨，遺憾。⓴枝附葉連　指黨羽眾多。㉑遜辭　婉言道歉。㉒返自洮陽　自洮陽失利回師後。按，以上言姜維與黃皓的矛盾乃補敘出兵洮陽以前事。㉓濮陽興　姓濮陽，名興。㉔左右御史大夫　御史大夫職同副丞相，主管監察、彈劾。㉕興遇之厚　濮陽興對當時為琅邪王的孫休有恩。㉖會稽王　據胡三省注，此處當作「琅邪王」。吳主孫休先封為琅邪王，徙居會稽。後來從會稽入京為帝，從未曾封會稽王。㉗典宮省　主管宮廷與朝廷的警衛，指為中軍督。㉘關軍國　指主管國家的政權與軍事而言。㉙佞巧　善於賣乖討好。㉚相表裏　內外勾結。㉛博士祭酒韋昭　韋昭也稱「韋曜」，字弘嗣。傳見《三國志》卷六十五。博士祭酒是帝王的諮詢顧問人員，為諸博士的頭領。㉜講論　討論學術。㉝亦何所損　對你有什麼害處。㉞特當　大概是由於。㉟道臣下姦慝　說朝廷大臣的壞話。姦慝，邪惡。㊱自備　自己心裡有數、有防備。㊲乃解　才能明白。㊳王務　即朝廷政事。㊴其流各異　它們的性質各不相同。㊵此無所為非　討論學術本沒有什麼不對。㊶有所及　把學術與政治牽連到一起。㊷在事　居官任職。㊸更行此於孤　又把當初孫綝干涉我的那種樣子用到了我的頭上。更，又。㊹良甚　很是。㊺布拜表叩頭　此句《通鑑》沿用《三國志》舊文。《通鑑》在這裡已改為當面說話，不應再出「表」字，胡三省認為「表」字衍。㊻聊相開悟耳　你只要明白就行啦。㊼巍巍　指居於帝王之位。㊽靡不有初二句　語出《詩經·蕩》，意謂剛開始的時候都很好，但很少有人能善始善終。鮮，少。㊾君其終之　希望你能善始善終。(50)卒如布意　最終還是按照張布的意思。卒，終於。如，按照。(51)講業　討論學術的活動。(52)譙郡嵇康　譙郡是魏郡名，郡治即今安徽亳州。嵇康字叔夜，任中散大夫，崇尚老莊，為「竹林七賢」之一。有《嵇中散集》。傳見《三國志》卷二十一。(53)尚奇任俠　行為奇特，豪爽而愛打抱不平。(54)阮籍　字嗣宗，官至步兵校尉。性好老莊，曠達不羈，蔑視禮教，常縱酒昏睡，以此保全自己。能詩善文，為「竹林七賢」之一。傳見《三國志》卷二十一。(55)河內山濤　河內是魏郡名，郡治即今河南武涉。山濤字巨源。傳見《晉書》卷四十三。(56)河南向秀　河南是魏郡名，郡治即今洛陽。向秀字子期，著有〈思舊賦〉。傳見《晉書》卷四十九。按，據《晉書》，向秀也是河內人，不是河南。(57)琅邪王戎　琅邪是曹魏的諸侯國名，都城開揚，在今山東臨沂北。王戎字濬沖，王渾之子。傳見《晉書》卷四十三。(58)沛國劉伶　沛國是曹魏的諸侯國名，都城即今江蘇沛縣。劉伶字伯倫，以飲酒聞名。傳見《晉書》卷四十三。(59)昏酣　昏醉不醒。(60)遺落世事　不關心現實政事。(61)留與決賭　留他接著下，要與他決出這一盤的勝負。(62)既　過後，指下完棋。(63)毀瘠骨立　因痛苦悲傷而瘦得骨立如柴。(64)司隸校尉何曾　司隸校尉是首都所在地區的行政長官，如同其他州的刺史，並負責監察朝廷百官。何曾，字穎考，魏時任散騎常侍、司隸校尉、鎮北將軍等職。入晉，官至司徒、太宰，封郎陵縣侯。傳見《三國志》卷十二。(65)面質　當面質問。(66)綜核名實　考察名聲是否與實際符合的問題。(67)若卿之曹　像你這種人。曹，輩；類。(68)不可長　不能助長。(69)聽　聽任。(70)以重哀　在其為母居喪期間。(71)擯之四裔　流放到邊遠的蠻荒地區。(72)擁護　保護。據《晉書》載：司馬昭曾替兒子司馬炎向阮籍之女求婚，阮籍不願意，又不敢公開拒絕，於是酩酊大醉六十日，使司馬昭無法開口。後來阮籍又為群臣執筆，給司馬昭寫勸進箋，文情並茂，故司馬昭愛其才，常「擁護」之。(73)夔　何夔，字叔龍，曹操時代的名臣。傳見《三國志》卷十二。(74)素幸姑婢　一向喜歡其姑身邊的婢女。幸，喜愛。(75)姑將婢去　其姑出嫁時帶著這個婢女一道走了。將，攜帶。(76)方對客　正跟客人在一起。(77)遽　立刻；趕緊。(78)累騎　兩人同騎一匹馬。(79)鹿車　小車，其小僅可讓一隻小鹿拉著。(80)荷鍤　扛著鐵鍬。(81)造之　上門拜訪。(82)箕踞　兩腿直伸，像個簸箕似的坐著。(83)鍛　鍛冶；打鐵。(84)深銜　狠狠地記恨在心裡。(85)山濤為吏部郎二句　山濤原為吏部郎，現在又有高就，推薦嵇康接替自己原來的職位。吏部郎，猶如後代的吏部尚書，負責百官的選拔任用。(86)康與濤書　即通常所說的〈與山巨源絕交書〉，全文見《昭明文選》。(87)不堪流俗　不能忍受世俗的人與事。嵇康的〈與山巨源絕交書〉中有所謂「七不堪」，即一，「臥喜晚起，而當關呼之不置」；二，「抱琴行吟，弋釣草野，而吏卒守之，不得妄動」；三，「危坐一時，痹不得搖，性復多虱，把搔無已，而當裹以章服，揖拜上官」；四，「素不便書，又不喜作書……欲自勉強，則不能久」；五，「不喜弔喪，而人道以此為重……」；六，「不喜俗人，而當與之共事……」；七，

「心不耐煩，而官事鞅掌，機務纏其心，世故繁其慮」。(88)非薄湯武　批評、看不起商湯、周武王。嵇康的〈與山巨源絕交書〉中又有所謂「二甚不可」，其一即「非湯、武而薄周、孔」；其二即「剛腸疾惡，輕肆直言，遇事便發」。所謂「非薄湯、武」的言外之意即鄙視司馬昭的陰謀篡魏。(89)東平呂安　東平是曹魏的諸侯國名，都城壽張，在今山東東平南。呂安，字仲悌，呂昭的次子。事見《三國志》卷二十一。(90)安兄巽　呂巽，字長悌，為東平相國的屬吏，有寵於司馬昭。(91)誣安不孝　據《魏氏春秋》載：「巽淫安妻徐氏，而誣安不孝，囚之」。(92)譖康　誣陷嵇康。譖，在上司面前說人壞話。(93)嘗欲助毌丘儉　曾想幫助起兵討伐司馬氏的魏將毌丘儉。毌丘儉起兵討伐司馬氏見本書前文〈魏紀八〉。(94)汲郡孫登　汲郡是魏郡名，郡治在今河南衛輝城西南。孫登，字公和，當時有名的隱士。事見《三國志》卷二十一。(95)官騎路遺　司馬昭的侍從人員姓路名遺。官騎，也稱「騶騎」，騎馬的侍從人員。(96)從事中郎荀勗　司馬昭的屬官姓荀名勗。從事中郎略同於「長史」，位在主簿之上。荀勗字公會，貌似中正的司馬氏的親附者。傳見《晉書》卷三十九。(97)為天下宰　為普天下的主宰，因其為魏國宰相而恭稱之。(98)違貳　不服管轄、不奉王命者，此處以稱西蜀、東吳。(99)刑于四海　為天下人做榜樣。刑，這裡同「型」，做榜樣。(100)爽　荀爽，東漢時大臣，曾官至司空。(101)勸　鼓勵；慫恿。(102)定壽春　指平定諸葛誕的「反叛」，見前文魏帝曹髦甘露三年。(103)以擬二虜　以對付東吳和蜀漢。擬，對；對準。(104)差難　較為困難。(105)滅虢取虞　滅掉虢國後，回軍時順便滅了虞國。春秋時晉獻公先滅了虢國，而後返回時乘勢滅了虞國。事見《左傳》僖公三年。當時的虢國在今河南三門峽市東南，當時的虞國在今山西平陸北，晉國的都城在今山西侯馬東北。(106)絆　牽制。(107)東顧　顧及東面。(108)駱谷　山道名，在今陝西周至西南，谷長四百餘里，為關中與漢中的交通要道。(109)漢中　蜀郡名，郡治即陝西漢中。(110)闇　昏庸。(111)內震　在其國內造成震恐不安。(112)未有釁　沒有可乘之機。釁，裂痕；空隙。(113)師纂　姓師名纂。(114)為艾司馬　去充當鄧艾帳下的司馬官。司馬是將軍的僚屬，主管軍中司法。(115)規　謀劃。(116)左右車騎　時張翼任左車騎將軍，廖化任右車騎將軍。(117)分護　分別把守。(118)陽安關口　蜀國軍事要地名，即陽平關，在今陝西勉縣西。(119)陰平　蜀縣名，在今甘肅文縣西北。陽平關及陰平道的地勢都十分險惡。(120)謂敵終不自致　認為敵兵無論如何不會自己前來送死。謂，認為。自致，自己到險地送死。(121)寢其事　將此事壓下，置之不理。

【校　記】[1]惶　原作「皇」。據章鈺校，甲十一行本、乙十一行本、孔天胤本皆作「惶」，張敦仁《通鑑刊本識誤》同，今從改。按，二字同。[2]而　原無此字。據章鈺校，甲十一行本、乙十一行本皆有此字，今據補。

【語　譯】元皇帝下

景元三年（壬午　西元二六二年）

秋季，八月十六日乙酉，吳主孫休冊封朱氏為皇后，朱皇后，是朱公主孫小虎的女兒。十九日戊子，封皇子孫霬為皇太子。

蜀漢大將軍姜維準備率領軍隊攻打魏國，擔任右車騎將軍的廖化說：「對外不停地發動戰爭，必定會像放火的人那樣最終燒到自己，說的就是像姜維這樣的人。在自己的智謀不高於敵人、軍事實力又比敵人弱小的情況下，卻永無休止地發動戰爭，將依靠什麼來保證自己的生存呢？」冬季十月，姜維率軍侵犯魏國的洮陽縣，魏國征西將軍鄧艾在侯和縣境內與姜維展開激戰，將姜維打敗，姜維只得退回沓中。

當初，姜維雖然是從魏國投奔蜀漢的將領，卻身負蜀漢的重任，然而他連年對魏國用兵，卻沒有建立起什麼大的功勳。宦官黃皓在朝中掌握著大權，與擔任右大將軍的閻宇關係密切，兩人陰謀廢逐姜維而樹立閻宇的權威。姜維得知這個消息，就對漢後主劉禪說：「黃皓奸詐巧佞，恣意專斷，將來必定敗壞國家，貽害百姓，請把他除掉，以絕後患！」後主劉禪卻說：「黃皓只是一個聽候差遣的小宦官，過去董允常常對黃皓恨得咬牙切齒，我常為董允的表現而感到遺憾，先生又何必把黃皓放在心上呢！」姜維見黃皓深得後主寵信，在朝中黨羽眾多，他的關係網就像叢林一樣盤根錯節、枝附葉連而難以動搖，因而對自己的出言不慎感到有些恐懼，於是便向後主婉言道歉後退出。漢後主劉禪命令黃皓到姜維那裡陳情謝罪。姜維因此心中更加疑慮，擔心大禍臨頭，洮陽之戰失利返回後，就向後主劉禪請求到沓中屯田，種植小麥，不敢再返回成都。

吳主孫休任命濮陽興為丞相，任命廷尉丁密、光祿勳孟宗為左右御史大夫。當初，濮陽興擔任會稽太守的時候，孫休也住在會稽，濮陽興對當時的會稽王孫休有恩；左將軍張布曾經擔任孫休的左右督將，所以孫休即皇帝位後，二人都得到恩寵，掌握了朝廷大權，張布主管宮廷與朝廷的警衛，濮陽興掌管國家的政權與軍權，兩人都善於賣乖討好，內外勾結，吳國人因此而大失所望。

吳主孫休喜好讀書，他想讓博士祭酒韋昭、博士盛沖到宮中和自己討論學術。張布認為韋昭、盛沖二人為人正直，敢於放膽直言，恐怕他們入侍吳主孫休會揭發自己所幹的那些見不得人的罪惡勾當，所以堅決勸阻孫休。吳主孫休說：「我涉獵學問，遍觀群書，只是想與韋昭等人談論一些遺聞舊事，這對你來說有什麼害處？你大概是擔心韋昭等人在我面前說朝廷大臣的壞話，所以不願意讓他們進來吧。像這樣的事情，其實我自己已經心裡有數、有所防備，用不著等韋昭他們揭發然後才能明白。」張布心中惶恐，只得向孫休謝罪，並解釋說這樣做的目的是怕研討學問妨礙了處理國家政事。孫休說：「朝廷政事和研究學業，是性質完全不同的兩種事物，相互之間並無妨礙。討論學術沒有什麼不對，而你卻認為不合適，恐怕是認為我們會把學術與政治牽連到一起吧。沒想到你居官任職，又把當初孫綝干涉我的那種樣子用到了我的頭上，這種做法是很不可取的！」張布聽了孫休的這番話之後，心中十分惶恐，於是連連磕頭，請求寬恕。吳主孫休說：「你只要明白就行啦，哪裡就至於這樣驚恐磕頭呢？像你這樣對我忠心耿耿，是遠近都知道的，我能夠坐在高高的皇帝寶座上，都是你的功勞啊。《詩經》上有這樣的詩句：『剛開始的時候都很好，但很少有人能夠善始善終。』做到善始善終確實很難，但我希望你能夠善始善終。」然而，吳主孫休擔心張布猜疑恐懼，最終還是順從了張布的意思，取消了與韋昭等人討論學問的活動，沒有再派人召韋昭等人入宮。

譙郡人嵇康，寫的文章氣勢雄壯、辭藻華麗，他喜好講論《老子》、《莊子》的學說，而且行為奇特、豪爽，愛打抱不平，他與陳留人阮籍、阮籍哥哥的兒子阮咸、河內人山濤、河南人向秀、琅邪人王戎、沛國人劉伶關係特別親密，號稱「竹林七賢」。他們全都崇尚虛無，輕蔑禮法，整日喝酒喝得昏醉不醒，而不關心現實政事。

阮籍擔任步兵校尉，他母親去世的時候，阮籍正與朋友下圍棋，朋友聽到阮籍母親去世的消息，要求阮籍停止下棋，阮籍卻要他接著下，一定要與他決出這一盤棋的勝負。下完棋後，阮籍一口氣喝下了兩斗酒，然後放開喉嚨長號一聲，口中吐出了幾升的鮮血，立時因痛苦悲傷而形容改變、消瘦得骨立如柴。阮籍在居喪期間，和平常一樣照常飲酒。擔任司隸校尉的何曾非常厭惡阮籍的行為，有一次在司馬昭座前，何曾當面質問阮籍說：「你是一個縱情任性、違背禮儀、傷風敗俗之人，如今是忠貞賢良的人執掌朝政，對官員要考察他的名聲是否與實際相符合，像你這種人，是不能助長的。」並趁機對司馬昭說：「您正在提倡用孝道治理國家，竟然聽任阮籍在為母居喪期間公開地在您的座前飲酒吃肉，您還怎麼去訓誡別人！應該把他流放到邊遠的蠻荒之地，不要讓他玷汙了華夏文明。」司馬昭因為愛惜阮籍的才能，因此經常保護他。何曾，是何夔的兒子。

阮咸一向喜歡其姑母身邊的婢女，他姑母出嫁的時候帶著這個婢女一道走了，阮咸當時正跟客人在一起，他聽到姑母帶走婢女的消息後，立即向客人借了馬而後飛奔追趕，奪下了婢女，然後兩人騎著同一匹馬返回。劉伶嗜酒如命，他經常乘坐著一輛僅能讓一隻小鹿拉的小車，攜帶著一壺酒，讓一個家人扛著鐵鍬在後面跟隨，他對那個家人說：「我死在哪裡就把我埋在那裡。」當時的士大夫們都認為他很賢能，因而都很仰慕他、爭相效法他的行為，認為那是一種豁達、清高的表現。

鍾會剛剛得到司馬昭的寵愛與信任，他因為聽到嵇康的美名而專程登門拜訪。進門的時候，嵇康正兩腿伸直，像個簸箕似地坐在那裡打鐵，對鍾會的來訪絲毫不予理睬。鍾會即將離去的時候，嵇康問他說：「你聽見了什麼而來到這裡，你又看見了什麼而要離開這裡？」鍾會回答說：「我聽見了我所聽見的才來到這裡，看見了我所看見的所以離開這裡。」於是把嵇康狠狠地記恨在心裡。

山濤擔任吏部郎官時，另有高就，他舉薦嵇康接替自己原來的職位。於是嵇康就寫了一封〈與山巨源絕交書〉送給山濤，說自己不能忍受世俗的人與事，而且流露出了批評、看不起商湯王、周武王的意思。司馬昭聽說之後對嵇康非常憤怒。嵇康與東平人呂安關係親密友善，呂安的哥哥呂巽誣告呂安不孝順父母，嵇康出面為呂安作證認為他哥哥所說的不是事實。鍾會趁機誣陷嵇康曾經想要幫助起兵討伐司馬氏的魏將毌丘儉，而且呂安、嵇康在社會上都享有很高的聲望，然而他們言行放蕩，抨擊朝政，敗壞禮教，應該趁此機會把他們除掉。司馬昭於是殺了呂安和嵇康。嵇康曾經到汲郡拜訪隱士孫登，孫登說：「你才華很高而見識太少，在當今之世恐怕很難免除災禍！」

司馬昭對姜維屢次侵犯邊境感到十分憂慮，他的侍從人員路遺請求到蜀國刺殺姜維，擔任司馬昭從事中郎的荀勗對司馬昭說：「明公是天下的主宰，應該秉持正義去討伐天下不服管轄、不奉王命之人，如果派刺客去剷除自己的敵人，這不是為天下人做榜樣的好辦法。」司馬昭認為荀勗說得有道理。荀勗，是荀爽的曾孫。

司馬昭想要大規模地討伐蜀漢，朝中大臣中有多數人都認為時機未到，唯獨擔任司隸校尉的鍾會對此表示支持。司馬昭對眾人說：「自從平定壽春毌丘儉的反叛以來，已經六年沒有進行戰爭，我們訓練軍隊，補充裝備，為的就是消滅蜀漢和東吳這兩個盜匪。如今東吳幅員遼闊卻地勢低窪潮溼，攻打他們較為困難，不容易取得成功，不如先平定巴蜀。三年之後，再順長江而下，水路、陸路齊頭並進掃平東吳，這是春秋時期晉獻公所採用的滅掉虢國後，回軍時乘勢消滅虞國的辦法。估計蜀國的軍士有九萬人，守衛成都以及駐紮在其他地方的士兵不少於四萬人，而剩下的軍隊不會超過五萬人。如果派軍隊將姜維牽制在沓中，使他無暇顧及東面，我們的大軍直取駱谷，從他們防守空虛的地方進兵，偷襲漢中郡，像劉禪那樣昏庸的皇帝，一旦邊城陷落，必定造成其國內人心惶恐不安，蜀國的滅亡是在預料之中的事情。」於是司馬昭任命鍾會為鎮西將軍，統領關中軍事。而征西將軍鄧艾認為蜀國並沒有可乘之機，因此對攻打蜀國屢次提出不同意見。司馬昭於是派主簿師纂去充當鄧艾帳下的司馬官，對鄧艾進行勸說，鄧艾這才接受了命令。

姜維上表給後主劉禪說：「聽說鍾會在關中訓練軍隊，正在謀劃攻打我們，陛下應該同時派遣左車騎將軍張翼、右車騎將軍廖化，讓他們率軍分別駐守陽安關口及陰平橋頭，在魏軍沒有到來之前做好準備。」而黃皓迷信鬼神，認為敵兵無論如何不會自己前來送死，便勸說後主劉禪將姜維的奏章壓下來，置之不理，因此滿朝文武大臣對這樣重大的事情竟然毫不知情。

四年（癸未　西元二六三年）

春，二月[1]，復命司馬昭進爵位如前❶，又辭不受。

吳交趾❷太守孫諝貪暴，為百姓所患。會❸吳主遣察戰鄧荀❹至交趾，荀擅調孔爵❺三十頭送建業❻，民憚遠役，因謀作亂❼。夏，五月，郡吏呂興等殺諝及荀，遣使來請太守及兵❽，九真、日南❾皆應之。

詔諸軍大舉伐漢，遣征西將軍鄧艾督三萬餘人自狄道❿趣甘松⓫、沓中⓬，以連綴⓭姜維。雍州刺史諸葛緒督三萬餘人自祁山⓮趣武街⓯、橋頭，絕維歸路。鍾會統十餘萬眾分從斜谷⓰、駱谷、子午谷⓱趣漢中⓲。以廷尉衛瓘⓳持節⓴監艾、會軍事，行鎮西軍司㉑。瓘，覬㉒之子也。

會過幽州刺史王雄㉓之孫戎，問：「計將安出？」戎曰：「道家有言，『為而不恃㉔。』非成功難，保之難也。」或以問參相國軍事㉕平原劉寔㉖曰：「鍾、鄧其平蜀乎？」寔曰：「破蜀必矣，而皆不還㉗。」客問其故，寔笑而不答。

秋，八月，軍發洛陽，大賚㉘將士，陳師誓眾。將軍鄧敦謂蜀未可討，司馬昭斬以徇㉙。

漢人聞魏兵且至，乃遣廖化將兵詣沓中為姜維繼援，張翼、董厥等詣陽安關口為諸圍㉚外助。大赦，改元炎興㉛。敕諸圍皆不得戰，退保漢、樂二城㉜，城中各有兵五千人。翼、厥北至陰平㉝，聞諸葛緒將向建威㉞，留住月餘待之。鍾會率諸軍平行(35)至漢中。

九月，鍾會使前將軍李輔統萬人圍王含(36)於樂城，護軍荀愷圍蔣斌(37)於漢城。會徑過(38)西趣陽安口，遣人祭諸葛亮墓(39)。

初，漢武興督(40)蔣舒在事無稱(41)，漢朝令人代之，使助將軍傅僉守關口(42)，舒由是恨。鍾會使護軍胡烈(43)為前鋒，攻關口。舒詭(44)謂僉曰：「今賊至不擊(45)而閉城自守，非良圖也。」僉曰：「受命保城，惟全為功。今違命出戰，若喪師負國，死無益矣。」舒曰：「子以保城獲全為功，我以出戰克敵為功，請各行其志。」遂率其眾出。僉謂其戰也，不設備。舒率其眾迎降胡烈，烈乘虛襲城，僉格鬭而死。僉，彤(46)之子也。鍾會聞關口已下，長驅而前，大得庫藏積穀。

鄧艾遣天水太守王頎直攻姜維營，隴西太守牽弘邀(47)其前，金城太守楊欣趣甘松。維聞鍾會諸軍已入漢中，引兵還。欣等追躡於彊川口(48)，大戰，維敗走。聞諸葛緒已塞道屯橋頭(49)，乃從孔函谷(50)入北道，欲出緒後(51)。緒聞之，卻還(52)三十里。維入北道三十餘里，聞緒軍卻，尋還(53)，從橋頭過。緒趣截維，較一日不及(54)。維遂還至陰平，合集士眾，欲赴關城(55)。未到[2]，聞其已破，退趣白水(56)，遇廖化、張翼、董厥等，合兵守劍閣(57)以拒會。

安國元侯高柔[58]卒。

冬，十月，漢人告急於吳。甲申[59]，吳主使大將軍丁奉督諸軍向壽春；將軍留平[60]就施績於南郡[61]，議兵所向；將軍丁封、孫異[62]如沔中[63]以救漢。

詔以征蜀諸將獻捷交至[64]，復命大將軍昭進位、爵賜[65]一如前詔，昭乃受命。

昭辟[66]任城魏舒為相國參軍。初，舒少時遲鈍質朴[3]，不為鄉親所重，從叔父[67]吏部郎衡，有名當世，亦不知之，使守水碓[68]，每歎曰：「舒堪數百戶長[69]，我願畢矣[70]！」舒亦不以介意，不為皎厲[71]之事。唯太原王乂謂舒曰：「卿終當為台輔[72]。」常振其匱乏[73]，舒受而不辭。年四十餘，郡舉上計掾[74]，察孝廉[75]。宗黨[76]以舒無學業，勸令不就[77]，可以為高[78]。舒曰：「若試而不中，其負在我，安可虛竊不就之高以為己榮乎？」於是自課[79]，百日習一經[80]，因而對策升第[81]，累遷後將軍鍾毓[82]長史。毓每與參佐射[83]，舒常為畫籌[84]而已。後遇朋人不足[85]，以舒滿數。舒容範閒雅[86]，發無不中。舉坐愕然，莫有敵者。毓歎而謝曰：「吾之不足以盡卿才[87]，有如此射矣，豈一事哉！」及為相國參軍，府朝碎務[88]，未嘗見是非[89]。至於廢興大事[90]，眾人莫能斷者，舒徐為籌之[91]，多出眾議之表[92]。昭深器重之。

癸卯[93]，立皇后卞氏[94]，昭烈將軍秉之孫[95]也。

鄧艾進至陰平，簡選精銳，欲與諸葛緒自江油[96]趣成都。緒以本受節度邀姜維[97]，西行非本詔[98]，遂引軍向白水[99]，與鍾會合。會欲專軍勢[100]，密白[101]緒畏懦不進，檻車徵還[102]，軍悉屬會。

姜維列營守險，會攻之不能克，糧道險遠，軍食乏，欲引還。鄧艾上言：「賊已摧折，宜遂乘之[103]，若從陰平由邪徑[104]經漢德陽亭[105]趣涪[106]，出[107]劍閣西百里，去[108]成都三百餘里，奇兵衝其腹心[109]，出其不意，劍閣之守必還赴涪，則會方軌而進[110]；劍閣之軍不還，則應涪之兵[111]寡矣。」遂自陰平行無人之地七百餘里，鑿山通道，造作橋閣[112]。山谷高【4】深，至為艱險，又糧運將匱，瀕於危殆。艾以氈自裹，推轉而下[113]。將士皆攀木緣崖，魚貫[114]而進。先登[115]至江油，蜀守將馬邈降。諸葛瞻督諸軍拒艾，至涪，停住不進。尚書郎黃崇，權[116]之子也，屢勸瞻宜速行據險，無令敵得入平地，瞻猶豫未納。崇再三言之，至于流涕，瞻不能從。艾遂長驅而前，擊破瞻前鋒，瞻退住緜竹[117]。艾以書誘瞻曰：「若降者，必表為琅邪王[118]。」瞻怒，斬艾使，列陳以待艾。艾遣子惠唐亭侯忠[119]等【5】出其右[120]，司馬師纂[121]等出其左。忠、纂戰不利，並引還，曰：「賊未可擊。」艾怒曰：「存亡之分，在此一舉，何不可之有！」叱忠、纂等，將斬之。忠、纂馳還更戰，大破，斬瞻及黃崇。瞻子尚歎曰：「父子荷國重恩(122)，不早斬黃皓，使敗國殄民(123)，用生何為(124)！」策馬冒陳(125)而死。

漢人不意魏兵卒至(126)，不為城守調度(127)；聞艾已入平土(128)，百姓擾擾(129)，皆迸山澤(130) [6]，不可禁制。漢主使羣臣會議，或以為[7]蜀之與吳，本為與國(131)，宜可奔吳；或以為南中七郡(132)，阻險斗絕(133)，易以自守，宜可奔南。光祿大夫譙周(134)以為：「自古以來，無寄他國為天子者。今[8]若入吳國，亦當臣服。且治政不殊(135)，則大能吞小，此數(136)之自然也。由此言之，則魏能并吳，吳不能并魏明矣。等為稱臣，為小孰與為大(137)，再辱之恥何與一辱(138)？且若欲奔南，則當早為之計，然後可果(139)。今大敵已近，禍敗將及，羣小之心，無一可保(140)，恐發足(141)之日，其變不測(142)，何至南之有乎(143)！」或曰：「今艾已不遠，恐不受降，如之何？」周曰：「方今東吳未賓(144)，事勢不得不受，受之不得不禮(145)。若陛下降魏，魏不裂土以封陛下者，周請身詣京都(146)，以古義爭之(147)。」眾人皆從周議。漢主猶欲入南，狐疑未決。周上疏曰：「南方遠夷之地，平常無所供為(148)，猶數反叛，自丞相亮以兵威偪之，窮乃率從(149)。今若至南，外當拒敵，內供服御(150)，費用張廣(151)，他無所取(152)，耗損諸夷，其叛必矣。」漢主乃遣侍中張紹等奉璽綬以降於艾。北地王諶(153)怒曰：「若理窮力屈(154)，禍敗將及，便當父子君臣背城一戰，同死社稷，以見先帝可也，柰何降乎！」漢主不聽。是日，諶哭於昭烈之廟(155)，先殺妻子而後自殺。

張紹等見鄧艾於雒(156)，艾大喜，報書褒納(157)。漢主遣太僕(158)蔣顯別敕姜維(159)使降鍾會，又遣尚書郎李虎送士民簿於艾，戶二十八萬，口九十四萬，甲士十萬二千，吏四萬人。艾至成都城北，漢主率太子、諸王及羣臣六十餘人，面縛輿櫬(160)詣軍門。艾持節(161)解縛焚櫬(162)，延請相見。檢御(163)將士，無得虜略(164)，綏納降附(165)，使復舊業。輒依鄧禹故事(166)，承制(167)拜漢王禪行驃騎將軍(168)，太子奉車(169)，諸王駙馬都尉(170)，漢羣司(171)各隨高下拜為王官(172)，或領艾官屬(173)。以師纂領益州刺史(174)，隴西太守牽弘(175)等領蜀中諸郡。艾聞黃皓姦險，收閉(176)將殺之。皓賂艾左右，卒(177)以得免。

姜維等聞諸葛瞻敗，未知漢主所嚮(178)，乃引軍東入于巴(179)。鍾會進軍至涪，遣胡烈等追維。維至郪(180)，得漢主敕命，乃令兵悉放仗(181)，送節傳(182)於胡烈，自從東道與廖化、張翼、董厥等同詣會降。將士咸怒，拔刀斫石。於是諸郡縣圍守(183)

皆被漢主敕[184]罷兵降。鍾會厚待姜維等，皆權[185]還其印綬節蓋[186]。

吳人聞蜀已亡，乃罷丁奉等兵。吳中書丞[187]吳郡華覈[188]詣宮門上表曰：「伏聞成都不守，臣主播越[189]，社稷傾覆，失委附之土[190]，棄貢獻之國[191]。臣以草芥[192]，竊懷不寧[193]。陛下[194]聖仁，恩澤遠撫，卒聞如此，必垂哀悼[195]。臣不勝忡悵[196]之情，謹拜表以聞！」

魏之伐蜀也，吳人或謂襄陽張悌[197]曰：「司馬氏得政以來，大難[198]屢作，百姓未服，今又勞力遠征，敗於不暇[199]，何以能克？」悌曰：「不然。曹操雖功蓋中夏[200]，民畏其威而不懷其德也。丕、叡承之[201]，刑繁役重，東西驅馳[202]，無有寧歲。司馬懿父子累有大功，除其煩苛而布其平惠[203]，為之謀主[204]而救其疾苦，民心歸之亦已久矣。故淮南三叛[205]，而腹心不擾[206]；曹髦之死[207]，四方不動。任賢使能，各盡其心，其本根固矣，姦計立[208]矣。今蜀閹宦專朝[209]，國無政令，而玩戎黷武[210]，民勞卒敝[211]，競於外利[212]，不脩守備。彼[213]彊弱不同，智筭亦勝，因危而伐[214]，殆[215]無不克。噫！彼之得志，我之憂也。」吳人笑其言，至是乃服。

吳人以武陵五溪夷[216]與蜀接界，蜀亡，懼其叛亂，乃以越騎校尉[217]鍾離牧[218]領[219]武陵太守。魏已遣漢葭縣長[220]郭純試守[221]武陵太守，率涪陵民[222]入遷陵界[223]，屯于赤沙[224]，誘動諸夷進攻酉陽[225]，郡中震懼。牧問朝吏[226]曰：「西蜀傾覆，邊境見侵[227]，何以禦之？」皆對曰：「今二縣[228]山險，諸夷阻兵[229]，不可以軍驚擾，驚擾則諸夷盤結[230]。宜以漸安[231]，可遣恩信吏[232]宣教慰勞。」牧曰：「不然[9]。外境內侵，誑誘[233]人民，當及其根柢未深[234]而撲取之，此救火貴速之勢也。」敕外趣嚴[235]。撫夷將軍高尚謂牧曰：「昔潘太常[236]督兵五萬，然後討五溪夷[237]。是時劉氏連和[238]，諸夷率化[239]。今既無往日之援，而郭純已據遷陵，而明府[240]欲以三千兵深入，尚未見其利也。」牧曰：「非常之事，何得循舊！」即帥所領，晨夜進道，緣山險行垂二千里[241]，斬惡民懷異心者魁帥[242]百餘人，及其支黨凡千餘級[243]。純等散走，五谿皆平。

十二月庚戌[244]，以司徒鄭沖為太保。○壬子[245]，分益州為梁州[246]。○癸丑[247]，特赦益州士民，復除[248]租稅之半五年。○乙卯[249]，以鄧艾為太尉，增邑二萬戶；鍾會為司徒，增邑萬戶[250]。○皇太后郭氏殂[251]。

鄧艾在成都，頗自矜伐[252]，謂蜀士大夫曰[10]：「諸君賴遭艾[253]，故得有今日耳。如遇吳漢[254]之徒，已殄滅[255]矣。」艾以書言於晉公昭曰：「兵有先聲而後實[256]者，今因平蜀之勢以乘吳[257]，吳人震恐，席卷[258]之時也。然大舉[259]之後，將士疲勞，不可便用[260]，且徐緩之。留隴右[261]兵二萬人、蜀兵二萬人，煮鹽興冶[262]，為軍農要用[263]。並作舟船，豫為順流之事[264]。然後發使告以利害，吳必歸化[265]，可不征而定也。今宜厚劉禪以致孫休[266]，封禪為扶風王[267]，錫其資財[268]，供其左右。郡有董卓塢[269]，為之宮舍，爵[270]其子為公侯，食郡內縣，以顯歸命[271]之寵；開廣陵、城陽[272]以待吳人，則畏威懷德，望風而從矣。」昭使監軍[273]衛瓘喻艾：「事當須報[274]，不宜輒行[275]。」艾重言[276]曰：「銜命[277]征行，奉指授[278]之策，元惡[279]既服，至於承制拜假[280]，以安初附，謂合權宜[281]。今蜀舉眾歸命，地盡南海[282]，東接吳、會[283]，宜早鎮定。若待國命[284]，往復道途，延引[285]日月。春秋之義[286]，『大夫出疆，有可以安社稷，利國家，專之可也。』今吳未賓[287]，勢與蜀連，不可拘常[288]，以失事機。兵法：『進不求名，退不避罪[289]。』艾雖無古人之節，終不自嫌[290]以損國家計也。」

鍾會內有異志[291]，姜維知之，欲搆成擾亂[292]，乃說會曰：「聞君自淮南已來[293]，筭無遺策[294]，晉道克昌[295]，皆君之力。今復定蜀，威德振世，民高其功，主畏其謀，欲以此安歸乎[296]？何不法陶朱公[297]汎舟絕迹[298]，全功保身邪？」會曰：「君言遠矣，我不能行。且為今之道[299]，或未盡於此[300]也。」維曰：「其他[301]則君智力之所能，無煩於老夫[302]矣。」由是情好歡甚，出則同轝，坐則同席。會因鄧艾承制專事，乃與衛瓘密白艾有反狀。會善效人書[303]，於劍閣要艾章表白事[304]，皆易其言[305]，令辭指悖傲[306]，多自矜伐[307]。又毀晉公昭報書[308]，手作以疑之[309]。

【章　旨】以上為第二段，寫魏帝曹奐景元四年（西元二六三年）一年間的大事，主要寫了司馬昭派鄧艾、鍾會兩路大軍伐蜀，姜維等抵抗失敗，退守劍閣；寫了鄧艾經陰平，翻越崇山至蜀江油縣，諸葛瞻攔截不住，鄧艾等遂長驅撲向成都；寫了蜀主劉禪聽從譙周之議，向鄧艾投降，並宣諭劍閣守軍姜維等向鍾會交械事；寫了鄧艾謀略甚高，但矜伐驕縱，致被鍾會所嫉恨陷害；此外也寫了吳國交趾郡的官吏殘暴，引起交州數郡反吳；與吳國武陵太守鍾離牧成功地扼止了魏人欲乘伐蜀之勝進而佔領東吳武陵郡的意圖。

【注　釋】❶進爵位如前　指如景元元年的詔書所說，封司馬昭為晉公，並加九錫等等。❷交阯　吳郡名，郡治龍編，在今越南河內東北。❸會　適逢；正巧。❹察戰鄧荀　察戰是東吳官名，主管巡迴督察各地戰備事宜，鄧荀時任此職。❺擅調孔爵　擅自做主向交阯郡徵調孔雀三十隻。孔爵，即孔雀。❻建業　吳國都城，即今南京。❼民憚遠役二句　此處敘事不清，單徵孔雀，何來「民憚遠役」？據《三國志》卷四十八稱：「謂先是科郡上手工千餘人送建業，而察戰至，恐復見取」，故郡人謀作亂。❽來請太守及兵　來向曹魏請求給交阯派太守及守軍。❾九真日南　皆吳郡名，九真郡的郡治胥浦，在今越南清化西北，日南郡的郡治朱吾，在今越南洞海南。❿狄道　魏縣名，即今甘肅臨洮。⓫甘松　蜀縣名，在今甘肅迭部東南。⓬沓中　蜀國地區名，在今甘肅宕昌西，與甘松鄰近。⓭連綴　牽制。⓮祁山　魏縣名，在今甘肅禮縣東北。⓯趣武街　直撲武街。趣，同「趨」。撲向。武街，蜀縣名，後來稱同谷縣，即今甘肅成縣。⓰斜谷　山道名，在今陝西五丈原西南，夾在武功水和褒水之間，是連接關中與漢中的交通要道。⓱子午谷　從關中到漢中的南北通道。北口在今陝西長安西南，南口在今陝西漢陰西。⓲漢中　蜀郡名，郡治南鄭，即今陝西漢中。⓳廷尉衛瓘　廷尉是全國最高的司法長官。衛瓘字伯玉，是魏晉之交的大權奸。傳見《晉書》卷三十六。⓴持節　手執旌節，作為朝廷特派的使者。㉑行鎮西軍司　臨時充任鎮西將軍鍾會的監軍。行，代理；暫時充當。軍司，即後代所謂監軍。㉒衛覬　衛覬，仕魏為尚書，封閿鄉侯。㉓王雄　魏將，任幽州刺史時，曾派勇士刺死了鮮卑部落酋長軻比能，使鮮卑勢力暫時衰退。事見本書卷七十三青龍三年。㉔為而不恃　語出《老子》，意思是，事情可以做，但不能居功自傲。㉕參相國軍事　相國司馬昭的參謀人員。㉖平原劉寔　平原郡人劉寔。劉寔，字子真，入晉後歷仕晉武帝、惠帝、懷帝三朝，為西晉大臣。傳見《晉書》卷四十一。平原是魏郡名，郡治在今山東平原縣南。㉗皆不還　都不能活著回來。㉘賚　賞賜。㉙徇　示眾。㉚諸圍　各戰略要塞。㉛改元炎興　在此之前西蜀的年號是「景耀」。㉜退保漢樂二城　這是採用姜維的戰法，其說法見本書卷七十七甘露三年。漢城在今陝西勉縣東，樂城在今城固東，都離漢中不遠。㉝陰平　蜀縣名，縣治在今甘肅文縣西北。㉞建威　蜀縣名，即今甘肅西和。㉟平行　同時進軍。㊱王含　蜀漢樂城守將。㊲蔣斌　蜀漢漢城守將。㊳徑過　越過蜀軍尚在堅守的漢、樂二城。㊴諸葛亮墓　諸葛亮死後葬在陝西勉縣之定軍山。㊵武興督　武興城的防守將官。武興是蜀縣名，即今陝西略陽。㊶在事無稱　能力平庸，無建樹可稱道。㊷關口　指陽安關口，即今陽平關。㊸胡烈　魏將，曾為襄陽太守，秦州刺史。事見《三國志》卷二十八。㊹詭　故意說假話。㊺賊至不擊　意即不擊賊。㊻彤　傅彤，傅彤為魏而死，見本書卷六十九。㊼邀　襲擊。㊽追躡於彊川口　指跟蹤追擊，一直追到彊川口。彊川口是彊川的發源地，在今甘肅文縣西北。㊾塞道屯橋頭　扼守武街、橋頭，堵死了姜維的南退之路。㊿孔函谷　在今甘肅舟曲與武都之間。(51)欲出緒後　想繞到諸葛緒駐軍的背後。(52)卻還　後撤；向北撤退。(53)尋還　很快地又折回來。(54)較一日不及　晚了一天沒有趕上姜維。(55)關城　在今陝西略陽南，陽平關的西南。(56)白水　河水名，在關城西南，流經甘肅文縣，至四川廣元西南注入嘉陵江。(57)劍閣　關塞名，在今四川劍閣縣東北大劍山、小劍山之間，地勢險要，為川、陝間主要通道，自古戍守要地。(58)安國元侯高柔　安國侯是高柔的封號，元字是其死後的謚。高柔是魏國老臣。傳見《三國志》卷二十四。(59)甲申　十月無「甲申」日，此處記載有誤。(60)留平　東吳將領，留贊之子，曾為征西將軍、左將軍之職。(61)就施績於南郡　到南郡與施績共同商量。就，前往。施績是吳將名。南郡是吳郡名，郡治即今湖北公安。(62)丁封孫異　皆吳將名，孫異是東吳老將孫韶之子，官至領軍將軍。(63)如沔中　到在今陝西南部的漢水上游一帶。沔水是漢水的上游，流經今陝西漢中一帶地區。(64)獻捷交至　呈獻給朝廷的捷報紛紛而至。(65)進位爵賜　指進爵為「晉公」，賜「九錫」云云。(66)辟　聘任。(67)從叔父　堂叔父。(68)守水碓　看管一種利用水力舂米的機械。(69)舒堪數百戶長　如果能讓魏舒當上個亭長、鄉長之類的小官。堪，能；擔當。(70)我願畢矣　我的願望也就滿足啦。(71)皎厲　指顯白、抬高自己。(72)台輔　即宰輔，指宰相一類的大官。(73)振其匱乏　周濟他的窮困。(74)郡舉上計掾　郡太守派他進京去向朝廷交納稅賦、結算錢糧諸事由。(75)察孝廉　將他推薦為本郡孝悌清廉的人物。孝廉，是地方官向朝廷舉薦人才的科目名。(76)宗黨　魏氏家族的人們。(77)勸令不就　勸告他不要應舉去幹這種差事。[78]可以為高　可以藉此顯示自己的清高。[79]自課　給自己訂出發前做好準備的項目。[80]習一經　讀好一門儒家經典，如《詩》、《書》、《禮》、《樂》等等。[81]對策升第　因回答皇帝的考問成績好而獲得升級。策，策問；皇帝出的考題。第，等級。[82]鍾毓　曹魏的老臣鍾繇之子，鍾會之兄。曾為後將軍之職。傳見《三國志》卷十三。[83]與參佐射　跟僚屬們比賽射箭。[84]畫籌　計數。[85]朋人不足　參加比賽的人手不夠。古代射禮，兩人一組，故曰朋人。[86]容範閒雅　儀容舉止悠閒高雅。[87]不足以盡卿才　沒能充分發揮你的才幹作用。[88]府朝碎務　指處理相國府衙的各種日常事務。[89]未嘗見是非　意即看不出有何特別高明之處。[90]廢興大事　有關興衰成敗的大問題。[91]徐為籌之　從容地為之謀劃。[92]多出眾議之表　往往能比眾人的見解高出一截。[93]癸卯　十月十一。[94]立皇后卞氏　言魏帝曹奐立卞氏為皇后。[95]昭烈將軍秉之孫　是昭烈將軍卞秉的孫女。卞秉是曹操卞皇后之弟，曾被封為昭烈將軍。事見《三國志》卷五。[96]江油　蜀邑名，在今四川平武東南，江油之正北方。[97]邀姜維　襲擊姜維。[98]非本詔　不是司馬昭下達給自己的命令。[99]白水　即白水關，在今四川廣元西北，為蜀北邊門戶。[100]專軍勢　總攬伐蜀的全部軍權。[101]密白　祕密向司馬昭報告。[102]檻車徵還　裝入囚車，調回京師。[103]乘之　乘其軍心不穩而襲擊之。[104]邪徑　偏僻小路。[105]德陽亭　蜀城名，故址在今四川梓潼北部。[106]涪　蜀縣名，縣治在今四川綿陽城東。[107]出　經由。[108]去　距離。[109]腹心　此處即指涪縣。[110]方軌而進　指大軍平鋪向前。方軌，並車。[111]應涪之兵　蜀國救援涪縣的部隊。應，援助；救應。[112]造作橋閣　在叢山峻嶺之間架設橋樑、棧道。[113]推轉而下　從山上翻滾而下。[114]魚貫　一個挨一個的樣子，像用繩子穿魚一樣。[115]先登　先趨；先頭部隊。[116]權　黃權，原是劉璋的部將，後歸劉備。猇亭之敗後，黃權隔在江北，投降曹操。事見本書卷六十九黃初三年。[117]緜竹　蜀縣名，縣治在今四川綿竹城東南五十餘里處。[118]表為琅邪王　給魏帝上表，推舉你為琅邪王。按，因諸葛瞻的父親諸葛亮本是琅邪（今山東諸城）人，故這裡鄧艾以「琅邪王」引誘諸葛瞻。[119]惠唐亭侯忠　鄧忠，以軍功封惠唐亭侯。[120]出其右　攻擊諸葛瞻的右翼。[121]司馬師纂　鄧艾的行軍司馬姓師名纂。[122]荷國重恩　蒙受國家的深厚恩惠。[123]敗國殄民　敗壞國家，殘害黎民。殄，害。[124]用生何為　還活著做什麼。[125]冒陳　衝向敵陣。[126]卒至　突然來到。卒，同「猝」。突然。[127]不為城守調度　從來沒有調兵守城的準備。[128]平土　平原地區，此指成都周圍的平原地帶。[129]擾擾　惶恐混亂的樣子。[130]迸山澤　四散奔逃到深山大澤。[131]與國　同盟國。[132]南中七郡　指越巂郡（郡治邛都，在今四川西昌東南）、朱提郡（郡治朱提，即今雲南昭通）、牂柯郡（郡治且蘭，在今貴州貴陽附近）、雲南郡（郡治雲南，即今雲南祥雲東南之雲南驛）、興古郡（郡治宛溫，在今雲南丘北縣南）、建寧郡（郡治味縣，即今雲南曲靖）、永昌郡（郡治不韋，在今雲南保山市東北）。七郡都處於蜀國的南部。[133]斗絕　即「陡絕」，懸崖絕壁。[134]光祿大夫譙周光祿大夫是帝王的侍從官員，備參謀顧問之用。譙周，字允南，蜀國的著名學者，著有《古史考》等。傳見《三國志》卷四十二。(135)治政不殊　意謂若國家的政治狀況差不多。(136)數　道理；規律。(137)為小孰與為大　與其向小國稱臣，何如及早向大國稱臣。(138)再辱之恥何與一辱　與其兩次投降受辱，何如一次一勞永逸。(139)可果　可以做到；可以完成。(140)無一可保　沒有一個人可以信賴。(141)發足　出發；起行。(142)其變不測　想像不到的事情就要發生。(143)何至南之有乎　還哪裡到得了南方。(144)未賓　指沒有臣服魏國。(145)不得不禮　不可能不對我們以禮相待。(146)身詣京都　親自到魏都洛陽。(147)以古義爭之　用古代的章程道理去說服他們。(148)無所供為　指既不向蜀國朝廷繳納田賦捐稅，又不供應民夫差役。(149)窮乃率從　走投無路了才順服蜀國。諸葛亮威服南中事見本書卷七十一黃初六年。(150)供服御　供奉劉禪及其宮眷的日常生活需要。御，用。(151)張廣　猶言「巨大」。(152)他無所取　除了當地的蠻夷之外，沒有第二個供應來源。(153)北地王諶　即劉諶，劉禪之子，被封為北地王。事跡見《三國志》卷三十三。(154)力屈　力氣用盡。屈，枯竭。(155)昭烈之廟　先主劉備的祠廟。(156)雒　蜀縣名，縣治在今四川廣漢北。(157)報書褒納　回信對劉禪加以褒獎、表示接受。(158)太僕　給帝王趕車的官，屬於九卿一級。(159)別敕姜維　另外給姜維下令。(160)面縛輿櫬　捆綁著雙手，後面的車上拉著棺材。面縛，雙手捆綁在背後，前頭只見其面。輿櫬，用車拉著棺材，表示接受誅殺。這是古代帝王向人投降的一種儀式。劉禪十七歲即位，五十七歲降魏，在位四十一年。蜀漢共傳二世，四十三年而亡。(161)持節　手執旌節，這裡是代表魏國皇帝處理此事的意思。(162)解縛焚櫬　解開投降者的雙手，把他所帶的棺材燒掉，這也是古代接受帝王投降的一種儀式。(163)檢御　約束。(164)無得虜略　不准搶男霸女，掠奪財物。(165)綏納降附　安撫、招納那些歸附的軍民。(166)輒依鄧禹故事　隨即依照當年鄧禹接納隗囂投降的章程。鄧禹是東漢劉秀的開國元勳，在他接納大軍閥隗囂的投降時，曾以劉秀的名義任命隗囂為西州大將軍。事見本書卷四十建武元年。(167)承制　按照魏國皇帝的旨意。(168)行驃騎將軍　暫時擔任魏國的驃騎將軍之職。行，代理；暫時充當。(169)太子奉車　封劉禪的太子為魏國的奉車都尉。(170)諸王駙馬都尉　封劉禪的諸兄弟為魏國的駙馬都尉。(171)漢羣司　蜀漢的各部門官吏。(172)王官　魏國朝廷的官員。(173)領艾官屬　暫充鄧艾的僚屬。領，代理；充當。(174)益州刺史　益州地區，也就是原來蜀國所轄區域的地方長官。益州約當今之四川西部以及相鄰的雲南、貴州等部分地區。(175)牽弘　魏宿將牽招次子，曾為振威將軍，揚州、涼州刺史等職。事見《三國志》卷二十八。(176)收閉　逮捕關押。(177)卒　終於。(178)所嚮　意向。(179)巴　蜀縣名，即今四川閬中。(180)郪　蜀縣名，縣治在今四川中江縣東南。(181)悉放仗　全部放下武器。(182)節傳　旌節與符信。(183)郡縣圍守　即當年魏延所設置的漢中各據點的守兵。(184)被漢主敕　按照劉禪的命令。被，接受；奉行。(185)權　暫且；臨時制宜。(186)還其印綬節蓋　意即還讓他們官居原來的職位。印綬、旌節、車蓋，都是皇帝賜給大將的信物，以表示其地位與權威。187中書丞　魏置中書監、中書令，無中書丞。此官為東吳設置，掌機要。188華覈　字永先，始為上虞尉、典農都尉，後遷中書丞，善寫表、疏。傳見《三國志》卷六十五。189播越　猶今之所謂「顛沛」。190失委附之土　失掉了一塊本來是依附我們的疆土。委附，歸附；投靠。191棄貢獻之國　丟失了一個向我們進貢的國家。192草芥　謙言自己的卑微。193竊懷不寧　因蜀之亡而感到自己國家的不安。194陛下　指孫休。195必垂哀悼　一定會深感哀悼，這裡的意思是希望吳主為之表現一種哀悼之情。196忡悵　憂慮惆悵。胡三省曰：「蜀，吳之與國；蜀亡，岌岌乎為吳矣。吳之君不知懼，故華覈拜表以儆之。」197張悌　吳國將領。字巨先，時為屯騎校尉。傳見《三國志》卷四十八。198大難　指王淩、毌丘儉、文欽、諸葛誕等的起兵反對司馬氏，以及夏侯玄被殺，曹芳、曹髦被廢、被殺等。199敗於不暇　挽救失敗還來不及。200中夏　中原地區。201丕叡承之　曹丕、曹叡繼承了曹操的事業並相繼為帝。曹丕是曹操之子，史稱魏文帝，曹叡是曹丕之子，史稱魏明帝。202東西驅馳　指東征吳國，西征蜀國。203布其平惠　實行平和、有恩於百姓的政策。204為之謀主　指司馬氏成為魏國的決策者。205淮南三叛　指嘉平元年的王淩「叛變」；正元元年的毌丘儉「叛變」；甘露二年的諸葛誕「叛變」。206腹心不擾　指中原地區的魏國軍民沒有產生波動。腹心，指腹心地帶，以魏都洛陽為中心的中原地區。207曹髦之死　事見本書卷七十七。208姦計立　篡奪曹氏政權的陰謀可以得逞。209閹宦專朝　指宦官黃皓專擅朝政。210玩戎黷武　指姜維不斷發動戰爭。211卒敝　士卒疲憊。212競於外利　到疆域之外去謀取勝利。213彼　他們，指曹魏與蜀漢。214因危而伐　趁著蜀內部危機而對之討伐。215殆　幾乎；看來。表示推斷的語氣詞。216武陵五溪夷　武陵是吳郡名，約當今之張家界一帶，郡治在今湖南常德西。五溪夷是居住在武陵一帶的少數民族。按，武陵一帶有五溪，即雄溪、樠溪、無溪（一作潕溪）、西溪、辰溪，都是少數民族所居地。217越騎校尉　漢武帝時所置京師屯兵的八校尉之一。越騎為騎兵之才力超越者，另一說為以內附的越人為騎兵。218鍾離牧　姓鍾離，名牧，字子幹，吳國官僚，曾為南海太守，丞相長史，中書令等職。傳見《三國志》卷六十。219領　兼理；暫時代理。以高職代理低職稱「領」。220漢葭縣長　漢葭縣原是蜀國縣名（縣治在今重慶市彭水縣東），此時已經降魏。按，漢代大縣的行政官稱「縣令」，小縣的行政官稱「縣長」。221試守　代理。以低職代理高職稱「守」。而且此時武陵郡尚屬吳國。222涪陵民　涪陵縣的百姓。涪陵縣治即今重慶市彭水縣，原屬蜀國，今已降魏。223入遷陵界　進入遷陵縣的地界。遷陵是吳縣，縣治在今湖南保靖東北，四川涪陵的東南。224赤沙　古邑名，在當時遷陵縣東北。225酉陽　吳縣名，縣治在今湖南永順南。226朝吏　朝指郡朝，朝吏即郡政府的官員。227邊境見侵　我們吳國的邊境受到侵犯。228二縣　指遷陵、酉陽二縣。229諸夷阻兵　當地的少數民族都憑著自己的武裝力量進行抵抗。阻，倚仗。230盤結　互相聯合結盟。231漸安慢慢地安撫他們。[232]恩信吏　有恩德信譽的官員。[233]誑誘　誑騙引誘。[234]根柢未深　尚未打下牢固基礎。[235]敕外趣嚴　命令全郡迅速做好戰鬥準備。[236]潘太常　潘濬，字承明。先從劉表、劉備，後為孫權所用。任輔軍中郎將，奮威將軍，太常等官。傳見《三國志》卷六十一。太常，是掌朝廷祭祀與禮樂的官員。[237]討五溪夷　事見本書卷七十二太和五年。[238]劉氏連和　指吳與西蜀兩國處聯盟狀態。[239]率化　相率歸化於吳國。[240]明府　對刺史、太守的敬稱。[241]垂二千里　將近二千里。[242]魁帥　首領；頭目。[243]凡千餘級　共獲得一千多個人頭。級，首級；人頭。[244]庚戌　十二月十九。[245]壬子　十二月二十一。[246]分益州為梁州　分割益州部分土地，設立梁州。益州的州治即今成都，統蜀、犍為、汶山、漢嘉、江陽、朱提、越巂、牂柯八郡，梁州的州治即今陝西漢中，統漢中、梓潼、廣漢、涪陵、巴郡、巴西、巴東、新都（西元二六六年增設）共八郡。[247]癸丑　十二月二十二。[248]復除　免除。[249]乙卯　十二月二十四。[250]以鄧艾為太尉四句　言司馬昭賞二人平蜀之功。[251]殂　病死。[252]矜伐　居功自誇。[253]賴遭艾　幸虧是遇上了我鄧艾。[254]吳漢　東漢劉秀的元勳，滅掉蜀地軍閥公孫述後，曾屠殺成都。事見本書卷四十二建武十二年。[255]殄滅　被消滅。[256]先聲而後實　先造出聲勢，而後真正出兵討伐。[257]乘吳　乘勢進攻東吳。[258]席卷　形容消滅敵方之輕而易舉。[259]大舉　指伐蜀之役。[260]便用　立即使用。[261]隴右　隴西，今之甘肅一帶，當時的天水、南安、隴西諸郡。[262]煮鹽興冶　四川有鹽井，可大量製鹽；朱提縣（治所在今雲南昭通）有銀礦；嚴道縣（治所在今四川滎經）、邛都縣（治所在今四川西昌東南）出銅；武陽縣（治所在今四川彭山縣）、沔陽縣（治所在今陝西勉縣東）出鐵，都可以「興冶」。[263]軍農要用　軍隊和屯墾的重要費用。[264]豫為順流之事　為順江而下攻打東吳做好準備。[265]歸化　投降魏國。[266]致孫休　引誘孫休來降。[267]扶風王　封地扶風郡，即今之陝西西部地區。郡治槐里，在今陝西興平東南。[268]錫其資財　賞賜給他大量的錢財。[269]董卓塢　當年董卓在郿縣建造的城堡。事見本書卷六十初平三年。[270]爵　用如動詞，即授予爵位。[271]歸命　投降的美稱。[272]開廣陵城陽　把廣陵郡、城陽郡改作封國，以準備分封吳國的君主孫休。魏國的廣陵郡治即今江蘇淮陰，城陽郡治即今山東莒縣。[273]監軍　即前文所說的「軍司」，最高統治者安插到軍隊中的特派員。[274]須報　等待朝廷回覆。須，等候。[275]不宜輒行　不能自己立刻就做。[276]重言　大聲地說，動氣的樣子。[277]銜命　奉命。[278]指授　指司馬昭親自指令。[279]元惡　首惡，指劉禪。[280]承制拜假　以魏國朝廷的名義臨時任命官員。[281]謂合權宜　這符合臨時置宜的做法。[282]地盡南海　領土一直到南海邊。[283]東接吳會　東方挨著吳國。吳郡、會稽郡，是吳國的二郡名，這裡用以代指吳國。[284]國命　朝廷的命令。[285]延引　拖延；耽誤。[286]春秋之義　以下所引數語見《春秋公羊傳》。[287]未賓　未服。[288]不可拘常　不能拘泥於常理。[289]進不求名二句　語出《孫子·地形》：「將之至任，不可不察也，進不求名，退不避罪。唯人是保，而利於主，國之寶也。」

(290)自嫌　自己避嫌，怕惹事。(291)異志　想自立為主。(292)搆成擾亂　促使他造成這種對魏國政權的騷亂。(293)自淮南已來　指從消滅文欽、諸葛誕的「叛亂」以來。事見本書卷七十七甘露三年。(294)筭無遺策　謀略和計策從未有過失誤。(295)晉道克昌　司馬氏的運氣能夠興盛。(296)欲以此安歸乎　像您這種情況準備如何結局呢。(297)法陶朱公　學習春秋末年的越國大夫范蠡。范蠡佐助越王句踐消滅吳國，洗雪會稽之恥後，遂辭官乘一葉扁舟，泛游江湖而去，最後在陶縣（今山東定陶）經商，改名陶朱公。事見《史記・越王句踐世家》。(298)絕迹　離開官場。(299)為今之道　意即今天應該做的。(300)或未盡於此　也許還不僅獲得這樣的爵位。(301)其他　隱指自立為王。(302)無煩於老夫　不用我再說什麼。(303)善效人書　善於模仿別人寫字。(304)要艾章表白事　中途攔截鄧艾向朝廷稟告工作的文書。要，攔截。章表，大臣給皇帝的上書。白，稟告。(305)易其言　改換了其中說話的語句。易，改換。(306)悖傲　狂悖傲慢。(307)矜伐　誇張、炫耀。(308)毀晉公昭報書　拆毀司馬昭給他的批覆文件。(309)手作以疑之　親自動手改動書信的內容，使鄧艾心生疑慮。

【校　記】[1]二月　原作「正月」。據章鈺校，甲十一行本、乙十一行本、孔天胤本皆作「二月」，張敦仁《通鑑刊本識誤》、張瑛《通鑑校勘記》同，今據改。按，《三國志・魏書・三少帝紀》亦作「二月」。[2]未到　原無此二字。據章鈺校，甲十一行本、乙十一行本、孔天胤本皆有此二字，張敦仁《通鑑刊本識誤》、張瑛《通鑑校勘記》同，今據補。[3]質朴　原無此二字。據章鈺校，甲十一行本、乙十一行本、孔天胤本皆有此二字，張敦仁《通鑑刊本識誤》同，今據補。[4]谷高　據章鈺校，甲十一行本、乙十一行本二字皆互乙。[5]等　原無此字。據章鈺校，甲十一行本、乙十一行本皆有此字，張敦仁《通鑑刊本識誤》同，今據補。[6]澤　據章鈺校，甲十一行本、乙十一行本、孔天胤本皆作「野」，張敦仁《通鑑刊本識誤》同。[7]為　原無此字。據章鈺校，甲十一行本、乙十一行本、孔天胤本皆有此字，今據補。[8]今　原無此字。據章鈺校，甲十一行本、乙十一行本、孔天胤本皆有此字，張敦仁《通鑑刊本識誤》同，今據補。[9]不然　原無此二字。據章鈺校，甲十一行本、乙十一行本、孔天胤本皆有此二字，張敦仁《通鑑刊本識誤》同，今據補。[10]曰　原無此字。據章鈺校，甲十一行本、乙十一行本、孔天胤本皆有此字，張敦仁《通鑑刊本識誤》同，今據補。

【語　譯】四年（癸未　西元二六三年）

春季，二月，魏元帝曹奐重申景元元年詔書所說，封司馬昭為晉公，並加九錫等事，司馬昭又推辭而沒有接受封賞的詔命。

吳國的交趾太守孫諝貪婪殘暴，百姓對他深惡痛絕。碰巧吳主派遣的察戰官鄧荀來到交趾，鄧荀擅自向交趾郡徵調三十隻孔雀，準備送往都城建業，當地人害怕長途服役，於是陰謀叛變。夏季，五月，交趾郡的官吏呂興等人殺死了交趾太守孫諝以及察戰官鄧荀，然後派使者到魏國請求為交趾派遣太守及守軍，九真郡、日南郡都起兵響應呂興。

魏元帝曹奐下詔，命令各路大軍大舉討伐蜀國，派遣征西將軍鄧艾統率三萬多軍隊從狄道縣進兵去奪取蜀國的甘松縣、沓中地區，用來牽制姜維。派雍州刺史諸葛緒統率三萬多軍隊從祁山縣直撲武街、橋頭，截斷姜維的退路。鍾會則統領十多萬大軍分別從斜谷、駱谷、子午谷出兵去奪取蜀國的漢中郡。任命廷尉衛瓘手執旌節，作為朝廷的特派使者監督鄧艾、鍾會的軍事行動，臨時充任鎮西將軍鍾會的監軍。衛瓘，是衛覬的兒子。

鍾會到幽州刺史王雄的孫子王戎那裡拜訪，他問王戎：「你有什麼好的計策嗎？」王戎說：「道家曾經有這樣的話，『事情可以做，但不能居功自傲。』是說並不是取得成功困難，而是保有功勞不容易。」有人問司馬昭的參謀人員平原人劉寔，說：「鍾會、鄧艾最終能平定蜀國嗎？」劉寔回答說：「平定蜀國是一定的，然而他們兩人卻都不能活著回來。」客人詢問原因，劉寔只是微笑而不予回答。

秋季，八月，伐蜀大軍在洛陽整裝待發，朝廷大肆賞賜將士，而後誓師出發。將軍鄧敦認為不應該討伐蜀國，司馬昭當即把他斬首示眾。

蜀漢聽說魏軍即將來犯的消息後，就派廖化帶領軍隊前往沓中援助姜維作戰，張翼、董厥等人率兵前往陽安關口作為各戰略要塞守軍的外援。大赦天下，改年號為炎興。漢主劉禪命令各個要塞的守軍不准出戰，要全部退入漢城、樂城堅守，兩座城中各有守軍五千人。張翼、董厥率軍向北抵達陰平縣，聽說魏將諸葛緒率軍將要攻打建威縣，於是就在陰平縣駐紮下來等待與魏兵交戰，在此等待了一月有餘。鍾會率領各路大軍齊頭並進直奔漢中。

九月，鍾會派遣前將軍李輔帶領一萬多名士兵把蜀漢將領王含圍困在樂城，派護軍荀愷率軍把蔣斌圍困在漢城。鍾會則率領大軍越過蜀軍尚在堅守的漢城、樂城逕直向西去奪取陽安關口，派人到定軍山諸葛亮墓前祭祀諸葛亮。

當初，蜀漢武興縣城的防守將官蔣舒因為能力平庸，沒有什麼建樹可以值得稱道，蜀漢派人替代他守衛武興縣城，讓他去幫助將軍傅僉防守陽安關口，蔣舒因此懷恨在心。鍾會命令護軍胡烈為先鋒攻打陽安關口。蔣舒欺騙傅僉說：「如果敵人來了，我們不出城攻擊敵人而只是閉門固守，這不是好辦法。」傅僉說：「接受命令堅守城池，只要能保全此城就是功勞。如果違反軍令出城作戰，萬一喪師辱國，縱然一死，也無益於事了。」蔣舒說：「你以保全城池作為功勞，我把出城作戰戰勝敵人當做功勞，就讓我們各自按照各自的意願去做吧。」於是率領自己的部下出了城。傅僉以為他是出城作戰，因此毫無防範。蔣舒卻率領他的部下向胡烈投降，胡烈趁城內沒有防備襲擊了陽安關口，傅僉戰死。傅僉，是傅肜的兒子。鍾會聽說已經攻克了陽安關口，於是率軍長驅而入，繳獲了蜀軍大量的庫藏糧秣。

鄧艾派遣天水太守王頎直接攻打姜維的大營，隴西太守牽弘襲擊姜維大營前方，金城太守楊欣直撲甘松。姜維聽說鍾會的各路大軍已經進入漢中，急忙率軍向成都方向撤退。楊欣等率軍跟蹤追擊，一直追到彊川口，與姜維的軍隊展開激烈戰鬥，姜維敗走。姜維聽說魏將諸葛緒已經扼守住了武街、橋頭，堵死了南退之路，於是就從孔函谷進入北道，想繞到諸葛緒駐軍的背後穿過。諸葛緒得到消息後，就向北撤退了三十里。姜維已經進入北道三十多里，聽說諸葛緒已經從武街、橋頭撤退，便趕緊從北道折回來，迅速通過武街、橋頭，諸葛緒聞訊後趕緊率軍趕來攔截，因為比姜維晚了一天，所以沒有趕上。姜維於是得以退回陰平縣，他重新聚集兵力，準備開赴關城。還沒有到達，就聽說關城已經被魏軍佔領，於是姜維又率軍撤往白水，在這裡遇到廖化、張翼、董厥等人，數人合兵一處堅守劍閣以抵抗鍾會。

魏國安國侯高柔去世，諡號為「元」。

冬季，十月，蜀漢向東吳緊急求救。甲申日，吳主孫休派遣大將軍丁奉統率大軍去攻打魏國的壽春；派將軍留平前往南郡去找施績，與他共同商量軍隊應該從哪個方向進攻魏軍；將軍丁封、孫異前往沔中支援蜀漢作戰。

因為呈現給朝廷的捷報紛紛而至，魏元帝曹奐再次下詔，給大將軍司馬昭加封進爵為晉公，加九錫等，與以前頒布的詔書內容一樣，這次司馬昭接受了封賞。

司馬昭聘請任城人魏舒為相國參軍。當初，魏舒小時候思維遲鈍質樸，親友鄉鄰都不看重他，他的堂叔父魏衡擔任吏部郎，在當時很有聲望，但他也不瞭解魏舒，就派魏舒去看守水磨，魏衡曾經歎息著說：「魏舒要是能夠勝任一個只有幾百戶的亭長、鄉長之類的小官，我也就心滿意足了！」魏舒聽了既不往心裡去，也不故意去做那些能夠顯示自己才能的事情。只有太原人王乂對魏舒另眼相看，他對魏舒說：「你將來一定能夠當上宰相一類的大官。」王乂在魏舒經濟匱乏之時，時常給予周濟，魏舒接受他的周濟也從不推辭。魏舒四十多歲的時候，郡太守派人進京去向朝廷交納稅賦、結算錢糧等，將魏舒推薦為本郡孝悌清廉的人物。魏氏家族的人們認為魏舒沒有什麼學識，就勸說他不要應舉去幹這種差事，可以藉此顯示自己的清高。魏舒卻說：「假如考試沒有考中，那是我自己沒有能力，哪能假冒不願做官的虛名而使自己獲取清高的聲譽呢？」於是給自己制定出出發前的這段時間裡的預習項目，發憤苦讀，每一百天讀好一部儒家經典，因為在回答皇帝的考問時成績好而獲得升級，從此在仕途上步步高升，一直做到後將軍鍾毓的長史。每當鍾毓跟僚屬們比賽射箭時，魏舒只是負責為比賽計數而已。後來有一次因為參加比賽的人手不夠，就讓魏舒湊數。魏舒儀容舉止悠閒高雅，箭不虛發，百發百中。在座的人全都為此而驚愕不已，沒有人能比得過他的射箭技術。鍾毓非常感慨地向魏舒道歉說：「我沒有能夠充分發揮你的聰明才幹，就跟這次的射箭一樣，恐怕不僅僅是在這一件事情上吧！」等到魏舒擔任了相國參軍，他在處理相府的各種日常事務中，也沒有看出他比別人有什麼特別高明之處。到了有關國家興衰成敗的重大事情，大家都不能決斷時，他卻能從容地為之籌劃，他的意見往往都比眾人的見解高出一籌。因此司馬昭非常地器重他。

十月十一日癸卯，曹奐冊封卞氏女為皇后，卞氏女是昭烈將軍卞秉的孫女。

鄧艾率領魏軍來到蜀國的陰平縣，他挑選出精銳的士兵，準備與諸葛緒合兵一路從江油直奔成都。諸葛緒因為自己接受的任務是襲擊姜維，向西進兵不符合司馬昭下達給自己的命令，於是率領自己的本部人馬向白水關進發，與鍾會會合。鍾會想獨攬伐蜀的全部軍權，便暗中向司馬昭密報說諸葛緒臨陣怯懦，不敢向敵人進攻，司馬昭命令把諸葛緒關入囚車，押回京師，諸葛緒所率領的軍隊就全部歸鍾會所統領。

姜維在劍閣安營紮寨，據守險要，鍾會連續攻打不能取勝，由於魏軍運輸糧秣的路途既遙遠又艱險，因而軍中糧食缺乏，鍾會就想撤軍。鄧艾上疏說：「賊軍的勢力已經受到重創，我們就應該趁其軍心不穩而襲擊他們，如果從陰平縣抄偏僻小路穿過漢中郡的德陽亭直撲涪縣，再從劍閣往西前進一百多里，距離蜀國的都城成都就只有三百多里的路程了，如此出其不意去攻打他們的腹地涪縣，劍閣的守軍一定會回過頭來救援涪縣，那時鍾會就可以大軍平鋪向前，無人可擋了；如果劍閣的守軍不回軍救援涪縣，那麼能夠救援涪縣的軍隊就寥寥無幾了。」於是鄧艾親自率領部分軍隊從陰平縣出發穿過七百多里的無人區，他們在叢山峻嶺之間鑿山開道、架設橋樑、修築棧道。山高谷深，非常艱險，加上運輸的糧食供應不上，情況萬分危急。在此危難之時，鄧艾就用氈子將自己的身體裹起來，從山上翻滾而下。將士們也都攀援著樹木，沿著山崖一個挨一個地魚貫前進。鄧艾的先頭部隊率先到達江油城，蜀國的江油守將馬邈向鄧艾投降。諸葛瞻率領諸軍前往江油抵抗鄧艾，到達涪縣後，便停止不前。擔任尚書郎的黃崇，是黃權的兒子，屢次勸說諸葛瞻應該加速前進，迅速佔據險要地勢，不要讓敵人進入平原地區，諸葛瞻猶豫不決，沒有採納黃崇的建議。黃崇再三勸說，以至於痛哭流涕，諸葛瞻卻始終沒有採納他的建議。這才使得鄧艾得以長驅而進，打敗了諸葛瞻的先鋒部隊，諸葛瞻退守緜竹縣。鄧艾寫信勸誘諸葛瞻投降，他說：「如果你投降魏國，我一定上表推舉你為琅邪王。」諸葛瞻大怒，斬殺了鄧艾的來使，然後擺開陣勢等待鄧艾前來攻打。鄧艾派他的兒子惠唐亭侯鄧忠等攻打諸葛瞻的右翼，派行軍司馬師纂等率軍攻打諸葛瞻的左翼。鄧忠、師纂出戰失利，返回後向鄧艾報告說：「賊寇防守嚴密，無法攻擊。」鄧艾怒氣沖沖地說：「生死存亡，在此一舉，什麼叫無法攻擊！」他大聲呵斥鄧忠、師纂等人，要把他們斬首示眾。鄧忠、師纂受到呵斥，回軍再戰，這次大敗蜀軍，殺死了諸葛瞻和黃崇。諸葛瞻的兒子諸葛尚歎息著說：「我們父子蒙受國家的深厚恩惠，卻沒有能力及早剷除黃皓這個亂臣賊子，使他敗壞國家，殘害黎民，我活著還有什麼用！」於是縱馬衝入魏軍陣地，奮力拼殺而死。

蜀漢沒有估計到魏軍會突然到來，所以根本就沒有做調兵守城的準備；聽說鄧艾的軍隊已經進入平原地區，百姓驚惶失措，都紛紛扶老攜幼逃入山林湖澤之中躲藏了起來，根本無法禁止。漢主劉禪讓文武百官商議應敵的對策，有人認為，蜀國和吳國是同盟國，現在應該去投奔吳國；有人認為蜀國南部的七個郡，地勢險峻，四面都是懸崖絕壁，易守難攻，可以逃到南部去。擔任光祿大夫的譙周認為：「自古以來，從來沒有寄居在別人的國家裡還能稱天子的事情。現在如果投奔吳國，就要向吳國俯首稱臣。如果國家的政治狀況差不多，那麼大國就能夠吞併小國，這是自然規律。由此看來，魏國能夠吞併吳國，而吳國不能吞併魏國是明擺著的事情。同樣是向別人稱臣，與其向吳國這樣的小國稱臣，還不如及早向魏國這樣的大國稱臣，與其先投降了吳國，等吳國被滅亡再投降魏國的兩次投降的恥辱，還不如一次投降魏國以免除兩次受辱吧？再說，如果想逃往南部，就應當提早做好準備，然後才有可能完成。如今敵人的大軍已經逼近，國家敗亡的災禍就要降臨，屬下所有的臣民，沒有一個人可以信賴，恐怕當你抬腿要走的時候，意想不到的事情就會發生，還哪裡到得了南方呢！」有人說：「如今鄧艾的軍隊已經距離成都不遠，恐怕他們不肯接受我們的投降，那該怎麼辦呢？」譙周說：「如今東吳還沒有臣服魏國，形勢迫使他們不得不接受我們的投降。接受了我們的投降，就不可能不對我們以禮相待。如果陛下投降魏國，魏國不劃分出土地來封賞陛下，我就親自前往魏都洛陽，按照古代的章程道理去說服他們。」文武百官都同意譙周的建議。漢主劉禪還是希望遷往南中，因此對降魏之事猶豫不決。譙周又上疏給後主劉禪說：「南中地區偏遠荒僻，乃是夷人聚居的地方，承平時期既不向朝廷交納田賦捐稅，又不供應民夫差役，即便如此，尚且多次反叛，當時諸葛丞相用武力震懾他們，他們是在走投無路的情況下才歸順了我們。如果我們遷往那裡，對外要承擔起抵禦敵人的任務，對內要供奉朝廷及其宮眷的日常生活需要，費用巨大，除了取之於當地的蠻夷之外，沒有第二個供應來源，夷族人的利益受到損害，他們不堪承受這種重負必然叛變。」蜀漢後主劉禪無奈之下只得派遣侍中張紹等人捧著皇帝璽綬向鄧艾投降。北地王劉諶得知後憤怒地說：「如果真的到了窮途末路，力氣已經用盡，大禍臨頭的時候，就應當父子君臣背城一戰，以死殉國，再到地下去見先帝也不晚，為什麼現在就要投降呢！」後主劉禪不聽北地王劉諶的勸告。當日，北地王劉諶就到昭烈皇帝劉備的祠廟大哭了一場，他先殺死了妻、子，而後自殺殉國。

張紹等人捧著後主劉禪的皇帝璽印到雒縣拜見鄧艾，鄧艾喜出望外，回信對劉禪加以褒獎，表示接受他的投降。後主劉禪派擔任太僕的蔣顯到姜維那裡傳達自己的詔令，讓姜維就近向鍾會投降，又派擔任尚書郎的李虎將蜀漢官民的戶籍簿送交鄧艾，當時蜀漢總計有二十八萬戶，人口九十四萬，正規軍隊十萬二千人，官吏四萬人。鄧艾來到成都城北接受後主劉禪的投降，後主劉禪率領著太子、諸王以及群臣六十多人，他們捆綁著雙手，後面跟隨的車上拉著棺材，來到鄧艾軍前投降。鄧艾手持旌節走上前來，解開後主劉禪等人手上的繩索，燒毀了所帶的棺材，將他們請到軍營相見。又約束將士，不准搶男霸女、掠奪財物，安撫、招納那些歸附的軍民，讓他們恢復正常的生活秩序。然後依照當年鄧禹接納隗囂投降的先例，秉承魏國皇帝的旨意任命蜀漢後主劉禪暫時擔任魏國驃騎將軍，任命劉禪的太子為魏國的奉車都尉，封劉禪的諸兄弟為魏國的駙馬都尉，蜀漢的各部門官吏，鄧艾都根據他們原來職位的高低重新任命為魏國朝廷的官員，或者暫時充任鄧艾的僚屬。鄧艾任命師纂為益州刺史，任命隴西太守牽弘等人分別擔任蜀中各郡官員。鄧艾聽說黃皓奸詐陰險，就把他逮捕羈押起來準備殺掉。黃皓用重金賄賂了鄧艾身邊的人，終於逃過一死。

姜維等人獲悉諸葛瞻已經戰敗身亡，卻不知道漢主劉禪身在何處，於是率領軍隊向東進入巴縣，準備救援成都。鍾會率軍到達涪縣，派遣胡烈等人率軍追擊姜維。姜維到達郪縣的時候，接到後主劉禪要他投降鍾會的敕命，於是命令所有的軍隊全部放下武器，把自己的旌節與符信也交給了胡烈，然後從東道與廖化、張翼、董厥等人一同前往鍾會大營投降。將士們聽到向敵人投降的消息後都氣憤填膺，紛紛拔出佩刀，亂砍石頭以發洩心中的憤怒。於是蜀漢所屬的各個郡縣以及漢中各據點的守軍都按照劉禪的命令，全部向魏軍繳械投降。鍾會厚待姜維等蜀國降將，把他們交出的符節、印綬、車蓋等又暫時交還給他們，讓他們仍然官居原職。

東吳聽到蜀國滅亡的消息，便命令聲援蜀國的丁奉等人撤兵回國。吳國的中書丞吳郡人華覈到皇宮門口進獻表章說：「我聽說成都已經失守，蜀國君臣顛沛流離，國家滅亡，失掉了一塊本來是依附於我們的疆土，丟失了一個向我們進貢的國家。我雖然是一介草民，因為蜀國的滅亡而為自己國家的前途深感不安。陛下聖明仁慈，恩德布於遠方，突然聽到這個噩耗，一定會深感哀悼。我無法克制自己憂慮與惆悵的心情，謹呈上我的表章使陛下得知！」

魏國大舉進攻蜀國的時候，吳國有人對襄陽人張悌說：「司馬氏掌握魏國政權以來，大災大難屢屢發生，民心未附，如今又勞師動眾遠征蜀國，挽救失敗還來不及，又怎麼會取勝呢？」張悌說：「你的看法不對。曹操雖然功蓋中原地區，但人們只是畏懼他的威嚴而不感懷他的恩德。曹丕、曹叡繼承了曹操的事業並相繼稱帝，在他們統治時期，法網嚴密，徭役繁重，東征吳國，西征蜀國，沒有一年得到安寧。司馬懿父子屢次建立大功，他們廢除了曹氏嚴密苛刻的法律而實行平和、有恩於百姓的政策，成為了魏國的決策者，他們拯救了百姓的苦難，民心歸向他們已經很久了。所以淮南的三次叛亂都沒有造成中原地區軍民的波動；魏帝曹髦被殺，魏國上下平靜如常，沒有發生任何騷動。司馬氏任賢使能，官吏們都能為他盡心盡力，司馬氏的根基已經鞏固，篡奪曹氏政權的奸謀已經確立。如今蜀漢卻是宦官黃皓專擅朝政，國家法令不修，掌握軍權的姜維又不斷地對魏國發動戰爭，人民勞頓，士卒疲憊，他們只想到疆域之外去爭取勝利，卻不知道在國境之內整修關隘，加強守備。魏、蜀兩國不僅國力強弱不同，就是在謀略方面魏國也遠勝蜀漢，趁著蜀漢危機四伏的機會出兵討伐蜀國，可以說是戰無不勝，攻無不克。唉！魏國得志之時，正是我們吳國感到憂慮之日啊。」吳國人都譏笑他，等到蜀漢滅亡之後，人們才佩服他有先見之明。

吳國因為武陵郡中的五溪少數民族居住的地方與蜀國接壤，蜀國滅亡後，吳國擔心他們趁機叛亂，於是任命越騎校尉鍾離牧兼任武陵郡太守。而此時魏國已經派遣漢葭縣長郭純為代理武陵太守，他帶領著涪陵縣的百姓已經進入了遷陵縣的地界，就屯紮在赤沙，他們引誘五溪那些少數民族進攻吳國的酉陽縣，引起全郡震動，百姓為此驚恐不安。鍾離牧詢問郡政府的官員說：「西蜀已經滅亡，我國的邊境又受到魏軍的侵犯，應該用什麼辦法抵禦他們呢？」眾官員都回答說：「如今遷陵、酉陽兩縣地處山區，地形複雜險惡，當地的各少數民族都能憑著自己的武裝力量進行抵抗，我們不能依靠軍隊來控制他們，如果用軍隊去控制他們，那些少數民族就會互相聯合起來結成同盟，形勢將對我們更加不利。我們目前只宜採取慢慢安撫他們的政策，可以派遣一向對他們有恩德有信譽的官員到那裡去宣傳、教育他們，對他們進行慰勞。」鍾離牧說：「不對。敵人從境外入侵，誑騙、引誘我國人民叛亂，應當趁他們還尚未打下牢固基礎的時候一舉摧毀他們，這就像救火貴在迅速一樣。」於是命令全郡部隊做好戰鬥準備。擔任撫夷將軍的高尚對鍾離牧說：「過去太常潘濬統領五萬大軍才將五溪少數民族的叛亂討平。當時吳、蜀兩國處於聯盟的狀態，五溪的少數民族才相率歸化於吳國。如今外部已經沒有了蜀國的援助，而魏國的郭純又已經佔據了遷陵縣，而您卻想用三千士兵深入山區作戰，我看不到有什麼勝利的希望。」鍾離牧說：「非常的舉動，怎麼能夠依循以前的舊例！」鍾離牧立即率領他屬下的軍隊，日夜兼程，沿著山中險道急行軍近二千里，一路斬殺那些居心險惡對吳國懷有二心帶頭叛亂的大首領一百多人，以及他們的黨羽，總計獲得一千多個人頭。魏國所委派的武陵太守郭純及其屬下人等全部潰散逃走，五溪的混亂局面被鎮壓下去。

十二月十九日庚戌，魏國任命司徒鄭沖為太保。〇二十一日壬子，將益州的部分土地劃分出來，另設為梁州。〇二十二日癸丑，對益州的百姓發布特赦令：在五年之內，每年免除一半租稅。〇二十四日乙卯，擢升鄧艾為太尉，增加食邑二萬戶；任命鍾會為司徒，增加食邑一萬戶。〇魏國郭太后因病逝世。

鄧艾進入成都後，便開始居功自誇起來，他對蜀國的士大夫們說：「你們幸虧是遇到了我鄧艾，所以才能夠有今天。假如遇到的是像吳漢那樣的人，你們早就被消滅了。」鄧艾寫信給晉公司馬昭說：「兵法有先造出聲勢，而後才開始真正出兵討伐的，現在如果趁著平定蜀國的威勢去攻打東吳，吳國人必定感到震驚、恐懼，目前正是以席捲一切之勢滅掉他們的好時機。然而伐蜀之役結束之後，全軍將士已經疲勞不堪，不能再把他們立即投入到消滅東吳的戰鬥，應該使他們休整一段時間。可以留下隴右的二萬士兵、再加上巴蜀的二萬士兵，讓他們煮鹽、開礦冶煉，作為軍隊及屯墾的重要費用。同時建造戰船，預先為順江而下攻打東吳做好準備。然後派遣使者到東吳去陳述利害關係，東吳一定會歸順我們，這樣就可以不必動用武力而平定東吳。如今應該厚待劉禪，作為招致孫休投降的樣板，我建議封劉禪為扶風王，賞賜給他大量錢財，供給為他服役人員的生活費用。扶風郡的郿縣有當年董卓建造的城堡，可以用來作為劉禪的宮舍，授予他的兒子們公侯的爵位，就把扶風郡內的縣作為他們的食邑，以此來顯示他們投降後所得到的恩寵；再把廣陵郡、城陽郡改作封國，為將來分封吳國的君主孫休做準備，孫休既畏懼魏國的兵威又感懷魏國的恩德，一定會望風歸順。」司馬昭派監軍衛瓘曉諭鄧艾說：「任何事情都應該先呈報，等待批示後再採取行動，不能自己擅自行動。」鄧艾大聲地對衛瓘說：「我奉命出征遠行，一切遵奉晉王的指令行事，首惡劉禪已經服輸歸順，至於以魏國朝廷的名義臨時任命官員，用以安定剛歸附的人心，我認為這符合臨時置宜的做法。如今蜀國已經舉國歸順，使國家的疆域向南一直延伸到南海邊，使國家東方的邊界與吳國接壤，所以就應該盡早使它獲得安定。如果必須要等待朝廷的命令，路途往返，勢必拖延時間。按照《春秋》大義，『大夫離開自己的國土出征遠方，只要是有利於安定社稷，穩固國家，獨斷專行也是可以的。』如今吳國還沒有賓服，國土又與蜀地相連，不可以因為拘泥於常理，而失去有利時機。《孫子兵法》上說：『進不求名，退不避罪。』我雖然沒有古人的高尚節操，但我終究不會為了自己避免嫌疑而做有損於國家利益的事情。」

鍾會有陰謀叛亂、自立為王的野心，姜維早已有所察覺，就想早日促成他的叛亂，給魏國政權造成動亂，於是煽動鍾會說：「聽說自從消滅淮南文欽、諸葛誕的叛亂以來，你的謀略和計策從未有過失誤，司馬氏的勢力能夠如此強盛，都是靠了你的功勞。如今你又平定了蜀國，聲威震動了天下，人民歌頌你功高蓋世，而主子卻畏懼你的智謀，像你這種情況準備如何結局呢？你何不效法陶朱公離開官場泛游江湖、隱姓埋名，以保全自己的功勞和身家性命呢？」鍾會說：「您說得太高遠了，我不能按您說的去做。而且今天能夠做的，也許還不僅是只有離開官場、泛游江湖、隱姓埋名，才能保全自己的功勞和身家性命這一條路可走。」姜維說：「至於其他的事情，憑你的智力完全可以做到，就用不著我再說什麼了。」因為這個原因，二人情投意合，出去的時候同乘一輛車子，坐著的時候同坐一張席子。鍾會因為鄧艾以皇帝的名義任官封爵，專擅行事，於是便與衛瓘一道向司馬昭密報鄧艾有造反的跡象。鍾會善於模仿別人的字體，便在劍閣中途攔截鄧艾向朝廷稟告工作的文書，改換了其中說話的語句，言辭之中故意顯示出鄧艾的狂悖傲慢，自負誇耀的心跡。又拆毀晉公司馬昭回覆鄧艾的書信，親自動手改動書信的內容，使鄧艾心生疑慮。

咸熙元年❶（甲申　西元二六四年）

春，正月壬辰❷，詔以檻車徵鄧艾❸。晉公昭恐艾不從命，敕鍾會進軍成都，又遣賈充將兵入斜谷❹。昭自將大軍從帝幸長安❺，以諸王公❻皆在鄴❼，乃以山濤❽為行軍司馬❾鎮鄴。

初，鍾會以才能見任。昭夫人王氏❿言於昭曰：「會見利忘義，好為事端，寵過必亂，不可大任。」及會將伐漢，西曹屬⓫邵悌⓬言於晉公曰：「今遣鍾會率十餘萬眾伐蜀，愚謂會單身⓭無任⓮，不若使餘人⓯行也。」晉公笑曰：「我寧不知此邪？蜀數為邊寇，師老⓰民疲。我今伐之，如指掌耳⓱，而眾言蜀不可伐。夫人心豫怯⓲則智勇並竭，智勇並竭而彊使之，適所以為敵禽耳。惟鍾會與人意同⓳，今遣會伐蜀，蜀必可滅。滅蜀之後，就如卿慮⓴，何憂其不能辦㉑邪？夫蜀已破亡，遺民震恐，不足與共圖事㉒，中國將士㉓各自思歸，不肯與同也。會若作惡，祇自滅族耳。卿不須憂此，慎勿使人聞也。」及晉公將之長安，悌復曰：

「鍾會所統兵，五六倍於鄧艾，但可敕會取艾，不須自行。」晉公曰：「卿忘前言㉔邪，而云不須行乎？雖然，所言不可宣㉕也。我要自當以信意待人，但人不當負我耳，我豈可先人生心㉖哉？近日賈護軍㉗問我頗疑鍾會不，我答言：『如今遣卿行，寧可復疑卿邪？』賈亦無以易我語㉘也。我到長安，則自了㉙矣。」

鍾會遣衛瓘先至成都收鄧艾。會以瓘兵少，欲令艾殺瓘，因以為艾罪。瓘知其意，然不可得距㉚，乃夜至成都，檄艾所統諸將，稱奉詔收艾，其餘一無所問。若來赴官軍㉛，爵賞如先㉜，敢有不出，誅及三族。比至㉝雞鳴，悉來赴瓘，唯艾帳內在焉。平旦㉞，開門，瓘乘使者車㉟，徑入至艾所居[1]。艾尚臥未起，遂執艾父子，置艾於檻車。諸將圖欲劫艾，整仗㊱趣瓘營。瓘輕出迎之，偽作表草，將申明艾事㊲，諸將信之而止。

丙子㊳，會至成都，送艾赴京師。會所憚惟艾，艾父子既禽，會獨統大眾，威震西土，遂決意謀反。會欲使姜維將五萬人出斜谷為前驅，會自將大眾隨其後。既至長安，令騎士從陸道，步兵從水道，順流浮渭入河㊴，以為五日可到孟津㊵，與騎兵會洛陽，一日天下可定也。會得晉公書云：「恐鄧艾或不就徵㊶，今遣中護軍賈充將步騎萬人徑入斜谷，屯樂城㊷，吾自將十萬屯長安，相見在近。」會得書驚，呼所親語之曰：「但取鄧艾，相國知我獨辦之㊸。今來大重㊹，必覺我異矣，便當速發。事成，可得天下；不成，退保蜀、漢㊺，不失作劉備也。」

丁丑㊻，會悉請護軍、郡守、牙門騎督㊼以上及蜀之故官，為太后發哀㊽於蜀朝堂㊾，矯太后遺詔，使會起兵廢司馬昭，皆班示坐上人㊿，使下議訖(51)，書版署置(52)，更(53)使所親信代領諸軍。所請羣官，悉閉著益州諸曹屋中(54)，城門宮門皆閉，嚴兵圍守。衛瓘詐稱疾篤(55)，出就外廨(56)。會信之，無所復憚。

姜維欲使會盡殺北來諸將(57)，己因殺會(58)，盡坑魏兵，復立漢主，密書與劉禪曰：「願陛下忍數日之辱，臣欲使社稷危而復安，日月幽而復明(59)。」會欲從維言誅諸將，猶豫未決。

會帳下督(60)丘建本屬胡烈，會愛信之。建愍(61)烈獨坐(62)，啟會，使聽(63)內(64)一親兵出取飲食，諸牙門(65)隨例(66)各內一人。烈紿(67)語親兵及疏(68)與其[2]子淵曰：「丘建密說消息，會已作大坑，白棓(69)數千，欲悉呼外兵入，人賜白帢(70)，拜散將(71)，以次棓殺，內坑中。」諸牙門親兵亦咸說此語，一夜，轉相告，皆徧。己卯日中(72)，胡淵率其父兵雷鼓出門，諸軍不期(73)皆鼓譟而出，曾無督促之者，而爭先赴城。時會方給姜維鎧杖(74)[3]，白(75)外有匈匈聲(76)，似失火者。有頃，白兵走向城(77)。會驚，謂維曰：「兵來似欲作惡[78]，當云何？」維曰：「但當擊之耳！」會遣兵悉殺所閉諸牙門、郡守，內人[79]共舉机[80]以柱[4]門[81]。兵斫門，不能破。斯須[82]，城外倚梯[83]登城，或燒城屋，蟻附亂進[84]，矢下如雨。牙門、郡守各緣屋出，與其軍士相得[85]。姜維率會左右戰，手殺五六人，眾格斬維，爭前殺會。會將士死者數百人，殺漢太子璿[86]及姜維妻子，軍眾鈔略，死喪狼籍。衛瓘部分[87]諸將，數日乃定。

鄧艾本營將士追出艾[88]於檻車，迎還。衛瓘自以與會共陷艾，恐其為變，乃遣護軍田續等將兵襲艾，遇於緜竹[89]西，斬艾父子。艾之入江油也，田續不進。艾欲斬續，既而捨之。及瓘遣續，謂曰：「可以報江油之辱矣。」鎮西長史[90]杜預[91]言於眾曰：「伯玉[92]其不免乎[93]？身為名士，位望已高，既無德音，又不御下以正[94]，將何以堪其責[95]乎！」瓘聞之，不俟[5]駕[96]而謝預。預，恕[97]之子也。鄧艾餘子在洛陽者悉伏誅，徙其妻及孫於西城[98]。

鍾會兄毓嘗密言於晉公曰：「會挾術[99]難保，不可專任。」及會反，毓已卒；晉公思鍾繇[100]之勳與毓之賢，特原[101]毓子峻、辿，官爵如故。會功曹[102]向雄收葬會尸，晉公召而責之曰：「往者王經之死，卿哭於東市[103]而我不問。鍾會躬為[104]叛逆，又輒收葬。若復相容，當[6]如王法何(105)？」雄曰：「昔先王掩骼埋齒(106)，仁流朽骨(107)，當時豈先卜其功罪(108)而後收葬哉？今王誅既加(109)，於法已備，雄感義(110)收葬，教亦無闕(111)。法立於上，教弘(112)於下，以此訓物(113)，不亦可乎？何必使雄背死(114)違生(115)，以立於世？明公讎對[7]枯骨(116)，捐(117)之中野(118)，豈仁賢之度哉？」晉公悅，與宴談而遣之。

二月丙辰(119)，車駕(120)還洛陽。○庚申(121)，葬明元皇后(122)。

初，劉禪使巴東太守襄陽羅憲(123)將兵二千人守永安(124)，聞成都敗，吏民驚擾，憲斬稱成都亂者一人，百姓乃定。及得禪手敕(125)，乃帥所統(126)臨于都亭三日(127)。吳聞蜀敗，起兵西上，外託救援，內欲襲憲。憲曰：「本朝傾覆，吳為脣齒(128)，不恤我難而背盟徼利(129)，不義甚矣。且漢已亡，吳何得久，我寧能為吳降虜乎！」保城繕甲(130)，告誓將士，厲(131)以節義，莫不憤激。吳人聞鍾、鄧敗，百城無主，有兼蜀之志。而巴東固守，兵不得過，乃使撫軍(132)步協(133)率眾而西。憲力弱不能禦，遣參軍楊宗突圍北出，告急於安東將軍陳騫(134)，又送文武印綬(135)、任子(136)詣晉公。協攻永安，憲與戰，大破之。吳主怒，復遣鎮軍陸抗(137)等帥眾三萬人增憲之圍。

三月丁丑[138]，以司空王祥為太尉，征北將軍何曾為司徒，左僕射荀顗為司空。己卯[139]，進晉公爵為王[140]，增封十郡[141]。王祥、何曾、荀顗共詣晉王，顗謂祥曰：「相王尊重，何侯[142]與一朝之臣[143]皆已盡敬，今日便當相率而拜[144]，無所疑也。」祥曰：「相國雖尊，要是[145]魏之宰相。吾等魏之三公，王、公相去一階[146]而已，安有天子三公可輒[147]拜人者！損魏朝之望，虧[148]晉王之德。君子愛人以禮，我不為也。」及入，顗遂拜，而祥獨長揖。王謂祥曰：「今日然後知君見顧之重[149]也！」

劉禪舉家東遷洛陽，時擾攘倉猝[150]，禪之大臣無從行者[151]，惟祕書令[152]郤正及殿中督[153]汝南張通捨妻子單身隨禪，禪賴正相導宜適[154]，舉動無闕[155]，乃慨然歎息，恨知正之晚。

初，漢建寧[156]太守霍弋[157]都督南中[158]，聞魏兵至，欲赴成都。劉禪以備敵既定[159]，不聽。成都不守，弋素服大臨三日。諸將咸勸弋宜速降，弋曰：「今道路隔塞，未詳主之安危，去就大故[160]，不可苟也。若魏以禮遇主上，則保境而降不晚也。若萬一危辱，吾將以死拒之，何論遲速邪！」得禪東遷之問[161]，始率六郡[162]將守[163]上表曰：「臣聞人生在[8]三[164]，事之如一，惟難所在[165]，則致其命[166]。今臣國敗主附[167]，守死無所[168]，是以委質[169]，不敢有貳[170]。」晉王善之，拜南中都尉，委以本任(171)。

丁亥(172)，封劉禪為安樂公，子孫及羣臣封侯者五十餘人。晉王與禪宴，為之作故蜀技(173)，旁人皆為之感愴(174)，而禪喜笑自若。王謂賈充曰：「人之無情(175)，乃至於此。雖使諸葛亮在，不能輔之久全，況姜維邪！」他日，王問禪曰：「頗思蜀否？」禪曰：「此間樂，不思蜀也。」郤正聞之，謂禪曰：「若王後問(176)，宜泣而答曰：『先人墳墓，遠在岷、蜀，乃心西悲(177)，無日不思。』因閉其目。」會王復問，禪對如前。王曰：「何乃似郤正語邪？」禪驚視曰：「誠如尊命(178)。」左右皆笑。

夏，四月，新附督(179)王稚浮海入吳句章(180)，略(181)其長吏及男女二百餘口而還。五月庚申(182)，晉王奏復五等爵(183)，封騎督以上六百餘人。○甲戌(184)，改元(185)。○癸未(186)，追命舞陽文宣侯懿(187)為晉宣王，忠武侯師為景王。

羅憲被攻凡六月，救援不到，城中疾病太半(188)。或說憲棄城走，憲曰：「吾為城主，百姓所仰，危不能安，急而棄之，君子不為也，畢命於此矣！」陳騫言於晉王，遣荊州刺史胡烈將步騎二萬攻西陵以救憲。秋，七月，吳師退。晉王使憲因仍舊任(189)，加陵江將軍(190)，封萬年亭侯。

晉王奏使司空荀顗定禮儀，中護軍賈充正[191]法律，尚書僕射裴秀議官制，太保鄭沖總而裁[192]焉。

吳分交州置廣州[193]。

吳主寢疾[194]，口不能言，乃手書呼丞相濮陽興入，令子𩅦出拜之。休把興臂，指𩅦以託之。癸未[195]，吳主殂，諡曰景帝。群臣尊朱皇[9]后為皇太后。

吳人以蜀初亡，交阯攜叛[196]，國內恐懼，欲得長君。左典軍[197]萬彧嘗為烏程令[198]，與烏程侯皓[199]相善，稱皓之[10]才識明斷，長沙桓王之儔[200]也；又加之好學，奉遵法度。屢言之於丞相興、左將軍布。興、布說朱太后，欲以皓為嗣。朱后曰：「我寡婦人，安知社稷之慮。苟吳國無隕[201]，宗廟有賴[202]，可矣。」於是遂迎立皓，改元元興，大赦。

八月庚寅[203]，命中撫軍司馬炎副貳相國[204]事。

初，鍾會之伐漢也，辛憲英[205]謂其夫之從子羊祜[206]曰：「會在事[207]縱恣[208]，非持久處下之道[209]，吾畏其有他志也。」會請其子郎中琇[210]為參軍，憲英憂曰：「他日吾為國憂，今日難至吾家矣。」琇固請[211]於晉王，王不聽。憲英謂琇曰：「行矣，戒之[212]，軍旅之間，可以濟[213]者，其惟仁恕乎[214]！」琇竟以全歸[215]。癸巳[216][11]，詔以琇當諫會反，賜爵關內侯。

九月戊午[217]，以司馬炎為撫軍大將軍。

辛未[218]，詔以呂興為安南將軍，都督交州諸軍事，以南中監軍霍弋遙領交州刺史，得以便宜[219]選用長吏。弋表遣建寧爨谷[220]為交阯太守，率牙門董元、毛炅、孟幹、孟通、爨能、李松、王素等將兵助興，未至，興為其功曹李統[12]所殺。

吳主貶朱太后為景皇后，追諡父和曰文皇帝，尊母何氏為太后。

冬，十月丁亥[221]，詔以壽春所獲吳相國參軍事[222]徐紹為散騎常侍[223]，水曹掾[224]孫彧為給事黃門侍郎[225]，以使於吳，其家人在此者悉聽自隨，不必使還[226]，以開廣大信[227]。晉王因致書吳主，諭以禍福[228]。

初，晉王娶王肅之女，生炎及攸，以攸繼景王後[229]。攸性孝友[230]，多才藝，清和平允[231]，名聞[232]過於炎，晉王愛之，常曰：「天下者，景王之天下也。吾攝居相位[233]，百年之後，大業宜歸攸[234]。」炎立髮委地[235]，手垂過膝，嘗從容問裴秀[236]曰：「人有相否[237]？」因以異相示之[238]，秀由是歸心。羊琇與炎善，為炎畫策，察時政所宜損益，皆令炎豫記之，以備晉王訪問[239]。晉王欲以攸為世子[240]，山濤曰：「廢長立少，違禮不祥。」賈充曰：「中撫軍[241]有君人之德[242]，不可易[243]也。」

何曾、裴秀曰：「中撫軍聰明神武，有超世之才，人望[244]既茂，天表[245]如此，固非人臣之相也。」晉王由是意定。丙午[246]，立炎為世子。

吳主封太子𩅦及其三弟皆為王[247]，立妃滕氏為皇后。

初，吳主之立，發優詔[248]，恤士民，開倉廩，振貧乏，科出[249]宮女以配無妻者，禽獸養於苑中者皆放之，當時翕然[250]稱為明主。及既得志，粗暴驕盈，多忌諱，好酒色，大小失望，濮陽興、張布竊悔之。或譖諸吳主[251]，十一月朔[252]，興、布入朝，吳主執之，徙於廣州，道殺之，夷三族。以后父滕牧為衛將軍，錄尚書事[253]。牧，胤[254]之族人也。

是歲，罷屯田官[255]。

【章　旨】以上為第三段，寫魏帝曹奐咸熙元年（西元二六四年）一年間的大事，主要寫了鍾會為獨攬滅蜀軍權，叛魏自立而陷害、襲捕鄧艾，以及鍾會親近蜀將姜維，聽姜維慫恿囚禁部下諸將欲盡殺之，結果因消息走漏，軍中大亂，鍾會、姜維被殺；寫了司馬昭早對鍾會有防範，在朝裡朝外預做了種種準備；寫衛瓘於鍾會死後仍將被囚的鄧艾殺死，以掩蓋其與鍾會一道陷害鄧艾的罪行，為日後司馬炎為鄧艾平反做伏筆；寫了蜀將羅憲降魏後，在永安抵抗東吳入侵，立功封侯，與南中蜀將霍弋率六郡降魏，司馬昭令其遙領交州刺史，經營交州諸郡事；寫了司馬炎耍手段，依靠親信改變司馬昭的意旨，獲取了繼承人的位置；寫了吳主孫休病死，孫皓被立，以及孫皓聽讒言殺死權臣濮陽興、張布等等。

【注釋】❶咸熙元年　這一年的五月，才改元咸熙，此時仍稱景元五年。❷正月壬辰　這年的正月無壬辰日，此處疑誤。❸以檻車徵鄧艾　用囚車將鄧艾押解回京。檻車，囚車。徵，調。❹入斜谷　經由斜谷逼近成都。斜谷是從關中通往漢中，進而入蜀的山路名，在今陝西眉縣南。❺從帝幸長安　跟著魏帝曹奐來到長安。實際是司馬昭「挾持」著魏帝，美其名曰「從」。幸，指皇帝到達某處。司馬昭所以要到長安，是為了靠近成都一些，以便有問題及時解決。❻諸王公　指曹氏宗室的諸王、諸公。❼皆在鄴　被司馬昭集中到鄴城統一監管。事見本書卷七十五嘉平三年。❽山濤　字巨源。與嵇康、阮籍交遊，為「竹林七賢」之一，是投靠司馬氏做官最大的一位。傳見《晉書》卷四十三。❾行軍司馬　司馬昭的行軍司馬，權任甚重。❿王氏　王元姬，王肅之女。生司馬炎、司馬攸，後謚文明皇后。⓫西曹屬　西曹的辦事人員，自漢以來，丞相有東西兩曹掾屬（兩個辦事機構）。⓬邵悌　字元伯，陽平（今山東莘縣）人。事見《三國志》卷二十八。⓭單身　指沒有家眷。⓮無任　沒有家人留作人質。按魏制，凡派遣將帥，都留下家眷作為人質。⓯餘人　別人；其他人。⓰師老　軍隊疲憊。⓱如指掌耳　成功的形勢清楚得如同指著自己手掌上的紋理讓人看。⓲豫怯　猶豫、怯懦。⓳與人意同　跟我的意見相同。⓴就如卿慮　即使出了像你估計的那種情況。㉑不能辦　不能解決。㉒與共圖事　跟他共同合謀作亂。㉓中國將士　指鍾會帶去的魏國將士。㉔前言　指須防鍾會之言。㉕不可宣　不要對他人言講。㉖先人生心　意即人家還沒有表現對我不利，我便先懷疑人家。㉗賈護軍　即賈充，時為中護軍，司馬昭的死黨。㉘無以易我語　沒法不同意我們的話。易，改變；不同。㉙自了　自然就解決了。㉚不可得距　不能拒絕。距，同「拒」。衛瓘身為監軍，派他收捕鄧艾，是他職務分內之事。㉛來赴官軍　指到自己這方面來。因為他這時代表「官方」，鄧艾是「叛亂分子」。㉜爵賞如先　官爵賞賜都照先前平蜀時鄧艾賞他們那樣。㉝比至　等到。㉞平旦　天剛亮。㉟使者車　欽差乘坐的專車。《續漢志》：有大使車、小使車、諸使車。此指一種小使車。藍輿、赤轂、白蓋、赤帷，從騶騎四十人。這是一種專門供收捕犯官的使者所乘的車子。㊱整仗　集結軍隊，手持武器。㊲偽作表草二句　詭言他正在撰寫奏章，以申明鄧艾沒有謀反之心。㊳丙子　正月十五。㊴浮渭入河　由渭水乘船進入黃河。㊵孟津　古黃河津渡名，在今河南孟津東北、孟州西南。㊶不就徵　意即不服從調遣，不束手就擒。㊷樂城　原蜀縣，在今陝西城固東。㊸獨辦之　一個人就可以辦好。㊹大重　指這麼多的軍隊。㊺蜀漢　蜀郡與漢中郡。㊻丁丑　正月十六。㊼護軍郡守牙門騎督　皆官名，指跟隨鍾會駐守在成都的所有將領。㊽為太后發哀　郭太后於去年（西元二六三年）十二月去世。㊾朝堂　蜀國舊時的朝堂。㊿班示坐上人　把「遺詔」拿給座上的眾人看。(51)議訖　議論完畢。(52)書版署置　填寫委任狀，任命各種官職。(53)更　又。(54)悉閉著益州諸曹屋中　全部把他們關押在益州刺史「各部」、「各局」的辦公室裡。(55)疾篤　病勢沉重。

[56]外廨　外面的官舍。[57]北來諸將　從中原地區帶來的曹魏的將領。[58]己因殺會　自己再乘機殺掉鍾會。[59]幽而復明　讓已經落下去的太陽、月亮再升起來、亮起來。[60]帳下督　統帥身邊的衛士長。[61]愍　同情；哀憐。[62]獨坐　跟著諸將被殺。[63]聽准許。[64]內　同「納」。准許進來。[65]諸牙門　即各牙門騎督。[66]隨例　跟隨胡烈的做法。[67]紿　欺騙。[68]疏　信札，這裡即寫信札。[69]白棓　白木棍。棓，同「棒」。[70]白帢　當時官僚所戴的一種頭巾，形狀如弁（冠），缺四角。[71]散將　沒有名號的將官。[72]己卯日中　正月十八的中午。[73]不期　不約而同地。[74]鎧杖　鎧甲武器。杖，同「仗」。[75]白　有人來報告說。[76]匈匈聲　憤怒喧譁的聲音。[77]兵走向城　有軍隊往城裡跑來。[78]似欲作惡　似乎是想來做壞事，造反。[79]內人　指被鍾會禁閉在屋內的人。[80]机　几案；桌子。[81]柱門　頂住門。[82]斯須　過了一會兒。[83]倚梯　爬著梯子。[84]蟻附亂進　像一群螞蟻似地湧進來。[85]相得　彼此找到。[86]漢太子璿　劉禪的太子劉璿。[87]部分　布署；分派。[88]追出艾　追上並釋放出鄧艾。[89]緜竹　原蜀縣名，縣治在今四川綿竹東南。[90]鎮西長史　鎮西將軍鍾會的長史。[91]杜預　字元凱，京兆杜陵（今陝西西安東南）人，司馬昭的妹夫。博學而多謀略，時號「杜武庫」。撰有《春秋左氏經傳集解》、《春秋釋例》等。傳見《晉書》卷三十四。[92]伯玉　即衛瓘，字伯玉。[93]其不免乎　將不會有好下場了吧。指將被殺。[94]不御下以正　不用正道駕御下屬。指衛瓘激田續殺鄧艾以掩己罪。[95]何以堪其責　如何應付世人對自己的指責。[96]不俟駕　不等車套好就急忙地前行。[97]恕　字務伯，杜畿之子。為人灑脫任性，議論亢直。後為幽州刺史，遭同官奏劾，免官死於徙所。傳見《三國志》卷十六。[98]西城　原蜀縣名，縣治在今陝西安康西北。[99]挾術　玩弄權術。[100]鍾繇　曹魏的開國元勳，字元常，鍾會與鍾毓之父。曾為侍中守司隸校尉，持節督關中諸軍守長安，又為廷尉、太傅等職。擅長書法，與晉王羲之並稱為「鍾王」。傳見《三國志》卷十三。[101]原　寬恕。[102]功曹　將軍的屬吏，主管考核、選拔。[103]卿哭於東市　司馬昭殺王經，向雄哭王經於東市事，見本書卷七十七景元元年。[104]躬為　親自作為。[105]如王法何　怎麼對得起王法。[106]先王掩骼埋胔　《禮記・月令》：「孟春之月掩骼埋胔。」即把曠野上沒人收葬的屍骨掩埋起來。[107]仁流朽骨　仁德施於朽骨。[108]先卜其功罪　先考查清楚這副枯骨生前是功臣還是罪人。卜，占算，這裡即指考查。[109]王誅既加　指鍾會已被殺死。[110]感義　感於上下、主從之義。[111]教亦無闕　對於禮教並沒有損害。[112]弘　弘揚。[113]訓物　教育臣民。[114]背死　背叛死者，指鍾會。[115]違生　違背生者，指人之常情。[116]讎對枯骨　即與死人為敵。[117]捐　拋棄。[118]中野　曠野。[119]丙辰　二月二十六。[120]車駕　指魏帝曹奐，實際是指司馬昭。[121]庚申　二月三十日。[122]明元皇后　即前文所稱之郭太后，以其為魏明帝之妻，諡曰「元」，故稱「明元皇后」。[123]羅憲　字令則，為蜀太子舍人、尚書吏部郎、巴東太守等官。歸降魏後任陵江將軍，又進位冠軍將軍、假節。傳見《三國志》卷四十一。[124]永安　即

白帝城，原名「魚腹」，劉備於章武二年將其改曰「永安」。(125)手敕　即今之所謂「手令」。(126)帥所統　率領著自己的部下。(127)臨于都亭三日　在白帝城的驛站哭了三天。都亭，即驛站。(128)脣齒　脣齒相依之邦。(129)徼利　謀取利益。(130)保城繕甲　堅守城池，修整鎧甲。(131)厲　激勵。(132)撫軍　即撫軍將軍。(133)步協　東吳名臣步騭之子。(134)陳騫　曹魏老臣陳矯之子，字休淵。曾為征南大將軍、車騎將軍等職，當時陳騫鎮守荊州。傳見《晉書》卷三十五。(135)文武印綬　文武官員的印信。(136)任子　以兒子作人質。(137)鎮軍陸抗　陸抗是吳國名將陸遜之子，時為鎮軍將軍，駐防西陵（今湖北宜昌）。(138)丁丑　三月十七。(139)己卯　三月十九。(140)進晉公爵為王　升晉公司馬昭為「晉王」。(141)增封十郡　司馬昭為「晉公」時已享有封地十個郡，今又增封十郡，共二十個郡。(142)何侯　敬稱何曾。(143)一朝之臣　即滿朝文武大臣。(144)相率而拜　彼此跟著向司馬昭行跪拜之禮。(145)要是　總還是。(146)相去一階　相差一級，司馬昭的職務是宰相，有實權，但排在「三公」之下。司馬昭又是「晉王」，按爵位說又比「三公」高一級。(147)輒　這裡是「輕易」、「隨便」的意思。(148)虧　有損。(149)見顧之重　對我愛護之情是何等深重。(150)擾攘倉猝　混亂、匆忙。(151)禪之大臣無從行者　姜維已死，其餘大臣張翼、廖化、董厥也死於戰亂，故已無重臣。(152)祕書令　祕書省的長官，主管文書檔案，是帝王的機要官員。(153)殿中督　防衛宮廷的衛士長。(154)相導宜適　幫助引導使劉禪的說話舉動都非常合宜、到位。(155)無闕　無失禮之處。(156)建寧　原蜀郡名，郡治即今雲南曲靖。(157)霍弋　蜀漢功臣霍峻之子，字紹先，先後任永昌太守、安南將軍等。(158)南中　古地區名，相當今四川大渡河以南和雲南、貴州兩省。(159)備敵既定　對敵人的防禦工作已經完備。(160)去就大故　「去」指降魏，「就」指堅守，都是大事情。(161)問　消息。(162)六郡　南中共七郡，此時越嶲郡已降魏，故言「六郡」。(163)將守　將軍與太守。(164)人生在三　人生在世的三個依靠，即父、母、君主。(165)惟難所在　哪一個有了危難。(166)則致其命　就為他們獻出性命。(167)主附　主子投降了人。(168)守死無所　再想犧牲性命，已無報效對象。(169)委質　委身歸順。(170)不敢有貳　不能再有別的想法。(171)本任　原來的任職，指仍為建寧郡太守。(172)丁亥　三月二十七。(173)故蜀技　表演當初巴蜀的歌舞。技，同「伎」。(174)感愴　感慨悲愴。(175)無情　意如今之所謂「沒有心肝」。(176)後問　日後再問你。(177)乃心西悲　西望巴蜀而內心悲痛。(178)誠如尊命　的確和您說的一樣。(179)新附督　由東吳新近歸降曹魏的人組成的部落群體長官，約住在淮南一帶。(180)句章　吳縣名，縣治即今浙江餘姚。(181)略　搶掠。(182)五月庚申　五月初一。(183)奏復五等爵　建議恢復周朝公、侯、伯、子、男五等的分封制度。(184)甲戌　五月十五。(185)改元　改元後為「咸熙元年」，此前尚一直稱「景元五年」。(186)癸未　五月二十四。(187)舞陽文宣侯懿　司馬懿。舞陽侯是封號，文宣是諡。(188)太半　一半多，達三分之二。(189)因仍舊任　仍舊留在永安任原官，即任巴東太守。(190)陵江將軍　為四十位雜號將軍之首，意為陵駕江流，蕩平東吳。(191)正　制定。(192)總而裁　總管其事，對有爭議的問題做最終裁決。[193]分交州置廣州　漢武帝元鼎六年（西元前一一一年）滅南越，在今廣東、廣西與越南一帶地區設交州刺史，州治龍編（越南河內東北）。今將交州分為二州。交州仍治龍編，廣州治番禺（今廣州）。[194]寢疾　病重在床。[195]癸未　七月二十五日。[196]交趾攜叛　指去年呂興的起兵叛吳。攜，叛離。[197]左典軍　武官名，統領左翼朝廷禁衛。[198]烏程令　烏程縣的縣令。烏程縣治即今浙江湖州。[199]烏程侯皓　孫皓，孫權的故太子孫和之子，字元宗，前此被封為烏程侯。傳見《三國志》卷四十八。[200]長沙桓王之儔　像是孫權之兄孫策一流的人物。孫策年輕有為，是吳國的奠基者，因過早去世，故孫權才得為吳國皇帝。孫權即位後諡孫策為長沙王，桓字是諡。儔，同類；相比。[201]無隕　不至於衰亡、毀滅。[202]有賴　有依靠。[203]八月庚寅　八月初三。[204]副貳相國　即副相國，為司馬昭當助手。[205]辛憲英　羊耽之妻。事跡見《晉書·列女傳》。[206]羊祜　字叔子，晉初名將。傳見《晉書》卷三十四。[207]在事　不論辦什麼事情。[208]縱恣　為所欲為。[209]非持久處下之道　不是長久為人做臣子的樣子。[210]郎中琇　羊琇，羊耽與辛憲英之子，司馬師夫人羊徽瑜的堂弟，此時為郎中之職。[211]固請　堅決推辭不任此職。[212]戒之　警惕小心。[213]濟　指度過危難。[214]其惟仁恕乎　只有仁愛和寬恕。[215]以全歸　指未捲入鍾會的災難。[216]癸巳　八月初六。[217]九月戊午　九月初一。[218]辛未　九月十四。[219]以便宜　根據實際情況。[220]爨谷　人名。姓爨名谷。爨氏為雲南地區大姓。[221]十月丁亥　十月初一。[222]相國參軍事　官名，簡稱相國參軍，為國相的重要幕僚。[223]散騎常侍　帝王的侍從官員，備參謀顧問之用。[224]水曹掾　官名，掌舟楫、津梁、漕運之事。[225]給事黃門侍郎　帝王身邊的侍應人員。[226]不必使還　完成使命後，不想回魏就可以不回。[227]開廣大信　擴大魏國重視信義的影響。[228]諭以禍福　曉諭抗拒之禍及歸降之福。[229]以攸繼景王後　把司馬攸過繼給司馬師為子。景王，司馬師的諡號。[230]孝友　對父母孝順，對兄弟友善。[231]清和平允　清靜和平，為人正直。[232]名聞　名望。[233]攝居相位　意思是我現在是代替他當這分丞相的差事。[234]大業宜歸攸　國家權位要傳給司馬師的繼承人。[235]立髮委地　頭髮垂放下來可以拖到地面。[236]裴秀　字季彥，世稱「裴子」、「儒林丈人」，曾為尚書僕射。精通輿地之學，作《禹貢地域圖》十八篇，中國古代地圖繪製學始於此。[237]人有相否　究竟有沒有決定人一生貴賤的相貌。[238]以異相示之　把自己的長頭髮解開讓裴秀看。[239]訪問　詢問。[240]世子　接班人；繼承人。[241]中撫軍　指司馬炎。[242]君人之德　駕御臣民的素質。[243]不可易　不能更換。[244]人望　在臣民中的威望。[245]天表　天生的相貌。[246]丙午　十二月二十一。[247]封太子𩅦及其三弟皆為王　封孫𩅦為豫章王，孫霣為汝南王，孫㼽為梁王，孫䆿為陳王。[248]優詔　優撫國人的詔書。[249]科出　按條例放出。[250]翕然　眾口一致的樣子。[251]或譖諸吳主　有人在吳主跟前說濮陽興與張布的壞話。[252]朔　十一月初一。[253]錄尚書事　主管尚書省的事務，即掌管國家大權。[254]胤　滕胤，吳國大臣，前被孫綝所殺。見本書卷七十七甘露元年。255罷屯田官　曹魏於建安元年（西元一九六年）設置屯田官，到本年已實行六十九年。

【校　記】1居　原無此字。據章鈺校，甲十一行本、乙十一行本、孔天胤本皆有此字，張敦仁《通鑑刊本識誤》同，今據補。2其　原無此字。據章鈺校，甲十一行本、乙十一行本、孔天胤本皆有此字，張敦仁《通鑑刊本識誤》同，今據補。3杖　據章鈺校，甲十一行本、乙十一行本皆作「仗」。4柱　據章鈺校，甲十一行本、乙十一行本皆作「拄」。5俟　原誤作「候」。據章鈺校，孔天胤本作「俟」，今據校正。6當　據章鈺校，甲十一行本、乙十一行本皆作「其」。7對　據章鈺校，乙十一行本作「懟」。8在　據章鈺校，甲十一行本、乙十一行本皆作「於」，張敦仁《通鑑刊本識誤》、張瑛《通鑑校勘記》同。9皇　據章鈺校，甲十一行本、乙十一行本、孔天胤本皆無此字。10之　據章鈺校，甲十一行本、乙十一行本皆無此字。11癸巳　原無此二字。據章鈺校，甲十一行本、乙十一行本、孔天胤本皆有此二字，張敦仁《通鑑刊本識誤》、張瑛《通鑑校勘記》同，今據補。12李統　原作「王統」。據章鈺校，甲十一行本、乙十一行本、孔天胤本皆作「李統」，張敦仁《通鑑刊本識誤》同，今據改。按，《晉書》卷五七〈陶璜傳〉亦作「李統」。

【語　譯】咸熙元年（甲申　西元二六四年）

春季，正月壬辰日，魏元帝曹奐下詔用囚車把鄧艾押回京師接受審訊。晉公司馬昭恐怕鄧艾不服從命令，便下令鍾會向成都進軍，又派賈充率軍進入斜谷。司馬昭親率大軍跟隨魏元帝曹奐進駐長安，因為曹氏宗室諸王、諸公都被集中在鄴城統一監管，於是任命山濤為行軍司馬鎮守鄴城。

最初，鍾會因為才能出眾被委以重任。司馬昭夫人王氏對司馬昭說：「鍾會見利忘義，喜好製造事端，對他恩寵太過，必然會生出亂子，此人不可委以大任。」等到鍾會即將率軍討伐蜀漢的時候，丞相府的西曹辦事人員邵悌對晉公司馬昭說：「現在派遣鍾會率領十多萬大軍討伐西蜀，我認為他現在還是單身漢，沒有家屬留在京師作人質，不如另外派別的人去討伐蜀國。」晉公司馬昭笑著對邵悌說：「我難道不知道這些嗎？蜀國屢次侵犯邊境，軍隊已經疲憊不堪，人民生活困苦。我現在去討伐它，能成功的形勢清楚得就如同指著自己手掌上的紋理讓人看，然而眾人卻說伐蜀不可能成功。人一旦自己心裡先膽怯，那麼他的智慧和勇氣就會同時喪失，在這種情況下如果強迫他們去作戰，就等於是把他們送給敵人去當俘虜。只有鍾會與我的意見相同，如今派遣鍾會討伐蜀國，蜀國一定會滅亡。滅掉蜀國之後，即使出現了像你擔心的那種情況，又何必擔憂不能解決？蜀國已經被滅亡，蜀國遺民必然驚恐不安，不會跟著他共同合謀作亂，鍾會帶去的魏國將士，都想早日回家團圓，也不會跟著他同心協力謀反。鍾會如果作亂，只會自取滅族之禍。你不要憂慮這些，但千萬不要讓別人知道這件事。」等到晉公司馬昭將往長安的時候，邵悌又對晉公司馬昭說：「鍾會統領的軍隊，是鄧艾所率軍隊的五六倍，只要命令鍾會逮捕鄧艾就可以了，您沒有必要親自率兵遠行。」司馬昭說：「你忘記了以前說過的話了嗎，為什麼現在竟說用不著我親自遠行呢？雖然如此，以前所說的話仍然不可以對外宣揚。我只要秉著誠心誠意地待人，別人也不辜負我就可以了，我豈能在人家還沒有表現出對我不利之前就先懷疑人家呢？最近護軍賈充問我很懷疑鍾會嗎，我回答說：『如果我現在派你率軍出征，難道我可以懷疑你嗎？』賈充也沒法不同意我的話。我到長安，問題自然就解決了。」

鍾會派衛瓘先到成都去逮捕鄧艾。鍾會認為衛瓘的兵力少，想借助鄧艾之手先殺死衛瓘，然後再利用這個罪名除掉鄧艾。衛瓘看穿了鍾會的借刀殺人之計，然而又不能拒絕執行命令，於是便連夜趕到成都，傳檄給鄧艾所統領的諸將，說奉了皇帝的命令，前來逮捕鄧艾，與其他人完全沒有任何關係。如果諸將領按照命令到官軍這裡來，官爵賞賜與先前平蜀時鄧艾所賞賜的一樣，膽敢抗拒命令，不肯前來，誅滅三族。等到雞叫時分，鄧艾屬下的所有將領都到衛瓘這裡報到，只有鄧艾營帳裡的人沒有出來報到。等到天亮，營門一開，衛瓘就乘坐著使者的車子，逕直進入鄧艾的住所。鄧艾還躺在床上沒有起來，衛瓘於是順利地逮捕了鄧艾父子，把鄧艾打入囚車。鄧艾營帳之內的諸將企圖以武力劫奪鄧艾，就集結起軍隊、手持武器趕往衛瓘的營帳。衛瓘從容不迫的走出來接待他們，謊稱自己正在給朝廷撰寫奏章，以申明鄧艾沒有謀反之心，諸將領相信了衛瓘的話而停止了劫奪鄧艾的行動。

正月十五日丙子，鍾會到達成都，他派人把鄧艾押赴京師。鍾會所懼怕的只有鄧艾，鄧艾父子已經被擒，鍾會獨自統領大軍，加上他的聲威已經震動了西土，於是就下定決心要謀反了。鍾會想讓姜維作先鋒，率領五萬軍隊從斜谷出發，鍾會親自統領大軍緊隨其後。等到了長安，再命令騎兵從陸路，步兵從水路，乘船由渭水順流進入黃河，估計五天之內就可以到達孟津，與騎兵會師於洛陽，一天之內可以奪取天下。就在這時收到了晉公司馬昭的書信，司馬昭在書信中說：「我擔心鄧艾不肯束手就擒，如今已經派遣中護軍賈充率領步兵、騎兵一萬人逕直進入斜谷，屯駐在樂城，我將親自率領十萬大軍駐紮在長安，很快我們就會見面了。」鍾會看過書信後大吃一驚，他把自己的親信叫到跟前，對他們說：「如果僅僅是為了逮捕鄧艾，相國知道我一個人就可以辦好。如今卻率領這麼多的軍隊前來，一定是覺察到了我有什麼異常，我們應該馬上起事。事情成功，可以得到天下；不成功，再退軍保守蜀郡與漢中郡，仍然不失做個劉備第二。」

正月十六日丁丑，鍾會把護軍、郡守、牙門騎督以上的官員以及蜀漢時期的舊官吏全都請到原來蜀國的朝堂上，為郭太后發喪舉哀，假傳郭太后的遺詔，命令鍾會起兵除掉司馬昭，他把「遺詔」挨著座次拿給每一個人觀看，讓大家議論完畢，便填寫委任狀，任命各種官員，又讓自己所信任的人接管了諸位將領的軍隊。又把所有請來的官員，都關押在益州刺史「各部」、「各局」的辦公室裡，城門、宮門全部關閉，派兵嚴加看守。衛瓘詐稱病勢沉重，要求出去住在外面的官舍。鍾會相信了他的話，衛瓘出去後，鍾會更加肆無忌憚。

姜維想讓鍾會把從中原帶來的曹魏將領全部殺掉，自己再乘機誅殺鍾會，然後把魏兵全部活埋，再讓劉禪復辟，於是姜維祕密地寫信給劉禪說：「希望陛下暫且再忍耐幾天恥辱，我會使國家轉危為安，讓已經落下去的太陽、月亮再升起來、亮起來。」鍾會想聽從姜維的勸告誅殺魏國諸將領，但一時又下不了決心。

擔任鍾會帳下督的丘建原本是胡烈的部下，鍾會喜愛並且信任他。丘建看見自己的老上級胡烈即將與諸將一起被殺，深感同情，就請求鍾會，准許胡烈叫進一個親兵出去取些飲食，鍾會同意了丘建的請求，各牙門騎督也都參照胡烈的做法各叫進一人出去取飲食。胡烈用假話欺騙那個親兵並讓親兵把書信送給他的兒子胡淵，胡烈對那個親兵說：「丘建祕密地把消息透露給了我，說鍾會已經挖好了大深坑，預備了幾千根白木棍，想把外面的士兵全部叫進去，每人發給一頂白色頭巾，說是任命他們為將官，然後就趁他們進來時依次用木棍打死，扔到大坑中埋掉。」於是諸牙門騎督的親兵眾口一詞傳說此事，一夜之間，互相轉告，全都傳遍了。正月十八日己卯中午，胡淵率領著他父親的部隊擂著戰鼓衝出營門，其他各個部隊的士兵也都不約而同地擂鼓吶喊跑出營門，雖然沒有人統領他們，卻都爭先恐後地向皇城進發。當時鍾會正在發給姜維鎧甲武器，有人來報告說外面有憤怒喧譁的聲音，好像失了火一樣。不一會兒，又有人來報告說有軍隊向城裡跑來。鍾會大驚，對姜維說：「士兵跑來好像要造反，應該怎麼辦呢？」姜維說：「只有迎頭痛擊了！」鍾會派兵準備把關押在各辦公室的所有牙門騎督、郡守殺死，而被關押在屋子裡的人則同心協力用几案、桌子頂住屋門。鍾會派去的士兵雖然用刀盡力砍門，但無法砍破。過了一會，城外的士兵已經爬著梯子登上城牆，有人放火焚燒城內的房屋，城外的士兵像螞蟻群亂竄一樣湧進城來，箭下如雨。被軟禁的各牙門騎督、郡守趁機衝出屋子，沿著牆根逃出包圍，他們與自己的部隊彼此會合。姜維率領著鍾會身邊的衛士作戰，親手殺死了五六個人，眾人一起殺死了姜維，又都爭著衝上前來殺死了鍾會。鍾會手下的將士死了幾百人，劉禪的太子劉璿以及姜維的妻子全都被亂兵殺死，士兵趁機到處燒殺搶掠，死傷遍地，一片狼藉。衛瓘出來指揮、部署諸將，幾天之後才使局面平息下來。

鄧艾本營的將士追上押送鄧艾的囚車，把鄧艾父子解救出來準備迎回成都。衛瓘因為自己曾經與鍾會合謀共同陷害鄧艾，擔心鄧艾回成都後作亂，便派遣護軍田續等人率兵去襲擊鄧艾，在綿竹縣以西與鄧艾相遇，於是殺死了鄧艾父子。當初鄧艾攻取江油的時候，田續遲遲不肯進兵。鄧艾要將田續斬首，但後來還是把他赦免了。等到衛瓘派遣田續去襲擊鄧艾父子的時候，衛瓘對田續說：「這回你可以去報江油之戰時所受的羞辱了。」鎮西長史杜預對眾人說：「衛伯玉將不會有好下場吧？身為知名人士，地位和聲望雖然很高，卻從沒有聽說他有什麼美德，又不用正道駕馭下屬，他將如何應付世人對他的指責呢！」衛瓘聽到這樣的話，不等套好車子就跑去向杜預承認自己的錯誤。杜預，是杜恕的兒子。鄧艾在洛陽家中的幾個兒子也都被誅殺了，只有鄧艾的妻子和孫子保住了性命，被流放到了西城縣。

鍾會的哥哥鍾毓曾經悄悄地對晉公司馬昭說：「鍾會善於玩弄權術，恐怕難以保全性命，不能讓他獨當一面。」等到鍾會反叛的時候，鍾毓已經去世，晉公司馬昭回想起鍾繇所建立的功勳和鍾毓的賢明正直，特別寬恕了鍾毓的兒子鍾峻、鍾辿，讓他們保有原來的官職和爵位。在鍾會屬下擔任功曹的向雄收殮埋葬了鍾會的屍體，晉公司馬昭召見向雄，責備他說：「以前王經被殺，你在東市刑場哭弔他我沒有責備你。鍾會親自謀逆叛亂，你又來收葬他的屍體。如果再容忍你，怎麼對得起王法呢？」向雄回答說：「古代聖明的君王把曠野上沒人收葬的屍體掩埋起來，仁德施及朽骨，難道當時還要預先審查清楚這些屍骨生前是有功還是有罪之後再收葬他們嗎？如今對鍾會已經根據王法進行了處罰，從執行法律的程序上說已經完成，我有感於上級與下級、主人與隨從之間所應當承擔的義務而收葬他，這對於禮教並沒有絲毫損害。朝廷制定刑法，下級將禮教弘揚光大，以此教育臣民，不是也可以嗎？何必使向雄既背叛了死者又要違背人之常情，承受著這樣沉重的心理負擔活在這個世界上呢？明公與死人為敵，把他的屍體拋棄在曠野之中，這難道是大仁大賢者的胸襟嗎？」晉公司馬昭轉怒為喜，與他閒談了一陣之後就將他放回了。

二月二十六日丙辰，魏元帝曹奐回到洛陽。○三十日庚申，安葬了明元皇后。

當初，劉禪派遣巴東太守襄陽人羅憲率領二千士兵防守永安，當成都陷落的消息傳來，永安城裡的官民驚恐不安，羅憲立即把一個聲稱成都陷入混亂的人殺死，百姓才安定下來。等收到劉禪命令投降的手令後，羅憲率領自己的部下在白帝城的驛站中痛哭了三天。吳國聽到蜀國失敗的消息，立即發兵西進，表面上聲稱是救援蜀國，實際上卻是準備襲擊羅憲。羅憲說：「我們蜀國已經亡國，吳國和蜀國的關係就如同脣齒一樣互相依存，如今脣已亡，吳國不僅不同情我們的苦難，反而背叛盟約趁機謀取利益，實在是最大的不仁不義。而且蜀國已經滅亡，吳國又怎麼能夠長久呢，我怎麼能向吳國投降做吳國的俘虜呢！」於是堅守城池，修整鎧甲，向將士宣誓，激勵將士要堅守節操、堅持道義，手下將士無不群情激憤。吳國人聽到鍾會、鄧艾被殺，蜀國境內百城無主的消息，於是萌生了兼併蜀國的念頭。而巴東有羅憲率軍固守，吳國的軍隊無法通過，就派遣撫軍將軍步協率領軍隊向西進攻羅憲。羅憲力量弱小，抵禦不住步協的進攻，就派遣參軍楊宗向北突圍，到曹魏安東將軍陳騫處告急求救，又把文武官員的印信綬帶以及自己充作人質的兒子一同送交給魏國晉公司馬昭。吳將步協攻打永安，羅憲率軍迎戰，把步協的軍隊打得大敗。吳主孫休聞訊大怒，又派遣鎮軍將軍陸抗等人率領三萬人馬增加對羅憲的包圍。

三月十七日丁丑，魏國任命司空王祥為太尉，征北將軍何曾為司徒，左僕射荀顗為司空。

三月十九日己卯，魏元帝曹奐晉封晉公司馬昭為晉王，為他增加十個郡的封地。王祥、何曾、荀顗共同去拜見晉王，路上荀顗對王祥說：「司馬昭既是相國又是晉王，位高權重，何曾與滿朝文武大臣全都去參拜過了，今天我們兩個人也應該像其他人那樣向司馬昭行跪拜之禮，你不會有什麼顧慮吧。」王祥回答說：「相國雖然尊貴顯赫，總還是魏國的宰相。我們都是魏國的三公，王和公之間只不過相差一個等級罷了，天子的三公怎麼可以輕易地去跪拜別人呢！這樣做有損於魏國朝廷的威望，有損於晉王的美德。君子即使愛戴別人，也要符合禮儀，我不做那種有損晉王美德的事情。」進去之後，荀顗向晉王司馬昭行跪拜禮，只有王祥一個人向司馬昭行了一個深深的作揖禮。晉王司馬昭對王祥說：「我今天才知道你對我的愛護之情是多麼深重！」

劉禪全家被迫遷往洛陽，由於當時蜀地秩序混亂，劉禪動身又很匆忙，所以劉禪的大臣已經沒有什麼人能夠跟隨他，只有擔任祕書令的郤正以及曾經擔任殿中督的汝南人張通拋下妻兒單身跟隨劉禪來到洛陽，劉禪因為有了郤正的幫助引導，所以說話、舉止都非常合宜、到位，沒有什麼失禮之處，劉禪這才感慨歎息，深恨瞭解郤正太晚了。

當初，蜀漢建寧郡太守霍弋兼管南中地區諸軍事，他聽到魏兵大舉進攻蜀國的消息，就想率軍奔赴成都增援。劉禪認為對敵作戰的防禦工事已經完備，就沒有批准。成都陷落，霍弋身穿喪服面向成都哀悼三日。諸將都勸說霍弋應該趕快向魏國投降，霍弋說：「如今道路隔絕，音信不通，皇上的安危尚不清楚，是投降是堅守關係重大，不能草率決定。如果弄清楚魏國確實以禮對待我們的君主，那時我們保護境內安定而後再投降也不算晚。如果萬一我們的皇帝受到陵辱，處境危險，我將誓死抵抗，還提什麼早晚呢！」霍弋得到劉禪東遷洛陽的確切消息後，這才率領六郡的將士和太守上表章給魏國皇帝說：「我等聽說人生在世有三個依靠，即父、母、君主，侍奉他們要始終如一，哪一個有了危難，都應該為他們獻出性命。如今我的國家已經失敗滅亡，國君已經投降，即使我想犧牲性命報效國家，然而已無報效的對象，所以才委身歸順，不敢再有別的想法。」晉王司馬昭稱讚他的高尚節操，任命他為南中都尉，讓他仍然兼任建寧郡太守的職務。

三月二十七日丁亥，魏元帝曹奐封劉禪為安樂公，劉禪的子孫以及蜀國群臣中被封為侯爵的有五十多人。晉王司馬昭設宴招待劉禪，為他表演巴蜀的歌舞，劉禪身邊的人面對此情此景都感慨萬千、心懷悲愴，而劉禪卻嬉笑自若，一點傷感的表情都沒有。晉王司馬昭對賈充說：「人的沒心沒肺，竟能到這樣的程度。即使是諸葛亮在世，也不能輔佐他長治久安，何況是姜維呢！」有一天，晉王司馬昭問劉禪說：「你是不是很思念蜀地呀？」劉禪說：「這裡很快樂，我不思念蜀地。」郤正聽到後，就對劉禪說：「如果晉王日後再問你，你應該哭泣著回答說：『祖先的墳墓，都在遠方的岷、蜀之地，每當西望巴蜀，內心就充滿了悲痛，我沒有一天不思念那裡。』然後趕緊閉上雙眼，表現出很思念的樣子。」後來晉王果然又問劉禪，劉禪就照郤正教他的話和樣子學說了一遍。晉王司馬昭說：「你的話怎麼像郤正說的啊？」劉禪非常吃驚地睜開雙眼說：「的確和您說的一樣。」左右的人都忍不住大笑起來。

夏季，四月，由東吳新近歸降曹魏的人組成的部落群體長官王稚率人渡海進入東吳的句章縣，搶掠了那裡的官員以及男女二百多人而回。

五月初一日庚申，晉王司馬昭奏請魏元帝曹奐恢復古代的公、侯、伯、子、男五等爵位制度，騎督以上有六百多人得到了封爵。〇十五日甲戌，魏國改年號為「咸熙元年」。〇二十四日癸未，魏帝曹奐追封舞陽文宣侯司馬懿為晉宣王，忠武侯司馬師為景王。

羅憲被東吳圍攻前後長達六個月之久，救援一直不到，城中已經有一半以上的人身患疾病。有人勸說羅憲棄城逃走，羅憲說：「我是一城之主，百姓們全都仰仗著我，危險的時候我不能保護他們，情況緊急了我就拋棄他們自己逃走，這不是正人君子的所作所為，我死也要死在這裡！」安東將軍陳騫把羅憲的情況彙報給晉王司馬昭，司馬昭派遣荊州刺史胡烈率領步兵、騎兵總計二萬人攻打西陵以救羅憲。秋季，七月，吳兵撤退。晉王司馬昭讓羅憲仍舊留在永安任巴東太守，加封羅憲為陵江將軍，封為萬年亭侯。

晉王司馬昭奏請魏元帝曹奐，派司空荀顗負責制定禮儀，派中護軍賈充負責修定法律，派尚書僕射裴秀議定官制，派太保鄭沖總管其事，對有爭議的問題做最終裁決。

吳國把交州劃出一部分另外設置為廣州。

吳主孫休病勢沉重，口不能言語，於是就用手寫字來招呼丞相濮陽興進宮，命令兒子孫𩅦出來拜見丞相濮陽興。孫休一手握著濮陽興的手臂，另一隻手指著孫𩅦，把孫𩅦託付給了濮陽興。七月二十五日癸未，吳主孫休駕崩，謚號景帝。群臣尊朱皇后為皇太后。

吳國因為盟國蜀國剛被魏國滅亡，本國交趾郡又發生叛亂，因此國內人心恐慌，都希望能有一個年紀較大的皇帝來治理國家。擔任左典軍的萬彧曾經擔任過烏程縣的縣令，與烏程侯孫皓關係很好，於是便稱讚孫皓的才能、見識卓越，處事英明果斷，是長沙桓王孫策一流的人物；再加上他愛好學習，遵紀守法。萬彧屢次在丞相濮陽興、左將軍張布面前提起。於是濮陽興、張布便勸說朱太后，希望能夠讓孫皓繼承帝位。朱太后說：「我是一個守寡的婦道之人，哪裡懂得如何考慮國家大事。只要吳國不至於衰亡、毀滅，宗廟有所依靠就可以了。」於是濮陽興等人迎接孫皓入宮做了皇帝，改年號為「元興」，並大赦天下。

八月初三日庚寅，魏國任命中撫軍司馬炎為副相國，協助司馬昭處理政務。

當初，鍾會討伐蜀漢的時候，辛憲英對他丈夫羊耽的姪子羊祜說：「鍾會不論辦什麼事情都為所欲為，他不是甘心永遠做人臣子的樣子，我擔心他有政治野心。」鍾會聘請辛憲英的兒子、擔任郎中的羊琇做自己的參軍，辛憲英感到十分憂慮，她說：「從前我是為國家擔憂，如今災難已經降臨我家了。」羊琇堅決向晉王司馬昭請求不願擔任此職，晉王司馬昭都不允許。辛憲英囑咐兒子羊琇說：「你去吧，凡事要警惕小心，在軍旅之中，可以幫助你度過危難救你一命的，只有你的仁愛與寬恕了！」羊琇遵從母親的教誨竟未捲入鍾會的災難，安全返回。八月初六日癸巳，魏元帝曹奐下詔：因為羊琇曾經勸阻鍾會不要謀反，因此封羊琇為關內侯。

九月初一日戊午，任命司馬炎為撫軍大將軍。

九月十四日辛未，魏元帝曹奐下詔，任命呂興為安南將軍，統領交州的各種軍務，任命南中監軍霍弋遙領交州刺史，有權根據實際情況任命郡守及以下官吏。霍弋上疏舉薦建寧人爨谷為交趾太守，讓爨谷率領牙門董元、毛炅、孟幹、孟通、爨能、李松、王素等人率軍去援助呂興，爨谷等人還沒有到達，呂興已經被他屬下的功曹李統殺害了。

吳主孫皓貶黜朱太后為景皇后，追謚自己的父親孫和為文皇帝，尊奉自己的母親何氏為太后。

冬季，十月初一日丁亥，魏元帝曹奐下詔，任命壽春之戰中被俘獲的東吳相國參軍事徐紹為散騎常侍，水曹掾孫彧為給事黃門侍郎，派他們出使吳國，他們在洛陽的家屬如果願意跟隨他們回吳國的悉聽尊便，而且他們完成使命後，不想回魏國的可以不再回來，以此擴大魏國重視信義的影響。晉王司馬昭趁機讓他們給吳主孫皓帶去書信，他在信中曉諭孫皓：抗拒魏國就會給吳國帶來災禍，而歸降魏國就會給吳國帶來幸福。

當初，晉王司馬昭迎娶王肅之女為妻，王氏生司馬炎和司馬攸，司馬昭把司馬攸過繼給景王司馬師為子。司馬攸生性對父母孝順，對兄弟友善，又多才多藝，清靜平和，為人正直，名望超過司馬炎，晉王司馬昭非常喜愛他，經常說：「現在的天下，是景王打下的天下。我現在是代替他當這分丞相的差事，百年之後，國家權位要傳給司馬師的繼承人司馬攸。」司馬炎的頭髮垂放下來可以拖到地面，雙手垂直可以超過膝蓋，司馬炎曾經很隨意地問裴秀說：「究竟有沒有決定人一生貴賤的相貌呢？」司馬炎便把自己的長頭髮解開、把自己的雙手垂直讓裴秀看，裴秀認為這是大富大貴之相，從此衷心擁護司馬炎。羊琇和司馬炎關係密切，經常為司馬炎出謀劃策，觀察時政的得失，提前提出處理意見，讓司馬炎預先熟記在心，以便應對晉王司馬昭的詢問。晉王司馬昭準備立司馬攸為接班人，山濤說：「廢長子而立少子，既違背了禮儀，也不吉祥。」賈充說：「中撫軍司馬炎有駕馭臣民的素質，不能更換。」何曾、裴秀也說：「中撫軍司馬炎聰明神武，有超過世人的才能，在臣民中已經有極高的威望，天生的帝王相貌，本來就不是做臣屬的長相。」晉王司馬昭由此下定了決心。十二月二十一日丙午，冊立司馬炎為繼承人。

吳主孫皓封太子孫瑾和他的三個弟弟都為王，冊封妃子滕氏為皇后。

當初，吳主孫皓剛剛登基坐上皇帝寶座的時候，曾經發布了優撫國人的詔書，撫恤士民，打開倉廩府庫，賑濟災民，按照條例釋放宮女，將她們配給那些單身漢，就連御花園中豢養的禽獸也都被他放回山野，當時眾口一詞稱讚孫晧為一代明主。等到他一旦真正掌握了政權，就原形畢露，粗暴驕橫自滿起來，他忌諱猜疑，貪酒好色，人民大失所望，濮陽興、張布私下裡後悔不已。於是有人在吳主孫晧面前說濮陽興與張布的壞話，十一月初一日，當濮陽興、張布入朝的時候，吳主孫晧便下令逮捕了他們，並把他們流放廣州，又派人在前往廣州的路上把濮陽興和張布殺死，並誅滅了他們的三族。孫晧任命皇后的父親滕牧為衛將軍，主管尚書省的事務。滕牧，是滕胤的族人。

這一年，魏國撤銷了屯田的官員。

【研析】本卷寫了魏帝曹奐景元三年（西元二六二年）至咸熙元年（西元二六四年）共三年間的魏、蜀、吳等三國的大事，其中最可議論的是蜀國的滅亡。蜀國地小人少，當年所以能夠堅持與曹魏抗衡，是由於諸葛亮堅持實行與東吳聯合的路線。自從關羽傲慢，丟掉荊州，蜀國的力量已經大減；接著劉備又大舉伐吳，兵敗猇亭，於是蜀國的力量遂一蹶不振，以後就只剩下勉強支持了。諸葛亮恢復了與東吳的聯盟關係，在北線採取以攻為守。諸葛亮死後，軍事方面依靠姜維，姜維沒有諸葛亮的才幹與威望，在朝中又沒有任何後臺。相反以黃皓為首的奸佞勢力卻篡取政權，深得劉禪的寵愛，以至於姜維也處於惶惶恐懼之中。魏國不興心則已，只要興心伐蜀，蜀國滅亡是不可避免的。但令人遺憾的是蜀國竟滅亡得如此之快。《中國戰爭史》對此說：「蜀漢所以多年能與魏軍對峙，全憑山川江河之險。但姜維卻盡撤漢中險關要隘之守，結果被鍾會等輕兵直進，半月之內便佔據了漢中。」接著當鍾會與姜維在劍閣形成對峙之後，「將軍鄧艾卻統率他的三萬之眾，以驚人膽略和才智，克服千難萬險，偷越陰平，從而導致了劉禪的投降。」

其實，鄧艾孤軍深入，假如劉禪君臣父子動員蜀國上下，背城一戰，鄧艾也未必就能如此順心獲勝。楊一奇《史談補》對此說：「是時艾孤軍深入，使漢之君臣竟力死守，未必遽爾滅亡。後主庸才，既不知國君死社稷之義；譙周諸人又以國予賊，其視北地王諶曾犬彘之不若矣。嗚乎，有子若此，不能聽用其言，帝不上愧乃父、下愧乃子哉？」說得極是深刻。

鄧艾是天才的軍事家，有極其卓越的將略。其度陰平的膽略自然值得稱頌，其入蜀後的一切舉措也都非常得蜀人之心，且為日後的東下滅吳做了準備。鄧艾的缺點在於為人傲慢，有些專斷，但沒有任何圖謀不軌的形跡。不知為何司馬昭將鄧艾與陰謀家鍾會等量齊觀，必欲將其置於殺身之地。鍾會誣陷鄧艾，只是將其囚禁，押赴京師；亂兵殺死鍾會之後，鄧艾本已獲救，而衛瓘擅自殺之，司馬昭最終不加過問，不知是何道理。是不是覺得鄧艾不是他們篡奪魏國政權的死黨呢？王志堅《讀史商語》對此說：「人皆知平蜀之功出於鄧艾，不知平吳亦其功也。艾嘗請令淮南北人屯田陳蔡之間，益開河渠以增灌溉，通漕運，計除眾費，歲得五百萬斛。嗣是每東南有事，大興軍眾，泛舟而下達於江淮，資食有餘而無水害。噫，以艾之功而不免於死，鍾會之罪，可勝誅乎？」其實殺鄧艾的不是鍾會，而是司馬昭與衛瓘。

司馬師沒有兒子，司馬昭把他的小兒子司馬攸過繼給了司馬師。司馬昭深感其兄給他們打下了如此的基業，故而想要立司馬攸為太子，以令其繼承司馬師的衣缽。司馬炎身為老大，對此不服，下決心要把繼承權奪過來，於是他糾集了一夥子黨羽，「羊琇與炎善，為炎畫策，察時政所宜損益，皆令炎豫記之，以備晉王訪問。晉王欲以攸為世子，山濤曰：『廢長立少，違禮不祥。』賈充曰：『中撫軍有君人之德，不可易也。』何曾、裴秀曰：『中撫軍聰明神武，有超世之才，人望既茂，天表如此，固非人臣之相也。』晉王由是意定。」其手段與當年曹丕鬥垮曹植、改變曹操主意的辦法相同，詳見《三國志》卷十九的正文與裴松之注。

卷第七十九

晉紀一　起旃蒙作噩（乙酉　西元二六五年），盡玄黓執徐（壬辰　西元二七二年），凡八年。

【題解】本卷寫了晉武帝泰始元年（西元二六五年）至泰始八年共八年間的曹魏、孫吳和西晉等國的大事，主要寫了司馬昭死，司馬炎輕而易舉、順理成章地篡取魏國政權，成為晉國皇帝的過程；寫了司馬炎掃除曹魏時代的許多弊政，使生民獲得生機；同時也矯枉過正，分封司馬氏的許多親屬為王，並給予極大權力，為日後晉朝的內亂埋下伏線；寫了廣漢太守王濬用主簿李毅之謀，平定益州之亂，而後為益州刺史，大造艦船為伐吳作準備；寫了羊祜鎮守襄陽，廣行善政，招懷吳人；寫了吳將步闡率西陵降晉，都督陸抗派軍往討，晉派荊州刺史楊肇率兵往救，結果陸抗既破殺步闡，討平西陵，又大破楊肇、羊祜之兵的光輝勝利；寫了吳將陶璜平定交趾諸郡，使之重歸吳國；寫了晉朝立司馬衷為太子，賈充嫁女於太子，惡人盤結朝廷，為晉朝之內亂作伏線；寫了吳主孫晧性情乖張、奢侈無度，丞相陸凱、都督陸抗皆勸諫無效，為吳亡作鋪墊；寫了鮮卑頭領禿髮樹機能勢力強大，先後擊敗晉將胡烈、石鑒，北地胡又破殺晉將牽弘，北方少數民族逐漸成為晉朝的威脅等等。

世祖武皇帝❶上之上

泰始元年（乙酉　西元二六五年）

春，三月，吳主使光祿大夫紀陟❷、五官中郎將❸洪璆與徐紹、孫彧❹偕來報聘❺。紹行至濡須❻，有言紹譽中國之美❼者。吳主怒，追還，殺之。

夏，四月，吳改元甘露❽。

五月，魏帝加文王殊禮❾，進王妃曰后，世子曰太子。○癸未❿，大赦。

秋，七月，吳主逼殺景皇后⓫，遷景帝四子於吳⓬。尋⓭又殺其長者二人⓮。

八月辛卯⓯，文王卒，太子⓰嗣為相國、晉王。

九月乙未⓱，大赦。○戊子⓲，以魏司徒何曾為晉丞相。○癸亥⓳，以票騎將軍司馬望⓴為司徒。○乙亥㉑，葬文王于崇陽陵㉒。

冬，吳西陵督步闡㉓表請吳主徙都武昌㉔。吳主從之，使御史大夫丁固㉕、右將軍諸葛靚㉖守建業。闡，騭之子也。

十二月壬戌㉗，魏帝禪位于晉㉘。甲子㉙，出舍于金墉城㉚。太傅司馬孚拜辭，執帝手，流涕歔欷㉛不自勝㉜，曰：「臣死之日，固㉝大魏之純臣也。」丙寅㉞，王即皇帝位，大赦，改元㉟。丁卯㊱，奉魏帝為陳留王，即宮于鄴㊲。優崇之禮，皆倣魏初故事㊳。魏氏諸王皆降為侯。追尊宣王㊴為宣皇帝，景王㊵為景皇帝，文王[41]為文皇帝。尊王太后[42]曰皇太后。封皇叔祖父〔1〕孚為安平王[43]，叔父幹為平原王[44]、亮為扶風王[45]、伷為東莞王[46]、駿為汝陰王[47]、肜為梁王[48]，倫為琅邪王[49]，弟攸為齊王[50]、鑒為樂安王[51]、機為燕王[52]。又封羣從[53]司徒望[54]等十七人皆為王。以石苞為大司馬，鄭沖為太傅，王祥為太保，何曾為太尉，賈充為車騎將軍，王沈為驃騎將軍，其餘文武增位進爵有差[55]。乙亥[56]，以安平王孚為太宰[57]，都督中外諸軍事。未幾[58]，又以車騎將軍陳騫為大將軍，與司徒義陽王望[59]、司空荀顗，凡八公[60]，同時並置。帝懲魏氏孤立之敝[61]，故大封宗室，授以職任。又詔諸王皆得自選國中長吏[62]，衛將軍齊王攸獨不敢，皆令上請[63]。

詔除魏宗室禁錮[64]，罷部曲將及長吏納質任[65]。

帝承魏氏刻薄[66]奢侈之後，欲〔2〕矯[67]以仁儉。太常丞許奇[68]，允之子也。帝將有事於太廟[69]，朝議[70]以奇父受誅，不宜接近左右[71]，請出為外官。帝乃追述允之宿望[72]，稱奇之才，擢為祠部郎[73]。有司言御牛[74]青絲紖[75]斷，詔以青麻代之[76]。

初置諫官，以散騎常侍傅玄[77]、皇甫陶為之。玄，幹[78]之子也。玄以魏末士風頹敝[79]，上疏曰：「臣聞先王之御天下，教化隆[80]於上，清議[81]行於下。近者魏武[82]好法術而天下貴刑名[83]，魏文慕通達[84]而天下賤守節[85]。其後綱維不攝[86]，放誕[87]盈朝，遂使天下無復清議。陛下龍興[88]受禪，弘堯、舜之化[89]，惟未舉清遠有禮[90]之臣以敦風節[91]，未退虛鄙[92]之士以懲不恪[93]，臣是以猶敢有言。」上嘉納其言，使玄草詔進之，然亦不能革[94]也。

初，漢征西將軍司馬鈞[95]生豫章太守量，量生潁川太守雋，雋生京兆尹防，防生宣帝。

二年（丙戌　西元二六六年）

春，正月丁亥[96]，即用魏廟祭征西府君以下[97]，并景帝凡七室[98]。○辛丑[99]3，尊景帝夫人羊氏[100]曰景皇后，居弘訓宮。○丙午[101]，立皇后弘農楊氏。后，魏通事郎[102]文宗之女也。

羣臣奏：「五帝[103]，即天帝也。王氣[104]時異，故名號有五[105]。自今明堂[106]、南郊[107]宜除五帝座[108]。」從之。帝，王肅[109]外孫也，故郊祀之禮[110]，有司多從肅議。

二月，除漢宗室禁錮[111]。

三月戊戌[112]4，吳遣大鴻臚[113]張儼、五官中郎將丁忠來弔祭[114]。

吳散騎常侍廬江5王蕃[115]體氣高亮[116]，不能承顏順指[117]，吳主不悅。散騎常侍萬彧、中書丞陳聲從而譖之。丁忠使還，吳主大會羣臣，蕃沈醉頓伏[118]。吳主疑其詐，輦蕃出外[119]。頃之，召還。蕃好治威儀[120]，行止自若[121]。吳主大怒，呵左右於殿下斬之。出登來山[122]，使親近擲蕃首，作虎跳狼爭咋齧之[123]，首皆碎壞。

丁忠說吳主曰：「北方無守戰之備，弋陽[124]可襲而取。」吳主以問羣臣，鎮西大將軍陸凱[125]曰：「北方新并巴、蜀，遣使求和，非求援於我也，欲蓄力以俟時[126]耳。敵勢方彊，而欲徼幸求勝，未見其利也。」吳主雖不出兵，然遂與晉絕。凱，遜之族子也。

夏，五月壬子[127]，博陵元公王沈[128]卒。

六月丙午晦[129]，日有食之。

文帝之喪，臣民皆從權制[130]，三日除服。既葬，帝亦除之，然猶素冠疏食[131]，哀毀[132]如居喪者。秋，八月，帝將謁崇陽陵，羣臣奏言，秋暑未平，恐帝悲感摧傷。帝曰：「朕得奉瞻山陵[133]，體氣自佳[134]耳。」又詔曰：「漢文[135]不使天下盡哀，亦帝王至謙之志。當見山陵，何心無服[136]？其議以衰絰從行[137]。羣臣自依舊制[138]。」尚書令裴秀奏曰：「陛下既除而復服，義無所依。若君服而臣不服，亦未之敢安也。」詔曰：「患情不能跂及[139]耳，衣服何在[140]？諸君勤勤[141]之至，豈苟相違。」遂止。

中軍將軍羊祜謂傅玄曰：「三年之喪，雖貴遂服[142]，禮也。而漢文除之，毀傷禮義[6]。今主上至孝，雖奪其服[143]，實行喪禮[144]。若因此復先王之法[145]，不亦善乎！」玄曰：「以日易月，已數百年[146]，一旦復古，難行也。」祜曰：「不能使天下如禮[147]，且使主上遂服[148]，不猶愈乎[149]！」玄曰：「主上不除而天下除之，此為但有父子，無復君臣也。」乃止。

戊辰[150]，羣臣奏請易服復膳[151]，詔曰：「每感念幽冥[152]，而不得終苴絰之禮[153]，以為沈痛[154]，況當食稻衣錦乎！適足激切其心[155]，非所以相解[156]也。朕本諸生家[157]，傳禮來久，何至一旦便易此情於所天[158]？相從已多[159]，可試省[160]孔子答宰我之言[161]，無事紛紜[162]也！」遂以疏素終三年。

臣光曰[163]：「三年之喪，自天子達于庶人，此先王禮經，百世不易者也。漢文師心不學[164]，變古壞禮，絕父子之恩，虧君臣之義。後世帝王不能篤於哀戚之情[165]，而羣臣諂諛[166]，莫肯釐正[167]。至於晉武獨以天性矯而行之，可謂不世之賢君[168]。而裴、傅之徒，固陋[169]庸臣，習常玩故[170]，而不能將順其美[171]，惜哉！」

吳改元寶鼎[172]。

吳主以陸凱為左丞相，萬彧為右丞相。吳主惡人視己[173]，羣臣侍見，莫敢舉目。陸凱曰：「君臣無不相識之道(174)，若猝有不虞(175)，不知所赴(176)。」吳主乃聽凱自視(177)，而它人如故。

吳主居武昌，揚州之民泝流供給(178)，甚苦之，又奢侈無度，公私窮匱。凱上疏曰：「今四邊無事，當務養民豐財，而更窮奢極欲，無災而民命盡，無為而國財空，臣竊憂[7]之。昔漢室既衰，三家鼎立。今曹、劉失道，皆為晉有，此目前之明驗也。臣愚但為陛下惜國家(179)耳。武昌土地危險塉确(180)，非王者之都。且童謠云：『寧飲建業水，不食武昌魚；寧還建業死，不止武昌居(181)。』以此觀之，足明人[8]心與天意矣。今國無一年之蓄(182)，民有離散之怨，國有露根之漸(183)，而官吏務為苛急(184)，莫之或恤(185)。大帝時(186)，後宮列女及諸織絡(187)數不滿百，景帝(188)以來，乃有千數，此耗財之甚者[9]也。又左右之臣，率非其人(189)，羣黨相扶(190)，害忠隱賢(191)，此皆蠹政病民(192)者也。臣願陛下省息百役，罷去苛擾，料出(193)宮女，清選百官，則天悅民附，國家永安矣。」吳主雖不悅，以其宿望(194)，特優容(195)之。

九月，詔：「自今雖詔有所欲(196)，及已奏得可(197)，而於事不便者，皆不可隱情(198)。」

戊戌(199)，有司奏：「大晉受禪於魏，宜一用(200)前代正朔(201)、服色(202)，如虞遵唐故事[203]。」從之。

冬，十月丙午朔[204]，日有食之。

永安[205]山賊施但因民勞怨，聚眾數千人，劫吳主庶弟永安侯謙[206]作亂。北至建業，眾萬餘人，未至三十里住[207]，擇吉日入城。遣使以謙命召丁固、諸葛靚[208]，固、靚斬其使，發兵逆戰於牛屯[209]。但兵皆無甲冑，即時敗散[210]。謙獨坐車中，生獲之。固不敢殺，以狀白吳主，吳主并其母[211]及弟俊皆殺之。初，望氣[212]者云：荊州有王氣，當破揚州。故吳主徙都武昌。及但反，自以為得計，遣數百人鼓譟入建業，殺但妻子，云「天子使荊州兵來破揚州賊。」

十一月，初并圜丘、方丘之祀於南北郊[213]。○罷山陽國公[10]督軍[214]，除其禁制。

十二月，吳主還都建業，使后父衛將軍、錄尚書事滕牧留鎮武昌。朝士以牧尊戚，頗推令諫爭[215]，滕后之寵由是漸衰，更遣牧居蒼梧[216]，雖爵位不奪，其實遷[217]也，在道以憂死。何太后常保佑[218]滕后，太史[219]又言中宮不可易[220]。吳主信巫覡[221]，故得不廢，常供養升平宮[222]，不復進見。諸姬佩皇后璽紱者甚眾，滕后受朝賀表疏[223]而已。吳主使黃門[224]偏行州郡，料取[225]將吏家女，其二千石大臣子女，皆[11]歲歲言名[226]，年十五六一簡閱[227]，簡閱不中，乃得出嫁。後宮以千數，而採擇[228]

無已。

【章 旨】以上為第一段，寫晉武帝泰始元年（西元二六五年）、二年兩年間的大事，主要寫了司馬昭死，司馬炎篡魏建晉，掃除了曹魏時代的許多弊政，使生民獲得生機，的確有其得人擁護之處。但同時也矯枉過正，分封了司馬氏的許多親屬為王，並給予極大權力，為日後晉朝的內亂埋下伏線；寫了司馬炎故作哀戚，堅持三年之喪的情景；寫了吳主孫皓的性情乖張、奢侈無度、大肆挑選宮女的種種殘暴不仁。

【注 釋】❶世祖武皇帝 即司馬炎，司馬昭之長子。❷光祿大夫紀陟 字子上，曾為中書郎、中書令、豫章太守、光祿大夫，善言對。事見《三國志》卷四十八。❸五官中郎將 帝王的侍從長官。❹徐紹孫彧 原吳人，壽春之役中被魏所俘，上年司馬昭授以官職，令其訪吳。❺偕來報聘 一道前來回訪。偕，陪同；一道。聘，國家間的友好訪問。❻濡須 吳國的軍事要地名，在今安徽巢縣東南。當時為吳、魏兩國的交界線。❼譽中國之美 稱揚曹魏的好處。❽改元甘露 在此以前孫皓的年號是「元興」。❾加文王殊禮 給司馬昭以人臣從未享有的品級與待遇，即讓他的旌旗、車馬、樂舞、冕服跟皇帝完全一樣。❿癸未 五月三十。⓫景皇后 廢帝孫休的皇后。⓬遷景帝四子於吳 將孫休的四個兒子都集中調集到吳縣居住。吳縣即今江蘇蘇州。⓭尋 不久。⓮長者二人 太子孫𩅦及其大弟孫霣。⓯辛卯 八月初九。⓰太子 即司馬炎。⓱乙未 九月無「乙未」日，疑記載有誤。⓲戊子 九月亦無「戊子」日，疑為「戊午」，即九月初七。⓳癸亥 九月十二。⓴票騎將軍司馬望 票騎，同「驃騎」。司馬望是司馬孚之子，司馬昭的堂兄弟。㉑乙亥 九月二十四日。㉒崇陽陵 所在地不可考。㉓西陵督步闡 西陵的鎮將步闡。西陵，即夷陵，在今湖北宜昌西北。步闡是孫權時的名將步騭之子。步騭曾為西陵督，騭死，其子繼任。傳見《三國志》卷五十二。㉔徙都武昌 將吳國都城遷到武昌。按，吳國當時的武昌，即今湖北鄂城。將國家都城遷到離前線更近的地方，是一種有作為的表現。㉕丁固 原名丁密，為避孫皓滕皇后之父滕牧（本名密）之諱，改名丁固，曾為廷尉、司徒等職。事見《三國志》卷四十八。㉖諸葛靚 諸葛誕之子，字仲思，為吳右將軍、副軍師。㉗壬戌 十二月十三。㉘魏帝禪位于晉 魏元帝曹奐時年二十歲。曹魏於西元二二〇年建立，傳五世，立國共四十六年。㉙甲子 十二月十五。㉚出舍于金墉城 搬出到金墉城居住。金墉城是洛陽城西北角的一個小城。㉛歔欷 低聲哭泣的樣子。㉜不自勝 禁不住。㉝固　仍是。㉞丙寅　十二月十七。㉟改元　此之前是魏咸熙二年，之後是晉泰始元年。㊱丁卯　十二月十八。㊲即宮于鄴　回到鄴城（今河北臨漳西南）的魏國舊宮居住。當時魏國所有的王、公都被集中在這裡。㊳皆倣魏初故事　都效仿當初曹魏對待東漢末帝劉協的做法。事見本書卷六十九黃初元年。㊴宣王　即司馬懿，司馬炎的祖父。㊵景王　即司馬師，司馬炎的伯父。㊶文王　即司馬昭，司馬炎的父親。㊷王太后　即王肅之女，司馬昭之妻，司馬炎的生母。㊸安平王　封地安平郡，都城即今河北冀州。㊹幹為平原王　封地平原郡，都城在今山東平原縣南。㊺亮為扶風王　封地為扶風郡，都城在今陝西興平南。㊻伷為東莞王　封地東莞郡，都城在今山東沂水縣東北。㊼駿為汝陰王　封地汝陰郡，都城即今安徽阜陽。㊽肜為梁王　都城睢陽，在今河南商丘南。㊾倫為琅邪王　封地琅邪郡，都城在今山東臨沂北。按，以上司馬幹、司馬亮、司馬伷、司馬駿、司馬肜、司馬倫，都是司馬懿之子，司馬炎的叔父。㊿弟攸為齊王　都城即山東淄博之臨淄區。(51)鑒為樂安王　封地東安郡，都城在今山東高青東南。(52)機為燕王　都城即今北京市。按，以上司馬攸、司馬鑒、司馬機，都是司馬炎的兄弟。(53)羣從　司馬炎的堂叔伯、堂兄弟。(54)司徒望　司馬望，司馬孚之子，現任司徒之職。(55)有差　根據原來的功勞地位進賞各有不同。(56)乙亥　十二月二十六。(57)太宰　即原來的「太師」，因避司馬師之諱，改稱「太宰」，與太傅、太保合稱「三公」。(58)未幾　不久。(59)義陽王望　司馬望，封地義陽郡，都城在今河南新野南。(60)八公　當時以太宰、太傅、太保為「三公」，此外大司馬、太尉、大將軍、司徒、司空也都稱「公」。(61)懲魏氏孤立之敝　接受魏國皇室孤立無援的教訓。孤立，指國家沒有強大的同姓藩王，故司馬氏一旦掌握大權，魏帝即孤立無援。(62)皆得自選國中長吏　都可以自己選擇任命自己封國中的各級官吏。(63)皆令上請　都請朝廷任命，以示自己不敢專斷。(64)除魏宗室禁錮　廢除曹魏禁止宗室王公不准為官、不得相互往來等各種限制監管條例。(65)罷部曲將及長吏納質任　廢除軍中將領及各州郡長吏都得留人質於京城的做法。(66)刻薄　指對宗室及大臣刻薄少恩。(67)矯　改正；改行。(68)太常丞許奇　太常丞是太常的屬官，負責朝廷的禮儀、祭祀。許奇是許允之子。許允因受魏帝曹芳親信，被司馬昭所殺，見本書卷七十六正元元年。(69)有事於太廟　即準備祭祀祖廟。(70)朝議　朝臣們的一般看法、意見。(71)接近左右　指侍奉在皇上身邊。(72)宿望　當年的聲望。(73)祠部郎　相當於後來的禮部尚書。(74)御牛　皇帝祭祀使用的牛。(75)青絲紖　青絲做的韁繩。(76)以青麻代之　以見其儉省。(77)傅玄　字休奕，官至御史中丞，性剛直，上疏切論時事，常能反映社會實情。傳見《晉書》卷四十七。(78)幹　傅幹，漢代名臣傅燮之子。(79)頹敝　墮落。(80)隆　昌盛。(81)清議　公正的評論。(82)魏武　曹操，被諡為魏武帝。(83)貴刑名　重視刑罰。(84)慕通達　追求放縱，不拘禮節。(85)賤守節　不重視操守名節。(86)綱維不攝　指禮義廉恥的倫理崩潰。(87)放誕　指荒唐放肆的人，如何晏、阮籍等。(88)龍興　即稱帝即位。

[89]弘堯舜之化　實行了一系列的仁政。[90]清遠有禮　見識遠大，行為有禮。[91]敦風節　激發社會的良好風氣。[92]虛鄙　虛浮鄙陋。[93]懲不恪　懲治那些不恭敬、不謹慎的人。[94]革　改變。[95]司馬鈞　後漢名將。事跡見本書卷五十元初二年。[96]正月丁亥　正月初八。[97]征西府君以下　即指上述的司馬鈞、司馬量、司馬儁、司馬防、司馬懿。[98]并景帝凡七室　應說「并景帝、文帝，凡七室」。七室，七個靈牌。[99]辛丑　正月二十二。[100]羊氏　羊道之女，羊祜的姐姐。[101]丙午　正月二十七。[102]通事郎　中書省的屬官，為皇帝掌管傳達收發。[103]五帝　即東方的青帝、南方的赤帝、中央的黃帝、西方的白帝、北方的黑帝。[104]王氣　不同季節的氣候。[105]名號有五　有了上述五種名稱。[106]明堂　古代帝王所建的頒布政令、尊敬賢人以及進行祭祀的場所。其制度自古說法不一。[107]南郊　即如清代的天壇，是帝王祭天以祈求豐收的地方。[108]除五帝座　撤除五帝的靈牌，不在這裡祭祀它。[109]王肅　曹魏時代的大臣王朗之子，當時著名的經學家。傳見《三國志》卷十三。[110]郊祀之禮　即南、北郊祭祀天地神祇的禮儀。[111]除漢宗室禁錮　曹魏代漢後，對劉姓皇族曾嚴加看管，有許多禁令，今皆廢除。[112]戊戌　三月二十。[113]大鴻臚　官名，掌管少數民族的事務，又兼掌贊襄禮儀之事。[114]弔祭　弔祭司馬昭之喪。[115]王蕃　字永元。傳見《三國志》卷六十五。[116]體氣高亮　性情清高直正。[117]承顏順指　看著上頭的臉色，順著上頭的意思辦事。[118]沈醉頓伏　喝醉酒跌倒在地。[119]轝著出外　用擔架把他抬了出去。[120]好治威儀　好修飾儀表，舉止莊嚴。[121]行止自若　舉止從容，如平時一樣。[122]來山　即樊山，也稱西山、壽昌山、樊崗，在湖北鄂城西五里。[123]作虎跳狼爭咋齧之　扮作一群虎狼爭搶啃咬王蕃的人頭。[124]弋陽　魏縣名，縣治在今河南潢川縣西。[125]陸凱　字敬風，吳丞相陸遜的遠房姪子，曾先後為征北將軍、鎮西大將軍、領荊州牧等職。傳見《三國志》卷六十一。[126]俟時　等待時機以滅吳國。[127]五月壬子　五月無「壬子」日，疑字有誤。[128]博陵元公王沈　博陵公是王沈的封號，元字是謚。[129]六月丙午晦　據《晉書》載，應為七月丙午晦，即七月三十日。[130]皆從權制　都遵照臨時規定。權，臨時制宜。[131]素冠疏食　戴著白色孝帽，只吃蔬菜粗食。[132]哀毀　哀傷體弱。[133]奉瞻山陵　能見到父親的陵墓。[134]體氣自佳　有什麼病症都能變好。[135]漢文　指漢文帝劉恆。漢文帝死前遺詔讓臣民三日除服，事見本書卷十五後元七年。[136]何心無服　怎麼忍心不穿喪服。[137]議以衰經從行　意思是我打算戴著孝帶、穿著喪服前去。衰指喪服，經指服喪者頭上繫的孝帶或腰裡繫的麻繩。[138]自依舊制　仍按規定，即不再穿孝服。[139]情不能跂及　真正的孝心與哀痛達不到這種程度。跂，翹著腳盼望，這裡即指達到。[140]衣服何在　哪在乎穿不穿喪服。[141]勤勤　懇切的樣子。[142]雖貴遂服　雖然以穿滿期限為好。[143]今主上至孝二句　如今皇帝最孝順，現在不讓他穿孝。[144]實行喪禮　但他實際上仍在繼續為死者守喪。[145]復先王之法　指恢復守喪三年的禮法。[146]以日易月二句　指縮短守喪日期，用一天代替一月的辦法，從漢文帝時實行，到如今已經

實行了好幾百年。[147]如禮　遵從禮法。[148]且使主上遂服　暫且讓皇帝順著心思服喪。遂服，按著心思繼續守喪。[149]不猶愈乎　不是更好嗎。[150]戊辰　八月二十二。[151]復膳　恢復正常的進食。[152]幽冥　此指九泉下的父親。[153]終苴絰之禮　有始有終地穿滿三年之期的孝服。苴絰，孝帶、麻繩，即指喪服。[154]以為沈痛　已經感到很痛苦。[155]激切其心　使其心裡更難受。[156]非所以相解　不能讓自己寬心解懷。[157]本諸生家　生在一個念儒書的家庭。諸生，意同儒生，以六經為業的人。[158]便易此情於所天　在對待父親的禮節上改換了章程。所天，即指父親。《儀禮》曰：「父者，子之天。」[159]相從已多　指習孔子之禮已久。[160]試省　試看。[161]孔子答宰我之言　見《論語．陽貨》：「宰我問：『三年之喪，期已久矣。君子三年不為禮，禮必壞；三年不為樂，樂必崩。舊穀既沒，新穀既升，鑽燧改火，期可已矣。』子曰：『食夫稻，衣夫錦，於女安乎？』曰：『安。』『女安，則為之。夫君子之居喪，食旨不甘，聞樂不樂，居處不安，故不為也。今女安，則為之。』宰我出，孔子曰：『予之不仁也！子生三年，然後免於父母之懷。夫三年之喪，天下之通喪也，予也有三年之愛於其父母乎？』」[162]無事紛紜　不必再為此事議論紛紛。[163]臣光曰　以下文字是《通鑑》作者司馬光對司馬炎君臣對喪禮爭論的評論。[164]師心不學　按自己的心願辦事，不學聖人禮法。師心，以己心為師，即隨心所欲。[165]不能篤於哀戚之情　在對待父母的喪事上馬馬虎虎。篤，深沉專一。[166]諂諛　諂媚奉迎帝王的心思。[167]釐正　改正。[168]不世之賢君　世間難得出現的賢明君主。[169]固陋　閉塞鄙陋。[170]習常玩故　習於常規，輕忽舊法。[171]將順其美　擁護、順從君主的美德。《孝經》：「君子之事上也，將順其美，匡救其惡。」[172]改元寶鼎　吳主孫皓此前的年號為「甘露」。[173]惡人視己　討厭別人看自己。[174]無不相識之道　沒有彼此互不認識的道理。[175]猝有不虞　突然發生意料不到的事情，如有人謀害皇帝。[176]不知所赴　不知該救助誰。[177]聽凱自視　准許陸凱一個人看他。[178]楊州之民泝流供給　楊州在今江蘇、浙江、安徽、江西一帶，州治建業，而吳國的都城武昌（鄂城）在荊州境內，故楊州各郡向武昌運送糧草，都得從長江中逆流而上。泝流，逆水而上。[179]惜國家　心疼吳國也被晉國所滅。[180]危險墝确　指地勢險要，土壤貧瘠。[181]不止武昌居　不留在武昌居住。[182]國無一年之蓄　國家的積蓄不夠一年開銷。《禮記．王制》：「國無六年之蓄曰急，無三年之蓄曰國非其國也。」[183]露根之漸　樹根逐漸露出，以比喻國勢危殆。[184]苛急　指橫徵暴斂，嚴刑酷法。[185]莫之或恤　沒有人體恤百姓的疾苦。[186]大帝時　孫權在位的時候。[187]諸織絡　各種給皇宮縫製衣服的織工。[188]景帝　指孫休。[189]率非其人　大都是不能勝任其職務的人。率，大都。[190]羣黨相扶　拉幫結派，狼狽為奸。[191]隱賢　遮蔽賢人。[192]蠹政病民　猶言「禍國殃民」。[193]料出　清點放出。[194]宿望　年老而又德高望重的人。[195]優容　優待寬容。[196]詔有所欲　詔書要辦的事情。[197]已奏得可　已上奏獲得批准的事情。[198]不可隱情　即實事求是地提出意見。[199]戊戌　九月二十三。[200]一用　一律採用。⑳①正朔　指用哪個月的初一作為一年的開始，這點過去歷朝不同。⑳②服色　禮服的顏色。⑳③如虞遵唐故事　如同當初虞舜遵循唐堯的舊制一樣。⑳④十月丙午朔　十月初一是丙午日。⑳⑤永安　吳縣名，縣治在今浙江德清西北。⑳⑥永安侯謙　永安侯孫謙。⑳⑦住　駐紮下來。⑳⑧召丁固諸葛靚　時丁固、諸葛靚為建業城的守將。⑳⑨牛屯　地名，在建業城（今南京）北二十一里處。㉑⓪即時敗散　一哄而散。㉑①其母　孫謙的生母何姬。孫皓的父親孫和被孫峻所殺時，何姬留下來保護孫皓及其他三子事，見本書卷七十六嘉平五年。㉑②望氣　古代的一種迷信活動，以為觀察雲氣可以預知人間禍福。㉑③并圜丘方丘之祀於南北郊　把城南圓壇的祭天與在城北方壇的祭地與南北郊合併起來。按，圜丘、方丘之祀與南郊、北郊所祭的神靈略有不同，今將二者合而為一。㉑④罷山陽國公督軍　曹丕篡漢後，封漢獻帝為山陽公，其地在今河南焦作東南，在那裡駐有監管軍隊，今則撤除其對漢獻帝子孫的武裝監管。㉑⑤推令諫爭　推請他向孫皓進諫規勸。㉑⑥蒼梧　吳郡名，郡治廣信，即今廣西梧州。㉑⑦遷　貶逐。㉑⑧保佑　保護。㉑⑨太史　官名，掌天象星曆。㉒⓪中宮不可易　意即皇后不能更換。㉒①巫覡　操巫術的女人叫「巫」，男人叫「覡」。㉒②供養升平宮　在升平宮供養孫皓的生母何太后。㉒③受朝賀表疏　以皇后的身分接受朝臣與嬪妃的朝賀，並看一些禮節性的上書。㉒④黃門　以稱太監。㉒⑤料取　挑選。㉒⑥歲歲言名　每年呈報姓名。㉒⑦一簡閱　揀選一次。㉒⑧採擇　蒐集挑選。

【校記】

1父　原無此字。據章鈺校，甲十一行本、乙十一行本、孔天胤本皆有此字，張敦仁《通鑑刊本識誤》、張瑛《通鑑校勘記》同，今據補。按，《晉書》卷三〈武帝紀〉亦有此字。2欲　原無此字。據章鈺校，甲十一行本、乙十一行本、孔天胤本皆有此字，今據補。3辛丑　原無此二字。據章鈺校，甲十一行本、乙十一行本、孔天胤本皆有此二字，張敦仁《通鑑刊本識誤》同，今據補。4戊戌　原無此二字。據章鈺校，甲十一行本、乙十一行本、孔天胤本皆有此二字，張敦仁《通鑑刊本識誤》、張瑛《通鑑校勘記》同，今據補。5廬江　原無此二字。據章鈺校，甲十一行本、乙十一行本、孔天胤本皆有此二字，張敦仁《通鑑刊本識誤》、張瑛《通鑑校勘記》同，今據補。6而漢文除之毀傷禮義　原無此九字。據章鈺校，甲十一行本、乙十一行本皆有此九字，張敦仁《通鑑刊本識誤》同，今據補。《通鑑刊本識誤》於「義」字下尚有「常以歎息」四字。7憂　據章鈺校，甲十一行本、乙十一行本、孔天胤本皆作「痛」，張敦仁《通鑑刊本識誤》同。8人　據章鈺校，甲十一行本、乙十一行本、孔天胤本皆作「民」。9者　原無此字。據章鈺校，甲十一行本、乙十一行本、孔天胤本皆有此字，張敦仁《通鑑刊本識誤》同，今據補。10公　原無此字。據章鈺校，甲十一行本、乙十一行本、孔天胤本皆有此字，今據補。

⑪皆　原無此字。據章鈺校，甲十一行本、乙十一行本、孔天胤本皆有此字，張敦仁《通鑑刊本識誤》同，今據補。

【語　譯】世祖武皇帝上之上

泰始元年（乙酉　西元二六五年）

春季，三月，吳主孫皓派遣光祿大夫紀陟、五官中郎將洪璆跟隨徐紹、孫彧一道前往魏國回訪。徐紹到達濡須，有人說徐紹在吳國說了不少稱揚曹魏好處的話。吳主孫皓聽到後惱羞成怒，立即下令將訪問團追回來，殺死了徐紹。

夏季，四月，吳國更改年號為「甘露」。

五月，魏帝曹奐給文王司馬昭以人臣從未享有的品級與待遇，晉升司馬昭的王妃為王后，司馬昭的繼承人稱太子。○三十日癸未，魏國實行大赦。

秋季，七月，吳主孫皓逼迫景帝孫休的皇后自殺，又把景帝孫休的四個兒子全部遷徙到吳縣居住。不久，又將孫休四個兒子當中年齡較大的兩個殺死。

八月初九日辛卯，文王司馬昭逝世，太子司馬炎繼任為魏國相國、晉王。

九月乙未日，魏國實行大赦。○戊子日，晉王司馬炎任命魏國司徒何曾為晉丞相。○十二日癸亥，任命驃騎將軍司馬望為魏國司徒。○二十四日乙亥，晉王司馬炎將晉文王司馬昭安葬在崇陽陵。

冬季，吳國西陵守將步闡上表請求吳主孫皓把都城從建業遷往武昌。吳主孫皓同意步闡遷都的建議，便派遣御史大夫丁固、右將軍諸葛靚留守建業。步闡，是步騭的兒子。

十二月十三日壬戌，魏國皇帝曹奐把皇位禪讓給晉王司馬炎。十五日甲子，曹奐搬出皇宮住進金墉城。太傅司馬孚前往叩拜送別，他拉著曹奐的手，低聲哭泣著，傷感之情難以克制，他對曹奐說：「我一直到死，仍然是大魏忠貞不二的臣子。」十七日丙寅，晉王司馬炎即皇帝位，就是晉武帝，隨即大赦天下，改年號為泰始元年。十八日丁卯，晉武帝司馬炎尊封魏帝曹奐為陳留王，讓他回到鄴城魏國舊宮居住。晉國對曹奐所給與的尊崇、優厚的禮遇，完全仿效當初魏國初年對待東漢末代皇帝漢獻帝劉協的做法。魏國舊有的諸親王都降級為侯。晉武帝追尊宣王司馬懿為宣皇帝，景王司馬師為景皇帝，文王司馬昭為文皇帝。尊王太后為皇太后。封皇叔祖父司馬孚為安平王，封叔父司馬幹為平原王、司馬亮為扶風王、司馬伷為東莞王、司馬駿為汝陰王、司馬肜為梁王、司馬倫為琅邪王，封自己的兄弟司馬攸為齊王、司馬鑒為樂安王、司馬機為燕王。又封堂叔伯、堂兄弟司徒司馬望等十七人都為王。任命石苞為晉國大司馬，鄭沖為晉國太傅，王祥為晉國太保，何曾為晉國太尉，賈充為車騎將軍，王沈為驃騎將軍，其餘的文武大臣則根據他們原來的功勞、地位加官進爵各有不同。二十六日乙亥，晉武帝任命安平王司馬孚為太宰，掌管從朝廷到地方的各項軍務。不久，又任命車騎將軍陳騫為大將軍，與擔任司徒的義陽王司馬望、擔任司空的荀顗等，共計八人同時位列為公。晉武帝吸取魏國沒有強大的同姓藩王作為外援而陷於孤立的教訓，所以大量封賞宗室，讓他們擔任各種要職，掌握實權。晉武帝又下詔，允許諸王在自己的封國內有權自行選擇任用各級官吏，只有衛將軍齊王司馬攸不敢擅作主張任命官吏，在他的封國內，各級官吏全部請求朝廷任命，以示自己不敢專斷。

晉武帝下詔廢除曹魏禁止宗室王公不准為官、不得互相往來等各種限制監管條例，廢除軍中將領以及州、郡長吏都得留人質於京城的做法。

晉武帝所接管的是一個建立在對宗室、大臣刻薄寡恩而生活上又極度奢侈浪費的基礎之上的國家政權，想用提倡仁愛、節儉來矯正這種不良的社會風氣。擔任太常丞的許奇，是許允的兒子。晉武帝準備祭祀太廟，朝臣的一致意見是：許奇的父親許允因為受誅而死，所以許奇不適宜侍奉在皇帝身邊，請求晉武帝將許奇派往外地擔任地方官員。晉武帝憶念許允當年的聲望，又很讚賞許奇的才能，便擢升許奇為祠部郎。有關部門的官員報告說拴皇帝祭祀用牛的青絲韁繩斷了，晉武帝下詔用青麻韁繩代替青絲韁繩拴牛。

晉武帝開始設置諫官，任命散騎常侍傅玄、皇甫陶擔任這一職務。傅玄是傅幹的兒子。傅玄因為魏朝末年士大夫的風氣頹廢墮落，於是上疏說：「我聽說古代賢明的君主統治天下，在上位的人大力提倡教化，在下位的人公正地進行評論。近世因為魏武帝曹操喜好先秦法家之學，於是天下人都重視刑罰，魏文帝曹丕追求放縱、不拘禮節，於是天下人不再重視操守名節。其後導致禮儀廉恥、倫理道德的崩潰，朝中充滿了荒唐放誕的臣子，使得天下再也沒有了公正的評論。陛下受禪即皇帝位後，弘揚堯、舜的治國之道，實行了一系列的仁政，只是還沒有提拔那些見識遠大、行為守禮的官吏用以激勵風化，沒有罷免那些虛浮鄙陋的官員以懲治那些不恭敬、不謹慎的人，所以我還得大膽進言。」晉武帝很讚賞他的見解並採納他的建議，他讓傅玄撰寫一份詔書草稿呈遞上來，然而，僅憑一道詔書根本無法改變舊有的社會不良風氣。

當初，後漢名將、征西將軍司馬鈞生子司馬量，司馬量曾經擔任過豫章太守，司馬量生子司馬儁，司馬儁後來擔任潁川太守，司馬儁生子司馬防，司馬防後來擔任了京兆尹，司馬防生宣帝司馬懿。

二年（丙戌　西元二六六年）

春季，正月初八日丁亥，晉武帝把魏國太廟改造作自己的祖廟，祭祀從征西將軍司馬鈞及以下的司馬量、司馬儁、司馬防，一直到宣帝司馬懿，並景帝司馬師、文帝司馬昭，共計七個靈牌，六代祖先。〇二十二日辛丑，晉武帝尊奉景帝司馬師的夫人羊氏為景皇后，讓景皇后居住在弘訓宮。〇二十七日丙午，晉武帝立弘農人楊氏為皇后。楊皇后，是曹魏時期擔任通事郎的楊文宗的女兒。

群臣奏稱：「五帝其實就是天帝。因為不同季節的氣候時常變化，所以有了上述五種名稱。從今以後明堂以及南郊的神壇中應該撤除五帝的靈牌。」晉武帝准奏。晉武帝是王肅的外孫，所以南、北郊祭祀天地神祇的禮儀，有關部門大多都聽從王肅的意見。

二月，晉國廢除了曹魏時期針對漢朝劉姓皇族所制定的各項禁錮律令。

三月二十日戊戌，吳國派遣大鴻臚張儼、五官中郎將丁忠到晉國來弔祭晉文帝司馬昭之喪。

吳國擔任散騎常侍的廬江王蕃性情清高正直，從來不看上頭的臉色、順著上頭的意思辦事，因此吳主孫晧很不喜歡他。散騎常侍萬彧、中書丞陳聲趁機在孫晧面前進讒言，詆毀王蕃。丁忠出使晉國回來後，吳主孫晧設宴招待群臣，酒席宴上王蕃喝得大醉，跌倒在地上。吳主孫晧懷疑王蕃有詐，就教人用擔架把他抬到外面。過了一會兒，又召王蕃進來。王蕃平時好修飾儀表，舉止莊嚴，這次雖然是酒醉之後卻仍然像平時一樣從容不迫地走了進來。吳主孫皓一看立時大怒，呵令左右把王蕃拖到殿下斬首。隨後就率領群臣出宮，登上來山遊覽，還讓親信把王蕃的頭拋來擲去地戲耍，又讓一些人裝扮成一群虎狼爭搶啃咬王蕃的人頭，王蕃的人頭破碎損毀，慘不忍睹。

丁忠勸說吳主孫皓說：「目前北方的晉國沒有防範戰爭的準備，我們如果出兵，可以輕而易舉地攻佔晉國的弋陽縣。」吳主孫皓徵求群臣對此事的意見，鎮西大將軍陸凱說：「晉國剛剛吞併了巴、蜀，又派遣使者到我們吳國談判講和，這並非是向我們求援，只不過是為了拖延時日，蓄積力量以等待時機消滅我們罷了。現在敵人的勢力正在強盛的時候，而我們想憑藉僥倖取得勝利，恐怕是無利可圖。」吳主孫皓雖然沒有發兵，還是與晉國斷絕了往來。陸凱是陸遜的遠房姪子。

夏季，五月壬子日，晉國博陵公王沈去世，諡號「元」。

六月最後一天丙午日，發生日蝕。

晉文帝司馬昭去世，全國官民都遵照臨時的規定，服喪三天後便除去了喪服。晉文帝司馬昭的安葬儀式完成之後，晉武帝司馬炎也除去了喪服，但他仍然戴著白色的孝帽，只吃蔬菜和粗食，因哀傷而導致的身體虛弱就和居喪期間一樣。秋季，八月，晉武帝準備到崇陽陵祭祀，群臣上奏說，秋後的暑氣還沒有完全消退，恐怕陛下悲傷過度而損害了身體健康。晉武帝說：「我能夠見到父親的陵墓，身體自然會變得好起來。」又下詔說：「漢文帝劉恆死前遺詔讓臣民只為他穿三日喪服，不讓天下臣民悲傷過度，這也是帝王最謙虛高尚的品德。現在朕去陵墓祭祀，怎麼忍心不穿喪服呢？我打算戴著孝帶、穿著喪服前去。眾位臣僚可以按照平時的規定進行穿戴就可以了。」擔任尚書令的裴秀上奏說：「陛下已經除去了喪服而現在又要穿上喪服，這在禮法上沒有依據。如果皇上穿喪服而群臣不穿喪服，群臣又怎敢安心呢。」晉武帝下詔說：「我所擔心的是真正的孝心與悲痛達不到這種程度，哪裡在乎穿不穿喪服？你們誠心誠意地勸說我，我怎能輕易地違背你們的意願呢。」於是不再堅持穿喪服去崇陽陵祭祀晉文帝司馬昭。

晉國的中軍將軍羊祜對傅玄說：「三年之喪，雖然以穿滿三年喪服為好，因為這是古代的禮儀制度。漢文帝加以廢除，破壞了禮儀制度。如今皇帝最孝順，現在雖然勉強讓他脫去喪服，但實際上主上仍在繼續為他的父親守喪。如果趁機恢復守喪三年的禮法，不也是很好的事情嗎！」傅玄說：「縮短守喪的日期，用一日代替一月的辦法，從漢文帝的時候開始實行，到如今已經實行了幾百年，現在一旦要恢復古法，恐怕很難行得通。」羊祜說：「即使不能讓天下所有的人遵從古代禮法，暫且讓皇帝順著心思服喪，不也是很好嗎！」傅玄說：「皇上不除去喪服而天下人除去喪服，這種行為是只有父子之親，沒有君臣之義。」於是羊祜不再堅持己見。

八月二十二日戊辰，滿朝文武大臣奏請晉武帝司馬炎改換服裝，恢復正常飲食，晉武帝下詔說：「每當我想到九泉之下的父親，而自己卻未能為父親穿滿三年喪服，心裡已經感到很痛苦了，更何況是改食稻米、換穿錦衣呢！那樣將會更加激起我內心的悲痛，而不能使我寬心解懷。我本來出生在一個念儒書的家庭，禮儀相傳由來已久，怎麼竟然在對待父親的禮節上就改換了章程呢？我學習孔子之禮已久，你們可以去看一看孔子回答宰我的那段對話，就不必再為此事議論紛紛了！」於是在此後的三年服喪期內，晉武帝司馬炎始終堅持戴著孝帽，只吃蔬菜素食。

司馬光說：「三年之喪的制度，從天子到百姓都應該遵照實行，這是古代帝王制定的禮法，雖然歷經百世也不應該改變。漢文帝按照自己的心願辦事，不學聖人禮法，擅自改變古代的規定，破壞了古代的禮法，割斷了父子之間的恩情，損害了君臣之間的大義。後代帝王在對待父母的喪事上馬馬虎虎，而群臣只知道諂媚逢迎帝王的心思，沒人肯加以糾正。唯獨晉武帝司馬炎憑藉自己至孝的天性，矯正前世的錯誤，仍按古禮實行，真可稱得上是世間難得的賢明君主。然而裴秀、傅玄之流，原本就是閉塞鄙陋的庸臣，他們習慣於常規而輕忽於舊法，不能擁護、順從君王的美德，實在是太可惜了！」

吳主孫皓改年號為「寶鼎」。

吳主任命陸凱為左丞相，萬彧為右丞相。吳主討厭別人注視自己，所以文武大臣朝見他的時候，沒有人敢抬頭舉目注視他。左丞相陸凱說：「君臣之間沒有彼此互不相識的道理，如果突然發生預料不到的意外情況，臣屬就不知道應該救護誰。」於是吳主只准許陸凱一個人看他，而不許其他人看他。

吳主居住在武昌，揚州的百姓逆長江而上為武昌運輸物資，百姓為此飽嘗了各種艱辛痛苦，而京城又奢靡成風，不知道節制，導致國庫空虛、民間匱乏。左丞相陸凱上疏說：「如今國家邊境沒有戰事，本來應當讓人民得到休養生息，生殖財富，而實際上反而更加窮奢極欲，雖然沒有天災而百姓餓死，沒有戰爭而國庫空虛，我私下裡對此感到十分憂慮。過去漢朝衰微，蜀、魏、吳三國鼎立。如今曹魏、蜀漢兩國違背道義、失去民心，相繼被晉國所佔有，這是眼前看得到的事實。我雖然很愚昧，卻為陛下心疼吳國也將被晉國所滅亡。武昌地勢險要而土壤貧瘠，不適合作王者的都城。而且童謠說：『寧飲建業水，不食武昌魚；寧還建業死，不止武昌居。』由此看來，足可以說明人心與天意。如今國家的積蓄不夠一年的開銷，人民有流離失散的怨言，國勢危殆之形已經逐漸顯露出來，而官吏們仍然橫徵暴斂，嚴刑酷法，沒有人體恤百姓的疾苦。先帝吳大帝在位的時候，後宮所有的宮女加上給皇宮縫製衣服的織工總數不足一百人，自從景皇帝以來，宮女竟有上千人，這些人耗費了大量的資財。還有朝中的文武大臣，大都是不能勝任自己職務的人，他們拉幫結派，朋比為奸，陷害忠良，遮蔽賢能，這些都是禍國殃民的人。我希望陛下盡量減少甚至停止各種勞役，廢除各種苛刻擾民的法令，清點放出多餘的宮女，清理遴選文武官員，那麼上天喜悅，民心歸附，國家就可以長治久安了。」吳主看了奏章雖然心裡很不高興，但因為陸凱德高望重，所以特別優待寬容了他。

九月，晉武帝司馬炎下詔說：「從今以後，即使是詔書要求辦的事情以及經過上奏獲得批准的事情，而實行起來如果發現有害於國家的，都不要隱瞞，要實事求是地提出改正意見。」

九月二十三日戊戌，有關部門上奏說：「大晉國接受魏國的禪讓，應該一律採用前代的正朔以及禮服的顏色，如同當初虞舜遵循唐堯的舊制一樣。」晉武帝批准照辦。

冬季，十月初一日丙午，發生日蝕。

東吳永安縣的山賊施但利用百姓不堪忍受暴政的怨恨情緒，聚集起了幾千人，劫持了吳主孫皓庶母所生的弟弟永安侯孫謙，起兵作亂。他們向北到達建業，很快發展到了一萬多人，在距離建業三十里的地方駐紮下來，準備選擇黃道吉日進入建業城。他們派遣使者以孫謙的名義來招降丁固、諸葛靚，丁固、諸葛靚分別將前來招降的使者斬首，隨後發兵前往牛屯迎戰施但。由於施但所率領的叛軍沒有鎧甲頭盔護體，所以一遇到官兵便立即潰敗，四處逃散了。只有孫謙獨自坐在車中，被生擒活捉。丁固不敢擅自殺死孫謙，就把情況如實報告給吳主，吳主就下令把孫謙、連同他的母親以及弟弟孫俊全部處死。當初，以觀察雲氣來判斷禍福的人說：荊州有王者氣象，應當攻破揚州。所以吳主遷都武昌。等到施但造反，吳主自以為得計，就派遣幾百人擂鼓吶喊，進入建業，殺死了施但的妻兒，宣稱「天子命令荊州的士兵來消滅揚州的賊寇。」

十一月，晉國開始把城南圓壇的祭天與城北方壇的祭地活動與南北郊的祭祀活動合併起來進行。○晉武帝下令撤除對山陽國公漢獻帝子孫的武裝監管，廢除對他們的所有限制。

十二月，吳主孫皓又把都城遷回建業，命令滕皇后的父親衛將軍、總領尚書事的滕牧留在武昌鎮守。朝中大臣因為滕牧是皇帝的尊長至親，所以總是推舉他去向孫皓進諫規勸，因而滕皇后的恩寵逐漸衰落，孫皓又把滕牧打發到遙遠荒僻的蒼梧郡去居住，雖然沒有取消他的爵位，其實滕牧是被貶逐了，滕牧在去蒼梧郡的路上憂憤而死。何太后在宮中經常保護著滕皇后，太史又說皇后不能更換。吳主孫皓迷信巫婆神漢，所以才沒有廢黜滕皇后，滕皇后經常在升平宮侍奉何太后，孫皓不允許滕皇后進見。後宮中有很多嬪妃都佩戴著皇后的印信和綬帶，滕皇后徒具虛名，只是以皇后的身分接受朝臣與嬪妃的朝賀並看一些禮節性的上疏而已。孫皓派遣黃門官遍行州郡，挑選將軍、官吏家中的美女，凡是享受二千石俸祿的大臣的女兒，全都每年必須呈報姓名，年齡長到十五六歲的時候就揀選一次，落選的才准許自行出嫁。後宮裡的美女已經有上千人，而蒐集揀選的工作卻沒有一點休止的跡象。

三年（丁亥　西元二六七年）

春，正月丁卯❶，立子衷❷為皇太子。詔以「近世每立太子必有赦。今世運將平，當示之以好惡❸，使百姓絕多幸❹之望。曲惠小人❺，朕無取焉。」遂不赦。司隸校尉上黨❻李憙劾奏[1]故立進令劉友❼、前尚書山濤、中山王睦❽、尚書僕射武陔各占官稻田，請免濤、睦等官，陔已亡，請貶其諡❾。詔曰：「友侵剝百姓，以繆惑朝士❿，其考竟⓫以懲邪佞。濤等不貳其過⓬，皆勿有所問。憙亢志在公⓭，當官而行⓮，可謂邦之司直⓯矣。光武有云⓰：『貴戚且斂手以避二鮑⓱。』其申敕⓲羣僚，各慎所司⓳，寬宥之恩，不可數遇⓴也！」睦，宣帝之弟子也。

臣光曰：「政之大本，在於刑賞，刑賞不明，政何以成？晉武帝赦山濤而褒李憙，其於刑賞兩失之。使憙所言為是，則濤不可赦；所言為非，則憙不足褒。褒之使言㉑，言而不用，怨結於下㉒；威玩於上㉓，將安用之！且四臣同罪，劉友伏誅而濤等不問，避貴施賤，可謂政乎？創業之初而政本不立，將以垂統後世，不亦難乎！」

帝以李憙為太子太傅，徵犍為李密㉔為太子洗馬㉕。密以祖母老，固辭㉖，許之。密與人交，每公議其得失而切責㉗之。常言：「吾獨立於世，顧影無儔㉘。然而不懼者，以無彼此於人㉙故也。」

吳大赦，以右丞相萬彧鎮巴丘㉚。

夏，六月，吳主作昭明宮[31]，二千石以下，皆自入山督伐木。大開苑囿[32]，起土山、樓觀，窮極伎巧[33]，功役之費以億萬計。陸凱諫，不聽。中書丞華覈[34]上疏曰：「漢文[35]之世，九州晏然[36]，賈誼獨以為如抱火厝於積薪之下而寢其上[37]。今大敵[38]據九州之地，有太半[39]之眾，欲與國家為相吞[40]之計，非徒漢之淮南、濟北[41]而已也，比於賈誼之世，孰為緩急？今倉庫空匱，編戶[42]失業，而北方[43]積穀養民，專心東向[44]。又交阯淪沒[45]，嶺表[46]動搖，胸背有嫌[47]，首尾多難，乃國朝之厄會[48]也。若舍此急務，盡力功作[49]，卒有風塵不虞之變[50]，當委版築而應烽燧[51]，驅怨民而赴白刃，此乃大敵所因以為資[52]者也。」時吳俗奢侈，覈又上疏曰：「今事多而役繁，民貧而俗奢，百工[53]作無用之器，婦人為綺靡之飾[54]，轉相倣效，恥獨無有[55]。兵民之家[56]，猶復逐俗[57]，內無甔石之儲[58]，而出有綾綺[59]之服，上無尊卑等級之差[60]，下有耗財費力之損，求其富給[61]，庸可得乎[62]？」吳主皆不聽。

秋，七月，王祥以睢陵公罷[63]。

九月甲申[64]，詔增吏俸。○以何曾為太保，義陽王望為太尉，荀顗為司徒。

○禁星氣、讖緯[65]之學。吳主以孟仁[66]守丞相，奉法駕[67]東迎其父文帝神於明陵[68]。中使[69]相繼，奉問起居(70)。巫覡言見文帝被服顏色如平生(71)。吳主悲喜，迎拜於東門(72)之外。既入廟，比七日(73)三祭，設諸倡伎，晝夜娛樂。

是歲，遣鮮卑拓跋沙漠汗(74)歸其國。

四年（戊子　西元二六八年）

春，正月丙戌(75)，賈充等上(76)所刊修律令(77)。帝親自臨講(78)，使尚書郎裴楷(79)執讀。楷，秀之從弟也。侍中盧珽、中書侍郎范陽張華(80)請抄新律死罪條目，懸之亭傳(81)以示民，從之。

又詔河南尹杜預為黜陟之課(82)。預奏：「古者黜陟，擬議(83)於心，不泥(84)於法。末世不能紀遠(85)而專求密微(86)，疑心(87)而信耳目，疑耳目(88)而信簡書，簡書(89)愈繁，官方(90)愈偽。魏氏考課(91)，即京房(92)之遺意，其文可謂至密。然失於苛細以違本體，故歷代不能通(93)也。豈若申唐堯之舊制，取大捨小，去密就簡，俾(94)之易從也。夫曲盡物理(95)，神而明之(96)，存乎其人(97)。去人而任法，則以文傷理(98)。莫若委任達官(99)，各考所統(100)，歲第其人(101)，言其優劣。如此六載，主者總集(102)，採按其言(103)，六優者超擢(104)，六劣者廢免，優多劣少者平敘(105)，劣多優少者左遷(106)。其間所對不鈞(107)，品有難易(108)，主者固當準量輕重，微加降殺(109)，不足曲以法盡(110)也。其有優劣徇情，不叶公論[111]者，當委監司[112]隨而彈[113]之。若令上下公相容過[114]，此為清議[115]大頹[116]，雖有考課之法，亦無益也。」事竟不行。

丁亥[117]，帝耕籍田[118]於洛水之北。○戊子[119]，大赦。

二月，吳主以左御史大夫[120]丁固為司徒，右御史大夫孟仁為司空。

三月戊子[121]，皇太后王氏殂。帝居喪之制，一遵古禮[122]。

夏，四月戊戌[123]，睢陵元公王祥[124]卒，門無雜弔之賓[125]。其族孫戎[126]歎曰：「太保當正始[127]之世，不在能言[128]之流，及間與之言[129]，理致清遠[130]，豈非以德掩其言[131]乎？」

己亥[132]，葬文明皇后。有司又奏：「既虞，除衰服[133]。」詔曰：「受終身之愛而無數年之報[134]，情所不忍也。」有司固請，詔曰：「患在不能篤孝[135]，勿以毀傷為憂[136]。前代禮典，質文不同[137]，何必限以近制[138]，使達喪闕然[139]乎？」羣臣請不已，乃許之。然猶素冠疏食以終三年，如文帝之喪。

秋，七月，眾星西流如雨而隕[140]。○己卯[141]，帝謁崇陽陵。

九月，青、徐、兗、豫四州大水。

大司馬石苞[142]久在淮南[143]，威惠甚著。淮北監軍王琛惡之，密表[144]苞與吳人交通[145]。會吳人將入寇，苞築壘遏水[146]以自固，帝疑之。羊祜深[147]為帝言：「苞必不然。」帝不信，乃下詔以苞不料[148]賊勢，築壘遏水，勞擾百姓，策免其官，遣義陽王望帥大軍以徵之[149]。苞辟[150]河內孫鑠為掾[151]，鑠先與汝陰王駿[152]善，駿時鎮許昌[153]，鑠過見之。駿知臺[154]已遣軍襲苞，私告之曰：「無與於禍[155]！」鑠既出，馳詣壽春，勸苞放兵[156]，步出都亭待罪[157]，苞從之。帝聞之，意解[158]。苞詣闕，以樂陵公還第[159]。

吳主出東關[160]。冬，十月，使其將施績入江夏[161]，萬彧寇襄陽[162]。詔義陽王望統中軍步騎二萬屯龍陂[163]，為二方[164]聲援。會荊州刺史胡烈拒績，破之，望引兵還。

吳交州刺史劉俊、大都督脩則、將軍顧容前後三攻交趾[165]，交趾太守楊稷皆拒破之，鬱林[166]、九真[167]皆附於稷。稷遣將軍毛炅、董元攻合浦[168]，戰於古城[169]，大破吳兵，殺劉俊、脩則，餘兵散還合浦。稷表炅為鬱林太守，元為九真太守。

十一月，吳丁奉、諸葛靚出芍陂[170]，攻合肥[171]，安東將軍汝陰王駿拒卻之。

○以義陽王望為大司馬，荀顗為太尉，石苞為司徒。

【章旨】以上為第二段，寫晉武帝泰始三年（西元二六七年）、四年兩年間的大事，主要寫了晉國立司馬衷為太子，不行全國大赦；寫了司馬炎之母死，司馬炎又行三年之喪禮；寫了吳主孫晧繼續大興土木，豪華奢侈；寫了吳國進攻晉國的襄陽、江夏、交趾、合肥，皆被擊退等等。

【注釋】❶正月丁卯　正月甲戌，無丁卯，疑誤。❷衷　司馬衷，即日後的晉惠帝。傳見《晉書》卷四。❸示之以好惡　讓臣民們知道國家希望什麼，不希望什麼。❹多幸　屢獲僥倖。❺曲惠小人　把不應當施捨的恩惠給予那些犯罪的小人。❻上黨　晉郡名，郡治壺關（今山西長治北）。❼劾奏故立進令劉友　上表彈劾前任的立進縣縣令劉友。立進縣的方位不詳。❽中山王睦　司馬睦，司馬懿之姪，司馬炎的堂叔父，被封為中山王，都城即今河北定州，當時稱作盧奴。❾貶其諡　貶黜加給他的諡號。❿繆惑朝士　誘惑朝臣與社會名流。繆惑，誤導。繆，通「謬」。⓫其考竟　要對他考問清楚。其，表示指令的發語詞。⓬不貳其過　沒有再犯已往的過失。⓭亢志在公　正直行事為了國家。⓮當官而行　盡到了自己應盡的職責。⓯邦之司直　國家中堅持真理的人。⓰光武有云　當年漢光武帝劉秀曾經說過。⓱貴戚且斂手以避二鮑　二鮑指東漢初期的司隸校尉鮑永及其僚屬鮑恢，二人皆秉公執法，不避權貴，因而貴戚們都縮起手來，不敢再胡作非為。劉秀稱讚二鮑事見本書卷四十二。⓲申敕　警告；告誡。⓳各慎所司　都要小心地做好自己分內的工作。所司，所管；所主持。⓴數遇　屢次碰上。㉑褒之使言　表揚人讓人講話。㉒怨結於下　讓臣僚之間結下怨仇。㉓威玩於上　帝王的權威被看作兒戲。㉔李密　字令伯。師事譙周，年少時仕蜀為郎。事見《晉書・孝友傳》。㉕太子洗馬　太子的屬官，為太子掌管圖籍。㉖固辭　其文即世傳之〈陳情表〉，為眾多文章選本所樂載。㉗公議其得失而切責　當眾議論朋友的缺點，並嚴厲責備。㉘顧影無儔　除了自己的影子再沒有其他同伴。㉙無彼此於人　對任何人都一樣看待。㉚巴丘　又名巴陵，在今湖南岳陽西南，濱臨洞庭湖，為吳國軍事重鎮。㉛昭明宮　在太初宮的東面，方圓五百丈。㉜苑囿　供帝王遊玩打獵的園林。㉝窮極伎巧　盡一切能工巧匠之所能。㉞華覈　字永先，東吳末期的忠直之臣。傳見《三國志》卷六十五。㉟漢文　西漢文帝劉恒，歷史上以簡樸聞名的皇帝。㊱晏然　安然；太平無事的樣子。㊲抱火厝於積薪之下而寢其上　語見本書卷十四文帝六年賈誼所上的〈治安策〉。厝，放置。㊳大敵　指晉。㊴太半　一大半。㊵相吞　即吞併。㊶漢之淮南濟北　漢文帝時，淮南王劉長、濟北王劉興居都曾反叛中央，被削平。見《史記》的〈淮南衡山列傳〉與〈齊悼惠王世家〉。㊷編戶　編於戶籍之民，即指平民。㊸北方　指晉。㊹東向　指對付東吳，東吳在晉國東南。㊺交趾淪沒　指呂興叛吳歸屬於晉，見本書卷七十八咸熙元年。㊻嶺表　即嶺南，指五嶺以南的廣東、廣西和越南北部一帶地區。㊼胸背有嫌　猶言前後都有敵人。㊽國朝之厄會　我們國家的危亡的關頭。厄會，難關。㊾盡力功作　把人力物力都花在土木建築上。㊿卒有風塵不虞之變　指敵人突然發動進攻。卒，通「猝」。不虞，預料不到。(51)委版築而應烽燧　丟下蓋房的工具奔向敵兵進攻的疆場。烽燧，以指敵兵入侵。(52)此乃大敵所因以為資　這正好是敵人可藉以推翻我們的一種力量。(53)百工　各種工匠。(54)綺靡之飾　奢侈華麗的裝飾。(55)恥獨無有　以自家不能奢侈為恥。(56)兵民之家　指最下層的民眾。(57)逐俗　追逐這種世俗的風氣。(58)內無甔石之儲　家裡窮得連一石、兩石糧食的儲存都沒有。甔，能盛兩石糧食的小甕。(59)綾綺　綾羅絲綢。(60)上無尊卑等級之差　因為整個社會都追求奢侈，所以與統治者的等級差別也就分不清了。(61)富給　富裕；夠用。(62)庸可得乎　還怎麼辦得到呢。(63)以睢陵公罷　罷去太保官，以睢陵縣公的身分退休。(64)九月甲申　九月十四。(65)星氣讖緯　星氣是以觀望天文氣象而推斷人世凶吉的迷信活動。讖緯是漢代以來所流行的一種靠附會、改纂古書以預言人間禍福的迷信活動。(66)孟仁　字恭武，初為吳監池司馬、豫章太守，事母至孝。事見《晉書》卷九十四、九十八。(67)法駕　皇帝舉行重大儀式時所乘坐的最莊嚴的車駕。(68)迎其父文帝神於明陵　將其父孫和的神主由明陵接到吳國的太廟。明陵是孫皓之父孫和的陵墓，在當時烏程縣的西山（今浙江湖州西南）。孫皓追謚其父孫和為文帝。(69)中使　宮中派出的使者，多由宦官擔任。(70)奉問起居　像對待活人似的請安問好。(71)如平生　像當年活著的時候一樣。(72)東門　建業（今南京）城東門。(73)比七日　即七日之中。比，到。(74)拓跋沙漠汗　鮮卑族頭領拓跋力微之子。沙漠汗來魏作人質見本書卷七十七景元二年。(75)正月丙戌　正月十八。(76)上　奏報；呈上。(77)所刊修律令　指在漢律基礎上修改制定法令，共合二十篇，有律令二千九百二十六條。(78)臨講　實際是指去聽。(79)裴楷　字叔則，裴秀的堂弟，當時有名的文臣。傳見《晉書》卷三十五。(80)張華　字茂先，當時的著名學者、文臣，曾任中書令、散騎常侍等職。著有《博物志》等書。傳見《晉書》卷三十六。(81)亭傳　驛亭、傳舍，都是過往行人必經的地方。(82)黜陟之課　官員升降的考校條例。(83)擬議　思考；拿主意。(84)泥　拘泥。(85)紀遠　即「作長遠打算」。(86)密微　細微末節。(87)疑心　懷疑自己的良知。(88)耳目　指所聞所見。(89)簡書　即案卷、文本。(90)官方　為官之術。(91)魏氏考課　魏散騎常侍劉劭曾作《考課法》，其略見本書卷七十三景初元年。(92)京房　字君明，西漢重要的陰陽五行家。曾奏進《考功課吏法》。傳見《漢書》卷七十五。(93)通　實行。(94)俾　使。(95)曲盡物理　瞭解各種事物的原委。(96)神而明之　通過個人的聰明才智把事情弄清楚。(97)存乎其人　一切全在於人的主觀作用。(98)以文傷理　雖合於法律條文，而有傷於情理。(99)達官　通曉事理的官員。(100)所統　自己下屬的部門。(101)歲第其人　每年把自己的部下分出等級。(102)主者總集　朝廷主管考核工作的官員將歷年考評的案卷調來。(103)採按其言　按照六年的評語。(104)超擢　破格越級提升。(105)平敘　按常規提拔任用。[106]左遷　貶降。[107]所對不鈞　指地方官的考核品評略有不平衡。[108]品有難易　品級有些不容易確定。[109]降殺　即降低。[110]不足曲以法盡　不必用法律條文來加以制裁。[111]不叶公論　與大家的公論不一致。叶，通「協」。諧合。[112]監司　負責監察的部門。[113]彈　彈劾。[114]公相容過　公開互相包庇。[115]清議　社會名流的評議。[116]大頹　徹底衰敗。[117]丁亥　正月十九。[118]耕籍田　到籍田上去進行耕作。古代天子、諸侯為了表示重視農業，有時在春天也到他那塊特定的土地（籍田）上象徵性地耕作一下，這叫「耕籍田」，或叫「行籍禮」。[119]戊子　正月二十。[120]御史大夫　御史臺的長官，主管全國的監察工作。[121]戊子　三月二十一。[122]一遵古禮　完全遵照古禮的守孝三年。[123]四月戊戌　四月初二。[124]睢陵元公王祥　睢陵公是王祥封號，元字是諡。[125]無雜弔之賓　沒有閒雜的賓客，言都是高官。[126]族孫戎　王戎，字濬沖，「竹林七賢」之一。傳見《晉書》卷四十三。[127]正始　魏帝曹芳的年號（西元二四〇—二四八年）。[128]能言　指善清談，如何晏等那種樣子。[129]間與之言　偶爾地和他談起來。[130]理致清遠　思致情趣清晰廣遠。[131]以德掩其言　由於他的德望太高掩蓋了他能言的事實。[132]己亥　四月初三。[133]既虞二句　完成了安魂祭禮，就要脫掉喪服。[134]無數年之報　意即連幾年的喪服也不穿。[135]患在不能篤孝　可憂慮是人們沒有那分真誠的孝心。[136]勿以毀傷為憂　不必過多地擔心人會由於哀傷而有損於身體。[137]質文不同　有時重質，有時重文。即有時重實際，有時重形式。[138]近制　近年來的規定。[139]使達喪闕然　讓好的喪禮沒人執行。闕，同「缺」。[140]眾星西流如雨而隕　隕，墜落。重大自然變化，古人照例書之於史。[141]己卯　七月十四。[142]石苞　晉朝大將，曾先後任青州刺史、征東大將軍、驃騎將軍、大司馬等職。傳見《晉書》卷三十三。[143]久在淮南　自甘露三年（西元二五八年）魏平諸葛誕之亂後，石苞即鎮守淮南（今安徽壽縣），迄今已十一年。[144]密表　祕密向皇帝報告。[145]交通　往來；勾結。[146]築壘遏水　修築城堡，築堤蓄水。遏，阻斷。[147]深　懇切。[148]不料　不認真分析。[149]帥大軍以徵之　帶著軍隊來調石苞進京。徵，調。「帥大軍以徵」，是怕其叛亂或投吳。[150]辟　聘任。[151]掾　屬吏。[152]汝陰王駿　司馬駿。司馬懿之子，司馬炎之叔。傳見《晉書》卷三十八。[153]許昌　當年漢獻帝的都城，在今河南許昌東。[154]臺　指朝廷。[155]無與於禍　不要跟著捲進漩渦。意即勸他不要再去了。與，參與；捲進。[156]放兵　放棄兵權，離開軍隊。[157]步出都亭待罪　步行出城，前往驛站，等候處置。都亭，城外路邊的驛亭。[158]意解　疑心消散。[159]以樂陵公還第　指免去官職，單以樂陵公的身分回家為民。[160]東關　故址在安徽含山縣西南濡須山上。[161]江夏　晉郡名，郡治即今湖北安陸。[162]襄陽　晉郡名，郡治即今湖北襄樊。[163]龍陂　也稱「摩陂」，在今河南郟縣東南。[164]二方　指被吳攻擊的江夏與襄陽二郡。[165]交趾　原為吳郡名，郡治龍編（今越南河內東北），此時已降晉。[166]鬱林　交州郡名，郡治布山（今廣西桂平西南）。[167]九真　交州郡名，郡治在今越南清化西北。[168]合浦　交州郡名，郡治在今廣西合浦東北，當時尚屬吳國。169古城　在合浦郡內，具體方位不詳。170芍陂　古代淮水流域最著名的水利工程，在今安徽壽縣南。171合肥　晉國淮南郡的郡治所在地，在今安徽合肥西北。

【校記】1奏　原無此字。據章鈺校，甲十一行本、乙十一行本、孔天胤本皆有此字，今據補。

【語譯】三年（丁亥　西元二六七年）

春季，正月丁卯日，晉武帝司馬炎立司馬衷為皇太子。他下詔說「近代每次立太子的時候必定頒布赦免罪犯的大赦令。如今天下即將實現太平，朝廷應當讓臣民知道國家提倡什麼，憎惡什麼，要讓百姓斷絕犯了罪可以屢獲僥倖得到赦免的念頭。把不應當施捨的恩惠給予那些犯罪的小人，我認為這種做法不可取。」遂不再實行大赦。

晉國擔任司隸校尉的上黨郡人李憙上奏彈劾前任立進縣縣令劉友、前任尚書山濤、中山王司馬睦、尚書僕射武陔等人各自非法侵佔屬於官有稻田的罪行，請求朝廷免去山濤、司馬睦等人的官職，因為武陔已經去世，請求貶黜加給他的諡號。晉武帝下詔說：「劉友侵佔剝奪百姓的田產，用來誘惑朝臣與社會名流，要對他考問清楚，以懲治那些奸佞之人。山濤等人沒有再犯以往的過失，可以不必追究。李憙為了國家的利益，正直行事，盡到了自己應盡的職責，可稱得上是國家堅持真理的人。漢光武帝曾經說過：『皇親國戚因為畏懼鮑永、鮑恢二人的不避權貴、秉公執法，因而都縮起手來，不敢再胡作非為。』在此告誡群僚，都要小心地做好你們分內的工作，這種寬大的恩典，不可能屢次碰上！」司馬睦，是宣帝司馬懿的姪子。

司馬光說：「政治的根本，在於刑罰和獎賞，刑罰和獎賞不分明，政權怎麼能夠鞏固呢？晉武帝赦免山濤等人而褒獎李憙，這在刑罰和獎賞上都有所失誤。如果李憙所說的話正確，那麼山濤的罪過就不應該赦免；如果李憙所說的話不正確，那麼李憙也就不值得褒獎。褒獎人是為了讓人敢於講話，然而對於正確的建議朝廷卻不予採納，只會讓臣僚之間結下怨仇，帝王的權威被看作兒戲，那麼刑賞還有什麼作用呢！而且四位官員犯了同樣的罪過，劉友被殺而山濤等人卻置之不問，避開地位高貴的人而懲治地位卑下的人，這能算作為政之道嗎？在創業之初治理國家的根本政治措施就不能確立，還想把基業永遠地流傳給後代，不是很困難嗎！」

晉武帝任命李憙為太子太傅，徵聘犍為郡人李密為太子洗馬。李密以祖母年老，需要自己奉養為由向朝廷呈送〈陳情表〉堅決推辭，晉武帝答應了李密的請求。李密與人交往，每每當眾議論朋友的缺點，並嚴加責備。他常說：「我孤立地生活在這個世界上，除了自己的影子以外再也沒有其他同伴。然而我所以無所畏懼，是因為我對任何人都一樣地看待。」

吳國實行大赦，任命右丞相萬彧鎮守巴丘。

夏季，六月，吳主孫皓建造昭明宮殿，凡是俸祿在二千石以下的官員，都必須親自進山督促砍伐木材。大力建造皇家園林，堆積土山、修建樓臺觀閣，竭盡一切能工巧匠之技能，所用勞役和資金數以億萬計算。陸凱屢次勸諫，孫皓都置若罔聞。擔任中書丞的華覈上疏說：「漢文帝劉恆時期，九州安然，天下太平無事，即使如此，賈誼還認為當時的形勢就像把火放置在柴草堆的下面而人卻安穩地睡在柴草堆的上邊一樣危險。如今我國最大的敵人晉國佔據了九州之地，擁有一大半以上的人口，正在準備吞併我們吳國，現在的形勢又豈止是漢朝當年只是擔憂淮南、濟北兩個封國謀亂所能相提並論的呢，目前的形勢和賈誼所擔憂的那個時代相比，哪一個舒緩哪一個緊急不是很明顯嗎？如今國家倉庫空虛，編於戶籍的人民流離失所，而北方的晉國正在積極地囤積糧食，休養士民，專心致志地做著吞併吳國的準備。況且交趾呂興叛變歸屬了晉國，嶺南的形勢動盪不穩，我們腹背受敵，首尾多災多難，正是我們國家生死存亡的緊急關頭。如果捨棄緊急的國防事務於不顧，而把人力物力都花在土木建築上，一旦敵人猝然發動進攻，那時再讓人們丟下蓋房的工具奔向敵兵進攻的疆場去抵禦敵人，驅趕對我們心懷怨恨的士民為我們去赴湯蹈火，這恰好是敵人可以借助用來推翻我們的一種力量。」當時吳國的風俗崇尚奢侈，華覈又上疏說：「如今國家事務繁多而人民勞役繁重，百姓生活貧困而奢侈浪費卻成為風俗，能工巧匠爭相製作那些無用的器物，婦女崇尚奢侈華麗的裝飾，而且互相攀比、仿效，把自家不能奢侈當做一種恥辱。最下層的平民百姓尚且追逐這種世俗的風氣，即使家中窮得連一石、兩石糧食的儲蓄都沒有，而出門卻穿著綾羅綢緞，對上來說混淆了與統治者的等級差別，對平民百姓來說有消耗人力財力的損失，長此以往而希望國家富強，又怎麼能夠做到呢？」吳主孫皓對華覈的勸告都聽不進去。

秋季，七月，晉國王祥被罷去太保官職，以睢陵縣公的身分退休。

九月十四日甲申，晉武帝下詔增加官吏的俸祿。○晉武帝任命何曾為太保，任命義陽王司馬望為太尉，任命荀顗為司徒。○晉國明令禁止以觀望天文氣象而推斷人世吉凶以及靠附會、改纂古書以預言人間福禍的迷信活動。

吳主任命孟仁為丞相，派他帶著皇帝專用的法駕將其生父孫和的神靈由明陵接到吳國的太廟。從宮中派出的使者一個跟著一個，像對待活人似的向孫和的靈牌請安問好。巫婆神漢說看見文帝孫和所穿戴的衣服、面容像當年活著的時候一樣。吳主聽後悲喜交加，親自到建業城東門外跪拜迎接孫和的神靈。孫和的神靈被安放在皇家太廟之後，七天當中就舉行了三次祭祀活動，還安排歌舞演奏人員，晝夜不停地演奏娛樂。

這一年，晉國派遣鮮卑拓跋沙漠汗回國。

四年（戊子　西元二六八年）

春季，正月十八日丙戌，賈充等人向晉武帝司馬炎呈上在漢律基礎上所修改制定的法令。晉武帝親臨會場聽取講解，他讓擔任尚書郎的裴楷手持律令宣讀。裴楷是裴秀的堂弟。侍中盧珽、中書侍郎范陽人張華請求將新修定的律令中有關死罪的條目抄寫出來，懸掛、張貼在驛亭、傳舍等場所，以便家喻戶曉，晉武帝表示同意。

晉武帝又下詔讓擔任河南尹的杜預負責制定出官員升降的考校條例。杜預奏稱：「古時候官吏的升降，全憑主觀思考，作出判斷，而不拘泥於法律條文。近世不能從長遠考慮以決定官員的升降，而專門從細微末節上加以考察，懷疑自己的主觀判斷而相信耳目的所聞所見，進而又懷疑起自己的所見所聞，而專門相信案卷、文本，於是案卷、文本愈加繁瑣，為官之術也就愈加虛偽。曹魏時期的散騎常侍劉劭曾經制定《考課法》，實際上就是沿襲了漢代京房遺留下來的《考功課吏法》，其中的法律條文不能說不詳細。然而失之於苛刻繁瑣而違背了法律的根本作用，所以歷代不能實行。現在不如重申唐堯時期的舊制，取其大旨而捨去細微，去掉繁雜而改成簡易，使其容易遵守實行。其實瞭解各種事務的原委，通過個人的聰明才智把事情弄清楚，一切全在於人的主觀作用。丟棄人的主觀作用而全憑法律條文，那就會合於法律條文而有傷於情理。不如委任通曉事理的官員，讓他們各自考核他們下屬部門的官員，每年把自己的部下分出等級，評定出他們的優劣。這樣連續堅持六年，朝廷主管考核工作的官員將歷年考評的案卷調來，按照六年的評語，六年考核全部優秀的，就破格越級提升，六年考核全部劣等的，就免除他們的官職，六年考核優多劣少的人，就按照常規予以提拔任用，六年考核劣多優少的人，就貶官降職。在此期間，地方官的考核品評難免會稍微有些不平衡，品級有時不容易確定準確，主管官員當然可以評估輕重，稍微加以降低，而不必用法律條文來加以制裁。如果有人徇情枉法，亂下評語，與社會的公論不一致，就應當委派監察部門隨時對他們加以彈劾。如果上下級公開互相包庇，隱瞞過失，這是社會名流評議作用的徹底衰敗，縱然有再好的考核條例，也於事無補。」制定官員升降考核條例一事因此而擱置下來。

正月十九日丁亥，晉武帝來到洛水北邊的籍田從事耕作。〇二十日戊子，實行大赦。

二月，吳主任命左御史大夫丁固為司徒，任命右御史大夫孟仁為司空。

三月二十一日戊子，晉武帝的母親王太后去世。晉武帝辦理母親的喪事，完全遵照古禮，為母親守孝三年。

夏季，四月初二日戊戌，晉國睢陵公王祥逝世，謚號為「元」，上門弔唁的都是達官貴人而沒有閒雜的賓客。他同族的孫子王戎感慨地說：「王太保在魏國正始年間，算不上是善於清談的人，偶爾地和他談起話來，他的思致情趣清晰廣遠，豈不是由於他的德望太高而掩蓋了他能言的事實嗎？」

四月初三日己亥，晉武帝安葬了他的母親王太后。有關部門又奏稱說：「安魂祭禮已經完成，請脫掉喪服。」晉武帝下詔說：「我終身受到母親的關愛照顧而連幾年的喪服也不穿，我實在是於心不忍啊。」有關部門堅決請求，晉武帝又下詔說：「令人擔心的是人們沒有那分真誠的孝心，而不必過多地擔心人會由於哀傷而有損於身體健康。前代的禮儀，有時注重實際，有時注重形式，何必用近代的規定加以限制，而使美好的喪禮沒人執行呢？」諸大臣不斷地請求，晉武帝才表示同意。然而還是頭戴白冠、只吃蔬菜素食堅持了整整三年，就像當年為父親晉文帝司馬昭守喪的時候一樣。

秋季，七月，西方天空中出現了流星雨。〇十四日己卯，晉武帝拜謁崇陽陵。

九月，晉國的青州、徐州、兗州、豫州洪水氾濫成災。

晉國大司馬石苞長期鎮守淮南，威望很高，恩德廣施，政績卓著。在淮北擔任監軍的王琛因此非常嫉妒他，於是祕密上表誣告石苞與吳國勾結，圖謀不軌。碰巧東吳準備發兵侵擾晉國邊境，而石苞修建城堡、築堤蓄水以加強防守力量，晉武帝因此對他產生了懷疑。羊祜懇切地對晉武帝說：「石苞絕不會和東吳勾結。」晉武帝卻不相信，於是下詔以石苞不認真分析敵情，就修築城堡、遏制水流，興工擾民為由，準備免去石苞的官職，同時派義陽王司馬望率領大軍前往淮南徵調石苞進京。石苞聘請河內人孫鑠為屬吏，孫鑠原先與汝陰王司馬駿關係友好，當時司馬駿正鎮守許昌，孫鑠應石苞之聘從許昌經過，順便拜訪司馬駿。司馬駿知道朝廷已經派遣大軍去襲擊石苞，就私下叮囑孫鑠說：「你不要前去，免得惹禍上身！」孫鑠從司馬駿那裡出來，就快馬加鞭奔向壽春，他勸說石苞放棄兵權，步行出城，前往驛站等候處置，石苞聽從了孫鑠的勸告。晉武帝聽說石苞主動放棄兵權，步行出城，前往驛站等候處置之事後，疑心頓時消散。石苞前往皇宮門口聽候處置，晉武帝免去了石苞的官職，讓他以樂陵公的身分回家為民。

吳主從東關出兵攻打晉國。冬季，十月，命令大將施績攻取晉國的江夏郡，派萬彧進攻晉國的襄陽郡。晉武帝下詔命義陽王司馬望率領二萬步兵、騎兵屯駐在龍陂，作為駐守江夏郡與襄陽郡晉軍的聲援。正趕上荊州刺史胡烈率軍抵抗施績，將施績打敗，於是司馬望率軍而回。

東吳交州刺史劉俊、大都督脩則、將軍顧容前後三次進攻交趾郡，都被交趾郡太守楊稷打得大敗，東吳的鬱林郡、九真郡也都歸附了楊稷。楊稷派遣自己屬下的將軍毛炅、董元攻打合浦郡，在合浦郡內的古城與吳軍展開激戰，他們殺死了交州刺史劉俊、大都督脩則，其餘的吳軍都紛紛逃回了合浦郡。楊稷向晉武帝上表，推薦毛炅擔任鬱林郡太守，董元為九真郡太守。

十一月，東吳丁奉、諸葛靚出兵芍陂，進而進攻合肥，被晉國的安東將軍汝陰王司馬駿率軍擊退。○晉國任命義陽王司馬望為大司馬，任命荀顗為太尉，任命石苞為司徒。

五年（己丑　西元二六九年）

春，正月，吳主立子瑾為皇太子。

二月，分雍、涼、梁州置秦州❶，以胡烈為刺史。先是，鄧艾納鮮卑降者數萬，置於雍、涼之間❷，與民雜居❸。朝廷恐其久而為患，以烈素著名於西方，故使鎮撫之。○青、徐、兗三州大水。

帝有滅吳之志。壬寅❹，以尚書左僕射羊祜都督荊州諸軍事，鎮襄陽；征東大將軍衛瓘都督青州諸軍事，鎮臨菑❺；鎮東大將軍東莞王伷❻都督徐州諸軍事，鎮下邳❼。

祜綏懷❽遠近，甚得江、漢❾之心，與吳人開布大信❿，降者欲去，皆聽之，減戍邏⓫之卒，以墾田⓬八百餘頃。其始至也，軍無百日之糧，及其季年⓭，乃有十年之積。祜在軍，常輕裘緩帶，身不被⓮甲，鈴閤之下⓯，侍衛不過十數人。

濟陰太守巴西文立⑯上言：「故蜀之名臣子孫流徙中國者，宜量才敘用⑰，以慰巴、蜀之心，以傾吳人之望⑱。」帝從之。己未⑲，詔曰：「諸葛亮在蜀，盡其心力，其子瞻臨難而死義⑳，其孫京宜隨才署吏㉑。」又詔曰：「蜀將傅僉父子，死於其主㉒。天下之善一也，豈由彼此以為異哉！僉息著、募㉓沒入奚官㉔，宜免為庶人。」

帝以文立為散騎常侍。漢故尚書犍為程瓊㉕雅有德業㉖，與立深交，帝聞其名，以問立，對曰：「臣至知㉗其人，但年垂㉘八十，稟性謙退，無復當時之望㉙，故不以上聞㉚耳。」瓊聞之，曰：「廣休㉛可謂不黨㉜矣，此吾所以善夫人㉝也。」

秋，九月，有星孛于紫宮㉞。

冬，十月，吳大赦，改元建衡㉟。

封皇子景度為城陽王㊱。

初，汝南何定嘗為吳大帝給使㊲，及吳主㊳即位，自表先帝舊人，求還內侍。吳主以為樓下都尉㊴，典知酤糴㊵事，遂專為威福，吳主信任之，委以眾事。左丞相陸凱面責定曰：「卿見前後事主不忠，傾亂國政，寧有得以壽終者邪？何以專為姦邪，塵穢天聽㊶，宜自改厲㊷。不然，方見㊸卿有不測之禍。」定大恨之。

凱竭心公家，忠懇內發，表疏皆指事不飾㊹。及疾病，吳主遣中書令董朝問所欲言，凱陳「何定不可信用，宜授以外任。奚熙㊺小吏，建起浦里塘㊻[1]，亦不可聽。姚信、樓玄、賀卲、張悌、郭逴、薛瑩、滕脩及族弟喜、抗㊼，或清白忠勤，或資才卓茂，皆社稷之良輔，願陛下重留神思㊽，訪以時務㊾，使各盡其忠，拾遺萬一㊿。」卲，齊(51)之孫；瑩，綜(52)之子；玄，沛人；脩，南陽人也。凱尋卒(53)，吳主素銜其切直(54)，且日聞何定之譖，久之，竟徙凱家於建安(55)。

吳主遣監軍虞汜、威南將軍薛珝、蒼梧太守丹陽陶璜從荊州道(56)，監軍李勗、督軍徐存從建安海道(57)，皆會於合浦(58)，以擊交阯。

十二月，有司奏東宮(59)施敬二傅(60)，其儀不同。帝曰：「夫崇敬師傅，所以尊道重教也，何言臣不臣(61)乎？其令太子申拜禮(62)。」

六年（庚寅　西元二七〇年）

春，正月，吳丁奉入渦口(63)，揚州刺史牽弘(64)擊走之。

吳萬彧自巴丘還建業。

夏，四月，吳左大司馬施績卒。以鎮軍大將軍陸抗都督信陵、西陵(65)、夷道、樂鄉、公安(66)諸軍事，治樂鄉(67)。

抗以吳主政事多闕，上疏曰：「臣聞德均則眾者勝寡[68]，力侔則安者制危[69]，此六國所以并於秦，西楚所以屈於漢[70]也。今敵之所據，非特關右之地[71]，鴻溝以西[72]，而國家外無連衡之援[73]，內非西楚之彊[74]，庶政陵遲[75]，黎民未乂[76]。議者所恃，徒以長江、峻山限帶封域[77]。此乃守國之末事[78]，非智者之所先也。臣每念及此，中夜撫枕[79]，臨餐忘食。夫事君之義，犯而勿欺[80]，謹陳時宜[81]十七條以聞。」吳主不納。

李勗以建安道不利[82]，殺導將馮斐，引軍還。初，何定嘗為子求婚於勗，勗不許，乃白勗枉殺馮斐，擅徹軍還。誅勗及徐存并其家屬，仍[83]焚勗尸。定又使諸將各上御犬[84]，一犬至直縑數十匹[85]，纓紲[86]直錢一萬，以捕兔供廚。吳人皆歸罪於定，而吳主以為忠勤，賜爵列侯。陸抗上疏曰：「小人不明理道[87]，所見既淺，雖使竭情盡節[88]，猶不足任，況其姦心素篤[89]而憎愛移易[90]哉！」吳主不從。

六月戊午[91]，胡烈討鮮卑禿髮樹機能[92]於萬斛堆[93]，兵敗，被殺。都督雍、涼州諸軍事扶風王亮[94]遣將軍劉旂救之，旂觀望不進。亮坐貶為平西將軍，旂當斬。亮上言：「節度之咎，由亮而出，乞丐旂[2]死[95]。」詔曰：「若罪不在旂，當有所在[96]。」乃免亮官。

遣尚書樂陵石鑒(97)行安西將軍，都督秦州諸軍事，討樹機能。樹機能兵盛，鑒使秦州刺史杜預出兵擊之。預以虜乘勝馬肥，而官軍縣乏(98)，宜并力大運芻糧，須春(99)進討。鑒奏預稽乏軍興(100)，檻車徵詣廷尉(101)，以贖論(102)。既而鑒討樹機能，卒不能克。

秋，七月乙巳(103)，城陽王景度(104)卒。○丁未(105)，以汝陰王駿為鎮西大將軍，都督雍、涼等州諸軍事，鎮關中。

冬，十一月，立皇子東[3]為汝南王。

吳主從弟前將軍秀(106)為夏口督(107)，吳主惡之，民間皆言秀當見圖(108)。會吳主遣何定將兵五千人獵夏口，秀驚，夜將妻子、親兵數百人來奔(109)。十二月，拜秀票騎將軍、開府儀同三司(110)，封會稽公。

是歲，吳大赦。

初，魏人居南匈奴五部於并州諸郡(111)，與中國民雜居，自謂其先漢氏外孫(112)，因改姓劉氏。

七年（辛卯　西元二七一年）

春，正月，匈奴右賢王劉猛叛出塞。

豫州刺史石鑒坐[113]擊吳軍虛張首級[114]，詔曰：「鑒備大臣[115]，吾所取信，而乃下同為詐[116]，義得爾乎[117]？今遣歸田里，終身不得復用。」

吳人刁玄詐增讖文[118]曰[4]：「黃旗紫蓋，見於東南，終有天下者，荊、揚之君[119]。」吳主信之。是月晦[120]，大舉兵出華里[121]，載太后、皇后及後宮數千人，從牛渚[122]西上。東觀令[123]華覈等固諫，不聽。行遇大雪，道塗陷壞，兵士被甲持仗，百人共引一車[124]，寒凍殆死[125]，皆曰：「若遇敵，便當倒戈[126]。」吳主聞之，乃還。

帝遣義陽王望[127]統中軍二萬、騎三千屯壽春以備之，聞吳師退，乃罷。

三月丙戌[128]，鉅鹿元公[129]裴秀卒。

夏，四月，吳交州刺史陶璜襲九真太守董元，殺之，楊稷以其將王素代之。

北地胡[130]寇金城[131]，涼州刺史牽弘討之。眾胡皆內叛，與樹機能共圍弘於青山，弘軍敗而死。

初，大司馬陳騫言於帝曰：「胡烈、牽弘皆勇而無謀，彊於自用[132]，非綏邊[133]之材也，將為國恥。」時弘為揚州刺史，多不承順[134]騫命，帝以為騫與弘不協[135]而毀[136]之。於是徵弘[137]，既至，尋復以為涼州刺史。騫竊歎息，以為必敗。二人果失羌戎之和[138]，兵敗身沒，征討連年，僅而能定[139]，帝乃悔之。

五月，立皇子憲為城陽王。○辛丑[140]，義陽成王望卒。

侍中、尚書令、車騎將軍賈充自文帝時寵任用事，帝之為太子，充頗有力[141]，故益有寵於帝。充為人巧諂，與太尉・行太子太傅荀顗、侍中・中書監荀勖、越騎校尉安平馮紞[142]相為黨友，朝野惡之。帝問侍中裴楷以方今得失，對曰：「陛下受命，四海承風[143]，所以未比德於堯、舜者，但以賈充之徒尚在朝耳。宜引天下賢人，與弘政道[144]，不宜示人以私[145]。」侍中樂安任愷[146]、河南尹潁川庾純[147]皆與充不協，充欲解其近職[148]，乃薦愷忠貞，宜在東宮[149]。帝以愷為太子少傅，而侍中如故。會樹機能寇亂秦、雍，帝以為憂。愷曰：「宜得威望重臣有智略者以鎮撫之。」帝曰：「誰可者？」愷因薦充[150]，純亦稱之。秋，七月癸酉[151]，以充為都督秦、涼二州諸軍事，侍中、車騎將軍如故。充患之。

吳大都督薛珝與陶璜等兵十萬，共攻交趾。城中糧盡援絕，為吳所陷，虜楊稷、毛炅等。璜愛炅勇健，欲活之。炅謀殺璜，璜乃殺之。脩則之子允，生剖其腹，割其肝，曰：「復能作賊不？」炅猶罵曰：「恨不殺汝孫晧，汝父何死狗[152]也！」

王素欲逃歸南中，吳人獲之，九真、日南[153]皆降於吳。吳大赦，以陶璜為交州牧。璜討降夷、獠[154]，州境皆平。

八月丙申[155]，城陽王憲[156]卒。○分益州、南中四郡置寧州[157]。

九月，吳司空孟仁卒。

冬，十月丁丑朔，日有食之。

十一月，劉猛寇并州，并州刺史劉欽擊破之。

賈充將之鎮[158]，公卿餞於夕陽亭[159]。充私問計於荀勖，勖曰：「公為宰相，乃為一夫[160]所制，不亦鄙乎！然是行也，辭之實難[161]，獨有結婚太子[162]，可不辭而自留矣。」充曰：「然則孰可寄懷[163]？」勖曰：「勖請言之。」因謂馮紞曰：「賈公遠出，吾等失勢。太子婚尚未定，何不勸帝納賈公之女乎？」紞亦然之。初，帝將納衛瓘女為太子妃，充妻郭槐賂楊后左右，使后說帝求納其女。帝曰：「衛公女有五可，賈公女有五不可：衛氏種賢而多子[164]，美而長、白[165]；賈氏種妬而少子，醜而短、黑。」后固以為請，荀顗、荀勖、馮紞皆稱充女絕美，且有才德，帝遂從之。留充復居舊任。

十二月，以光祿大夫鄭袤為司空，袤固辭不受。

是歲，安樂思公劉禪[166]卒。

吳以武昌都督廣陵范慎⑯⑦為太尉。右將軍司馬⑯⑧丁奉卒。○吳改明年元曰鳳凰。

【章旨】以上為第三段，寫晉武帝泰始五年（西元二六九年）至泰始七年共三年間的大事，主要寫了晉將羊祜鎮守襄陽的政績；寫了司馬炎聽取蜀人文立的建議任用蜀國人士，以爭取東吳；寫了吳國丞相陸凱忠直為國，痛斥奸佞；寫了吳將陸抗憂心國事，陳〈時宜〉十七條，都不被孫皓所用；寫了吳主孫皓屢屢派兵伐晉，都被晉人擊退；寫了吳將陶璜平定交趾諸郡，使之重歸吳國；寫了賈充等人之奸佞，朝臣排斥賈充未果，反使其嫁女於太子，更進一步干預朝政；寫了鮮卑頭領禿髮樹機能勢力強大，先後擊敗晉將胡烈、石鑒，北地胡又破殺晉將牽弘，北方少數民族逐漸成為晉朝的威脅等等。

【注釋】❶分雍涼梁州置秦州　分割雍州、涼州、梁州各一部分，設立秦州。轄隴西、南安、天水、略陽、武都、陰平等郡，州治冀縣，今甘肅甘谷縣東。❷雍涼之間　即今甘肅東部一帶地區。雍州的州治是長安，涼州的州治是今甘肅的武威。❸與民雜居　跟漢人雜居在一起。❹壬寅　二月壬戌朔，沒有壬寅，疑誤。❺臨菑　即今山東淄博的臨淄區。❻東莞王伷　司馬伷。司馬懿之子，司馬炎之叔。❼下邳　晉郡名，郡治在今江蘇睢寧西北。❽綏懷　安撫感化。❾江漢　長江、漢水流經的地帶，這裡指湖北一帶地區。❿開布大信　即講求信義，說話算話。⓫戍邏　防守、巡邏。⓬以墾田　讓裁減下來的士卒開墾農田。⓭季年　在任的最後幾年。⓮被　此處同「披」。⓯鈴閣之下　指羊祜辦公的地方。鈴下，指將帥有令就搖鈴呼士卒。閣下，指堂前的侍從人員。⓰濟陰太守巴西文立　濟陰是晉郡名，郡治定陶（今山東定陶西北）。巴西文立，巴西人姓文名立。⓱敘用　選擇任用。⓲傾吳人之望　讓吳人傾向我們。⓳己未　二月壬戌朔，沒有己未，疑誤。⓴臨難而死義　諸葛瞻與其子諸葛尚為迎敵鄧艾軍而戰死事，見本書卷七十八景元四年。㉑隨才署吏　依照才能任以官職。㉒蜀將傅僉父子二句　傅僉之父傅彤隨劉備征吳，夷陵之敗後，傅彤戰死在後撤途中，見本書卷六十九黃初三年。傅僉戰死於陽安口，事見本書卷七十八景元四年。㉓僉息著募　傅僉的兒子傅著、傅募。㉔沒入奚官　被收入奚官為奴。奚官是管理苦役犯的地方。㉕犍為程瓊　犍為人姓程名瓊。犍為原是蜀郡名，郡治武陽，在今四川彭山縣東。㉖雅有德業　平素很有道德修養。㉗至知極其瞭解。㉘垂　近；年近。㉙無復當時之望　不再求聞達於現時。㉚不以上聞　不向朝廷推薦他。㉛廣休　即文立，字廣休。㉜不黨　不拉黨結派。㉝善夫人　喜歡他；願意與他交好。夫人，彼人。㉞有星孛于紫宮　在紫微宮附近出現彗星。孛，火光四射，這裡即指彗星。紫宮，即紫微宮，星座名，古人常用以比附帝王居住的地方。星孛於紫宮，預示帝王身邊當有變亂。㉟改元建衡　吳主孫晧在此之前的年號是「寶鼎」。㊱城陽王　封地城陽郡，都城即今山東莒縣。㊲給使　供……差遣。㊳吳主　指孫晧。㊴樓下都尉　掌管皇宮樓前禁衛。㊵典知酤糴　主管給皇宮買酒買糧。㊶塵穢天聽　汙染天子的耳目。㊷改厲　改正。㊸方見　很快就要見到。㊹指事不飾　直話直說，不加粉飾。㊺奚熙　姓奚名熙。㊻浦里塘　堤壩名，在宛陵縣（今安徽宣城）附近。㊼族弟喜抗　陸喜、陸抗。㊽重留神思　猶言多多留意。㊾訪以時務　向他們詢問現時政務之所宜。訪，問。㊿拾遺萬一　婉指糾正帝王的某些缺失。(51)齊　賀齊，字公苗，孫權時的大將。傳見《三國志》卷六十。(52)綜　薛綜，字敬文，東吳的才士文臣。傳見《三國志》卷五十三。(53)尋卒　不久去世。(54)素銜其切直　一向忌恨陸凱的直正。銜，心裡記恨。(55)從凱家於建安　把陸凱的家屬發配到建安居住。建安是建安郡的郡治所在地，即今福建建甌。(56)從荊州道　調從荊州南下。(57)從建安海道　指從建安乘船從海路出發。(58)合浦　今廣西合浦東北。(59)東宮　指太子。(60)施敬二傅　對待太子太傅與太子少傅兩位輔導官的禮節。(61)何言臣不臣　大概有人認為讓太子給老師行禮是有傷於君臣之分，故司馬炎這麼說。(62)中拜禮　行叩拜之禮。(63)渦口　渦水入淮河處。在今安徽懷遠東。(64)揚州刺史牽弘　揚州刺史姓牽名弘。當時西晉的揚州州治壽春，即今安徽壽州。(65)信陵西陵　皆吳縣名，信陵在今湖北秭歸東三十里，西陵即今湖北宜昌故城。(66)夷道樂鄉公安　皆吳縣名，夷道即今湖北宜都，樂鄉在今湖北松滋東北，公安在今湖北公安北。(67)治樂鄉　陸抗的辦公機構設在樂鄉，其城北江中有沙磧，渡江容易，是江津軍事要地。(68)德均則眾者勝寡　兩國君主的道德水準與受人擁護的程度差不多時，則人口多的一方戰勝人口少的一方。(69)力侔則安者制危　雙方的力量相等時，則國家安定的一方制服國家不安定的一方。侔，相當；相等。(70)西楚所以屈於漢　項羽所以被劉邦打敗。(71)非特關右之地　不像當年的劉邦，只佔有函谷關以西的地盤。非特，不只。關右，函谷關以西。(72)鴻溝以西　鴻溝是水道名，即後代所說的「汴河」，從河南滎陽北由黃河分出，流經今中牟北、開封北，東南入潁水。楚、漢相爭時，劉邦、項羽曾一度劃鴻溝為界，鴻溝以西屬劉邦。(73)外無連衡之援　意即外面沒有同盟國的援助。(74)內非西楚之彊　自身也沒有西楚霸王項羽那樣的強大。(75)庶政陵遲　各種政務都衰敗腐朽。(76)黎民未乂　百姓的情緒動盪不安。(77)限帶封域　意即作為我們國家的屏障。限，阻隔。帶，圍繞。(78)守國之末事　指作用不可能太大。(79)中夜撫枕　半夜不能入睡。(80)犯而勿欺　寧可直言冒犯，不可諂媚欺騙。(81)時宜　眼下所應該做的事情。(82)不利　不好走。(83)仍乃；又。84御犬　供孫皓玩賞的犬。85直縑數十匹　極言這些狗的價錢之貴。直，同「值」。價值。縑，一種雙股絲織成的細絹。86纓紲　牽狗用的繩索。87理道　治國之道。唐人為避高宗諱，常將古書上的「治」字改作「理」。88竭情盡節　猶言竭心盡力。89姦心素篤　奸詐之心素來根深蒂固。90憎愛移易　再把他們喜歡誰、憎恨誰的勁頭都加上去。91六月戊午　六月初四。92禿髮樹機能　鮮卑族部落首領的名字，姓禿髮名樹機能。後來南涼政權的創建者禿髮烏孤的祖先。事見《晉書》卷一百二十六。93萬斛堆　地名，在今甘肅靖遠西。94扶風王亮　司馬亮，司馬懿之子，司馬炎之叔。傳見《晉書》卷五十九。95乞丐旂死　請求寬免劉旂的死罪。96當有所在　應當有承擔罪責的人。97樂陵石鑒　樂陵是晉縣名，縣治在今山東樂陵東南。石鑒字林伯，晉初名臣。傳見《晉書》卷四十四。98縣乏　孤立遠出，彼此不相聯繫。縣，同「懸」。隔絕。99須春　等春天來到。100稽乏軍興　延誤軍用物資的徵集。101檻車徵詣廷尉　裝進囚車送司法部門處理。廷尉是全國最高的司法官。102以贖論　杜預的妻子是司馬懿的女兒（司馬炎的姑媽），享有特權，所以才得以用他的侯爵（豐樂亭侯）贖出一命。103七月乙巳　七月二十二。104城陽王景度　司馬景度，司馬炎之子。105丁未　七月二十四。106前將軍秀　孫秀，孫權弟孫匡之孫，孫皓的堂弟。107夏口督　夏口駐軍的統領。夏口即今湖北武昌。108當見圖　將被人所害。109來奔　前來投奔晉國。110開府儀同三司　官階名，開建府署，可以自己聘用僚屬，使用國家三公的儀仗。111居南匈奴五部於并州諸郡　西漢後期匈奴人內部分裂，南匈奴投降漢王朝，漢王朝將他們安排在山西、陝西北部的沿邊地區，集中居住，稱為「屬國」。到曹魏時又將其分為五部：「左部」住在太原一帶；「右部」住在祁縣（今山西祁縣東）一帶；「南部」住在蒲子（今山西隰縣）一帶；「北部」住在新興（今山西忻州）一帶；「中部」住在大陵（今山西交城）一帶。「并州諸郡」大體都在今山西境內。112漢氏外孫　因漢初與匈奴實行和親政策，後代的匈奴單于是劉氏的公主所生，故自稱「漢氏外孫」。事見《史記·匈奴列傳》。113坐　因……而犯罪。114虛張首級　虛報殺敵數目。115備大臣　作為一名國家的大臣。116下同為詐　跟部屬串通一道說假話。117義得爾乎　能夠這個樣子嗎。118詐增讖文　增改古書字句，編造一些「預言吉凶」的隱語。119荊揚之君　即指東吳的君主孫皓，據《江表傳》：刁玄曾出使蜀漢，得到司馬徽著的《論命運曆》殘篇，於是加上這幾句話，用以討孫皓歡心，博取富貴。120是月晦　這個月的最後一天，即正月三十。121華里　在今南京西。122牛渚　即牛渚山，在今安徽當塗西北的長江邊，北部突入江中，名采石磯，自古為大江南北的重要津渡，也是軍事必爭之地。123東觀令　管理皇家圖書的官員。東觀是漢代以來的國家圖書館。124百人共引一車　每百人共拉一輛皇室人員的座車。125寒凍殆死　把人幾乎凍死。126便當倒戈　立馬就投降敵人。127義陽王望　司馬望。司馬孚之子，司馬炎的堂叔。128三月丙戌　三月初七。129鉅鹿元公　鉅鹿公是裴秀的封號，元是諡。130北

地胡　居住在北地郡的少數民族。此處「北地」指漢代舊郡，約當今甘肅東北部、寧夏南部一帶地區。郡治富平（今寧夏吳忠西南）。[131]金城　晉郡名，郡治即今甘肅蘭州。[132]彊於自用　自以為是，不相信別人。[133]綏邊　安定邊疆。[134]不承順　不服從。當時陳騫以大司馬都督揚州諸軍，駐壽春（今安徽壽縣）。牽弘為揚州刺史，應聽命於陳騫。[135]不協　猶如今之所謂「不團結」、「不合作」。[136]毀　說人壞話。[137]徵弘　把牽弘調回了京城。[138]失羌戎之和　與羌、胡、鮮卑等族鬧不團結。[139]僅而能定　最後才勉強地得以安定。[140]辛丑　五月二十三。[141]充頗有力　事見本書卷七十七、七十八。[142]馮紞　字少冑，晉初邪臣。傳見《晉書》卷三十九。[143]承風　望風歸順。[144]與弘政道　與他們共同弘揚為政之道。[145]示人以私　言其一味重用親信。[146]樂安任愷　樂安是晉郡名，郡治在今山東桓臺東。任愷，字元褒，晉初直臣。傳見《晉書》卷四十五。[147]庾純　字謀甫，晉代直臣。傳見《晉書》卷五十。[148]解其近職　解除他們在皇帝身邊的職務。[149]宜在東宮　宜於在太子身邊為官，為太子做榜樣。[150]因薦充　乘機推薦賈充，實際是把他逐出朝廷。[151]七月癸酉　七月二十。[152]何死狗　什麼樣的一條死狗。脩允父脩則被毛炅所殺，事見泰始四年。[153]九真日南　交州所轄的郡名，九真郡在今越南清化省，日南郡治西卷，在今越南廣治省廣治河與甘露河合流處。[154]夷獠　泛指西南地區的少數民族。[155]八月丙申　八月十九。[156]城陽王憲　司馬憲，司馬炎之子。傳見《晉書》卷三十八。[157]寧州　分益州與南中的四郡而置。四郡指建寧（郡治味縣，即今雲南曲靖）、興古（郡治在今貴州普安西一百里）、雲南（郡治在今雲南祥雲東南的雲南驛）、永昌（郡治不韋，在今雲南保山縣東北）。寧州的州治滇池，在今雲南晉寧東北。[158]將之鎮　將前往秦、涼都督的軍府。[159]夕陽亭　在洛陽城西。[160]一夫　一個下等人，指任愷。[161]辭之實難　想推辭不往還是難事。[162]結婚太子　指把女兒嫁給太子。[163]寄懷　把心事向皇上去說。[164]種賢而多子　由其母賢慧而且多子，估計其女也能如此。[165]美而長白　指衛女本人又美又白又高。[166]安樂思公劉禪　劉禪死時年六十五歲。安樂公是其封號，思字是諡。[167]范慎　字孝敬，廣陵（今江蘇揚州）人，先為侍中，出補武昌左都督。[168]右將軍司馬　胡三省以為應作「右大司馬、左軍師」。

【校　記】[1]塘　據章鈺校，甲十一行本、乙十一行本、孔天胤本皆作「田」，張瑛《通鑑校勘記》同。[2]旂　原作「其」。據章鈺校，甲十一行本、乙十一行本、孔天胤本皆作「旂」，今據改。[3]柬　原誤作「東」。據章鈺校，甲十一行本、乙十一行本皆作「柬」，張瑛《通鑑校勘記》同，今據校正。《晉書》卷六四〈武十三王傳〉作「柬」。[4]曰　據章鈺校，甲十一行本、乙十一行本皆作「云」。

【語譯】五年（己丑 西元二六九年）

春季，正月，吳主孫晧立皇子孫瑾為皇太子。

二月，晉國分割雍州、涼州、梁州各一部分，設置為秦州。任命胡烈為秦州刺史。早先，鄧艾招降了幾萬名鮮卑人，安置在雍州、涼州一帶，讓他們與漢民雜居在一起。朝廷擔心時間一久會引發禍患，認為胡烈在西部威名遠揚，所以派他鎮守秦州，安撫那裡的百姓。○晉國的青州、徐州、兗州發生洪澇災害。

晉武帝司馬炎有吞併東吳的志向。壬寅日這一天，晉武帝任命尚書左僕射羊祜統管荊州各方面軍務，鎮守襄陽；任命征東大將軍衛瓘總領青州各方面軍務，鎮守臨淄；任命鎮東大將軍東莞王司馬伷總領徐州各方面軍務，鎮守下邳郡。

羊祜對遠近的百姓實行安撫感化的政策，深得長江、漢水一帶人民的擁戴，與吳國人也講求信義，遵守承諾，東吳投降過來的人如果還想回到東吳去，也悉聽尊便，又裁減負責防守、巡邏的士兵，讓這些士卒去開墾農田，共開墾出八百多頃。羊祜開始到這裡任職的時候，軍中沒有一百天的存糧，等到他在任的最後幾年，竟然囤積了夠軍隊食用十年的糧食。羊祜在軍中，經常穿著輕便的裘衣，繫著寬鬆的帶子，而不披鎧甲，在他辦公的地方，站在堂前的侍衛人員也不過十幾個人。

濟陰郡太守巴西人文立上疏給晉武帝說：「原先蜀國那些名臣的子孫後來流落到內地的，應該量才選擇錄用，以安慰巴、蜀地區的民心，也促使東吳民心傾向於我們。」晉武帝聽從了他的建議。己未日，晉武帝下詔說：「諸葛亮為蜀國盡心竭力，他的兒子諸葛瞻臨危不懼、為國捐軀，他的孫子諸葛京要依照他的才能任以官職。」又下詔說：「蜀國將領傅僉父子，為其主盡忠而死。忠心善行，普天之下是一樣的標準，怎麼能因為他們身處異國就另眼看待呢！傅僉的兒子傅著、傅募被收入奚官為奴，應該赦免他們，使他們具有平民的身分。」

晉武帝任命文立為散騎常侍。曾經擔任蜀漢尚書的犍為郡人程瓊平素很有道德修養，與文立交情很深，晉武帝聽說了程瓊這個人後，就向文立詢問程瓊的情況，文立回答說：「我非常瞭解他，但他已經是快八十歲的人了，他天性謙虛退讓，已不再要求聞達於世了，所以我沒有向陛下推薦他。」程瓊聽說後，說：「文立才稱得上是不拉黨結派的人，這就是我為什麼喜歡和他交好的原因。」

秋季，九月，在紫微垣宮附近出現彗星。

冬季，十月，東吳實行大赦，改年號為「建衡」。

晉武帝封皇子司馬景度為城陽王。

當初，汝南人何定曾經供東吳大帝孫權差遣，等到吳主孫皓即位後，就自己上表說明他是先帝孫權的舊臣，要求把他調入宮中侍奉皇帝。吳主就任命他為樓下都尉，主管為皇宮買酒、買糧等各項採購工作，於是便作威作福起來，吳主對何定非常信任，把許多事務都委託給他辦理。左丞相陸凱當面責備何定說：「就你親眼所見，前前後後那些侍奉皇帝不忠誠、敗壞國家朝政的人，有哪一個獲得壽終正寢的好下場嗎？為什麼你一定要專門為非作歹，汙染天子的耳目呢，你應該懸崖勒馬，立即改正。否則的話，我很快就會看到令你難以預料的大禍降臨到你的頭上。」何定把陸凱恨之入骨。陸凱盡心竭力地為公家辦事，忠誠懇切全是發自內心，就是奏章也都是直話直說，毫不粉飾。等到陸凱身患重病時，吳主派遣中書令董朝前去探望並詢問他還有什麼話要說，陸凱說「何定不可信用，應該讓他到外地任職。奚熙只是個小官吏，卻主張建造浦里塘，也不要聽信他的話。姚信、樓玄、賀邵、張悌、郭逴、薛瑩、滕脩以及我的堂弟陸喜、陸抗，他們當中有人是為人清白、對皇帝忠誠、工作勤奮，有人是才華出眾、有智有謀，都是國家的忠貞棟樑之臣，希望陛下多多地留意他們，向他們詢問政務之所宜，使他們得以各盡忠心，補救國家某些政令的缺失。」賀邵是賀齊的孫子；薛瑩是薛綜的兒子；樓玄是沛郡人；滕脩是南陽人。陸凱不久去世，吳主一向記恨陸凱的懇切直言，而且每天都聽到何定對陸凱的詆毀之詞，時間一長，竟把陸凱的家屬發配到了建安。

吳主派遣監軍虞汜、威南將軍薛珝、蒼梧太守丹陽人陶璜分別帶領軍隊從荊州南下，監軍李勗、督軍徐存從建安乘船從海路出發，都到合浦會師，然後攻打交趾。

十二月，晉國有關部門的官員奏報東宮太子對待太子太傅與太子少傅兩位輔導官不應該行叩拜禮。晉武帝說：「崇敬師傅，就是尊重道德、重視教育，說什麼人臣不人臣？現重申我的命令，太子必須對二位師傅行叩拜之禮。」

六年（庚寅 西元二七〇年）

春季，正月，東吳的將領丁奉率軍攻入晉國的渦口，晉國的揚州刺史牽弘率軍打退了丁奉的進攻。吳國的萬彧從巴丘返回建業。

夏季，四月，吳國的左大司馬施績逝世。吳主任命鎮軍大將軍陸抗負責統領信陵縣、西陵縣、夷道縣、樂鄉縣、公安縣的各種軍務，辦公機構設在樂鄉縣。

陸抗認為吳主孫皓在處置朝政方面多有缺失，於是上疏說：「我聽說兩國君主的道德水準與受人擁護的程度差不多時，那麼人口眾多的一方一定能戰勝人口少的一方；雙方的力量相等時，則國家安定的一方就一定能夠制服國家不安定的一方，這就是東方六國所以被秦國吞併、西楚霸王項羽最終被漢王劉邦打敗的原因。如今敵國所佔據的地域，並不像當年劉邦那樣，只佔有函谷關以西的地盤，以鴻溝為界，而我們國家在外部既沒有同盟國的援助，自身也沒有西楚霸王項羽那樣強大，各種政務都衰敗腐朽，百姓的情緒動盪不安。決策的大臣所倚仗的，只有境內的長江、峻山可以作為國家的屏障。實際上這些天險對保衛國家起不了多大作用，明智的人認為這些並不是首先應該考慮的。我每每想到這些，就半夜驚醒，撫枕難眠，白天臨餐忘食。侍奉君主的道理是寧可直言冒犯而不可諂媚欺騙，謹此陳述眼下應該做的十七條建議，請陛下閱覽。」吳主孫皓沒有採納他的建議。

前去征討交趾的李勗認為建安海道實在不好走，於是就殺了在前邊帶路的將領馮斐，然後率軍而回。當初，何定曾經為自己的兒子向李勗求婚，李勗沒有答應，於是何定可算抓住了機會，他在吳主面前進讒言說李勗枉殺馮斐，擅自撤軍回國。於是吳主誅殺了李勗以及督軍徐存和他們的家屬，又焚燒了李勗的屍體。何定又讓各將領貢獻供吳主玩賞的御犬，致使一隻犬的價格比得上幾十匹細絹的價格，就連牽狗用的繩索都值一萬錢，讓這些御犬去捕捉野兔，以供應御廚房。吳國人把這些事情都歸罪於何定，而吳主卻認為何定忠誠，辦事勤快，並封賞何定為列侯。陸抗上疏說：「何定本來是一個小人物，既不明治國之道，又見識短淺，即使他盡心竭力，尚且不足以委以重任，何況他奸詐之心素來根深蒂固，而又把他們自己喜歡誰、憎恨誰的勁頭加上去用來影響陛下呢！」吳主不聽。

六月初四日戊午，晉國的胡烈率軍前往萬斛堆討伐叛變的鮮卑禿髮樹機能，胡烈兵敗被殺。統領雍州、涼州各種軍務的扶風王司馬亮派遣將軍劉旂前去援救胡烈，劉旂心懷畏縮，觀望不前。司馬亮受到牽連，被貶為平西將軍，劉旂按律應當被斬首。司馬亮上疏為他求情說：「調度決策的失誤，應該由我負責，請寬免劉旂的死罪。」晉武帝下詔說：「如果罪責不在劉旂，那麼就應該另有承擔罪責的人。」於是罷免了司馬亮的官職。

晉武帝派遣擔任尚書的樂陵人石鑒代行安西將軍的職責，負責統領秦州各種軍務，討伐鮮卑禿髮樹機能。鮮卑禿髮樹機能兵勢強盛，石鑒便派秦州刺史杜預出兵攻打鮮卑禿髮樹機能。杜預認為當時鮮卑禿髮樹機能剛剛打了勝仗，正是士氣高漲之時，加上戰馬肥壯，而官軍孤立遠出，彼此不相聯繫，首先應當集中力量運送糧草，等春天到來之時再進兵討伐。石鑒奏稱杜預延誤軍用物資的徵集，把杜預裝進囚車送交司法部門處理，被判處用他的侯爵贖取一命。後來石鑒討伐鮮卑禿髮樹機能，始終不能取勝。

秋季，七月二十二日乙巳，晉國城陽王司馬景度逝世。〇二十四日丁未，晉武帝任命汝陰王司馬駿為鎮西大將軍，統領雍州、涼州等州各項軍務，鎮守關中。

冬季，十一月，晉武帝封皇子司馬柬為汝南王。

吳主孫晧的堂弟、前將軍孫秀擔任夏口駐軍的統領，吳主很憎惡他，民間都傳說孫秀將要遭人算計。碰巧吳主派遣何定帶領五千名士兵到夏口打獵，孫秀驚慌失措，連夜帶領妻子和數百名親兵前來投奔晉國。十二月，晉武帝任命孫秀為驃騎將軍，可以開建府署、自行聘任僚屬、使用三公儀仗的開府儀同三司，又封他為會稽郡公。

這一年，東吳實行大赦。

當初，曹魏時期，南匈奴的五部被分別安置在并州各郡居住，這些匈奴人與漢民雜居，這些匈奴人說自己的祖先是漢朝皇帝的外孫，因此全都改姓劉氏。

七年（辛卯 西元二七一年）

春季，正月，匈奴右賢王劉猛叛變逃往塞外。

豫州刺史石鑒犯有攻打東吳時虛報殺敵數目之罪，晉武帝在詔書中說：「石鑒作為一名國家大臣，是我所信任的人，然而卻與部屬串通一氣編造謊言欺騙朝廷，怎麼能夠這樣做呢？如今免去他的官職，逐回鄉里，終身不再起用。」

吳國人刁玄在司馬徽著的一本預測吉凶的《論命運曆》殘書中，篡改、增加了幾句神祕的預言，說：「黃旗紫蓋，將出現於東南方，最終享有天下的人，是荊、揚之君。」吳主孫晧對這個所謂的預言非常相信。正月三十日，吳主調集了大批軍隊，從建業西面的華里出發，他帶著母親何太后、滕皇后以及後宮美女幾千人，浩浩蕩蕩通過牛渚向西進發去攻打晉國。擔任東觀令的華覈等人極力勸阻，孫晧就是不聽。路上遇到天降大雪，道路塌陷損毀，泥濘難行，兵士們身披鎧甲手持武器，每一百人拉著一輛皇室人員的座車，天氣寒冷，幾乎把人凍死，軍士們都說：「如果遇到敵人，我們就立馬投降。」吳主聽到這種議論，這才下令返回。

晉武帝派遣義陽王司馬望統率朝廷主力部隊二萬、外加三千騎兵駐紮在壽春以防備東吳的進攻，聽說東吳的軍隊已經撤回，於是也就罷兵而回。

三月初七日丙戌，晉國的鉅鹿公裴秀去世，諡號為「元」。

夏季，四月，東吳交州刺史陶璜率軍襲擊九真郡，殺死了九真郡太守董元，楊稷任命他的將領王素代替董元為九真郡太守。

北地郡的胡人侵擾晉國的金城郡，涼州刺史牽弘率軍前去討伐。居於內地的胡人也趁機叛亂，與鮮卑禿髮樹機能聯合起來把牽弘圍困在青山，牽弘兵敗陣亡。

當初，大司馬陳騫曾經對晉武帝說：「胡烈、牽弘都屬於有勇無謀之人，他們自以為是不相信別人，根本不是安邊定國的材料，恐怕將來會給國家帶來恥辱。」當時，牽弘為揚州刺史，多數情況下都不聽從陳騫的命令，晉武帝認為陳騫是因為和牽弘有矛盾，所以才詆毀他。於是晉武帝召牽弘進京，牽弘到京後，很快又被任命為涼州刺史。陳騫暗自歎息，認為他們必定失敗。胡烈、牽弘二人果然不能與羌、胡、鮮卑等族和睦相處，導致兵敗身死，連年征討，最後才勉強得以平定，晉武帝對當初沒有聽從陳騫的話而深感後悔。

五月，晉武帝立皇子司馬憲為城陽王。○二十三日辛丑，義陽王司馬望去世，謚號為「成」。

擔任侍中、尚書令、車騎將軍的賈充，在晉文帝司馬昭時期就受到寵信而得到重用，司馬炎被立為太子，賈充也起了很大作用，所以更加受到司馬炎的寵信。賈充為人奸猾，善於諂媚取寵，與太尉・代理太子太傅的荀顗、侍中・中書監的荀勗、越騎校尉安平人馮紞互相結為朋黨，無論朝中還是民間都對他們深惡痛絕。晉武帝向擔任侍中的裴楷詢問有關當今政事的得失，裴楷直言不諱地回答說：「陛下接受天命，四海望風歸順，而在德政方面所以還比不上唐堯、虞舜，就是因為賈充之徒還在朝中掌權的緣故。應該召引天下賢能之人，與他們共同弘揚為政之道，而不應該一味重用親信，把自己的私心顯示給別人看。」擔任侍中的樂安郡人任愷、擔任河南尹的潁川人庾純都與賈充有矛盾，賈充想解除他們在皇帝身邊的職務，使他們遠離皇帝，於是就舉薦任愷，說任愷忠貞正直，適宜在太子身邊為官，為太子做出榜樣。晉武帝便任命任愷為太子少傅，而侍中的職位依然如故。碰巧鮮卑禿髮樹機能侵擾秦州、雍州一帶，晉武帝很為此事感到憂慮。任愷說：「應該派遣一位有威望又有智慧謀略的重要大臣去鎮撫他們。」晉武帝問：「誰能勝此重任？」任愷趁機推薦賈充，庾純也說賈充能夠勝任。秋季，七月二十日癸酉，晉武帝任命賈充統領秦、涼二州諸軍務，並保留賈充侍中、車騎將軍的職銜。賈充對此感到非常憂慮。

東吳大都督薛珝與陶璜等率兵十萬，共同進攻交趾。交趾城中糧盡援絕，終於被吳兵攻陷，楊稷、毛炅等人都被東吳俘虜。陶璜喜愛毛炅的勇敢善戰，準備饒恕毛炅不死。毛炅卻陰謀刺殺陶璜，陶璜只得將毛炅殺死。脩則的兒子脩允，在毛炅活著時就給他開了膛，割下了毛炅的肝臟，大聲說：「看你還能做賊不能？」毛炅依然大罵說：「我恨不得殺了你們的孫皓，你爹是什麼樣一條死狗！」

王素準備逃歸南中，被吳人捕獲，於是九真郡、日南郡都投降了東吳。東吳實行大赦，任命陶璜為交州牧。陶璜又相繼討平了夷、獠各族的叛亂，交州境內全部平定。

八月十九日丙申，晉國城陽王司馬憲去世。〇晉國把益州、南中等四郡各劃分出一部分，設置為寧州。

九月，東吳司空孟仁去世。

冬季，十月初一日丁丑，發生日蝕。

十一月，東吳劉猛率軍侵擾晉國的并州，被并州刺史劉欽打敗。

賈充將要前往秦、涼二州都督的軍府赴任，公卿大臣都到夕陽亭為他餞行。賈充私下向荀勗請教，荀勗說：「你身為宰相，竟被一個下等人任愷所擺弄，難道不是很沒有面子的事嗎！然而這次出征，想推辭不去還真是件難事，現在只有一個辦法，就是把你的女兒嫁給太子，那樣一來用不著推辭自然就會被留在京師了。」賈充說：「有誰可以把我的心思轉達給皇帝呢？」荀勗說：「就讓我去替你轉達吧。」荀勗於是對馮紞說：「賈公遠出，我等就要失去依靠。如今太子的婚事還沒有定下來，為何不勸說皇上為太子聘娶賈充的女兒呢？」馮紞也認為這個主意很好。當初，晉武帝準備為太子聘娶衛瓘的女兒為太子妃，賈充的妻子郭槐賄賂了楊皇后身邊的侍從，讓楊皇后勸說晉武帝為太子聘娶她的小女兒為妃。晉武帝對楊皇后說：「衛瓘的女兒為太子妃有五可，而賈充的女兒為太子妃有五不可：衛氏女兒的母親賢慧而且生孩子多，衛氏的女兒容貌美麗、身材修長、皮膚白皙；而賈充的妻子生性妒忌而且生的孩子少，她的女兒形容醜陋、身材矮小、皮膚又黑。」楊皇后竭力請求聘娶賈充的女兒為太子妃，荀顗、荀勗、馮紞都說賈充的女兒絕對美麗，而且有才有德，司馬炎於是應允了這門親事。遂留賈充於京師仍舊擔任舊職。

十二月，任命光祿大夫鄭袤為司空，鄭袤堅決辭讓，不肯接受任命。

這一年，安樂公劉禪逝世，謚號為「思」。

東吳任命擔任武昌都督的廣陵人范慎為太尉。右將軍司馬丁奉逝世。〇東吳決定明年更改年號為「鳳凰」。

八年（壬辰 西元二七二年）

春，正月，監軍何楨討劉猛，屢破之，潛以利誘❶其左部帥李恪，恪殺猛以降。

二月辛卯❷，皇太子納賈妃❸。妃年十五，長於太子二歲，妬忌多權詐，太子嬖❹而畏之。

壬辰❺，安平獻王孚❻卒，年九十三。孚性忠慎，宣帝執政，孚常自退損。後逢廢立❼之際，未嘗預謀❽。景、文二帝以孚屬尊❾，亦不敢逼。及帝即位，恩禮尤重。元會❿，詔孚乘輿上殿，帝於阼階⓫迎拜。既坐，親奉觴上壽，如家人禮。帝每拜，孚跪而止之。孚雖見尊寵，不以為榮，常有憂色。臨終，遺令曰：「有魏貞士⓬河內司馬孚字叔達，不伊不周⓭，不夷不惠⓮，立身行道，終始若一。當衣以時服⓯，斂以素棺⓰。」詔賜東園⓱溫明祕器⓲，諸所施行，皆依漢東平獻王⓳故事。其家遵孚遺旨，所給器物，一不施用⓴。

帝與右將軍皇甫陶論事，陶與帝爭言㉑，散騎常侍鄭徽表請罪之㉒。帝曰：「忠讜之言㉓，唯患不聞，徽越職妄奏，豈朕之意。」遂免徽官。

夏，汶山㉔白馬胡㉕侵掠諸種㉖，益州刺史皇甫晏欲討之。典學從事㉗蜀郡何旅等諫曰：「胡夷相殘，固其常性，未為大患。今盛夏出軍，水潦[28]將降，必有疾疫，宜須[29]秋、冬圖之。」晏不聽。胡康木子燒香[30]言軍出必敗，晏以為沮眾[31]，斬之。軍至觀阪[32]，牙門[33]張弘等以汶山道險，且畏胡眾，因夜作亂，殺晏。軍中驚擾，兵曹從事[34]犍為[35]楊倉勒兵力戰而死。弘遂誣晏，云「率己共反」，故殺之，傳首京師[36]。晏主簿蜀郡何攀方居母喪，聞之，詣洛[37]證晏不反。弘等縱兵抄掠。廣漢主簿[38]李毅言於太守弘農王濬[39]曰：「皇甫侯起自諸生[40]，何求而反？且廣漢與成都密邇[41]，而統於梁州[42]者，朝廷欲以制益州之衿領[43]，正防今日之變也。今益州有亂，乃此郡之憂也。張弘小豎[44]，眾所不與[45]，宜即時赴討，不可失也。」濬欲先上請，毅曰：「殺主之賊，為惡尤大，當不拘常制[46]，何請之有？」濬乃發兵討弘。詔以濬為益州刺史。濬擊弘，斬之，夷三族。封濬關內侯。

初，濬為羊祜參軍，祜深知之。祜兄子暨白：「濬為人志大奢侈，不可專任[47]，宜有以裁之[48]。」祜曰：「濬有大才，將以濟其所欲[49]，必可用也。」更轉為車騎從事中郎[50]。濬在益州，明立威信，蠻夷多歸附之，俄[51]遷大司農[52]。時帝與羊祜陰謀伐吳，祜以為伐吳宜藉上流之勢[53]，密表留濬復為益州刺史，使治水軍。尋加龍驤將軍，監益、梁諸軍事[54]。

詔濬罷屯田兵[55][1]，大作舟艦。別駕[56]何攀以為「屯田兵不過五六百人，作船不能猝辦[57]，後者未成，前者已腐。宜召諸郡兵合萬餘人造之，歲終可成。」濬欲先上須報[58]，攀曰：「朝廷猝聞召萬兵，必不聽。不如輒召[59]，設當見卻[60]，功夫已成[61]，勢不得止。」濬從之，令攀典[62]造舟艦器仗。於是作大艦，長百二十步，受[63]二千餘人，以木為城[64]，起樓櫓[65]，開四出門[66]，其上皆得[67]馳馬往來。

時作船木柹[68]，蔽江而下，吳建平[69]太守吳郡吾彥[70]取流柹以白吳主曰：「晉必有攻吳之計，宜增建平兵以塞其衝要[71]。」吳主不從。彥乃為鐵鎖[72]橫斷江路。

王濬雖受中制[73]募兵，而無虎符[74]，廣漢[75]太守敦煌張斅收濬從事[76]列上[77]。帝召斅還，責曰：「何不密啟而便收從事[78]？」斅曰：「蜀、漢絕遠[79]，劉備嘗用之[80]矣。輒收[81]，臣猶以為輕。」帝善之。

壬辰[82]，大赦。

秋，七月，以賈充為司空，侍中、尚書令、領兵如故[83]。充與侍中任愷皆為帝所寵任，充欲專名勢[84]而忌愷，於是朝士各有所附，朋黨紛然。帝知之，召充、愷宴於式乾殿而謂之曰：「朝廷宜壹[85][2]，大臣當和。」充、愷等各拜謝[86]。既而充、愷以帝已知而不責，愈無所憚，外相崇重[87]，內怨益深。充乃薦愷為吏部尚書(88)，愷侍覲轉希(89)，充因與荀勗、馮紞承間(90)共譖之。愷由是得罪，廢於家。

八月，吳主徵(91)昭武將軍、西陵督步闡。闡世在西陵(92)，猝被徵，自以失職，且懼有讒(93)，九月，據城來降(94)，遣兄子璣、璿詣洛陽為任(95)。詔以闡為都督西陵諸軍事、衛將軍、開府儀同三司、侍中，領交州牧，封宜都公。

冬，十月辛未朔(96)，日有食之。

敦煌太守尹璩卒。涼州刺史楊欣表敦煌令梁澄領太守，功曹(97)宋質輒廢澄，表議郎(98)令狐豐為太守。楊欣遣兵擊之，為質所敗。

吳陸抗聞步闡叛，亟(99)遣將軍左奕、吾彥等討之。帝遣荊州刺史楊肇迎闡於西陵，車騎將軍羊祜帥步軍出(100)江陵，巴東監軍徐胤帥水軍擊建平以救闡。陸抗敕西陵諸軍(101)築嚴圍(102)，自赤谿(103)至于故市(104)，內以圍闡，外以禦晉兵，晝夜催切(105)，如敵已至，眾甚苦之。諸將諫曰：「今宜及三軍之銳(106)，急攻闡，比晉救至，必可拔也，何事於圍(107)，以敝(108)士民之力？」抗曰：「此城處勢既固(109)，糧穀又足，且凡備禦之具，皆抗所宿規(110)，今反攻之(111)，不可猝拔。北兵至而無備(112)，表裏受難，何以禦之？」諸將皆欲攻闡。抗欲服眾心，聽令一攻(113)，果無利。圍備始合(114)，而羊祜兵五萬至江陵。諸將咸以抗不宜上(115)，抗曰：「江陵城固兵足，無可憂者。

假令敵得江陵，必不能守，所損者小。若晉據西陵，則南山羣夷[116]皆當擾動，其患不可量也。」乃自帥眾赴西陵。

初，抗以江陵之北，道路平易，敕江陵督張咸作大堰[117]遏水，漸漬平土[118]以絕寇叛[119]。羊祜欲因所遏水以船運糧，揚聲將破堰以通步軍[120]。抗聞之，使咸亟破之[121]。諸將皆惑，屢諫不聽。祜至當陽[122]，聞堰敗，乃改船以車運糧，大費功力。

十一月，楊肇至西陵。陸抗令公安督孫遵循南岸[123]拒[3]羊祜，水軍督留慮[124]拒徐胤[125]，抗自將大軍憑圍[126]對肇。將軍朱喬營都督俞贊亡詣肇[127]。抗曰：「贊軍中舊吏[128]，知吾虛實。吾常慮夷兵[129]素不簡練[130]，若敵攻圍，必先此處。」即夜易夷兵[131]，皆以精兵守之。明日，肇果攻故夷兵處，抗命擊之，矢石雨下，肇眾傷[4]死者相屬[132]。十二月，肇計屈，夜遁。抗欲追之，而慮步闡畜力伺間[133]，兵不足分，於是但鳴鼓戒眾[134]，若將追者。肇眾兇懼[135]，悉解甲挺走[136]。抗使輕兵躡之[137]，肇兵大敗，祜等皆引軍還。抗遂拔西陵，誅闡及同謀將吏數十人，皆夷三族，自餘所請赦[138]者數萬口。東還樂鄉，貌無矜色，謙沖[139]如常。吳主加抗都護[140]。羊祜坐貶平南將軍[141]，楊肇免為庶人。

吳主既克西陵，自謂得天助，志益張大，使術士尚廣[142]筮取天下[143]。對曰：「吉。庚子歲[144]，青蓋當入洛陽[145]。」吳主喜，不脩德政，專為兼并之計。

賈充與朝士宴飲，河南尹庾純[146]醉，與充爭言。充曰：「父老[147]，不歸供養[148]，卿為無天地[149]！」純曰：「高貴鄉公何在[150]？」充慚怒，上表解職，純亦上表自劾[151]。詔免純官，仍下五府正其臧否[152]。石苞以為純榮官忘親[153]，當除名，齊王攸等以為純於禮律未有違。詔從攸議，復以純為國子祭酒[154]。

吳主之游華里[155]也，右丞相萬彧與右大司馬丁奉、左將軍留平[156]密謀曰：「若至華里不歸，社稷事重，不得不自還[157]。」吳主頗聞之[158]，以彧等舊臣，隱忍不發。是歲，吳主因會[159]以毒酒飲彧，傳酒人私減之。又飲留平，平覺之，服他藥以解，得不死。彧自殺。平憂懣，月餘亦死。徙彧子弟於廬陵[160]。

初，或請選忠清之士以補近職[161]，吳主以大司農樓玄為宮下鎮[162]，主殿中事。玄正身帥眾[163]，奉法而行，應對切直，吳主浸不悅[164]。

中書令領太子太傅賀邵[165]上疏諫曰：「自頃年[166]以來，朝列紛錯[167]，真偽相貿[168]，忠良排墜[169]，信臣[170]被害。是以正士摧方[171]而庸臣苟媚[172]，先意承指[173]，各希時趣[174]。人執反理之評[175]，士吐詭道之論[176]，遂使清流變濁，忠臣結舌[177]。陛下處九天之上，隱百里之室178，言出風靡，今行景從179。親洽180寵媚之臣，日聞順意之辭，將謂此輩實賢而天下已平也。臣聞興國之君樂聞其過，荒亂之主樂聞其譽；聞其過者過日消而福臻181，聞其譽者譽日損而禍至。陛下嚴刑法以禁直辭，黜善士以逆諫口，杯酒造次182，死生不保，仕者以退為幸，居者以出為福183，誠非所以保光洪緒184，熙隆道化185也。何定本僕隸小人，身無行能186，而陛下愛其佞媚，假以威福187。夫小人求入188，必進姦利189。定間者190妄興事役，發江邊戍兵以驅麋鹿，老弱飢凍，大小怨歎。傳191曰：『國之興也，視民如赤子；其亡也，以民為草芥192。』今法禁轉苛，賦調193益繁，中官194近臣所在興事195，而長吏196畏罪，苦民求辦197。是以人力不堪，家戶離散，呼嗟之聲，感傷和氣198。今國無一年之儲，家無經月之蓄，而後宮之中坐食者萬有餘人。又，北敵注目，伺國盛衰。長江之限199，不可久恃，苟我不能守，一葦可杭200也。願陛下豐基彊本201，割情從道202，則成、康之治興203，聖祖之祚隆204矣。」吳主深恨之。於是左右共誣樓玄、賀邵相逢，駐共耳語大笑205，謗訕政事206，俱被詰責，送玄付廣州，邵原復職207。既而復徙玄於交阯，竟208殺之。久之，何定姦穢發聞209，亦伏誅。

羊祜歸自江陵210，務修德信以懷211吳人。每交兵，刻日方戰212，不為掩襲213之計。將帥有欲進譎計[214]者，輒飲以醇酒，使不得言。祜出軍行吳境[215]，刈穀為糧，皆計所侵送絹償之[216]。每會眾江、沔[217]遊獵，常止晉地[218]，若禽獸先為吳人所傷而為晉兵所得者，皆送還之。於是吳邊人皆悅服。祜與陸抗對境[219]，使命常通[220]。抗遺祜酒，祜飲之不疑。抗疾，求藥於祜，祜以成藥與之，抗即服之。人多諫抗，抗曰：「豈有酖人羊叔子哉[221]？」抗告其邊戍[222]曰：「彼專為德，我專為暴，是不戰而自服也。各保分界而已，無求細利[223]。」吳主聞二境交和[224]，以詰抗，抗曰：「一邑一鄉不可以無信義，況大國乎？臣不如此，正是彰其德[225]，於祜無傷也。」

吳主用諸將之謀，數侵盜晉邊。陸抗上疏曰：「昔有夏[226]多罪而殷湯用師[227]，紂[228]作淫虐而周武授鉞[229]。苟無其時[230]，雖復大聖，亦宜養威自保，不可輕動也。今不務力農富國，審官[231]任能，明黜陟[232]，慎[5]刑賞[233]，訓諸司以德[234]，撫百姓以仁，而聽諸將徇名[235]，窮兵黷武，動費萬計，士卒彫瘁[236]，寇不為衰[237]而我已大病[238]矣。今爭帝王之資而昧十百之利[239]，此人臣之姦便[240]，非國家之良策也。昔齊、魯三戰，魯人再克[241]，而亡不旋踵[242]。何則？大小之勢異也。況今師所克獲，不補所喪[243]哉[6]！」吳主不從。

羊祜不附結[244]中朝權貴[245]，荀勗、馮紞之徒皆惡之。從甥王衍[246]嘗詣祜陳事，辭甚清辯[247]。祜不然之[248]，衍拂衣去。祜顧謂賓客曰：「王夷甫方當以盛名處大位，然敗俗傷化，必此人也。」及攻江陵，祜以軍法將斬王戎。衍，戎之從弟也，故二人皆憾之[249]，言論多毀祜。時人為之語曰：「二王當國，羊公無德[250]。」

【章　旨】以上為第四段，寫晉武帝泰始八年（西元二七二年）一年間的大事，主要寫了晉朝元老司馬孚死；寫了益州刺史皇甫晏討叛羌，被內部奸人張弘所殺，且誣晏反，晏主簿何攀為主官辯誣，廣漢太守王濬用主簿李毅之謀，起兵平定益州之亂；寫了王濬為益州刺史，大造艦船為伐吳作準備；寫了賈充等奸人排擯任愷，任愷被廢；又與庾純相爭，使庾純丟權；寫了吳將步闡率西陵降晉，都督陸抗派軍往討，晉派荊州刺史楊肇率兵往救，陸抗築長圍，既攻步闡，又防楊肇、羊祜之援，結果既破殺步闡，討平西陵，又大破楊肇、羊祜之兵的光輝勝利；寫了吳主孫皓殺大臣萬彧、留平，又害直臣樓玄、賀邵，荒悖絕倫；寫了羊祜鎮守襄陽，廣行善政，招懷吳人；吳都督陸抗上書請孫皓多行善政，不要屢向晉國挑釁，孫皓不聽等等。

【注　釋】❶潛以利誘　暗中以利益引誘。❷辛卯　二月十七。❸賈妃　即後來的惠帝賈皇后，賈充之女，名南風，性妒而淫亂。傳見《晉書》卷三十一。❹嬖　寵愛。❺壬辰　二月十八。❻安平獻王孚　司馬孚，司馬懿之弟，司馬炎的叔祖。被封為安平王，獻是諡。❼廢立　指司馬氏兩次改立皇帝，事見本書卷七十六正元元年及卷七十七景元元年。❽預謀　參與謀劃。❾屬尊　輩分高。❿元會　元旦時的朝見群臣。⓫阼階　堂前東階。古代賓主相見，賓升自西階，主人立於東階。這裡表示司馬炎對司馬孚的尊敬。⓬有魏貞士　曹魏的忠貞之臣。⓭不伊不周　既非商朝的伊尹，又非周公（姬旦）。伊尹能佐商滅夏；周公能輔佐幼主成王。⓮不夷不惠　既不能當伯夷，又不能當柳下惠。伯夷能不食周粟，自甘餓死；柳下惠雖任職於亂朝，但能行己之志。⑮衣以時服　平時穿什麼，入殮時就穿什麼。⑯素棺　不加油漆的原木棺材。⑰東園　官府名，主管為宮廷製作殯葬用品。⑱溫明祕器　一種特製的棺木。⑲漢東平獻王　指東漢時的東平王劉蒼。漢光武劉秀的兒子，死於漢章帝建初八年。因為劉蒼是漢章帝之叔，所以葬禮特別隆重。⑳一不施用　一概不用。㉑爭言　爭論曲直。㉒罪之　給皇甫陶治罪。㉓忠讜之言　忠實正直的言論。㉔汶山　晉郡名，郡治即今四川茂縣。㉕白馬胡　當地戎族的部落名。㉖諸種　其他少數民族部落。㉗典學從事　刺史手下主管所屬郡縣教育、考試的官員。㉘水潦　即指雨水。㉙須　等候。㉚胡康木子燒香　胡人名叫「康木子燒香」。㉛沮眾　敗壞士氣。㉜觀阪　地名，在四川都江堰市西。㉝牙門　帳前衛兵的頭領。㉞兵曹從事　即兵曹從事史，刺史手下主管軍事的官員。㉟犍為　晉郡名，郡治在今四川彭山縣東。㊱傳首京師　把人頭送到京都洛陽。㊲詣洛　前往洛陽。㊳廣漢主簿　廣漢郡的文祕長官。廣漢郡的郡治在今四川射洪南。㊴王濬　字士治，小字阿童，弘農湖縣（今河南靈寶西南）人，曾為羊祜部屬，後為晉朝名將。傳見《晉書》卷四十二。㊵起自諸生　出身於一介書生。㊶密邇　極言其相距之近。廣漢與成都相距僅二百餘里。㊷統於梁州　歸梁州（州治南鄭，即今陝西漢中）統轄。㊸衿領　指咽喉要害。㊹小豎　猶今之所謂「小丑」。㊺眾所不與　眾人不會擁護他、協助他。㊻不拘常制　不受常規的約束。㊼專任　獨當一面。㊽裁之　壓抑；控制。㊾濟其所欲　幫助他實現理想。㊿車騎從事中郎　車騎將軍的高級僚屬，當時羊祜任車騎將軍。(51)俄　不久。(52)大司農　管理租稅、錢穀、鹽鐵和國家財政收支的大臣。(53)藉上流之勢　借助於長江上游的力量。(54)監益梁諸軍事　按晉朝制度，軍隊統帥分為三級，第一級叫「都督諸軍事」，第二級叫「督諸軍事」，第三級叫「監諸軍事」。(55)罷屯田兵　即讓屯田士兵一律回歸軍營。罷，停止。(56)別駕　州刺史的高級僚屬，協助總理各項行政事務。因其出門單坐一輛車，故稱別駕。(57)不能猝辦　不能很快完成。(58)先上須報　先請示，等候朝廷回答。(59)輒召　立刻進行召集。(60)設當見卻　即使被朝廷否決。(61)功夫已成　造船的工程已經結束。(62)典　主管。(63)受　容納；裝下。(64)以木為城　用木頭在艦上造城樓。(65)樓櫓　瞭望臺。(66)開四出門　四面開門可以進出。(67)皆得　都能夠。(68)木柹　做木工活剩下來的碎木屑。(69)建平　吳郡名，郡治巫縣，在今重慶市巫山縣北。(70)吳郡吾彥　吳郡人姓吾名彥。(71)塞其衝要　堵住晉軍出川的咽喉。(72)鐵鎖　鐵鏈。鎖，此處通「索」。(73)中制　朝廷的詔命。(74)虎符　古代調兵的憑信，由皇帝授予。將軍無虎符，不能調動軍隊。(75)廣漢　晉郡名，郡治郪縣，在今四川射洪西南。(76)收濬從事　逮捕了王濬的屬下官員。從事，即從事史，將軍、刺史的僚屬。(77)列上　列出王濬的罪狀，奏報朝廷。(78)便收從事　一下子就把人家的屬官逮捕起來。(79)蜀漢絕遠　蜀郡、漢中郡都遠離朝廷。(80)劉備嘗用之　這一帶曾是劉備的故地。(81)輒收　立即逮捕。(82)壬辰　六月二十。(83)領兵如故　賈充自司馬昭在世時，便統領洛陽城外諸軍。(84)專名勢　專享盛名，獨攬權勢。(85)宜壹　應該團結、統一。(86)各拜謝　各自叩拜道歉。(87)外相崇重　表面上彼此敬重。(88)吏部尚書　掌全國官吏的任免、考課、升降、調動等事。(89)侍覲轉希　侍奉、晉見皇帝的機會日漸減少。(90)承間　利用機會。(91)徵　調之進京。(92)世在西陵　步闡的父親步騭在吳主孫權時任西陵督，步騭去世後，步闡之兄步協繼位，今步闡又接任。(93)懼有讒　害怕是有人在孫皓跟前進讒言。(94)據城來降　帶著整座城市投降了晉國。(95)詣洛陽為任　到晉都洛陽來充當人質。(96)十月辛未朔　十月初一是辛未日。(97)功曹　太守的僚屬，負責下級官吏的考核任免。(98)議郎　官名，侍從皇帝左右以備顧問，為郎官中的最高者。(99)亟　立即。(100)出　這裡是「向」的意思。出江陵即向江陵（今湖北江陵）進發。(101)西陵諸軍　此指進攻西陵的各路吳軍。(102)嚴圍　堅固的包圍圈。(103)赤谿　今地不詳，當在西陵附近。(104)故市　在今湖北宜昌東南。(105)催切　催逼。(106)及三軍之銳　趁著軍隊有銳氣。及，趁。銳，士氣旺盛。(107)何事於圍　何必造這種圍牆。(108)敝　消耗。(109)處勢既固　所處的地勢既穩固。(110)抗所宿規　都是我從前多年計劃設置的。陸抗前曾為西陵督。(111)今反攻之　現在反而讓我們自己來攻打它。(112)北兵至而無備　當晉王朝的軍隊到達，我們沒有準備。(113)聽令一攻　聽任他們攻打了一回。(114)圍備始合　築圍的工作剛剛完成。(115)不宜上　不宜親自率軍西上。從陸抗的駐防地樂鄉（今湖北松滋東北）赴西陵為溯江而上。(116)南山羣夷　長江南岸山區的各少數民族。(117)作大堰　修築大壩。(118)漸漬平土　把平原漸漸變為水地。(119)以絕寇叛　使北寇不能南來，使叛者不能北去。(120)揚聲將破堰以通步軍　故意放出要決堤以便步兵通過的謠言。(121)亟破之　迅速破堤放水，不使北軍水上運糧。(122)當陽　縣名，縣治在今湖北當陽東。(123)循南岸　沿著長江南岸設防，使羊祜不得渡江。(124)留慮　吳將名，姓留名慮。(125)拒徐胤　防其順江東下。(126)憑圍　憑藉西陵城外的長圍。(127)將軍朱喬營都督俞贊亡詣肇　吳將朱喬部下的一個武官名叫俞贊的開小差投降晉將楊肇。這時的「都督」相當漢代的「都尉」、「校尉」。亡，逃走；開小差。(128)軍中舊吏　是我們吳軍中的老兵。(129)夷兵　少數民族的人編成的軍隊。(130)素不簡練　平時沒有嚴格的訓練。(131)易夷兵　將夷兵調換到別的地方。(132)傷死者相屬　傷的死的人一批接一批。(133)畜力伺間　積蓄力量，伺機而動。間，時機。(134)鳴鼓戒眾　擂鼓集合。(135)兇懼　恐懼。(136)解甲挺走　甩掉鎧甲，輕裝逃走。(137)躡之　尾隨追擊。(138)請赦　請朝廷予以赦免。(139)謙沖　謙和平靜。(140)都護　猶過去之所謂「大都督」，統率所有將領。(141)平南將軍　魏、晉設四征將軍、四鎮將軍、四安將軍、四平將軍。四平職位最下。羊祜原為車騎將軍，在「四征」之上，今貶為平南將軍，共降十四號。(142)術士尚廣　此指以占卜、觀望星象等迷信活動為業的人名叫尚廣。(143)筮取天下　占卜看能否奪取天下。筮，占測。(144)庚子歲　指從當時以後的第八年。(145)青蓋當入洛陽　意即「您將坐著青蓋車進入晉都洛陽」。青蓋，青色的車蓋。(146)庚純　字謀甫，當時很有聲望的儒生，曾任中書令、河南尹，曾與任愷共同排擯賈充。傳見《晉書》卷五十。(147)父老　您的年歲這麼大了。「父」是對老年人的敬稱。(148)歸供養　回家供養父母。(149)卿為無天地　說明您的眼裡沒有父母。古稱父母為子女的天地。(150)高貴鄉公何在　當年的魏帝高貴鄉公曹髦現在到哪裡去了。意思是你殺了魏國皇帝，你的眼裡就有「天」了麼?古稱君是臣的「天」。曹髦被賈充、成濟所殺事見本書卷七十七景元元年。(151)自劾　自我彈劾，說自己當眾與賈充爭吵不像樣子。(152)仍下五府正其臧否　交由五府評定他們的是非。仍，意思同「乃」。五府，指五位公爵。當時居公位的共六人，賈充是六公之一，不能參與，由其他五人評判。這五個人是石苞、鄭沖、何曾、陳騫、司馬攸。(153)榮官忘親　貪圖做官的榮耀而忘記了父母年老。(154)國子祭酒　主管國子監，是太學教授們的領頭人。實仍免其實權。(155)華里　在南京西。吳主孫皓遊華里事見本卷泰始七年，此乃追敘往事。(156)留平　姓留名平，吳國大臣。(157)不得不自還　意思是我們自己應返回京城。(158)頗聞之　稍微有些耳聞。頗，略微。(159)因會　藉宴會之機。(160)廬陵　吳郡名，郡治石陽，在今江西吉水縣東北。(161)近職　皇帝左右的官員。(162)宮下鎮　總掌宮殿事務。(163)正身帥眾　端正自己，以身作則。(164)浸不悅　越來越不高興。浸，漸漸。(165)賀卲　字興伯，吳國的直正之臣。傳見《三國志》卷六十五。(166)頃年　近年。(167)朝列紛錯　朝中百官的成分雜亂。(168)真偽相貿　指品德才幹高下不齊，良莠不分。貿，參雜。(169)排墜　被排擠掉。(170)信臣　守信義的大臣。(171)摧方　磨去稜角變得圓滑。(172)苟媚　苟合獻媚。(173)先意承指　揣摩君主的旨意，奉承迎合。(174)各希時趣　都只顧迎合時尚。趣，趨勢。(175)人執反理之評　每個人都在說違反真理的話。(176)詭道之論　邪門歪道的理論。(177)結舌　指閉上嘴不再說話。(178)百里之室　指與人世隔絕的深宮內院。(179)景從　如影之隨身，極言其快。景，同「影」。(180)親洽　親近；與之和諧。(181)過日消而福臻　過失越來越少，而福分隨之到來。(182)杯酒造次　飲酒之間的一點小過失。(183)居者以出為福　在朝者視貶出朝廷為得福。出，指離朝去外地任職。(184)保光洪緒　保持已往的光榮，宏揚偉大的傳統。洪，此處通「宏」。宏揚。(185)熙隆道化　使社會的道德風化日益純正興隆。(186)行能　德行、才能。(187)假以威福　給予他作威作福的權力。假，授予。(188)求入　謀求入朝掌權。(189)必進姦利　一定要拿一些不正當的利益以討好朝廷。姦利，非法獲得的利益。(190)間者　前不久。(191)傳　漢代稱古代賢人的著作。(192)國之興也四句　見《左傳》哀公元年，原文為：「國之興也，視民如傷，是其福也；其亡也，視民如草芥，是其禍也。」(193)賦調　賦稅徵調。(194)中官　宦官。(195)所在興事　到處搞些賺錢的事情。(196)長吏　指所在地區的地方長官。(197)苦民求辦　寧可叫百姓受苦，也得讓上頭賺錢的事情辦成。(198)感傷和氣　傷害了天地之間的祥和之氣。(199)長江之限　意即長江之險。限，隔；對敵人的阻擋能力。(200)一葦可杭　一隻小船就可以渡過江來。《詩經・河廣》：「誰謂河廣，一葦杭之。」一葦指小舟。杭，同「航」。(201)豐基彊本　指關心愛護黎民百姓，加強自己的根基。古有所謂「民為邦本」，基、本都是指百姓。202割情從道　捨棄個人的情欲，順從聖人的治國之道。203成康之治興　周朝成王、康王那樣的政治局面可以形成。《史記・周本紀》：「成、康之際，天下安寧，刑錯四十餘年不用」。後世讚美治世、盛世常比跡成、康。204聖祖之祚隆　指孫權開創的基業將在您手中獲得光大。205駐共耳語大笑　停下車來，交頭接耳地說個不停，又時而同聲大笑。206謗訕政事　誹謗諷刺朝政。207卲原復職　賀卲受寬赦又官復原職。原，放過不究。208竟　最終。209姦穢發聞　與後宮妃嬪通姦的罪行被發現。210歸自江陵　從江陵打敗仗回到襄陽（今湖北襄樊）。211懷　感動；感化。212刻日方戰　約定好日期才開戰。213掩襲　突然襲擊。214進譎計　進獻詭詐的計謀。215行吳境　沿著吳國的邊界巡走。216皆計所侵送絹償之　計算所取吳民穀物的數量，送絹帛給他們以補償其損失。絹，絲織物，古代用以代替錢幣。217江沔　長江、沔水。沔水是漢水的上游，這裡即指漢水。羊祜的軍府襄陽在長江之北，漢水之濱。218止晉地　指追趕禽獸到晉國邊境為止，不越境入吳國地面。219對境　鎮守的地區彼此相對。220使命常通　彼此常派使者相往來。使命，使臣；奉命者。221豈有酖人羊叔子哉　怎麼會有用毒酒害人的羊祜呢。叔子，羊祜的字。222邊戍　邊界上的戍卒。223細利　小利。224交和　和睦交往。225彰其德　更顯揚對方的道德高尚。226有夏　原指夏王朝，這裡指夏朝的末代帝王夏桀。227殷湯用師　商朝的開國帝商湯起兵來討伐他。228紂　商紂，商朝的末代帝王。229周武授鉞　周武王將象徵權威的斧鉞授與大將，命他討伐殷紂。230苟無其時　假如沒有那樣的機會，指對方荒淫殘暴，天怒人怨之時。231審官　認真地考核官吏。232明黜陟　明確升降的標準。233慎刑賞　在獎賞人、處罰人的問題要極其慎重。234訓諸司以德　指各個部門的官吏要加強道德教育。235而聽諸將徇名　如果聽任諸將追求一時的名聲。而，假如。徇名，追求一時的聲名。236彫瘁　凋傷憔悴。237寇不為衰　敵人沒有被我們的進攻所衰減。238大病　大大地削弱、困頓。239昧十百之利　貪圖十個錢、百個錢的小利。昧，貪圖。240此人臣之姦便　這些都是對某個居心不良的臣子個人有利的事。241再克　連勝兩次。242旋踵　轉足之間，極言時間之短。這段話是根據張儀說齊湣王的言辭而改，見《戰國策・齊策》。243不補所喪　還不如我們自己所付出消耗大。244不附結　不巴結；不攀扯。245中朝權貴　朝廷裡的顯貴。中朝，朝中。246從甥王衍　羊祜的堂外甥王衍，字夷甫，賈充的戚黨，喜談老莊。所議義理，隨時更改，時人稱之「口中雌黃」，是一個誤國害民的傢伙。傳見《晉書》卷四十三。247清辯　聲音好聽，條理清楚。248不然之　不以為然；不認為他好。249憾之　從內心恨他。憾，恨。250無德　不會有威德傳頌於世。

【校　記】〔1〕兵　原作「軍」。據章鈺校，甲十一行本、乙十一行本、孔天胤本皆作「兵」，今從改。〔2〕壹　據章鈺校，甲十一行本、乙十一行本皆作「一」。③拒　據章鈺校，甲十一行本、乙十一行本、孔天胤本皆作「禦」。④傷　原無此字。據章鈺校，甲十一行本、乙十一行本、孔天胤本皆有此字，今據補。⑤慎　原作「任」。據章鈺校，甲十一行本、乙十一行本、孔天胤本皆作「慎」，今據改。⑥哉　原作「乎」。據章鈺校，甲十一行本、乙十一行本、孔天胤本皆作「哉」，張敦仁《通鑑刊本識誤》同，今據改。

【語譯】八年（壬辰　西元二七二年）

春季，正月，晉國監軍何楨率軍討伐劉猛，屢次將劉猛打敗，又暗中用錢財收買了劉猛屬下的左部帥李恪，李恪刺殺了劉猛向何楨投降。

二月十七日辛卯，皇太子司馬衷娶賈充的女兒賈南風為妃。賈南風當時十五歲，比太子司馬衷大二歲，既生性妒忌、奸詐，又喜歡玩弄權術，太子司馬衷對她既寵愛又懼怕。

二月十八日壬辰，晉國安平王司馬孚去世，諡號為「獻」，享年九十三歲。司馬孚秉性忠厚處事謹慎，宣帝司馬懿掌權的時候，司馬孚經常退避謙讓。後來司馬氏兩次廢立曹魏皇帝，他都沒有參與過謀劃。景帝司馬師、文帝司馬昭因為司馬孚輩分高，是自己的親叔父，所以也不敢逼迫他。等到司馬炎即位做了皇帝，對叔祖父司馬孚更加尊重優待。元旦司馬炎朝見群臣的時候，司馬炎下詔允許司馬孚乘坐肩輿上殿，司馬炎親自站在殿前東階迎接拜見他。司馬孚落座以後，司馬炎就親自端著酒杯給叔祖父祝壽，跟家庭中的禮節一樣。司馬炎每次向司馬孚行跪拜禮的時候，司馬孚都跪下阻止皇帝不要行此大禮。司馬孚雖然受到尊寵，卻不以為榮，反而經常有憂慮的神色。臨終的時候，司馬孚在遺囑中說：「魏國的忠貞之臣、河內人司馬孚，字叔達，既非伊尹，又非周公，既不能效法伯夷，又不能當柳下惠，立身處世，始終如一。我平時穿什麼衣服，入殮時就穿什麼衣服，要用不加油漆的原木棺材。」司馬炎下詔賞賜給司馬孚東園特製的棺木，一切喪葬禮儀，都參照漢朝東平獻王劉蒼的故事。司馬孚的家屬卻遵照司馬孚的遺囑，凡是朝廷所賞賜的喪葬器物，一概不用。

晉武帝司馬炎與右將軍皇甫陶探討問題，皇甫陶總是爭論曲直，散騎常侍鄭徽上表請求晉武帝給皇甫陶治罪。晉武帝說：「忠實正直的言論，朕惟恐聽不到，而鄭徽卻超越職權，妄加指控，這豈是我的本意。」於是罷免了鄭徽的官職。

夏季，晉國汶山郡的白馬胡部落侵掠附近其他的少數民族部落，益州刺史皇甫晏準備率軍前去討伐白馬胡。擔任典學從事的蜀郡人何旅等人勸阻說：「胡人和各少數民族之間的互相殘殺，這是他們的生活習性，還形不成大患。如今正是盛夏，如果出兵討伐他們，雨季一到，必然會有瘟疫流行，不如等到秋、冬季節再出兵討伐他們。」皇甫晏不聽勸告，堅持要出兵。皇甫晏部下一個名叫康木子燒香的胡人說，現在大軍出動必定失敗，皇甫晏認為他敗壞士氣，就把他殺了。皇甫晏率領軍隊到達觀阪，帳前衛兵的頭領張弘等人因為汶山道路艱險難行，而且又畏懼胡兵，於是就乘黑夜作亂，殺死了皇甫晏。軍中失去了首領立時驚慌擾亂起來，擔任兵曹從事的犍為郡人楊倉企圖控制混亂局面，便組織軍隊與叛軍奮勇作戰，不幸戰死。張弘於是誣陷皇甫晏，說「皇甫晏要率領我們共同謀反」，所以才殺掉了皇甫晏，並把皇甫晏的人頭傳送到京師洛陽。在皇甫晏手下擔任主簿的蜀郡人何攀正在家中為母親守喪，聽說此事後，立即前往洛陽證明皇甫晏絕對不會謀反。張弘等人放縱士兵四處搶掠。廣漢郡主簿李毅對太守弘農人王濬說：「皇甫晏出身於一介書生，已經被封為侯，他還追求什麼而要反叛朝廷呢？而且廣漢郡與成都近在咫尺，然而廣漢郡卻劃歸梁州管轄，朝廷的目的就是要讓廣漢郡扼制住益州的咽喉要害，正是為了防備像今天這樣的變亂發生。如今益州發生變亂，這也是廣漢郡的憂患。張弘這小子，眾人不會擁護他，我們應該立即去討伐他，千萬不可錯失良機。」王濬準備先請示朝廷批准，李毅說：「謀殺主子的賊人，造成的損失尤其重大，在這種特殊情況下就不能受常規的約束，還請示什麼呢？」王濬聽從了李毅的意見，立即發兵討伐張弘。晉武帝下詔任命王濬為益州刺史。王濬討伐張弘，把張弘斬首，誅滅了張弘的三族。晉武帝封王濬為關內侯。

當初，王濬為羊祜的參軍，羊祜非常瞭解王濬。羊祜哥哥的兒子羊暨對羊祜說：「王濬志向遠大而生活奢侈，不宜獨當一面，應該採取措施控制住他。」羊祜說：「王濬才能卓越，應該幫助他實現他的理想，他必定會成為國家的有用之才。」後來又提升王濬為車騎從事中郎。王濬在益州，有意識地樹立自己的威信，於是那裡的少數民族大部分都歸順了他，不久朝廷升任王濬為大司農。當時晉武帝正在與羊祜密謀籌劃討伐東吳的事情，羊祜認為討伐東吳應當借助長江上游的有利地勢，便祕密上表奏請晉武帝，要求將王濬繼續留任益州刺史，讓他負責訓練水軍。不久晉武帝又升任王濬為龍驤將軍，監益州、梁州諸軍事。

晉武帝下詔，讓王濬命令士兵停止屯墾，一律回歸軍營，全部轉入製造舟艦的活動。擔任別駕的何攀認為：「屯田的軍隊不過五六百人，製造舟艦不能很快完成，恐怕後一個舟艦還沒有造好，前邊製造的舟艦就已經腐爛了。應該召集各郡的兵力達一萬多人共同製造舟艦，年底就可以完工。」王濬想先請示朝廷，等候朝廷答覆後再開始行動，何攀說：「朝廷突然聽說你要召集一萬多名士兵，一定不會同意。不如立即召集士兵，馬上動手製造舟艦，即使申請遭到朝廷否決，我們這裡製造舟艦的工程已經開工，想要停止恐怕也不能了。」王濬聽從了何攀的建議，便命何攀負責製造舟艦、打造器械的工程。於是製造出的大艦長一百二十步，能夠容納二千多人，又用木頭在艦上造起了城樓，城樓上建起了瞭望臺，城樓四面開門可以進出，舟艦之上都可以騎著馬來回奔跑。

當時做木工活剩下來的碎木屑，遮蔽了長江江面，順流而下，東吳建平郡太守吳郡人吾彥拿著江面上漂流下來的碎木屑向吳主孫皓報告說：「晉國必定有進攻吳國的打算，應該增加建平郡的駐軍以便堵住晉軍出川的咽喉要道。」孫皓不以為然。吾彥就自行製造了許多大鐵索，攔截在長江江面，切斷了長江航線。

王濬雖然奉朝廷的詔命招募軍隊，然而晉武帝卻沒有授予王濬可以調動軍隊的虎符，廣漢郡太守敦煌郡人張斆逮捕了王濬的屬官從事史，並列出了王濬的罪狀奏報給朝廷。晉武帝將張斆召進京師，責備他說：「你為何不祕密奏報朝廷就隨便逮捕了王濬的屬下官員？」張斆說：「蜀郡、漢中郡距離朝廷路途遙遠，劉備曾經利用這裡建立了蜀漢政權。下令就地逮捕他，我認為這還是輕的呢。」晉武帝很讚賞他的看法。

六月二十日壬辰，晉國實行大赦。

秋季，七月，晉武帝任命賈充為司空，其他職務如侍中、尚書令、統領洛陽城外諸軍等都照舊保留。賈充與擔任侍中的任愷都受到晉武帝的寵愛與信任，賈充想專享盛名、獨攬權勢，因而十分妒忌任愷，朝中大臣於是有的依附於賈充，有的依附於任愷，便形成了兩個黨派，互相勾心鬥角。晉武帝瞭解到這種情況後，就在式乾殿設宴招待賈充、任愷，誠懇地對他們說：「朝廷內部應該團結如一，大臣更應當和睦相處。」賈充、任愷等人當即磕頭謝罪。過後賈充、任愷卻認為晉武帝已經瞭解了真相卻沒有責備他們，於是就更加肆無忌憚，表面上彼此敬重，而內心結怨更深。賈充推薦任愷擔任了吏部尚書，任愷侍奉、晉見皇帝的機會於是日漸減少，賈充便與荀勗、馮紞一起利用各種機會詆毀任愷。任愷終於獲罪，被免職回家。

八月，吳主孫皓徵調昭武將軍、西陵督步闡回京。步闡一家數代鎮守西陵，突然被徵召回京，自以為失職，而且懼怕有人在孫皓跟前進讒言陷害自己，九月，步闡帶著整個西陵城投降了晉國，並派自己的姪子步璣、步璿到晉國都城洛陽來充當人質。晉武帝下詔任命步闡為都督西陵諸軍事、衛將軍、開府儀同三司、侍中，兼任交州牧，封步闡為宜都公。

冬季，十月初一日辛未，發生日蝕。

晉國敦煌郡太守尹璩去世。涼州刺史楊欣上表舉薦敦煌縣令梁澄擔任敦煌郡太守，而敦煌郡功曹宋質卻廢掉了梁澄，上表請求任命議郎令狐豐為敦煌郡太守。楊欣派兵攻打宋質，反被宋質打敗。

東吳陸抗聽說步闡叛變的消息，立即派遣將軍左奕、吾彥等人率軍前去討伐。晉武帝派荊州刺史楊肇到西陵去迎接步闡，車騎將軍羊祜率領步兵向江陵進發，巴東監軍徐胤率領水軍攻打建平郡以援助步闡。陸抗命令進攻西陵的各路軍隊從赤谿一直到故市全部修築起堅固的包圍圈，對內圍困步闡，對外抗拒晉軍，晝夜催逼，就好像敵軍已經到了面前一樣，眾人都感到非常辛勞、痛苦。諸將都來勸說陸抗：「如今應該趁著全軍的銳氣，趕緊進攻步闡，等到晉國救兵到達的時候，步闡必定已被消滅。何必修築這種圍牆，白白消耗我們的人力物力呢？」陸抗解釋說：「西陵城所處的地勢既穩固，糧食儲備又很充足，而且所有的防禦工事、器械，都是我以前多年計劃設置的，現在反而是我們來進攻它，不可能很快攻下。當晉國的軍隊到達時，我們沒有準備，就會腹背受敵，我們憑藉什麼來抵禦他們呢？」諸將都要攻打步闡。陸抗為了說服眾將，就聽任他們攻打一回，果然沒有任何成效。築圍的工作剛剛完成，羊祜率領的五萬步兵就已經到達江陵。諸將都認為陸抗不應該親自率軍沿江而上去攻取西陵，陸抗說：「江陵城牆堅固，兵力充足，沒有什麼可擔憂的。即使敵人佔領了江陵城，也必然不能堅守，這種損失是很小的。如果晉兵佔據了西陵，就會引起長江南岸山區裡的各少數民族驚擾動盪，後患將無法估量。」於是陸抗親自率兵奔赴西陵。

當初，陸抗認為江陵以北的道路平坦，容易通行，就命令江陵督張咸修築大壩攔截河水，把平原漸漸變成水地，以此使北寇不能南來，使叛者不能北去。羊祜卻想趁機利用大壩攔截的河水通過船隻運送糧食，就故意放出消息說要決堤放水以便步兵通過。陸抗聽說後，趕緊命令張咸迅速破堤放水。諸將都感到迷惑不解，屢次勸阻，陸抗都不聽從。羊祜率軍到達當陽，聽說攔河大壩已經被毀，於是只好放棄船隻改用車子從陸路運送糧草，花費了很大的力氣。

十一月，楊肇率軍到達西陵。陸抗命令擔任公安督的孫遵率軍沿著長江南岸設防，使羊祜不得渡江，派擔任水軍督的留慮率軍抵擋徐胤，防其順江東下，陸抗則親自率領大軍憑藉西陵城外修築的長圍抵抗晉軍楊肇。吳將朱喬部下的一個武官名叫俞贊的開小差投降了晉將楊肇。陸抗說：「俞贊是我軍中的老兵，深知我軍虛實。我經常擔憂那些少數民族編成的軍隊平時沒有經過嚴格的軍事訓練，如果晉兵攻打我們的圍牆工事，必定先從他們那裡下手。」於是就連夜把少數民族編成的軍隊撤換下來，全部換上精兵把守。第二天，不出陸抗所料，楊肇果然攻擊少數民族軍隊防守的地方，陸抗下令進行反擊，頃刻之間矢石如雨，楊肇的軍隊死傷的人一批接著一批。十二月，楊肇計窮力竭，連夜撤軍。陸抗想要追擊，又擔心步闡積聚力量，伺機而動，自己兵力少不足以分頭行動，於是陸抗命令軍隊只管擂鼓集合，製造出一種就像要追趕敵人的聲勢。楊肇的軍隊聽到擂鼓聲十分恐懼，全都甩掉鎧甲，輕裝逃走。陸抗派了一支輕裝部隊尾隨追擊，楊肇的軍隊大敗，羊祜等也都撤軍而回。於是陸抗攻佔了西陵，誅殺了步闡以及同謀的將吏數十人，誅滅了他們的三族，其餘奏請朝廷赦免的還有幾萬人。陸抗向東回到樂鄉，臉上沒有一點自誇的神色，其謙和平靜就和平時一樣。吳主孫皓加封陸抗為都護。晉國的車騎將軍羊祜因為楊肇作戰失利受牽連被貶為平南將軍，楊肇被免去官職，貶為平民。

吳主孫皓因為已經攻克西陵，就自以為是得到上天的保佑，野心更加膨脹，他讓善於以占卜、觀望星象等迷信活動為業名叫尚廣的人占卜他是不是能夠奪取天下。尚廣占卜後說：「卦象吉祥。庚子年，您當坐著青蓋車進入晉都洛陽。」吳主非常喜悅，就更不去考慮如何施行德政，而是一門心思考慮怎樣吞併晉國。

賈充與朝中眾臣一起飲酒，河南尹庾純喝醉了酒，與賈充發生爭執。賈充說：「您的年歲這麼大了，卻不回去供養你的父母，說明你的眼裡沒有父母！」庾純反脣相譏說：「魏國皇帝高貴鄉公曹髦現在到哪裡去了？」賈充惱羞成怒，上表章請求辭職，庾純也為自己酒後失言，上表章自我彈劾。晉武帝下詔免去庾純的官職，並交由五府評定他們的是非。石苞認為庾純貪圖做官的榮耀而忘記了父母年老，應當除去庾純的名籍，齊王司馬攸等人認為庾純並沒有違背禮教、法律。晉武帝下詔聽從司馬攸的建議，又任命庾純為國子祭酒。

在吳主孫皓遊覽華里期間，右丞相萬彧與右大司馬丁奉、左將軍留平祕密商議說：「如果陛下到達華里而不能回京師，國家社稷的事務至關重要，我們不得不自己先行回京。」孫皓稍微聽到一些風聲，因為萬彧等都是國家的老臣，就心裡隱忍著沒有發作。這一年，吳主孫皓藉著宴會的機會，就在酒裡下了毒想毒死萬彧，倒酒的人私自把酒量減少了，結果沒有把萬彧毒死。孫皓又讓留平飲毒酒，留平事先覺察到了孫皓的陰謀，就先服了解毒藥，才得以不死。事後萬彧自殺。留平憂慮憤懣，一個多月後也死了。孫皓下令把萬彧的子弟放逐到了廬陵郡。

當初，萬彧請求挑選忠貞清廉的人士充任皇帝左右的侍從官，吳主任命大司農樓玄為總管殿中事務的宮下鎮。樓玄端正自己，以身作則，帶領其他人奉法行事，他應對懇切，行為正直，吳主卻對他越來越不高興。

吳國中書令兼任太子太傅的賀邵上疏勸諫孫皓說：「近年以來，朝中百官成分紛雜，品德才幹高低不齊，良莠不分，忠良的大臣被排擠掉，守信義的大臣屢次遭受陷害。所以忠貞的大臣們被磨去了稜角變得圓滑起來，而庸碌無為的大臣苟合諂媚，他們揣摩君主的旨意，奉承迎合，都只顧迎合時尚。每個人都在說著違反真理的話，士大夫談論著歪門邪道的理論，於是使清高的士大夫變得汙濁不堪，而忠臣也閉上嘴巴不敢再講真話。陛下處在九天之上，身居與世隔絕的深宮內院，一言出口風靡天下，令行影從。陛下所親近的是那些受寵愛、善於諂媚的大臣，每天聽的是順合心意的言論，一定會認為這些大臣確實賢能而天下已經太平無事了。我聽說能使國家興盛的君主都樂於聽到自己的過錯，荒淫昏亂的國君都樂於聽到別人的讚美；樂於聽到自己過錯的君主，過錯會越來越少，而福分會隨之到來；樂於聽到讚美的君主，他的美德就會日漸虧損而災禍就會接踵而至。陛下用嚴厲的刑罰來禁止人們正直的言論，罷免忠貞的人士來堵住進諫者的口，飲酒之間的一點小過失，就會導致性命不保，做官的認為能夠辭去官職是一種幸運，在朝的把被貶出朝廷當做一種福分，這絕不是保持以往的光榮，弘揚偉大的傳統，使社會的道德風化日益純正興隆的好辦法。何定本來是一個卑賤的奴僕，既無德行、又無才能。而陛下卻喜歡他的奸佞諂媚，給予他作威作福的權力。小人謀求入朝掌權，一定要拿一些不正當的利益以討好朝廷。何定前不久曾經妄興勞役，徵調防守長江的軍隊去驅趕麋鹿，致使老弱忍飢受凍，大人孩子怨聲載道。古代賢人的著作上有記載說：『國家興盛的時候，國君把人民當做嬰兒一樣關懷備至；國家將要滅亡的時候，國君把人民看作草芥一樣任意踐踏。』如今法律越來越苛刻，稅賦徵調越來越繁重，宦官、親近的大臣到處搞些賺錢的事情，而所在地區的地方官員懼怕得罪朝廷而獲罪，寧可叫百姓受苦，也得將上頭賺錢的事情辦成。所以人民不堪重負，妻離子散，怨聲載道，傷害了天地之間的祥和之氣。如今國家的儲備不夠一年開銷，家庭的積蓄不夠一月消費，而後宮中不勞而食的人卻有一萬多人。況且，北邊的晉國虎視眈眈，等待時機滅亡吳國。長江天塹不可能作為永久的依靠，如果我們一旦守不住長江天塹，乘坐一艘小舟就可以渡過長江。希望陛下關心愛護黎民百姓，加強自己的根基，捨棄個人的情欲，順從聖人的治國之道，那麼周朝成王、康王那樣的大好政治局面就可以形成，祖宗開創的基業將在陛下的手中獲得光大。」吳主看了賀邵的奏章後，對賀邵非常怨恨。吳主孫皓的左右親信於是群起攻擊誣陷樓玄、賀邵，說他們一旦在路上相遇，就立即停下車來，交頭接耳地說個不停，又時而放聲大笑，誹謗諷刺朝政，於是樓玄、賀邵全都受到責問，把樓玄流放廣州，賀邵受寬赦官復原職。不久，又把樓玄流放到交趾，後來竟派人把樓玄殺死。很久以後，何定與後宮妃嬪通姦的醜行被發現，也遭到誅殺。

晉國大臣羊祜從江陵打了敗仗後回到襄陽，專門以恩德信義感化東吳的邊境居民。每次與東吳交戰，都預先和東吳約定好作戰日期，從不突然襲擊。將帥當中有人想向他進獻詭詐的計謀，羊祜就先用美酒把他灌醉，使獻計的人無法開口。羊祜派遣軍隊沿著吳國的邊界巡邏，收割吳人的稻穀充作軍糧，總要計算出所取吳國穀物的數量，送絹帛給他們以補償其損失。羊祜每次約集眾人到長江、沔水一帶旅遊打獵的時候，總是到了晉國的邊界就停止下來，從不越過邊界，如果禽獸先被吳國人打傷而後被晉國人獲得，就一律送還吳國人。於是吳國邊境的居民對羊祜都心悅誠服。羊祜與陸抗鎮守的地區彼此相對，他們彼此常派使者往來。陸抗送給羊祜美酒，羊祜飲用時從不懷疑酒中有毒。陸抗有了疾病，就向羊祜求藥，羊祜把成藥送給陸抗，陸抗立即服用。很多人都勸諫陸抗，陸抗說：「怎麼會有用毒酒害人的羊祜呢？」陸抗告誡屬下守邊的士兵說：「他們專門行善，我們專門施暴，就等於是不用戰爭，我們自己就屈服了。如今我們能夠各自保住邊界就行了，不要貪圖小利。」吳主孫皓聽說兩國邊境和睦交往，就責問陸抗，陸抗說：「一縣一鄉都不能不講信義，何況是一個大國呢？我不這樣做，更顯示出對方的道德高尚，對於羊祜絲毫沒有損害啊。」

吳主採納諸將的計謀，屢次侵犯晉國的邊境。陸抗上疏說：「過去夏桀暴虐無道而商朝的開國君主商湯才起兵來討伐他，商紂王淫亂暴虐而後周武王才將象徵權威的斧鉞授予大將，命他去討伐商紂。假如沒有那樣的機會，即使是再大的聖人出現，也應該培養自己的威信以求保全自己，怎麼敢輕舉妄動呢。如今我們不能做到獎勵農耕使國家富強，認真地考核官吏以任用賢能的人為官，明確官吏升降的標準，慎重地對待處罰和獎賞，對各部門的官員要加強道德教育，用仁義安撫百姓，而聽任諸將為追求一時的名聲而窮兵黷武，動不動就耗費上萬資財，士卒凋傷憔悴，敵寇並沒有因此而衰減，我們自己卻受到了很大的削弱。如今奸詐的小人競相揮霍國家的資財而貪圖十個錢、百個錢的小利，這些都是對某些居心不良的臣子個人有利的事情，並不是治理國家的好辦法。過去齊、魯之間三次戰鬥，魯國連勝二次，然而魯國卻很快就滅亡了。這是為什麼呢？這是因為大國與小國的形勢不同。更何況即使我們打了勝仗所獲得的利益，還不如我們自己為打仗所付出的消耗大呢！」吳主不採納他的建議。

羊祜從不巴結、攀附朝廷中的顯貴，因此荀勗、馮紞之流都非常憎惡羊祜。羊祜的堂外甥王衍曾經到羊祜那裡去報告事情，聲音悅耳，條理清晰。而羊祜對他報告的事情卻不以為然，王衍一氣之下拂袖而去。羊祜看著賓客們說：「王衍將會享有盛名，官居高位，然而傷風敗俗的也必定會是他。」等到攻打江陵的時候，羊祜曾經按照軍法要將王戎斬首，但後來還是赦免了他。王衍是王戎的堂弟，所以王衍、王戎二人都從內心憎恨羊祜，言談話語之間一有機會就要攻擊詆毀他。當時的人都評論說：「有二王在朝中掌權，羊祜就不會有美德傳頌於世。」

【研析】本卷寫了晉武帝泰始元年（西元二六五年）至泰始八年共八年間的曹魏、孫吳與西晉等國的大事，其中值得議論的首先是司馬氏篡取曹氏政權之輕而易舉，竟至整個朝廷沒有一個大臣表示反對，整個國家沒有掀起一點波瀾，就完成了兩個家族間的政權交接，這也實在令人感慨。王志堅《讀史商語》對此說：「司馬氏之有天下也，天予之哉。懿一舉而殺曹爽、王淩，師一舉而殺李豐、毌丘儉，威已振矣，猶未見其德也。壽春之役，昭一舉而平三叛，方且寵文鴦使葬其父，赦淮南士民為誕所脅略者，分吳兵家室在江南者於近郡，自是而天下歸心矣。凡魏之臣子懷忠義而起抗之者，非張其威由助之見德，非天予之哉？」由曹丕篡漢到今天之曹魏政權又被司馬氏所篡，前後不過四十五年，當時的情景，現年六十歲以上的人們都還記得清清楚楚。忠於曹家的人們本來就不會太多，而那些想對曹氏表忠心的如武將王淩、文欽、諸葛誕，文臣如何晏、鄧颺、李豐等等，也早已被司馬氏與其黨羽們誅殺淨盡，所以留到今天的就只有一個手續問題了。

令人感到頗不寂寞的倒是司馬炎的叔祖司馬孚，他挺身出來給被廢的魏帝曹奐「拜辭」送行，他「執帝手，流涕歔欷不自勝」，自己說：「臣死之日，固大魏之純臣也。」能做如此表現的大概也只能是司馬孚，換了別人恐怕就性命不保。司馬孚如果真有心做個「大魏純臣」，他至少應該從此閉門家居，當個隱士，遺憾的是他同時又接受司馬炎對他加封的「安平王」，又被任以為「太宰，都督中外諸軍事」。王志堅《讀史商語》評司馬孚說：「以『曹爽有無君之心，兄弟不宜典兵宿衛』奏太后者，司馬孚也；以高貴鄉公之出為『欲弒太后，引《春秋》書襄王不能事母』事奏太后者，亦司馬孚也。孚於禪代之事實為謀主，而佯為不忘故主者，自稱『有魏貞士』可謂無恥矣。溫公為孚之裔，書事往往不欲盡言，讀者識其微意可也。」

曹丕是由於曹操當年寵愛曹植，差點被奪去了王位繼承權，所以上臺後視兄弟諸人如寇讎，百般地打擊摧殘，曹植的諫言全不當一回事，曹植在當時就曾上書說：「能使天下傾耳注目者，當權者是矣。故謀能移主，威能懾下。豪右執政，不在親戚，權之所在，雖疏必重；勢之所去，雖親必輕。故取齊者田族，非呂宗也；分晉者趙、魏，非姬姓也。」提醒曹丕注意司馬懿，曹丕當然聽不進去，他與他的兒子魏明帝曹叡，都把司馬懿看成他們的心腹。到此禪代之際，曹丕、曹叡倘地下有知，會對曹植感到有些慚愧麼？

司馬炎記取曹魏政權虐待本族骨肉、親信異姓大臣，結果政權被他們所篡取的教訓，於是他從篡得帝位第一天就大肆分封司馬氏的兄弟叔姪為王，「授以職任。又詔諸王皆得自選國中長史」。結果幾年之內就出現了同姓王的篡奪政權，並形成軍閥混戰。王夫之《讀通鑑論》對此評論說：「晉詔諸王大國置三軍，次國二軍，小國一軍……夫晉豈果循周制以追三代之長治久安也乎？懲魏之虧替宗室，而使權臣乘之耳。乃魏之削諸侯者，疑同姓也；晉之授兵宗室者，疑天下也。疑同姓而天下乘之，疑天下而同姓乘之，力防其所疑，而禍發於所不疑，其得禍也異，而受禍於疑則同也。」

晉國已經滅掉了西蜀，按理說，吳主孫皓即使不踧踖戰慄，至少也應該警惕起來，不想他卻仍能吃喝玩樂，傲慢奢侈，大選宮女，誅殺大臣，過著夏桀、殷紂般的日子。屬於吳國的交州諸郡，掀起反吳暴亂，晉派軍隊支援，聲勢甚大，結果被吳將陶璜所平定；吳將步闡於西陵叛變，率城降晉，吳都督陸抗派軍往討，晉派荊州刺史楊肇與羊祜率兵往救，陸抗築長圍，既攻步闡，又防楊肇、羊祜之援，結果既破殺步闡，討平西陵；又大破楊肇、羊祜之兵，獲得了對晉作戰的光輝勝利。這兩仗表現了吳國的確還有一定的國力；但對於孫皓來說，反而更加助長了他的狂妄和為所欲為。相比之下，晉將羊祜、王濬等，正在巴蜀、襄陽造船、練兵，孫皓的享樂已經沒有多長的時間了。

卷第八十

晉紀二

起昭陽大荒落（癸巳　西元二七三年），盡屠維大淵獻（己亥　西元二七九年），凡七年。

【題解】本卷寫了晉武帝泰始九年（西元二七三年）到咸寧五年（西元二七九年）共七年間的西晉與孫吳等國的大事，主要寫了晉臣衛瓘施反間計，使拓跋力微殺其太子沙漠汗，其國遂衰；晉將馬隆西討，破殺樹機能，平定了涼州一帶的鮮卑部落為患；寫了南匈奴劉淵已為左部帥，且與謀士王彌友善，為其日後滅西晉做伏線；寫了司馬炎大肆採擇宮嬪，荒淫無度開始；寫了賈充等排抑司馬攸，欺蒙司馬炎，護持低能兒司馬衷為太子，為日後西晉內亂張本；寫了羊祜上表請求伐吳，病後回朝，又面陳伐吳之計；寫了晉將王濬、杜預等懇請伐吳，司馬炎終於決策，二十萬大兵數路並出；寫了吳主孫晧荒悖無道，肆意殺害良臣賀卲、張詠、熊睦、史臣韋昭等等；又醉生夢死，迷信謠言，自謂能統一天下而稱帝的荒唐可笑。

世祖武皇帝上之下

泰始九年（癸巳　西元二七三年）

春，正月辛酉❶，密陵元侯鄭袤❷卒。

二月癸巳❸，樂陵武公石苞卒。

三月，立皇子祗為東海王❹。○吳以陸抗為大司馬、荊州牧❺。

夏，四月戊辰朔❻，日有食之。

初，鄧艾之死❼，人皆冤之，而朝廷無為之辨者。及帝即位，議郎敦煌段灼❽上疏曰：「鄧艾心懷至忠而荷❾反逆之名，平定巴、蜀而受三族之誅。艾性剛急，矜功伐善❿，不能協同朋類⓫，故莫肯理之⓬。臣竊以為艾本屯田掌犢人⓭，寵位已極，功名已成，七十老公，復何所求？正以劉禪初降，遠郡未附，矯令承制⓮，權安社稷⓯。鍾會有悖逆之心，畏艾威名，因其疑似⓰，搆成其事⓱。艾被詔書⓲，即遣彊兵⓳，束身就縛，不敢顧望⓴，誠自[1]知奉見先帝㉑，必無當死㉒之理也。會受誅之後，艾官屬將吏，愚戇相聚㉓，自共追艾，破壞檻車，解其囚執。艾在困地㉔，狼狽失據㉕，未嘗與腹心之人有平素之謀，獨受腹背之誅㉖，豈不哀哉！陛下龍興㉗，闡弘大度㉘，謂㉙可聽艾㉚歸葬舊墓，還其田宅，以平蜀之功繼封其後，使艾闔棺定謚㉛，死無所恨，則天下徇名㉜之士，思立功之臣，必投湯火㉝，樂為陛下死矣！」帝善其言而未能從。會㉞帝問給事中樊建㉟以諸葛亮之治蜀㊱，曰：「吾獨不得㊲如亮者而臣之乎？」建稽首曰：「陛下知鄧艾之冤而不能直㊳，雖得亮，得無如馮唐之言㊴乎？」帝笑曰：「卿言起我意㊵。」乃以艾孫朗為郎中㊶。

吳人多言祥瑞㊷者，吳主以問侍中韋昭㊸，昭曰：「此家人筐篋中物㊹耳！」昭領左國史㊺，吳主欲為其父作紀㊻。昭曰：「文皇不登極[2]位㊼，當為傳㊽，不當為紀。」吳主不悅，漸見責怒。昭憂懼，自陳衰老，求去侍、史二官㊾，不聽㊿。時有疾病，醫藥監護(51)，持之益急(52)。吳主飲羣臣酒，不問能否，率(53)以七升為限。至昭，獨以茶代之，後更見偪強(54)。又酒後常使侍臣嘲弄公卿，發摘私短(55)以為歡。時有愆失(56)，輒見收縛(57)，至於誅戮。昭以為外相毀傷(58)，內長尤恨(59)，使羣臣不睦，不為佳事，故但難問經義(60)而已。吳主以為不奉詔命，意不忠盡(61)，積前後嫌忿(62)，遂收昭付獄。昭因獄吏[3]上辭(63)，獻所著書，冀以此求免。而吳主怪其書垢故(64)，更被詰責，遂誅昭，徙其家於零陵(65)。

五月，以何曾領司徒。

六月乙未(66)，東海王祗卒。

秋，七月丁酉朔(67)，日有食之。

詔選公卿以下女備六宮[68]，有蔽匿[69]者以不敬[70]論。采擇未畢，權[71]禁天下嫁娶。帝使楊后擇之，后惟取潔白長大而捨其美者。帝愛卞氏女，欲留之。后曰：「卞氏三世后族[72]，不可屈以卑位[73]。」帝怒，乃自擇之。中選者以絳紗[74]繫臂，公卿之女為三夫人、九嬪[75]，二千石、將、校女補良人[76]以下。

九月，吳主悉封其子弟為十一王[77]，王給三千兵，大赦。

是歲，鄭沖以壽光公罷[78]。

吳主愛姬遣人至市奪民物。司市中郎將[79]陳聲素有寵於吳主，繩之以法。姬愬[80]於吳主，吳主怒，假他事[81]燒鋸斷聲頭，投其身於四望[82]之下。

十年（甲午　西元二七四年）

春，正月乙未[83]，日有食之。

閏月癸酉[84]，壽光成公[85]鄭沖卒。○丁亥[86]，詔曰：「近世以來，多由內寵以登后妃[87]，亂尊卑之序，自今不得以妾媵[88]為正嫡。」○分幽州置平州[89]。

三月癸亥[90]，日有食之。○詔又取良家[91]及小將吏[92]女五千餘[4]人入宮選之，母子號哭於宮中，聲聞於外。

夏，四月己未[93]，臨淮康公荀顗[94]卒。

吳左夫人王氏卒，吳主哀念，數月不出，葬送甚盛。時何氏以太后故，宗族驕橫。吳主舅子[95]何都貌類吳主，民間訛言：「吳主已死，立者[96]何都也。」會稽又訛言：「章安侯奮[97]當為天子。」奮母仲姬墓在豫章，豫章太守張俊為之掃除[98]。臨海[99]太守奚熙與會稽太守郭誕書，非議國政。誕但白熙書，不白妖言[100]。吳主怒，收誕繫獄。誕懼，功曹[101]邵疇曰：「疇在，明府[102]何憂！」遂詣吏自列[103]曰[5]：「疇厠身本郡[104]，位極朝右[105]，以噂𠴲之語[106]，本非事實，疾其醜聲[107]，不忍聞見[108]，欲含垢藏疾，不彰之翰墨，鎮躁歸靜，使之自息。故誕屈其所是[109]，默以見從[110]。此之為愆[111]，實由於疇，不敢逃死，歸罪有司[112]。」因自殺。吳主乃免誕死，送付建安作船[113]。遣其舅三郡督[114]何植收奚熙。熙發兵自守[115]，其部曲[116]殺熙，送首建業。又車裂張俊，皆夷三族，并誅章安侯奮及其五子。

秋，七月丙寅[117]，皇后楊氏殂。初，帝以太子不慧[118]，恐不堪為嗣，常密以訪后[119]，后曰：「立子以長不以賢，豈可動也！」鎮軍大將軍胡奮女為貴嬪，有寵於帝。后疾篤，恐帝立貴嬪為后，致太子不安[120]，枕帝膝泣曰：「叔父駿[121]女芷有德色[122]，願陛下以備六宮。」帝流涕許之。

以前太常山濤[123]為吏部尚書。濤典選十餘年，每一官缺，輒擇才資[124]可為者啓擬數人[125]，得詔旨有所向[126]，然後顯奏[127]之。帝之所用，或非舉首[128]。眾情不察，以濤輕重任意，言之於帝。帝益親愛之。濤甄拔[129]人物，各為題目[130]而奏之，時稱「山公啓事」。

濤薦嵇紹[131]於帝，請以為祕書郎，帝發詔徵之。紹以父康得罪[132]，屏居私門[133]，欲辭不就。濤謂之曰：「為君思之久矣。天地四時，猶有消息[134]，況於人乎？」紹乃應命。帝以為祕書丞。

初，東關之敗[135]，文帝問僚屬曰：「近日之事，誰任其咎？」安東司馬[136]王儀，脩[137]之子也，對曰：「責在元帥[138]。」文帝怒曰：「司馬欲委罪孤邪？」引出斬之。儀子裒痛父非命[139]，隱居教授，三徵[140]七辟[141]，皆不就。未嘗西向而坐[142]，廬於墓側[143]，旦夕攀柏悲號，涕淚著樹[144]，樹為之枯。讀詩至「哀哀父母，生我劬勞[145]」，未嘗不三復[146]流涕，門人[147]為之廢蓼莪[148]。家貧，計口而田[149]，度身而蠶[150]，人或饋之，不受，助之，不聽。諸生密為刈麥[151]，裒輒棄之，遂不仕而終。

臣光曰：「昔舜誅鯀[152]而禹事舜，不敢廢至公[153]也。嵇康、王儀，死皆不以其罪，二子不仕晉室可也。嵇紹苟無蕩陰之忠[154]，殆不免於君子之譏乎！」

吳大司馬陸抗疾病，上疏曰：「西陵、建平，國之蕃表[155]，既處上流，受敵二境(156)。若敵汎舟順流，星奔電邁(157)，非可恃援他部(158)以救倒縣(159)也。此乃社稷安危之機，非徒封疆侵陵(160)小害也。臣父遜(161)昔在西垂(162)上言，『西陵，國之西門，雖云易守，亦復易失。若有不守，非但失一郡，荊州非吳有也。如其有虞(163)，當傾國爭之。』臣前乞屯精兵三萬，而主者(164)循常(165)，未肯差赴(166)。自步闡以後(167)，益更損耗。今臣所統千里，外禦彊對(168)，內懷百蠻(169)，而上下見兵(170)財(171)有數萬，羸敝(172)日久，難以待變(173)。臣愚以為諸王幼沖(174)，無用兵馬以妨要務(175)。又，黃門宦官開立占募(176)，兵民避役，逋逃入占(177)，乞特詔簡閱(178)，一切料出(179)，以補疆埸受敵常處(180)，使臣所部足滿八萬，省息眾務(181)，并力備禦(182)，庶幾無虞。若其不然，深可憂也！臣死之後，乞以西方為屬(183)。」及卒，吳主使其子晏、景、玄、機、雲(184)分將其兵。機、雲皆善屬文，名重於世(185)。

初，周魴之子處(186)，膂力(187)絕人，不修細行(188)，鄉里患之。處嘗問父老曰：「今時和歲豐而人不樂，何邪？」父老歎曰：「三害不除，何樂之有！」處曰：「何謂也？」父老曰：「南山(189)白額虎，長橋(190)蛟，并子(191)為三矣。」處曰：「若所患止此，吾能除之。」乃入山求虎，射殺之；因投水，搏殺蛟。遂從機、雲受學，篤志(192)讀書，砥節礪行(193)。比及期年(194)，州府交辟(195)。

八月戊申[196]，葬元皇后[197]于峻陽陵[198]，帝及羣臣除喪即吉[199]。博士陳逵議，以為「今時所行，漢帝權制[200]。太子無有國事，自宜終服[201]。」尚書杜預以為：「古者天子、諸侯三年之喪，始同齊、斬[202]，既葬除服，諒闇以居[203]，心喪終制[204]。故周公不言高宗[205]服喪三年而云諒闇，此服心喪之文[206]也；叔向[207]不譏景王除喪而譏其宴樂[208]，已早明既葬應除，而違諒闇之節[209]也。君[6]子之於禮，存諸內[210]而已，禮非玉帛之謂[211]，喪豈衰麻之謂乎[212]？太子出則撫軍[213]，守則監國[214]，不為無事[215]，宜卒哭[216]除衰麻，而以諒闇終三年。」帝從之。

臣光曰：「規矩主於方圓[217]，然庸工[218]無規矩則方圓不可得而制也；衰麻主於哀戚，然庸人[219]無衰麻則哀戚不可得而勉[220]也。素冠[221]之詩，正為是矣。杜預巧飾經、傳以附人情[222]，辯則辯矣[223]，臣謂不若陳逵之言質略而敦實[224]也。」

九月癸亥[225]，以大將軍陳騫為太尉。

杜預以孟津渡險[226]，請建河橋於富平津[227]。議者以為「殷、周所都[228]，歷聖賢而不作[229]者，必不可立故也。」預固請為之。及橋成，帝從百寮臨會[230]，舉觴屬預[231]曰：「非君，此橋不立。」對曰：「非陛下之明，臣亦無所施其巧。」

是歲，邵陵厲公曹芳卒。初，芳之廢遷金墉[232]也，太宰中郎[233]陳留范粲[234]素服拜送，哀動左右。遂稱疾不出，陽狂[235]不言，寢所乘車，足不履地。子孫有婚宦[236]大事，輒密諮焉，合者[237]則色無變，不合則眠寢不安，妻子以此知其旨。子喬[238]等三人並棄學業，絕人事[239]，侍疾家庭，足不出邑里。及帝即位，詔以二千石祿養病，加賜帛百匹。喬以父疾篤[240]，辭不敢受。粲不言凡三十六年[241]，年八十四，終於所寢之車。

吳比三年[242]大疫。

【章　旨】以上為第一段，寫晉武帝泰始九年（西元二七三年）、十年兩年間的大事，主要寫了段灼、樊建請求為鄧艾平反，司馬炎最後勉強任其子；寫了司馬炎大肆採擇宮嬪，荒淫無度開始；楊皇后臨死又引一楊女入宮為后，為楊駿專權埋下伏線；寫了吳主孫晧荒悖無道，殺害史臣韋昭，又因謠言而誅戮地方官員多人；寫吳都督陸抗死，死前提醒孫晧重視西陵前線的防禦；寫了被廢的魏帝曹芳死，魏臣范粲至死忠於曹魏，竟不言三十六年；寫了魏臣王儀因直言被司馬昭所殺，其子王裒至死敵視司馬氏，竟一生不面向晉都洛陽坐；還寫吳臣周處「除三害」的故事，頗有警世的意義。

【注　釋】❶正月辛酉　正月二十二。❷密陵元侯鄭袤　密陵侯是鄭袤的封號，元字是謚。鄭袤是漢代經學家鄭眾的後代，鄭泰之子，歷來是司馬氏的親信。❸二月癸巳　二月二十五。❹東海王　封地東海郡，郡治即今山東郯城。❺荊州牧　也稱荊州刺史，吳國荊州的州治即今湖北荊州。❻四月戊辰朔　四月初一是戊辰日。❼鄧艾之死　事見本書卷七十八咸熙元年。❽段灼　字休然，晉初正直的文臣。傳見《晉書》卷四十八。❾苟　蒙受。❿伐善　誇耀自己的長處。⓫協同朋類　與同事、合作者搞好關係。⓬理之　為他伸冤辯白。⓭屯田掌犢人　在屯墾的隊伍中負責養牛。⓮矯令承制　假託秉承皇上的旨意。

⑮權安社稷　臨時制宜地為國家考慮。⑯疑似　似是而非。⑰搆成其事　編織成了造反的罪名。⑱被詔書　接到朝廷的詔書之後。被，接到。⑲遣彊兵　交出了強大的軍隊。⑳不敢顧望　不敢瞻回猶豫。顧，回頭；遲疑。㉑奉見先帝　指回朝見到司馬昭。㉒當死　被判死罪。當，判處。㉓愚戇相聚　一群粗人集合起來。愚戇，愚笨而剛直。㉔艾在困地　鄧艾在這種情況下。㉕狼狽失據　手足無措，不知如何是好。㉖腹背之誅　指叛亂分子與朝廷都要殺他。㉗龍興　指稱帝。㉘闡弘大度　擴大容人之量。度，胸襟；氣量。㉙謂　我以為。㉚可聽艾　應該允許鄧艾。聽，允許；任其。㉛闔棺定謚　即蓋棺論定，賜給他謚號。㉜徇名　追求揚名。㉝投湯火　猶言赴湯蹈火。㉞會　恰值；剛好碰上。㉟給事中樊建　給事中是帝王的侍從官員，以備參謀顧問之用。樊建是蜀漢舊臣，現已歸於晉朝。㊱諸葛亮之治蜀　諸葛亮治理蜀國的方法。㊲獨不得　難道就不能得到。㊳不能直　不能給鄧艾平反。㊴馮唐之言　馮唐是漢文帝時的直臣。漢文帝對馮唐說，他遺憾沒有廉頗、李牧那種武將為他效力，馮唐說：「即使有，您也不能使用！」事見本書卷十四漢文帝十四年。㊵起我意　給我很大啟示。㊶郎中　皇帝的侍從人員，上屬郎中令。㊷祥瑞　吉祥的徵兆，如鳳凰、麒麟、靈芝一類的東西出現，這種觀念漢代風行了幾百年。㊸韋昭　字弘嗣，後因避晉諱改名曜。曾任吳國的太子中庶子，為當時著名學者，著有〈博奕論〉、《國語注》，又與人共撰《吳書》。傳見《三國志》卷六十五。㊹家人筐篋中物　愚民箱子裡保存的破爛兒。家人，猶言「無知百姓」。筐篋，箱籠。㊺左國史　東吳的史官，與「右國史」共同掌修國史。㊻為其父作紀　將其父列為「本紀」。「本紀」是紀傳體史書中的一種體裁，是以帝王為綱的全國大事紀要。㊼不登極位　沒有做過皇帝。孫皓父親之所以稱為「文皇」，乃是孫皓即位後的追謚。㊽傳　也叫「列傳」。紀傳體史書中的各種人物傳記。㊾侍史二官　侍中及左國史兩種官職。㊿不聽　指孫皓不准許。51醫藥監護　派醫生、送醫藥、監視護理。52持之益急　對韋昭看管得越來越嚴。持，控制。53率　一律。54偪強　逼迫、強制。55發摘私短　揭發人家的隱私或短處。摘，同「擿」。揭發。56時有愆失　偶爾有點失誤、差錯。57輒見收縛　立刻就被逮捕起來。58外相毀傷　公開地對人傷害。59內長尤恨　使人家記恨在心。尤，恨；怪罪。60難問經義　當孫皓讓韋昭刁難大臣時，韋昭便考問大臣經書。61意不忠盡　對孫皓忠誠得不到家。62嫌忿　猜疑與憤怒。63因獄吏上辭　通過獄吏給孫皓上書。64垢故　既髒又舊。65零陵　晉郡名，郡治即今湖南零陵。66六月乙未　六月二十九。67七月丁酉朔　七月初一是丁酉日。68備六宮　滿足宮廷需要。69蔽匿　隱藏其女不參加遴選。70不敬　「不敬」王命，在當時是死罪。71權　暫時。72三世后族　出過三代皇后的家族。三代皇后指曹操的皇后、曹髦的皇后、曹奐的皇后。73不可屈以卑位　不能讓人家處於皇后以下的地位。74絳紗　紅色的絲織物。75三夫人九嬪　都是嬪妃名稱。晉朝宮廷裡在皇后之下，第一級是「貴嬪」，第二級是「夫人」，

第三級是「貴人」，以上稱「三夫人」，位比三公。以下依次有「淑妃」、「淑媛」、「淑儀」、「修華」、「修容」、「修儀」、「婕妤」、「容華」、「充華」，以上九級稱為「九嬪」，位比九卿。(76)良人　晉朝宮廷嬪妃編制中沒有「良人」，此時可能沿用魏嬪妃名稱。「良人」為魏制的第十二級，這裡似應指十二級以下。(77)十一王　舊史不載，不知其名字誰何。(78)鄭沖以壽光公罷　指免去鄭沖的朝官，以壽光公爵的身分歸家。(79)司市中郎將　官名，掌管市場上的各種事務。(80)愬　同「訴」。告狀。(81)假他事　找一件別的事情做藉口。(82)四望　即四望山，在今南京北。南接石頭城，北接獅子山，西臨長江。投屍四望山下，即投入四望山下的長江中。(83)正月乙未　正月初二。(84)閏月癸酉　閏正月十一。(85)壽光成公　壽光公是鄭沖的封號，成字是鄭沖的謚。(86)丁亥　閏正月二十五。(87)由內寵以登后妃　由受寵的姬妾登上后妃的位子。曹操的卞皇后、曹丕的郭皇后、曹叡的毛皇后都是這種情況。(88)妾媵　泛指姬妾。媵，原指陪嫁的女子。(89)平州　晉州名，州治襄平（今遼寧遼陽）。轄昌黎、遼寧、樂浪、帶方、玄菟五郡。(90)三月癸亥　三月初二。(91)良家　非官宦的清白人家。(92)小將吏　下級武官和文官。(93)四月己未　四月二十八。(94)臨淮康公荀顗　臨淮公是荀顗的封號，康字是荀顗的謚。(95)舅子　孫皓舅舅的兒子。(96)立者　指現在在位的人。(97)章安侯奮　孫奮，孫權之子，孫皓之叔。傳見《三國志》卷五十九。(98)掃除　隨時加土與剷除野草荊棘等。(99)臨海　吳郡名，郡治即今浙江臨海市。(100)不白妖言　不把上述「章安侯奮當為天子」的謠言向朝廷報告。(101)功曹　郡太守的屬吏。(102)明府　對太守的敬稱。(103)詣吏自列　到主管部門自己陳述。(104)廁身本郡　置身於本郡諸吏之中。廁，置。(105)位極朝右　位在郡廷的諸吏之上。(106)以噂嗒之語　我以為那些嘁嘁喳喳的流言。(107)疾其醜聲　我討厭那些骯髒話。疾，憎恨；討厭。(108)不忍聞見　不好意思向朝廷報告。(109)屈其所是　放棄了他自己原想上報的正確主張。(110)默以見從　勉強地聽了我的意見。(111)此之為愆　這件事成了罪過。(112)歸罪有司　來向主管部門認罪。(113)付建安作船　發配到建安郡，充當造船的苦役犯。晉時的建安郡治即今福建建甌。(114)三郡督　掌管臨海（治浙江臨海市）、建安、會稽（治浙江紹興）三郡軍事防衛的長官。(115)發兵自守　意即不服命令，擁兵拒捕。(116)部曲　意即部下。將軍屬下有部，部的長官稱校尉；部下有曲，曲的長官稱軍候。(117)七月丙寅　七月初六。(118)不慧　不聰明；低能兒。(119)訪后　探詢皇后楊氏的意見。(120)致太子不安　指動搖太子的地位。(121)叔父駿　楊駿，西晉的權臣。傳見《晉書》卷四十。(122)有德色　有才德、有美色。(123)太常山濤　太常是九卿之一，主管朝廷禮儀與宗廟祭祀。山濤是竹林七賢之一，是七人中官位最高的一個。(124)才資　才能與資歷。(125)啓擬數人　把幾個人一起提出。(126)得詔旨有所向　待摸準了皇帝的意向。(127)顯奏　明確向皇帝提出。(128)非舉首　不是山濤所提的第一名。(129)甄拔　選拔。(130)題目　簡短的介紹和評語。(131)嵇紹　嵇康之子。事見《晉書・忠義傳》。(132)父康得罪　嵇康因寫〈與山巨源絕交書〉得罪司馬昭被殺。事見本書卷七十八景元三年。133屏居私門　摒除人事，躲在家裡不出門。134猶有消息　都還會一消一長，相互更替。息，生；生長。《易・豐》「天地盈虛，與時消息。」135東關之敗　指王昶、毌丘儉等的伐吳，被大破於東關事。見本書卷七十五嘉平四年。東關，在今安徽含山縣西南。136安東司馬　安東將軍的司馬，當時司馬昭任安東將軍。137脩　字叔治，曾任魏郡太守、大司農、郎中令、奉常等職。傳見《三國志》卷十一。138責在元帥　指應由您司馬昭負責。元帥，總指揮。當時司馬昭以安東將軍監諸路軍馬。139非命　不正常的死亡。140三徵　朝廷三次下詔徵聘。141七辟　朝廷及地方大官七次對之延聘。辟，聘請。142未嘗西向而坐　王裒家在城陽郡（郡治即今山東莒縣），晉朝建都在洛陽，位於城陽之西。不面向西方以表現對這個政權的痛恨。143廬於墓側　在墳墓旁邊搭個棚子住在裡邊。144涕泗著樹　眼淚滴在樹上。145哀哀父母二句　語出《詩經・蓼莪》。劬勞，勞苦。146三復　反覆念多遍。147門人　門徒們。148廢蓼莪　指不讀不講這一篇，怕引起老師的傷心。149計口而田　按著人口所需糧食的數量來耕種田地。150度身而蠶　算著所需衣料的多少來養蠶。都指不求多餘。151密為刈麥　偷偷幫他收割麥子。152鯀　禹之父。堯時因四嶽推薦而治洪水，九年不成，被舜殺死於羽山。事見《史記・五帝本紀》。153至公　指治水這件關係國家及黎民百姓的大事。154蕩陰之忠　指嵇紹為護衛晉懷帝被成都王司馬穎殺於蕩陰事。見本書卷八十五永安元年。蕩陰是晉縣名，縣治在今河南湯陰西南。155蕃表　外部的藩籬、屏障。156受敵二境　指其西、北兩面都鄰近晉國。157星奔電邁　如流星閃電一樣迅速。邁，馳。158非可恃援他部　不能等候其他方面的軍隊前來救援。159救倒縣　以喻解救極度的危機。縣，同「懸」。160封疆侵陵　邊境摩擦。161臣父遜　陸遜，吳國的名將，曾大破劉備於夷陵，使西蜀的元氣大傷。162西垂　西部邊境。垂，同「陲」。163有虞　有憂；有危機。164主者　主持此事的朝廷大臣。165循常　按照常規。166差赴　派遣。167步闡以後　步闡反叛降晉，後被陸抗討平事，見本書卷七十九泰始八年。168彊對　強大的對手。169內懷百蠻　在國內要安撫各少數民族。170上下見兵　上上下下現有的全部兵力。見，同「現」。171財　同「才」。172羸敝　老弱、疲憊。173待變　應付突然事變。174諸王幼沖　孫皓的兒子被封王的都還年紀幼小。沖，弱。175無用兵馬以妨要務　不要因為調撥兵馬給他們而妨礙了國家的重要事務。此指去年孫皓封其子弟十一人為王，每人給三千士兵，共有三萬三千人之多。176開立占募　招募百姓到他們門下當「蔭戶」。177兵民避役二句　許多士兵和百姓為逃避政府的勞役和稅收，而受募躲到了他們門下。178簡閱　清查。179一切料出　全部核計清出。180以補疆場受敵常處　把他們全部補充到敵人經常進攻的邊防要地。疆場，邊疆。181省息眾務　減省各部門的開支。182并力備禦　全力做好抵抗敵人的準備。183乞以西方為屬　希望能特別關注西部邊境的問題。屬，同「矚」。注意力的集中點。184晏景玄機雲　陸晏、陸景、陸玄、陸機、陸雲。185名重於世　陸機字士衡，著有〈文賦〉，其詩被鍾嶸《詩品》列為上等。陸雲，字士龍，也是當時著名的文人。但二人的作品多堆砌辭藻，內容空洞。[186]周魴之子處　周魴曾任吳國的鄱陽太守。周處，字子隱，義興陽羨（今江蘇宜興）人。傳見《晉書》卷五十八。[187]膂力　膂力。[188]不修細行　不修小節。[189]南山　即荊南山，一名君山，亦名銅官山，孫晧封為南嶽，在今江蘇宜興南。[190]長橋　在今江蘇宜興。[191]并子　再加上你周處。[192]篤志　專心致志。[193]砥節礪行　磨練、提高自己的品行。[194]期年　整整一年。[195]州府交辟　州刺史與都督府的長官都爭相延聘。交，競相；爭相。[196]八月戊申　八月十九。[197]元皇后　即司馬炎的楊皇后，謚曰「元」。[198]峻陽陵　司馬炎為自己預造的陵墓。[199]除喪即吉　脫下喪服，改穿上平時的服裝。[200]漢帝權制　漢文帝以來的權宜制度，指服喪的日期甚短。[201]終服　指穿滿三年喪服。[202]始同齊斬　開始時都只是齊衰、斬衰兩種。斬衰是喪服中最重的一種。衣、褲都用最粗的麻布做成，衣邊及下襬不縫，使斷處外露，以示無心修飾。齊衰是次重的喪服。用粗麻布做成，衣邊縫好，故稱「齊衰」。[203]諒闇以居　居住在特設的守喪的房子裡。闇，同「陰」。[204]心喪終制　心中悲悼，直到三年居喪期滿。[205]高宗　即殷帝武丁，西元前一二五〇—前一一九二年在位。[206]心喪之文　有關「心喪」的記載。傳說為周公所作《尚書・無逸》中有「其在高宗，時舊勞于外，爰暨小人，作其即位，乃或亮陰，三年不言」之文。[207]叔向　即羊舌肸，字叔向。春秋時晉國大夫。[208]不譏景王除喪而譏其宴樂　周景王是周朝第二十八代王，西元前五四四—前五二〇年在位。《左傳》昭公十五年：「晉荀躒如周，葬穆后，籍談為介，既葬除喪，以文伯宴……叔向曰：『王其不終乎，吾聞之，所樂必卒焉。今王樂憂，若卒以憂，不可謂終。王一歲而有三年之喪二焉，於是乎以喪賓宴……三年之喪，雖貴遂服，禮也。王雖弗遂，宴樂以早，亦非禮也。』」[209]違諒闇之節　指心喪期間，舉酒宴樂而言。[210]存諸內　記在心裡就行了。[211]禮非玉帛之謂　真正的禮，並非就是瑞玉錦帛這些外表形式。《論語・陽貨》：「孔子曰：『禮云禮云，玉帛云乎哉？』」[212]喪豈衰麻之謂乎　守喪難道就表現在披麻帶孝上頭嗎。衰麻，衰指喪服，有齊衰、斬衰等類。麻指服喪者腰裡所繫的麻繩。[213]出則撫軍　有戰事外出，則任監護眾軍之職。撫，監護。[214]守則監國　留守在後方，則監理整個國家的事務。監，代理；總管。[215]不為無事　並不是沒有事幹。[216]卒哭　停止啼哭，即死者安葬後。[217]主於方圓　是為了讓人畫好方圓。[218]庸工　沒本事的工匠。[219]庸人　平庸之人。[220]不可得而勉　不能勉強自己做出哀戚的樣子。[221]素冠　指《詩經・素冠》。內容為譏刺做人子者不能為父母行三年之喪。[222]巧飾經傳以附人情　故意巧詐地解釋經典之文以迎合當時人情世俗的需要。[223]辯則辯矣　要說他的巧辯能力，當然是很強的了。辯，會說，這裡是貶意。[224]質略而敦實　質樸簡明，忠實厚道。[225]九月癸亥　九月初四。[226]孟津渡險　孟津渡口一帶的形勢險要。孟津是黃河上的渡口名，在今河南孟津東北、孟州西南。[227]富平津　即後來的所謂「孟津」。《水經注》：「孟津又曰富平津。」[228]殷

周所都　殷、周兩朝都曾建都在這一帶。殷朝曾建都於邢，在今河南溫縣東北，周朝曾建都於洛陽，兩地都在黃河岸邊。㉙不作　不在黃河上建橋。㉚從百寮臨會　率領百官到橋頭集會慶祝。㉛舉觴屬預　舉杯向杜預敬酒。屬，向；給。㉜金墉　洛陽城西北角的小城。㉝太宰中郎　太宰的屬官。太宰是國家的三公，但通常是榮譽職銜。㉞陳留范粲　陳留是魏時的諸侯國名，都城在今河南開封東南。范粲字承明，魏末的廉正之臣。傳見《晉書》卷九十四。㉟陽狂　裝瘋。㊱婚宦　婚姻與入仕。㊲合者　凡是合乎心意的。㊳子喬　兒子范喬。㊴絕人事　斷絕與外界的人際交往。㊵疾篤　病情已經沉重。㊶不言凡三十六年　意謂范粲從曹芳被廢黜，到自己死的三十六年裡便沒有再講話。㊷比三年　一連三年。比，挨著。

【校　記】①自　原無此字。據章鈺校，甲十一行本、乙十一行本、孔天胤本皆有此字，張敦仁《通鑑刊本識誤》同，今據補。②極　據章鈺校，甲十一行本、乙十一行本、孔天胤本皆作「帝」。③吏　原無此字。據章鈺校，甲十一行本、乙十一行本、孔天胤本皆有此字，張敦仁《通鑑刊本識誤》、張瑛《通鑑校勘記》同，今據補。④餘　原無此字。據章鈺校，甲十一行本、乙十一行本、孔天胤本皆有此字，今據補。⑤曰　原作「白」。據章鈺校，甲十一行本、乙十一行本、孔天胤本皆作「曰」，今據改。⑥君　原脫。據章鈺校，甲十一行本、乙十一行本、孔天胤本皆有此字，張敦仁《通鑑刊本識誤》同，今據補。

【語　譯】世祖武皇帝上之下

泰始九年（癸巳　西元二七三年）

春季，正月二十二日辛酉，晉國的密陵侯鄭袤逝世，諡號為「元」。

二月二十五日癸巳，晉國的樂陵公石苞逝世，諡號為「武」。

三月，晉武帝司馬炎立皇子司馬祗為東海王。○吳主孫皓任命陸抗為大司馬、荊州牧。

夏季，四月初一日戊辰，發生日蝕。

當初，鄧艾被殺死，人們都為他喊冤叫屈，而朝廷中卻沒有人為他辯護。等到晉武帝即位，擔任議郎的敦煌人段灼上疏說：「鄧艾對朝廷忠心耿耿卻蒙受叛逆的罪名，他在平定巴、蜀的戰役中建立了豐功偉績，卻被誅滅了三族。鄧艾性格剛烈、急躁、居功自傲，愛誇耀自己的長處，不能與同事、合作者搞好關係，所以沒有人肯出面為他申冤辯白。我認為鄧艾本來在屯墾的隊伍中負責養牛，後來被提拔重用，恩寵已經達到頂點，功成名就，已經是一個七十歲的老翁，他還有什麼可追求的而要謀反呢？正是因為劉禪剛投降，遠處的郡縣還沒有歸順，所以他才假託秉承皇帝的旨意辦事，因時制宜地為穩固國家政權考慮。而鍾會早有叛逆之心，他畏懼鄧艾的威名，所以就利用了似是而非這一點，為鄧艾編織了謀反的罪名。鄧艾接到朝廷的詔書後，立即交出了強大的軍隊，束手就縛，不敢瞻回猶豫，他自己深信如果見到先帝，就會得到昭雪，絕對不會有被判處死罪的道理。鍾會被殺後，鄧艾屬下的將吏，一群粗人集合起來，自發地去追趕押解鄧艾的檻車，他們搗毀檻車，放出了鄧艾。鄧艾在這種情況下，倉猝間手足無措，不知如何是好，他從來沒有與他所親近的那些人商量過謀反的事情，卻突然受到叛亂分子與朝廷的前後追殺，豈不是很悲哀嗎！陛下稱帝，擴大容人之量，我認為應該允許把鄧艾安葬在他家的祖墳裡，歸還他家的原有田地房產，把平定蜀國的功勞封賞給他的後代，使鄧艾蓋棺論定，賜給他一個謚號，讓他死了也不感到遺憾，那麼天下那些追求顯姓揚名的人士以及想要建立功名的大臣，必定會赴湯蹈火，心甘情願地為陛下竭盡忠誠，甚至犧牲自己的生命！」晉武帝雖然認為段灼說得合乎情理，然而並沒有付諸行動。恰好晉武帝向擔任給事中的樊建詢問諸葛亮治理蜀國的方法，說：「我難道就不能得到像諸葛亮那樣的人來作為我的大臣嗎？」樊建磕頭回答說：「陛下明明知道鄧艾含冤受屈而死卻不能給鄧艾平反昭雪，即使陛下得到像諸葛亮那樣的人，豈不是也照樣像馮唐回答漢文帝詢問時所說的那些話嗎？」晉武帝笑著說：「你的話給了我很大啟示。」於是任命鄧艾的孫子鄧朗為郎中。

東吳有許多人都在談論國家出現了吉祥的徵兆，吳主孫皓於是向侍中韋昭詢問有關祥瑞的事情，韋昭回答說：「這些只不過是愚民家中箱子櫃子裡保存的破玩意兒罷了！」韋昭兼任左國史，吳主想將自己的父親列入史書中的「本紀」。韋昭說：「文皇帝實際上並沒有做過皇帝，只能歸入『列傳』，而不應該列入『本紀』。」吳主聽了很不高興，漸漸地對韋昭反感起來，一看見韋昭就憤怒地責備他。韋昭感到憂慮恐懼，於是上疏陳述自己年老體衰，請求辭去侍中及左國史兩種官職，孫皓不准許。當時韋昭患有疾病，孫皓派醫生、送醫藥、監視護理，對韋昭看管得越來越嚴。吳主讓文武大臣喝酒，不管大臣能喝酒還是不能喝酒，一律以飲七升酒為限。輪到韋昭飲酒的時候，孫皓唯獨容許韋昭以茶代酒，後來對韋昭也一改往日，強迫他必須飲酒。還有，孫晧經常酒後讓侍奉他的親信嘲笑戲弄朝中的公卿大臣，以揭發大臣們的隱私或短處取樂。大臣偶爾有點失誤或是小的過錯，就立刻被捆綁起來，甚至於被誅戮。韋昭認為公開地對人進行傷害，會使人家記恨在心，造成大臣之間互不和睦，不是件好事情，所以當孫晧讓韋昭刁難大臣時，韋昭只是考問大臣們經書而已。吳主認為韋昭故意不執行詔命，對自己忠誠得不到家，前後猜疑與憤怒積攢在一起，於是就把韋昭逮捕入獄。韋昭通過獄吏給孫晧上書，並將自己所著的書進獻給孫晧，希望能夠以此免除自己的死罪。而吳主責怪他進獻的書籍既髒又舊，反而更加嚴厲地詰責他，最後竟將韋昭處死，並把他的家人流放到了零陵郡。

五月，晉武帝任命何曾兼任司徒。

六月二十九日乙未，東海王司馬祇去世。

秋季，七月初一日丁酉，發生日蝕。

晉武帝下詔遴選公卿以下大臣的女兒滿足宮廷需要，有隱藏其女不參加遴選的以不敬王命罪論處。遴選沒有結束之前，暫時禁止天下人嫁女娶妻。晉武帝派楊皇后選擇美女，楊皇后只挑選那些長得皮膚白皙、身材修長的女子而把那些容貌美麗的女子全部捨棄。晉武帝喜愛卞氏女，想把卞氏女留下作為嬪妃。楊皇后卻說：「卞家是出過三代皇后的家族，不能讓人家的女兒處於皇后以下的地位。」晉武帝聽了非常生氣，於是就親自挑選美女。凡是選中的就用紅色的絲織物繫在她們的手臂上，中選的美女如果是公卿大臣的女兒，司馬炎就封她們為三夫人、九嬪，中選的美女如果是二千石、將、校的女兒，司馬炎就把她們補充良人以下。

九月，吳主把他的所有子弟都封為王，共封了十一個王，每個王撥給三千名親兵，大赦天下。

這一年，晉武帝免去鄭沖的官職，讓他以壽光公爵的身分回家。

吳主孫晧的愛姬派人到集市上去搶奪市民的財物。擔任司市中郎將的陳聲一向受到孫晧的寵信，就將在集市上搶奪財物的人繩之以法。孫晧的愛姬向孫晧告狀，孫晧便大怒，馬上找了一件別的事情作為藉口就把陳聲的頭用燒紅的鋸子鋸斷，還把他的屍體投入四望山下的長江中。

十年（甲午　西元二七四年）

春季，正月初二日乙未，發生日蝕。

閏正月十一日癸酉，晉國壽光公鄭沖去世，諡號為「成」。〇二十五日丁亥，晉武帝下詔說：「近世以來，有許多姬妾因為受到皇帝的寵愛而登上后妃的位子，因而擾亂了尊卑的秩序；從今以後不容許再把姬妾扶升為正室。」〇晉國把幽州劃分出去一部分，設置為平州。

三月初二日癸亥，發生日蝕。〇晉武帝又下詔從非官宦人家和低級文武官員的女兒中挑選五千餘人入宮待選，待選的母女在宮中大聲哭號，聲音都傳到了皇宮以外。

夏季，四月二十八日己未，晉國的臨淮公荀顗去世，諡號為「康」。

吳主孫皓的左夫人王氏去世。吳主因為哀傷思念她，幾個月都不曾走出皇宮，為左夫人送葬的儀式非常隆重。當時因為何太后的緣故，何姓家族驕橫不法。孫皓舅舅的兒子何都長相酷似孫皓，民間謠傳說：「孫皓已經死了，現在的皇帝實際上是何都。」會稽郡又有謠言說：「章安侯孫奮應當為天子。」孫奮母親仲姬的墳墓在豫章郡，豫章太守張俊親自為仲姬掃墓。臨海郡太守奚熙寫信給會稽郡太守郭誕，誹謗朝政。郭誕只是把奚熙給自己寫信的事情報告給了孫皓，卻沒有把上述「章安侯孫奮應當為天子」的謠言向朝廷報告。孫皓因此大怒，立即將郭誕逮捕下獄。郭誕非常害怕，在他手下擔任功曹的邵疇說：「有我邵疇在，大人您擔憂什麼呢！」邵疇於是到主管部門自己陳述說：「我置身於本郡諸吏之中，職務在本郡諸吏之上，我以為那些街頭巷尾的流言蜚語，本來就不是事實，我討厭那些骯髒話，不好意思向朝廷報告，本想把這些汙言穢語隱瞞下來，不願意把它寫在公文上而宣揚出去，以使謠言不攻自破，自行止息。所以郭誕就放棄了他原先準備將此事上報的正確主張而勉強地聽從了我的意見。這件事現在成了罪過，實在是由於我邵疇的原因，我不敢逃避死罪，所以前來向主管部門認罪。」於是就自殺了。孫皓於是赦免了郭誕的死罪，把郭誕發配到建安郡充當造船的苦役犯。孫皓又派自己的舅舅——即掌管臨海、建安、會稽三郡軍事防務的三郡督何植去逮捕奚熙。奚熙不服從詔命，擁兵拒捕，被自己的部下殺死，奚熙的人頭被送到都城建業。孫皓又下令車裂了張俊，把奚熙、張俊都滅了三族，並把章安侯孫奮和他的五個兒子全部殺死。

秋季，七月初六日丙寅，晉國的皇后楊氏去世。當初，司馬炎認為太子不聰明，恐怕他不能勝任皇位繼承人的重任，曾經悄悄地探詢皇后楊氏的意見；楊皇后說：「歷來都是以長子為皇位繼承人而不是以賢能不賢能作為標準，太子的地位怎麼能隨便動搖呢！」鎮軍大將軍胡奮的女兒胡芬身為貴嬪，很受司馬炎的寵愛。楊皇后病勢沉重，恐怕晉武帝立胡貴嬪為皇后而動搖了太子的地位，於是楊氏就趴在司馬炎的膝上哭泣著說：「我叔父楊駿的女兒楊芷有才德、又美貌，希望陛下娶她進宮，讓她位居六宮之首。」司馬炎淚流滿面，順口就答應了楊皇后的請求。

晉武帝任命擔任過太常的山濤為吏部尚書。山濤主持全國官員的考核選拔工作十多年，每次遇有官員空缺，就選擇幾個才能與資歷可以勝任的一起提出來，待摸準了皇帝的意向後，再明確地向皇帝提出人選。晉武帝所任用的人，有的並不是山濤推薦的第一名。由於眾人不瞭解內情，所以認為山濤在選拔官吏時隨意推薦，於是就在晉武帝面前指控山濤。而晉武帝卻對山濤越加親近和寵信。山濤選拔人才，對每個人都寫出簡短的介紹和評語而後上奏，當時人們把這種做法稱作「山公啟事」。

山濤把嵇紹推薦給晉武帝，請求晉武帝任命嵇紹為祕書郎，晉武帝下詔徵調嵇紹進京。嵇紹因為自己的父親嵇康寫了〈與山巨源絕交書〉得罪了司馬昭而被殺，於是就摒除人事，躲在家裡不出門，他接到詔命後，就想謝絕不去任職。山濤對嵇紹說：「我為你考慮很久了。天地的四時節氣，都還會一消一長，相互更替，何況是人，怎可永遠隱沒不出呢？」嵇紹這才答應接受詔命。晉武帝任命嵇紹為祕書丞。

當初，晉軍王昶、毌丘儉等率領大軍伐吳，在東關被吳軍打得大敗，文帝司馬昭問他的僚屬說：「近日作戰失敗的責任，應該由誰承擔呢？」當時擔任安東將軍司馬昭司馬的王儀，是王脩的兒子，他回答說：「應該由元帥承擔責任。」司馬昭大怒說：「難道你想把罪責推卸給我嗎？」於是便叫人把王儀推出去斬首了。王儀的兒子王裒因為自己的父親無罪被殺感到非常悲痛，於是就隱居在家裡以教授學生為業，朝廷三次下詔徵聘王裒到朝廷為官，地方大員也曾經七次聘請王裒為自己作幕僚，王裒都拒絕不就。王裒坐著的時候從來不面向西方，以此來表達對晉國朝廷的痛恨，他在父親的墳墓旁邊搭個棚子，自己住在裡邊，每天的早晚都抱住墓前的柏樹放聲痛哭，眼淚滴在柏樹上，柏樹為此而枯死。王裒每當讀到《詩經・蓼莪》中的詩句「哀哀父母，生我劬勞」的時候，無不三番五次反覆誦讀以至於涕泗橫流，門徒們怕引起他傷心，只得請求他不要再讀再講《詩經・蓼莪》這首詩。王裒家裡很窮，但總是按照家裡人口所需要的糧食的數量來耕種田地，算計著全家所需衣料的多少來養蠶織布，有人饋贈他財物，他拒絕接受，有人幫助他，也遭到他的拒絕。他的學生偷偷幫他收割麥子，王裒就把學生幫他偷割的麥子扔掉，王裒一生沒有出去做官，終老於家。

司馬光說：「古時候，堯因為鯀治洪水九年不成，所以將鯀殺死於羽山，而鯀的兒子禹卻侍奉舜，因為他不敢廢棄治水這件關係國家及黎民百姓的大事。嵇康、王儀的被殺，都不是因為他們有罪該殺，所以他們的兒子不做晉朝的官吏是可以理解的。嵇紹假設沒有後來為護衛晉懷帝而被成都王司馬穎殺於蕩陰的忠烈行為，恐怕難免要遭受君子們的恥笑了！」

東吳大司馬陸抗患病，他給吳主上疏說：「西陵郡、建平郡，是國家的外部屏障，位置又處在長江上游，西面和北面兩面都受到晉國的壓力，如果晉國的軍隊乘船順流而下，就會像流星閃電一般的迅速，那時不可能依靠、等待其他方面的軍隊來解救它的倒懸之急。這是決定國家存亡的關鍵，而不是邊境摩擦的小禍害。我父親陸遜過去在鎮守西部邊境時曾經上疏說，『西陵，是國家的西部門戶，雖然說容易防守，但也容易喪失。如果西陵防守不住，就不僅是失去了一個郡的問題，恐怕整個荊州就不會再屬於吳國所有了。如果西陵發生危機，要傾盡全國的力量去爭奪它。』我以前曾經請求朝廷在西陵駐守精兵三萬，而主持此事的朝廷大臣卻按照常規處理，不肯為那裡派遣精兵。自從步闡反叛後，部隊的防守力量更加虛弱。如今我所統轄的國土有千里之廣，對外抵禦強大的對手晉國，對內要安撫數量眾多的少數民族，而上上下下現有的全部兵力才不過幾萬人，老弱病殘、疲憊不堪，時間一久，恐怕難以應付突然事變。我雖然愚笨，但我認為諸親王年齡都還小，不要因為調撥兵馬給他們而妨礙了國家的重要防務。還有，宦官們招募百姓到他們門下當『蔭戶』，那些為了逃避國家勞役和稅收的士兵和百姓，都受招募躲到了他們的門下充當『蔭戶』，乞請陛下特別下詔進行清查，全部核計清出，然後補充到敵人經常進攻的邊防要地，使我所統領的軍隊湊足八萬，同時儉省各部門的開支，全力做好抵抗敵人進攻的準備，這樣或許能夠做到萬無一失。如果不這樣做，國家的安危很值得憂慮啊！我死之後，希望陛下能特別關注西部邊境的問題。」等到陸抗去世之後，吳主任命陸抗的兒子陸晏、陸景、陸玄、陸機、陸雲分別率領陸抗的軍隊。陸機、陸雲都善於寫作文章，以文章著名於世。

當初，吳國周魴的兒子周處，臂力超過常人，但為人不修小節，橫行一方，鄉里人都把他當成禍害。周處曾經向鄉里的長輩詢問說：「現在風調雨順、五穀豐登，而人們卻鬱鬱不樂，這是什麼原因呢？」那個長輩歎息了一聲說：「三害不除，有什麼可高興的呢！」周處說：「您說的三害是什麼呢？」父老說：「南山的白額虎，長橋的蛟龍，再加上你周處，不就是三害了嘛。」周處說：「如果所擔憂的僅是這些，我能夠除掉牠們。」於是周處進入荊南山找到白額老虎，便把白額老虎射死了；又縱身跳入長橋水中，斬殺了蛟龍。周處又去拜陸機、陸雲為老師，專心致志地讀書，磨練自己的節操、品行。整整一年，州刺史與都督府的長官便都爭相聘請他。

八月十九日戊申，晉武帝把楊元皇后安葬在峻陽陵，晉武帝和文武大臣脫下喪服，改穿上平時的服裝。博士陳逵發表議論說：「如今所實行的喪葬制度，是漢文帝以來的權宜制度。太子不掌管國家大事，自然應該為母親穿滿三年喪服。」尚書杜預認為：「古時候的天子、諸侯都要穿滿三年喪服，開始的時候就只有齊衰、斬衰兩種，安葬後就脫去喪服，然後居住在特設的守喪房子裡，心中悲悼，直到三年居喪期滿為止。所以周公不說高宗服喪三年而僅說高宗在守喪的房子裡居住了三年，這就是有關服『心喪』的最早文字記載；叔向不譏諷周景王除去喪服而譏諷他在服喪期間設宴飲酒作樂，證明很早以前安葬完畢就可以除去喪服了，只是周景王違背了『心喪』的規矩，不該在服喪期間飲酒作樂而已。君子對於禮節，只要保存在內心就行了，所謂的禮儀，並非僅指瑞玉錦帛之類這些外表的形式，守喪難道就只是表現在披麻戴孝上頭嗎？有戰事的時候，太子要出外任監護眾軍之職；留守在後方，則負責監理整個國家的事務，並不是沒有事幹，所以太子在安葬完畢後就應該停止啼哭，除去喪服，而後服三年『心喪』。」晉武帝採納了杜預的意見。

司馬光說：「規矩是為了讓人畫好方圓，然而沒有本事的工匠沒有規矩就製作不出方圓的東西；穿麻製喪服是為了讓人悲傷哀痛，然而平庸的人不穿麻製喪服，就不能勉強自己做出哀戚的樣子。《詩經・素冠》這首詩，正是為此而作。杜預故意用花言巧語解釋《經》、《傳》以迎合當時的人情世俗需要，要說他的巧辯能力，當然是很強的了，但我認為他說的話不如陳逵說的話質樸簡明，忠實厚道。」

九月初四日癸亥，晉武帝任命大將軍陳騫為太尉。

杜預認為孟津渡口一帶的形勢險要，請求朝廷在富平津那裡建築大橋。參加決策的人都認為那裡是「殷、周兩朝曾建都的地方，歷代聖賢都沒有在那裡的黃河上建築大橋，必然是因為那裡不能建造大橋的緣故。」杜預堅持請求在那裡建橋。等到大橋建成之後，晉武帝率領百官到大橋集會慶祝，他舉起酒杯向杜預敬酒說：「要不是你，這個大橋就建造不起來。」杜預回答說：「要不是陛下英明，我也沒有施展我的技巧的地方。」

這一年，邵陵厲公曹芳去世。當初，曹芳被廢黜遷往金墉城的時候，擔任太宰中郎將的陳留人范粲身穿素服為曹芳跪拜送行，悲痛場面感動了周圍所有的人。此後范粲便稱身體有病不再出來做官，又佯裝瘋癲，不言不語，睡在他所乘坐的那輛車子裡，腳不沾地。范粲的子孫有了婚姻以及入仕的喜慶大事，就祕密地徵求他的意見，符合他心意的他就面不改色，不合他心意的他就翻來覆去，睡臥不安，妻兒從他的這些表情裡推測他的心意。他的兒子范喬等三人全都拋棄了學業，斷絕了與外界的人際交往，專心在家裡侍奉父親，從不走出村子。等到司馬炎稱帝後，下詔讓范粲享受二千石的俸祿在家養病，另外還賞賜給他絲綢百匹。范喬以父親病情沉重為由，婉言謝絕，說不敢接受朝廷的賞賜。范粲從曹芳被廢一直到死的三十六年裡從來沒有開口講過話，享年八十四歲，就死在他所住的車子裡。

東吳一連三年遭遇大瘟疫。

咸寧元年（乙未　西元二七五年）

春，正月戊午朔，大赦，改元❶。

吳掘地得銀尺，上有刻文[2]。吳主大赦，改元天冊[3]。

吳中書令賀卲中風不能言，去職數月。吳主疑其詐，收付酒藏[4]，掠考[5]千數，卒無一言，乃燒鋸斷其頭，徙其家屬於臨海[6]。又誅樓玄子孫[7]。

夏，六月，鮮卑拓拔力微復遣其子沙漠汗入貢[8]。將還，幽州刺史衛瓘表請留之[9]，又密以金賂其諸部大人[10]離間之[11]。

秋，七月甲申晦[12]，日有食之。

冬，十二月丁亥[13]，追尊宣帝廟曰高祖，景帝曰世宗，文帝曰太祖。

大疫，洛陽死者以萬數。

二年（丙申　西元二七六年）

春，令狐豐[14]卒，弟宏繼立，楊欣[15]討斬之。

帝得疾甚劇[16]，及愈，羣臣上壽。詔曰：「每念疫氣死亡者[17]，為之愴然。豈以一身之休息[18]，忘百姓之艱難邪？諸上禮者，皆絕[19]之。」

初，齊王攸[20]有寵於文帝[21]，每見攸，輒撫牀[22]呼其小字曰：「此桃符座[23]也。」幾為太子者數矣[24]。臨終[25]，為帝敘漢淮南王[26]、魏陳思王[27]事而泣，執攸手以授帝[28]。太后臨終，亦流涕謂帝曰：「桃符性急，而汝為兄不慈。我若不起[29]，必恐汝不能相容，以是屬[30]汝，勿忘我言！」及帝疾甚[31]，朝野皆屬意於攸[32]。攸妃，賈充之長女也。河南尹夏侯和謂充曰：「卿二壻[33]，親疏等耳，立人當立德[34]。」充不答[35]。攸素惡荀勗及左衛將軍馮紞傾諂[36]，勗乃使紞說帝曰：「陛下前日疾若不愈，齊王為公卿百姓所歸，太子雖欲高讓[37]，其得免乎[38]！宜遣還藩[39]，以安社稷。」帝陰納之，乃徙和為光祿勳[40]，奪充兵權[41]，而位遇無替[42]。

吳施但之亂[43]，或譖京下督孫楷[44]於吳主曰：「楷不時赴討[45]，懷兩端[46]。」吳主數詰讓之，徵為宮下鎮[47]驃騎將軍。楷自疑懼，夏，六月，將妻子[48]來奔，拜車騎將軍，封丹陽侯。

秋，七月，吳人或言於吳主曰：「臨平湖[49]自漢末薉塞[50]，長老[51]言：『此湖塞，天下亂；此湖開，天下平。』近無故忽更開通[52]，此天下當太平，青蓋入洛之祥[53]也。」吳主以問奉禁都尉[54]歷陽陳訓，對曰：「臣止能望氣[55]，不能達[56]湖之開塞。」退而告其友曰：「青蓋入洛者，將有銜璧[57]之事，非吉祥也。」

或獻小石刻「皇帝」字，云得於湖邊。吳主大赦，改元天璽。

湘東[58]太守張詠不出筭緡[59]，吳主就在所[60]斬之，徇首諸郡[61]。會稽太守車浚公清有政績，值郡旱饑，表求振貸[62]。吳主以為收私恩[63]，遣使梟首[64]。尚書熊睦微有所諫，吳主以刀鐶撞殺之，身無完肌。

八月己亥[65]，以何曾為太傅，陳騫為大司馬，賈充為太尉，齊王攸為司空。

吳歷陽山[66]有七穿騈羅[67]，穿中黃赤[68]，俗謂之石印，云「石印封發[69]，天下當太平。」歷陽長[70]上言石印發，吳主遣使者以太牢[71]祠之。使者作高梯登其上，以朱書石[72]曰：「楚九州渚[73]，吳九州都[74]。揚州士[75]，作天子。四世治[76]，太平始。」還以聞，吳主大喜，封其山神為王，大赦，改明年元曰天紀。

冬，十月，以汝陰王駿[77]為征西大將軍，羊祜為征南大將軍，皆開府辟召[78]，儀同三司[79]。

祜上疏請伐吳曰：「先帝西平巴、蜀[80]，南和吳、會[81]，庶幾[82]海內得以休息。而吳復背信[83]，使邊事更興。夫期運[84]雖天所授，而功業必因人而成，不一大舉掃滅，則兵役無時得息也。蜀平之時，天下皆謂吳當并亡[85]，自是以來，十有三年[86]矣。夫謀之雖多[87]，決之欲獨[88]。凡以險阻得全者，謂其勢均力敵耳。若輕重不齊，強弱異勢，雖有險阻，不可保[89]也。蜀之為國，非不險也，皆云一夫荷戟，千人莫當。及進兵之日，曾無藩籬之限[90]，乘勝席卷，徑至成都，漢中諸城[91]，皆鳥棲[92]而不敢出，非無戰心，誠力不足以相抗也。及劉禪請降，諸營堡索然[93]

俱散。今江、淮之險不如劍閣，孫皓之暴過於劉禪，吳人之困甚於巴、蜀，而大晉兵力盛於往時，不於此際平壹[94]四海，而更阻兵[95]相守[96]，使天下困於征戍，經歷盛衰[97]，不可長久也。今若引梁、益之兵[98]水陸俱下，荊、楚之眾[99]進臨江陵，平南[100]、豫州[101]直指夏口[102]，徐、揚[103]、青、兗[104]並會秣陵[105]。以一隅[106]之吳當天下之眾，勢分形散，所備皆急。巴、漢奇兵[107]出其空虛，一處傾壞，則上下震蕩，雖有智者不能為吳謀矣。吳緣江為國，東西數千里，所敵者大[108]，無有寧息。孫皓恣情任意，與下多忌，將疑於朝[109]，士困於野，無有保世[110]之計，一定[111]之心。平常之日，猶懷去就[112]，兵臨之際，必有應者，終不能齊力致死[113]，已可知也。其俗急速[114]不能持久，弓弩戟楯不如中國[115]，唯有水戰是其所便，一入其境，則長江非復所保，還趣城池[116]，去長入短，非吾敵也。官軍縣進[117]，人有致死之志；吳人內顧[118]，各有離散之心。如此，軍不踰時[119]，克可必矣。」帝深納之。而朝議方以秦、涼為憂[120]，祜復表曰：「吳平則胡自定，但當速濟[121]大功耳。」議者多有不同，賈充、荀勖、馮紞[1]尤以伐吳為不可。祜歎曰：「天下不如意事[122]十常居七八，天與不取，豈非更事者[123]恨於後時[124]哉！」唯度支尚書[125]杜預、中書令張華[126]與帝意合，贊成其計。

丁卯[127]，立皇后楊氏[128]，大赦。后，元皇后之從妹也，美而有婦德。帝初聘后，后叔父珧[129]上表曰：「自古一門二后，未有能全其宗[130]者。乞藏此表於宗廟[131]，異日如臣之言[132]，得以免禍。」帝許之。

十二月，以后父鎮軍將軍駿為車騎將軍，封臨晉侯。尚書褚䂮、郭奕皆表駿小器，不可任社稷之重[133]，帝不從。駿驕傲自得，胡奮[134]謂駿曰：「卿恃女更益豪[135]邪？歷觀前世，與天家[136]婚，未有不滅門者，但早晚事耳。」駿曰：「卿女不在天家乎？」奮曰：「我女與卿女作婢耳，何能為損益[137]乎！」

三年（丁酉　西元二七七年）

春，正月丙子朔，日有食之。○立皇子裕為始平王。庚寅[138]，裕卒。

三月，平虜護軍文鴦[139]督涼、秦、雍州諸軍討樹機能[140]，破之，諸胡二十萬口來降。

夏，五月，吳將邵顗、夏祥帥眾七千餘人來降。

秋，七月，中山王睦[141]坐招誘逋亡[142]，貶為丹水縣侯[143]。○有星孛于紫宮[144]。

衛將軍楊珧等建議，以為「古者封建諸侯，所以藩衛王室[145]。今諸王公皆在京師，非扞城之義[146]。又，異姓諸將居邊，宜參以親戚[147]。」帝乃詔諸王各以戶邑多少為三等[148]，大國置三軍五千人，次國二軍三千人，小國一軍一千一百人。諸王為都督者，各徙其國使相近[149]。

八月癸亥[150]，徙扶風王亮[151]為汝南王[152]，出為鎮南大將軍，都督豫州諸軍事；琅邪王倫[153]為趙王[154]，督鄴城[155]守事；勃海王輔[156]為太原王[157]，監并州[158]諸軍事。以東莞王伷[159]在徐州[160]，徙封琅邪王[161]；汝陰王駿在關中，徙封扶風王[162]。又徙太原王顒[163]為河間王[164]，汝南王柬[165]為南陽王[166]。輔，孚之子；顒，孚之孫也。其無官者，皆遣就國。諸王公戀京師，皆涕泣而去。又封皇子瑋為始平王[167]，允為濮陽王[168]，該為新都王[169]，遐為清河王[170]。其異姓之臣有大功者，皆封郡公、郡侯。封賈充為魯郡公[171]。追封王沈為博陵郡公[172]。

徙封鉅平侯羊祜為南城郡侯[173]，祜固辭不受。祜每拜官爵，常多避讓，至心素著[174]，故特見申於分列之外[175]。祜歷事二世[176]，職典樞要[177]，凡謀議損益[178]，皆焚其草，世莫得聞，所進達[179]之人皆不知所由。常曰：「拜官公朝[180]，謝恩私門[181]，吾所不敢也。」

兗、豫、徐、青、荊、益、梁七州大水。

冬，十二月，吳夏口督孫慎入江夏、汝南[182]，略[183]千餘家而去。詔遣侍臣詰羊祜不追討之意，并欲移荊州[184]。祜曰：「江夏去襄陽八百里，比知賊問[185]，賊已去經日[186]，步軍安能追之？勞師以免責，非臣志也。昔魏武帝置都督，類皆與州相近[187]，以兵勢好合惡離[188]故也。疆場[189]之間，一彼一此[190]，慎守而已。若輒徙州[191]，賊出無常，亦未知州之所宜據[192]也。」

是歲，大司馬陳騫自揚州入朝[193]，以高平公罷[194]。

吳主以會稽張俶多所譖白[195]，甚見寵任，累遷司直中郎將[196]，封侯。其父為山陰縣卒[197]，知俶不良，上表曰：「若用俶為司直，有罪乞不從坐[198]。」吳主許之。俶表置彈曲[199]二十人，專糾司[200]不法，於是吏民各以愛憎互相告訐[201]，獄犴[202]盈溢，上下囂然[203]。俶大為姦利[204]，驕奢暴橫。事發，父子皆車裂[205]。

衛瓘遣拓拔沙漠汗歸國[206]。自沙漠汗入質[207]，力微可汗諸子在側者多有寵。及沙漠汗歸，諸部大人共譖而殺之。既而力微疾篤，烏桓王庫賢親近用事，受衛瓘賂，欲擾動諸部，乃礪斧[208]於庭，謂諸大人曰：「可汗[209]恨汝曹讒殺太子，欲盡收汝曹長子殺之。」諸大人懼，皆散走。力微以憂卒，時年一百。四子悉祿[210]立，其國遂衰。

初，幽、并二州皆與鮮卑接，東有務桓[211]，西有力微，多為邊患。衛瓘密以計問之，務桓降而力微死。朝廷嘉瓘功，封其弟為亭侯[212]。

四年（戊戌　西元二七八年）

春，正月庚午朔[213]，日有食之。

司馬督[214]東平馬隆上言：「涼州刺史楊欣失羌戎之和，必敗。」夏，六月，欣與樹機能之黨若羅拔能[215]等戰于武威[216]，敗死。

弘訓皇后[217]羊氏殂。

羊祜以病求入朝，既至，帝命乘輦入殿，不拜而坐。祜面陳伐吳之計，帝善之。以祜病，不宜數入[218]，更遣張華就問籌策[219]。祜曰：「孫皓暴虐已甚，於今可不戰而克。若皓不幸而沒，吳人更立令主[220]，雖有百萬之眾，長江未可窺[221]也，將為後患矣！」華深然之。祜曰：「成吾志者，子也。」帝欲使祜臥護諸將[222]，祜曰：「取吳不必臣行，但既平之後，當勞聖慮[223]耳。功名之際[224]，臣不敢居，若事了[225]，當有所付授[226]，願審擇其人也。」

秋，七月己丑[227]，葬景獻皇后于峻平陵[228]。

司[229]、冀、兗、豫、荊、揚州大水，螟[230]傷稼。詔問主者[231]：「何以佐百姓？」度支尚書杜預上疏，以為：「今者水災東南尤劇，宜敕兗、豫等諸州留漢氏舊陂[232]，繕以蓄水外[2]，餘皆決瀝[233]，令飢者盡得魚菜螺蚌之饒，此目下日給[234]之益也。水去之後，滇淤之田[235]，畝收數鍾[236]，此又明年之益也。典牧種牛[237]有四萬五千餘頭，不供耕駕，至有老不穿鼻者，可分以給民，使及春耕種。穀登[238]之後，責其租稅[239]，此又數年以後之益也。」帝從之，民賴其利。預在尚書七年，損益庶政[240]，不可勝數，時人謂之「杜武庫」，言其無所不有也。

九月，以何曾為太宰。辛巳[241]，以侍中、尚書令李胤為司徒。

吳主忌勝己者，侍中、中書令張尚，紘[242]之孫也，為人辯捷[243]，談論每出其表[244]，吳主積以致恨。後問：「孤飲酒可以方誰[245]？」尚曰：「陛下有百觚之量[246]。」吳主曰：「尚知孔丘不王[247]，而以孤方之。」因發怒，收尚[248]。公卿已下百餘人詣宮叩頭，請尚罪，得減死，送建安作船，尋就殺之[249]。

冬，十月，徵征北大將軍衛瓘為尚書令。是時，朝野咸知太子昏愚，不堪為嗣[250]，瓘每欲陳啓而未敢發。會侍宴陵雲臺[251]，瓘陽醉[252]，跪帝牀[253]前曰：「臣欲有所啓。」帝曰：「公所言何邪？」瓘欲言而止者三，因以手撫牀曰：「此座可惜！」帝意悟，因謬[254]曰：「公真大醉邪？」瓘於此不復有言。帝悉召東宮官屬[255]，為設宴會，而密封尚書疑事[256]，令太子決之。賈妃大懼，倩外人代對[257]，多引古義。給使[258]張泓曰：「太子不學，陛下所知。而答詔多引古義，必責作草主[259]，更益譴負[260]，不如直以意對[261]。」妃大喜，謂泓曰：「便為我好答[262]，富貴與汝共之。」泓即具草[263]，令太子自寫，帝省[264]之甚悅。先以示瓘，瓘大踧踖[265]，眾人乃知瓘嘗有言也。賈充密遣人語妃[266]云：「衛瓘老奴，幾破汝家！」

吳人大佃皖城[267]，欲謀入寇。都督揚州諸軍事王渾遣揚州刺史應綽攻破之，斬首五千級，焚其積穀百八十餘萬斛，踐稻田[3]四千餘頃，毀船六百餘艘。十一月辛巳[268]，太醫司馬程據[269]獻雉頭裘[270]，帝焚之於殿前。甲申[271]，敕內外敢有獻奇技異服者，罪之[272]。

羊祜疾篤，舉杜預自代[273]。辛卯[274]，以預為鎮南大將軍，都督荊州諸軍事。祜卒，帝哭之甚哀。是日大寒，涕淚霑須鬢皆為冰。祜遺令不得以南城侯印入柩[275]。帝曰：「祜固讓歷年，身沒讓存[276]，今聽復本封[277]，以彰[278]高美。」南州民[279]聞祜卒，為之罷市，巷哭聲相接，吳守邊將士亦為之泣。祜好遊峴山[280]，襄陽人建碑立廟於其地，歲時祭祀[281]，望其碑者無不流涕，因謂之墮淚碑。

杜預至鎮[282]，簡[283]精銳，襲吳西陵督張政，大破之。政，吳之名將也，恥以無備取敗，不以實告吳主。預欲間之[284]，乃表還[285]其所獲。吳主果召政還，遣武昌監留憲[286]代之。

十二月丁未[287]，朗陵公何曾卒。曾厚自奉養[288]，過於人主。司隸校尉東萊劉毅數劾奏曾侈汰[289]無度，帝以其重臣，不問。及卒，博士新興秦秀議[290]曰：「曾驕奢過度，名被九域[291]。宰相大臣，人之表儀[292]，若生極其情[293]，死又無貶，王公貴人復何畏哉！謹按諡法，『名與實爽[294]曰繆，怙亂肆行[295]曰醜』，宜諡繆醜公[4]。」帝策[296]諡曰孝。

前司隸校尉傅玄卒。玄性峻急[297]，每有奏劾，或值日暮，捧白簡[298]，整簪帶[299]，竦踊[300]不寐，坐而待旦。由是貴游震懾[301]，臺閣生風[302]。玄與尚書左丞博陵崔洪善，洪亦清厲骨鯁[303]，好面折人過[304]，而退無後言[305]，人以是重之。

鮮卑樹機能久為邊患[306]，僕射李憙請發兵討之。朝議皆以為出兵重事，虜[307]不足憂。

【章　旨】以上為第二段，寫晉武帝咸寧元年（西元二七五年）至咸寧四年共四年間的大事，主要寫了晉羊祜上表請求伐吳，沒有結果；病後回朝，又面陳伐吳之計，終生謙退，死後朝野悲悼；寫了衛瓘施反間計，使拓跋力微殺其太子沙漠汗，其國遂衰；寫了杜預為度支，濟災民有法，人稱「杜武庫」；繼羊祜鎮襄陽，又破吳將張政；寫了吳主孫皓殘暴，殺其大臣賀卲、張詠、熊睦；又迷信謠言，自謂能帝，屢屢改元；寫了賈充等排抑司馬攸，欺蒙司馬炎，護持低能之司馬衷為太子，為賈氏日後害衛瓘張本；又寫了名臣傅玄為官清正；何曾侈汰，獨獲司馬炎之恩寵等等。

【注釋】❶改元　在此之前司馬炎的年號是「泰始」，自此改稱「咸寧」。❷上有刻文　據《吳志》，上面刻的是年月日。❸改元天冊　此前吳國的年號是「鳳凰」，此後改稱「天冊」。❹收付酒藏　拘捕起來關押在藏酒的地窖裡。❺掠考　拷打。❻臨海　今浙江臨海市。❼又誅樓玄子孫　樓玄因為官正直被孫皓所殺事，見本書卷七十九泰始八年。❽入貢　到晉朝進獻貢品。拓跋沙漠汗初入貢見本書卷七十八景元二年。❾留之　留下他作人質。❿諸部大人　拓跋力微屬下的各部落首領。⓫離間之　離間沙漠汗與其父拓跋力微的關係。⓬七月甲申晦　七月的最後一天是甲申日。⓭十二月丁亥　十二月初五。⓮令狐豐　令狐豐被宋質擁立為敦煌太守，事見本書上卷七十九泰始八年。⓯楊欣　時為晉王朝的涼州刺史。⓰甚劇　很厲害。⓱疫氣死亡者　感染瘟疫而死亡的人。⓲休息　停止，這裡指疾病痊癒。⓳絕　拒絕接受。⓴齊王攸　司馬攸，司馬昭的次子，司馬炎之弟。㉑文帝　指司馬昭。㉒撫牀　拍著自己的座位。㉓此桃符座　這將來是司馬攸的座位。桃符是司馬攸的乳名。㉔幾為太子者數矣　好多次差點被立為太子。事見本書卷七十八咸熙元年。㉕臨終　指司馬昭臨死時。㉖漢淮南王　劉長，劉邦之子，漢文帝之弟，因圖謀叛亂被漢文帝流放，自殺。㉗魏陳思王　即曹植，曹操之子，曹丕之弟。曹丕不能容曹植事，見本書卷六十九黃初元年。㉘執攸手以授帝　意即讓司馬炎日後多關照司馬攸。㉙不起　指病死。㉚屬　通「囑」。囑咐。㉛及帝疾甚　當司馬炎病重的時候。㉜皆屬意於攸　都歸心於司馬攸，希望他繼位為帝。㉝卿二壻　指司馬攸和司馬衷叔姪二人，叔叔娶的是賈充的長女，姪子娶的是小女。㉞立人當立德　意即希望能立司馬攸，不要立司馬炎的傻兒子司馬衷。㉟充不答　賈充之所以不回答，一是他與他的同夥不被司馬攸喜歡；二是他的長女乃李氏所生，李氏之父李豐忠於曹魏，被司馬師所殺，賈充遂與李氏離婚；三是他後娶的這位郭氏，即小女賈南風的母親，生性悍猛，賈充懼之如虎，自然這也影響他的抉擇。㊱傾諂　對下陷害，對上諂媚。傾，軋。㊲高讓　指將繼承權讓給司馬攸。㊳其得免乎　意即仍免不了一死。㊴宜遣還藩　指免去司馬攸的朝權，打發他去他的封國。㊵徙和為光祿勳　將夏侯和調任為統領皇帝侍從、掌管宮廷警衛的官員。光祿勳原稱郎中令，是九卿之一。㊶奪充兵權　賈充自司馬昭時代起一直掌握洛陽城外的禁兵，因他畢竟是齊王攸的岳父，故免其兵權。㊷位遇無替　政治地位與享受的待遇都沒有改變。㊸施但之亂　吳人施但扶持吳國宗室孫謙為亂事，見本書卷七十九泰始二年。㊹京下督孫楷　京下督是鎮守京口（今江蘇鎮江）的軍事長官。孫楷是孫韶之子。孫韶原姓俞，因受孫策喜歡，賜姓孫，官至鎮北將軍。其子孫越、孫楷，相繼為京下督。傳見《三國志》卷五十一。㊺不時赴討　沒有及時地出兵討伐。㊻懷兩端　兩頭觀望，腳踏兩條船。㊼宮下鎮　防衛建業的軍事長官。㊽將妻子　攜帶著老婆孩子。㊾臨平湖　在今浙江餘杭城東。東吳曾獲寶鼎於此，故又名鼎湖。㊿蕆塞　荒蕪淤塞。(51)長老　老人們。(52)忽更開通　忽然又水勢上漲，與外面的河渠聯通。(53)青蓋入洛之祥　和前兩年占卜所得的「青蓋入洛」是同一種吉祥的徵兆。祥，祥瑞；好的徵兆。孫皓占卜得「青蓋入洛」之語，見本書卷七十九泰始八年。(54)奉禁都尉　宮廷防衛部隊的長官。(55)望氣　觀望雲氣變化，以斷人世吉凶，也是一種古代的迷信職業。(56)不能達　不懂得；不明白。(57)銜璧　口銜璧玉。「面縛銜璧」是古代帝王向人投降時的一種傳統做法。(58)湘東　吳郡名，郡治酃縣，在今湖南衡陽東十二里。(59)不出算緡　不向朝廷上交資產稅。據漢代規定，每千錢（一緡、一吊）交稅二十文，由商人自己估算、上報自己貨物的價值，按比例交稅。不如實上報，則受罰。張詠拒絕實行這種政策。(60)就在所　派人到他所住的地方。(61)徇首諸郡　將張詠的人頭拿到吳國的各郡示眾。(62)振貸　開倉救濟與發放貸款。(63)收私恩　用以收買人心，博得人民說好。(64)梟首　割下他的人頭掛在竿子上示眾。(65)八月己亥　八月二十一。(66)歷陽山　即歷山，在安徽和縣西北四十里。(67)七穿駢羅　七個山洞並排羅列。穿，穴；山洞。(68)穿中黃赤　山洞裡是黃紅色。(69)石印封發　石印外面遮掩的東西一旦自動打開。(70)歷陽長　歷陽縣長。(71)太牢　指牛、羊、豬三牲齊備的祭品，古代用於最隆重的祭祀。(72)以朱書石　在石頭上用朱砂寫道。(73)楚九州渚　楚地是九州中的島。(74)吳九州都　吳國是九州之首都。(75)揚州士　指孫皓，因其幼時「好學」，有士人之風。(76)四世治　傳到第四世的時候，天下大治。四世，指孫權、孫登、孫休、孫皓。(77)汝陰王駿　司馬駿，司馬懿之子，司馬炎之叔。傳見《晉書》卷三十八。(78)開府辟召　設立辦事衙門，自己聘請僚屬。這是朝廷賜予高官的一種特殊待遇。(79)儀同三司　享受的禮遇與使用儀仗的規格，與國家的三公一樣。(80)先帝西平巴蜀　指司馬昭令鄧艾、鍾會平定蜀漢事，見本書卷七十八景元四年。(81)南和吳會　南方則與吳國構和。事見本書卷七十八咸熙元年。吳、會，吳郡、會稽郡，吳之二郡名，這裡代指吳國。(82)庶幾　希望。(83)背信　指向晉朝挑釁。事見本書卷七十八泰始元年。(84)期運　時機；運數。(85)并亡　一起滅亡。(86)十有三年　從景元四年（西元二六三年）蜀漢滅亡至今已是十三年。(87)謀之雖多　徵求意見時，可以找許多人。(88)決之欲獨　最後拍板作決定的還得靠一個人。(89)保　依靠。(90)曾無藩籬之限　連個籬笆的作用也起不到。藩籬，竹條荊棘編織的籬笆。(91)漢中諸城　指漢城、樂城等軍事據點。(92)鳥栖　如鳥在樹上高高觀望。(93)索然　頃刻瓦解的樣子。(94)平壹　平定、統一。(95)阻兵　這裡即指屯兵、擁兵。(96)相守　相持；雙方對陣。(97)經歷盛衰　指將士們經歷盛年，而至於衰老。(98)梁益之兵　漢中與成都一帶的晉國軍隊，當時王濬任都督梁、益諸軍事。梁州的州治漢中，益州的州治成都。(99)荊楚之眾　荊州一帶的晉國軍隊，當時羊祜任都督荊州諸軍事，駐兵襄陽。(100)平南　指平南將軍胡奮率領的軍隊。(101)豫州　指豫州刺史王戎的軍隊。晉國豫州的州治在今河南正陽東北。(102)夏口　又稱沔口、魯口，即今武漢，地處漢水與長江的匯口。(103)徐揚　指王渾所統領的徐州、揚州的軍隊。(104)青兗　指司馬伷所統帥的青州、兗州的軍隊。(105)秣陵　古縣名，也就是吳國都城建業，今南京。(106)一隅　一角，極言其小。(107)巴漢奇兵　即上述的「梁益」之兵。(108)所敵者大　應當防守的地方太多。(109)將疑於朝　將軍在外被朝廷所疑。(110)保世　保障自己活下去。(111)一定　穩定；確定。(112)懷去就　動搖於去留之間。(113)齊力致死　齊心協力，為國效死。(114)急速　草率從事，沒有長性。(115)中國　指地處中原的晉王朝。(116)還趣城池　逃回到城堡之內。趣，同「趨」。逃向。(117)官軍縣進　官軍，指晉朝軍隊。縣進，即「懸進」，遠離自己大後方深入敵區。(118)內顧　擔心自己的家庭。(119)不踰時　用不了幾個月。時，一個季度。(120)方以秦涼為憂　當時禿髮樹機能勢力正盛，威脅秦、涼二州。秦州州治冀縣，在今甘肅甘谷縣東，涼州州治即今甘肅武威。(121)速濟　速戰速決。(122)不如意事　不能按心願去做的事。(123)更事者　經歷過這件事的人。更，經歷。(124)恨於後時　將來後悔錯過良機。恨，遺憾；惋惜。(125)度支尚書　掌管全國財務收支的官。(126)張華　晉初名臣，也是著名的學者，著有《博物志》。傳見《晉書》卷三十六。(127)丁卯　十月二十一。(128)楊氏　即楊芷，司馬炎前一位皇后（元皇后）的堂妹，楊駿之女。(129)叔父珧　楊珧。傳見《晉書》卷四十。(130)全其宗　保全她的宗族。(131)宗廟　此指皇家太廟。(132)如臣之言　指楊氏遭遇滅門之禍的時候。(133)不可任社稷之重　車騎將軍位在三公之上，執掌朝權，故褚䂮等有此言。(134)胡奮　字玄威，晉初名將。胡烈之兄，女為晉武帝「貴人」。傳見《晉書》卷五十七。(135)更益豪　變得愈加強橫無理。豪，霸道。(136)天家　指皇帝家。(137)何能為損益　指對決定大事起不了作用。(138)庚寅　正月十五。(139)平虜護軍文鴦　平虜護軍，武官名號，主管西北胡人的安撫工作。文鴦是文欽之子，父子原魏將，後叛變降吳，在壽春之役中文鴦又歸降司馬昭。(140)樹機能　鮮卑族部落首領的名字，姓禿髮名樹機能，後來南涼政權的創建者禿髮烏孤的祖先。事見《晉書》卷一百二十六。(141)中山王睦　司馬懿之姪，司馬炎之叔。傳見《晉書》卷三十七。(142)招誘逋亡　招收接納逃亡的罪犯。(143)丹水縣侯　封地丹水縣，丹水縣在今河南淅川縣西南。(144)有星孛于紫宮　在紫微垣星座附近出現流星。孛，火光四射的樣子，這裡即指流星。(145)藩衛王室　給中央王朝作屏障藩籬，以起護衛之用。(146)扞城之義　拱衛中央王朝的作用。(147)參以親戚　派一些皇室的親戚參與到守邊諸將中去。(148)各以戶邑多少為三等　當時，平原國、汝南國、琅邪國、扶風國、齊國為「大國」；梁國、趙國、樂安國、燕國、安平國、義陽國為「次國」；其餘為「小國」。(149)徙其國使相近　改換他們的封國使之靠近任所。(150)八月癸亥　八月二十一。(151)扶風王亮　司馬亮，司馬懿之子。(152)汝南王　封地汝南郡，都城即今河南息縣。(153)琅邪王倫司馬倫，司馬懿之子。(154)趙王　封地趙國，都城房子縣，在今河北石家莊南。(155)鄴城　在今河北臨漳西南。(156)勃海王輔　司馬輔，司馬懿之姪。(157)太原王　封地太原國，都城晉陽，在今太原西南。(158)并州　晉州名，州治亦在晉陽。(159)東莞王伷　司馬伷，司馬懿之子。(160)在徐州　意即此時正任職在徐州（今徐州）。(161)琅邪王　封地琅邪郡，郡治在今山東臨沂北。(162)扶風王　封地扶風郡，都城在今陝西眉縣東。(163)太原王顒　司馬顒，司馬懿的姪孫。(164)河間王　國都樂城，即今河北獻縣。(165)汝南王柬　司馬柬，司馬炎之子。(166)南陽王　都城宛縣，即今河南南陽。(167)始平王　封地始平郡，都城槐里，在今陝西興平東南。(168)濮陽王　都城在今河南濮陽西南。(169)新都王　都城地址不詳。(170)清河王　都城在今河北清河縣東南。(171)魯郡公　封地魯郡，郡治即今山東曲阜。(172)博陵郡公　封地博陵郡，郡治即今河北安平。(173)南城郡侯　封地南城郡，郡治在今山東費縣西南。(174)至心素著　一片誠懇之心被眾人所熟知。(175)特見申於分列之外　為使他的願望滿足而特別准許他辭爵。見申，謂願望得行。分列，指分封列爵。(176)二世　指司馬昭、司馬炎父子兩代。(177)職典樞要　主管中樞機要。(178)謀議損益　為國家出過有關得失利害的主意。(179)進達　推薦；舉薦。(180)拜官公朝　在朝廷上推薦了什麼人為官。(181)謝恩私門　讓受任者到私人家庭來拜謝恩情。(182)入江夏汝南　侵入晉朝的江夏、汝南二郡。江夏郡的郡治即今湖北雲夢，汝南郡的郡治即今河南息縣。(183)略　擄掠。(184)欲移荊州　打算把荊州治所從襄陽（今湖北襄樊）移往他處。(185)比知賊問　等得到賊寇進攻的消息。(186)已去經日　已經退走好幾天了。(187)類皆與州相近　大抵都讓都督的軍鎮與刺史的治所相靠近。(188)兵勢好合惡離　兵力最好集中不宜分散。(189)疆場　邊境。(190)一彼一此　有時他們攻我們，有時我們也攻他們。(191)若輒徙州　倘若動不動就遷移州治。(192)宜據　應該設在什麼地方。(193)自揚州入朝　由揚州軍鎮壽春進京朝見。(194)以高平公罷　免去職務，以高平公的爵封退休。(195)譖白　說別人的壞話。(196)司直中郎將　官名，執掌監察、彈劾。(197)山陰縣卒　山陰縣的卒史，即小吏。山陰縣治即今浙江紹興。(198)有罪乞不從坐　日後他犯了罪，請不要讓我們跟著受牽連。(199)彈曲　一種伺察官吏、糾察隱微密事的特務人員。(200)糾司　糾察、伺探。司，意思同「伺」。(201)告訐　告發他人的陰私。(202)獄犴　即監獄。(203)囂然　驚恐不安的樣子。(204)大為姦利　大搞不正當的盈利。(205)父子皆車裂　最後還是帶累了他的父親。(206)遣拓拔沙漠汗歸國　前年衛瓘上表扣留沙漠汗，並派人離間沙漠汗與其父的關係，此時陰謀已經完成，遂將其放還。(207)自沙漠汗入質　沙漠汗到中原當人質，至今已十七年。見本書卷七十七景元二年。(208)礪斧　磨斧子。(209)可汗　北方民族首領的稱號，猶如中原地區的帝王，此指拓跋力微。(210)四子悉祿　排行老四的兒子名叫悉祿。(211)務桓　劉務桓，匈奴右賢王劉去卑的曾孫，赫連勃勃的祖父。(212)亭侯　三等侯爵，封地只有一個亭。(213)正月庚午朔　正月初一是庚午日。(214)司馬督　武官名號，統領禁軍，主管殿內宿衛。(215)若羅拔能　人名，鮮卑部落的首領。(216)武

威　晉縣名，縣治在今甘肅民勤東北。[217]弘訓皇后　司馬師（司馬炎的伯父）的皇后，因其居住弘訓宮，故稱「弘訓皇后」。[218]數入　屢屢入見。[219]就問籌策　去羊祜家裡請教謀略。[220]令主　賢明的君主。[221]未可窺　意即不可攻。窺，偷看；伺機進攻。[222]臥護諸將　帶病臥在車上監督協調各部將領。[223]勞聖慮　就得讓您操心啦。[224]功名之際　立功揚名的事情。[225]事了　事成之後。[226]當有所付授　意謂要指派一個合適的人去鎮撫東南地區。[227]己丑　七月二十二。[228]峻平陵　司馬師的陵墓。[229]司　司州，州治洛陽，今河南洛陽東北。[230]螟　一種有害於農作物的鑽心蟲。[231]主者　主管該項事務的人，指左民尚書及度支尚書。[232]漢氏舊陂　漢朝時代留下的舊有河堤。[233]決瀝　挖掘淤泥，把水引走。[234]日給　每天的生活之需。[235]滇淤之田　被淹沒過和被淤積過的農田。[236]鍾　一鍾等於六石四斗。[237]典牧種牛　典牧令管理下的種牛。典牧令是主管放牧的官名，上屬太僕。種牛，專供繁殖之用的牛。[238]穀登　穀物豐收。[239]責其租稅　可以向他們收取租稅。責，收討。[240]損益庶政　修訂各種政策條例，該增的增，該減的減。[241]辛巳　九月十五。[242]紘　張紘，字子綱，吳國初期的良臣，曾侍孫策、孫權。事見《三國志》卷五十三。[243]辯捷　善於表達，說話來得快。[244]每出其表　每每超過孫皓。出其表，出於其上。[245]可以方誰　可以與誰相比。[246]百觚之量　指與孔子相同。《孔叢子》中有所謂「堯飲千鍾，孔子百觚」之語。觚是古代一種大酒杯，可容二升。[247]孔丘不王　孔丘沒能稱王。[248]收尚　將張尚逮捕下獄。[249]尋就殺之　不久派人去造船處把他殺了。[250]不堪為嗣　不能當接班人。[251]陵雲臺　魏文帝所築。[252]陽醉　假裝喝醉了酒。[253]帝牀　皇帝的座位。牀，座椅。[254]謬　故意打岔。[255]東宮官屬　太子宮的大小官員。[256]尚書疑事　尚書省（猶如後代的國務院）決定不下來的疑難事件。[257]倩外人代對　請外面的人替他做好該回答的話。倩，請。[258]給使　東宮侍從官。[259]必責作草主　必定要追問是誰給起的草。[260]更益譴負　將招致更多的譴責。[261]直以意對　逕直地按著自己的意思說。[262]便為我好答　你就為我們準備好一份更好的答卷。[263]具草　準備好草稿。[264]省　看。[265]踧踖　局促不安。[266]語妃　告訴其女賈南風。[267]大佃皖城　在皖城大規模屯墾。皖城，即今安徽潛山縣。[268]十一月辛巳　十一月十六。[269]司馬程據　姓司馬，名程據。[270]雉頭裘　用野雞頭上的羽毛製成的衣服。[271]甲申　十一月十九。[272]敢有獻奇技異服者二句　《禮記・王制》：「作淫聲異服奇技奇器以疑眾，殺。」司馬炎的這種表現究竟是裝腔作勢，還是出自真心，後人的看法不同。[273]自代　代替自己的官職。[274]辛卯　十一月二十六。[275]不得以南城侯印入柩　不讓家人將南城侯印裝入自己的棺材，意思是退回皇帝加給他的這種南城侯的封賞。羊祜拒絕南城侯事見上文咸寧三年。[276]身沒讓存　其身雖死，其謙讓不為郡侯之意猶存。[277]聽復本封　按照他的願望恢復他原來的「鉅平縣侯」封爵。[278]彰　表彰；顯揚。[279]南州民　指荊州的士民。[280]峴山　又名峴首山，在今湖北襄樊南九里。[281]歲時祭祀　按年關、按季節對其祭祀。[282]至鎮　到達軍鎮襄陽。㉘㉓簡　挑選。㉘㉔間之　離間張政與孫晧的關係。㉘㉕表還　上表皇帝請求發還。㉘㉖武昌監留憲　武昌地區的監軍，姓留名憲。㉘㉗十二月丁未　十二月十三。㉘㉘厚自奉養　意即養尊處優，生活豪華。㉘㉙侈汰　奢侈；糜費。㉙⓪議　建議，評議其人並建議加給他的諡號。㉙①名被九域　奢侈的名聲傳遍天下。九域，九州之域。㉙②表儀　表率。㉙③生極其情　活著的時候縱情享樂。㉙④名與實爽　名聲與實質不相符合。爽，參差；不一致。㉙⑤怙亂肆行　仗勢為亂，肆意橫行。㉙⑥帝策　皇帝親自下詔，未採用博士的意見。㉙⑦峻急　嚴厲、急切。㉙⑧白簡　彈劾官員的奏章。㉙⑨整簪帶　指穿戴好上朝的衣帽。簪，簪筆。帶，衣帶。㉚⓪竦踊　心緒不寧。㉚①貴游震慴　貴族子弟人人恐懼。貴游，原指沒有官職的王公子弟。㉚②臺閣生風　朝廷各部門都呈現出一種良好的風氣。㉚③清厲骨鯁　清廉嚴厲，能秉公直言。㉚④面折人過　當面指責別人的過失。㉚⑤退無後言　背後絕不議論人。㉚⑥久為邊患　從泰始六年（西元二七〇年）起，樹機能侵擾甘肅東北部一帶地區，到本年已是第九年。㉚⑦虜指禿髮樹機能的鮮卑部落。

【校　記】①馮紞　二字間原有兩字空格。據章鈺校，甲十一行本、乙十一行本、孔天胤本皆無空格，今從改。②外　原無此字。據章鈺校，甲十一行本、乙十一行本、孔天胤本皆有此字，今據補。③田　據章鈺校，甲十一行本、乙十一行本皆作「苗」。④繆醜公　原作「醜繆公」。據章鈺校，甲十一行本、乙十一行本、孔天胤本皆作「繆醜公」，今據改。

【語　譯】咸寧元年（乙未　西元二七五年）

春季，正月初一日戊午，晉國實行大赦，改年號為「咸寧」。

吳國有人在挖掘土地時，挖出了一把銀尺，上邊刻有年、月、日等文字。吳主孫晧於是發布大赦令，改年號為「天冊」。

吳國的中書令賀邵得了中風病不能言語，離開工作崗位已經好幾個月了。吳主孫晧懷疑賀邵是在裝病，就把他拘捕起來關押在藏酒的地窖裡，反覆拷打了他一千多次，但他始終不能發一言，於是就用燒紅了的鋸子將他的頭鋸下來，還把他的家屬流放到了臨海郡。孫晧又下令誅殺了樓玄的子孫。

夏季，六月，鮮卑拓跋力微又派他的兒子拓跋沙漠汗到晉國進獻貢品。在拓跋沙漠汗將要返回本國的時候，幽州刺史衛瓘上表請求朝廷把拓跋沙漠汗扣留下來作人質，衛瓘又祕密地用金錢賄賂拓跋力微統轄下的各部落首領以離間拓跋沙漠汗與他父親拓跋力微的關係。

秋季，七月最後一天三十日甲申，發生日蝕。

冬季，十二月初五日丁亥，晉武帝司馬炎追尊司馬懿的宣帝廟為高祖廟，司馬師的景帝廟為世宗廟，司馬昭的文帝廟為太祖廟。

晉國瘟疫流行，僅洛陽一地遭瘟疫病死的就有近一萬人。

二年（丙申　西元二七六年）

春季，晉國敦煌郡太守令狐豐去世，令狐豐的弟弟令狐宏繼任為敦煌郡太守，涼州刺史楊欣率領軍隊討伐令狐宏，將令狐宏殺死。

晉武帝受瘟疫感染病得很厲害，等到病癒之後，文武大臣都來為晉武帝祝壽。晉武帝下詔說：「每當我想起因感染瘟疫而死亡的人，心裡就感到非常沉痛。豈能因為我一人病情痊癒就忘記百姓的艱難呢？凡是有人敬獻禮物的，一律拒絕接受。」

當初，齊王司馬攸深受文帝司馬昭的寵愛，司馬昭每次看見司馬攸，都要拍著自己的座位喊著司馬攸的小名說：「桃符，這個座位將來就是你的。」司馬攸好幾次差點就被立為太子。司馬昭臨死的時候，對晉武帝司馬炎述說漢朝淮南王劉長、魏國陳思王曹植的故事而泣不成聲，他拉著司馬攸的手，然後交到司馬炎的手裡，把司馬攸託付給司馬炎。太后臨終的時候，也流著眼淚對司馬炎說：「桃符性情急躁，而你這做哥哥的對他又不夠慈愛。我如果一病不起，恐怕你必定容不下他，所以我囑咐你，千萬不要忘記我說的話！」這次司馬炎病重的時候，朝野上下都歸心於司馬攸，希望司馬攸能即位為皇帝。司馬攸的妃子是賈充的長女。河南尹夏侯和對賈充說：「你的兩個女婿，司馬攸和司馬衷叔姪兩人與你的關係親疏是一樣的，選誰做皇帝繼承人，首先應該看重他的品德。」賈充沒有回答。司馬攸一向厭惡荀勗以及左衛將軍馮紞對下陷害、對上諂媚的醜態，於是荀勗便唆使馮紞對晉武帝說：「陛下前些天的疾病如果不能痊癒，公卿百姓心裡都向著齊王司馬攸，太子即使主動將繼承權讓給司馬攸，恐怕也難免一死！應該免去齊王的朝權，打發他回到他的封國去，以安定社稷。」晉武帝暗中採納了馮紞的建議，於是將夏侯和調任為統領皇帝侍從、掌管宮廷警衛的光祿勳，剝奪了賈充的軍權，而賈充的政治地位與享受的待遇都沒有改變。

吳國施但扶持吳國宗室孫謙作亂的時候，有人在吳主面前誣陷擔任京下督的孫楷，說：「孫楷不及時出兵討伐施但，而是心懷觀望，腳踏兩條船。」於是吳主多次地責備孫楷，徵調孫楷擔任宮下鎮驃騎將軍。孫楷為此而疑慮不安，夏季，六月，孫楷攜帶著老婆孩子來投奔晉國，晉武帝任命孫楷為車騎將軍，並封他為丹陽侯。

秋季，七月，吳國有人對吳主說：「臨平湖自從漢朝末年起就一直荒蕪淤塞，老人們都說：『此湖塞，天下亂；此湖開，天下平。』最近臨平湖無緣無故水勢忽然上漲，與外面的河渠又聯通了，大概預示著天下就要太平，是前兩年占卜所得的『青蓋入洛』的預言就要實現了。」吳主就此事詢問擔任奉禁都尉的歷陽人陳訓，陳訓回答說：「我只會觀望雲氣變化來判斷人世吉凶，而不懂得湖泊開塞預示著什麼。」陳訓回去後就對他的朋友說：「青蓋入洛陽，恐怕將有君主面縛銜璧請降的事情發生，這不是吉祥的預兆。」

有人向吳主貢獻了一方小石頭，上面刻有「皇帝」二字，說是從湖邊撿到的。於是吳主大赦天下，改年號為「天璽」。

湘東郡太守張詠不向朝廷交納資產稅，吳主於是派人到張詠所住的地方就地將張詠斬首，然後將張詠的人頭拿到吳國的各郡示眾。會稽郡太守車浚公正廉潔，政績突出，碰巧會稽郡遭遇旱災，糧食顆粒無收，於是車浚上表請求朝廷開倉救濟與發放貸款。吳主認為他是故意收買人心，立即派使者前往會稽郡殺死了車浚，將車浚的人頭掛在竿子上示眾。擔任尚書的熊睦稍微勸阻了一下，吳主就用刀柄將熊睦活活地撞擊而死，熊睦死時遍體鱗傷，渾身上下沒有一塊完好的肌膚。

八月二十一日己亥，晉武帝任命何曾為太傅，陳騫為大司馬，賈充為太尉，齊王司馬攸為司空。

吳國歷陽山發現有七個山洞並排羅列，山洞的石壁呈現黃紅色，習慣上把這稱作石印，說「石印外面遮掩的東西一旦自動打開，就預示著天下將要太平。」歷陽縣長上疏給吳主說遮掩石印的東西自動打開了，吳主立即派遣使者用牛、羊、豬三牲齊備的大禮前去祭祀。使者借助於高梯子登上山洞，在石頭上用朱砂寫上：「楚地是九州中的小島，吳地是九州的國都。揚州士，做天子。傳到第四世的時候，天下開始太平。」使者回建業後報告給吳主孫皓，孫皓大喜，封歷陽山神為王，大赦天下，改明年年號為「天紀」。

冬季，十月，晉武帝任命汝陰王司馬駿為征西大將軍，羊祜為征南大將軍，都允許他們設立辦事衙門，自行聘請僚屬，享受的禮遇與使用的儀仗規格與國家的三公一樣。

羊祜上疏請求討伐東吳，他說：「先帝時期向西平定了巴、蜀，南方則與東吳構和，希望全國的人民得以休養生息。而吳國背信棄義，一再挑起邊境事端。時機雖然說是靠上天授予，而建功立業必定還是要靠人力才能獲得成功，如果不一舉把東吳消滅，戰爭就永遠不會停止。蜀國滅亡的時候，天下人都說應該一鼓作氣消滅東吳，從那時到現在，已經拖延了十三年了。徵求意見時可以找許多人，最後拍板作決定的還得靠一個人。凡是依靠地形險要、交通阻塞而得以保全的國家，首要條件是兩邊的力量勢均力敵。如果兩邊的力量大小不同，勢力有強有弱，即使再有險阻，國家靠它也不能得到保全。蜀國的地理形勢不能說不險要，都說是一夫當關，萬夫莫敵。然而我軍進攻的時候，這些險要卻連一個籬笆的作用也起不到，我軍乘勝席捲而前，逕直到達成都，漢中各城的守軍，都像棲息在樹上的鳥兒一樣高高觀望而不敢出戰，他們並不是沒有作戰的心思，確實是因為雙方軍事力量相差太懸殊無力抵抗而已。等到劉禪請求投降後，蜀國的各個營壘頃刻之間瓦解，如鳥獸散。如今東吳的長江、淮河的險要比不上劍閣，孫皓的殘暴卻勝過劉禪，吳人的貧困超過巴、蜀，而我大晉國的兵力超過以往任何時候，不趁此有利時機平定東吳統一天下，而只是屯兵邊界，雙方對峙，使天下人被困於連年的征伐和防守，使將士們經歷由壯年到衰老，這不是長久之計。如今如果命令梁州、益州的軍隊沿長江水陸並進，命荊州一帶的軍隊進逼江陵，命令平南將軍胡奮、豫州刺史王戎各率所部直指夏口，命令王渾所統領的徐州、揚州的軍隊，司馬伷所統率的青州、兗州的軍隊全部到秣陵會師。以一隅之地的東吳阻擋天下的重兵，必然兵力分散，四處告急。巴蜀、漢中出奇兵，乘虛而入，東吳的防線只要有一處被突破，吳國就會上下震動，即便有大智慧的人為它出謀劃策，也挽救不了東吳必然滅亡的命運。東吳依靠長江建國，東西全長幾千里，需要派兵防守的地方太多，士兵沒有休息的時候。孫晧恣情任性，與下屬互相猜忌，將軍在外被朝廷所懷疑，士兵在野外遭受困苦，他們這些人沒有保障自己活下去的辦法，所以也就沒有穩定的心情。太平之時，尚且動搖於去留之間，當大兵壓境的時候，必定會有人起兵響應，終究不會齊心協力為國效死，這是可以預見的。吳地的風俗習慣是行動快捷、辦事草率而沒有長性，弓弩戟盾等武器又不如我們晉國的優良，唯有水戰是他們的長處，一旦大軍進入他們的國境，他們就無法依賴長江天塹，必然逃回到城堡之內，這樣他們就失去了自己的長處而處於劣勢，那時他們就不再是我們的對手。我軍遠離大後方，深入敵區，人人都有為國犧牲的壯志；而吳兵在自己的國境之內作戰，人人擔心自己的家庭受到傷害，因此各個懷有離散之心。在這種情況下，用不了幾個月，就必定能把吳國滅掉。」晉武帝非常贊成羊祜對形勢的分析，決定採納他的建議。而參加討論的朝中大臣卻都在擔憂西部禿髮樹機能的勢力會威脅秦州、涼州一帶，羊祜又上表說：「東吳平定了，胡人自然就平定了，只是應當速戰速決，才能大功告成。」參加議論的大臣有很多人持不同看法，賈充、荀勗、馮紞尤其認為不應該討伐吳國。羊祜感慨地說：「天下之事不能按心願去做的經常是十有七八，上天賞賜給你的而你不去取，豈不是讓經歷過這件事的人將來去後悔錯失良機嗎！」只有擔任度支尚書的杜預、擔任中書令的張華與晉武帝的心思一致，贊成羊祜伐吳的計策。

十月二十一日丁卯，晉武帝立楊芷為皇后，大赦天下。楊芷皇后是楊元皇后的堂妹，相貌美麗而又有為婦之德。晉武帝剛下聘禮的時候，楊芷的叔父楊珧就上表說：「自古以來凡是一個家族出兩個皇后的，沒有能夠保全她的宗族的。懇請陛下把我的這份奏章藏在皇家太廟裡，如果我擔憂的事情哪天真的發生了，希望能夠以此為憑據免除我們楊氏家族的災禍。」武帝答應了他的請求。

十二月，任命楊芷皇后的父親鎮軍將軍楊駿為車騎將軍，並封為臨晉侯。尚書褚䂮、郭奕都上表說楊駿沒有大才，不可以委以國家重任，晉武帝不聽勸告。楊駿非常驕傲，洋洋得意，胡奮對楊駿說：「你仗著閨女做皇后就變得愈加強橫無理了嘛？縱觀歷朝歷代，凡是與皇帝家結親的，沒有不被滿門抄斬的，只是有早有晚罷了。」楊駿說：「你的女兒不也在皇家後宮嗎？」胡奮說：「我的女兒只不過是為你的女兒當婢女而已，怎麼能對決定國家大事起作用呢！」

三年（丁酉　西元二七七年）

春季，正月初一日丙子，發生日蝕。〇晉武帝封皇子司馬裕為始平王。十五日庚寅，司馬裕去世。

三月，擔任平虜護軍的文鴦統領涼州、秦州、雍州諸軍征討禿髮樹機能，將禿髮樹機能打敗，各少數民族部落有二十萬人向晉國投降。

夏季，五月，吳國將領邵顗、夏祥率領七千多人前來晉國投降。

秋季，七月，中山王司馬睦被指控犯有招納逃亡罪犯的過失，被貶為丹水縣侯。〇在紫微垣星座附近出現流星。

晉國衛將軍楊珧等人向朝廷建議，他們認為「古時侯國君把國土分封給各個諸侯王，是為了讓諸侯王給中央王朝作屏障、藩籬，起到保衛中央王朝之用；如今的親王、公爵都居住在京城，起不到拱衛中央王朝的作用。再有，異姓諸將駐守在邊境，應該派一些皇室的親戚參與到守邊諸將中去。」晉武帝於是下詔，按照各親王封國區域內戶口的多少分為三等，大的諸侯國設置三軍，兵力五千人，次一等的諸侯國設置二軍，兵力三千人，小的諸侯國設置一軍，兵力一千一百人。諸親王中有擔任都督職務的，就改換他們的封國使之靠近他們的任所。

八月二十一日癸亥，改封扶風王司馬亮為汝南王，讓他出任鎮南大將軍，統管豫州的各種軍務；改封琅邪王司馬倫為趙王，負責鎮守鄴城；改封勃海王司馬輔為太原王，監管并州的各種軍務。因為東莞王司馬伷正在徐州任職，所以就改封司馬伷為琅邪王；汝陰王司馬駿正在關中任職，所以改封司馬駿為扶風王。又改封太原王司馬顒為河間王，汝南王司馬柬為南陽王。司馬輔是司馬孚的兒子；司馬顒是司馬孚的孫子。其餘沒有擔任官職的親王，都要求他們回到自己的封國去。那些王、公都留戀京師的生活而不願意到封國去，所以一個個都是哭哭啼啼地離開京師前往自己的封國去了。晉武帝司馬炎又封皇子司馬瑋為始平王，司馬允為濮陽王，司馬該為新都王，司馬遐為清河王。那些異姓的大臣凡是有大功勞的，都被封為郡公、郡侯。封賈充為魯郡公。追封王沈為博陵郡公。

改封鉅平侯羊祜為南城郡侯，羊祜堅決辭讓，不肯接受封賞。晉武帝每次封官爵的時候，羊祜都要辭讓，一片誠懇之心素來被眾人所熟知，晉武帝為了滿足他的願望就特別准許他辭爵。羊祜經歷司馬昭、司馬炎父子兩代，主管中樞機要，凡是他參謀過的有關國家得失利害的主意，他都把草稿燒掉，所以世人完全不知道他建議的內容，被他推薦的人也不知道自己是被誰舉薦的。羊祜經常說：「在朝廷上推薦人為官，而讓受推薦的人到自己家裡來謝恩，我不敢這樣做。」

晉國的兗州、豫州、徐州、青州、荊州、益州、梁州七個州都發生了大洪水。

冬季，十二月，東吳擔任夏口督的孫慎率領軍隊侵入晉朝的江夏郡、汝南郡，擄掠了一千多家居民而後退去。晉武帝下詔，派侍臣去責問羊祜為什麼不追趕孫慎索要被擄掠的百姓，還打算把荊州治所從襄陽移往別處。羊祜說：「江夏郡距離襄陽八百里，等到得知賊寇進攻的消息，賊寇已經退走好幾天了，步兵豈能追趕得上敵人呢？為了免除責罰而勞師動眾，我不願意這樣子做。過去魏武帝曹操設置都督，大多都讓都督的軍鎮與刺史的治所靠得很近，這是因為他認為兵力最好集中不宜分散的緣故。邊境之間，有時他們攻擊我們，有時我們也攻擊他們，只要謹慎防守就行了。如果動不動就遷移州治，賊寇出沒無常，恐怕也就不知道州治到底設在什麼地方為好了。」

這一年，晉國大司馬陳騫由揚州軍鎮壽春進京朝見，結果被免去職務，以高平公的爵位退休。

吳主孫晧因為會稽人張俶在自己面前說了別人的許多壞話，所以孫晧就特別寵信他，張俶經過屢次提拔，竟然升任為司直中郎將，並被封為侯爵。他的父親是山陰縣的一個小吏，他深知自己的兒子張俶品行不端，就上表給孫晧說：「如果任用張俶為司直中郎將，日後他犯了罪，請不要牽連到我們。」吳主答應了他的請求。張俶上表要求設置二十個負責伺察官吏的特務人員，專門伺察隱微密事等不法行為，於是官吏和百姓都以自己的愛憎為標準，互相告發他人的隱私，監獄裡一時人滿為患，上下驚恐不安。張俶藉機大搞不正當的盈利，驕奢暴橫。事情敗露後，張俶父子都被處以車裂之刑。

晉國的衛瓘釋放拓跋沙漠汗回國。自從拓跋沙漠汗到中原被留作人質以來，拓跋力微可汗的兒子們凡是在拓跋力微跟前的大多受到寵愛。等到拓跋沙漠汗回國以後，各部落的頭領共進讒言，於是拓跋力微殺死了拓跋沙漠汗。不久拓跋力微可汗病情加重，烏桓王庫賢正受到拓跋力微可汗的寵信而掌握實權，他接受了衛瓘的賄賂，準備挑動各部落之間互相爭鬥，於是就在大庭前一邊磨斧子，一邊對各酋長們說：「拓跋力微可汗痛恨你們進讒言殺害了太子拓跋沙漠汗，現正在準備把你們的長子全部逮捕起來處死呢。」各部落酋長心驚膽戰，都四處逃散。拓跋力微憂慮而死，享年一百歲。排行老四的拓跋悉祿繼位後，其國勢便逐漸衰落下來。

當初，晉國的幽州、并州都與鮮卑部落接壤，東邊有劉務桓，西邊有拓跋力微，邊患不斷。衛瓘祕密地使用離間計離間他們，於是東部的劉務桓向晉國投降，西邊的拓跋力微憂慮而死。朝廷為表彰衛瓘的功勞，封衛瓘的弟弟為亭侯。

四年（戊戌　西元二七八年）

春季，正月初一日庚午，發生日蝕。

擔任司馬督的東平人馬隆上疏給晉武帝說：「涼州刺史楊欣不能與羌族、戎族和睦相處，必然失敗。」夏季，六月，楊欣率兵與禿髮樹機能的黨羽若羅拔能等在武威交戰，楊欣戰敗被殺。

晉國弘訓皇后羊氏去世。

羊祜因病請求入朝，到了朝廷之後，晉武帝讓羊祜乘車入殿，朝見的時候不用下拜，特許他坐著說話。羊祜當面向晉武帝陳述討伐東吳的計畫，司馬炎認為他的意見很好。因為羊祜有病，不適宜多次入朝晉見，於是晉武帝就另外派張華到羊祜家裡去請教伐吳的謀略。羊祜說：「吳主孫皓暴虐無道已達極點，我們現在用不著戰爭就可以征服他們。假如孫皓不幸死去，吳人另立賢明的君主，即使我們有百萬之眾，恐怕窺探長江的機會都沒有了，後患將會無窮無盡！」張華完全同意羊祜的分析。羊祜說：「能夠實現我的意願的，就靠你了。」晉武帝想讓羊祜帶病臥在車中監督協調各位將領，羊祜說：「攻取吳國不一定非得我去，但平定吳國之後，就得讓陛下多操心了。立功揚名的事情，我不敢搶著去，事成之後，要指派一個合適的人去鎮撫東南地區，希望陛下謹慎地選擇派遣的官員。」

秋季，七月二十二日己丑，晉武帝將景獻皇后安葬於峻平陵。

晉國司州、冀州、兗州、豫州、荊州、揚州發大水，螟蛉蟲危害莊稼。晉武帝下詔詢問主管該項事務的人說：「應該如何救助百姓？」擔任度支尚書的杜預上疏給晉武帝，他認為：「今年的水災尤以東南部地區最為嚴重，應該下令兗州、豫州等州將漢朝時修建的舊河堤保留下來，修繕後用來蓄水外，其他的地方則挖掘淤泥，清理河道，把水引走，讓飢民利用蔬菜、魚蝦螺蚌等資源維持生活，這是眼下每天都可以藉以維持生計的好辦法。等到大水退去之後，被大水淹過和被淤積過的農田，每畝可以收穫幾鍾糧食，這又是明年的生計基礎。典牧令掌管下的種牛還有四萬五千多頭，平常不用來從事耕田、拉車，有的牛甚至老了還沒有穿牛鼻子，可以把這些牛分給百姓，等到春天讓百姓利用牠們耕種。穀物收穫之後，可以向他們收取租稅，這又會給今後幾年帶來好處。」晉武帝採納了這個建議，人民依賴這項措施獲得了生計。杜預任尚書七年，所修定改善的各種政策條例，多得不可勝數，當時的人稱杜預為「杜武庫」，是說他胸中無所不有。

九月，晉武帝任命何曾為太宰。十五日辛巳，任命侍中、尚書令李胤為司徒。

吳主孫晧嫉妒才能超過自己的人，擔任侍中、中書令的張尚，是張紘的孫子，善於表達，說話來得快，其言談見解每每超過孫晧，孫晧逐漸積累起對他的妒忌與憤恨。後來孫晧問張尚說：「我飲酒的數量可以和誰相比？」張尚回答說：「陛下有孔丘般百斛的酒量。」吳主說：「張尚明知道孔丘沒能稱王，而把我比作孔丘。」因此大發雷霆之怒，立即將張尚逮捕下獄。公卿以下一百多位官員到皇宮磕頭，請求赦免張尚的罪過，這才減輕了張尚的罪行，得以免死，張尚被遣送到建安造船處做奴工，不久孫晧就派人到造船處把張尚殺死了。

冬季，十月，晉武帝徵調征北大將軍衛瓘為尚書令。當時朝野都知道太子司馬衷昏庸愚笨，擔當不起皇位繼承人的重任，衛瓘每每想提醒晉武帝，可是每次都是話到嘴邊而沒敢說出口。有一次，衛瓘在陵雲臺陪伴晉武帝飲酒，衛瓘佯裝酒醉，跪倒在晉武帝的寶座前說：「我有事情想向陛下啟奏。」晉武帝說：「你想啟奏什麼呢？」衛瓘幾次三番想說又幾次打住，就用手撫摸著龍椅說：「此座位實在是可惜了！」晉武帝明白了他說的意思，卻故意打岔說：「你真的喝醉了嗎？」衛瓘此時不敢再說什麼。晉武帝將東宮所有的大小官員都召集起來，一面為他們擺設酒宴，一面祕密封好尚書省決定不下來的疑難事件，讓太子作出決定。賈妃非常害怕，就請外面的人替他作好該回答的問題，但很多都是引用古人所說的義理。擔任東宮侍從官的張泓對賈妃說：「太子不喜歡讀書，陛下是知道的。而回答詔書卻引用了很多古義，陛下必定要追究起草的人，反而將招致更多的譴責，不如逕直地按著自己的意思說為好。」賈妃大喜，對張泓說：「你就為我們準備好一份更好的答卷吧，富貴將與你同享。」於是張泓寫好了草稿，讓太子司馬衷照樣抄寫了一遍，司馬炎看了太子的答卷，心中喜悅。便先拿給衛瓘看，衛瓘窘促不安，眾人這才知道衛瓘一定跟皇帝說過什麼。賈充祕密派人告訴賈妃說：「衛瓘這個老東西，差一點破敗了你家！」

東吳派軍隊在皖城大規模屯墾，準備入侵晉國。晉國負責統領揚州諸軍事的王渾派遣揚州刺史應綽將吳軍打敗，砍下了吳軍五千顆人頭，將吳軍積存的稻穀一百八十多萬斛全部燒毀，並將他們開墾的四千多頃稻田全部踐踏毀壞，搗毀船隻六百多艘。

十一月十六日辛巳，擔任太醫的司馬程據向晉武帝貢獻了一領用野雞頭上的羽毛製成的衣服，晉武帝立即在宮殿前當眾焚毀了。十九日甲申，晉武帝下詔皇宮內外有人膽敢再獻奇技異服，就一定要治他的罪。

羊祜病勢沉重，於是便向朝廷舉薦杜預接替自己的職務。十一月二十六日辛卯，晉武帝任命杜預為鎮南大將軍，統領荊州諸軍事。羊祜因病去世，晉武帝哭得非常悲痛。這一天天氣特別寒冷，晉武帝哭得鼻涕眼淚粘到鬍鬚鬢角上都結成了冰。羊祜在遺囑中囑咐家人不許把南城侯的印綬作為陪葬物裝入自己的棺材。晉武帝說：「羊祜連續多年謙讓賞賜，其身雖死，其謙讓不為郡侯之意猶存，現在就按照他的意願恢復他原來的『鉅平縣侯』的封爵，以彰顯他高尚的美德。」荊州的士民聽說羊祜去世的消息，紛紛關閉店門停止了營業，大街小巷哭聲不斷，就連東吳的守邊將士也禁不住為羊祜的去世而哭泣。羊祜喜好遊覽峴山，襄陽人便在峴山為羊祜建造了祭廟、刻立了石碑，每逢年關、節令就前來祭祀他，凡是看過羊祜的石刻碑文的人沒有一個不被感動得涕泗橫流，因此人們又稱此碑為墮淚碑。

杜預到達軍鎮襄陽以後，立即挑選出一部分精銳，襲擊了東吳西陵督張政，把張政打得大敗。張政是東吳的名將，他認為自己事先沒有準備而突然遭受晉軍的襲擊、並且打了敗仗是一件羞恥的事情，所以就沒有把真實情況報告給吳主孫皓。杜預想離間張政與孫皓的關係，就上表晉武帝請求發還所俘獲的東吳將士和物資。吳主果然將張政召回建業，另派擔任武昌地區的監軍留憲接替張政的職務。

十二月十三日丁未，晉國的朗陵公何曾去世。何曾一向養尊處優，其生活豪華的程度超過皇帝。擔任司隸校尉的東萊人劉毅屢次彈劾何曾奢侈、糜費沒有限度，晉武帝因為何曾是朝中重臣，所以一直置之不聞。等到何曾死後，擔任博士的新興人秦秀建議說：「何曾驕橫奢侈過度，奢侈的名聲傳遍了天下。宰相大臣，是人民的表率，如果活著的時候縱情享樂，死後又沒有遭受貶黜，那麼王公貴人還有什麼可畏懼的呢！應該認真地按照《諡法》的規定，『名聲與實質不相符合的稱為繆，仗勢為亂、肆意橫行的稱為醜』，何曾的諡號應為『繆醜公』。」晉武帝直接下詔賜何曾的諡號為「孝」，沒有採納博士秦秀的意見。

以前曾經擔任司隸校尉的傅玄去世了。傅玄性格嚴厲、急切，每當寫好彈劾官員的奏章，如果趕上天色已晚，當日來不及上奏，他就捧著奏章，穿戴好上朝的衣帽，心緒不寧，徹夜不寐，坐以待旦。因此貴族子弟人人恐懼，朝廷各部門都呈現出一種良好的風氣。傅玄與擔任尚書左丞的博陵人崔洪關係友善，崔洪為人也清廉嚴厲，敢於秉公直言，喜好當面指責別人過失的人，但絕對不在背後議論人，人們因此都很敬重他們。

鮮卑禿髮樹機能從泰始六年以來，一直擾亂晉朝的邊境，擔任僕射的李憙請求朝廷發兵討伐禿髮樹機能。朝中大臣都認為出兵打仗是件重大的事情，而禿髮樹機能的侵擾不值得憂慮。

五年（己亥　西元二七九年）

春，正月，樹機能攻陷涼州❶。帝甚悔之，臨朝而歎曰：「誰能為我討此虜者？」司馬督馬隆❷進曰：「陛下能任臣，臣能平之。」帝曰：「必能平賊，何為不任，顧❸方略何如耳？」隆曰：「臣願募勇士三千人，無問所從來❹，帥之以西，虜不足平也。」帝許之。乙丑❺，以隆為討虜護軍、武威太守。公卿皆曰：「見兵❻已多，不宜橫設賞募❼。隆小將妄言，不足信也。」帝不聽。隆募能引弓四鈞❽、挽弩九石❾者取之，立標簡試❿，自旦至日中，得三千五百人。隆曰：「足矣。」又請自至武庫⓫選仗⓬。武庫令⓭與隆忿爭，御史中丞劾奏隆。隆曰：「臣當畢命戰場⓮，武庫令乃給以魏時朽仗，非陛下所以使臣之意也。」帝命惟隆所取，仍⓯給三年軍資⓰而遣之。

初，南單于呼廚泉以兄於扶羅子豹⓱為左賢王，及魏武帝分匈奴為五部⓲，以豹為左部帥⓳。豹子淵幼而雋異⓴，師事上黨崔游，博習經史。嘗謂同門生㉑上黨朱紀、鴈門范隆曰：「吾常恥隨、陸無武，絳、灌無文㉒。隨、陸遇高帝而不能建封侯之業㉓，絳、灌遇文帝而不能興庠序之教㉔，豈不惜哉！」於是兼學武事。及長，猨臂㉕善射，膂力過人，姿貌魁偉。為任子㉖在洛陽，王渾及子濟皆重之，屢薦於帝。帝召與語，悅之。濟曰：「淵有文武長才，陛下任以東南之事㉗，吳不足平也。」孔恂、楊珧曰：「非我族類，其心必異㉘。淵才器誠少比，然不可重任也。」及涼州覆沒，帝問將㉙於李憙，對曰：「陛下誠能發匈奴五部之眾，假㉚劉淵一將軍之號，使將之而西，樹機能之首可指日而梟也。」孔恂曰：「淵果梟樹機能，則涼州之患方更深耳。」帝乃止。

東萊王彌㉛家世二千石，彌有學術勇略，善騎射，青州人謂之「飛豹」，然喜任俠[1]。處士陳留董養見而謂之曰：「君好亂樂禍，若天下有事，不作士大夫㉜矣。」淵與彌友善，謂彌曰：「王、李以鄉曲見知㉝，每相稱薦㉞，適足為吾患㉟耳。」因歔欷流涕。齊王攸聞之，言於帝曰：「陛下不除劉淵，臣恐并州不得久安。」王渾曰：「大晉方以信懷殊俗㊱，奈何以無形之疑㊲殺人侍子㊳乎？何德度之不弘也！」帝曰：「渾言是也。」會豹卒，以淵代為左部帥。

夏，四月，大赦。○除部曲督以下質任㊴。

吳桂林㊵太守脩允卒，其部曲應分給諸將㊶。督將㊷郭馬、何典、王族等累世舊軍，不樂離別。會吳主料實㊸廣州戶口，馬等因民心不安，聚眾攻殺廣州督㊹虞授，馬自號都督交、廣二州諸軍事，使典攻蒼梧㊺，族攻始興㊻。秋，八月，吳以軍師張悌為丞相，牛渚㊼都督何植為司徒，執金吾滕脩為司空。未拜㊽，更以脩為廣州牧，帥萬人從東道討郭馬。馬殺南海[49]太守劉略，逐廣州刺史徐旗。吳主又遣徐陵督[50]陶濬將七千人，從西道與交州牧陶璜共擊馬。

吳有鬼目菜[51]生工人黃耉家，有買菜[52]生工人吳平家。東觀案圖書[53]，名鬼目曰「芝草」，買菜曰「平慮草」。吳主以耉為侍芝郎，平為平慮郎，皆銀印青綬[54]。

吳主每宴羣臣，咸令沈醉。又置黃門郎十人為司過[55]，宴罷之後，各奏其闕失，迕視[56]謬言[57]，罔有不舉[58]，大者即加刑戮，小者記錄為罪，或剝人面，或鑿人眼。由是上下離心，莫為盡力。

益州刺史王濬上疏曰：「孫晧荒淫凶逆，宜速征伐。若一旦晧死，更立賢主，則彊敵也。臣作船七年[59]，日有朽敗。臣年七十，死亡無日[60]。三者一乖[61]，則難圖也，誠願陛下無失事機。」帝於是決意伐吳。會安東將軍王渾表孫晧欲北上[62]，邊戍[63]皆戒嚴，朝廷乃更議明年出師。王濬參軍何攀奉使在洛，上疏稱：「晧必不敢出，宜因[64]戒嚴，掩取[65]甚易。」

杜預上表曰：「自閏月[66]以來，賊但敕嚴[67]，下無兵上[68]。以理勢推之，賊之窮計，力不兩完[69]，必保夏口以東[70]以延視息[71]，無緣[72]多兵西上，空其國都。而陛下過聽[73]，便用委棄大計[74]，縱敵患生，誠可惜也。嚮使[75]舉而有敗，勿舉可也。

今事為之制[76]，務從完牢[77]，若或有成，則開太平之基，不成不過費損日月之間，何惜而不一試之？若當須後年[78]，天時人事，不得如常[79]，臣恐其更難也。今有萬安之舉，無傾敗之慮，臣心實了[80]，不敢以曖昧之見[81]自取後累[82]，惟陛下察之。」

旬月未報[83]，預復上表曰：「羊祜不先博謀於朝臣[84]，而密與陛下共施此計，故益令朝臣多異同之議。凡事當以利害相校[85]，今此舉之利十有八九，而其害一二，止於無功[86]耳。必使朝臣言破敗之形，亦不可得，直是計不出己[87]，功不在身[88]，各恥其前言之失[89]而固守[90]之也。自頃[91]朝廷事無大小，異意鋒起[92]。雖人心不同，亦由恃恩[93]不慮後患，故輕相同異[94]也。自秋已來，討賊之形頗露。今若中止，孫晧或怖而生計[95]，徙都武昌，更完脩江南諸城，遠其居民[96]，城不可攻，野無所掠，則明年之計或無所及[97]矣。」帝方與張華圍棊[98]，預表適至，華推枰斂手[99]曰：「陛下聖武，國富兵彊。吳主淫虐，誅殺賢能，當今討之，可不勞而定，願勿以為疑。」帝乃許之。以華為度支尚書，量計運漕[100]。賈充、荀勖、馮紞固爭之，帝大怒，充免冠謝罪。僕射山濤退而告人曰：「自非[101]聖人，外寧必有內憂[102]，今釋吳為外懼[103]，豈非筭乎[104]？」

冬，十一月，大舉伐吳，遣鎮軍將軍琅邪王伷出涂中[105]，安東將軍王渾出江西[106]，建威將軍王戎出武昌[107]，平南將軍胡奮出夏口[108]，鎮南大將軍杜預出江陵[109]，龍驤將軍王濬、巴東監軍魯國唐彬下巴、蜀，東西凡二十餘萬。命賈充為使持節、假黃鉞、大都督[110]，以冠軍將軍楊濟副之。充固陳伐吳不利，且自言衰老，不堪元帥[111]之任。詔曰：「君若不行，吾便自出。」充不得已，乃受節鉞，將中軍南屯襄陽，為諸軍節度[112]。

馬隆西度溫水[113]，樹機能等以眾數萬據險拒之。隆以山路隘險，乃作扁箱車[114]，為木屋施於車上[115]，轉戰而前，行千餘里，殺傷甚眾。自隆之西[116]，音問[117]斷絕，朝廷憂之，或謂已沒[118]。後隆使夜到，帝撫掌歡笑，詰朝[119]，召群臣謂曰：「若從諸卿言，無涼州矣！」乃詔假隆節[120]，拜宣威將軍。隆至武威，鮮卑大人猝跋韓且萬能[121]帥萬餘落來降。十二月，隆與樹機能大戰，斬之，涼州遂平[122]。

詔問朝臣以政之損益[123]，司徒左長史傅咸[124]上書，以為：「公私不足，由設官太多。舊都督有四[125]，今并監軍[126]乃盈於十；禹分九州，今之刺史幾向一倍[127]；戶口比漢十分之一[128]，而置郡縣更多；虛立軍府[129]，動有百數[130]，而無益宿衛[131]；五等諸侯[132]，坐置官屬[133]；諸所廩給[134]，皆出百姓，此其所以困乏者也。當今之急，在於并官息役[135]，上下務農[136]而已。」咸，玄之子也。

時又議省州、郡、縣半吏[137]以赴農功，中書監荀勗以為：「省吏不如省官[138]，省官不如省事，省事不如清心[139]。昔蕭、曹[140]相漢，載其清靜，民以寧壹[141]，所謂清心也。抑浮說[142]，簡文案[143]，略細苛[144]，宥小失[145]，有好變常以徼利[146]者，必行其誅，所謂省事也。以九寺併尚書[147]，蘭臺付三府[148]，所謂省官也。若直作大例[149]，凡天下之吏皆減其半，恐文武眾官，郡國職業，劇易[150]不同，不可以一概施之。若有曠闕[151]，皆須更復[152]，或激而滋繁[153]，亦不可不重[154]也。」

【章旨】以上為第三段，寫晉武帝咸寧五年（西元二七九年）一年間的大事，主要寫了晉將馬隆西討、破殺樹機能，平定了涼州一帶的鮮卑部落為患事；寫了南匈奴劉淵為左部帥，且與王彌友善，為劉淵日後滅西晉做伏線；寫吳主孫皓荒悖殘虐，上下離心。吳將郭馬等在廣州一帶作亂，孫皓派兵兩路往討；寫了晉將王濬、杜預等懇請伐吳，司馬炎遂決策二十萬人數路並出，以及傅咸請求精兵簡政，以紓民困等等。

【注釋】❶涼州　晉州名，州治姑臧，即今甘肅武威。❷司馬督馬隆　司馬督是軍中司馬手下的僚屬，一種低級武官。馬隆，字孝興，晉初名將。傳見《晉書》卷五十七。❸顧　轉折語詞。問題是；總是在於。❹無問所從來　請您不要管他們的出身經歷，意謂只要能打仗就行。❺乙丑　正月初一。❻見兵　現成的部隊。見，同「現」。❼橫設賞募　任意地設賞、招募。❽引弓四鈞　能拉開四鈞的弓。鈞，量詞，三十斤為一鈞。❾挽弩九石　能拉開九石的弩。石，量詞，一百二十斤為一石。❿立標簡試　立起箭靶子考試挑選。標，標的；箭靶子。⓫武庫　國家的軍械庫。⓬選仗　挑選武器。⓭武庫令　主管武庫的長官，上屬衛尉。⓮畢命戰場　意即戰死於戰場。⓯仍　同「乃」。⓰三年軍資　夠使用三年的軍中用品。⓱於扶羅子豹　於扶羅的兒子名豹。⓲分匈奴為五部　曹操將當時居住在今山西北部一帶地區的匈奴人分為五個部落事，見本書卷六十八建安二十一年。⑲左部帥　南匈奴西部地區的大頭領。⑳豹子淵幼而雋異　豹子淵，即日後滅掉西晉政權的匈奴首領劉淵。雋異，才能出眾。㉑同門生　一起跟著崔游上學的同學。㉒常恥隨陸無武二句　總覺得在當年劉邦部下的名人中隨何、陸賈光有口才，不會打仗；而周勃、灌嬰又只會打仗，缺乏文采，都不能讓人滿意。言外之意是我比他們都強。隨何、陸賈都是劉邦的謀士，以口才聞名。隨何曾奉劉邦之命赴淮南，勸說九江王英布歸漢；陸賈曾奉命出使南越，說服南越王趙佗歸服漢王朝。隨何事見《史記・黥布列傳》，陸賈事見〈酈生陸賈列傳〉。絳侯周勃與潁陽侯灌嬰，都是劉邦的開國功臣，又在平定呂氏之亂中立有大功。事跡分別見《史記・絳侯周勃世家》與〈樊酈滕灌列傳〉。劉邦曾說周勃「厚重少文」。㉓不能建封侯之業　指隨何、陸賈都因功勞不夠，未能封侯。㉔不能興庠序之教　沒能建立學校，振興文化教育，「庠」、「序」都是古代的學校名。㉕猨臂　手臂像猿猴一樣長而靈活。㉖任子　人質。㉗東南之事　指攻打東吳。㉘非我族類二句　不跟我們同一個種族的人，其心思絕不會跟我們一樣。語出《左傳》成公四年。㉙問將　詢問誰可統兵往討。㉚假　加；授予。㉛王彌　東萊（今山東萊州）人，祖父王欣曾為魏玄菟太守。王彌先是起兵反晉，後歸劉淵，成為前趙的重要謀士，顛覆了西晉王朝。傳見《晉書》卷一百。㉜不作士大夫　意思是將要成為亂臣賊子。㉝王李以鄉曲見知　王渾、李憙因為與我是同鄉，對我瞭解。鄉曲，同一地區的鄉親。王渾是太原人，李憙是上黨（長治）人，與劉淵同為并州同鄉。㉞稱薦　稱道、推薦。㉟適足為吾患　這恰恰更容易給我造成麻煩。㊱以信懷殊俗　用信義感化其他民族。㊲無形之疑　沒影兒的疑心。㊳殺人侍子　殺害人家派來做人質的子弟。㊴除部曲督以下質任　廢除讓中下級軍中副職給朝廷留人質的規定。部曲督，校尉、軍候的副職。司馬炎受禪之初，取消了「部曲將」留人質的做法，今又取消「部曲督」留人質的做法。㊵桂林　吳郡名，郡治武安，在今廣西象州東南。㊶分給諸將　將其部下的軍官分配到其他諸將屬下供職。㊷督將　刺史手下的各部曲武官。㊸料實　清查；核查。㊹廣州督　廣州一帶的鎮守武官。㊺蒼梧　吳郡名，郡治廣信，即今廣西梧州。㊻始興　吳郡名，郡治曲江，在今廣東韶關市南。㊼牛渚　吳國軍事要地，在今安徽當塗西北的長江邊。㊽未拜　還沒有來得及接受任命。㊾南海　吳郡名，郡治番禺，即今廣州。㊿徐陵督　徐陵地區的部隊長。徐陵在今江蘇鎮江京口里。(51)鬼目菜　一種菌類植物，寄生於樹木上，質堅。笠為半圓形，上面帶有光澤及雲紋，下面粗糙，白或黃褐色，笠柄亦光澤，宛如塗漆。(52)買菜　形如枇杷，莖兩邊長有綠葉。(53)東觀案圖書　吳國史館的官員查考圖書。東觀，當時國家史館的名稱。案，查考。(54)銀印青綬　按漢朝官制，銀印青綬為中二千石，屬九卿一級。(55)司過　專門尋找群臣過失的官員。(56)迕視　用不服氣的眼光看了一眼。(57)謬言　說錯了話。(58)罔有不舉　沒有不被檢舉的。(59)作船七年　王濬從泰始八年（西元二七二年）開始造船，至今已經整整七年。(60)死亡

無日　離死沒有幾天了。(61)三者一乖　三個方面有一個出問題。三者，指東吳立賢主、船朽敗、王濬死。乖，差錯。(62)北上　指北攻晉國。(63)邊戍　指晉國的邊境守軍。(64)因　乘著。(65)掩取　突然襲擊。(66)閏月　本年的閏七月。(67)但敕嚴　只是空口地下令說要進攻。(68)下無兵上　下游地區並沒有軍隊向上游活動。下，指長江下游的吳國。(69)力不兩完　兵力不能同時保全北部和西部。(70)夏口以東　漢口以東的長江中游地區。夏口的舊址在今湖北武漢黃鵠山上。(71)延視息　即今之所謂「苟延殘喘」。(72)無緣　沒有理由；不可能。(73)過聽　錯誤聽信。(74)用委棄大計　因而放棄伐吳的大事業。(75)嚮使　假如。(76)今事為之制　猶言「今天我們的伐吳準備」。(77)務從完牢　絕對是萬無一失。(78)當須後年　再推到日後。須，等待。(79)不得如常　不再像現在的樣子。(80)實了　實在是看得明明白白。(81)曖昧之見　指帶有不確定的因素。(82)自取後累　指萬一打不贏的後患。(83)旬月未報　一個月過去了沒有回音。(84)博謀於朝臣　廣泛地和大臣們商議、謀劃。(85)以利害相校　衡量利害得失。校，比較。(86)止於無功　頂多是不能取得徹底勝利而已。(87)直是計不出己　只不過由於主意不是他出的。(88)功不在身　有了功勞也輪不到他頭上。(89)恥其前言之失　怕伐吳勝利證明了他們過去攔阻伐吳的錯誤。此指賈充、荀勗等人。(90)固守　頑固地堅持反對意見。(91)頃　近來。(92)異意鋒起　不同意見紛紛出籠。鋒起，同「蜂起」。(93)恃恩　仗恃陛下恩寵，不會加罪於他們。(94)輕相同異　隨便地發表反對意見。(95)怖而生計　指由於恐懼而改惡向善，改弦更張，治理好國家。(96)遠其居民　疏散他們靠近邊境的居民。(97)無所及　趕不上；來不及。(98)圍碁　下圍棋。(99)推枰斂手　推開棋盤，拱手敬立。(100)量計運漕　根據需要調運糧食。(101)自非　除非。(102)外寧必有內憂　外部無敵，則內部矛盾興起。此語見《左傳》成公十六年。後柳宗元〈敵戒〉亦有所謂「敵存滅禍，敵去召過」之語。(103)釋吳為外懼　留著吳國，在那裡經常提醒我們還有敵人存在。「懼」是警告、提醒的意思。(104)豈非筭乎　難道不是一種好的謀略嗎。(105)涂中　古地區名，指涂水流域。在今江蘇六合。(106)江西　長江西側。指今安徽、壽春、和縣一帶。(107)出武昌　指向吳國的武昌，今湖北鄂城。(108)出夏口　指向吳國的夏口，今湖北武漢之漢口區。(109)出江陵　指向吳國的江陵，今湖北荊州之江陵區。(110)使持節假黃鉞大都督　即伐吳諸路人馬的總指揮。使持節，手執皇帝所授予的旌節，是最高特使的身分。假黃鉞，授予黃色大斧，表示其有生殺大權。大都督，總指揮。(111)元帥　最高統帥。(112)節度　協調；調配。(113)溫水　在今甘肅武威東。(114)扁箱車　一種車身扁窄，適合行走狹路的車。(115)為木屋施於車上　平時蔽風雨，戰時阻擋矢石。(116)自隆之西　從馬隆率軍西行後。(117)音問　音訊。(118)或謂已沒　有人說已經全軍覆沒。(119)詰朝　次日一早。(120)假隆節　授予馬隆旌節，這是皇帝對派出官員的特別彰顯與恩寵。(121)鮮卑大人猝跋韓且萬能　鮮卑族的首領名叫「猝跋韓且萬能」。(122)涼州遂平　禿髮樹機能自泰始六年（西元二七〇年）在萬斛堆起兵，到此被滅，共歷十年。(123)政之損益　現行方針、政策的得失、優缺點。124司徒左長史傅咸　傅咸字長虞，傅玄之子，曾多次上疏，主張裁減冗官，興辦學校，重視農桑。後任司隸校尉，屢劾權貴。傳見《晉書》卷四十七。司徒左長史是司徒屬下的眾文吏之長。125舊都督有四　指魏初置都督諸軍。東南面防備吳，西面防備蜀，北面防備胡，隨其資望輕重加上征某將軍、鎮某將軍、安某將軍、平某將軍的稱號，僅有四名而已。126監軍　朝廷在將軍身邊所設的特派監督人員，權力甚重。127幾向一倍　幾乎成為過去的一倍。當時晉國設有司、豫、徐、兗、荊、揚、梁、益、寧、交、秦、雍、涼、冀、幽、平、并、青十八個州。128戶口比漢十分之一　漢代全國人口最多時達五千九百多萬，晉國滅吳前的總人口為五百三十多萬，僅為漢朝的十分之一。129軍府　統領軍隊的各種將軍幕府，如驃騎、車騎、衛、伏波、撫軍、都護、鎮軍等等。130動有百數　動不動就多達上百個。131無益宿衛　對保衛京城、保衛朝廷沒有好處。132五等諸侯　指王一等，公一等，列侯分縣侯、鄉侯、亭侯三等。133坐置官屬　每個享有封爵的人，手下都要設置不同數量的官職。134諸所廩給　所有官員的糧食供給。135并官息役　合併官署，停止徵調勞役。136上下務農　上下一致地致力於農耕。137省州郡縣半吏　將州、郡、縣三級官府的官吏裁減一半。138省吏不如省官　裁減吏屬不如裁減官府，即合併郡縣。139清心　靜下心來。140蕭曹　蕭何、曹參。都是西漢初期的丞相，二人依次採取休養生息的政策，使百姓安寧、國力增強。141載其清靜二句　二句見《史記・曹相國世家》的贊語，是司馬遷記載當時的民謠，全文為：「蕭何為法，較若畫一。曹參代之，守而勿失。載其清靜，民以寧一。」寧一，安靜而民心樸實，一心只想生產生活而沒有其他。142抑浮說　抑制浮躁的空話。143簡文案　精減各方面的規章條文。144略細苛　不要管得太瑣碎。145宥小失　對犯有小過失的人要給予寬恕。宥，原諒。146變常以徼利　改變傳統章程以謀求利益。徼，求取。147以九寺併尚書　把今天設立的九卿都合併到尚書各曹中去。148蘭臺付三府　將御史臺與三公府中的監察機構合併。蘭臺，即御史臺，國家的最高監察機構。三府，即三公府，三公指丞相、太尉、御史大夫。當時三公屬下也設有監察官員。149直作大例　另行做出統一規定，指減去各官府屬吏的一半。150劇易　猶言「難易」。151曠闕　指人手不夠，事情忙不過來。152皆須更復　又得再恢復原狀。153或激而滋繁　甚至於變得比以前還要多。154不可不重　不能不重視。

【校　記】1然喜任俠　原無此四字。據章鈺校，甲十一行本、乙十一行本、孔天胤本皆有此四字，張敦仁《通鑑刊本識誤》、張瑛《通鑑校勘記》同，今據補。

【語　譯】五年（己亥　西元二七九年）

春季，正月，禿髮樹機能率領鮮卑部落攻陷了晉朝的涼州。晉武帝司馬炎感到非常後悔，在朝會的時候他歎息著問：「誰能為我討伐此賊？」擔任司馬督的馬隆走上前回答說：「陛下如果能任用我，我一定能夠將禿髮樹機能討平。」晉武帝說：「你能夠平定賊寇，我怎麼會不任用你呢，問題是你平定賊寇的謀略是什麼呢？」馬隆說：「我準備招募三千名勇士，請陛下不要管他們的出身經歷，我率領他們向西進攻，陛下不必憂慮賊寇不被消滅。」晉武帝答應了馬隆的請求。初一日乙丑，任命馬隆為討虜護軍、武威郡太守。公卿大臣都說：「現成的軍隊已經很多，不應該再任意設賞、招募新兵。馬隆小將隨便亂說，他說的話不值得相信。」晉武帝沒有聽從公卿大臣的意見。馬隆招募勇士的標準是：只要能拉開四鈞的硬弓、拉開九石的強弩就被錄用，馬隆豎立起箭靶開始考試挑選人員，從早晨一直到中午，總共挑選了三千五百名勇士。馬隆說：「有這些人就足夠了。」馬隆又請求朝廷允許他到國家的軍械庫挑選兵器。武庫令與馬隆激烈地爭吵起來，御史中丞為此專門上奏章彈劾馬隆。馬隆說：「臣等正準備為國戰死疆場，武庫令竟然把魏國時期製造的已經腐朽了的兵器發給我們，這絕不是陛下任命我征討賊寇的本意。」晉武帝下令任憑馬隆到軍械庫選取武器，並撥給馬隆足夠使用三年的軍用物資，而後派他們出征。

當初，南單于呼廚泉任命自己兄長於扶羅的兒子劉豹為左賢王，魏武帝曹操執政期間將當時居住在今山西北部一帶的匈奴人分為五個部落，任命劉豹為左部帥。劉豹的兒子劉淵，年幼的時候就才能出眾，拜上黨人崔游為老師，廣泛地學習經史。劉淵曾經對自己的同學上黨人朱紀、雁門人范隆說：「我總覺得當年劉邦部下的隨何、陸賈光有口才，不會打仗，而絳侯周勃、潁陽侯灌嬰又只會打仗而缺乏文采。隨何、陸賈遇到漢高祖劉邦這樣的皇帝卻不能建功立業博取封侯，周勃、灌嬰遇到文帝劉恆這樣的皇帝而沒能建立學校，振興文化教育，豈不是很可惜嗎！」於是劉淵在廣泛地學習文史知識的同時還兼學軍事知識。等到劉淵長大之時，他的手臂像猿猴一樣長而靈活，又善於射箭，臂力過人，姿態、相貌魁偉。劉淵在洛陽作人質，王渾和他的兒子王濟都很器重他，屢次向晉武帝推薦劉淵。晉武帝召見劉淵並與他談話後，也很喜歡他。王濟對晉武帝說：「劉淵有文武全方面的才能，陛下如果任命他討伐東吳，平定東吳就不是一件難事。」孔恂、楊珧卻說：「劉淵跟我們不是同一個種族的人，他的心思絕不會和我們一樣。劉淵的才能器量確實很少有人能比得上，然而不可以委以重任。」等到禿髮樹機能攻陷了涼州，晉武帝問李憙誰可以擔任將領統兵往討，李憙回答說：「陛下如果真能調動匈奴五部的兵力，授予劉淵一個將軍的名號，讓他率領著這支軍隊向西攻打禿髮樹機能，禿髮樹機能的項上人頭指日間就會被砍下來示眾。」孔恂說：「劉淵如果真的殺了禿髮樹機能，恐怕涼州的禍患會更加深重了。」晉武帝於是打消了任用劉淵的念頭。

東萊人王彌世襲二千石的官職，王彌有學術有謀略，擅長騎馬射箭，青州人稱他為「飛豹」，但是喜歡仗義行俠。隱士陳留人董養看見王彌後對他說：「你好幸災樂禍，如果天下發生動亂，你就不會甘心做一個士大夫了。」劉淵與王彌關係友好，劉淵對王彌說：「王渾、李憙因為和我是同鄉，對我很瞭解，他們多次在晉武帝面前稱讚我、推薦我，這恰好更容易給我帶來災患。」說完忍不住淚流滿面。齊王司馬攸聽說此事之後，就對晉武帝說：「陛下不除掉劉淵，我擔心并州就不會長治久安了。」王渾說：「大晉國正在用信義感化其他民族，為什麼因為毫無根據的懷疑而殺害人家派來做人質的子弟呢？我們的品德、肚量怎能如此的狹窄呢！」晉武帝說：「王渾說得對。」正趕上劉豹死，晉武帝遂任命劉淵接替劉豹擔任左部帥。

夏季，四月，晉國宣布大赦。○晉武帝下詔，廢除讓軍中中下級副職人員給朝廷留人質的規定。

東吳桂林郡太守脩允去世，他部下的軍官應該分配到其他諸將屬下供職。刺史手下的部曲武官郭馬、何典、王族等幾代人都在原有軍隊當中服役，所以不樂意分離。恰好遇上吳主孫皓清查、核實廣州的戶口，郭馬等人便利用民心不穩之機，聚集眾人攻打廣州，殺害了廣州督虞授，郭馬自稱都督交、廣二州諸軍事，他派何典率領軍隊攻取蒼梧郡，派王族率領軍隊攻取始興郡。秋季，八月，吳主任命軍師張悌為丞相，任命擔任牛渚都督的何植為司徒，任命擔任執金吾的滕脩為司空。滕脩還沒有來得及接受任命，就又被改任為廣州牧，讓他率領一萬軍隊從東道去討伐郭馬。郭馬殺死了南海郡太守劉略，趕跑了廣州刺史徐旗。吳主又派遣擔任徐陵督的陶濬率領七千人，從西道與交州牧陶璜共同攻打郭馬。

吳國有一種鬼目菜，生長在工匠黃耇的家中，又有一種買菜，生長在工匠吳平的家中。吳國史館的官員查閱圖書，發現圖書中稱鬼目菜為「靈芝草」，稱買菜為「平慮草」。於是吳主便任命工匠黃耇為侍芝郎，吳平為平慮郎，賞賜給他們銀質的印信與青色的綬帶。

吳主孫晧每次宴請群臣，都要讓群臣喝得酩酊大醉。又安排十個黃門郎專門在酒席宴上擔任尋找群臣過失的官員，宴會結束之後，分別奏報群臣的缺點、過失，有的大臣用不服氣的眼光稍微看一眼孫晧、或者是偶爾說錯了一句話，就沒有人不遭到揭發的，情節嚴重的即時就被誅殺，過失輕微的就被記錄在案，因此，有人被剝了臉皮，有人被挖了眼睛。從此，君臣離心離德，再也沒有人肯盡心竭力為孫晧效力了。

晉國益州刺史王濬上疏給晉武帝說：「孫晧荒淫兇殘，應該趕緊率兵討伐他。如果一旦孫晧死亡，吳國改立賢君，那麼吳國就成了我們強大的對手。我製造艦船已經七年了，現有的艦船每天都有腐朽、損壞的。我現在已經是七十歲的人了，離死亡已經沒有幾天。以上三個方面有一個方面出現問題，就很難滅掉東吳，懇請陛下不要坐失良機。」晉武帝於是決定討平東吳。碰巧遇上安東將軍王渾上表稱孫晧準備北上攻打晉國，晉國邊境的守軍已經戒備森嚴，於是朝廷又商議是否等到明年再出師討伐東吳。王濬的參軍何攀奉命作為使者正在洛陽，他趕緊上疏說：「孫晧絕對不敢出兵，我們應該乘著我軍戒嚴，突然襲擊他們，很容易取得勝利。」

杜預上疏說：「自閏七月以來，東吳只是空口地下令說要進攻我們，可是下游地區並沒有軍隊向上游活動。以道理和形勢推測，敵人已經黔驢技窮，他們的兵力已經不能同時保住北部和西部的邊境，必然會集中兵力保住夏口以東的長江中游地區，以便苟延殘喘，他們不可能再派很多兵力西上，而造成國都空虛。而陛下錯誤聽信奏報，因而便想放棄伐吳的大事業，縱容敵人為患，實在是太可惜了。假如我們發兵有可能失敗，不發兵是可以的。今天我們的伐吳準備，絕對是萬無一失，如果伐吳獲得成功，就開創了太平的基礎，如果伐吳不成功，只不過耽誤我們一些時日罷了，有什麼值得吝惜而不肯嘗試一下呢？如果再等到後年，天時人事，不再像現在的這個樣子，我擔心到那時攻取吳國會更加艱難。如今奪取東吳有萬全之策，而沒有失敗的憂慮，我確實是看得明明白白，不敢用模稜兩可的見解，為國家招來後患，請求陛下明察。」

一個月過去了沒有得到回音，杜預於是又上表章說：「羊祜不先廣泛地和大臣們商議、謀劃，而是祕密地與陛下共同商定了討吳大計，所以更加引起朝臣們對伐吳多持不同的議論。任何事情都應該衡量利害得失，如今討伐東吳的好處十分之中佔了八九分，而害處只佔一二分，頂多是不能取得徹底勝利而已。一定要讓朝臣們說出為什麼我們伐吳會失敗的理由，恐怕他們也說不出個所以然來，只不過由於主意不是他出的，有了功勞也輪不到他頭上，他們懼怕伐吳的勝利會證明他們過去攔阻伐吳是錯誤的，因而頑固地堅持反對伐吳。近來朝廷之上事無大小，不同意見紛紛出籠。雖然是因為每個人的想法不同，也是因為有人仗恃陛下的恩寵，不會加罪於他們，所以他們才隨便地發表不同意見。進入秋季以來，討伐東吳的跡象非常明顯。現在如果我們又突然中止，孫皓有可能由於恐懼而改惡向善，改弦更張，好好地治理國家，並把都城遷往武昌，再加緊完善江南諸城的防禦，疏散他們靠近邊境的居民，到那時我軍城攻不下，野無所掠，那麼明年的伐吳大計有可能就來不及了。」晉武帝正與張華下圍棋，杜預的表章正好送到，張華推開棋盤，拱手敬立說：「陛下聖明威武，國家民富兵強。吳主孫皓荒淫暴虐，誅殺賢能，趁今天討伐他，可以不勞而定，希望陛下不要再遲疑，以免錯失良機。」晉武帝這才最後下定決心出兵伐吳。晉武帝任命張華為度支尚書，讓他根據需要為出征大軍調運糧草。賈充、荀勗、馮紞還要堅持己見反對伐吳，晉武帝大怒，賈充這才免冠謝罪，不敢再進行阻撓。擔任僕射的山濤退朝後對人說：「除非是聖人治理國家，否則的話外部沒有了強敵則內部必然會有矛盾興起，如果留著吳國，在那裡經常提醒我們還有敵人存在，難道不是一種很好的謀略嗎？」

冬季，十一月，晉國大舉伐吳，晉武帝派遣鎮軍將軍琅邪王司馬伷率軍進攻吳國的涂中，安東將軍王渾率軍進攻吳國的長江西側地區，建威將軍王戎率軍進攻吳國的武昌，平南將軍胡奮率軍進攻吳國的夏口，鎮南大將軍杜預率軍進攻吳國的江陵，龍驤將軍王濬、巴東監軍魯國人唐彬率軍從巴、蜀沿長江順流而下，東邊和西邊共計出動大軍二十多萬人。晉武帝又授予賈充符節、黃色斧鉞，成為伐吳各路人馬的總指揮，任命冠軍將軍楊濟為副總指揮。賈充反覆陳述伐吳不利，而且自言年紀已經衰老，承擔不了總指揮的重任。晉武帝下詔說：「你若不去，我便御駕親征。」賈充不得已，才接受了符節、黃鉞，率領中軍駐紮在襄陽，調配指揮各路大軍。

馬隆向西渡過溫水，禿髮樹機能等人率領幾萬人佔據險阻抵抗馬隆。馬隆因為山路狹窄，就特地製作了一種車身扁窄，適合在狹窄的小路上行走的車子，又製造了堅固的小木屋安放在車子上，平時遮風雨，戰時阻擋矢石，轉戰而前，深入敵境一千多里，殺傷了禿髮樹機能部下很多人。自從馬隆向西出征後，便與朝廷音訊斷絕，朝廷很為馬隆擔憂，有人說他已經全軍覆沒。後來馬隆的使者深夜到達洛陽，晉武帝得知馬隆的消息後撫掌歡笑，次日一早，就召集群臣說：「如果聽從了你們的意見，我們就沒有涼州了！」於是下詔授予馬隆旌節，任命馬隆為宣威將軍。馬隆率領三千名勇士到達武威，鮮卑族的首領猝跋韓且萬能率領自己部落中的一萬多群落來歸附馬隆。十二月，馬隆與禿髮樹機能大戰，殺了禿髮樹機能，涼州被平定。

晉武帝下詔徵求朝臣對現行方針、政策優劣得失的看法，擔任司徒左長史的傅咸上書給晉武帝，他認為：「無論是國家還是私人，儲蓄都不足，原因就是由於設置的官員太多。魏國初年設置四個都督，如今連同監軍已經超過十個；大禹分國家為九州，如今的刺史幾乎為古代的一倍；如今的戶口數只有漢朝時的十分之一，而設置的郡縣卻比漢朝還多；虛設的各種將軍幕府，動不動就多達上百個，而對於保衛京城、保衛朝廷並沒有什麼好處；五等諸侯，每個享有封爵的人手下都設置有不同數量的官職；所有這些官員的糧食供給，都出自百姓，這是導致百姓貧困、國家匱乏的原因。當務之急，就是合併官署，停止徵調勞役，上下一致地從事農業生產。」傅咸，是傅玄的兒子。

當時還有人建議將州、郡、縣三級官府的官吏減少一半去支援農業，擔任中書監的荀勗認為：「裁減吏屬不如裁減官府，裁減官府不如省事，省事不如清靜無為。漢朝初年蕭何、曹參為丞相，採取清靜無為的治國方略，國家安靜而民心樸實，這就是所說的清靜無為。抑制浮躁的空話，精簡各方面的規章條文，不要管得太瑣碎，對犯有小過失的人要給予寬恕，對那些喜好改變傳統章程以謀求利益的人，就一定要加以懲罰，這就是所說的省事。把今天設立的九卿都合併到尚書各曹中去，將御史臺與三公府中的監察機構合併，這就是所說的省官。如果硬性作出統一規定，全國各地的官吏一律裁減一半，恐怕文武眾官、郡國的職業，難易程度不同，所以不應該同等對待。如果官員人手不夠，事情忙不過來，又得再恢復原狀，甚至官吏變得比以前還要多，這種可能也不能不重視。」

【研析】本卷寫了晉武帝泰始九年（西元二七三年）到咸寧五年（西元二七九年）共七年間的西晉與東吳等國的大事，其中可議論的人物、事件主要有：

其一是本卷寫了晉朝名臣羊祜的死。羊祜為人終生謙退，史文說他「每拜官爵，常多避讓」，在進封他為南城郡侯的時候，他固辭不受，以至於使得朝廷也只好「見申於分列之外」，答應他的請求了。他「歷事二世，職典樞要，凡謀議損益，皆焚其草，世莫得聞；所進達之人皆不知所由。常曰：『拜官公朝，謝恩私門，吾所不敢也。』」這樣的在朝為官，的確是古今少有。羊祜是積極建議滅吳的將領，遺憾的是至死沒有說動朝廷。可以得到告慰的是這件大事終於在他安排的另外兩位大將杜預和王濬積極推動下實現了。羊祜死的時候，「帝哭之甚哀。是日大寒，涕淚霑鬚鬢皆為冰」；「南州民聞祜卒，為之罷市，巷哭聲相接，吳守邊將士亦為之泣。祜好遊峴山，襄陽人建碑立廟於其地，歲時祭祀，望其碑者無不流涕，因謂之墮淚碑。」羊祜的歷史貢獻比漢代的李廣大得多，而死後的哀榮也比《史記》所說的李廣更為真實動人。王夫之《讀通鑑論》說：「三代以下，用兵以道，而從容以收大功者，其唯羊叔子乎？」明代楊一奇的《史談補》為此說：「羊祜，晉室一臣耳，卒之日君悲之，民悲之，邊士悲之，以至行道之人無不悲之。晉室有此人物，其晉室之翹楚乎！」

本卷寫到死亡的還有晉朝的顯要人物何曾，這是一個極端虛偽、極會裝腔作勢的傢伙。本書前文〈魏紀十〉寫到「竹林七賢」的生活習性時說：「阮籍為步兵校尉，其母卒，籍方與人圍碁，對者求止，籍留與決賭。既而飲酒二斗，舉聲一號，吐血數升，毀瘠骨立。居喪，飲酒無異平日。」對於這樣的阮籍，當時任司隸校尉的何曾，當著司馬昭的面斥責阮籍說：「卿，縱情、背禮、敗俗之人，今忠賢執政，綜核名實，若卿之曹，不可長也。」並轉身對司馬昭說：「公方以孝治天下，而聽阮籍以重哀飲酒食肉於公座，何以訓人！宜擯之四裔，無令汙染華夏。」看起來多麼義正詞嚴！王志堅《讀史商語》揭露何曾的面目說：「阮籍居喪飲酒，何曾欲擯四裔，可謂守禮之士矣；然曾『日食萬錢』，是何禮法耶？曾傳稱其『生平無嬖幸，與妻相見如嚴賓，再拜上酒，即畢便出，一歲中如是者不過再三』；然何遵乃其庶出之子，所謂禮法者，乃作偽之藪耳。此嗣宗所謂褌中虱也。」本卷寫到何曾死前，司隸校尉劉毅曾彈奏何曾的「侈汰無度」，司馬炎不聞不問。等到何曾死後，博士秦秀建議說：「曾驕奢過度，名被九域。宰相大臣，人之表儀，若生極其情，死又無貶，王公貴人復何畏哉！謹按《謚法》，『名與實爽曰繆，怙亂肆行曰醜，』宜謚繆醜公。」司馬炎仍曲加保護，謚之曰「孝」。這個故事很能讓我們加深理解魏末晉初時為什麼會出現以阮籍、嵇康為代表的那麼一群嫉「名教」如仇，而故意「放蕩」的士大夫。

本卷還藉著被司馬氏所廢的魏帝曹芳之死，寫了不滿於司馬氏政權的幾個極有稜角的臣民。其一是范粲，其二是王裒。本卷寫范粲說：「初，芳之廢遷金墉也，太宰中郎陳留范粲素服拜送，哀動左右。遂稱疾不出，陽狂不言，寢所乘車，足不履地。子孫有婚宦大事，輒密諮焉，合者則色無變，不合則眠寢不安，妻子以此知其旨。子喬等三人並棄學業，絕人事，侍疾家庭，足不出邑里。……粲不言凡三十六年，年八十四，終於所寢之車。」王志堅《讀史商語》說此事：「噫！如粲者可謂真忠，如粲之子可謂真孝矣。彼身受王爵而稱『有魏貞士』者，吾誰欺？欺天乎？」其「身受王爵而稱『有魏貞士』者」是指司馬炎的叔公司馬孚。此人的行徑，我們在上一卷裡已經做過評論。其二是王儀之子王裒。本卷寫王儀父子的故事說：「初，東關之敗，文帝問僚屬曰：『近日之事，誰任其咎？』安東司馬王儀，脩之子也，對曰：『責在元帥。』文帝怒曰：『司馬欲委罪孤邪？』引出斬之。儀子裒痛父非命，隱居教授，三徵七辟，皆不就。未嘗西向而坐，廬於墓側，旦夕攀柏悲號，涕淚著樹，樹為之枯。讀《詩》至『哀哀父母，生我劬勞』，未嘗不三復流涕，……遂不仕而終。」人總要活得有點精神，王裒為仇視司馬昭，終身不面西而坐，可以稱得上是好漢子！類似嵇康之子嵇紹的那種表現，簡直可以稱得上是「認賊作父」了。

卷第八十一

晉紀三

起上章困敦（庚子　西元二八〇年），盡著雍涒灘（戊申　西元二八八年），凡九年。

【題　解】本卷寫了晉武帝太康元年（西元二八〇年）至太康九年共九年間的西晉與孫吳等國的大事，主要寫了晉國數路出師伐吳，所向皆克，而王濬部順江出川，一路破西陵、過荊門、克武昌，直逼建業，孫晧遂面縛輿櫬而降。而淮南之王渾部坐失機宜，反而一再與王濬爭功，相互攻擊誣陷，從此怨隙不解；寫了杜預的通情達理，助成王濬，與其駐守襄陽的練兵習武，引水澆田等政績；寫了晉武帝沉迷酒色、放鬆武備，整個統治集團豪華奢侈，為日後的天下大亂作伏筆；寫了晉武帝寵信並極端曲護奸佞賈充、荀勗、馮紞等人，排擠母弟齊王司馬攸，並將其迫害致死；寫了傅咸、劉毅、秦秀等人的忠直上書，糾彈時弊，都被昏庸的晉武帝否定；寫了少數民族頭領劉淵、慕容廆等人悄悄興起，正在逐漸成為西晉王朝的掘墓人。

世祖武皇帝中

太康元年（庚子　西元二八〇年）

春，正月，吳大赦。

杜預向江陵❶，王渾出橫江❷，攻吳鎮、戍❸，所向皆克。二月戊午❹，王濬、唐彬❺擊破丹陽監盛紀❻。吳人於江磧❼要害之處，並以鐵鎖橫截之❽。又作鐵錐，長丈餘，暗置江中，以逆拒舟艦。濬作大筏數十，方百餘步，縛草為人，被甲持仗，令善水者以筏先行，遇鐵錐，錐輒著筏而去❾。又作大炬，長十餘丈，大數十圍，灌以麻油，在船前，遇鎖，然炬❿燒之，須臾⓫，融液斷絕⓬，於是船無所礙。

庚申⓭，濬克西陵⓮，殺吳都督留憲等。壬戌⓯，克荊門⓰、夷道⓱二城，殺夷道監陸晏。杜預遣牙門⓲周旨等帥奇兵八百汎舟夜渡江，襲樂鄉⓳，多張旗幟，起火巴山⓴。吳都督孫歆懼，與江陵督伍延書曰：「北來諸軍，乃飛渡江也。」旨等伏兵樂鄉城外，歆遣軍出拒王濬，大敗而還。旨等發伏兵隨歆軍而入，歆不覺，直至帳下，虜歆而還。

乙丑㉑，王濬擊殺吳水軍都督陸景。杜預進攻江陵，甲戌㉒，克之，斬伍延。於是沅、湘㉓以南，接于交、廣㉔，州郡皆望風送印綬㉕。預杖節稱詔㉖而綏撫㉗之。凡所斬獲吳都督、監軍十四，牙門、郡守百二十餘人。胡奮克江安㉘。

乙亥㉙，詔：「王濬、唐彬既定巴丘㉚，與胡奮、王戎共平夏口、武昌㉛，順流長驁[32]，直造秣陵[33]。杜預當鎮靜零、桂[34]，懷輯[35]衡陽[36]。大兵既過，荊州南境[37]，固當傳檄而定[38]。預等各分兵以益濬、彬[39]，太尉充移屯項[40]。」

王戎遣參軍襄陽羅尚、南陽劉喬將兵與王濬合攻武昌，吳江夏[41]太守劉朗、督武昌諸軍[42]虞昺皆降。昺，翻[43]之子也。

杜預與眾軍會議，或曰：「百年之寇，未可盡克。方春水生[44]，難於久駐，宜俟來冬[45]，更為大舉[46]。」預曰：「昔樂毅藉濟西一戰，以并彊齊[47]。今兵威已振，譬如破竹，數節之後，皆迎刃而解，無復著手處[48]也。」遂指授羣帥方略，徑造建業[49]。

吳主聞王渾南下[50]，使丞相張悌督丹陽太守沈瑩、護軍孫震、副軍師諸葛靚[51]帥眾三萬渡江逆戰。至牛渚[52]，沈瑩曰：「晉治水軍於蜀久矣，上流諸軍，素無戒備，名將皆死，幼少當任[53]，恐不能禦也。晉之水軍必至於此，宜畜眾力以待其來，與之一戰。若幸而勝之，江西自清[54]。今渡江與晉大軍戰，不幸而敗，則大事去矣！」悌曰：「吳之將亡，賢愚所知，非今日也。吾恐蜀兵[55]至此，眾心駭懼，不可復整。及今渡江，猶可決戰。若其敗喪，同死社稷，無所復恨。若其克捷，北敵奔走，兵勢萬倍，便當乘勝南上，逆之中道[56]，不憂不破也。若如子計，恐士眾散盡，坐待敵到，君臣俱降，無復[1]一人死難者，不亦辱乎？」

三月，悌等濟江，圍渾部將城陽都尉[57]張喬於楊荷[58]。喬眾纔七千，閉柵請降。諸葛靚欲屠之，悌曰：「彊敵在前，不宜先事其小，且殺降不祥。」靚曰：「此屬以救兵未至，力少不敵，故且偽降以緩我，非真伏也。若捨之而前，必為後患。」悌不從，撫之而進。悌與揚州刺史[59]汝南周浚結陳相對，沈瑩帥丹陽銳卒、刀楯[60]五千，三衝晉兵，不動。瑩引退，其眾亂。將軍薛勝、蔣班因其亂而乘之[61]，吳兵以次奔潰[62]，將帥不能止。張喬自後擊之，大敗吳兵于版橋[63]。諸葛靚帥數百人遁去，使過迎張悌[64]，悌不肯去，靚自往牽之曰：「存亡自有大數，非卿一人所支，柰何故自取死！」悌垂涕曰：「仲思[65]，今日是我死日也！且我為兒童時，便為卿家丞相[66]所識拔，常恐不得其死[67]，負名賢知顧[68]。今以身徇社稷，復何道邪？」靚再三牽之，不動，乃流涕放去。行百餘步，顧之，已為晉兵所殺，并斬孫震、沈瑩等七千八百級，吳人大震。

初，詔書使王濬下建平[69]，受杜預節度[70]，至建業，受王渾節度。預至江陵，謂諸將曰：「若濬得建平，則順流長驅，威名已著，不宜令受制於我。若不能克，則無緣[71]得施節度[72]。」濬至西陵，預與之書曰：「足下既摧其西藩[73]，便當徑取建業，討累世[74]之逋寇[75]，釋吳人於塗炭[76]，振旅還都[77]，亦曠世一事[78]也。」濬大悅，表呈[2]預書[79]。及張悌敗死，揚州別駕[80]何惲謂周浚曰：「張悌舉全吳精兵殄滅於此，吳之朝野莫不震懾。今王龍驤[81]既破武昌，乘勝東下，所向輒克，土崩之勢見矣。謂[82]宜速引兵渡江，直指建業，大軍猝至，奪其膽氣，可不戰禽也。」浚善其謀，使白王渾[83]。惲曰：「渾闇於事機[84]，而欲慎己免咎[85]，必不我從。」浚固使白之，渾果曰：「受詔但令屯江北以抗吳軍，不使輕進。貴州雖武[86]，豈能獨平江東[87]乎？今者違命，勝不足多[88]；若其不勝，為罪已重。且詔令龍驤受我節度，但當具君舟檝[89]，一時俱濟[90]耳。」惲曰：「龍驤克萬里之寇，以既成之功來受節度，未之聞也。且明公[91]為上將，見可而進，豈得一一須詔令[92]乎！今乘此渡江，十全必克，何疑何慮而淹留不進[93]？此鄙州[94]上下所以恨恨[95]也。」渾不聽。

王濬自武昌順流徑趣[96]建業。吳主遣游擊將軍張象帥舟師萬人禦之，象眾望旗而降。濬兵甲滿江，旌旗燭天[97]，威勢甚盛，吳人大懼。

吳主之嬖臣[98]岑昏，以傾險諛佞[99]致位九列[100]，好興功役[101]，為眾患苦。及晉兵將至，殿中親近數百人叩頭請於吳主曰：「北軍日近而兵不舉刃[102]，陛下將如之何？」吳主曰：「何故？」對曰：「正坐岑昏[103]耳。」吳主獨言[104]：「若爾[105]，當以奴謝百姓[106]。」眾因曰：「唯！」遂並起收昏[107]。吳主駱驛追止[108]，已屠之矣。

陶濬將討郭馬[109]，至武昌，聞晉兵大入，引兵東還。至建業，吳主引見，問水軍消息，對曰：「蜀船皆小，今得二萬兵，乘大船以戰，自足破之。」於是合眾，授濬節鉞。明日當發，其夜，眾悉逃潰。

時王渾、王濬及琅邪王伷皆臨近境，吳司徒何植、建威將軍孫晏悉送印節詣渾降。吳主用光祿勳薛瑩、中書令胡沖等計，分遣使者奉書於渾、濬、伷以請降。又遺其羣臣書[110]，深自咎責，且曰：「今大晉平治四海，是英俊展節[111]之秋，勿以移朝改朔[112]，用損厥志[113]。」使者先送璽綬於琅邪王伷。壬寅[114]，王濬舟師過三山[115]，王渾遣信[116]要濬暫過論事[117]。濬舉帆直指建業，報曰：「風利，不得泊[118]也。」是日，濬戎卒八萬，方舟百里[119]，鼓譟入于石頭。吳主皓面縛輿櫬[120]，詣軍門降[121]。濬解縛焚櫬[122]，延請相見。收其圖籍[123]。克州四[124]，郡四十三，戶五十二萬三千，兵二十三萬。

朝廷聞吳已平，羣臣皆賀上壽。帝執爵[125]流涕曰：「此羊太傅[126]之功也！」票騎將軍孫秀[127]不賀，南向流涕曰：「昔討逆[128]弱冠以一校尉創業[129]，今後主舉江南而棄之，宗廟山陵，於此為墟，悠悠蒼天，此何人哉[130]！」吳之未下[131]也，大臣皆以為未可輕進，獨張華堅執以為必克。賈充上表稱：「吳地未可悉定，方夏[132]，江、淮下濕，疾疫必起，宜召諸軍還，以為後圖。雖腰斬張華不足以謝天下。」帝曰：「此是吾意，華但與吾同耳。」荀勗復奏，宜如充表，帝不從。杜預聞充奏乞罷兵，馳表固爭，使至轘轅[133]而吳已降。充慚懼，詣闕請罪，帝撫而不問。

夏，四月甲申[134]，詔賜孫皓爵歸命侯。◯乙酉[135]，大赦，改元[136]。大酺[137]五日。遣使者分詣荊、揚[138]撫慰，吳牧、守[139]已下皆不更易[140]。除其苛政，悉從簡易[141]，吳人大悅[3]。

滕脩討郭馬[142]未克，聞晉伐吳，帥眾赴難[143]。至巴丘，聞吳亡，縞素流涕，還，與廣州刺史閭豐、蒼梧太守王毅各送印綬請降。孫皓遣陶璜[144]之子融持手書諭璜，璜流涕數日，亦送印綬降。帝皆復其本職。

王濬之東下也，吳城戍皆望風款附[145]，獨建平太守吾彥嬰城不下[146]。聞吳亡，乃降。帝以彥為金城[147]太守。

初，朝廷尊寵孫秀、孫楷[148]，欲以招來吳人。及吳亡，降秀為伏波將軍，楷為度遼將軍。

琅邪王伷[4]遣使送孫皓及其宗族詣洛陽。五月丁亥朔[149]，皓至，與其太子瑾等泥頭面縛[150]，詣東陽門[151]。詔遣謁者[152]解其縛，賜衣服、車乘、田三十頃，歲給錢穀、綿絹甚厚。拜瑾為中郎[153]，諸子為王者皆為郎中[154]。吳之舊望[155]，隨才擢敘[156]。孫氏將吏渡江者[157]復十年[158]，百姓復二十年。

庚寅[159]，帝臨軒[160]，大會文武有位[161]及四方使者，國子學生[162]皆預[163]焉。引見歸命侯皓及吳降人。皓登殿稽顙[164]。帝謂皓曰：「朕設此座以待卿久矣。」皓曰：「臣於南方，亦設此座以待陛下。」賈充謂皓曰：「聞君在南方鑿人目、剝人面皮，此何等刑也？」皓曰：「人臣有弒其君及姦回[165]不忠者，則加此刑耳。」充默然甚愧，而皓顏色無怍[166]。

帝從容問散騎常侍薛瑩孫皓所以亡，對曰：「皓昵近[167]小人，刑罰放濫[168]，大臣諸將，人不自保，此其所以亡也。」它日，又問吾彥，對曰：「吳主英俊，宰輔[169]賢明。」帝笑曰：「若是，何故亡？」彥曰：「天祿永終[170]，曆數有屬[171]，故為陛下禽耳。」帝善之。

王濬之入建業也，其明日，王渾乃濟江，以濬不待己至，先受孫皓降，意甚愧忿，將攻濬。何攀[172]勸濬送晧與渾，由是事得解。何惲以渾與濬爭功，與周浚牋[173]曰：「書貴克讓[174]，易大謙光[175]。前破張悌，吳人失氣[176]，龍驤因之[177]，陷其區宇[178]。論其前後，我實緩師[179]，既失機會，不及於事[180]，而今方競其功[181]。彼既不吞聲[182]，將虧雍穆之弘[183]，興矜爭之鄙[184]，斯實[5]愚情[185]之所不取也。」浚得牋，即諫止渾。渾不納，表濬違詔不受節度，誣以罪狀。渾子濟，尚常山公主[186]，宗黨彊盛。有司奏請檻車徵濬[187]，帝弗許，但以詔書責讓濬以不從渾命，違制昧利[188]。

濬上書自理[189]曰：「前被詔書，令臣直造秣陵，又令受太尉充節度。臣以十五日至三山，見渾軍在北岸，遣書邀臣。臣水軍風發[190]，乘勢[6]徑造賊城，無緣迴船過渾[191]。臣以日中至秣陵，暮乃被渾所下當受節度之符[192]，欲令臣明十六日悉將所領還圍石頭[193]，又索[194]蜀兵及鎮南諸軍[195]人名定見[196]。臣以為晧已來降，無緣空圍石頭。又，兵人定見，不可倉猝得就，皆非當今之急，不可承用[197]，非敢忽棄明制[198]也。晧眾叛親離，匹夫獨坐，雀鼠貪生，苟乞一活耳。而江北諸軍不知虛實，不早縛取，自為小誤[199]。臣至便得[200]，更見怨恚[201]，並云『守賊百日[202]，而令他人得之』。臣愚以為事君之道，苟利社稷，死生以之[203]。若其顧嫌疑，以避咎責，此是人臣不忠之利[204]，實非明主社稷之福也！」渾又騰周浚書[205]云：「濬軍得吳寶物。」又云：「濬牙門將李高放火燒皓偽宮。」濬復表曰：「臣孤根獨立，結恨彊宗。夫犯上干主[206]，其罪可救；乖忤[207]貴臣，禍在不測。偽中郎將[208]孔攄說：去二月[209]武昌失守，水軍行至[210]。皓按行石頭還[211]，左右人皆跳刀大呼[212]，云『要當為陛下一死戰決之。』皓意大喜，意[7]必能然[213]，便盡出金寶以賜與之。小人無狀[214]，得便馳[8]走[215]。皓懼，乃圖降首[216]。降使適去[217]，左右[218]劫奪財物，略[219]取妻妾，放火燒宮。皓逃身竄首[220]，恐不脫死。臣至，遣參軍主者[221]救斷其火耳。周浚先入皓宮，渾又先登皓舟，臣之入觀，皆在其後。皓宮之中，乃無席可坐[222]。若有遺寶，則浚與渾先得之矣。浚等云臣屯聚蜀人[223]，不時送皓[224]，欲有反狀。又恐動[225]吳人，言臣皆當誅殺[226]，取其妻子，冀其作亂[227]，得騁私忿[228]。謀反大逆，尚以見加[229]，其餘謗嗒[230]，故其宜耳。今年平吳，誠為大慶；於臣之身，更受咎累[231]。」濬至京師，有司奏濬違詔，大不敬[232]，請付廷尉科罪[233]，詔不許。又奏濬赦後燒賊船百三十五艘，輒敕[234]付廷尉禁推[235]，詔勿推。

渾、濬爭功不已，帝命守廷尉[236]廣陵劉頌[237]校其事[238]，以渾為上功，濬為中功。帝以頌折法失理[239]，左遷京兆太守[240]。

庚辰[241]，增賈充邑八千戶。以王濬為輔國大將軍[242]，封襄陽縣侯。杜預為當陽縣侯，王戎為安豐縣侯。封琅邪王伷二子為亭侯。增京陵侯王渾邑八千戶[243]，進爵為公。尚書關內侯張華進封廣武縣侯，增邑萬戶[244]。荀勗以專典詔命功[245]，封一子為亭侯。其餘諸將及公卿以下，賞賜各有差。帝以平吳功[9]策告[246]羊祜廟，乃封其夫人夏侯氏為萬歲鄉君[247]，食邑五千戶。

王濬自以功大，而為渾父子及黨與所挫抑[248]，每進見，陳其攻伐之勞及見枉之狀，或不勝忿憤，徑出不辭[249]，帝每容恕之。益州護軍[250]范通謂濬曰：「卿功則美矣，然恨[251]所以居美者未盡善[252]也。卿旋旆[253]之日，角巾私第[254]，口不言平吳之事，若有問者，則[10]曰：『聖人之德，羣帥之力，老夫何力之有？』此藺生所以屈廉頗[255]也，王渾能無愧乎？」濬曰：「吾始懲鄧艾之事[256]，懼禍及身，不得無言。其終不能遣諸胸中[257]，是吾褊也[258]。」時人咸以濬功重報輕，為之憤邑[259]。博士秦秀等並上表訟濬之屈[260]，帝乃遷濬鎮軍大將軍。王渾嘗詣濬[261]，濬嚴設備衛，然後見之。

杜預還襄陽，以為天下雖安，忘戰必危，乃勤於講武[262]，申嚴戍守[263]。又引滍、淯水[264]以浸田[265]萬餘頃，開揚口[266]通零、桂之漕[267]，公私賴之。預身不跨馬，射不穿札[268]，而用兵制勝，諸將莫及。預在鎮，數餉遺洛中貴要[269]。或問其故，預曰：「吾但恐為害，不求益也。」

王渾遷征東大將軍，復鎮壽陽270。

諸葛靚逃竄不出。帝與靚有舊271，靚姊為琅邪王272妃，帝知靚在姊間273，因就見焉。靚逃于廁，帝又逼見之，謂曰：「不謂今日復得相見！」靚流涕曰：「臣不能漆身皮面274，復覩聖顏，誠為慚恨。」詔以為侍中，固辭不拜，歸于鄉里275，終身不向朝廷而坐276。

六月，復封丹水侯睦277為高陽王。

秋，八月己未278，封皇弟延祚為樂平王，尋薨279。

九月庚寅280，賈充等以天下一統，屢請封禪281，帝不許282。

冬，十月，前將軍青州刺史淮南胡威卒。威為尚書，嘗諫時政之寬283。帝曰：「尚書郎以下，吾無所假借284。」威曰：「臣之所陳，豈在丞、郎、令史285，正謂如臣等輩286，始可以肅化明法287耳。」

是歲，以司隸所統郡288置司州289，凡州十九290，郡國一百七十三，戶二百四十五萬九千八百四十。

詔曰：「昔自漢末，四海分崩，刺史內親民事，外領兵馬。今天下為一，當韜戢干戈[291]，刺史分職[292]，皆如漢氏故事[293]。悉去州郡兵，大郡置武吏百人，小郡五十人。」交州牧陶璜上言：「交、廣東西數千里，不賓屬[294]者六萬餘戶，至於服從官役[295]，纔五千餘家。二州脣齒[296]，唯兵是鎮[297]。又，寧州諸夷，接據上流[298]，水陸並通，州兵未宜約損[299]，以示單虛。」僕射山濤亦言「不宜去州郡武備」，帝不聽。及永寧[300]以後，盜賊羣起，州郡無備，不能禽制，天下遂大亂，如濤所言。然其後刺史復兼兵民之政，州鎮愈重[301]矣。

漢、魏以來，羌、胡、鮮卑降者，多處之塞內諸郡[302]。其後數因忿恨，殺害長吏，漸為民患。侍御史[303]西河郭欽上疏曰：「戎狄彊獷[304]，歷古為患。魏初民少，西北諸郡，皆為戎居，內及京兆[305]、魏郡[306]、弘農[307]，往往有之。今雖服從，若百年之後有風塵之警[308]，胡騎自平陽[309]、上黨[310]不三日而至孟津[311]，北地[312]、西河[313]、太原[314]、馮翊[315]、安定[316]、上郡[317]盡為狄庭[318]矣。宜及平吳之威，謀臣猛將之略，漸徙內郡雜胡[319]於邊地，峻四夷出入之防[320]，明先王荒服之制[321]，此萬世之長策也。」帝不聽。

【章旨】以上為第一段，寫晉武帝太康元年（西元二八〇年）一年間的大事，主要寫了晉國數路出師伐吳，所向皆克，而王濬部順江出川，一路破西陵、過荊門、克武昌，直逼建業，孫皓遂面縛輿櫬而降。

而淮南之王渾部坐失機宜，反而一再與王濬爭功，相互攻擊誣陷，從此怨隙不解；寫了孫皓進入洛陽，與司馬炎、賈充輩應對無怍，勝似劉禪千倍；寫了杜預的通情達理，助成王濬，與其駐守襄陽的練兵習武，引水澆田等政績。而司馬炎則放馬歸田、放鬆武備，為日後的天下大亂作伏筆。

【注　釋】❶向江陵　由襄陽向江陵。❷出橫江　經由橫江。橫江，渡口名，在今安徽和縣東南長江上。❸鎮戍　軍鎮與軍事據點。❹二月戊午　二月初一。❺唐彬　字儒宗，魯國鄒（今山東鄒城）人，西晉名將。傳見《晉書》卷四十二。❻丹陽監盛紀　吳國丹陽駐軍的頭領名叫盛紀。丹陽在今湖北秭歸東南。丹陽監，丹陽吳國駐軍的頭領。❼江磧　江邊的沙石灘。❽以鐵鎖橫截之　用鐵鎖橫攔整個江面與江邊的陸地。建平郡長吾彥鑄鐵鏈橫斷長江事見本書卷七十九泰始八年。❾著筏而去　紮在木筏上，隨筏帶走。❿然炬　點燃火炬。然，同「燃」。⓫須臾　一會兒功夫。⓬融液斷絕　鐵化成汁，鐵鏈中斷。⓭庚申　二月初二。⓮西陵　吳縣名，縣治在今湖北宜昌東南。⓯壬戌　二月初五。⓰荊門　吳縣名，在今湖北宜昌東。⓱夷道　吳城名，在荊門城東。⓲牙門　即牙門將，略低於將軍。⓳樂鄉　吳城名，在今湖北松滋東北約四十里處。⓴巴山　吳山名，在今湖北松滋西南十五里。㉑乙丑　二月初八。㉒甲戌　二月十七。㉓沅湘　即沅水、湘水。沅水發源於貴州且蘭縣（今福泉市）東北，東南流至洪至口，會辰水，至沅陵，會酉水，又東北流經桃源、常德入洞庭湖。湘水發源於湖南零陵陽海山，東北過衡陽、長沙、岳陽入長江。㉔交廣　交州、廣州。交州指今廣西自治區南部與越南共和國，廣州指今廣東一帶地區。㉕送印綬　表示投降。㉖杖節稱詔　手執旌節，以皇帝的名義。㉗綏撫　安撫。㉘江安　吳國南平郡的郡治所在地，在今湖北公安城西北。㉙乙亥　二月十八。㉚巴丘　吳縣名，即今湖南岳陽。㉛夏口武昌　皆吳國軍事要地名，夏口即今湖北武漢之漢口區，武昌即今湖北鄂城。㉜長騖　長驅直下。㉝秣陵　古縣名，即當時的吳國都城建業，今南京。㉞鎮靜零桂　鎮撫、安定零陵、桂陽一帶地區。零陵是吳郡名，郡治即今湖南零陵，桂陽是吳郡名，郡治即今湖南郴州。㉟懷輯　招納、安撫。㊱衡陽　吳國郡名，郡治湘南，在今湖南湘潭西南。㊲荊州南境　指今湖南境內。㊳傳檄而定　一道檄文發布出去，各地自應望風而降。㊴分兵以益濬彬　派軍隊補充到王濬、唐彬麾下。㊵太尉充移屯項　太尉賈充的總指揮部要前移到今河南項城。在此以前賈充駐兵襄陽。㊶吳江夏　吳國的江夏郡，郡治武昌，今湖北鄂城。㊷督武昌諸軍　官名，即武昌都督，級別略當於刺史。㊸翻　虞翻，字仲翔，東吳的狂直之士。傳見《三國志》卷五十七。㊹方春水生　現值春季，雨水將多。㊺俟來冬　等待下一個冬季到來。㊻更為大舉　再起兵消滅它。㊼樂毅藉濟西一戰二句　樂毅是戰國時燕昭王的將領，率五國之兵大破強齊於濟西，隨後長驅東下，幾乎滅掉齊國。事見《史記・樂毅列傳》。濟西，濟水之西，約當今之山東濟南以西地區。㊽無復著手處　用不著再使什麼勁。㊾徑造建業　直撲吳國都城。徑造，直搗。㊿王渾南下　晉將王渾率軍由淮南地區南下。51諸葛靚　諸葛誕之子，諸葛誕反司馬昭失敗被殺後諸葛靚逃到吳國，事見本書卷七十七甘露二年。52牛渚　即今安徽當塗的采石磯，歷來為軍事要地。53幼少當任　少年人擔當軍事重任，指陸晏、陸景、留憲、孫歆等。54江西自清　長江的西北岸（今安徽淮南一帶）自然就平定了，指晉將王渾所率之軍就不可能再有什麼作為。55蜀兵　指王濬、唐彬從四川下來的水軍。56逆之中道　去半路迎著打它。57城陽都尉　城陽郡的都尉，城陽郡的郡治即今山東莒縣。58楊荷　一作楊橋，在今安徽和縣境內。59揚州刺史　此指晉國的揚州刺史，晉國揚州的州治即今安徽壽縣。60刀楯　手持大刀、盾牌的敢死隊。61因其亂而乘之　趁吳軍之亂而發起攻擊。乘，乘勢而攻。62以次奔潰　節節奔逃潰散。63版橋　在今安徽和縣境內。64使過迎張悌　派人前往迎接張悌撤退。65仲思　諸葛靚字仲思。66卿家丞相　指諸葛亮。張悌是襄陽人，諸葛亮的隆中即在襄陽。67不得其死　不能死在應死的地方。68負名賢知顧　辜負了諸葛亮當時對我的賞識。69下建平　攻下建平郡後。吳國的建平郡治即今重慶市巫山縣。70受杜預節度　接受杜預的指揮。71無緣　沒有可能。72施節度　行使指揮的職權。73西藩　吳國西部的屏障，指西陵。74累世　經歷了幾代。75逋寇　逃寇，指未被消滅之敵。76釋吳人於塗炭　將吳國百姓從水深火熱之中解救出來。77振旅還都　猶言「凱旋回京」。振旅，整理軍隊，這裡指勝利而回。78曠世一事　歷代少有的大事。79表呈預書　將杜預此書呈送給晉武帝。80揚州別駕　這裡所說的是晉國的「揚州別駕」，揚州刺史周浚的僚屬。周浚，字開休，西晉名將。傳見《晉書》卷六十一。81王龍驤　指王濬，當時為龍驤將軍。82謂　我認為。83使白王渾　讓他去跟王渾說。84闇於事機　看不出事物變化的苗頭，即缺乏先見之明。85慎己免咎　行事謹慎，但求無過。86貴州雖武　你們揚州刺史周浚儘管英勇善戰。貴州，敬稱周浚。87江東　蕪湖一帶的長江以東地區，此指孫晧統治下的吳國。88勝不足多　意即如果勝了也不值得稱讚。多，讚美。89具君舟檝　準備好你們過江用的船隻。90一時俱濟　到時候與王濬的艦隊一齊渡江。91明公　敬稱王渾。92須詔令　等待皇上的指示。93淹留不進　停止不前。94鄙州　謙稱本部揚州。95悢悢　遺憾的樣子。96徑趣　直撲。趣，同「趨」。97燭天　映照天空。燭，照耀。98嬖臣　受寵信之臣。嬖，寵的貶義詞。99傾險諛佞　陰險狡詐，諂媚逢迎。100致位九列　爬到了九卿的高位。九列，即「九卿」。101好興功役　好興建宮殿等土木勞役。102兵不舉刃　指吳兵無人抵抗。103正坐岑昏　都是讓岑昏鬧的。坐，因。104獨言　自言自語地說，沒有正式下命令。105若爾　如果是這樣。106當以奴謝百姓　應該殺了這個奴才以告慰天下人。107並起收昏　大家一哄而起，去逮捕岑昏。108駱驛追止　連續派人前去阻止誅殺。(109)陶濬將討郭馬　陶濬於上年奉命前往廣州討伐叛將郭馬。(110)遣其羣臣書　給吳國的群臣寫信。(111)英俊展節　有才幹的人施展才幹。(112)移朝改朔　改換朝廷，奉行新的曆法。(113)用損厥志　因而喪失了自己的志向。二句意即「請你們去為新王朝效力吧」。(114)壬寅　三月十五。(115)三山　吳都附近的山名，在南京西南的長江東岸，以有三峰得名，為軍事要地。(116)遣信　派遣信使。(117)要濬暫過論事　邀請王濬到他的軍部商議軍務，想實現他「節度」王濬的職權。(118)不得泊　船停不下來。(119)方舟百里　意即蔽江而下的戰艦綿延百里之遠。方舟，並舟。(120)面縛輿櫬　反綁雙手，抬著棺木。這是古代帝王向人投降的一種慣行儀式，意即自己甘願請死。(121)詣軍門降　到王濬的營門請求投降。按，東吳自魏文帝黃初三年（西元二二二年）建國，至此西元二八〇年滅亡，共歷五十九年。(122)解縛焚櫬　解開其縛著的雙手，燒掉他帶來的棺材。這是古代接受別國君主投降的一種儀式。意即不會受到這樣的處置。(123)收其圖籍　接過吳國的地圖和戶籍簿冊。(124)克州四　得到了吳國的國土共四個州，即揚州、荊州、交州、廣州。(125)執爵　拿著酒杯。爵，古代的一種飲酒器皿。(126)羊太傅　即羊祜，死後贈「太傅」。(127)孫秀　孫權的姪孫，於泰始六年被迫棄吳降晉，見本書卷七十九。(128)討逆　指孫策，吳國基業的創建者，被封為「討逆將軍」。(129)以一校尉創業　由一個校尉起家，打出了一片江山。按，孫策起兵之初，袁術任他為懷義校尉。(130)悠悠蒼天二句　語出《詩經・黍離》，這是一首傷感自己故國滅亡的詩。此何人哉，這是〈黍離〉詩的作者自指，意思是這個面對自己故國廢墟的人是多麼傷心啊。(131)未下　未投降之前。(132)方夏　現在正值夏天。(133)轘轅　關塞名，在今洛陽東南的轘轅山上，歷代為軍事要地。(134)甲申　四月二十八。(135)乙酉　四月二十九。(136)改元　改元「太康」，自此之前為咸寧六年。(137)大酺　盡情聚會飲酒。(138)分詣荊揚　分別到荊州、揚州這些吳國的故地。(139)牧守　指州刺史與郡太守兩級官員。(140)皆不更易　都官居原職。更易，改換。(141)悉從簡易　各種法令與規章制度，都力求寬鬆。(142)滕脩討郭馬　滕脩是吳國將領，其率兵討伐郭馬叛亂事，見本書卷八十。(143)赴難　指趕回援救吳國都城。(144)陶璜　字世英，東吳交州刺史。傳見《晉書》卷五十七。(145)款附　誠心歸附。(146)嬰城不下　據城而守。嬰城，繞城。(147)金城　晉郡名，郡治榆中，在今甘肅蘭州東。(148)孫楷　孫韶之子，孫楷棄東吳降晉事見本書卷八十咸寧二年。(149)五月丁亥朔　五月初一是丁亥日。(150)泥頭面縛　把泥塗抹在頭上，雙手綁在背後，以此表示謝罪。(151)東陽門　洛陽城東有建春、東陽、清明三門。東陽門為中門。(152)謁者　帝王身邊的侍從官名，掌導引賓客。(153)中郎　帝王的侍從官員。(154)郎中　帝王的侍從官員，級別較中郎為低。(155)舊望　素有聲望的人。(156)隨才擢敘　根據才能提升官職。(157)孫氏將吏渡江者　歸降晉國的將士官吏，隨晉軍參加了渡江滅吳之役者。(158)復十年　免除十年的勞役、賦稅。(159)庚寅　五月初四。(160)臨軒　站在樓上的前廊。(161)文武有位　文武百官及雖無官職但有爵位的人。(162)國子學生　國子監的學生。國子監即當時的太學。(163)皆

預　都參加。預，參加；出席。(164)稽顙　四肢與頭皆觸地，是最虔敬的跪拜禮。顙，額。孫皓行稽顙禮表示無顏見晉帝。(165)姦回　奸邪。隱指賈充世受魏恩而奸邪不忠，附司馬氏弒高貴鄉公曹髦。(166)無怍　無任何慚愧之色。(167)昵近　親近。(168)放濫　恣意濫用。(169)宰輔　宰相。(170)天祿永終　上天賜與的福祿已經享用完畢。天祿，指享有國家而言。(171)曆數有屬　天命已經另有了歸屬。曆數，猶言「運命」、「氣數」。有屬，另有所歸。(172)何攀　王濬的僚屬。(173)牋　書信。(174)書貴克讓　《尚書》教人以謙讓為貴。《尚書‧堯典》有所謂「允恭克讓」之語。(175)易大謙光　《易經》推崇人的謙虛。《易經‧謙卦》有所謂「謙尊而光」之語。(176)失氣　喪氣；洩氣。(177)龍驤因之　王濬趁著這種局勢。(178)陷其區宇　攻陷了東吳的全部領土。(179)緩師　行動遲緩，貽誤了軍機。(180)不及於事　在這件事上已失去了機會。(181)方競其功　才與人家去爭功。競，爭。(182)彼既不吞聲　他既不願嚥下這口氣。彼，指王渾。(183)將虧雍穆之弘　就要失去謙和的美德。(184)興矜爭之鄙　就要鬧起鬥氣爭功的醜事。(185)愚情　我的內心。(186)尚常山公主　娶司馬炎的女兒為妻。尚，高攀，謙稱娶帝王之女。(187)檻車徵濬　用囚車把王濬押解回京。(188)違制昧利　為了爭利而違抗詔令。(189)自理　自己申辯。(190)風發　順風而下。(191)無緣迴船過渾　沒法掉轉船頭去找王渾。過，到……處。(192)暮乃被渾所下當受節度之符　到天黑時我才接到王渾下達給我讓我受他指揮的命令。(193)還圍石頭　回軍包圍石頭城。石頭城即當時吳都建業的城牆，舊址在今南京之清涼山一帶。(194)索　討要。(195)鎮南諸軍　指隨王濬東下的原屬鎮南將軍杜預所統的軍隊。(196)人名定見　指現役軍人的數目。(197)不可承用　沒法接受；沒法執行。(198)忽棄明制　忽視而不執行皇帝的英明指令。(199)自為小誤　自己造成了小小的失誤。(200)臣至便得　我一到建業，孫皓就立即投降了。(201)更見怨恚　更遭到王渾的怨恨。(202)守賊百日　圍困這夥敵人已經上百天。(203)死生以之　不管死活都要全力以赴。(204)此是人臣不忠之利　這對國家不忠的人有好處。(205)騰周浚書　用周浚的名義上書。騰，指使；借用。(206)犯上干主　冒犯君主。干，也是「犯」的意思。(207)乖忤　違背；得罪。(208)偽中郎將　投降過來的吳國的中郎將。中郎將是帝王的衛隊長官。(209)去二月　猶言「前在二月」。(210)行至　即將抵達。(211)按行石頭還　巡行視察石頭城回來。(212)跳刀大呼　揮動著大刀呼喊。(213)意必能然　以為他們必能如此。(214)無狀　沒個人樣。(215)得便馳走　得到財寶後就飛快逃走。(216)乃圖降首　這才考慮投降伏罪。首，自首；歸降。(217)降使適去　奉表前來投降的使者剛剛派出。(218)左右　指孫皓左右的人。(219)略　掠奪。(220)逃身竄首　抱頭逃竄。(221)主者　管事的人。(222)乃無席可坐　已經被搶得連張可坐的席子都沒有。(223)屯聚蜀人　集結巴蜀士卒。(224)不時送皓　不及時地把孫皓送交王渾。(225)恐動　恐嚇、挑撥。(226)皆當誅殺　將把他們全部殺光。(227)冀其作亂　希望激起吳人反抗晉軍。(228)得騁私忿　以發洩我們自己的憤怒。(229)尚以見加　尚且能加到我頭上。(230)其餘謗嗒　其他別的誹謗惡語。(231)更受咎累　反而更遭受了誣陷。咎累，罪過。(232)大不

敬　即犯下「大不敬」之罪，按律當滿門處斬。233科罪　按律定罪。234輒赦　皇帝應該立刻下旨意。235禁推　關進監獄追究審問。236守廷尉　權且代理廷尉的人。守，暫時代理。廷尉是全國最高的司法長官。237劉頌　字子雅，廣陵人。歷任淮南相、吏部尚書、光祿大夫等，傳見《晉書》卷四十六。238校其事　比較、核實二人的事跡。校，考查。239折法失理　判斷不公。240左遷京兆太守　降職為京兆太守。晉時京兆郡的郡治長安，在今陝西西安西北。241庚辰　五月丁亥朔，無庚辰日，此處記事有誤。242輔國大將軍　二品高官。王濬任職後，增兵五百人為輔國營，給官騎，並置司馬。243增京陵侯王渾邑八千戶　指王渾除京陵舊食邑外，再增八千戶。244增邑萬戶　張華廣武縣食邑增加到一萬戶。245專典詔命功　專門掌管為皇帝起草詔令的功勞。荀勗為中書監，主管草擬、發布詔令。246策告　以詔書祭告。247萬歲鄉君　「萬歲鄉」是地名，封給羊祜的夫人作食邑。「君」是對女人的封號，有「郡君」、「縣君」、「鄉君」等不同級別。248挫抑　壓制。249徑出不辭　揚長而去，不向皇帝告辭。250益州護軍　王濬龍驤將軍幕府的屬官，主軍紀及考核下級將士。251恨　憾；令人感到遺憾。252所以居美者未盡善　面對自己功勞的態度，沒有做到盡善盡美。居美，對待自己的功勞、優點。253旋旆　回師；凱旋。旆，大旗。254角巾私第　換上便服，悄悄回家。角巾，古代隱士常戴的一種有稜角的頭巾。255藺生所以屈廉頗　藺相如不與廉頗爭功爭位，最後感動得廉頗負荊過府請罪。事見本書卷四周赧王二十六年。屈，折服。256懲鄧艾之事　接受鄧艾當年受鍾會之害的教訓。鄧艾滅蜀有大功，而被鍾會所害事，見本書卷七十八。257遣諸胸中　猶言「釋然於懷」，即從心裡放下這件事。258是吾褊也　是我的氣量太小了。褊，狹窄。259憒邑　憒憒不平。邑，通「悒」。憂鬱不樂貌。260訟濬之屈　替王濬申訴委屈。261嘗詣濬　曾到過王濬家。262講武　講習武事，包括練兵。263申嚴戍守　下令部屬提高戒備。264滍淯水　滍水今名沙河，發源於河南魯山縣西吳大嶺，東流經寶豐、葉縣、舞陽，合於北沙河。淯水一名白河，發源於河南嵩縣南攻離山，東流經南召縣，折南流經南陽、新野入湖北襄陽會唐河。265浸田　灌溉農田。266揚口　在今湖北荊州之長江南岸。267零桂之漕　零陵與桂陽二郡之間的水路運輸。零陵郡的郡治即今湖南零陵，桂陽郡的郡治即今湖南郴州。268射不穿札　射箭穿不透鎧甲上的鐵片，極言其儒將風度。269數餉遺洛中貴要　屢屢給京城裡的權貴贈送禮品。洛中，京都洛陽城中。270壽陽　即壽春，晉人為避諱改稱壽陽。271有舊　有舊交。272琅邪王　司馬伷，司馬懿的兒子，司馬炎的叔叔。273在姊間　在其姐家。274漆身皮面　指像豫讓那樣渾身塗漆，像聶政那樣劃破面皮使人無法辨認。以上二事皆見《史記·刺客列傳》。275鄉里　故鄉。諸葛靚的故鄉在今山東諸城。276終身不向朝廷而坐　因其父諸葛誕被司馬昭攻殺故也。277丹水侯睦　司馬睦，司馬懿之姪，司馬炎之叔，其被貶事見本書卷八十咸寧三年。278己未　八月初五。279尋薨　不久死去。尋，不久。280九月庚寅　九月初六。281封禪　到泰山祭祀天地。

282 帝不許　司馬炎之「不許」是表示謙讓，意思是說自己的功業德行還不夠格。283 時政之寬　指執法不嚴格。284 無所假借　一點都不寬容。285 丞郎令史　各部門的中下層辦事人員。286 正謂如臣等輩　我所指的是嚴格管理像我們這些高官。287 肅化明法　嚴肅風化，申明法紀。288 以司隸所統郡　在司隸校尉所統轄的幾個郡。289 置司州　設置司州，任命司州刺史。290 凡州十九　全國共有十九個州，即司州（治洛陽）、兗州（治廩丘，今河南范縣東南七十里）、豫州（治項，今河南項城北）、冀州（治信都，今河北冀州）、并州（治晉陽，今山西太原西南）、青州（治臨淄，今山東淄博）、徐州（治彭城，今江蘇徐州）、荊州（治襄陽，後遷江陵）、揚州（治壽春，後遷建業，今南京）、涼州（治姑臧，今甘肅武威）、雍州（治長安，今陝西西安西北）、秦州（初治冀縣，後移上邽，今甘肅天水）、益州（治成都）、梁州（治南鄭，今陝西漢中）、寧州（治滇池，今昆明東南）、交州（治龍編，今越南河內）、廣州（治番禺，今廣東廣州）、幽州（治河北涿州）、平州（治襄平，今遼寧遼陽，後移昌黎，今遼寧義縣）。291 韜戢干戈　將兵器收藏起來。292 刺史分職　刺史既管民、又管軍的狀況應該分開。293 如漢氏故事　漢代刺史只管政務，不管軍事。漢武帝置十三刺史部（州），部置一人，職掌監察。奉詔巡行諸郡，省察治政，黜陟能否，斷理冤獄。294 不賓屬　指不歸順，不服從晉王朝。295 服從官役　服從政府，為政府出勞役。296 脣齒　脣齒相依，相互共安危。297 唯兵是鎮　只有靠武力才能鎮守。298 接據上流　相互連接地居住在交、廣諸河的上游。299 未宜約損　不應當裁減。300 永寧　晉惠帝年號（西元三〇一年），只一年。301 州鎮愈重　州刺史的權勢遂更加重大。302 處之塞內諸郡　將他們安置在長城以內的沿邊各郡。303 侍御史　皇帝的侍從官名，主管受納章奏，監察檢舉百官。304 彊獷　強橫兇悍。305 京兆　郡治長安，轄今西安及其周圍數縣。306 魏郡　郡治鄴縣，在今河北臨漳西南。307 弘農　郡治弘農，在今河南靈寶北。308 風塵之警　隱指造反作亂。309 平陽　郡治在今山西臨汾西南。310 上黨　郡治壺關，在今山西長治北。311 孟津　古黃河津渡名，在今河南孟津東北、孟州西南，歷代為兵爭要地。312 北地　郡治富平，在今寧夏吳忠西南。313 西河　郡治即今山西離石。314 太原　郡治晉陽，在今山西太原西南。315 馮翊　郡治臨晉，即今陝西大荔。316 安定　郡治臨涇，在今甘肅鎮原東南。317 上郡　郡治膚施，在今陝西榆林東南。318 盡為狄庭　都將成為少數民族的天下。319 內郡雜胡　內地與漢人雜居的少數民族。320 峻四夷出入之防　嚴格限制四周少數民族與中原漢族之間的相互往來。峻，嚴加限制。321 荒服之制　意即使周邊少數民族遠離中原地區，減少相互往來。據《尚書・禹貢》，除京畿外，把天下分為五服，即甸服、侯服、綏服、要服、荒服，每服五百里，荒服離中原最遠。

【校　記】1 復　原無此字。據章鈺校，甲十一行本、乙十一行本、孔天胤本皆有此字，今據補。2 呈　原作「陳」。據章鈺校，甲十一行本、乙十一行本、孔天胤本皆作「呈」，張敦仁《通鑑刊本識誤》同，今據改。③吳人大悅　原無此四字。據章鈺校，甲十一行本、乙十一行本、孔天胤本皆有此四字，張敦仁《通鑑刊本識誤》、張瑛《通鑑校勘記》同，今據補。④仙　原誤作「仲」。據章鈺校，甲十一行本、乙十一行本、孔天胤本皆作「仙」，熊羅宿《胡刻資治通鑑校字記》同，今據校正。按，本卷下文「仙」字尚不誤。⑤實　據章鈺校，甲十一行本、乙十一行本、孔天胤本皆無此字。⑥乘勢　原無此二字。據章鈺校，甲十一行本、乙十一行本、孔天胤本皆有此二字，張敦仁《通鑑刊本識誤》、張瑛《通鑑校勘記》同，今據補。⑦意　據章鈺校，甲十一行本、乙十一行本、孔天胤本皆作「謂」，張敦仁《通鑑刊本識誤》同。⑧馳　據章鈺校，甲十一行本、乙十一行本、孔天胤本皆作「持」。⑨功　據章鈺校，甲十一行本、乙十一行本、孔天胤本皆無此字，張敦仁《通鑑刊本識誤》同。⑩則　據章鈺校，甲十一行本、乙十一行本、孔天胤本皆作「輒」，張敦仁《通鑑刊本識誤》同。

【語　譯】世祖武皇帝中

太康元年（庚子　西元二八〇年）

春季，正月，吳國實行大赦。

鎮南大將軍杜預率領軍隊由襄陽向江陵進發，安東將軍王渾經由橫江去攻打東吳邊境的軍鎮與軍事據點，大軍所向，攻無不克。二月初一日戊午，晉國的龍驤將軍王濬、巴東監軍唐彬打敗了東吳駐守丹陽的將領盛紀。東吳的軍隊在長江邊的砂石灘以及險要之處，全都用大鐵鏈橫攔在整個江面與江邊的陸地。又製作了大鐵錐，鐵錐有一丈多長，埋伏在長江中，以阻擋晉國的舟艦通過。王濬於是製作了幾十個大木筏，木筏長寬各一百多步，上面安放了好多草人，草人都身披鎧甲手持兵器，命令善於游泳的人乘坐在筏子上在前邊開路，木筏子遇到大鐵錐，鐵錐就紮在木筏子上隨筏帶走而被清除了。王濬又下令製作了巨型火炬，每支火炬長十多丈，粗數十圍，火炬裡面灌上麻油，被安放在船的前面，一旦碰到江面上的大鐵鏈，就把火炬點燃焚燒鐵鏈，用不了多久工夫，鐵鏈化成了鐵水，鐵鏈也就中斷了，於是戰船暢行無阻。

二月初二日庚申，王濬攻克了西陵，殺死了東吳都督留憲等人。初五日壬戌，王濬攻佔了荊門、夷道兩個城池，殺死了東吳防守夷道的將領陸晏。杜預派遣牙門將周旨等人率領八百名奇兵乘船趁黑夜渡過長江去襲擊樂鄉，沿途插上許多晉國的旗幟以迷惑吳國的守軍，又在巴山上燃起熊熊大火。東吳都督孫歆看到這種情況感到十分恐懼，就寫信給江陵督伍延說：「從北邊過來的晉軍，就像是飛過長江一樣。」周旨等人把軍隊埋伏在樂鄉城外，孫歆派兵出城迎戰王濬，被王濬打得大敗逃回城中。周旨指揮埋伏在城外的晉軍趁著混亂跟隨孫歆的敗兵一起湧入樂鄉城，孫歆卻一點也沒有察覺，晉軍一直跟入孫歆的軍帳，出其不意地俘虜了孫歆，並把孫歆押回到晉軍營帳。

二月初八日乙丑，王濬斬殺了東吳水軍都督陸景。杜預率軍攻打江陵，十七日甲戌，攻克了江陵城，殺死了江陵督伍延。於是沅水、湘水以南，一直到交趾、廣州，各州各郡都望風歸降，紛紛送出印綬。杜預手執旌節，以晉國皇帝的名義安撫百姓。從開始攻打東吳以來，總計斬殺和俘虜了東吳都督、監軍以上官員十四人，牙門、郡守一百二十多人。此時胡奮又攻克了江安。

二月十八日乙亥，晉武帝司馬炎下詔說：「王濬、唐彬已經平定了巴丘，應該立即與胡奮、王戎共同攻取夏口、武昌，然後順流而下、長驅直入，直取東吳的都城秣陵。杜預應當鎮撫、安定零陵、桂陽一帶，而後招納、安撫衡陽郡。晉國大軍過去之後，荊州南部地區，只要發布一道檄文就會望風而降。杜預等人將自己所率領的軍隊各分出一部分補充到王濬、唐彬的麾下，太尉賈充將自己的總指揮部從襄陽向前移到項縣。」

建威將軍王戎派遣參軍襄陽人羅尚、南陽人劉喬率軍與龍驤將軍王濬合力攻打武昌，東吳江夏太守劉朗、武昌都督虞昺全都向晉軍投降。虞昺是虞翻的兒子。

鎮南大將軍杜預召開軍事會議，有人說：「立國百年的東吳，不可能一下子就全部攻克。現值春季，雨水將逐漸多起來，大軍很難在此長久駐紮，應該等待下一個冬季到來，再派大軍徹底消滅東吳。」杜預說：「戰國時期燕國的樂毅憑藉濟西一戰，就幾乎滅掉了強大的齊國。如今我軍的威風已經振奮起來，形勢就如同是快刀破竹，頭幾節被破開之後，剩餘的部分就會迎刃而解，用不著再花費很大的力氣了。」於是杜預把進攻東吳的方略教授給各路統帥，而後各路大軍直搗東吳的都城建業。

吳主孫皓聽說晉國安東將軍王渾率大軍已經由淮南地區南下，趕緊派丞相張悌率領丹陽太守沈瑩、護軍孫震、副軍師諸葛靚帶著三萬軍隊渡過長江去迎戰晉軍。東吳的軍隊到達牛渚時，沈瑩說：「晉國在蜀郡訓練水軍已經很久了，而我們在長江上游防守的軍隊，平常根本沒有什麼戒備，有名的將領都已經死去，目前都是一些少年人在擔當軍事重任，恐怕他們抵擋不住晉軍的進攻。晉國的水軍必然會很快到達這裡，我們應該養精蓄銳，等待晉軍的到來，與他們決一死戰。如果我們僥倖能夠戰勝他們，長江的西北岸一帶自然就平定了。如果我們現在渡過長江與晉國大軍決戰，不幸失敗的話，那麼大勢一去就無法挽回了！」張悌說：「吳國就要滅亡，這是無論賢能與愚鈍，人人都知道的事實，並不是到現在我們才知道。我所擔心的是，一旦王濬、唐彬所率領的從四川下來的水軍到達這裡，我軍已經心驚膽戰，再也無法約束了。我軍趁著現在渡過長江，還可以與晉軍拼死一戰。如果我們戰敗，共同為國殉難，也就再沒有什麼可遺憾的了。如果我們僥倖戰勝晉軍，晉軍敗逃，我軍就會兵威大振，士氣高漲一萬倍，到那時就可以從南北上，在半路上攔擊王濬、唐彬的水軍，不用擔心打不敗他們。如果按照你的策略等待晉軍到來，恐怕士兵已經逃散殆盡，只能眼睜睜地坐等敵人到來時，君臣一起投降了，如果再沒有一個人為國殉難捐軀，難道這不是我們吳國的恥辱嗎？」

三月，張悌等人率軍渡過長江，把晉國安東將軍王渾的部將城陽郡都尉張喬圍困在楊荷；張喬的兵力只有七千人，他關閉寨柵向吳軍請求投降。諸葛靚想把他們全部殺掉，張悌說：「敵人的強大主力就在前面，我們不能把精力消耗在對付這樣的小股部隊上，況且殺掉已經投降的敵人是不吉祥的。」諸葛靚說：「這些人是因為救兵還沒有到來，力量弱小打不過我們，所以暫且假裝投降以減緩我們的進攻，並非是真心投降我們。如果我們捨棄他們繼續前進，必定成為我們的後患。」張悌不肯聽從諸葛靚的勸告，只是安撫了他們一陣便繼續率軍前進。張悌與晉國揚州刺史汝南人周浚擺開陣勢南北相對，沈瑩率領著丹陽的精銳部隊和手持大刀、盾牌的敢死隊五千人，向晉軍陣地發起三次猛烈的衝鋒，而晉軍巋然不動。沈瑩只得率領部隊向後撤退，軍隊秩序於是開始混亂。晉軍將領薛勝、蔣班乘著吳軍混亂之際向吳軍發起了攻擊，吳軍節節敗退、四處奔逃潰散，將帥制止不住。張喬率領自己的部下趁機殺出城來從後面攻擊吳軍，在版橋把吳軍打得大敗。諸葛靚率領著幾百人逃走，他派人去接應張悌撤退，張悌拒絕逃走，諸葛靚親自來到張悌軍中拉著張悌的手說：「國家興亡，自有天意，不是你一個人所能支撐得了的，為什麼要自去尋死！」張悌淚流滿面地說：「仲思，今天就是我死亡的日子啊！況且我在孩童時期就受到你家諸葛亮丞相的賞識與提拔，我經常擔心自己死得不得其所，辜負了諸葛丞相當時對我的賞識。如今我能以身殉國，還有什麼可說的呢？」諸葛靚再三拉他逃走，張悌堅決不逃走，諸葛靚只好流著眼淚放開張悌自行離去。他走出了一百多步，再回頭看時，張悌已經被晉兵殺死，晉軍還斬殺了東吳的孫震、沈瑩等共計七千八百人，吳國上下大為震恐。

當初，晉武帝在詔書中讓王濬攻下建平郡後，就接受杜預的調度指揮，到達建業後，再接受王渾的調度指揮。杜預到達江陵後，對諸位將領說：「如果王濬攻下了建平郡，就會順流直下、長驅直入，自然威名大震，就不再適宜接受我的調度指揮。如果王濬攻不下建平郡，我也就沒有可能對他行使指揮的職權了。」王濬到達西陵，杜預寫信給王濬說：「您既然摧毀了東吳的西部屏障，就應該一鼓作氣逕直去攻取建業，討伐經歷了幾代而未被消滅的東吳逃寇，將吳國百姓從水深火熱之中解救出來，然後凱旋回京，這也是曠古少有的一件美事。」王濬看了書信心中非常高興，於是上表呈上杜預的書信。等到張悌戰死，晉國擔任揚州別駕的何惲對周浚說：「張悌率領的吳國精兵強將都被我們消滅在這裡，吳國舉國上下無不感到震驚恐慌。如今龍驤將軍王濬已經攻破武昌，乘勝東下，所向披靡，東吳土崩瓦解的形勢已經顯現出來了。我認為我們應該趕緊率軍渡過長江，直取建業城，大軍突然而至，敵人必定被嚇破膽，可以不用戰鬥就將他們俘虜。」周浚贊成何惲的謀略，就派何惲去請示王渾。何惲說：「王渾缺乏先見之明，只想謹慎行事，以求自己沒有過錯，必然不會聽從我們的建議。」周浚堅持讓何惲去請示王渾。王渾果然說：「皇上在詔書中只讓我們屯紮在長江以北抗擊吳軍，不讓我輕易進軍。你們揚州刺史周浚雖然英勇善戰，難道能夠獨自平定東吳嗎？如今我們違抗詔命，勝利了也不值得稱讚；如果不能取勝，罪過將會很嚴重。而且皇上命令龍驤將軍王濬接受我的節制，你們只管準備好你們過長江用的船隻，到時候與王濬的艦隊一齊渡江作戰就可以了。」何惲說：「龍驤將軍王濬征戰萬里，連戰連捷，就憑他所建立的豐功偉業，肯來接受您的節制，這樣的事情我從來還沒有聽說過呢。而且您身為上將，應該抓住戰機迅速前進，豈能件件事情都要等待皇上的詔命呢！如今我們趁機渡江，勝利有十全的把握，還有什麼值得疑慮而停止不前呢？這是揚州所有將士所深感遺憾的。」王渾不聽勸告。

王濬率領得勝之師自武昌順流而下直撲建業城。吳主孫皓派遣游擊將軍張象率領水軍一萬人前往迎戰，張象的水軍剛剛望見王濬軍隊的旗幟就紛紛投降了。王濬的戰船布滿江中，旌旗映照天空，聲勢盛大，吳國人感到非常害怕。

吳主孫皓最寵幸的臣子岑昬，一向以陰險狡詐、善於諂媚逢迎而爬到了九卿的高位，專好興建宮殿等土木勞役，給百姓造成了很大的災難和痛苦，百姓都非常憎恨他。等到晉國的軍隊快要到達建業城的時候，宮中吳主的幾百個親信都叩頭請求吳主說：「北方晉國的軍隊一天一天逼近，而我們吳國的軍隊竟然無人抵抗，陛下將怎麼辦呢？」吳主說：「為什麼會這樣？」眾人齊聲回答說：「都是讓岑昬鬧的。」吳主自言自語地說：「如果是這樣，就應該殺了這個奴才以向天下的百姓謝罪。」眾人趁機說：「是！」於是眾人一躍而起共同去逮捕岑昬；孫皓連續派人去阻止誅殺岑昬，而岑昬早已被殺死了。

東吳陶濬於上年奉命去廣州討伐叛將郭馬，到達武昌後，聽說晉國的軍隊已經大舉入侵東吳，於是率軍而回。他返回建業，孫皓接見陶濬，向他詢問水軍的情況，陶濬回答說：「蜀地所造的船隻都很小，如果現在能夠集中二萬士兵，乘坐大船與蜀軍作戰，完全能夠打敗他們。」於是孫皓下令調集軍隊，將代表皇帝權威的旌節和斧鉞授予陶濬，派陶濬率領這二萬水軍前去迎戰晉軍。陶濬準備第二天早晨出發，而就在當天夜裡，這二萬軍隊就全部逃散了。

當時王渾、王濬以及琅邪王司馬伷所率領的晉軍都已經逼近吳國的都城建業，吳國司徒何植、建威將軍孫晏都把自己的印綬、符節送到了王渾那裡請求投降。吳主孫皓採納光祿勳薛瑩、中書令胡沖等人的計策，分別派遣使者帶著書信到王渾、王濬、司馬伷軍中請求投降。孫皓又給吳國的群臣寫信，在信中深刻地責備自己，他說：「如今大晉國已經平定四海，正是有才幹的人施展才華的好機會，不要因為改換朝廷，奉行新的曆法而喪失了你們的遠大志向。」孫皓先派使者把皇帝璽綬呈送給琅邪王司馬伷。三月十五日壬寅，王濬的水軍通過三山，王渾派遣信使邀請王濬暫時到自己的軍中商議軍事。王濬揚帆直指建業，讓信使回報王渾說：「長江風大浪急，船隻無法拋錨停泊。」當天，王濬率領著全副武裝的八萬水軍，蔽江而下的戰艦綿延百里，擂鼓吶喊之聲傳進石頭城。吳主孫皓反綁著自己的雙手，讓人抬著棺材，親自到王濬的軍營投降。王濬為孫皓解去綁繩，燒毀了棺木，然後邀請孫皓相見。王濬接收了吳國的地圖和戶籍簿冊。晉軍攻克了東吳的交州、廣州、揚州、荊州四個州，四十三個郡，五十二萬三千戶，軍隊二十三萬人。

晉國朝廷得到東吳已被平定的消息，文武大臣全都向晉武帝敬酒表示祝賀。晉武帝端著酒杯眼裡流著熱淚說：「這都是羊太傅的功勞啊！」驃騎將軍孫秀沒有像其他大臣那樣舉杯祝賀，而是面向南方流著眼淚說：「回憶往昔，討逆將軍在二十歲的年紀以一個校尉的身分開創了吳國的基業，如今後代君主卻把整個江南一齊拋棄，宗廟陵園，從此變為一片廢墟，蒼天啊蒼天，面對自己的故國變成廢墟的人是多麼的傷心啊！」

在東吳還沒有被攻下的時候，晉國的大臣都認為軍隊不可輕易進攻，唯獨張華堅持認為晉軍必能取得勝利。賈充上表說：「吳國不可能被全部平定，現在正值夏季，長江、淮河一帶地勢低窪潮溼，必定會有瘟疫流行，應該命令各軍撤回國內，做好以後再進攻吳國的打算。否則的話，即使腰斬了張華也不足以向天下人謝罪。」晉武帝說：「這是我的意見，張華只是與我的意見相同而已。」荀勗又再奏請，應該採納賈充的意見，晉武帝沒有聽從他們的意見。杜預聽說賈充等人奏請罷兵的消息後，立即派使者飛馬趕往京城，上表據理諫諍，當使者到達轘轅關的時候而東吳已經投降了。賈充感到既慚愧又恐懼，馬上到皇宮門口向晉武帝請罪，晉武帝安慰了他一番而沒有問他的罪。

夏季，四月二十八日甲申，晉武帝下詔封孫皓為歸命侯。〇二十九日乙酉，大赦天下，改年號為「太康」。允許天下百姓盡情聚會飲酒五天以慶祝勝利。晉武帝派遣使者分別前往荊州、揚州這些吳國的故地進行安撫和慰問，東吳原有的州刺史與郡太守兩級以下的官員都官居原職。宣布廢除東吳原有的嚴刑苛法，各種法令與規章制度都力求簡便易行，原來的吳國民眾大為高興。

東吳將領滕脩率領吳軍討伐郭馬未能取得勝利，聽說晉國興師伐吳，立即率軍火速趕回援救吳國都城。

到達巴丘的時候，聽說吳國已經滅亡，於是穿上白色喪服，痛哭流涕，率軍再回廣州，與廣州刺史閭豐、蒼梧太守王毅各自交出印綬向晉國請求投降。孫皓派遣陶璜之子陶融帶著自己的手書通知陶璜投降，陶璜痛哭了好幾天，也向晉國送上印綬投降。晉武帝都讓他們官復原職。

王濬大軍東下的時候，吳國各處守衛城池的將士都望風誠心歸附，唯獨建平郡太守吾彥據城固守，不肯投降。聽到吳國滅亡的消息後，才肯投降。晉武帝任命吾彥為金城郡太守。

當初，晉國朝廷尊寵孫秀、孫楷，是為了讓他們招徠吳國人投降。等到吳國滅亡以後，晉武帝便將孫秀降職為伏波將軍，孫楷降職為度遼將軍。

琅邪王司馬伷派遣使者護送孫皓及其宗族前往洛陽。五月初一日丁亥，孫皓一行到達洛陽，和他的太子孫瑾等人把泥塗抹在頭上，雙手綁在背後，來到洛陽城的東陽門。晉武帝詔令負責導引賓客的謁者為孫皓等人解去了身上綁縛的繩索，賞賜給他們衣服、車輛、三十頃地，每年撥給他們的金錢穀物、絲棉綢緞很多。任命孫皓的太子孫瑾為中郎，其他皇子當中凡是在東吳時已經被封為親王的都任命為郎中。吳國那些素有聲望的人，根據他們的才能提升任用。凡是歸降晉國並隨晉軍參加渡江滅吳的原吳國將士官吏，一律免除十年的勞役和賦稅，普通百姓免除二十年的勞役和賦稅。

五月初四日庚寅，晉武帝來到殿前，召見文武百官和有爵位的人以及來自四方的各國使者，就連國子監的學生也都參加了。晉武帝派人引見歸命侯孫皓以及投降過來的原吳國官員。孫皓上殿之後就非常虔誠地向晉武帝行了稽顙禮。晉武帝對孫皓說：「我設這個座位等待你已經很久了。」孫皓說：「臣在南方，也設此座位以等待陛下。」賈充對孫皓說：「聽說你在南方挖人的眼睛，剝人的面皮，這是哪一等刑法呢？」孫皓說：「做臣子的弒殺了自己的君主以及奸邪不忠的人，就用這種刑法處置他。」賈充默然不語，感到非常慚愧，而孫皓的臉上卻沒有任何慚愧的神色。

晉武帝很隨意地向散騎常侍薛瑩問起孫皓為什麼會滅亡，薛瑩回答說：「孫皓親近小人，恣意濫用刑罰，大臣以及諸將人人自危，生命沒有保障，這就是導致他滅亡的原因。」過了幾天，晉武帝又拿同樣的問題來問吾彥，吾彥回答說：「吳主孫皓英明俊朗，輔佐他的大臣也很賢明。」晉武帝笑著說：「如果真像你說的那樣，吳國怎麼會滅亡呢？」吾彥說：「上天賜予他的福祿已經享受完畢，天命已經另外有了歸屬，所以孫皓才被陛下所擒獲。」晉武帝很讚賞他的回答。

龍驤將軍王濬進入建業的第二天，安東將軍王渾才渡過長江，王渾因為王濬不等自己到達就搶先接受了孫皓的投降，心中感到非常慚愧和憤怒，就準備攻擊王濬。何攀勸說王濬把孫皓移交給了王渾，兩人的矛盾算是暫時得到了化解。何惲因為王渾與王濬爭功，就寫信給周浚說：「《尚書》教人以謙讓為貴，《易經》推崇人的謙讓。先前在打敗張悌的時候，吳人已經喪氣，龍驤將軍王濬抓住了這個有利時機，攻陷了東吳的全部領土。論起前因後果，實在是我們自己行動遲緩，貽誤了軍機，已經失去大好的機會，所以沒能建立大功，而今才與人家去爭功。王渾既不願嚥下這口氣，就將失去謙和的美德，鬧出鬥氣爭功的醜事，這實在是我內心所不贊同的。」周浚收到何惲的書信，立即就去勸諫王渾。王渾不聽勸告，反而上表給晉武帝，說王濬違背詔命不肯聽從自己的節制，誣陷王濬有罪。王渾的兒子王濟娶常山公主為妻，因而宗族黨羽盛多。有司奏請晉武帝用囚車徵召王濬進京，晉武帝不允許，只是用詔書的形式責備王濬不聽從王渾的命令，為了爭利而違抗詔令。王濬上疏為自己申辯說：「先前我接到詔書，命我直取秣陵，又讓我接受太尉賈充的調度。我於十五日到達三山，看見王渾的軍隊駐紮在長江北岸，他派使節邀我登岸。我所率領的水軍正乘風順流而下，乘勢逕直撲向賊城，沒有辦法調轉船頭去找王渾。我在日中時分到達秣陵，等到天黑的時候我才接到王渾下達給我讓我接受他指揮的命令，他想讓我第二天即十六日率領手下所有的軍隊回軍圍困石頭城，又向我討要蜀軍以及原屬於鎮南將軍杜預所統帥的軍隊現役的數目。我認為孫皓已經派使臣前來請求投降，沒有必要再去圍困石頭城。再有，現役軍人數目不可能在倉促之間編制完成，而且都不是當務之急，我沒法執行，我並非敢於忽視而不執行皇上的英明指令。孫皓已經眾叛親離，成了孤家寡人，就連老鼠麻雀還知道貪生怕死、乞求活命，何況是孫皓呢。而江北各路大軍不知虛實，不能及早生擒活捉孫皓，是他們自己造成的小小失誤。我到了建業便將孫皓生擒，更遭到王渾等人的怨恨，並說『我們圍困這夥敵人已經圍困了上百天，卻讓他人得到了賊首』。我認為侍奉君主的道理，只要有利於國家，不管死活都要全力以赴。如果只顧瞻前顧後，以避免犯錯誤遭受指責，這只能對國家不忠的人有好處，實在不是聖明的皇帝和國家的福分！」王渾又指使周浚上書說：「王濬的軍隊得到了吳國的金銀財寶。」又說：「王濬手下的牙門將李高放火燒毀了孫皓的偽宮殿。」王濬又上表申辯說：「我孤單一人，卻得罪了強盛的王氏家族。如果是冒犯了君主，其罪過還有被赦免的可能；而我得罪的卻是尊貴的當權大臣，災禍將難以預測。投降過來的吳國中郎將孔攄說：先前二月間，武昌失守後，我率領的水軍即將抵達建業。孫皓巡行、視察石頭城回來，他身邊的人全都揮舞著大刀高聲呼喊，說『要為陛下決一死戰，以決定勝負。』孫皓聽了非常高興，認為他們必能如此去做，於是就把金銀財寶全部拿出來賞賜給他們。可是那幫奸佞小人簡直太不像話，得到財寶後便飛快地逃走了。孫皓感到十分恐懼，這才考慮投降伏罪。孫皓剛剛把奉表投降的使者派出去，他左右的人就開始爭搶財物，掠奪宮中的美女姬妾，放火燒毀了宮殿。孫皓抱頭鼠竄，惟恐逃不脫性命。我率軍到達後，立即派參軍負責把火撲滅。周浚首先進入孫皓的宮殿，王渾又首先登上孫皓的船隻，我進偽宮觀看，都是在他們進去之後。我進去的時候，孫皓的宮中竟連可坐的席子都沒有了。如果說還有遺留下來的寶物的話，那麼周浚與王渾早已經先拿到手了。周浚等人說我集結巴蜀士卒，不及時把孫皓送交王渾，準備造反。他們又恐嚇、挑撥吳人，說我要把他們全部殺掉，掠取他們的妻兒，希望激起吳人的反抗，以發洩他們個人的憤怒。就連謀反這等大逆不道的罪名，他們都敢強行加到我的頭上，至於其他的誹謗惡語，當然就更不在話下了。今年平定東吳，實在是國家頭等的喜慶大事；而對於我個人來說，反而更遭受了誣陷。」王濬到達京師洛陽，有關部門奏稱王濬違抗詔命，犯下了大不敬之罪，請求把王濬移交給廷尉去治罪，晉武帝不允許。又有人奏報王濬在大赦後燒毀賊船一百三十五艘，應該立刻下旨將他交付廷尉關進監獄嚴加審問，晉武帝依然沒有批准。

王渾、王濬爭功不止，晉武帝命令暫時代理廷尉的廣陵人劉頌比較、核實二人的事跡，劉頌認為王渾是上等功勞，王濬為中等功勞。晉武帝認為劉頌的判斷不公，於是把劉頌降職為京兆太守。

庚辰日，晉武帝為賈充增加封邑八千戶。任命王濬為輔國大將軍，封為襄陽縣侯。封杜預為當陽縣侯，王戎為安豐縣侯。封琅邪王司馬伷的兩個兒子為亭侯。為京陵侯王渾增加封邑八千戶，進爵位為公。尚書關內侯張華進封為廣武縣侯，他在廣武縣的食邑增加到一萬戶。荀勗因為為皇帝起草詔令有功，封他的一個兒子為亭侯。其餘各將領以及公卿以下的官員，按照不同等次都進行了封賞。晉武帝將平吳的功勞，以詔書的形式到羊祜廟中祭告羊祜，並封羊祜的夫人夏侯氏為萬歲鄉君，食邑五千戶。

王濬認為自己勞苦功高，卻被王渾父子及其黨羽壓制，心中不服，所以每次進見晉武帝的時候就陳述他征伐東吳的勞苦以及被冤枉的情形，有時因為不勝憤怒，竟然揚長而去，連向皇帝告辭的禮節都忘了，晉武帝每次都容忍寬恕了他。益州護軍范通對王濬說：「你的功勞要說大確實是很大了，然而令人感到遺憾的是你面對自己功勞的態度，卻沒有做到盡善盡美。如果你在凱旋之後，立即換上便服、戴上角巾，悄悄地回到家中，嘴裡不說平定吳國的事情，如果有人問到你，你就說：『這是皇上決策的英明，諸位將帥同心協力為國效力才取得的勝利，我這個老頭，何功之有呢？』這就是藺相如折服廉頗的辦法，王渾能不感到慚愧嗎？」王濬說：「開始的時候，我是接受鄧艾當年受鍾會之害的教訓，畏懼災禍降臨到我身上，所以不得不替自己申辯。而後來卻始終不能從心底放下這件事情，確實是我的氣量太小了。」當時的人都認為王濬的功勞大而得到的賞賜輕，很為他憤憤不平；擔任博士的秦秀等人都上表替王濬申訴委屈，晉武帝於是升任王濬為鎮軍大將軍。王渾曾經到王濬家拜訪，王濬嚴加戒備之後，才出來與王渾相見。

鎮南大將軍杜預回到了襄陽，他認為天下雖然安定了，但是如果忘記戰爭必然會導致危險，於是經常操練軍隊，下令部屬提高戒備。又引滍河、淯河之水澆灌萬頃良田，從揚口開始，疏通通往零陵、桂陽郡的河道，開展水路運輸，政府和百姓因此而全部受益。杜預從不騎馬，射箭穿不透鎧甲上的鐵片，而用兵打仗卻能出奇制勝，其他將領都比不上他。杜預在襄陽，屢屢給京城裡的權貴贈送禮品。有人問他為什麼這樣做，杜預說：「我只是預防有人對我栽贓陷害，而不求對我有什麼好處。」

王渾被擢升為征東大將軍，再次鎮守壽陽。

諸葛靚逃得性命後，便躲藏起來不肯露面。晉武帝與諸葛靚是舊交，諸葛靚的姐姐是琅邪王司馬伷的王妃，晉武帝知道諸葛靚一定躲藏在他姐姐的家裡，於是就親自到琅邪王司馬伷的王府去見他。諸葛靚躲藏到廁所裡，晉武帝就找到廁所裡，對他說：「想不到我們今天還能相見！」諸葛靚淚流滿面地說：「我不能像豫讓那樣渾身塗漆，像聶政那樣劃破面皮使人無法辨認，今天又看到聖上，實在是慚愧悔恨得很。」晉武帝下詔任命諸葛靚為侍中，諸葛靚堅決拒絕接受任命，後來他回歸故鄉，終身不面朝晉國的都城洛陽而坐。

六月，晉武帝再次封丹水侯司馬睦為高陽王。

秋季，八月初五日己未，晉武帝封自己的弟弟司馬延祚為樂平王，不久，樂平王司馬延祚去世。

九月初六日庚寅，賈充等人認為天下已經統一，便屢次請求晉武帝到泰山祭祀天地，進行封禪活動，晉武帝不同意。

冬季，十月，前將軍青州刺史淮南人胡威去世。胡威在擔任尚書的時候，曾經進諫，指出當時執法不嚴格的弊政。晉武帝說：「對於尚書郎以下的官員，我一點都不寬容。」胡威說：「我所說的，哪裡是指丞、郎、令史這樣的下層官員呢，我所指的是要嚴格管理像我們這樣的高級官員，才能夠嚴肅風化，申明法紀。」

這一年，將司隸校尉所統轄的幾個郡，設置為司州，任命司州刺史，全國共設置十九個州，一百七十三個郡和封國，全國總戶數為二百四十五萬九千八百四十戶。

晉武帝下詔說：「自從漢朝末年以來，國家四分五裂，刺史對內管理民政，對外負責領兵打仗。如今天下統一，應當將兵器收藏起來，刺史既管民、又管軍的狀況應該分開，一切按照漢代的舊制度辦理。凡屬於州郡所管轄的軍隊全部撤銷，大郡設置武職官吏一百人，小郡設置武職官吏五十人。」擔任交州牧的陶璜上疏說：「交州、廣州東西全長數千里，不肯服從我們晉國管轄的就有六萬餘戶，至於服從政府、肯於為政府服勞役的，才五千多家。兩州脣齒相依，只有靠武力才能鎮守。還有，寧州境內的各少數民族，相互連接地居住在交、廣諸河的上游，水陸交通都很便利，州中的軍隊不宜裁減，以免顯得朝廷力量過於單弱、空虛。」擔任僕射的山濤也說「不適宜取消州郡的武裝力量」，晉武帝不聽勸告。等到晉惠帝永寧年之後，盜賊蜂起，各州郡因為沒有武裝力量進行防守，因而無力對盜賊進行緝捕控制，天下於是大亂，正如山濤所預料的那樣。

然而此後刺史又兼管軍事和民政，州刺史的權勢遂更加重大了。

漢、魏以來，那些投降過來的羌人、胡人、鮮卑人等少數民族，大多被安置在長城以內的沿邊各郡。後來，他們屢次因為忿恨官府而殺害官吏，逐漸地成為邊境居民的禍患。擔任侍御史的西河人郭欽上疏說：「少數民族強橫兇悍，自古以來一直是中原的禍患。魏國初年人口稀少，西北各郡，都是少數民族居住，就連內地的京兆、魏郡、弘農郡往往也有少數民族居住。如今雖然他們服從我們，如果百年之後萬一有什麼風吹草動，胡人的騎兵從平陽、上黨郡出發用不了三天就能到達孟津，那麼北地郡、西河郡、太原郡、馮翊郡、安定郡、上郡就都將成為少數民族的天下了。現在應該趁著平定吳國的威勢，謀臣猛將的謀略，逐漸地把在內地與漢民雜居的這些少數民族遷徙到邊塞地區，嚴格限制四周少數民族與中原漢族之間的相互往來，進一步明確先王所制定的荒服制度，這是使國家長治久安的根本大計。」晉武帝沒有採納他的意見。

二年（辛丑　西元二八一年）

春，三月，詔選孫皓宮人五千人入宮。帝既平吳，頗事遊宴❶，怠於政事，掖庭❷殆將萬人。常乘羊車❸，恣其所之❹，至便宴寢。宮人競以竹葉插戶，鹽汁灑地❺，以引帝車。而后父楊駿及弟珧、濟始用事，交通❻請謁❼，勢傾內外，時人謂之「三楊」，舊臣多被疏退。山濤數有規諷，帝雖知而不能改。

初，鮮卑莫護跋❽始自塞外入居遼西棘城❾之北，號曰慕容部。莫護跋生木延，木延生涉歸，遷於遼東❿之北，世附中國，數從征討有功，拜大單于。冬，十月，涉歸⑪始寇昌黎⑫。

十一月壬寅⑬，高平武公陳騫薨。

是歲，揚州刺史周浚移鎮秣陵⑭。吳民之未服者，屢為寇亂，浚皆討平之。賓禮故老，搜求俊乂⑮，威惠並行，吳人悅服。

三年（壬寅　西元二八二年）

春，正月丁丑朔⑯，帝親祀南郊⑰。禮畢，喟然問司隸校尉劉毅⑱曰：「朕可方⑲漢之何帝？」對曰：「桓、靈⑳。」帝曰：「何至於此？」對曰：「桓、靈賣官錢入官庫，陛下賣官錢入私門㉑。以此言之，殆不如㉒也。」帝大笑曰：「桓、靈之世，不聞此言。今朕有直臣，固為勝之㉓。」

毅為司隸，糾繩㉔豪貴，無所顧忌。皇太子鼓吹入東掖門㉕，毅劾奏㉖之。中護軍、散騎常侍羊琇㉗與帝有舊恩，典禁兵，豫機密㉘十餘年，恃寵驕侈，數犯法。毅劾奏琇罪當死。帝遣齊王攸私請琇於毅㉙，毅許之。都官從事㉚廣平程衛徑馳㉛入護軍營㉜，收琇屬吏㉝，考問陰私㉞，先奏琇所犯狠籍㉟，然後言於毅。帝不得已，免琇官。未幾，復使以白衣領職㊱。

琇，景獻皇后㊲之從父弟㊳也。後將軍王愷㊴，文明皇后㊵之弟也。散騎常侍、侍中[1]石崇[41]，苞之子也。三人皆富於財，競以奢侈相高[42]。愷以粭澳釜[43]，崇以蠟代薪[44]。愷作紫絲步障[45]四十里，崇作錦步障五十里。崇塗屋以椒[46]，愷用赤石脂[47]。帝每助愷，嘗以珊瑚樹賜之，高二尺許。愷以示石[2]崇，崇便以鐵如意碎之。愷怒，以為疾[48]己之寶。崇曰：「不足多恨[49]，今還卿！」乃命左右悉取其家珊瑚樹，高三、四尺者六、七株，如愷比者甚眾，愷怳然自失[50]。

車騎司馬[51]傅咸[52]上書曰：「先王之治天下，食肉衣帛，皆有其制[53]。竊謂奢侈之費，甚於天災。古者人稠地狹，而有儲蓄，由於節也。今者土廣人稀，而患不足，由於奢也。欲時[3]人崇儉，當詰其奢[54]，奢不見詰，轉相高尚[55]，無有窮極[56]矣。」

尚書張華以文學才識，名重一時，論者皆謂華宜為三公，中書監荀勗、侍中馮紞以伐吳之謀[57]深疾[58]之。會帝問華：「誰可託後事者？」華對以「明德至親[59]，莫如齊王[60]。」由是忤旨[61]，勗因而譖之。甲午[62]，以華都督幽州諸軍事。華至鎮，撫循[63]夷夏[64]，譽望益振，帝復欲徵[65]之。馮紞侍帝，從容語及鍾會[66]，紞曰：「會之反，頗由太祖[67]。」帝變色曰：「卿是何言邪！」紞免冠謝曰：「臣聞善御者[68]必知六轡緩急之宜[69]，故孔子以仲由[70]兼人[71]而退之[72]，冉求[73]退弱[74]而進之[75]。漢高祖尊寵五王而夷滅[76]，光武[77]抑損諸將而克終[78]。非上有仁暴之殊，下有愚智之異也，蓋抑揚與奪[79]，使之然[80]耳。鍾會才智有限，而太祖誇獎無極，居以重勢[81]，委以大兵，使會自謂筭無遺策[82]，功在不賞[83]，遂搆凶逆[84]耳。向令[85]太祖錄其小能[86]，節以大禮[87]，抑之以威權，納之以軌則[88]，則亂心無由生矣。」帝曰：「然。」紞稽首曰：「陛下既然臣之言，宜思堅冰之漸[89]，勿使如會之徒復致傾覆[90]。」帝曰：「當今豈復有如會者邪？」紞因屏左右[91]而言曰：「陛下謀畫之臣，著大功於天下，據方鎮[92]，總戎馬[93]者，皆在陛下聖慮矣。」帝默然，由是止不徵華。

三月，安北將軍嚴詢敗慕容涉歸於昌黎，斬獲萬計。

魯公賈充老病，上遣皇太子省視起居。充自憂謚傳[94]，從子模曰：「是非久自見，不可掩也。」夏，四月庚午[95]，充薨。世子[96]黎民早卒[97]，無嗣，妻郭槐欲以充外孫韓謐[98]為世孫[99]，郎中令[100]韓咸、中尉曹軫諫曰：「禮無異姓為後之文[101]，今而行之，是使先公[102]受譏於後世而懷愧於地下也。」槐不聽。咸等上書，求改立嗣，事寢不報[103]。槐遂表陳之，云充遺意。帝許之，仍詔「自非功如太宰[104]，始封無後[105]者，皆不得以為比。」及太常[106]議謚，博士秦秀曰：「充悖禮溺情[107]，以亂大倫[108]。昔鄫養外孫莒公子為後[109]，春秋書『莒人滅鄫』[110]。絕父祖之血食[111]，開朝廷之亂原。按諡法：『昏亂紀度[112]曰荒』，請諡『荒公』。」帝不從，更諡曰「武」。

閏月丙子[113]，廣陸成侯李胤[114]薨。

齊王攸德望日隆，荀勗、馮紞、楊珧皆惡之。紞言於帝曰：「陛下詔諸侯之國[115]，宜從親者始；親者莫如齊王，今獨留京師，可乎？」勗曰：「百僚內外皆歸心齊王，陛下萬歲後，太子不得立矣。陛下試詔齊王之國，必舉朝[116]以為不可，則臣言驗矣。」帝以為然。冬，十二月甲申[117]，詔曰：「古者九命作伯[118]，或入毗朝政[119]，或出御方嶽[120]，其揆一也[121]。侍中、司空、齊王攸，佐命立勳[122]，劬勞王室[123]，其以為大司馬、都督青州諸軍事，侍中如故，仍[124]加崇典禮，主者[125]詳按舊制施行。」以汝南王亮[126]為太尉、錄尚書事[127]、領太子太傅，光祿大夫山濤為司徒，尚書令衛瓘為司空。

征東大將軍王渾上書，以為：「攸至親盛德，侔於周公[128]，宜贊皇朝[129]，與聞政事[130]。今出攸之國，假以都督虛號[131]，而無典戎幹方[132]之實，虧友于款篤之義[133]，懼[134]非陛下追述[135]先帝、文明太后[136]待攸之宿意[137]也。若以同姓寵之太厚，則有吳、楚逆亂之謀[138]，漢之呂、霍、王氏[139]，皆何人也？歷觀古今，苟事之輕重所在[140]，無不為害，唯當任正道而求忠良耳。若以智計猜物[141]，雖親見疑，至於疏者，庸可保乎[142]？愚以為太子太保缺[143]，宜留攸居之，與汝南王亮、楊珧共幹朝事[144]。三人齊位，足相持正，既無偏重相傾[145]之勢，又不失親親仁覆[146]之恩，計之盡善者也。」於是扶風王駿、光祿大夫李憙、中護軍羊琇、侍中王濟[147]、甄德皆切諫[148]，帝並不從。濟使其妻常山公主及德妻長廣公主[149]俱入，稽顙涕泣，請帝留攸。帝怒，謂侍中王戎曰：「兄弟至親，今出齊王，自是朕家事，而甄德、王濟連遣婦來生哭人[150]邪！」乃出[151]濟為國子祭酒[152]，德為大鴻臚[153]。羊琇與北軍中候[154]成粲謀見楊珧，手刃殺之。珧知之，辭疾不出，諷[155]有司奏琇，左遷太僕。琇憤怨，發病卒。李憙亦以年老遜位[156]，卒於家。憙在朝，姻親故人[157]與之分衣共食，而未嘗私以王官[158]，人以此稱之。

是歲，散騎常侍薛瑩[159]卒。或謂吳郡陸喜曰：「瑩於吳士當為第一[160]乎？」喜曰：「瑩在四五之間[161]，安得為第一？夫以孫晧無道，吳國之士，沈默其體[162]，潛而勿用者，第一也；避尊居卑[163]，祿以代耕[164]者，第二也；侃然體國[165]，執正[166]不懼者，第三也；斟酌時宜，時獻微益[167]者，第四也；溫恭脩慎[168]，不為諂首[169]者，第五也。過此以往，不足復數。故彼上士[170]多淪沒而遠悔吝[171]，中士有聲位而近禍殃。觀瑩之處身本末[172]，又安得為第一乎？」

四年（癸卯 西元二八三年）

春，正月甲申[173]，以尚書右僕射魏舒[174]為左僕射，下邳王晃為右僕射。晃，孚之子也。〇戊午[175]，新沓康伯山濤[176]薨。

帝命太常議崇錫齊王之物[177]。博士庾旉、太叔廣[178]、劉暾、繆蔚、郭頤、秦秀、傅珍上表曰：「昔周選建明德以左右[179]王室，周公、康叔、耼季皆入為三公[180]，明股肱之任[181]重，守地之位[182]輕也。漢諸侯王，位在丞相、三公上，其入讚朝政[183]者，乃有兼官[184]；其出之國，亦不復假台司虛名[185]為隆寵也。今使齊王賢邪[186]，則不宜以母弟之親尊居魯、衛之常職[187]；不賢邪，不宜大啓土宇[188]，表建東海[189]也。古禮，三公無職[190]，坐而論道[191]，不聞以方任嬰之[192]。惟宣王救急朝夕[193]，然後命召穆公征淮夷[194]，故其詩曰：『徐方不回，王曰旋歸[195]。』宰相不得久在外也。今天下已定，六合為家，將數延三事[196]，與論太平之基。而更出之[197]，去王城二千里，違舊章矣。」旉，純之子；暾，毅之子也。旉既具草，先以呈純，純不禁[198]。

事過太常鄭默[199]、博士祭酒曹志[200]，志愴然歎曰：「安有如此之才，如此之親，不得樹本助化[201]，而遠出海隅[202]。晉室之隆[203]，其殆矣乎[204]！」乃奏議曰：「古之夾輔王室[205]，同姓則周公，異姓則太公[206]，皆身居朝廷，五世反葬[207]。及其衰也，雖有五霸代興[208]，豈與周、召之治[209]同日而論哉！自羲皇[210]以來，豈一姓所能獨有[211]！當推至公之心，與天下共其利害，乃能享國久長。是以秦、魏[212]欲獨擅其權而纔得沒身[213]，周、漢能分其利而親疏為用[214]，此前事之明驗也。志以為當如博士等議。」帝覽之，大怒曰：「曹志尚不明吾心[215]，況四海乎！」且謂：「博士不答所問[216]，而答所不問，橫造異論。」下有司[217]策免鄭默。於是尚書朱整、褚䂮等[4]奏：「志等侵官離局[218]，迷罔[219]朝廷，崇飾惡言[220]，假託無諱[221]，請收志等付廷尉科罪。」詔免志官，以公還第[222]，其餘皆付廷尉科罪。

庾純詣廷尉自首：「旉以議草[223]見示[224]，愚淺聽之[225]。」詔免純罪。廷尉劉頌奏旉等大不敬，當棄市。尚書奏請報聽廷尉行刑[226]。尚書夏侯駿曰：「官立八座[227]，正為此時[228]。」乃獨為駁議。左僕射下邳王晃[229]亦從駿議。奏留中七日[230]，乃詔曰：「旉是議主[231]，應為戮首[232]。但旉家人[233]自首，宜并廣等七人皆丐其死命[234]，並除名。」

二月，詔以濟南郡益齊國[235]。己丑[236]，立齊王攸子長樂亭侯寔為北海王[237]。命攸備物典策[238]，設軒縣之樂[239]，六佾之舞[240]，黃鉞[241]朝車[242]，乘輿之副從焉[243]。

三月辛丑朔[244]，日有食之。

齊獻王攸憤怨發病，乞守先后陵[245]，帝不許。遣御醫診視，諸醫希旨[246]，皆言無疾。河南尹向雄諫曰：「陛下子弟雖多，然有德望者少。齊王臥居京邑，所益實深，不可不思也。」帝不納，雄憤恚而卒。攸疾轉篤，帝猶催上道[247]。攸自強[248]入辭，素持容儀[249]，疾雖困，尚自整厲[250]，舉止如常，帝益疑其無疾。辭出數日，歐血而薨。帝往臨喪，攸子冏號踊[251]，訴父病為醫所誣[252]。詔即誅醫，以冏為嗣。

初，帝愛攸甚篤，為荀勗、馮紞等所構[253]，欲為身後之慮[254]，故出之。及薨，帝哀慟不已。馮紞侍側，曰：「齊王名過其實，天下歸之，今自薨殞，社稷之福也，陛下何哀之過！」帝收淚而止。詔攸喪禮依安平獻王[255]故事。

攸舉動以禮[256]，鮮有過事[257]，雖帝亦敬憚[258]之。每引之同處，必擇言而後發[259]。

夏，五月己亥[260]，琅邪武王伷[261]薨。

冬，十一月，以尚書左僕射魏舒為司徒。◯河南及荊、揚等六州大水。◯歸命侯孫晧卒[262]。

是歲，鮮卑慕容涉歸卒。弟刪篡立[263]，將殺涉歸子廆，廆亡匿[264]於遼東徐郁家。

【章旨】以上為第二段，寫晉武帝太康二年（西元二八一年）至四年共三年間的大事，主要寫了晉武帝沉迷酒色、寵信並曲護奸佞賈充、荀勗、馮紞等人；寫了王愷、石崇相互鬥富；寫了晉武帝與群小排擠齊王司馬攸，並迫害致死；寫了張華因直正而被排斥於朝外；寫了傅咸、劉毅、秦秀等人的一些卓犖言行，以及鮮卑慕容廆開始進入歷史等等。

【注釋】❶頗事遊宴　逐漸沉迷於遊樂宴飲。❷掖庭　皇宮中的旁舍，宮嬪所居的地方。❸羊車　一種由山羊拉的小車。❹恣其所之　隨山羊隨便走，到哪裡算哪裡。❺竹葉插戶二句　據說山羊喜吃竹葉，又喜吃帶鹹味的東西，所以宮嬪們使用這兩樣東西引誘山羊上門。❻交通　互相勾結。❼請謁　參拜，這裡即指「走後門」。❽莫護跋　鮮卑首領，曾跟隨司馬懿討伐遼東的公孫淵，封「率義王」。事見本書卷七十三景初二年。❾棘城　魏晉時的縣名，在今遼寧義縣西南。❿遼東　古郡名，郡治襄平，即今遼寧遼陽。⓫涉歸　慕容廆之父。事見《晉書》卷一百八。⓬寇昌黎　入侵昌黎郡。昌黎郡的郡治即今遼寧義縣。⓭十一月壬寅　十一月二十五。⓮移鎮秣陵　將揚州刺史的辦公機構遷移到秣陵。秣陵即今南京。晉國的揚州原治壽春，今已滅吳，遂東遷秣陵。⓯俊乂　有才幹的人。⓰正月丁丑朔　正月初一是丁丑日。⓱親祀南郊　親自到南郊祭天。⓲劉毅　字仲雄，東萊掖（今山東萊州）人，以直言敢諫著名，主張廢除九品中正制度。「上品無寒門，下品無勢族」即出其論。傳見《晉書》卷四十五。⓳方　比。⓴桓靈　即東漢十一代桓帝劉志、十二代靈帝劉宏，歷史上有名的昏君。㉑入私門　指歸入賣官者的私人腰包。㉒殆不如　似乎還比不上。殆，似乎；差不多。㉓固為勝之　還是要比桓、靈二帝強。㉔糾繩　糾舉彈劾，繩之以法。㉕鼓吹入東掖門　指帶著儀仗隊、樂隊，直入皇宮的東掖門。按規定，任何臣子到達東掖門，必須下車步行，前導儀仗隊不能進去。㉖劾奏　彈劾、舉報。㉗羊琇　羊耽之子，司馬師夫人的堂弟，司馬炎的堂舅。傳見《晉書》卷九十三。㉘豫機密　參與重大決策。㉙私請琇於毅　私下向劉毅給羊琇求情。㉚都官從事　司隸校尉的屬官，協助監察百官。㉛徑馳　騎馬逕直闖入。㉜護軍營　羊琇所統禁兵的兵營。㉝收琇屬吏　逮捕了羊琇，將羊琇交給有關司法部門。㉞陰私　不被人知的罪惡行徑。㉟先奏琇所犯狼籍　先向皇帝奏明羊琇所犯的罪行之多之重。㊱以白衣領職　以平民的身分代理中護軍的職權。白衣，古代未仕者之所服。(37)景獻皇后　司馬師的正室羊徽瑜。(38)從父弟　堂弟。(39)王愷　字君夫，司馬炎的舅舅。曾任龍驤將軍，領驍騎將軍、後將軍等，以驕奢淫逸聞名於史。傳見《晉書》卷九十三。(40)文明皇后　司馬昭的正室王元姬。(41)石崇　字季倫，小字喬奴，司徒石苞之子。以驕奢淫逸聞名於史。傳見《晉書》卷三十三。(42)相高　互相比高低。(43)以粭澳釜　用糖漿洗鍋。粭，同「飴」。用米或麥製成的糖漿或食品。澳，刷洗。(44)以蠟代薪　用蠟燭代替木柴燒火。(45)紫絲步障　用紫色絲綢夾道拉帳子，以擋人觀看。這裡是為了擺闊氣。(46)塗屋以椒　用花椒粉塗刷牆壁。今花椒已不是貴重之物，但當時花椒來自西域，價格昂貴。花椒性溫和而有芳香，只有皇宮才用來塗刷牆壁，因此皇后居室也稱為「椒房」。(47)用赤石脂　意即用「赤石脂」塗牆。赤石脂是一種顏色鮮豔、質地滑膩的類似胭脂的膏土。(48)疾　嫉妒。(49)不足多恨　用不著生那麼大的氣。恨，遺憾；心疼。(50)悅然自失　被驚呆、嚇傻的樣子。(51)車騎司馬　車騎將軍的高級幕僚，主管軍中司法。(52)傅咸　字長虞，傅玄之子，為人忠直敢諫。傳見《晉書》卷四十七。(53)皆有其制　都有不同的等級規定。據胡注，古時黎民五十歲之後才可吃肉，六十歲以上才可穿絲綢。(54)當詰其奢　對於奢侈浪費者應予以問罪。詰，譴責；治罪。(55)轉相高尚　反而以此競賽，越奢侈越好。(56)無有窮極　沒個休止；不可收拾。(57)伐吳之謀　指張華堅持討伐東吳的主張。(58)疾　嫉恨。(59)明德至親　品德高尚，又是至親。(60)齊王　司馬攸，司馬炎的親兄弟。(61)忤旨　違背了晉武帝的旨意。(62)甲午　正月十八。(63)撫循　宣撫、安慰。(64)夷夏　胡人與漢人。(65)徵　指召其回朝，任以政事。(66)從容語及鍾會　隨意閒談地說到鍾會。(67)頗由太祖　問題有些是出於太祖司馬昭的處置失宜。頗，有點。鍾會謀反見本書卷七十八咸熙元年。(68)善御者　善於趕車的人。(69)六轡緩急之宜　哪根轡繩應拉緊、哪根轡繩應略鬆的相機掌握。(70)仲由　即子路，孔子的學生，好勇力，志亢直。(71)兼人　能力過人，也好壓過別人。(72)退之　對之做適當的批評、貶壓。(73)冉求　即冉有，孔子的學生，以為人謙退著稱。(74)退弱　謙恭怯弱。(75)進之　對其適當加以鼓勵。按，以上孔子因材施教事，見《論語》與《史記・孔子世家》。(76)尊寵五王而夷滅　由於對韓信、彭越、英布、盧綰、韓王信等恩寵過盛，因而導致五人皆造反被殺。劉邦殺五王事見《史記》相關各傳。(77)光武　漢光武帝劉秀。(78)抑損諸將而克終　由於能及早對諸將加以裁抑，故東漢開國諸將反而能得以善終。克終，能得以善終。劉秀建國後，不讓功臣執掌政權，故無造反被殺者。(79)抑揚與奪　或升或降，或予或奪。指帝王對諸將的不同對待。(80)使之然　造成了他們日後的這種結局。(81)居以重勢　使他掌握了過重的權勢。(82)自謂筭無遺策　自己相信謀劃什麼從來沒有失誤。(83)功在不賞　功勞已到了無法再賞賜的程度。(84)遂搆凶逆　一直到了謀反。(85)向令　假令當初。(86)錄其小能　發揮他的現有能力。錄，任用。(87)節以大禮　以嚴格的禮法對之加以控制。(88)納之以軌則　把他放在條條框框的監督之中。[89]堅冰之漸　冰凍三尺，非一日之寒。《易·坤卦》：「履霜堅冰至。」《象》曰：「履霜堅冰，陰如凝也，馴致其道，至堅冰也。」這裡的意思是告訴司馬炎要及早提防張華，不能讓他權力太大。[90]復致傾覆　再次造成翻車。[91]屏左右　讓左右退下。屏，同「摒」。支開。[92]據方鎮　佔據一方軍鎮，指任刺史，都督眾軍。[93]總戎馬　總統一個地區的兵馬。[94]自憂謚傳　擔心人們在他死後，給他的「謚」字是什麼，和日後的傳記會怎麼寫。因為他的罪孽太多，光是殺害魏帝曹髦一事，就非被加上惡謚不可，再加上他一貫的奸邪行徑，更無法逃過良史的誅伐。[95]四月庚午　四月二十五。[96]世子　嫡長子，即繼位人。[97]黎民早卒　賈黎民被其母郭氏折磨而死事見《晉書》卷八十四。[98]韓謐　賈充幼女賈午與女婿韓壽的兒子。[99]世孫　繼承祖父的嫡孫，即合法繼承人。[100]郎中令　賈充魯國公府的屬官，主管戍衛府第。按晉制，諸王及諸郡公設有郎中令、中尉、大農三卿。[101]文　條文；規定。[102]先公　指賈充。[103]事寢不報　上書被壓下，沒有回音。意即皇帝默許賈充妻的想法。[104]太宰　指賈充。[105]始封無後　自己因功獲得封爵而絕嗣無後，以別於後人繼承爵位者。[106]太常　朝官名，主管朝廷禮儀與祭祀的官員。[107]悖禮溺情　違背禮教，沉溺私情。按，此處故意未提其弒魏帝曹髦事。[108]以亂大倫　指以異姓為嗣。[109]鄫養外孫莒公子為後　鄫國諸侯無子，以其外孫莒國諸侯之子為其繼承人。鄫是春秋時期的諸侯國名，故城在今山東嶧城東八十里，莒國的都城即今山東莒縣。[110]春秋書莒人滅鄫　語見《左傳》襄公六年。《穀梁傳》解釋此事說，並不是鄫真被莒所吞併，而是因鄫國國君把女兒的兒子作為後裔，鄫國的血統已經變了。[111]血食　指祭祀。[112]昏亂紀度　即破壞綱紀法度。[113]閏月丙子　閏四月初一。[114]廣陵成侯李胤　李胤被封為廣陵侯，成字是其死後的謚。李胤是西晉的正直官吏，傳見《晉書》卷四十四。[115]之國　離開朝廷，到自己的封地上去。[116]舉朝　全朝上下。[117]十二月甲申　十二月十三。[118]九命作伯　被九次加封而成的「方伯」。《周禮》：「一命受職，再命受服，三命受位，四命受器，五命賜則，六命賜官，七命賜國，八命作牧，九命作伯。」伯，為一方諸侯之長。[119]入毗朝政　在朝輔佐帝王執政。[120]出御方嶽　外出任一方的諸侯之長。御，治理；出任。方嶽，一方的諸侯之長。[121]其揆一也　其規模都是一樣的。揆，制度；規模。[122]佐命立勳　為協助司馬炎治國立下豐功偉績。[123]劬勞王室　為司馬家族的政權費盡辛勞。[124]仍　這裡是「並」、「再」的意思。[125]主者　主管安排這次具體工作的人。[126]汝南王亮　司馬亮，司馬懿之子，司馬炎之叔。[127]錄尚書事　總管尚書省的事務。[128]侔於周公　可以和周初的周公姬旦德業相比。侔，相當；相比。[129]宜贊皇朝　應該輔佐皇帝。贊，輔佐。[130]與聞政事　參與過問朝廷大事。[131]都督虛號　因當時已解除各地的駐軍，故都督一職僅有虛名。[132]典戎幹方　統率大軍，為一方之骨幹。[133]虧友于款篤之義　指兄弟間的忠誠友愛之情受到虧損。友于，即指兄弟。因《尚書·君陳》中有「孝友于兄弟」之文，後人遂取前二字以代後二字之義。款篤，深情厚愛。(134)懼　我擔心。(135)追述　繼續遵循。述，遵行。(136)先帝文明太后　先帝指司馬昭，文明太后指司馬炎與司馬攸的生母王元姬。(137)待攸之宿意　對待司馬攸的一貫意願。文明太后囑託司馬炎好好對待司馬攸之事見本書卷八十咸寧二年。(138)吳楚逆亂之謀　指西漢吳王劉濞、楚王劉戊等發動的「七國之亂」。事見《史記・吳王濞列傳》與本書卷十六景帝三年。(139)呂霍王氏　指呂產、呂祿、霍禹、王莽，都是以外戚操縱政權構成禍亂。王渾之意是說司馬攸不應疑，而賈充、「三楊」（楊駿、楊珧、楊濟）等人不應信。(140)事之輕重所在　指讓某人掌握的權勢過重。(141)以智計猜物　憑小聰明猜忌人。(142)庸可保乎　難道就能保證不出問題嗎。(143)太子太保缺　太子太保的位子現在還空著。太子太保是輔佐太子的大臣。(144)共幹朝事　共同主持朝廷大事。(145)偏重相傾　指權力偏歸於一人。(146)親親仁覆　對各方面的親戚都施以恩惠。親親，意即親愛親戚。(147)王濟　字武子，王渾之子。傳見《晉書》卷四十二。(148)切諫　懇切地勸阻。(149)常山公主及德妻長廣公主　都是司馬炎之女。(150)生哭人　哭活人；人還沒死就來哭。(151)出　逐出宮廷，即免去其「侍中」之職。(152)國子祭酒　國子監（太學）的長官。(153)大鴻臚　官名，管理賓客、朝儀等事務。(154)北軍中候　禁衛軍的長官，監領屯騎、越騎、步兵、長水、射聲校尉所統的北軍五營。(155)諷　暗示。(156)遜位　退職。(157)姻親故人　親戚、朋友。(158)未嘗私以王官　從不出於私心地任以官職。(159)薛瑩　原是東吳丹陽郡長，降晉後任散騎常侍。(160)第一　指九品中的上上等。(161)四五之間　第四等或是第五等，指中上或是中中。(162)沈默其體　沉默不言，隱居起來。(163)避尊居卑　避開高位，居於低位。(164)祿以代耕　意即只求能維持生活。(165)侃然體國　直抒己見，一切以國家為重。體國，治國。(166)執正　堅持正確意見。(167)時獻微益　不時地進獻一些有益的意見。(168)溫恭脩慎　溫和恭敬、謹慎小心。(169)不為諂首　不帶頭做諂媚的事。(170)上士　上等賢才。(171)遠悔吝　指不居官，遠離一切榮辱悔恨。吝，悔恨。(172)處身本末　一生行事。(173)正月甲申　正月辛丑朔，無甲申日，此處記事有誤。(174)魏舒　字陽元，又稱劇陽子。曾任侍中、尚書、左、右僕射、司徒等職。傳見《晉書》卷四十一。(175)戊午　正月十八。(176)新沓康伯山濤　新沓伯是山濤的封號，新沓是縣名，康字是諡。(177)崇錫齊王之物　要表示對齊王司馬攸的尊崇而賞賜給他什麼東西。物，指儀仗、禮器等。(178)太叔廣　複姓太叔，名廣。(179)左右　猶言「輔佐」。(180)皆入為三公　周公、康叔、聃季都是周武王的弟弟。《左傳》定公四年衛太祝子魚曰：「武王之母弟八人，周公為太宰，康叔為司寇，聃季為司空。」(181)股肱之任　比喻在帝王身邊當輔佐重臣。(182)守地之位　指在一方任為國守土的方面大員。(183)入讚朝政　在朝廷輔佐皇帝執政。讚，同「贊」。助；輔佐。(184)乃有兼官　才有一個朝官的職務。(185)假台司虛名　再加給他一個朝官的虛銜。台司，意即朝廷。(186)使齊王賢邪　如果齊王的確是賢才。邪，同「耶」。反問語氣詞。(187)居魯衛之常職　指如魯公伯禽、衛康叔那樣去魯、衛封國為侯，不管朝廷事務。(188)大啓土宇　指封給他大片的疆土。

啓，開設。189表建東海　建國於東海之濱。190三公無職　三公不擔負具體某一方面職務。191坐而論道　坐在君主身旁研討治國大略。192以方任嬰之　把某一局部地區的責任加到他頭上。嬰，勞煩；拖累。193宣王救急朝夕　周宣王姬靜，厲王之子，周王朝的第十一任帝王，西元前八二八—前七八二年在位。救急朝夕，為了臨時解決突然發生的問題。194命召穆公征淮夷　召穆公的名字不詳，其受宣王命征討當時居住在淮河一帶的少數民族事，詳見《詩經・江漢》。〈詩序〉曰：「〈江漢〉，尹吉甫美宣王也，能興衰撥亂，命召公平淮夷。」但《國語》與《史記・周本紀》皆不載其事。195徐方不回二句　語出《詩經・常武》，意思是，徐方的夷人已經不再邪惡、叛亂，宣王就讓召穆公趕緊回朝了。按，〈江漢〉與〈常武〉都是寫平定淮夷之事，「徐方」是地區名，指今安徽、江蘇的淮河流域，故當時這一帶的夷族也稱「徐夷」。196數延三事　多次地召請三公們商討國家大政。三事，即三公。197而更出之　反而將齊王逐出朝廷。198不禁　不反對。199事過太常鄭默　當庾旉等人的表章傳到太常鄭默之手。200博士祭酒曹志　曹植之子。曹植是曹操之子，曹丕之弟，當時著名的文學家。博士祭酒是諸博士中的領頭人物。201樹本助化　鞏固國家的根基，輔助帝王推廣教化。202海隅　海角，指齊國疆土。203隆　興盛。204其殆矣乎　將要危險啦。205夾輔王室　輔佐朝廷。206太公　即姜太公，名望，字子牙。輔佐武王滅商有大功。事見《史記・齊太公世家》。207反葬　據《禮記・檀弓》：「太公封於營丘，比及五世，皆反葬於周。」208五霸代興　指齊桓、晉文、秦穆、宋襄、楚莊都以「尊王」為口號，一個接一個地興起。209周召之治　周公、召公共同輔佐成王的政治局面。召公名奭，也是武王的弟弟。武王去世後，周公與召公一道輔佐成王治理天下。210羲皇　即伏羲氏，傳說中的「三皇」之一。211豈一姓所能獨有　即通常所說的「天子輪流做」。212秦魏　秦王朝和曹魏王朝。213纔得沒身　指創業者一死，天下立即大亂。秦始皇死後，明顯如此。曹丕死後，魏國雖未立即就亂，但政權已開始轉入司馬氏手中。214親疏為用　親近和疏遠的人才都肯為朝廷效力。215曹志尚不明吾心　司馬炎的意思是，曹志身為曹植之子，應該通過當年魏文帝曹丕所以那麼嚴厲地對待曹植，而明白我今天所擔心的是什麼；可是他居然不明白。216不答所問　沒有回答我所問的問題，即應「崇賜」齊王什麼禮物。217下有司　給主管部門下令。218侵官離局　脫離本職，越位侵權。219迷罔　迷惑。220崇飾惡言　尊崇粉飾荒謬的言論。221假託無諱　假借為直言而無所忌諱的名義。222以公還第　以公爵的身分回家賦閒。曹志在魏襲其父爵為甄城王，入晉後降為甄城公。223議草　奏章的草稿。224見示　給我過目。225愚淺聽之　由於我的愚蠢淺陋，就聽任他們上奏了。226尚書奏請報廷尉行刑　定庾旉為死罪後，尚書催促皇帝立即將其執行死刑。按，「尚書」二字疑當作「上書」。227八座　指尚書令、尚書僕射及下屬的六曹尚書。228正為此時　就是為了要討論這些有爭議的問題。229下邳王晃　司馬晃，司馬懿之姪，司馬炎之堂叔，被封為下邳王。230留中七

日　在皇宮裡被壓了七天。231旉是議主　庾旉是這種意見的發起者。232應為戮首　應該第一個被殺。233旉家人　指庾旉之父庾純。234丐其死命　饒其死罪。丐，暫借；暫讓他欠著。235以濟南郡益齊國　將濟南郡割給齊國，以擴大其疆域。濟南郡的郡治歷城，即今山東濟南。236己丑　二月十九。237北海王　封地北海郡，郡治平壽，在今山東濰坊西南。238備物典策　可以擁有皇家所有的器物，指儀仗、禮器等；可以保存朝廷的典章書籍。239軒縣之樂　即諸侯的音樂。天子用的音樂稱為「宮懸」，四面懸掛；諸侯王用的樂器稱「軒懸」，三面懸掛。240六佾之舞　指諸侯使用的舞蹈隊。佾舞是樂舞的行列，縱橫都是六人，稱「六佾」，封國國君專用。《左傳》隱公五年：「天子用八，諸侯用六，大夫四，士二。」241黃鉞　黃色大斧，象徵有生殺之權。242朝車　朝見時用的車。243乘輿之副從焉　指司馬炎把自己的副車也給了齊王攸。244三月辛丑朔　此處記載有誤，太康四年的五月為辛丑朔，三月應作「庚子朔」。245乞守先后陵　上書請求為死去的母親守陵，意即不願去齊國為王。先后，指文明皇后王元姬，司馬炎與司馬攸的生母。246希旨　迎合司馬炎的旨意。247催上道　催促司馬攸動身去齊國。248自強　勉強打起精神。249素持容儀　一向注意自己的儀表，即盡量不露病態。250尚自整厲　還表現得很有精神、很有風度。251號踊　頓足號哭。252為醫所誣　因醫生不說實話，故病重致死。253構　挑撥；編造。254身後之慮　指擔心自己死後太子的帝位被奪。255安平獻王　司馬孚，司馬懿之弟。司馬孚的葬禮見本書泰始八年。256舉動以禮　一舉一動都符合禮節規定。257鮮有過事　很少有過失。鮮，少。258敬憚　敬畏。259必擇言而後發　怕在其弟面前暴露短處。260五月己亥　五月初一。261琅邪武王伷　司馬伷，司馬懿之子，被封為琅邪王，武字是諡。262孫皓卒　時年四十二歲。263篡立　篡位代立。264亡匿　逃亡躲藏。

【校　記】1侍中　原無此二字。據章鈺校，甲十一行本、乙十一行本、孔天胤本皆有此二字，張敦仁《通鑑刊本識誤》同，今據補。《晉書》卷三三〈石苞傳〉載，晉武帝即位，石苞遷大司馬，進封樂陵郡公，加侍中。2石　據章鈺校，甲十一行本、乙十一行本、孔天胤本皆無此字。3時　原無此字。據章鈺校，甲十一行本、乙十一行本、孔天胤本皆有此字，今據補。4等　原無此字。據章鈺校，甲十一行本、乙十一行本、孔天胤本皆有此字，今據補。

【語　譯】二年（辛丑　西元二八一年）

春季，三月，晉武帝司馬炎下詔，從孫皓的宮女當中挑選五千人入宮。晉武帝自從平定了吳國之後，逐漸沉迷於遊樂宴飲，而懶於處理朝政，後宮中的嬪妃宮女幾乎將近萬人。他經常在宮內乘坐著用羊拉的小車，任憑山羊走到哪裡算哪裡，走到哪裡就在哪裡設宴住宿。宮女們於是競相把竹葉插在門前，把鹽水灑在地上，以此來引誘晉武帝的羊車。而皇后楊芷的父親楊駿和他的弟弟楊珧、楊濟開始掌握朝廷大權，他們互相勾結串通，權勢壓倒了朝廷內外的所有人，當時的人們稱他們為「三楊」，舊有的大臣大多被皇帝疏遠或辭退。山濤屢次進行規勸，晉武帝雖然知道自己的錯誤但就是不能改正。

當初，鮮卑人從莫護跋開始從塞外移居到遼西郡棘城縣以北地區居住，號稱慕容部落。莫護跋生慕容木延，慕容木延生慕容涉歸，慕容涉歸率領部落遷移到遼東郡北部一帶居住，世代依附於中國，屢次跟隨出征討伐叛逆而立下戰功，被封為大單于。冬季，十月，慕容涉歸開始入侵昌黎郡。

十一月二十五日壬寅，高平公陳騫去世，諡號為「武」。

這一年，揚州刺史周浚將辦公機構從壽春遷移到秣陵。吳國那些不肯歸順晉國的人，屢次聚集起來作亂，都被周浚鎮壓下去了。周浚對吳國舊臣和當地有聲望的人就像對待賓客一樣尊重，他到處尋訪有才幹的人加以任用，由於恩威並用，吳人逐漸感到心悅誠服。

三年（壬寅　西元二八二年）

春季，正月初一日丁丑，晉武帝親自到南郊祭天。祭祀完畢，他歎息著問司隸校尉劉毅說：「你看我可以和漢朝的哪一位皇帝相比呢？」劉毅回答說：「可以和漢桓帝、漢靈帝相比。」晉武帝說：「我何至於糟糕到這種程度呢？」劉毅回答說：「漢桓帝、漢靈帝把賣官的錢收入國庫，而陛下卻把賣官的錢歸入賣官者的私人腰包。由此看來，陛下似乎還比不上漢桓帝、漢靈帝呢。」晉武帝大笑著說：「漢桓帝、漢靈帝的時候，聽不到像你這樣直率的話。如今我有你這樣正直的大臣，所以還是要比漢桓帝、漢靈帝二帝強。」

劉毅擔任司隸校尉，他對那些不法的豪強貴族進行糾舉彈劾，並將其繩之以法，無所顧忌。皇太子司馬衷帶著儀仗隊、樂隊直接進入皇宮的東掖門，違反了朝廷的有關規定，劉毅立即上奏章彈劾、舉報太子。擔任中護軍、散騎常侍的羊琇曾經對晉武帝有過恩惠，羊琇掌管禁軍、參與朝廷重大決策十多年，他倚仗著受到晉武帝的寵愛，驕橫奢侈，屢次觸犯法律。劉毅就彈劾羊琇罪當處死。晉武帝派遣齊王司馬攸私下裡替羊琇向劉毅求情，劉毅答應了司馬攸的請求。但劉毅的屬官都官從事廣平人程衛卻騎馬逕直闖入羊琇所統領的禁軍兵營，逮捕了羊琇，將羊琇交給有關司法部門進行審訊，拷問出許多不被外人所知的罪惡行徑，於是先向皇帝奏明羊琇所犯的罪行之多之重，然後才報告了劉毅。晉武帝不得已，免去了羊琇的官職。但不久，羊琇又以平民的身分代理中護軍的職權。

羊琇，是司馬師景獻皇后的堂弟。後將軍王愷，是司馬昭文明皇后的弟弟。散騎常侍、侍中石崇，是石苞的兒子。三家都非常富有，互相攀比著看誰家最奢侈。王愷家用飴糖漿刷鍋子，石崇家用蠟燭代替木柴燒火。王愷用紫色絲綢夾道拉帳子，帳子長四十里，石崇就用錦緞夾道拉帳子，帳子長五十里。石崇用花椒粉塗抹牆壁，王愷就用赤石脂塗抹牆壁。晉武帝每每幫助王愷，他曾經把一棵高二尺左右的珊瑚樹賞賜給王愷。王愷把珊瑚樹拿給石崇觀看，石崇卻用鐵如意把珊瑚樹打得粉碎。王愷大怒，認為石崇是妒忌自己的寶物。石崇說：「你用不著生那麼大的氣，現在就償還你！」於是命令身邊的侍從把自己家中的珊瑚樹全部拿出來，高三、四尺的就有六、七株，與王愷拿來的那棵珊瑚樹差不多大小的有很多，王愷驚得目瞪口呆，惘然若失。

擔任車騎司馬的傅咸上書說：「古代聖賢帝王治理天下，人多大歲數才可以食肉，多大歲數才可以穿絲綢，都有明確的規定。我認為現在的奢侈浪費所造成的損失，超過了天災。古時候人多地少，卻有儲蓄，這是生活節儉的結果。如今地廣人稀，卻憂慮生活得不到滿足，這是由於奢侈浪費造成的。要想讓時下人民崇尚節儉，就要對那些奢侈浪費的人給予譴責，奢侈浪費的行為如果不受到譴責，反而以此競賽，越奢侈越好，那麼奢侈浪費的現象就不會停止，反而越發的不可收拾了。」

擔任尚書的張華因為文學修養、才能和見識都卓越超群，因而名重一時，評論的人都認為張華應該位列三公，而擔任中書監的荀勗、擔任侍中的馮紞卻因為張華堅持主張伐吳並取得成功而非常嫉恨他。碰巧晉武帝問張華：「我百年之後可以把後事託付給誰呢？」張華回答說「品德高尚而又是至親的，誰也比不上齊王司馬攸。」因為在這件事情上張華違背了晉武帝的旨意，荀勗便趁機進讒言詆毀張華。正月十八日甲午，晉武帝任命張華統領幽州諸軍事。張華到達鎮所後，採用宣撫、安慰胡人與漢人的辦法，很快收到了成效，因而他的聲譽和名望就更大了，晉武帝又想把張華召回京師，委以重任。馮紞趁侍奉晉武帝的機會，便裝作隨便閒談似的提到了鍾會，馮紞說：「其實鍾會造反，問題有些是出於太祖司馬昭的處置失宜。」晉武帝臉色都變了，說：「你這是說的什麼話呀！」馮紞趕緊免冠謝罪說：「我聽說善於趕車的人必須知道六條轡繩哪根轡繩應該拉緊，哪根轡繩應該略微放鬆，要相機掌握，所以孔子因為仲由能力過人，好陵駕於人便貶退他，而冉求性情謙恭怯弱，孔子便對他適當加以鼓勵。漢高祖劉邦尊崇韓信、彭越、英布、盧綰、韓王信五個人並把他們都封為王，最後卻導致五人被滅族，光武帝劉秀由於能及早對諸將加以裁抑，故而東漢的開國諸將反能得以善終。並不只是因為君王有仁慈和殘暴的區別，臣子有愚鈍和智慧的差異，而是由於帝王對諸將的或升或降、或予或奪的不同對待方式，造成了他們日後的不同結局罷了。其實鍾會的才能與智慧都很有限，而太祖過分地誇獎了他的聰明才智，又讓他掌握了過重的權勢，把龐大的軍隊交給他掌管，使鍾會產生了一種錯覺，認為自己謀劃什麼都不會有失誤，而自己的功勞已經到了無法再賞賜的地步，於是遂萌生了謀反的念頭。假令當初太祖既能發揮他的現有能力，又能以嚴格的禮法對其加以控制，用威權制約他，把他放在條條框框的監督之中，那麼他造反的心思就無從產生了。」晉武帝說：「你說得有道理。」馮紞磕頭說：「陛下既然認為我說得有道理，就應該想到冰凍三尺非一日之寒，不要使像鍾會那樣的人再次遭遇翻車之患。」晉武帝問：「當今之世難道還有像鍾會那樣的人嗎？」馮紞趁機屏退左右的人員，然後對晉武帝說：「那些幫助陛下謀劃，對統一天下立有大功，又佔據著一方軍鎮，總統一個地區的軍馬的大臣，都應該在陛下的考慮之內。」晉武帝默默不語，由於這個原因所以不再徵調張華進京任職。

三月，安北將軍嚴詢率軍在昌黎打敗了慕容涉歸，斬首、繳獲的財物以萬計算。

魯公賈充年老多病，晉武帝派遣皇太子司馬衷前往問候。賈充特別擔心自己死後，人們給他的「謚」字是什麼和日後的傳記會怎麼寫，他的姪子賈模說：「是是非非，時間長了自然就會顯示出來，不可能掩蓋得住。」夏季，四月二十五日庚午，賈充逝世。賈充的嫡子賈黎民很早就死了，也沒有其他子嗣，賈充的妻子郭槐想把賈充的外孫韓謐過繼過來作為賈充的嫡孫，成為賈氏的合法繼承人，擔任郎中令的韓咸、擔任中尉的曹軫都勸阻郭槐說：「禮儀中沒有把異姓作為後代的條文規定，如果現在把異姓作為自己的後代，將使先公遭到後世的譏笑諷刺，先公在地下也會為此感到慚愧。」郭槐不聽勸告。於是韓咸等人上書晉武帝，請求改變郭槐立外孫韓謐為嗣的決定，但奏章被晉武帝壓下，沒有給與回覆。郭槐隨即上表陳述情由，說立外孫韓謐為嗣是賈充的遺願。晉武帝表示同意，但仍然下詔說「如果不是像太宰建立那樣大的功勞，自己因功獲得封爵而絕嗣無後的人，都不得以此相比。」等到太常討論賈充謚號的時候，博士秦秀說：「賈充違背禮教，沉溺私情，以異姓為嗣而混亂了人倫。過去鄫國諸侯無子，以其外孫莒國諸侯之子為其繼承人，《春秋》便記載說『莒人滅鄫』。這樣做是斷絕了父親和祖宗的祭祀，開啟了朝廷混亂的根源。按照《謚法》規定：『破壞綱紀法度稱作荒』，請送給賈充『荒公』的謚號吧。」晉武帝不同意給賈充這樣的謚號，而是更改為「武」。

閏四月初一日丙子，廣陸侯李胤去世，謚號為「成」。

齊王司馬攸的道德聲望日益升高，荀勖、馮紞、楊珧都非常忌恨齊王司馬攸。馮紞對晉武帝說：「陛下下詔讓諸侯王都離開朝廷到自己的封地上去，就應該首先從最親近的人開始實行；最親近的人沒有人能比過齊王，如今卻唯獨齊王留在京城，這可以嗎？」荀勖說：「文武百官、朝廷內外都心向齊王，陛下萬歲之後，太子恐怕無法繼承皇位。陛下可以驗證一下，您下詔讓齊王回到他的封國去，如果朝廷上下都認為不可以，那麼我說的話就得到了驗證。」晉武帝認為荀勖說得有道理。於是，冬季十二月十三日甲申，晉武帝下詔說：「古時候，被九次加封而成的『方伯』，有的在朝輔佐帝王執政，有的外出任一方的諸侯之長，其規模都是一樣的。侍中、司空、齊王司馬攸，為協助朕治理國家立下了汗馬功勞，為司馬氏家族的政權費盡辛勞，現在任命齊王司馬攸為大司馬、統領青州諸軍事，原有的侍中職位不變，再增加崇敬的禮儀，主管這項具體工作的人必須詳細按照舊有的制度執行。」任命汝南王司馬亮為太尉、總管尚書省的事務、兼任太子太傅，任命光祿大夫山濤為司徒，任命尚書令衛瓘為司空。

征東大將軍王渾上書說：「齊王司馬攸和陛下血緣關係最親，又德高望重，可以和周朝初年周公的德業相比，應該留在朝廷輔佐皇帝，參與過問朝廷大事。如今讓司馬攸離開京師回到他的封國去，只授予他一個都督的虛名，卻沒有統帥大軍、為一方骨幹的實際，這樣做會使兄弟間的忠誠友愛之情受到虧損，我擔心這不是陛下繼續遵行先帝和文明太后對待司馬攸的一貫意願。如果認為他是同姓，對他寵信太過會導致吳、楚七國之亂的事件發生，那麼漢朝的呂產、呂祿、霍禹、王莽，他們難道不都是以外戚操縱政權而構成禍亂的嗎？縱觀古今，如果讓某人的權勢過重，沒有不造成危害的，唯一的辦法就是任用那些正直的、尋求那些忠誠賢良的大臣輔佐朝政。如果憑藉小聰明胡亂猜忌人，即使是最親近的人也要懷疑，至於關係疏遠的人，難道就能保證不出問題嗎？我認為太子太保的位置還空缺著，應該留下司馬攸擔任太子太保，與汝南王司馬亮、衛將軍楊珧共同主持朝廷大事。三個人地位相同，完全可以保持正直，既無權勢偏重於一方的局面出現，也就無法形成權重的一方傾軋另外一方的可能，又沒有失去對各方面的親戚都施以恩惠，這是最好的措施了。」於是扶風王司馬駿、光祿大夫李憙、中護軍羊琇、侍中王濟、甄德等人都懇切地勸諫晉武帝不要讓司馬攸回到封國去，晉武帝對這些勸告一律不聽。擔任侍中的王濟讓他的妻子常山公主、甄德讓他的妻子長廣公主都入宮勸說晉武帝，她們在司馬炎面前磕頭哭泣，請求晉武帝留下司馬攸。晉武帝大怒，他對侍中王戎說：「朕與司馬攸是兄弟至親，如今放齊王出外任職，這自然是朕的家務事，而甄德、王濟竟然連續派他們的夫人來哭活人嗎！」於是把王濟逐出宮廷降為國子祭酒，將甄德降為管理賓客、朝儀等事務的大鴻臚。羊琇與北軍中候成粲密謀見到楊珧，就尋找機會將楊珧刺死。楊珧聽到風聲，便稱病閉門不出，他暗示有關部門彈劾羊琇，晉武帝於是把羊琇降為太僕。羊琇又生氣又怨恨，發病死去。李憙也因為年老退職，死於家中。李憙在朝為官的時候，那些親戚、老朋友來找他，他就把他們留在家中熱情地款待他們，卻從不出於私心任用他們為官，人們因此而稱讚他為官清廉。

這一年，擔任散騎常侍的薛瑩去世。有人問吳郡的陸喜說：「薛瑩在吳國應該算是九品中的上上等嗎？」陸喜說：「薛瑩應該排在第四等或是第五等，怎麼能算是第一等的賢才呢？因為孫皓昏庸無道，吳國的賢能之士，都沉默不語，隱居起來，躲藏起來不肯出來做官的人，才稱得上是第一等賢才；避開高位，居於低位，把獲得的微薄俸祿作為維持生活的人，稱得上是第二等賢才；敢於直抒己見，一切以國家利益為重，堅持正確的意見而不顧及個人安危的人，稱得上是第三等賢才；把握時機，偶爾提出一些有益的建議的人，稱得上是第四等賢才；溫和恭敬，謹慎小心，不帶頭做諂媚的事情的人，稱得上是第五等賢才。除此以外，不能一一列舉。所以那些上等的賢才大多淹沒無聞而遠離了榮辱悔恨，中等賢才有聲望地位然而接近禍殃。縱觀薛瑩一生行事，又怎麼能算得上是第一等賢才呢？」

四年（癸卯　西元二八三年）

春季，正月甲申日，任命尚書右僕射魏舒為左僕射，任命下邳王司馬晃為右僕射，司馬晃是司馬孚的兒子。〇十八日戊午，新沓伯山濤去世，諡號為「康」。

晉武帝命令太常商議要表示對齊王司馬攸的尊崇應該賞賜給他什麼東西。博士庾旉、太叔廣、劉暾、繆蔚、郭頤、秦秀、傅珍上表說：「古時候周朝挑選品德完美的人輔佐王室，周公、康叔、聃季，都入朝為官位居三公，表明在帝王身邊當輔佐重臣的責任重大，相比之下那些為國守土的方面大員的責任較輕。漢朝的諸侯王，地位在丞相、三公之上，但他們只有在入朝輔佐皇帝執政的時候，才有一個朝官的職務；如果他們離開朝廷回到自己封國的時候，朝中的官職自然就解除了，朝廷也不再加給他們一個朝官的虛銜以表示對他們的恩寵。如果認為齊王司馬攸的確是一位賢才，那麼就不應該以陛下親弟弟的尊貴身分去當一個像魯公伯禽、衛康叔那樣不管朝廷事務的諸侯；如果認為司馬攸不是賢才，就不應該封給他大片疆土，使他建國於東海之濱。古代的禮法制度，三公不擔負某一方面的具體職務，只管坐在君主身旁研究治國大略，而沒有聽說過把某一局部地區的責任加到他們的頭上。只有周宣王姬靜為了臨時解決突然發生的問題，這才下令讓召穆公去征討淮河流域那些少數民族的叛亂，所以《詩經》中有這樣的詩句：『徐方的夷人已經不再叛亂，周宣王讓召穆王趕緊回朝。』因為宰相不能長久在外的緣故。如今天下已經平定，全國已經統一，應該多多地召請『三公』們商討國家的大政方針，探討如何建立使天下長治久安的基礎。現在反而將齊王逐出朝廷，讓他到遠離京城二千多里的地方去，這違背了舊有的規章。」庾旉是庾純的兒子；劉暾是劉毅的兒子。庾旉寫好奏章之後，首先讓他的父親庾純過目，庾純沒有提出反對的意見。

當庾旉等人的表章傳到太常鄭默、博士祭酒曹志之手的時候，曹志很傷感地歎息著說：「怎麼會有這樣賢能的人才、又與朝廷如此親近的人，卻不得留在朝中鞏固國家的根基、輔助帝王推廣教化，反而讓他到遙遠的海角去。晉朝的興盛，怕是要危險啦！」於是上奏章給晉武帝說：「古代周朝的輔佐大臣，同姓的有周公姬旦，異姓的有太公姜子牙，他們都是身居朝廷，五世之後才運回封國安葬。等到周朝衰落的時候，雖然先後有五個霸主一個接一個地興起，然而豈能與周公、召公共同輔佐成王時期的政治局面同日而語呢！自伏羲氏以來，哪有一姓能夠長久地獨霸天下的道理呢！朝廷應當出於至公之心，與天下人共同享受利益和承擔災害，才能長久地享有國家。所以秦王朝和曹魏王朝雖然一心想獨自佔有國家的權力，然而創業者一死，國家立即大亂，周朝、漢朝能夠分出一部分利益給別人，所以不論是關係親近還是關係疏遠的人都肯為朝廷效力，以前的這些事情就是明顯的驗證。曹志認為應當採納博士們的建議。」晉武帝看過表章後大怒，說：「連曹志都不明白我的心思，更何況是全天下的人呢！」又說：「博士沒有回答我所提出的問題，卻回答了我沒有問的問題，憑空編造出這些奇談怪論。」於是給有關部門下令，罷免鄭默的官職。於是尚書朱整、褚䂮等上奏說：「曹志等人超越本職，越位侵權，迷惑朝廷，尊崇粉飾荒謬的言論，假借為了直言而無所忌諱，請求朝廷批准逮捕曹志等人，交付廷尉定罪。」晉武帝下詔免去曹志的職務，以甄城公的身分回家賦閒，其餘的人都交付給廷尉審理定罪。

庾旉的父親庾純趕緊到廷尉那裡自首，他說：「庾旉曾經把奏章的草稿拿給我過目，由於我愚蠢淺陋，就聽任他們上奏了。」晉武帝下詔赦免庾純的罪過。廷尉劉頌不僅上奏章指陳庾旉等人犯了大不敬之罪，應當拉到鬧市斬首。尚書催促皇帝立即將其執行死刑。擔任尚書的夏侯駿說：「朝廷設立尚書令、尚書僕射和下屬的六曹尚書，就是為了要討論這些有爭議的問題。」於是便單獨寫了一份反對劉頌意見的奏章。擔任左僕射的下邳王司馬晃也表示同意夏侯駿的意見。奏章在皇宮裡被壓了七天，晉武帝才下詔說：「庾旉是這種意見的發起者，應該把他第一個殺掉。但庾旉的家人庾純能夠自首，應該將庾旉連同太叔廣等七人全部判處死刑，只是先暫且饒其死罪，全部除去名籍。」

二月，晉武帝下詔，把濟南郡劃歸齊國。十九日己丑，封齊王司馬攸的兒子長樂亭侯司馬寔為北海王。

命令司馬攸有權使用皇家的儀仗、禮器等；有權保有記載典章制度的各種書籍，有權按照諸侯的級別設置樂器、使用縱橫都是六個人的舞蹈隊，並賜予司馬攸象徵生殺大權的黃色大斧和朝見皇帝時所用的車子，晉武帝還把自己的副車也賞賜給了齊王司馬攸。

三月庚子朔，發生日蝕。

齊王司馬攸因氣惱哀怨而發病，便上書請求為死去的母親文明皇后守陵，晉武帝不准許。派遣御醫給司馬攸看病，那些御醫為了迎合晉武帝的旨意，都說司馬攸沒有病。擔任河南尹的向雄向晉武帝進諫說：「陛下雖然子弟眾多，然而真正有德望的人卻很少。齊王司馬攸留在京城即使是臥病在床，對國家也是有很大好處的，陛下不可不三思啊。」晉武帝對他的建議置若罔聞，向雄也因氣惱恚恨而死。司馬攸病情越來越重，晉武帝仍然催促他動身去齊國。司馬攸勉強打起精神入宮向司馬炎辭行，因他一向注重自己的儀表，雖然病情已經很重，但還是表現得很有精神、很有風度，舉止上與平常沒有什麼兩樣，晉武帝就更加懷疑司馬攸沒有病。司馬攸向司馬炎告辭後沒有幾天，就吐血而死。晉武帝親自去弔喪，司馬攸的兒子司馬冏頓足號哭，控訴父親本來身患重病卻遭到御醫的誣陷，故意說他無病。晉武帝立即下詔誅殺了御醫，並讓司馬冏繼承了司馬攸的爵位。

當初，晉武帝對司馬攸非常疼愛，後來因為受到荀勗、馮紞等人的挑撥離間，便擔心自己死後太子司馬衷的帝位會被司馬攸所奪，所以堅持要司馬攸離開朝廷。等到司馬攸去世，晉武帝哀痛不已。馮紞當時侍奉在晉武帝身邊，馮紞說：「齊王的名望超過了他的實際能力，天下人心都傾向於他，如今司馬攸自己病死，這是國家的福分，陛下何必過分悲哀！」晉武帝才收住眼淚止住悲哀。晉武帝下詔，司馬攸的喪禮仿照安平獻王司馬孚的規模辦理。

司馬攸一舉一動都符合禮節規定，很少有過失，即便是晉武帝也對他深感敬畏。晉武帝每次召見齊王司馬攸，都必須先想好了，然後才敢開口說話。

夏季，五月初一日己亥，琅邪王司馬伷去世，諡號為「武」。

冬季，十一月，任命尚書左僕射魏舒為司徒。○河南和荊州、楊州等六個州發生洪水。○歸命侯孫皓去世。

這一年，鮮卑部落的慕容涉歸去世。他的弟弟慕容刪篡位代立，慕容刪想除掉慕容涉歸的兒子慕容廆，慕容廆為了避禍便逃亡到了遼東徐郁的家中躲藏起來。

五年（甲辰　西元二八四年）

春，正月己亥❶，有青龍二，見武庫井中。帝觀之，有喜色。百官將賀，尚書左僕射劉毅表曰：「昔龍降夏庭，卒為周禍❷。易稱『潛龍勿用，陽在下也❸。』尋案❹舊典，無賀龍之禮。」帝從之。

初，陳羣❺以吏部不能審覈❻天下之士，故令郡國各置中正❼，州置大中正❽，皆取本土之人任朝廷官、德充才盛者為之，使銓次等級❾以為九品❿，有言行脩著⓫則升之，道義虧缺則降之，吏部憑之以補授百官。行之浸久⓬，中正或非其人⓭，姦敝日滋⓮。劉毅上疏曰：「今立中正，定九品，高下任意，榮辱在手，操人主之威福⓯，奪天朝之權勢⓰，公無考校之負⓱，私無告訐之忌⓲，用心百態，營求萬端⓳，廉讓之風滅，爭訟之俗成，臣竊為聖朝恥之。蓋中正之設，於損政之道⓴有八：高下逐彊弱㉑，是非隨興衰㉒，一人之身，旬日異狀㉓。上品無寒門，下品無勢族，一也。置州都㉔者，本取州里清議咸所歸服㉕，將以鎮異同㉖、一言議㉗也。今重其任而輕其人㉘，使駁違之論㉙橫於州里，嫌讎之隙㉚結於大臣，二也。本立格之體為九品㉛者，謂才德有優劣，倫輩有首尾㉜也。今乃使優劣易地㉝，首尾倒錯㉞，三也。陛下賞善罰惡，無不裁之以法。獨置中正，委以一國之重㉟，曾無賞罰之防㊱，又禁人不得訴訟，使之縱橫任意，無所顧憚。諸受枉㊲者，抱怨積直㊳，不獲上聞㊴，四也。一國㊵之士，多者千數，或流徙異邦，或取給殊方㊶，面猶不識，況盡其才㊷？而中正知與不知，皆當品狀㊸，采譽於臺府㊹，納毀於流言㊺，任己㊻則有不識之蔽，聽受㊼則有彼此之偏㊽，五也。凡求人才者[1]，欲以治民也。今當官著效㊾者或附卑品㊿，在官無績者更獲高敘(51)，是為抑功實(52)而隆空名(53)，長浮華而廢考績(54)，六也。凡官不同人(55)，事不同能(56)。今不狀其才之所宜(57)，而但第為九品(58)，以品取人，或非才能之所長；以狀取人(59)，則為本品之所限，徒結白論(60)而品狀相妨(61)，七也。九品所下(62)不彰其罪(63)，所上(64)不列其善(65)，各任愛憎，以植其私(66)，天下之人焉得不懈德行而銳人事(67)，八也。由此論之，職名『中正』，實為姦府；事名『九品』，而有八損。古今之失，莫大於此。愚臣以為宜罷中正，除九品，棄魏氏之敝法，更立(68)一代之美制。」太尉汝南王亮、司空衛瓘亦上疏曰：「魏氏承喪亂之後，人士流移，考詳無地[69]，故立九品之制，粗且[70]為一時選用之本[71]耳。今九域同規[72]，大化方始[73]，臣等以為宜皆蕩除末法，咸用土斷[74]。自公卿以下，以所居為正[75]，無復縣客遠屬異土[76]。盡除中正九品之制，使舉善進才，各由鄉論[77]，則華競[78]自息，各求於己[79]矣。」始平王文學[80]江夏李重上疏，以為：「九品既除，宜先開移徙[81]，聽相并就[82]，則土斷之實[83]行矣。」帝雖善其言而終不能改也。

冬，十二月庚午[84]，大赦。

閏月[85]，當陽成侯杜預[86]卒。

是歲，塞外匈奴胡太阿厚[87]帥部落二萬九千三百人來降，帝處之塞內西河[88]。

◯罷寧州入益州[89]，置南夷校尉[90]以護之。

六年（乙巳　西元二八五年）

春，正月，尚書左僕射劉毅致仕[91]，尋卒[92]。

戊辰[93]，以王渾為尚書左僕射，渾子濟為侍中。渾主者[94]處事不當，濟明法繩之[95]。濟從兄佑素與濟不協，因毀[96]濟不能容其父。帝由是疏濟，後坐事免官。濟性豪侈，帝謂侍中和嶠[97]曰：「我將罵濟而後官之，如何？」嶠曰：「濟俊爽[98]，恐不可屈。」帝乃[2]召濟，切讓[99]之，既而曰：「頗知愧不？」濟曰：「尺布斗粟之謠[100]，常為陛下愧之。他人能令親者疏，臣不能令親者親，以此愧陛下耳。」帝默然。嶠，洽[101]之孫也。

青、梁、幽、冀州旱。

秋，八月丙戌朔[102]，日有食之。

冬，十二月庚子[103]，襄陽武侯王濬卒。

是歲，慕容刪為其下所殺，部眾復迎涉歸子廆[104]而立之。涉歸與宇文部[105]素有隙，廆請討之，朝廷弗許。廆怒，入寇遼西[106]，殺略甚眾。帝遣幽州軍[107]討廆，戰于肥如[108]，廆眾大敗。自是每歲犯邊。又東擊扶餘[109]，扶餘王依慮自殺，子弟走保沃沮[110]。廆夷其國城，驅萬餘人而歸。

七年（丙午　西元二八六年）

春，正月甲寅朔，日有食之。

魏舒稱疾，固請遜位，以劇陽子[111]罷。舒所為，必先行而後言，遜位之際，莫有知者。衛瓘與舒書曰：「每與足下共論此事[112]，日日未果[113]，可謂『瞻之在前，忽焉在後[114]』矣。」

夏，慕容廆寇遼東[115]，故扶餘王依慮子依羅求帥見人[116]還復舊國[117]，請援於東夷校尉[118]何龕，龕遣督護[119]賈沈將兵送之。廆遣其將孫丁帥騎邀之於路[120]，沈力戰，斬丁，遂復扶餘。

秋，匈奴胡都大博[121]及萎莎胡[122]各帥種落[123]十萬餘口詣雍州降[124]。

九月戊寅[125]，扶風武王駿[126]薨。

冬，十一月壬子[127]，以隴西王泰都督關中諸軍事。泰，宣帝弟馗之子也。

是歲，鮮卑拓跋悉鹿[128]卒，弟綽立。

八年（丁未　西元二八七年）

春，正月戊申朔，日有食之。

太廟殿陷。九月，改營太廟，作者六萬人。

是歲，匈奴都督大豆得一育鞠[129]等復帥種落萬一千五百口來降[130]。

九年（戊申　西元二八八年）

春，正月壬申朔，日有食之。

夏，六月庚子朔，日有食之。○郡國三十三[131]大旱。

秋，八月壬子[132]，星隕如雨。○地震。

【章　旨】以上為第三段，寫晉武帝太康五年（西元二八四年）至太康九年共五年間的大事，主要寫了直臣劉毅上書抨擊「九品中正」制度的腐敗，要求將其廢止，司馬炎維持不改；寫了王濟受責後反譏司馬炎的迫害司馬攸，司馬炎無言以對；寫了慕容廆在遼東、遼西一帶與晉王朝的軍事摩擦等等。

【注　釋】❶正月己亥　正月初四。❷龍降夏庭二句　夏末有一龍降於夏庭，夏人收其口水封而藏之，至西周厲王時，打開裝龍口水的鐔子觀看，一宮女踐之而懷孕，後生一女，即褒姒，周幽王寵之，招致西周滅亡。事見《國語》及《史記·周本紀》。❸潛龍勿用二句　二句見《周易·乾卦》。龍潛於下層，這是陽氣受壓的表現。❹尋案　尋找、考查。❺陳羣　字長文，魏晉之際的名臣。傳見《三國志》卷二十二。❻審覈　審查、評定。❼中正　各郡國的官名，掌管評定士人的等級，供政府選用。❽大中正　州里的官名，由司徒選擇現任朝官中有才德的各州人，兼任本州的大中正，以品評其本州人才，供國家選用。❾銓次等級　審查並排列出等級次序。具體情況見本書卷六十九黃初元年。❿九品　九個級別。⓫言行脩著　言行卓越顯著。⓬浸久　時間長了。魏「九品中正」制自魏文帝黃初元年至此時已實行了六十年。⓭或非其人　有的不是稱職的人選。⓮姦敝日滋　弊病越來越嚴重。⓯操人主之威福　用皇帝給予他們的權力作威作福。⓰奪天朝之權勢　把本屬於朝廷的權勢竊取到了他們手裡。⓱公無考校之負　國家沒有人檢查他們評議中的問題。負，錯誤；失誤。⓲私無告訐之忌　私人之間也不存在揭發舉報的顧忌。私，私人。忌，顧忌；憂慮。⓳營求萬端　指在評定人品的過程中，使用什麼手段的都有。⓴損政之道　在破壞國家的政治方面。㉑高下逐彊弱　人品的高低隨著其家族勢力的大小而轉移。㉒是非隨興衰　誰對誰錯都憑著家族的強弱來評定。㉓旬日異狀　十天之內的評價會完全不同。㉔州都　即州里的中正官。㉕本取州里清議咸所歸服　本來是想找一個本州眾望所歸的人。清議，公正的輿論。㉖鎮異同　調和、處理不同的意見。㉗一言議　使言論歸於統一。㉘重其任而輕其人　大中正的權力甚大，而任此職者多非其人，濫竽充數。㉙駁違之論　與公眾輿論完全相反的評價。㉚嫌讎之隙　因互相猜疑而結成的仇恨。㉛本立格之體為九品　回想當初之所以把人才分為九等。本，追考其原因、目的。㉜倫輩有首尾　次序有先後。㉝優劣易地　優劣的位置顛倒。㉞首尾倒錯　次序顛倒。錯，通「措」。置。㉟委以一國之重　指把評定全國人才的重任都交給他們。㊱曾無賞罰之防　竟然沒有任何的賞罰條例。防，指規章、條例。㊲受枉　受到委屈。㊳積直　許多真心話都藏在肚子裡。㊴不獲上聞　不被朝廷所瞭解。㊵一國　指一個諸侯國和與此相當的一個郡。㊶取給殊方　到其他地區謀求衣食。㊷況盡其才　又如何能準確地評定其才能的等級。盡，準確；恰當。㊸皆當品狀　都得勉強地給他們評出等級、寫出評語。㊹采譽於臺府　從朝廷大官中聽來一些讚美之辭。㊺納毀於流言　從街頭巷議中聽來一些誹謗之語。㊻任己　靠自己拿主意。㊼聽受　據別人的說法。㊽則有彼此之偏　就必然帶有各自不同的偏見。㊾當官著效　居官任職而又政績斐然。㊿或附卑品　有的被列在下等。(51)更獲高敘　反而被評的等級很高。敘，排列。(52)抑功實　壓制了實有的功勞。(53)隆空名　抬高了徒有虛名的華麗不實之輩。(54)廢考績　敗壞了考核官員政績的制度。(55)官不同人　不同的官職需要不同類型的人。(56)事不同能　不同的事情要求有不同才能的人來辦。(57)不狀其才之所宜　不寫明這個人適合做什麼。(58)但第為九品　只是把他們列為九等。但，只是。第，排列。(59)以狀取人　按實際表現選用人。(60)徒結白論　評語所寫都是一些空洞的套話。(61)品狀相妨　所定的品級與此人的才能特點互相矛盾。(62)所下　所定為下品的。(63)不彰其罪　不寫明其罪過。(64)所上　所定為上品的。(65)不列其善　不寫出其優長。(66)以植其私　以培植其私黨。(67)懈德行而銳人事　不重視品德修養，指集中力量到處鑽營。(68)更立　重新建立。(69)考詳無地　無法考查流動人員的來龍去脈。(70)粗且　姑且。粗，大致。且，暫時。(71)為一時選用之本　作為一種暫時的選用人才的依據。(72)九域同規　全國統一了制度。九域，九州。(73)大化方始　偉大的教化就將普遍實行。(74)咸用土斷　一律按照人住在哪裡，就參加哪個地區的考評。(75)以所居為正　居住在哪裡，哪裡就是正式的籍貫。(76)無復縣客遠屬異土　不再允許有漂泊異地的人，而自稱其戶籍在遙遠之地。縣客，到處遊蕩之士。縣，同「懸」。(77)各由鄉論　都由他所居住的本鄉提出評論。(78)華競　喧譁、競爭。(79)各求於己　各自進行自己的品德修養與才能訓練。(80)始平王文學　始平王司馬裕的文學。司馬裕是司馬炎之子。文學是當時諸國親王的屬官，主管以《五經》輔導親王學習。(81)先開移徙　先要准許流動遷徙。(82)聽相并就　允許人們到自己願去的地方居住。(83)土斷之實　土斷政策的本質。(84)庚午　十二月初十。(85)閏月　閏十二月。(86)當陽成侯杜預　杜預被封為當陽侯，成字是其死後的諡。(87)匈奴胡太阿厚　匈奴胡即匈奴族人，太阿厚是這股匈奴胡的首領。(88)塞內西河　長城內的西河郡，郡治即今山西離石。(89)罷寧州入益州　撤銷寧州（州治雲南曲靖，轄境約當今雲南大部和貴州、廣西小部），將其地併入益州。(90)南夷校尉　統兵鎮南中，掌五十八部夷族，級別與刺史同。(91)致仕　辭官退休。(92)尋卒　不久去世。(93)戊辰　正月初九。(94)主者　王渾手下的管事人。(95)明法繩之　公開地繩之以法。(96)毀詆毀；在當權者面前說人壞話。(97)和嶠　字長輿，晉初的正直官僚，以愛錢聞名。傳見《晉書》卷四十五。(98)俊爽　才情卓犖，性格豪爽。(99)切讓　嚴厲斥責。(100)尺布斗粟之謠　漢文帝時，其同父異母弟淮南王劉長恣肆不法，文帝下令將其流放四川，劉長中途絕食而死。於是當時民間有歌謠說：「一尺布，尚可縫，一斗粟，尚可舂，兄弟二人，不能相容。」見《史記·淮南衡山列傳》。這裡是王濟藉以諷刺司馬炎將其母弟司馬攸迫害致死。(101)洽　和洽，字陽士，曹操時代的名臣。傳見《三國志》卷二十三。[102]八月丙戌朔　八月初一是丙戌日。[103]十二月庚子　十二月十七。[104]涉歸子廆　慕容廆，慕容儁與慕容垂的祖父，少數民族前燕政權的奠基者。[105]宇文部　鮮卑族的一支。據《通志·氏族略》：「宇文氏本出遼東南單于之後，有葛烏兔為鮮卑郡長，世襲大人。至普回（人名），因獵而得玉璽，自以為天所授，鮮卑謂天子為宇文，因號宇文氏。」[106]遼西　晉郡名，郡治陽樂，在今河北昌黎西北。[107]幽州軍　駐紮在幽州的軍隊。當時的遼西郡屬幽州管轄，幽州的首府即今河北涿州。[108]肥如　晉縣名，縣治在今河北盧龍北。[109]扶餘　古國名，亦作鳧臾、夫餘，其領土約當在今吉林之長春以北地區。[110]沃沮　古地區名，約當今長白山以南的朝鮮國之東北部一帶。[111]劇陽子　「劇陽」是封地名，「子」是爵級。[112]共論此事　一起談到辭職的事情。[113]日日未果　自己一直沒有行動。[114]瞻之在前二句　原話見《論語·子罕》，是顏淵讚揚孔子偉大的話，這裡是衛瓘借用以嘲笑自己的猶豫不決，光說不做。[115]遼東　晉郡國名，都城襄平，即今遼寧遼陽。[116]求帥見人　請求率領現存的部眾。見，同「現」。[117]還復舊國　返回到原來的領土上，即今吉林北部。[118]東夷校尉　三國魏置，主管東北及華北北部地區的鮮卑慕容部、段部、宇文部和高句麗等少數民族事務。駐地即今遼陽。[119]督護　魏、晉時期的下級軍官名。[120]邀之於路　半路伏擊他們。邀，截擊。[121]都大博　匈奴部落的酋長名。[122]萎莎胡　與匈奴血統相近的北方民族名，這裡指該部落的頭領。[123]種落　猶言「部落」。[124]詣雍州降　到雍州投降晉朝。雍州的州治長安，在今西安之西北部。[125]九月戊寅　九月二十九。[126]扶風武王駿　司馬駿，司馬懿之子，扶風王是封號，武字是諡。[127]十一月壬子　十一月初四。[128]拓跋悉鹿　北魏拓跋氏的祖先，拓跋力微之子。傳見《魏書》卷一。[129]大豆得一育鞠　人名。[130]來降　指從塞外南來歸降。[131]郡國三十三　連郡帶國共三十三個，極言其區域之廣。[132]八月壬子　八月十四。

【校記】[1]者　原無此字。據章鈺校，甲十一行本、乙十一行本、孔天胤本皆有此字，今據補。[2]乃　原無此字。據章鈺校，甲十一行本、乙十一行本、孔天胤本皆有此字，今據補。

【語譯】五年（甲辰　西元二八四年）

春季，正月初四日己亥，有兩條青龍出現在國家武器庫的水井中。晉武帝司馬炎看到後，面露欣喜之色。百官都準備向晉武帝祝賀，而擔任尚書左僕射的劉毅上表說：「夏朝的時候有一條龍降落在宮廷中，而最終導致西周滅亡。《易經》稱『潛藏在水底的龍沒有作為，因為這是陽氣受到壓迫的緣故。』考察古代的各種典籍，從來沒有祝賀龍的記載。」晉武帝聽從了他的意見。

當初，魏國大臣陳羣因為吏部不能審查、評定天下的賢才，所以命令各郡國分別設置掌管評定士人等級以供朝廷選用的中正，州里設置的叫做大中正，都是從現任朝官中選擇那些德望很高、能力很強的各州人兼任本州的大中正，讓他們負責對本州的人才進行審查評定並排列出九個級別，對那些言行卓越顯著的人士就提升他的級別，對那些在道義方面有缺欠的人士就降低他的級別，吏部就根據大中正的這些評定、考核來決定錄用誰來補授官位的空缺。然而這個政策實行的時間一長，有些擔任中正的人不是稱職的人選，於是各種弊端就越來越嚴重。於是劉毅上疏說：「如今設立的中正，他們在確定九品的時候，全憑主觀意願，隨意性很大，讓誰榮、讓誰辱都由他們說了算，用皇帝給與他們的權力作威作福，把本屬於朝廷的權勢掌握在他們的手裡，國家沒有人來檢查他們評議中的問題，他們也沒有被人揭發、舉報的顧忌，因而在評定人品的過程中，費盡心機，使用什麼手段的都有，於是廉潔謙讓的風氣蕩然無存，爭鬥訴訟的惡習成為風氣，我很為我們聖明的晉朝有這種不良的現象而感到恥辱。設置中正，在破壞國家的政治秩序方面有八種表現：人品的高低隨著其家族勢力的大小而轉移，誰對誰錯都憑著家族勢力的強弱來評定，對於同一個人，十天之內的評價會完全不同。被評為上品的人沒有出身貧寒的，而被評為下品的人也沒有人是出身貴族的，這是其一。州里設置的中正官，本來是想找一個本州眾望所歸的人擔任，以便調和、處理各種不同的意見，使言論歸於統一。如今大中正的權力很大而任其職的多非其人，於是導致與公眾輿論完全相反的評價充斥於州里，又因為互相猜疑而使大臣之間結成很深的仇恨，這是其二。回想當初所以要把人才分為九等，是因為人的才能、品行有優有劣、次序要有先有後。如今竟然使優劣的位置互相顛倒，先後的次序首尾倒置，這是其三。陛下賞善罰惡，無不依據法律進行裁決。唯獨設置中正，把評定全國人才的重任全都交給了他們，卻對他們沒有任何的賞罰條例，又禁止人們不許訴訟，致使中正任意胡來，無所顧忌、無所畏懼。那些受了委屈的人無處申訴，只能把許多真心話埋藏在肚子裡，使朝廷無從瞭解，這是其四。一個郡或一個諸侯國的優秀人才，多的有上千人，這些人中有的流落或遷徙到其他的郡國，有的人到其他地區謀求衣食，中正和他們連面都沒有見過，又如何能準確地評定出他們品行才能的等級呢？然而中正不管知不知道這些人的情況，都得勉強地給他們評定出等級、寫出評語，而這些評語或是來自於朝廷大官中的一些讚美之辭，或是採自於街頭巷議中的一些毀謗之語，如靠他們自己拿主意，那麼就有不瞭解真實情況的弊端，如果根據別人的說法，就必然帶來各種不同的偏見，這是其五。凡是搜求人才，目的都是為了治理人民。如今居官任職又政績斐然的有的被列為下等，而那些居官沒有什麼政績的反而被評的等級很高，這實際上是壓制了實有的功勞而抬高了徒有虛名的華麗不實之輩，助長了華而不實的風氣而敗壞了考核官員政績的制度，這是其六。不同的官職需要不同類型的人，不同的事情要求有不同才能的人來辦理。如今不寫明這個人適合做什麼，只是把他們籠統地列為九個等級，又只按照劃分的品級進行錄用，就使得有人所擔任的職務並不是他所擅長；如果要按照實際表現來選用人，又會受到品級的限制而無法實行，評語所寫的都是一些空洞的套話，而所評定的品級往往與此人的品行、表現互相矛盾，這是其七。九品之中被降為下品的官吏，不寫明他的罪過，被提升為上品的官員，也沒有寫出他的優點和長處，全都是根據中正官自己的愛憎，喜歡的就列為上等，憎惡的就列為下等，以此來培植私人黨羽，天下之人怎麼能不懈怠於品德修養而熱心於苟且鑽營呢，這是其八。由此論斷，官職的名稱雖然叫作『中正』，實際上卻成了邪惡的衙門；官員在名義上分為『九品』，實際上卻有八項弊端。從古到今，最大的失策，沒有比這項制度再大的了。我認為應該取消中正，廢除九品制度，拋棄曹魏時期的這項弊端百出的舊制度，重新建立起一套完善的人事制度。」擔任太尉的汝南王司馬亮、司空衛瓘也都上疏說：「曹魏建國於長期混亂之後，人才流散各地，無法考查流動人員的來龍去脈，所以才建立了九品的制度，姑且作為一種選用人才的依據。如今全國統一了制度，偉大的教化就將普遍實行，臣等認為應該將曹魏時期的考評制度徹底蕩除，一律按照人住在哪裡，就參加哪個地區的考評。公卿以下的官吏，居住在哪裡，哪裡就作為正式籍貫，不再允許那些漂泊異地的人自稱其戶籍在遙遠的某地。要全部廢除中正九品的制度，使所推舉的、選拔的人才，都由他所居住的本鄉提出評論，那麼喧譁、競爭的風氣就會自然消失，人們必然會把精力運用到提高自己的品德修養與才能訓練方面去。」在始平王司馬裕手下擔任文學的江夏人李重上書認為：「九品制度被廢除之後，應該首先准許人們流動遷徙，允許人們到自己願意去的地方居住，那麼土斷政策的本質就可以實現了。」晉武帝雖然贊同他們的意見卻始終沒有改變原有的政策。

冬季，十二月初十日庚午，大赦天下。

閏十二月，當陽侯杜預去世，謚號為「成」。

這一年，居住在塞外的匈奴胡人首領太阿厚率領自己部落中的二萬九千三百人前來歸降，晉武帝把他們安置在長城內的西河郡居住。○撤銷寧州，把寧州併入益州，設置南夷校尉負責鎮守南中。

六年（乙巳　西元二八五年）

春季，正月，擔任尚書左僕射的劉毅辭官退休，不久去世。

正月初九日戊辰，晉武帝任命王渾為尚書左僕射，任命王渾的兒子王濟為侍中。王渾手下的管事人處理事情不得當，王濟公開地將他繩之以法。王濟的堂兄王佑平素與王濟不和睦，便趁機詆毀王濟不能容忍他的父親王渾。晉武帝因此而逐漸地疏遠了王濟，後來王濟又因為其他事情受到牽連而被免去官職。王濟性情豪放、生活奢侈，晉武帝對擔任侍中的和嶠說：「我準備先責罵王濟一頓，然後再給他官做，你看怎樣？」和嶠回答說：「王濟才情卓犖、性格豪爽，恐怕不能使他屈服。」晉武帝於是召見王濟，對他嚴加斥責，然後問他：「你知不知道慚愧？」王濟說：「『尺布斗粟』的歌謠，使我常為陛下感到心裡慚愧。別人能讓最至親的人關係疏遠，我卻不能讓最至親的人更加親密，我常常因為此事而感到愧對陛下。」晉武帝沉默不語。和嶠是和洽的孫子。

青州、梁州、幽州、冀州大旱。

秋季，八月初一日丙戌，發生日蝕。

冬季，十二月十七日庚子，襄陽侯王濬去世，謚號為「武」。

這一年，鮮卑部落的首領慕容刪被自己的部下殺死，其部眾又把逃亡、躲避到遼東徐郁家中的慕容涉歸的兒子慕容廆迎接回來立為首領。慕容涉歸與宇文部落一向有仇，慕容廆請求朝廷允許他去討伐宇文部落，朝廷不允許。於是慕容廆大怒，便率眾進犯遼西郡，殺死、掠奪了很多百姓和財物。晉武帝派遣駐紮在幽州的軍隊去討伐慕容廆，在肥如縣把慕容廆打得大敗。從那以後，慕容廆每年都率眾騷擾邊境。又向東襲擊扶餘國，扶餘王依慮被逼自殺，扶餘王的子弟逃往沃沮據守。慕容廆把扶餘國的都城夷為平地，驅趕著一萬多名扶餘人得勝而回。

七年（丙午　西元二八六年）

春季，正月初一日甲寅，發生日蝕。

魏舒自稱有病，堅決請求辭職，最後得以以子爵的身分回自己的封地劇陽養老。魏舒做事，都是先做了再對人說，所以辭職之事，事先沒有任何人知道。衛瓘寫信給魏舒說：「我經常與您談論到辭職的事情，而自己卻一直沒有行動，與您比較起來真可謂是『瞻之在前，忽焉在後』了。」

夏季，慕容廆率眾入侵遼東郡，已故扶餘王依慮的兒子依羅向朝廷請求率領自己現有的部眾返回原來的國土，向晉國的東夷校尉何龕請求援助，何龕派遣擔任督護的賈沈率領軍隊護送依羅回國。慕容廆派遣他的將領孫丁率領騎兵在半路伏擊他們，賈沈奮勇作戰，殺死了孫丁，於是使扶餘人得以復國。

秋季，匈奴部落首領都大博以及萎莎族首領各自率領他們的部落十萬多人前往雍州投降晉朝。

九月二十九日戊寅，扶風王司馬駿去世，諡號為「武」。

冬季，十一月初四日壬子，任命隴西王司馬泰統領關中諸軍事。司馬泰是晉宣帝司馬懿的弟弟司馬馗的兒子。

這一年，鮮卑拓跋悉鹿去世，他的弟弟拓跋綽繼位。

八年（丁未　西元二八七年）

春季，正月初一日戊申，發生日蝕。

太廟大殿塌陷。九月，改換地方重新修建太廟，參與修建的有六萬人。

這一年，匈奴都督大豆得一育鞠等人又率領自己部落中的一萬一千五百人來歸降晉朝。

九年（戊申　西元二八八年）

春季，正月初一日壬申，發生日蝕。

夏季，六月初一日庚子，發生日蝕。○有三十三個郡和封國遭受了旱災。

秋季，八月十四日壬子，流星隕落像下雨一樣。○發生地震。

【研 析】本卷寫了晉武帝太康元年（西元二八〇年）至太康九年共九年間的西晉與東吳等國的大事，其中可議論的有以下幾點：

其一，司馬氏是一個包藏禍心，一貫靠陰謀詭計攫取權勢的集團，這樣的人怎麼就會獲得成功，而且還取得了天下呢？這人世上的事情到底還有個「天理」、「良心」沒有呢？但細細回想一遍，他們對待曹氏的手段，與當年曹氏對待劉氏相同，本無所謂對錯善惡；若考察司馬師、司馬昭對待部下、對待黎民百姓所實行的政策來說，不可否認，有不少方面曾經是對社會、對百姓有利的。既然如此，就讓這個政權「和平」地由這一家「過渡」到另一家，黎民百姓也省去一場血流成河的大拼殺，又有什麼不好呢？王志堅《讀史商語》對此說：「三國之士皆以絕人之才，百戰以爭天下，而卒莫能一，司馬昭父子其非曹孟德之匹明矣，乃能混一天下，豈獨時異哉？蓋亦有其道焉。張悌之言曰：『曹操雖功蓋中夏，民畏其威，而不懷其德也。丕、叡承之，刑繁役重，無有寧歲。司馬懿父子除其煩苛，而布其平惠，民之歸心已亦久矣。』噫，此司馬氏取天下之本也。昭他日知鍾會之必反而卒用之，彼亦深知夫人心在己，必不肯從會反耳。濟大事未有不以人心為本者也。自古取天下，至司馬氏幾於盜矣，豈知盜亦有道哉！」時至今日，我們乾脆連這個「盜」字也不用說了，試檢查漢武帝、唐太宗的發家史，看看哪個沒有「盜」的痕跡？

其二，司馬炎在其黨羽的協助下，改變了其父司馬昭的初衷，奪得了其弟司馬攸的繼承權，手段與當年的曹丕完全相同；司馬炎稱帝後，聽信小人的讒言，又繼續迫害司馬攸至死，相反的對身邊的幾個大權奸卻分外寵愛有加。曹丕所行政策的結果，司馬炎應該是再清楚不過的，但一股極端狹隘的私心邪念，遂障蔽了大如丘山的前車之鑑。司馬炎也遠遠不如司馬昭，從一上臺就帶著一股紈袴子弟的頹廢與腐朽，所實行的政策，許多是既偏執盲目，又愚蠢透頂，可惜羊祜、杜預、王濬、張華、傅咸、劉毅等一批名將、良臣，怎麼就遇上了這麼一個傢伙！

其三，當吳國的亡國之君孫晧被押解到洛陽，司馬炎以一種勝利者的姿態，嘲弄孫晧說：「朕設此座以待卿久矣。」孫晧說：「臣於南方，亦設此座以待陛下。」當賈充也人模狗樣地嘲笑孫晧說：「聞君在南方鑿人目，剝人面皮，此何等刑也？」孫晧說：「人臣有弒其君及姦回不忠者，則加此刑耳。」孫晧暴虐殘忍，形同桀紂，亡國之日，理應如當年的殷紂，被勝利者斬其頭懸掛於太白之旗，但他在回答司馬炎與賈充這兩個敗類的時候卻有如此出人意表的妙語，千年之下令億萬讀史者為之爽然一笑，真可為之浮一大白。

其四，西晉從一開國就是一個腐敗王朝，能令人感到興奮的事情不多，唯有幾個歷史上並不著名的人物，其言論行事卻令人心曠神怡。晉朝的博士有秦秀者，其人官職雖甚小，而脾氣秉性卻大是可人。當司馬氏的鐵桿黨羽，一生以「侈汰無度，日食萬錢」，「厚自奉養，過於人主」的偽君子何曾病死，司馬炎讓人給他議謚時，秦秀說：「曾驕奢過度，名被九域。宰相大臣，人之表儀，若生極其情，死又無貶，王公貴人復何畏哉！謹按《謚法》，『名與實爽曰繆，怙亂肆行曰醜』，宜謚繆醜公」；當活著壞事做盡，臨死又想得個美名的大權奸賈充死後，司馬炎讓太常給他議謚時，秦秀說：「充悖禮溺情，以亂大倫。昔鄫養外孫莒公子為後，《春秋》書『莒人滅鄫』。絕父祖之血食，開朝廷之亂原。按《謚法》：『昏亂紀度曰荒』，請謚『荒公』。」由於司馬炎的曲護，秦秀之說雖未得行，但其凜然姿態，真可使「臺閣生風」！王濟是王渾之子，父子兩個都不是什麼太好的人，但王濟頗有其可人處。王濟的日常生活類似王愷、石崇，極其豪華奢侈；當司馬攸被司馬炎肆意折磨、傾軋的時候又上表勸阻，因而被司馬炎所嫉恨。司馬炎罷了他的官，又把他找來當面罵了一頓。而後問他：「頗知愧不？」濟曰：「尺布斗粟之謠，常為陛下愧之。他人能令親者疏，臣不能令親者親，以此愧陛下耳。」但這些竟然都沒有使司馬炎大發雷霆，痛加誅殺。原因何在？莫非在這個腐敗王朝的政治中也還有其某些言論的寬鬆之處？還待進一步考察。

文學的・歷史的・哲學的・宗教的　古籍精華　盡在三民

古籍今注新譯叢書

哲學類

新譯四書讀本
新譯論語新編解義
新譯學庸讀本
新譯孝經讀本
新譯易經讀本
新譯乾坤經傳通釋
新譯周易六十四卦經傳通釋
新譯易經繫辭傳解義
新譯禮記讀本
新譯儀禮讀本
新譯孔子家語
新譯老子讀本
新譯帛書老子
新譯老子解義
新譯莊子讀本
新譯莊子本義
新譯莊子內篇解義
新譯列子讀本
新譯管子讀本
新譯墨子讀本
新譯公孫龍子
新譯晏子春秋
新譯鄧析子
新譯荀子讀本
新譯尹文子
新譯尸子讀本
新譯鶡冠子
新譯鬼谷子
新譯韓非子
新譯呂氏春秋
新譯韓詩外傳
新譯淮南子
新譯春秋繁露
新譯新書讀本
新譯新語讀本
新譯潛夫論
新譯論衡讀本
新譯申鑒讀本
新譯人物志
新譯張載文選
新譯近思錄
新譯傳習錄
新譯呻吟語摘
新譯明夷待訪錄

文學類

新譯詩經讀本
新譯楚辭讀本
新譯文心雕龍
新譯六朝文絜
新譯世說新語
新譯昭明文選
新譯古文觀止
新譯古文辭類纂
新譯樂府詩選
新譯古詩源
新譯千家詩
新譯詩品讀本
新譯花間集
新譯南唐詞
新譯絕妙好詞
新譯唐詩三百首
新譯宋詩三百首
新譯宋詞三百首
新譯元曲三百首
新譯明詩三百首
新譯清詩三百首
新譯清詞三百首
新譯唐人絕句選
新譯拾遺記
新譯搜神記
新譯唐才子傳
新譯唐傳奇選
新譯宋傳奇小說選
新譯明傳奇小說選
新譯容齋隨筆選
新譯明散文選
新譯明清小品文選
新譯人間詞話
新譯白香詞譜
新譯幽夢影
新譯菜根譚
新譯小窗幽記
新譯圍爐夜話
新譯郁離子
新譯歷代寓言選
新譯賈長沙集
新譯揚子雲集
新譯建安七子詩文集
新譯曹子建集
新譯阮籍詩文集
新譯嵇中散集
新譯陸機詩文集
新譯陶淵明集
新譯江淹集
新譯庾信詩文選
新譯初唐四傑詩集
新譯駱賓王文集
新譯王維詩文集
新譯孟浩然詩集
新譯李白詩全集
新譯李白文集
新譯杜甫詩選
新譯杜詩菁華
新譯高適岑參詩選
新譯昌黎先生文集
新譯劉禹錫詩文選
新譯柳宗元文選
新譯白居易詩文選
新譯元稹詩文選
新譯李賀詩集
新譯杜牧詩文集
新譯李商隱詩選

新譯范文正公選集
新譯蘇洵文選
新譯蘇軾文選
新譯蘇軾詞選
新譯蘇軾詩選
新譯蘇轍文選
新譯曾鞏文選
新譯王安石文選
新譯唐宋八大家文選
新譯柳永詞集
新譯李清照集
新譯辛棄疾詞選
新譯陸游詩文選
新譯歸有光文選
新譯唐順之詩文選
新譯徐渭詩文選
新譯袁宏道詩文選
新譯薑齋文集
新譯顧亭林文集
新譯納蘭性德詞
新譯方苞文選
新譯閒情偶寄
新譯鄭板橋集
新譯袁枚詩文選
新譯李慈銘詩文選
新譯聊齋誌異選
新譯閱微草堂筆記
新譯浮生六記
新譯弘一大師詩詞全編

教育類

新譯爾雅讀本
新譯顏氏家訓
新譯聰訓齋語
新譯曾文正公家書
新譯三字經
新譯百家姓
新譯幼學瓊林
新譯增廣賢文・千字文
新譯格言聯璧

歷史類

新譯史記
新譯漢書
新譯後漢書
新譯三國志
新譯資治通鑑
新譯史記——名篇精選
新譯尚書讀本
新譯周禮讀本
新譯逸周書
新譯左傳讀本
新譯公羊傳
新譯穀梁傳
新譯春秋穀梁傳
新譯戰國策
新譯國語讀本
新譯說苑讀本
新譯新序讀本
新譯吳越春秋
新譯西京雜記
新譯列女傳
新譯越絕書
新譯燕丹子
新譯東萊博議
新譯唐六典
新譯唐摭言

宗教類

新譯金剛經
新譯高僧傳
新譯碧巖集
新譯百喻經
新譯楞嚴經
新譯梵網經
新譯圓覺經
新譯法句經
新譯六祖壇經
新譯禪林寶訓
新譯維摩詰經
新譯經律異相
新譯阿彌陀經
新譯無量壽經
新譯景德傳燈錄
新譯妙法蓮華經
新譯大乘起信論
新譯釋禪波羅蜜
新譯八識規矩頌
新譯永嘉大師證道歌
新譯華嚴經入法界品
新譯地藏菩薩本願經
新譯悟真篇
新譯无能子
新譯坐忘論
新譯列仙傳
新譯抱朴子
新譯神仙傳
新譯性命圭旨
新譯老子想爾注
新譯周易參同契
新譯道門觀心經
新譯養性延命錄
新譯樂育堂語錄
新譯沖虛至德真經
新譯長春真人西遊記
新譯黃庭經・陰符經

地志類

新譯山海經
新譯水經注
新譯佛國記
新譯大唐西域記
新譯洛陽伽藍記
新譯徐霞客遊記
新譯東京夢華錄

政事類

新譯商君書
新譯鹽鐵論
新譯貞觀政要

軍事類

新譯孫子讀本
新譯司馬法
新譯尉繚子
新譯三略讀本
新譯六韜讀本
新譯吳子讀本
新譯李衛公問對

◎新譯東萊博議

李振興、簡宗梧／注譯

《東萊博議》原名《東萊左氏博議》，是人稱東萊先生的宋人呂祖謙為指導諸生課試、「思有以佐其筆端」而寫的史論著作。它除了有助於開拓讀史傳之視野外，於謀篇立意、行文技巧等更足資借鑑。此書隨科舉考試而廣為流傳，到今日仍是指導議論文作法的絕佳教材。本書注譯者於各篇皆以題解說明歷史背景與主要篇旨；注釋以隱文僻句的出處說明，及語譯未能詳明者為重點；語譯則力求信雅流暢；而研析部分則重在文章脈絡的分析和變巧手法的深究，偶爾也探討到思想層面，以提供讀者欣賞與分析的參考。

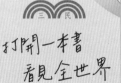